LES GRANDES MURAILLES

DU MÊME AUTEUR

Chez le même éditeur :

Monsieur le consul
Le Fils du consul
La Vallée des roses
La Duchesse
Anne Marie
La Chasse à l'ours

Chez Jean Vigneau :

La Mésaventure espagnole

Chez Gallimard :

La Chine de la douceur
La Chine du cauchemar
La Guerre d'Indochine :
    I. L'Enlisement.
    II. L'Humiliation.
    III. L'Aventure.
La Chine de Tseu Hi à Mao
Mao
Le Massacre des Indiens
Les Plaisirs de l'Hexagone

Aux Presses de la Cité :

Lucien Bodard présente les Dossiers secrets du Pentagone
La Télé de Lucien Bodard

LUCIEN BODARD

LES GRANDES MURAILLES

BERNARD GRASSET
PARIS

Tous droits de traduction, de reproduction et d'adaptation
réservés pour tous pays.

© 1987, Éditions Grasset & Fasquelle.

*A Marie-Françoise
et à Renaud.*

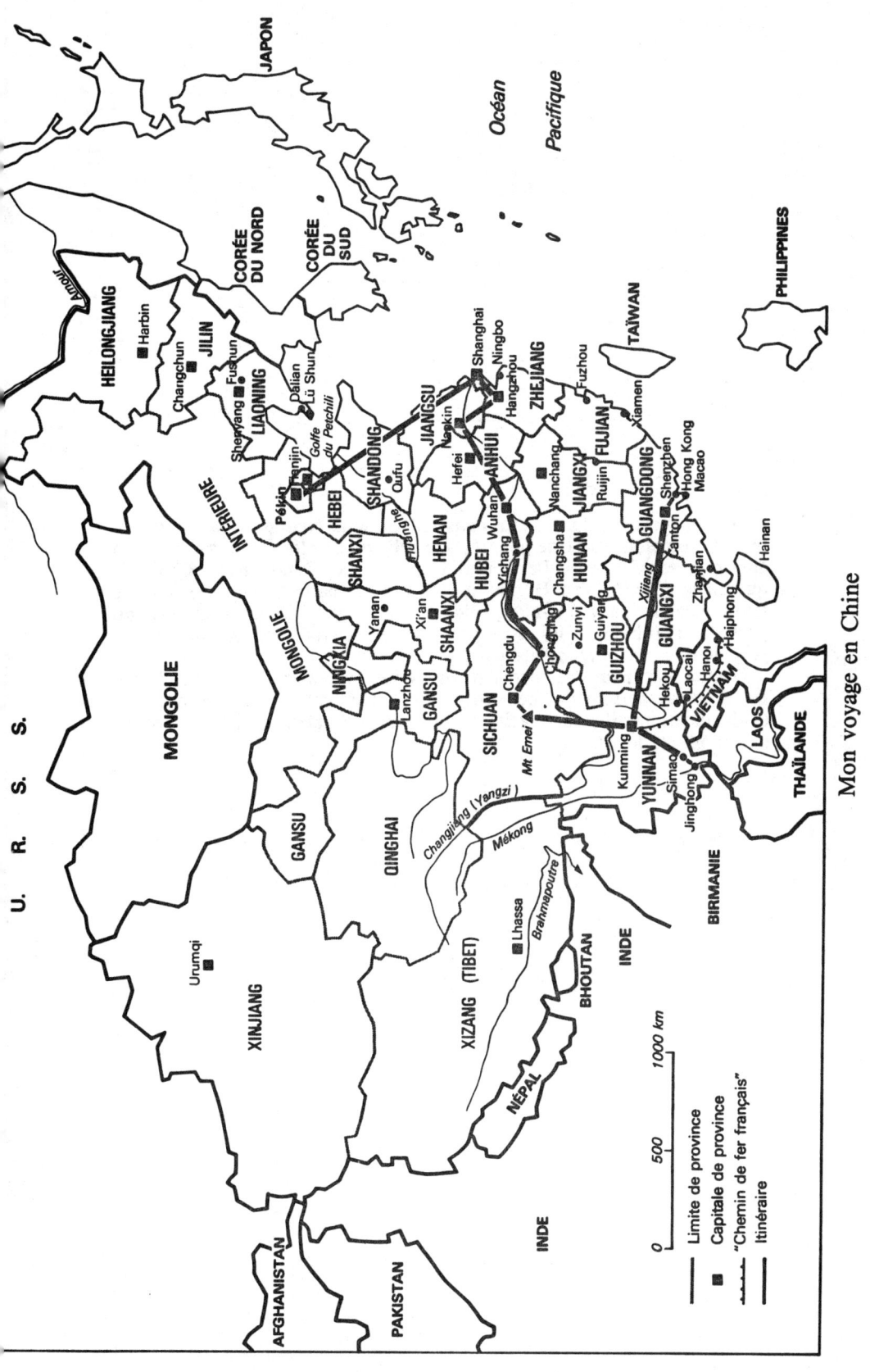

Les noms chinois qui figurent dans ce livre sont, pour la plupart, écrits en pinyin. Toutefois j'ai gardé pour les plus célèbres d'entre eux la transcription ancienne. Ainsi ai-je dit Pékin plutôt que Beijing, Tchang Kaï-chek plutôt que Jiang Jieshi, Ts'eu Hi plutôt que Cixi et parfois, pour des raisons sentimentales, Yang Tse-kiang plutôt que Yangzi. Dans la mesure du possible, j'ai indiqué les anciennes et les nouvelles transcriptions, en particulier pour les noms des lieux.

D'autre part, pour des raisons de discrétion évidentes, j'ai parfois changé des noms de personne et déplacé géographiquement certaines scènes sans évidemment modifier la véracité des faits que je rapporte ni celle des propos qui m'ont été tenus.

L. B.

INTRODUCTION

Je suis Lulu le Chinois.

J'ai les yeux bridés, des lueurs jaunes dans le regard, un visage qui s'efforce à l'indifférence aimable, à la dignité de « la face » inaltérable, au mensonge de la politesse où l'on ne dit jamais non – surtout si c'est « non ». Quand le moment est venu, quand la situation est mûre, le masque tombe, se lèvent les éclairs de la rage froide qui coupe dans les chairs, rend verdict et condamnation. Dissimulation et violence, sagesse qui recouvre un bouillonnement secret, cache une guerre permanente... J'ai hérité de ces traits qui sont pour moi ceux de la Chine : je suis Lulu le Chinois.

Je suis né en 1914 à Chongqing (les Français écrivaient Tch'ong K'ing), au bout du monde, aux confins de l'univers. Pour y arriver, il fallait, à partir de Shanghai, remonter le Fleuve Bleu en jonque sur deux mille cinq cents kilomètres et surtout passer les gorges calamiteuses où sombraient des centaines de bâtiments, gorges terribles, gorges de mort, qu'avaient affrontées mes parents sur une précaire embarcation. Au bout d'un mois de voyage, ils avaient abouti à une ville médiévale perchée sur un roc, accrochée à la montagne qui s'avançait dans les fougues du Yangzi (Yang Tse-kiang) et de son affluent, le Jialing. A peine ma mère était-elle parvenue au consulat de France qu'elle me donnait le jour. Quelque temps plus tard, nous repartions pour Chengdu (Tcheng-tu), la capitale de la province du Sichuan (Sseu-tch'ouan).

Je suis Lulu le Chinois...

Parfois je regarde une photographie très antique prise par M. Teni Heou, photographe à Chengdu, en 1916. Je suis assis sur la marche d'un perron, moutard joufflu à côté de ma mère Anne Marie. Derrière nous une paroi de bois ajourée, bois sombre, bois de fer tendu d'un papier de fibre de bambou. Il n'y a pas de vitres, ce papier sert à protéger du froid. Tout autour de l'image, un cadre en carton représentant les délicatesses de ma Chine : un temple, des arbres, une grotte... Comme j'aime cette évocation de la Chine au-delà du temps et de l'espace, comme j'aime contempler Anne Marie, ma mère aimée, mon rêve!

Mais c'est, je le sais, mon amah Li à la face plate et aux grands pieds qui m'a fait chinois en me révélant les splendeurs et les cruautés indicibles de la cité. Cité des Seigneurs de la Guerre, cité de tous les effrois, la peste noire et les inondations immenses, la famine, les agonies, et aussi les supplices, les têtes coupées pendues aux portes de la ville, les tortures dont je m'abreuvais les yeux sous les encouragements joyeux de Li. Avec elle, qui me caressait et me baguenaudait, qui m'entraînait dans le grouillement des rues, j'ai appris ma première langue : le dialecte sichuanais.

Je suis Lulu à cause de Li. Elle m'a nourri de Chine.

Plus tard, quand j'ai eu onze ans, j'ai renié Li. Pour me civiliser, on m'avait mis en France dans un excellent collège où je fus moqué, pourchassé, traqué, battu... Quelle danse autour du « sale Chinois »! Moi, j'étais affolé par le monde étrange et inconnu de la métropole, aussi misérable qu'une grenouille blessée. Dans ma désolation pourtant, j'essayais de faire bonne figure : peut-être était-ce un vestige de la notion de « face ». Mais en moi-même j'abjurais la Chine, je détestais ses sortilèges devenus malédictions et, surtout, je décidais d'oublier le chinois, ma langue. J'ai voulu être comme tout le monde et j'ai cru y parvenir. A dix-huit ans, bel adolescent gominé, un peu snob, je craignais cependant de n'être pas totalement « dé-sinisé ». A juste titre, puisque m'est resté cet autre trait fondamental : l'horreur ne me surprend pas, j'y suis habitué et même je la pressens. Ainsi en 1935 lorsque – digne fils d'Albert le consul – je me destinais aux Affaires étrangères et que j'apprenais l'allemand à Munich, j'ai aperçu dans une brasserie un Hitler tout paterne en train de boire de la bière, j'ai deviné en lui la bête de l'Apocalypse, un génie du Mal. Est-ce cette intuition ? Pendant l'Occupation, je me suis enfui loin de ces stupres, en Algérie puis dans le Londres de la France Libre. Désormais, je serai adonné au Bien...

Mais après la Libération, le hasard, l'immensité des hasards a fait de moi un journaliste, un grand reporter, un vautour. On m'a expédié en Indochine. Là-bas, peut-être à cause de mes années initiatiques à Chengdu, j'ai aussitôt été de plain-pied avec la tragédie. Permanence du destin jaune, j'étais emporté par le moiré des conflits et des révolutions, emporté aussi par les odeurs des tropiques, les senteurs poivrées des fleurs, les remugles de la boue, du sang, de la merde. O beauté morbide de la défaite en Asie ! Mes bizarres attirances... En 1949, l'effondrement de la Chine de Tchang Kaï-chek me fut un spectacle indispensable. Un monde s'écroulait, un monde se créait, je voulais être là.

Et puis j'ai été envoyé sur l'abrupt et corrompu rocher de Hong Kong d'où, au milieu des délices d'une existence festive, j'ai regardé la Chine rouge voisine qui était redevenue la Chine interdite. Et un jour le miracle s'est accompli : cette Chine-là, en 1956, j'y ai été admis. Les Cent Fleurs, la grandeur de la place Tiananmen à Pékin, les gigantesques défilés, la voûte des drapeaux rouges, la douceur de l'impitoyable dialectique. Deux ans après quand je suis revenu, c'était le poignant, l'atroce mysticisme des Communes du peuple, du Grand Bond en Avant. Une entreprise exaspérée d'équarrissage des âmes et des sentiments. La démence, la délation, l'autocritique, un délire de raisonnement tueur, une cérébralité massacreuse. Tellement d'accusés acceptant leur indignité, proclamant leurs fautes, réclamant un trépas ignominieux ou s'octroyant dans l'indifférence un suicide solitaire. En ces temps-là, à Pékin, j'ai vécu un cauchemar. J'étais écœuré de la Chine, guéri de la Chine. Du moins pour y vivre, car pour ce qui est de l'écriture, je n'ai pu m'en déprendre. Au contraire. Documents, romans... la Chine, toutes mes Chines, toujours s'imposaient. Au point de faire de moi une sorte d'expert, un connaisseur. Encore me reprochait-on de ne pas être un apôtre zélé mais plutôt un vieux magot réactionnaire, incapable de comprendre les beautés de l'Utopie. En 1968, j'étais considéré par les maoïstes français comme leur ennemi numéro un. Je soutenais que Mao étant un génie, ses ires et ses folies étaient inexpiables, que son acharnement à vouloir transformer la nature humaine aboutissait à l'extermination de millions d'hommes et de femmes. Ensuite, avec les années, ce qui paraissait une outrance, fut reconnu par tous comme une vérité, le lieu commun des cimetières. Les maos de Paris, ayant pris du galon, devinrent mes chers et bons amis. Avec ma figure de plus en plus déchiquetée par l'âge, on me fit mandarin, vieux fou, vieux sage.

Des journaux me proposaient de repartir pour l'Empire rouge, vainement, j'étais toujours dégoûté. A la mort de Mao pourtant, il me parut, d'après les récits de tous les visiteurs revenus de Chine, qu'avec lui avait péri son mysticisme magnifique et infernal. Je me suis dit que peut-être là-bas germait une autre vie. Je rêvais à la dissolution de l'idéologie, ce monstre froid. J'étais tenté de croire à une Chine qui ne serait plus sous une chape de plomb, qui prônerait une civilisation de l'individu où chacun s'adonnerait au vivifiant égoïsme, à l'intérêt personnel, à la recherche du bonheur. Évidemment, la dictature du Parti communiste chinois (le PCC) demeurait, mais, après tant de drames et de catastrophes, lui aussi ne pouvait-il pas se reposer dans une léthargie bienfaisante, s'installer dans de douillettes limbes? Dans ces songes, subrepticement, la Chine me rattrapait.

Pour me décider, il a fallu de l'imprévu, que des êtres particulièrement proches de moi s'acoquinent à mon sujet, que les dirigeants de l'hebdomadaire *le Point* et mon éditeur me proposent à brûle-pourpoint: «Pourquoi n'iriez-vous pas en Chine pour nous? Ne seriez-vous pas intéressé par un voyage sentimental où vous retrouveriez la Chine de votre enfance et celle du reporter? Vous raconteriez les grands tumultes dont vous avez été témoin et leur résultat. Et puis là-bas, vous renouerez avec vos origines, avec Anne Marie, avec Albert, ces parents sur lesquels vous avez tant phantasmé dans vos romans. Vous les ressusciterez dans leur réalité, sur les lieux mêmes où tout s'est joué. » J'ai accepté. A cette condition que je puisse emmener avec moi Marie-Françoise, ma jeune épouse, une fieffée journaliste. Je savais que dans ce qui serait une enquête ardue, exténuante, sans elle je ne tiendrais pas le coup. Affronter la Chine, essayer d'y accrocher une vérité, c'est naviguer dans le brouillard, se perdre dans les embarras, dans les éternelles chinoiseries qui exigent patience et même rouerie de qui prétend les supporter.

Mon pauvre père, le consul, s'en plaignait, mais il en jouissait. Moi pour parcourir une Chine qui, ayant quitté les vertiges de la métaphysique, doit fleurir de combines inextricables, il me faut Marie-Françoise et son astuce. Elle s'amusera du jeu qui nous attend, être amis et prisonniers, tout ce côté menottes et tapis rouge.

Marie-Françoise. C'est une blonde à la couleur de lin, un flamboiement de clarté, une aurore, la joie de vivre, d'éclairer, d'illuminer, de comprendre. Le contraire d'une Iseut aux yeux de brume, aucunement la beauté dans sa sévérité altière, pas non plus la petite bourgeoise accrocheuse de la permanente et du gloussement. Le don de Marie-Françoise, c'est de pactiser, gredine honnête, à la dignité bien ficelée, manipulant les êtres, mais sans bassesse, pour arriver à faire son butin qui n'est jamais le vil intérêt mais le plaisir ou la connaissance. Ronde, pleine d'avantages, elle est d'un courage sans égal, d'un acharnement sans pareil. Toujours rieuse, toujours trottant pour se faire sa voie dans l'univers, elle est aussi la mère jugeote, avec parfois des humeurs, en général justifiées. Son instinct. Je suis sûr que pour les Chinois elle ne sera pas la dadame méprisée mais qu'elle les charmera, telle une jeune concubine merveilleuse. Nous ferons plus que couple, plus que tandem, plus qu'association, nous serons deux face à la Chine.

PÉKIN

Très absurdement tout a commencé à Issy-les-Moulineaux. Là, au consulat, sitôt la porte poussée, a débuté le voyage. Nous sommes entrés dans une Chine nouvelle et très inattendue pour moi : celle de la crasse veule. Plus de tension, plus de rugueux, plus de petites voix aiguës comme des épées, plus d'inquisition, c'est l'amitié dans le laisser-aller. Au milieu d'un vestibule souillé, quelques Chinois plutôt jeunes, en complet-veston avachi, s'affairent autour d'un téléphone. Ils s'intéressent à leur routine, à leur quotidienneté, pas aux visiteurs. Crécelles du bavardage. Soudain l'un d'eux s'adresse à nous dans un français hésitant : il faut attendre. Enfin ces plantons arrivent à joindre l'attaché culturel, M. Yan, qui descend de son ciel, de son premier étage sacré en se frottant les yeux tel un tapir mal réveillé. Se souvenant tout de même de notre rendez-vous, à la hâte il cherche un salon pour nous recevoir, en trouve un, et fait apporter du thé. Notre demande de visa est accueillie avec un sourire de bienveillance, diffus, retenu, ce sourire si connu de la bonne volonté qui présage les obstacles insurmontables. Avec une autorité suave, puisatier qui cherche ses mots au plus profond de sa gorge, M. Yan nous avertit que dans sa munificence, il va aussitôt prévenir Pékin. Seulement voilà... nouveau sourire, gentillesse exquise, la réponse n'arrivera que dans plusieurs mois, étant donné que je suis un cas difficile : doit-on me confier à l'Association des journalistes ou à celle des écrivains? Il nous voit désolés, alors brave melliflu, il nous rassure, il nous console. Mais je sens que nous sommes tombés dans l'ornière des mélasseries orientales, dans le système, dans la bureaucratie toute-puissante dont le verdict est imprévisible.

Ah! comme l'innocence est parfois récompensée! Moi, en vieux routier, je crois que l'on ne peut rien changer à la marche des événements. Marie-Françoise, elle, s'imagine qu'elle peut influer sur les mécanismes mis en branle à Paris, à Pékin, on ne sait où. Elle ne cesse de téléphoner à M. Yan qui, à ma surprise, lui répond, la rappelle. Il semble même qu'elle arrive à l'émouvoir avec ses accents, ses arguments, tout son péremptoire féminin. Miracle, M. Yan est persuadé. Il télexe et retélexe, ce qui est d'une grande somptuosité. Au bout de deux mois, il prend une voix de quasi-chevalier servant pour annoncer la bonne nouvelle : l'autorisation est là. De nouveau Issy-les-Moulineaux et M. Yan dans les tralalas de la grâce. Faveur inouïe : l'Association des journalistes chinois prendra soin de nous, elle s'occupera de nous sans trêve ni répit, elle se chargera de tout, contre un petit paiement de cent dix dollars américains par jour et par personne *. N'est pas compris dans cette somme le coût de nos déplacements à l'intérieur du pays ni de ceux de l'interprète qui nous sera attribué et nous accompagnera pendant tout le voyage. Malignité dans l'œil de M. Yan. On nous dépouille mais tant pis : ce qui me préoccupe, c'est que nous serons tenus en laisse. En tout cas, business-business. Que nous fassions un programme, que nous le remettions à M. Yan, il transmettra à l'Association des journalistes. Et tout goguenard, pour la première fois, il plaisante : « Ha-ha! J'ai lu *Monsieur le Consul*, monsieur Bodard. A cette époque-là, j'avais un foulard rouge autour du cou. Et maintenant il paraît que vous voulez revoir les lieux de votre enfance. Pourquoi pas? Songez à votre plan. » Rire inclassable, entre la sympathie et l'antipathie, du grinçant sirupeux. Cette fois, il fait venir du thé de qualité supérieure, extra, et même m'offre sa traduction des poèmes de Ai Qing. Nous sommes amis.

Je ne crois pas à l'utilité d'un programme : nous négocierons cela à Pékin. Mais Marie-Françoise me tarabuste, jusqu'à ce que je concocte un projet qui sera dûment expliqué à M. Yan. Hélas, rien n'est réglé. On ne peut pas partir avant longtemps. Aucune explication. Ah! la maudite Chine. Marie-Françoise ne flanche pas, elle assiège M. Yan au téléphone, elle le touche, elle le trouble. A la vérité, le pauvre M. Yan s'agite, s'il ne comprend absolument pas les raisons de notre précipitation, dictées simplement par des impératifs techniques – on attend livre et articles à des dates fixées – mais comment pourrait-il perdre la face en nous expliquant les aléas du tourisme en Chine, les hôtels, les trains et les avions bondés, les multiples difficultés que suscitent nos demandes? En bon Chinois respectueux de l'âge, il trouve un argument imparable : « M. Bodard n'est plus tout jeune, il sera fatigué, il veut rentrer tôt pour pouvoir se reposer avant d'écrire. » C'est la phrase finale car enfin nous est donné un jour, le jour nécessaire, le jour immanquable pour nous présenter à Pékin. Ni avant, ni après, ce serait foutu. On nous attendra à l'aéroport, le 5 avril.

Atterrissage de nuit. Par le hublot, j'aperçois un halo, une immense tache de lumière douce et rare... Pékin, première étape de mon pèlerinage. Magma de sensations confuses, d'interrogations ambi-

---

* A cette époque, le dollar valait environ dix francs.

guës. Comment souffle le vent des Quatre Modernisations (agriculture, industrie, défense nationale, sciences et techniques) réclamées jadis par Chou En-lai, comment Deng Xiaoping tient la gigantesque boutique de la Chine, lui l'éternel second dont l'Occident ignorait jusqu'au nom? Xiaoping, « petite paix »... Un gnome qui a survécu aux géants, qui a connu tous les hourrahs et tous les hallalis. A quatre-vingt-deux ans, lui reste-t-il assez de temps pour mener à bien sa reconstruction? Et quelle est sa marge de manœuvre? Milliers de questions pour en écarter une seule, la principale : quel lien ai-je gardé avec ma terre natale?

Déjà l'avion d'Air France déverse dans le hall toute une foule franchouillarde, un convoi tricolore de gens qui savent où ils vont, qu'on attend, qu'on salue. Mines riches, figures de hauts-commis, de brillants sujets sentant l'Ena : c'est que toutes les grosses banques, tous les gros consortiums se sont installés à Pékin pour profiter de la fameuse « ouverture » et ainsi accumuler des pactoles. Les femmes de ces messieurs bien sont très bien. Pour ces personnes de qualité, les formalités sont réduites, beaucoup moins rigoureuses par exemple qu'aux États-Unis. Congratulations et adieux, Marie-Françoise et moi nous retrouvons quasiment seuls, sans que se soit manifestée l'Association des journalistes chinois. Des compatriotes attardés veulent nous dépanner : « Les Chinois, affirment-ils, on ne peut pas compter sur eux. » Un instant je flageole à l'idée d'un pareil manquement, de notre beau programme menacé. J'ai tort de douter : nous abordent deux quidams jaunes qui nous tendent leurs cartes de visite. Ces bristols... c'est la contre-révolution, me dis-je.

Il s'agit en effet des représentants de l'Association des journalistes chinois, M. Yao et M. Zhu. Avec eux, ces presque gentlemen, pas question de laïus, de courbettes, de salutations à la sauce traditionnelle ou à la mode marxiste. Du solide shake-hand, de la poignée de main à tire-larigot et juste de ce petit rire un peu étranglé, un peu sarcastique, un peu timide, si caractéristique du quidam jaune de bonne compagnie. C'est surtout M. Zhu qui rit, M. Yao, lui, baragouine le français et y va carrément : « Ah! je suis content que vous soyez là. J'aime les Français. J'ai passé en France deux années épatantes. » Ainsi s'emparent-ils de nous comme ils battraient des cartes. Drôle de jeu : moi, la grande bringue, confite dans sa noble décrépitude, à l'attitude distante et légèrement hagarde, Marie-Françoise ma « maman », la comète qui m'entraîne dans son sillage, son vif-argent. MM. Yao et Zhu, tels des Tintins malins, s'aperçoivent immédiatement qu'elle est le dompteur, sachant faire et me faire faire les choses. Alors ils lui serrent la main avec une vigueur qui signifie déjà complicité. Affinité instantanée : le dénommé Yao, l'œil bitumineux, le cheveu vaguement fofollé, la regarde avec appréciation, elle plaît aux Chinois, Marie-Françoise. En signe de premier hommage et parce que tout de même elle est fragile, les deux compères se mettent à transporter nos bagages qui sont d'un poids incroyable : nous sommes formidablement équipés pour cette campagne de Chine où nous affronterons quantité de régions et de climats. Dans les temps anciens d'innombrables coolies haillonneux, sauvages, effrontés, se seraient jetés avidement sur nos valises dans l'espoir de récolter quelques sapèques; aujourd'hui nous héritons de deux volontaires, deux petits bouts d'homme rayonnants de bienveillance, aux mines déplissées et en tenues à l'européenne fièrement débraillées.

Ces deux joyeux mirliflores sont le contraire du dialecticien empaillé qu'on m'avait collé voici trente ans, lors des Cent Fleurs, un sale con, aussi raide du cerveau que du bleu de chauffe. Ah! le bonheur du négligé. Encore une fois je me le répète, faut-il que le pays se soit métamorphosé pour m'expédier comme sbires, ces deux bougres-là, certes personnages officiels, mais avant tout journaleux éternels, version asiatique. Dehors, nous attend une voiture noire, chauffeur au volant. Nous nous entassons, je ne le sais pas encore mais M. Yao ne nous quittera plus.

La lune éclaire Pékin et de nouveau le doute m'assaille : que suis-je venu chercher? Pékin n'est plus la ville impériale des murailles rouges, des enceintes géantes, des palais de l'harmonie paisible, emblèmes de la symbiose du ciel et de la terre. Ce que je discerne en cette nuit, c'est un éventrage, une éviscération d'immenses avenues où glisse, obscur, un peuple à bicyclette. Des loupiotes, des HLM, l'universalité de La Garenne-Colombes... Un décor sans âme, sans vie, un abandon. Il me semble que Pékin est livrée aux petitesses, qu'elle n'a plus de sens.

Dans le silence nous arrivons à notre hôtel, qui, bien que situé en bordure de Chang'an l'artère principale (quelque quarante kilomètres de long), n'est pas chic. Une odeur, une crasse... un instinct m'avertit que nous sommes dans un lieu pour visiteurs de petit acabit. Pourtant cela se veut palace, on nous a même assigné une suite. Passeports, fiches et refiches, routine bureaucratique à laquelle personne, il est vrai, n'accorde une importance excessive, nous plongeons dans la rondouillardise des choses : les dentelles jaunâtres, les fleurs artificielles, le pelucheux des draps et même les thermos d'eau bouillie, toute ma Chine et son relent décemment pisseux. Un peu découragé, je sombre sur un divan tandis que M. Yao s'excuse inexorablement : « Pas de place ailleurs, trop d'amis étrangers. » Il parle avec une autorité gênée, sachant que nous soupçonnons une arnaque de l'Association des journalistes qui peut-être tâche de faire un maximum de bénéfices sur notre dos. Pour dissiper le malaise, il balaie l'air d'un mouvement de bras et nous annonce qu'étant mariés, et n'occupant qu'une seule chambre, nous ne paierons que quatre-vingt-dix dollars par personne. La voix étranglée, il ajoute même : « Si on veut vous ratisser votre argent, je vous défendrai. » Scène auguste. A la vérité, je gamberge que c'est pour une tout autre raison qu'on nous a mis dans cette médiocrité, lits grinçants et baignoire incrustée de rouille. On va nous empêcher de courir la gueuse, j'entends par là les ambassades et surtout nos congénères étrangers, tous nichés à l'hôtel de Pékin, à l'hôtel de la Grande

Muraille et à l'hôtel Jianguo, les trois célèbres bocaux où nagent les poissons de l'Occident. Les Chinois sont gentils mais nous veulent à eux, exclusivement à eux.

Cependant M. Yao et M. Zhu, trônant sur des fauteuils poussiéreux, se sont figés dans une dignité mandarinale. L'heure est grave. Soudain Yao tire de sa poche un document qu'il nous tend : « Votre programme, celui que vous avez demandé à Paris, tout est accordé. L'Association des journalistes s'occupera de vous partout et en tout lieu, et moi je vous accompagnerai. » Cette fois, une joie m'étreint. Ça y est. Nous irons à Shanghai, à Hangzhou et à Nankin, nous remonterons le Fleuve Bleu, nous irons à Chongqing où je suis né, à Chengdu où j'ai grandi. Est même prévue la grande randonnée au mont Emei, le mont sacré aux cent pagodes où j'ai batifolé avec Li dans les lys sauvages. Nous irons à Yunnan Fu, désormais appelée Kunming, là où monsieur le Consul s'occupait de son petit train tandis que je galopais parmi les tombes. Je vais revoir ma jeunesse et puis je me rendrai au Xishuangbanna, sur le haut Mékong, pour retrouver mes fascinations de journaliste, la jungle effrayante et aussi le charme sensuel des peuples thaï que j'avais tant apprécié au Tonkin. Nous irons à Canton, cet attisement de vitalité sur la Rivière des Perles, et à Shenzhen, le laboratoire du capitalisme à la mode rouge. Et puis ce sera Hong Kong, une autre histoire. Exclus cette fois, faute de temps, le Liaoning (l'ancienne Mandchourie) et le Xinjiang (Sin-k'iang, le Turkestan chinois) visités en 1956. Mais mon pèlerinage durera tout de même six semaines! Programme complet, donc, programme minuté, programme camisole de force, programme riche aussi. La règle, c'est que nous devons toujours être occupés. On nous fournira en masse de la culture – des écrivains, des artistes, des étudiants, des professeurs, des architectes – en quantité raisonnable de l'économie et des usines, et surtout pas de politique. Je m'en moque, car je la trouverai bien, cette politique, même dans la façon chinoise de se promener ou d'aller aux toilettes. A condition de ne pas faire de vagues, nous allons être bichonnés, libérés surtout de ces questions de logement et de transport qui sont un foutoir en Chine, paraît-il. Le bonheur, quoi!

Ce programme dactylographié en français, je le scrute et bien sûr je tombe sur un os : quatre jours seulement à Pékin alors que nous en avions réclamé dix. Nous protestons, surtout Marie-Françoise qui immédiatement recourt à sa technique de la voix doucement véhémente et chaleureusement persuasive. Une première pour les oreilles de M. Yao qui, sous l'assaut, arde sa face d'une indifférence absolue et inébranlable. Je le devine, la prophylaxie prime tout : il ne faut pas que nous restions trop longtemps dans la capitale, elle pourrait gâcher les bons sentiments de catéchumènes comme nous, trop de tentations. La gueule d'airain de M. Yao. C'est clair : nous devons nous soumettre ou tout casser. Finalement pénétrés de la subtile intransigeance de la situation, nous nous bornons à maugréer un peu. Quelque temps, Yao conserve son expression de raison d'État. Nous

nous inclinons, il a gagné. Après l'épreuve de force, l'intimité. Il se transforme, il nous sourit merveilleusement, il est tout content. C'est une sorte de titi sino-parigot plein de blagues, de franchise, d'aveux culottés et aussi de non-dit. Il pouffe du nombril et confie : « Vous savez, vous me plaisez. Je suis content de partir avec vous. Cela me fera du bien de quitter un peu ma femme et ma fille. Tous les trois, nous sommes entassés dans une petite pièce, c'est trop. A moi la liberté. » Évidemment, il s'exprime dans notre langue si bien que son compagnon, qui ne peut comprendre, gigote comme un plumeau en faisant des « hi » pour ne pas paraître absent. De temps en temps, il s'enquiert auprès de Yao de ce qui se passe, jaspinages, explications en franco-chinois, tourneboulis de langages, M. Zhu a des airs de cocu. M. Yao, l'émissaire détaché auprès de nous, est déjà un copain. Qui aurait jamais cru que nous aurions si rapidement un copain chinois ?

Yao se tape sur le ventre : « Allons manger, on ne mange jamais assez, on attaque. » Nous avons beau objecter que nous venons de faire dix-huit heures d'avion et qu'on nous a abreuvés, nourris jusqu'au dégoût, pas question de refuser un festin. Dans la salle à manger de l'hôtel, autour de tables aux nappes sales, nous devons donc nous en mettre jusque-là, nous immerger dans un gueuleton, le grand gueuleton de la fraternité. Cependant le nombre des convives, tous membres de l'Association des journalistes chinois, a augmenté, nous touchons même un grand-cadre en tenue Sun Yat-sen. Ravissement, débonnaireté et satisfaction. Les inimitables hi-hi s'étirent en longues plaisanteries, en considérations frivoles que Yao traduit à l'emporte-pièce. On apporte trente plats, tant de visqueux, tant de gélatineux, tant de croquant, tant de doré, tant d'ouvragé, tant de bestioles torturées, Marie-Françoise se nimbe de victuailles, elle est reine des baguettes. Délicatement, M. Yao lui offre les meilleurs morceaux, piochés dans la foire aux nourritures avec ses « chopsticks » qu'il se garde de sucer. M. Zhu procède de même avec moi qui me sent grossir à vue d'œil. Un bidon, je ne suis plus qu'un bidon. M. Yao rote et s'excuse, penaud, car il connaît nos préjugés. Qu'importe d'ailleurs, les raclements de boyaux font partie du concert : tintements cristallins des bols, cliquetis des baguettes, éraillements des voix, toute une symphonie déchiquetée qui témoigne de la réussite d'un repas. Alentour, hormis deux ou trois Blancs de maigre importance, hippies globe-trotters dont rien n'altère le miteux, ce ne sont que faces hilares et panses pleines. Je m'octroie une analyse politique, concise mais sûre : quand les Chinois s'empiffrent avec cette jovialité, c'est que le pays va bien.

A la fin du repas, le « monsieur » en tenue Sun Yat-sen, le patron mystérieux qui s'est moins dévergondé que ses inférieurs, propose un « kampé » à la bière, un cul sec au nom de la sempiternelle et formelle amitié franco-chinoise. La petite touche doctrinale... M. Yao est grand amateur de cette boisson qui mousse partout en Chine, alors à son tour il se lève et porte un toast d'amitié, mais à sa façon, empreinte de vrai sentiment. Moi, je me contente de leur orangeade, une infection chimiquement sucrée. Ça ne fait rien, seule compte l'euphorie. « Kampé! Kampé! » Après une dernière tournée, Marie-Françoise et moi, nous nous retirons dans notre chambre suivis de M. Yao qui va dans la sienne, adjacente à la nôtre. Les cloisons sont minces. On l'entend téléphoner. Simple compte-rendu ou rapport circonstancié? Et adressé à qui?

Marie-Françoise dort déjà. Je m'assoupis enchanté, ma vieille peur a disparu, je ne tremble plus en abordant cette Chine qui autrefois m'avait effrayé. En 1958, seul, sans même un interprète cette fois-là, j'étais à la merci d'une populace ou d'un commissaire politique. Fini tout cela. Au plus si je tente de fuir l'engrenage du programme, on peut me tracasser, mais le risque est minime. Ne nous guettent que les amibes, les dysenteries et les susceptibilités des Célestes qui ont l'orgueil, l'amour et la vanité à vif. Autre complication, si la Chine semble apaisée, je suis certain que les Jaunes se jouent encore de rudes tours : réformateurs contre conservateurs, la sourde bataille peut éclater soudain avec son cortège de retombées, purges et autres exclusions qui troubleraient mon pèlerinage – tout est toujours possible en Chine où l'on enchaîne les campagnes comme la Quatrième République ses gouvernements, à ceci près qu'ici ces contorsions peuvent tuer. Mais ce sera Yao le plus visé. Qu'il ne se laisse pas « polluer » par nous... En attendant, avec lui, bienvenue au magasin des désirs que régit, fuyante et indiscernable présence, la discipline du Parti.

Dès le lendemain matin, travail, et pas question d'être exténués par le voyage. D'abord il faut prendre nos marques, ployer sous le poids des signes... Notre première visite en Chine « ouverte » (et plus de deux cents villes le sont effectivement) sera pour une clôture, la plus gigantesque de toutes, le long mur de dix mille lis *. Nous partons pour la Grande Muraille, la dentelle de pierre dans laquelle Qin Shihuangdi (Ts'in Che Houang-ti), Premier Auguste Empereur, prétendit enfermer la Chine. Quelle n'a pas été la grandeur de ce souverain des origines (– 221. – 210 av. J-C) dont on vient de retrouver l'armée endormie, son génie, sa démence aussi – il fit brûler les livres, rechercher les recettes de l'immortalité, édifier enfin l'impassable ceinture qui devait arrêter les Barbares de l'Asie intérieure, les hordes nomades de la Tartarie, celles de la Mongolie et de l'Altaï. Des millions et des millions d'hommes furent jetés sur le chantier, presque tous moururent. Et les Fils du Ciel au cours des siècles continuèrent la tâche. Tant de mains nues, tant de corps déchirés, tant d'agonies, tant de cadavres! Un charnier!

La voiture est avancée, le chauffeur ouvre la portière, je m'assieds à côté de lui à cause de mes grandes jambes. Sur la banquette arrière, Marie-Françoise et Yao bavardent, Yao s'apprivoise de plus en plus,

---

* Un li égale environ cinq cents mètres.

M. Zhu a disparu. Au grand jour, Pékin m'apparaît toujours aussi laid, affreux même, une grande mutilée. Mao dans sa folie mystique a fait tracer ces voies géantes qui se veulent impériales et qui ne charrient que du vulgaire. Où sont les caravanes d'antan, les chevaux de bât et les chameaux arrivant du désert de Gobi ? Où sont aussi les êtres dans leur diversité, les mandarins, les mendigots, les petites fleurs ? Il ne reste plus qu'un no man's land encadré de bâtiments médiocres, dortoirs où même le linge semble flotter tristement. Pauvre Pékin! Et ces atroces constructions, ces monuments qui sentent le soviétique, la lourde envolée de la faucille et du marteau... Je ne reconnais plus Pékin, mon Pékin, le centre du monde, la Cité du Dragon. Au-delà de ses mystères sacrés, flottait un charme dans ses lacs, ses ruelles, les « hotungs », parées de dalles régulières. Dans les parois épaisses du silence éclatait parfois la laque rouge d'une porte, elle s'ouvrait sur un jardin, une charmille, des pampres, une demeure au toit recourbé... Ancienne douceur de Pékin, cloches, le ciel d'un bleu pâle, les souffles chauds du désert... Je ne vois plus que du gris. Pékin de la pauvreté, Pékin de l'inflation où les bazars croulent sous la camelote manufacturée mais où le riz est rationné. Misère digne, sans haillons ni chagrin apparent, misère calme, résignée, amorphe. Visages décents, tenues ternes, parfois des « élégantes » font des efforts méritoires de parure et de coquetterie. Normalité... Il n'y a plus de rictus forcenés, plus de malédictions exacerbées, plus d'amour universel. Où sont les magnificences et les fastes d'hier, les protocoles du Ciel et ceux de la Révolution, les déferlements de millions d'hommes ? Il n'y a plus de Dieu, plus de Pensée souveraine, plus de culte de la personnalité. Il n'existe plus de masse, presque plus de peuple. Il ne reste que des Chinois qui essaient de subsister un peu mieux.

Depuis une heure, nous roulons dans une nature de pastel. Bois, champs, villages comme des ciselures sur la plaine caillouteuse, toute pelée et nue. Sur cette étendue chauve, des grumeaux d'hommes et de femmes, nœuds d'humanité, plantent pieusement des arbres – à travers toute la Chine c'est aujourd'hui la fête du reboisement. Puis le paysage s'escarpe, des ondulations naissent, des mamelons se superposent, des monts s'étagent. Soudain, au sein de cette acrobatie montagneuse, surgit le long corps de la muraille, corps sans sagesse, trop hardi, accroché aux pentes, les escaladant de son incohérence continue. Cinq mille kilomètres... Quand j'étais venu autrefois contempler l'ouvrage prestigieux, il m'avait paru se distordre dans une solitude uniforme, il m'avait laissé le cœur dur et froid... J'admirais mais sans amour. La Chine alors me semblait comme une planète lointaine. A présent, tout ce que j'y vois m'est chaleur et réconfort : en ces lieux antiques, M. Yao nous mène à une liesse, à une foire. C'est que l'enceinte restaurée – ou du moins un tronçon – est livrée à la foule, des cars ont amené leur contingent de voyeurs. Après les guichets où M. Yao paie pour nous, comme de droit, on tombe sur toute une mercerie, toute une saint-sulpicerie, des chromos et des bistrots, une fièvre boutiquière. Et les gens sont là, en multitude, à se photographier, à pique-niquer, à rêver : heureux, les Chinois consomment leur passé.

M. Yao prend la tête de notre expédition à travers cette plèbe : à nous les millénaires! Tout autour prolifèrent les Célestes plongés dans les joies du baguenaudage familial. Pullulent les enfants, pullulent les vieux, les vieilles, les hommes faits, quelques beautés maquillées. Ces êtres-là rient, s'attouchent, s'embrassent, s'émeuvent, garçons et filles se font tirer le portrait dans des figures historiques en carton, dans des costumes qu'ils louent pour plastronner, pour s'amuser. Ce pourrait être Versailles, ce pourrait être les Pyramides, ce pourrait être n'importe où. Même spectacle un peu plus loin, aux tombeaux des Ming, nécropoles somptueuses où vient battre une kermesse. Le voilà, le retour des sentiments éternels que Mao avait voulu faire disparaître, l'amour filial, le tendre amour, le jeune désir et même le flirt. Comme les enfants surtout sont soignés, revêtus de beaux atours molletonnés, avec par-ci par-là quelques fleurs ou quelques dragons bien brodés. Les garçons ont un pantalon fendu, ce qui leur permet de faire gentiment pipi ou caca sous les yeux émerveillés des mamans qui ensuite tripotent et nettoient. Babils, bécots, les petites filles déjà font les coquettes. Quant aux ancêtres, aux grands-parents, ils marchent à petits pas derrière les cohortes d'adolescents qui fanfreluchent. En somme, la démocratisation. Sans que cela provoque la moindre gêne, ni la moindre curiosité, traînaillent des paquets de touristes étrangers, en général personnes mûres, retraitées, usées et solides, qui s'offrent des voyages dans tous les coins du monde. Toutes les nationalités, mais la même envie de profiter. Cheveux violets des Américaines, faces rapetassées des Allemands, vieilles trognes rubicondes et désinvoltes des Anglais. Les Français, comme toujours, jouent les flambards... Bagatelles... Les « amis étrangers », désormais ce sont des devises, une industrie qui ne présente pas d'inconvénients : ils passent et ne comprennent pas, enfin rarement.

La Grande Muraille... Quelle illusion! Du Tibet à la mer, elle devait défendre le flanc terrestre de l'Empire du Milieu. En fait, ce fut une passoire : les hordes de l'Asie intérieure sont entrées, qui ne se contentaient pas de conquérir les étendues de l'univers et qui voulaient d'abord s'emparer de son moyeu, de son timon : la Chine. Chaque fois, des années noires, la mort, les immenses égorgements, les fleuves de sang, la destruction, la géhenne. Et puis les descendants de ces maudits se civilisaient, acquéraient le « mandat du ciel », devenaient d'excellents souverains comme ce Koubilai qui reçut si gracieusement Marco Polo au sein d'une Chine rutilante, jusqu'à ce que d'autres suppôts de l'enfer franchissent à leur tour la Grande Muraille et déchaînent à nouveau le feu et les massacres. Pourtant les derniers Barbares, les plus mauvais, ne sont pas venus des déserts mais des océans. Barbares arrivés sur des bateaux à voiles, Barbares à peau claire, Barbares hirsutes, roux, puant le chien ou le cadavre, Barbares au nez énorme, ils surgissaient sur les côtes, ils entraient dans les ports, ils les forçaient, arborant crucifix et canons. Ils ne révéraient pas la sainteté de l'Empire du Ciel, ils voulaient dominer, exploiter, faire régner l'argent et le commerce. L'opium, par la violence ils l'ont imposé. Plus tard, les colonnes anglaises et françaises ont saccagé le Palais d'Été et se sont emparées de Pékin. Les « traités inégaux », les navires de guerre, les consuls... Je le sais, mon père Albert le Consul, avec sa moustache fringante et sa ténacité, a été un Barbare particulièrement efficace.

Ainsi ces créatures à la chair livide, les répugnants Barbares de la mer, ont dépecé la Chine. Ils étaient exécrables et très justement la grande Régente Cixi (Ts'eu Hi) avait voulu les anéantir par une très équitable hécatombe. Hélas, malgré les règles très judicieusement appliquées de la sage perfidie, ces monstres ont survécu et se sont multipliés. Excréments de la nature mauvaise, ils sont même arrivés à contaminer les Chinois : en supprimant l'Empire en 1911 et en établissant une République dont Sun Yat-sen deviendra le premier président, ceux-ci ne se réclamaient-ils pas en effet de l'esprit, des principes et des méthodes des Blancs? Qu'en est-il résulté? Le chaos. Les Seigneurs de la Guerre, le Kuomintang, Tchang Kaï-chek. Années horribles d'où a émergé le communisme chinois, mais après quelles affres et quelles erreurs! Tout d'abord, certains révolutionnaires jaunes avaient cédé à une autre tentation d'occidentalisation, celle du marxisme à la russe. Et le soulèvement rouge dirigé par les agents de Moscou avait été noyé dans le sang. Déliquescence de l'âme, désespoir. Alors apparut Mao Zedong...

Mao qui vivait pour la Chine, attaché à sa glèbe, à son sol, aux paysans dont il avait enflammé la haine contre les riches et les possédants, Mao, après son épopée de légende et de fuite, après l'errance glorieuse de la Longue Marche, avait enfin triomphé de tous les Barbares, ceux à peau jaune, ceux à peau blanche. Il triompha même des ogres soviétiques qui ne l'avaient jamais soutenu dans ses combats les plus âpres. Après la Libération, il avait cru que le Kremlin l'aiderait : lorsqu'il s'aperçut que l'alliance avec l'URSS n'était qu'une duperie destinée à coloniser plus aisément la Chine, il la rejeta et il créa un nouvel Empire Interdit, son Empire rouge. Ses sujets? Un milliard d'hommes et de femmes, à la nature améliorée par lui, des purs qui construiraient un paradis, le ciel du progrès. Cela avait été une catastrophe. A sa mort, Mao avait laissé un pays souffrant, démuni, affamé, à la population accablée. Ses successeurs, des hommes de bon sens et de petit étiage, quand ils avaient osé en eux-mêmes juger Mao, quand ils s'étaient permis de reconnaître ses fautes, se tournèrent vers les Barbares, leur réclamant de l'argent et de la science. Avait commencé la politique de l'« ouverture ». Et, les chiens puants étaient devenus ces « amis étrangers » dont je suis un modèle chouchouté.

Mao... C'est au cœur de Pékin qu'on peut le voir, sur la place Tiananmen, la place de la Porte-de-la-Paix-Céleste, que domine la Cité Interdite. Étonnant pouvoir des symboles, dérision de l'Histoire. Encore une fois, je parcours la Cité, les pavillons mystiques d'où le souverain du monde répandait les bienfaits du ciel et les émanations des étoiles sur le peuple laborieux. J'erre dans le pourpre.

Jadis régnait ici la plénitude de la suprême paix. A l'ombre sereine des palais, les arches et les portiques, les marbres mêmes, ces repos, chantaient l'ordre éternel et bénéfique qui abolit les fureurs, les calculs, les haines et les ambitions qui rongent les hommes ordinaires. Tout était sacrement et rite, une cloche d'airain mesurait l'écoulement du temps. Passé le ruisseau d'or que franchissent trois ponts sacerdotaux, on entre au plus profond du sanctuaire. Chaque aurore, assis sur son trône divin, le Fils du Ciel y écoute les doléances et les louanges des grands mandarins prosternés, les Colonnes de l'Empire. Tombent de ses lèvres des sentences qui aussitôt deviennent loi providentielle. Respect à lui, à ce qu'il a décrété, aux documents de sa sagesse frappés de son sceau très saint. Le soir, quand il se retire dans la Chambre du Repos Impérial, ne restent auprès de lui que les castrats qui le servent, lui et la horde de ses concubines. Durant les heures nocturnes, tous les hommes vrais sont chassés... Seuls demeurent les « coupés », les eunuques, certains gonflés comme de grosses matrones, d'autres secs et durs, brandissant les épées nues de la protection contre tous les esprits mauvais. Veille peut-être aussi la vénérable Reine Mère, à qui tous les égards sont dus... Calme, magnificence des bâtiments et des autels, clarté de leurs lignes pures découpant la nuit... Et le matin revient avec les courtisans. L'Étiquette sublime. Au Temple du Ciel, une fois par an, le Très-Auguste s'unit au firmament afin d'assurer la prospérité des moissons. Mais si le souverain très admirable montre des penchants néfastes, les malheurs accablent toute la terre. Ainsi vont les ans...

En fait, sous l'apparence de la piété, la cour mandchoue n'est qu'un grouillement d'intrigues. Les faîtes lumineux, les toits harmonieux, ces merveilles d'entre les merveilles n'abritent que des drames. Combien de corps jetés dans des puits, combien d'édits pervers engendrant des calamités! Remonte en moi le souvenir de Cixi (Ts'eu Hi), mon héroïne. M'a-t-elle fasciné Ts'eu Hi la tutélaire qui envoya aux Fontaines Jaunes son propre rejeton devenu rétif et menaçant, puis tous les bambins, neveux et petits-neveux qui, mis par elle au timon de l'univers, une fois majeurs se retournaient contre son joug! Cinquante ans de domination sublime... elle s'était accomplie dans son génie et sa luxure, ses sujets dévoués l'appelaient le « Saint Homme ». Et cependant elle avait échoué à endiguer les répugnantes convoitises des Barbares.

Ts'eu Hi morte, l'auguste Empire aboli, les demeures de la Cité étaient restées comme les navires d'une flotte perdue dans le temps. On n'y entendait plus la musique éternelle des sphères et Mao, quand il était devenu le pontife rouge, avait dédaigné le cœur de cet antre.

Sa propre magie pourtant, il avait voulu la célébrer à la porte de Tiananmen, qui reliait l'ancien et le nouveau, le sacré et le temporel. De son sommet, les mandarins jadis clamaient les ordonnances que le peuple recevait à genoux. Ce fut sur son parvis que les masses accueillirent les édits du Grand Timonier et d'abord la proclamation de la République populaire de Chine, le 1er octobre 1949.

Place Tiananmen... Quelle tranquillité désormais sous la muraille crénelée, à l'endroit où le peuple révolutionnaire se célébrait et célébrait Mao. Plus d'un million d'hommes et de femmes y venaient parader, gesticuler leur enthousiasme, vociférer leur bonheur, leur communion absolue. Parfois, si Mao le commandait, la cohorte de l'infini, la masse coagulée était emportée par l'âcre colère, ces rassemblements titanesques devenaient l'épouvante même. J'ai connu cela sur Tiananmen. O Tiananmen des tempêtes, Tiananmen des passions, Tiananmen de l'adoration et de l'exécration, Tiananmen où finalement les créatures innombrables ont rendu un ultime hommage à Mao, héros immortel, héros expiré, comme j'aime ta sérénité retrouvée!

Presque modestement est érigé là un affreux monument, un mausolée coffre-fort, une sorte de super-cercueil, celui de Mao. Inaugurée le 9 septembre 1977, un an jour pour jour après sa mort, quand son astre était à peine éteint, quand son génie n'avait pas été encore grignoté par le temps, cette tombe qui se voulait tabernacle et ostensoir, a des airs de prison. Mais je veux voir Mao défunt, Mao embaumé, conservé sans tripailles, le comparer au Mao vivant qu'autrefois j'ai scruté de mes yeux. Oui, j'en ai un désir intense. Mao, même s'il a été l'incarnation d'un Bien tellement sublimé qu'il en était devenu le Mal, Mao donc, toujours me cogne le cœur.

J'exprime mon envie à M. Yao qui en est légèrement surpris. Pourquoi se déranger pour ce Mao hors programme dont il vaut mieux ne plus trop s'occuper, même si périodiquement on réaffirme le grandiose de sa pensée? Son œil clignote mais évidemment il ne me désapprouve pas et s'en va parlementer pour moi avec un policier qui surveille la file des visiteurs, des gens sans expression, comme indifférents, ne manifestant ni douleur ni extase. Curieuse atonie... Ainsi, par privilège, nous sommes admis dans les rangées de tête à condition que nous nous débarrassions, Marie-Françoise et moi, de nos impedimenta et surtout des appareils photo. On remet ce vrac à Yao qui nous attendra à la sortie. Étrangeté, tout est impersonnel, terne, dépouillé de substance. Halés par le cordon humain, nous pénétrons dans la sépulture. Je sens un regard froid, presque hostile, celui d'un factionnaire. Ensuite tout se passe très vite, nous nous divisons en deux colonnes pour accéder à la pièce suivante. Mao est là, combien seul, couché dans un sarcophage de verre que n'honore aucune couronne, aucune inscription. A peine ai-je quelques secondes pour me repaître de lui. Son corps est engoncé dans une tenue très simple, les traits de sa figure sont intacts, sa chair bonasse est un peu boursouflée sur un côté, comme rafistolée. C'est ça Mao, cette texture innocente qui dissimule l'insondable? Il dort, Mao, il sommeille sans souffle, ce Prométhée n'est plus qu'une charogne aseptisée, demain peut-être il encombrera.

Mao, je l'ai contemplé en son corps glorieux. C'était au banquet officiel offert par lui à l'Hôtel de Pékin en l'honneur du président Soekarno, une « party » rouge de dignitaires chinois, de diplomates et de journalistes blancs, supposés bons. Paix et harmonie : on était à l'époque des Cent Fleurs et le peuple était invité à dénoncer les excès du Parti communiste. A notre gala, discours, « kampés », potins, félicitations, applaudissements. Énormes buffets croulant sous les victuailles et les alcools, sur une estrade dansent des demoiselles ouïgours. Turqueries... on croirait l'Exposition coloniale, personne n'y prête attention. D'autres troupes les remplacent, toujours des filles qui chantent et roucoulent à la mongole, à la tartare, à la kazakh. Dans ce tumulte joyeux Mao se tient debout, au centre de la salle, au milieu d'un cercle vide. Il est là, immobile, solidement planté sur ses pieds, toute pesanteur, les lèvres épaisses, ne disant mot. Sur son gros visage lourd, passif, j'ai cherché en vain une émanation de génie, autour de lui, une aura. Il restait taciturne, lointain et sa solitude auguste valait tous les trônes. Je l'ai examiné plus attentivement et j'ai découvert une tête de graisse dure, une tête de bonne femme rance. Quoi, ce serait une femelle, ce mastodonte qui a survécu à tout, qui a tout écrasé, cette cérébralité inlassable, cet inventeur de monde? Je continue à le fixer : il n'y a pas de doute, ce pétrisseur d'univers est un mastoc très quelconque, une femmasse. Il ne bouge pas, si, il se cure le nez ou parfois il s'anime d'un léger dandinement. C'est un tas, un tas de boue, et qui s'ennuie.

Mao... Ce vide, ce vide autour de lui. Une immensité, le couloir de l'univers. Il bâille. Soudain, une Chinoise, une Han en bleu de chauffe, la natte nouée par un élastique, entonne un cantique d'allégresse en l'honneur du Grand Timonier qui reçoit l'hommage sans broncher, imperturbable. Sa complainte terminée, la cantatrice descend de son podium et commet le sacrilège : elle entre dans le vide, elle arrive à Mao, et lui passe une couronne de fleurs autour du cou. Et l'audacieuse n'est pas foudroyée! Lui, sortant de sa léthargie, s'approche en quelques pas lents des humains, bavarde avec les Chou En-lai, les Zhu De, les Liu Shaoqi, grands lieutenants et compagnons de l'épopée, maintenant tous sexagénaires. Qui aurait pu croire qu'ils allaient s'entre-tuer?

En 1958, je n'ai plus revu Mao. Je l'ai dit, l'époque, celle de la guerre de Formose, était terrible. Des haut-parleurs ferraillaient sur la cité entière, clamant la réplique des masses, la guerre atomique, l'anéantissement des États-Unis. Partout étaient pendus des Américains grotesques, des oncles Sam en carton. Sur la chaussée, des hommes vêtus de noir, luisant d'exécration, faisaient semblant de tirer sur les ennemis en se servant de fusils de bois. C'était, au-delà du ridicule, le total effroi. En même temps, grâce au Grand Bond en Avant, les masses purifiées créaient la science populaire, la science des millions d'inventions. Les Communes du Peuple, déjà instaurées dans les campagnes, avançaient vers Pékin. L'homme, changeant de nature, débarrassé des fardeaux accablants du sentiment, de l'intelligence et des idées personnelles, atteindrait la félicité parfaite. Plus de familles, rien que des poussières de peuple enrégimentées en unités de type militaire. La mort n'aurait plus d'importance, puisque le peuple, lui, continuerait de vivre à jamais. Les vieux, on les enfermerait dans les « maisons du bonheur », et les enfants, enlevés à leurs mères, on les élèverait ensemble. Alors naîtrait l'« homme nouveau ». Ainsi Mao projetait-il de boucler le pays dans la muraille de son orgueil. Mais la Chine a pris peur, les mains se sont croisées, le travail a cessé, les moissons n'ont plus poussé, la terre n'a plus été qu'une nudité, les heures noires sont revenues et la famine et la misère. En avril 1959, Mao fut déchu de la présidence de la République au profit de Liu Shaoqi (élu par 1156 voix sur 1157), et même il dut s'autocritiquer devant un aréopage de neuf mille cadres. Affront énorme, affront intolérable, affront appelant les vengeances dévastatrices, des vengeances comme il n'y en avait jamais eu au monde.

Il y a à Pékin, en bordure du boulevard principal, un étrange endroit datant des temps impérialistes, un labyrinthe de couloirs et de salles, de pièces défraîchies où glissent des énigmes. Là s'active un monde glauque, serveurs équivoques en robes blanches, clients distingués, prolixes et pleins de secrets, un monde d'agents. On boit, on plaisante, on parle des affaires : cela s'appelle le Cercle International. J'y ai surtout fréquenté de curieux quidams, joviaux, exubérants, plus ou moins liés au journalisme, presque pas de Jaunes, surtout des Blancs, des Anglo-Saxons passés à l'Est, certains rétribués par les Chinois. Parmi eux, Burchett, l'Anglais à la gueule fleurie de vieux pochard, Wellington, l'Australien à la figure en hache de guerre et un petit Américain pédant, sans cesse emporté dans des distinguos rhétoriciens, le modèle même de l'universitaire yankee myope et chaussé de lunettes où jouaient les reflets de l'intelligence. Nous confraternisions, nous nous offrions des verres mais, dans cet ajustage, un mot mal placé pouvait ouvrir des abîmes. Nous cultivions une amitié vraie et factice, mortellement fausse, où l'on s'aidait tout en sachant que l'on pourrait s'étriper. De cet observatoire, les journaleux occidentaux qui nous avaient succédé et qui s'étaient rendus aussi en ces lieux interlopes où se négociaient les « tuyaux » ont assisté, stupéfaits, à de prodigieux événements qu'ils m'ont racontés par la suite. Badauds de l'incroyable, ils ont été les témoins de la Grande Révolution Culturelle qui se forgeait tout à côté, sur Tiananmen.

La Révolution Culturelle. Cette expression est prononcée pour la première fois en 1964. Mots apparemment vides de sens, personne ne connaissait encore leur exacte signification, personne ne prévoyait ce qui allait arriver. Pendant deux ans, ce fut un complot à peine clandestin, la mèche lente d'une explosion fantastique. En attendant, la Chine est tranquille, elle est redevenue relativement prospère. Le Parti est partout, tous ses rouages fonctionnent, gouverne Liu Shaoqi, un homme paisible, secret, un doctrinaire que l'on voit peu, le chef de tous les cadres.

Originaire comme Mao de la province du Hunan, le « moine rouge » est un communiste de la première heure, très marqué par les Russes. Agitateur consommé, il a fomenté entre autres la grève de Hong Kong en 1922 et s'est depuis toujours appuyé sur les syndicats ouvriers et, plus généralement, sur les villes. Qu'en pensait son ami Mao, formé dans le même collège à Changsha, et pour qui les paysans étaient le sel de la terre? Cependant entre eux longtemps l'amitié prima, Liu devint le représentant in partibus du PCC et en 1949 le second personnage de la République. Il a fallu dix ans pour qu'il succède à Mao... Dix ans pendant lesquels, inexorablement, Liu a combattu au nom de la déesse Raison. Le communisme pour lui, c'est la beauté du syllogisme, l'organisation parachevée, la bonne collectivisation, la sage hiérarchie, la grande bureaucratie – pas l'utopie maoïste. Mais Liu Shaoqi n'a pas osé ou plutôt il n'a pas pu abattre Mao tout à fait : ce bel homme sérieux, à la chevelure argentée et aux traits réguliers, n'est pas un titan. Certes, autour de lui le Parti s'accroît, se consolide, soutient le prolétariat urbain, s'enrichit de clients, d'alliés, de bénéficiaires, mais Mao, même s'il paraît isolé, est toujours là qui préside le Politburo et gronde à la Révolution trahie. Qu'importe que les pires rumeurs courent sur sa santé, qu'il ait vieilli, que son visage ait engraissé... Il est là, formidablement là, opérant dans l'ombre et prudemment. Sur les tréteaux, dans les arènes, à l'intérieur des casernes, des hommes se consacrent à lui et à sa mystique. Leurs guides sont deux de mes vieilles connaissances, Chen Boda et Lin Biao.

Chen Boda, un nain quasiment inconnu du monde extérieur, manœuvre dans les coulisses du Parti. Fœtus tordu de haine, ce baveux se déchaîne contre ce qu'il appelle le « révisionnisme », en d'autres termes le « bourgeoisisme » de Liu Shaoqi et de ses affidés. Il est au cœur de ce qu'on nomme déjà « l'équipe de la Révolution Culturelle ». Comme souvent en Chine, c'est à propos d'un slogan que Chen Boda engage une lutte encore larvée. Il s'oppose à la formule « Deux font un » qui symbolise la conciliation et l'unité permanente, la formule des mous et des apaiseurs. Chen Boda, de sa voix de crapaud pérorant, préconise l'équation « Un fait deux », ce qui signifie la disruption, la division, l'opposition. Comprenez que même au sein du régime rouge doit continuer la lutte des classes, la lutte éternelle, la lutte nécessaire des enragés contre les repus.

Autant Chen Boda est rebutant, autant Lin Biao incarne la superbe. Il est le Napoléon rouge qui jadis avec ses armées de marche a écrasé, exterminé en Mandchourie les hordes innombrables de Tchang Kaï-chek. Il entame le péan de Mao. Dans le *Drapeau Rouge*, l'organe théorique du Parti, et dans le *Jiefangjun Bao*, le quotidien de l'armée, il publie des articles qui claquent à travers la Chine : « Chassons tous les démons, chassons toutes les vieilleries », « Vive la Révolution qui va toucher au plus profond le cœur de l'homme », « Mao est le microscope, Mao est la longue-vue de la Révolution », « Le soleil se couche, la pensée de Mao ne se couche jamais ». Il est le premier homme à exalter autant la Pensée de Mao, à en faire une pensée qui ne soit pas réservée à la seule Chine mais répandue sur l'univers entier. Enfin il lance cet appel : « Le pouvoir est au bout du fusil. » L'ultime signe.

Même au printemps 1966, nul ne devine les fulminences à venir. Dans l'atmosphère confinée du Cercle International où l'on grenouille en quête de renseignements, on rencontre, comme ça, au hasard, des fonctionnaires du Parti avec qui on trinque, tous personnages importants, satisfaits, paisibles, rassurants, rassurés. Soudain le tonnerre : la conjuration se démasque. A l'Assemblée nationale populaire et dans toutes les instances supérieures la foudre s'abat. Sont chassés, exclus, maudits, Peng Zhen le maire de Pékin, Lu Dingyi le ministre de la Culture, Luo Ruiqing un chef d'état-major ennemi de Lin Biao. Hormis Liu Shaoqi, le plus traqué de tous est Deng Xiaoping, l'« organisateur » qui fut ministre de l'Agriculture, secteur entre tous sensible et surtout la « cheville ouvrière » (dès 1963) d'un plan de modernisation. A la poubelle de l'Histoire, cet homme utile qu'on expédiera dans le Jiangxi ! Il avait abandonné Liu Shaoqi ? Et alors ? Jamais pareille secousse, jamais brutalités aussi voulues n'ont ébranlé le Parti communiste chinois. Rupture ouverte, millions d'affiches placardées sur les murs de Pékin, immenses caractères ordonnant : « Bombardons le Quartier général », déclaration de guerre contre les dégénérés et les lâches qui ont freiné l'expérience sublime des Communes du peuple et fait retomber la Chine rouge dans le féodalisme et le réactionnarisme.

Énorme vague, déferlement, le bouleversement, le tremblement de terre, la Révolution. La face débonnaire de Mao s'épanouit, se dilate, se multiplie, devient la figure du monde. Au plénum du Parti qui s'ensuit, Liu Shaoqi, le visage creusé, épuisé, est relégué de la deuxième à la huitième place dans la hiérarchie rouge, cependant que Lin Biao est promu. Le voilà le successeur de Mao ! Triomphe, victoire, apogée. Mais le ressentiment n'est pas assouvi.

Pour servir son orgueilleuse exécration, Mao avait fait surgir dans tout Pékin les « Gardes Rouges », des nuées d'écoliers et d'enfants fanatisés. Le 18 août, c'était l'apothéose, la fête-Dieu, le gigantesque défilé sur la place Tiananmen de millions de gosses et de jeunes gens portant le brassard rouge. Délire hystérique, idolâtrie totale, Mao, Lin Biao et Chou En-lai, tous trois debout dans une voiture, font le tour de la place. Devant la porte menant à la Cité Interdite, le véhicule s'arrête, Mao en descend et au milieu d'un pandémonium d'amour, il revêt le brassard sacré. Instant suprême où le Mao à la bonne apparence allait lâcher sur la Chine les furieux, les fous, les démons de l'annihilation – des gamins et des gamines. Tout le pays allait être livré à la mauvaiseté de bambins innombrables dont on avait su pétrir les cœurs en boules de venin, en les persuadant que la destruction était le Bien. Une guerre des boutons plus meurtrière qu'une guerre mondiale...

Je ne l'ai pas vue la Révolution Culturelle. Mais c'était, je le sais, le creuset de la méchanceté pure, la bestialité alliée à la philosophie du Néant. Démolir tout le passé, tout l'ancien, tout ce qui constitue la civilisation, hommes aussi bien que monuments. A bas les souvenirs, la beauté consacrée, les rites et les traditions. En même temps, anéantir tout ce qui présageait un futur souriant, tout ce qui promettait un avenir meilleur. A bas la technique, les sciences, le savoir, la connaissance. Vertige de la dévastation... N'existait plus qu'un présent de démence, le hurlement de l'absurde. Extraordinaire incantation à la non-existence. Mao, le métaphysicien du grand nivellement, fait trucider, parfois ignoblement, jusqu'aux artisans de son épopée, jusqu'aux compagnons de la Longue Marche. Si Chou En-lai a pu sauver la vie de Deng Xiaoping, Liu Shaoqi, humilié de toutes les façons, aura une fin atroce. Deux de ses enfants mourront, tous seront persécutés, même la plus jeune qui n'a que six ans. Sa dernière femme dont le vrai crime était d'être plus belle que Jiang Qing, l'épouse de Mao, sera torturée, emprisonnée, martyrisée. Bien sûr, il y avait eu « procès », questions sauvages et pauvres réponses répercutées par haut-parleurs sur une foule à la curée. Ensuite Liu avait été abandonné à une lente agonie dans le froid, la faim, sous les coups, les sarcasmes, son corps pourrissant peu à peu au milieu de ses déjections. Devenu presque un cadavre, nu, décharné, obscène, couvert de crachats, il mourra d'une « mauvaise bronchite », à la très ironique satisfaction de Mao.

Il survit, lui, gigantesque et déliquescent, soleil noir qui calcine la terre et consume les hommes, il survit, seul avec sa femme et ses chiens... Immensité de la désolation. Ne reste que Chou En-lai qui tente d'insuffler de nouvelles forces au pays. En 1973, il fait réhabiliter Deng Xiaoping, qui bientôt réorganise l'armée et devient le premier des douze vice-premiers ministres. Mais Chou En-lai est malade, hospitalisé. Mais Mao sombre dans le gâtisme et l'on se dispute son auréole comme un jouet.

Vient l'année 1976, l'année du décès des dieux. Chou En-lai meurt le 6 janvier, Chou En-lai qui avait si obstinément combattu les paroxysmes. Chou En-lai si pleuré. Le 5 avril, on célèbre sa mémoire et une émeute éclate sur Tiananmen qui acclame le prince de la bonne volonté. La répression sera terrible : démis de toutes ses fonctions, promis à la mort, Deng se réfugie à Canton tandis que la Chine à nouveau s'installe dans l'anarchie.

1976... En juillet, le maréchal Zhu De, le héros de la Longue Marche, le fondateur de l'Armée rouge, qui, dit-on, avait coupé tout lien avec Mao depuis plusieurs années, meurt à son tour. Le crépuscule s'étend sur l'Empire. Des signes néfastes le parcourent annonçant la fin des temps mythologiques : convulsions de la terre révoltée, séismes immenses où périssent des centaines de milliers de gens. Enfin Mao s'éteint le 9 septembre. Un mois plus tard, le coup de force de la Bande des Quatre échoue. Une autre Chine peut commencer.

J'arpente à grands pas la place Tiananmen toujours solennelle en ses perspectives lourdes, avec sur ses bords les deux monuments de la vérité rouge : le Palais de l'Assemblée du Peuple et celui des Musées historiques. Au centre se dresse l'énorme obélisque qui célèbre les héros tombés dans la lutte contre les oppressions. Mais je ne sens plus rien de sacrificiel en ces espaces où si souvent s'est joué le sort de la Chine. On y vit même, après tant de heurts démiurgiques, fleurir un printemps, le court printemps de Pékin. Des garçons, souvent d'anciens Gardes Rouges, avaient collé non loin de là, sur ce qu'on appellera le Mur de la Démocratie, des dazibaos critiquant violemment le socialisme chinois. Paraissaient des revues, déferlaient les pétitions, des milliers de réfugiés demandant justice se pressaient à Pékin, un jeune homme, Wei Jingsheng, dans un texte superbe, réclamait une cinquième modernisation : la Démocratie. Quelque temps les autorités nouvelles laissèrent faire mais il leur apparut bientôt que ces turbulents garçons exagéraient. Deng Xiaoping revenu aux affaires, l'homme de l'année 1978 selon la presse occidentale, l'homme sur lequel ces présomptueux fondaient tous leurs espoirs, Deng Xiaoping, donc, les jeta en prison et plus tard ne les gracia pas. Où sont ces libertaires dangereux ? Disparus, toujours disparus. L'excellent Deng Xiaoping est un homme très bon, il fait ce qu'il peut, ce qu'il faut. Il est ennemi des excès de tout genre qui dérangent le bon ordre des choses.

Manifestement M. Yao que j'ai retrouvé à la sortie du mausolée de Mao se demande quelle mouche m'a piqué pour parcourir ainsi cette place des grands moments oubliés. Je regarde des enfants qui piaillent et rient au milieu des envols de pigeons. Finis les étincelles de la doctrine dans les yeux, les rires hagards, la haine, l'hystérie et l'enthousiasme. Je suis venu tester des tâtonnements nouveaux, un régime qui répudie le merveilleux, le levain des apothéoses.

Un voyage en Chine, c'est une plongée en bathyscaphe dans un insondable océan d'un milliard d'êtres. Mais Yao connaît les sésames et les pièges, il est le guide, l'intermédiaire et le gardien, l'« œil de Pékin » et son contraire aussi. Incrusté dans notre vie, il m'apparaît parfois comme un Martien cérumen verdâtre, l'envoyé de je ne sais quelle stratosphère ou quelle nébuleuse, du mystérieux saint des saints du communisme chinois. D'autres fois, j'ai l'impression curieuse qu'il est un vieil ami, à l'humour stoïque, mi-ironique mi-gai. Je sens en lui un secret, une blessure qui suinterait, une peine mal cicatrisée. Cela vient-il de la politique ou d'une trame intérieure, de quelque bleu à l'âme? Étrange homme. Mais d'abord il doit tenir son rôle de mentor. Pour trouver le juste milieu entre des nécessités supérieures et ses inclinations personnelles, il s'enferme dans le silence et son grand front se met à penser. Jusqu'à ce que d'une voix doucement impérative il nous inflige la décision qui le protégera, qui nous protégera. Surgit à nouveau, pour le contraste, une image ancienne, celle de mon interprète de 1956. On lui sentait des origines impures, je veux dire bourgeoises, ce qui l'obligeait à toutes les outrances. Machine à traduire, sanglée dans son aristocratique dialectique, il me haïssait et je le détestais. Rien de tel avec M. Yao : entre nous s'établit rapidement un état sentimental et presque une liaison.

A la fin de chaque journée, il nous hold-upe du regard et nous assène : « Demain à 7 heures ! » Et le matin suivant, il s'empare de nous, entrant dans notre chambre pour nous annoncer les amicales rencontres de la journée avec les gens requis pour nous éclairer. Suit un viatique de café lavasse, d'œufs trop ocre et de confiture à goût de poussière, qui nous arme chevaliers ma femme et moi, pour notre besogne, je n'ose écrire notre rééducation. M. Yao en profite pour piquer une petite rogne – oh ! certes pas contre nous. Chaque matin, il engueule les serveuses aux yeux bouffis, à la maussaderie appuyée, des filles qui essaient de ressembler à des Européennes. Cheveux permanentés, tailleur-pantalon rouge, cravate nouée sur un impeccable chemisier blanc, fards joliment étalés, elles ont l'expression si chinoise de vamps dédaigneuses. Quand Yao crie, il a l'air d'une brute, les yeux d'une fixité métallique qui fait froid. Puis il se calme et dit sentencieusement, à la fois s'excusant et se confiant à Marie-Françoise : « Ces pauvres gamines, elles travaillent dans le luxe, à servir des riches, mais ce sont des miséreuses. Elles sont payées lamentablement, encore moins que moi... Ce que je gagne, une obole... Remarquez qu'en Chine tout le monde est fauché, hormis quelques culs-terreux et quelques débrouillards. J'aurais dû épouser une paysanne... A vendre des légumes, on prospère. Mais c'est dur ! »

Ironie, amertume, étonnante franchise. La situation se décante. M. Yao est de plus en plus évidemment notre maître et notre domestique. Compris dans les débours du contrat, d'ailleurs purement moral puisque rien n'est signé, avec l'Association des journalistes chinois, c'est sur nos dollars que, par la force des choses, il s'épanouit momentanément. Cela semble le gêner car il a de la délicatesse – il ne cesse de nous donner des reçus et de faire des comptes avec Marie-Françoise. Mais au fond, cela le dérange-t-il vraiment? N'est-il pas notre utile maquereau? Pourtant, j'en suis persuadé, il se sent bien avec nous. A la fin du petit déjeuner, M. Yao s'enquiert : « Êtes-vous rassasiés, bien prêts ? » Légèrement nauséeux, nous descendons vers le hall où, à cette heure matinale, il y a foule : quantité d'envoyés de la stratosphère y viennent prendre livraison de leurs sujets, généralement des Japonais à attaché-case ou des Hongkongais qui puent le business. Le fric, toujours le fric... Il va de soi que notre groupe, Yao, un compère journaliste chinois, le chauffeur, Marie-Françoise et moi, est celui du pur esprit.

Notre voiture, c'est l'arche d'alliance, le carrosse du saint-sacrement et nous nous sentons devenir de très importants personnages, tandis que le chauffeur joue à un périlleux frottadoux au milieu de la circulation. Un tripotage, un infernal tripatouillage et pourtant les voitures privées n'existent pas. Mais tant de camions et surtout les bus comme des cafards qui n'avancent pas. Quels rudes combats pour pénétrer dans ces chariots remplis à ras bord, hérissés de bras, de têtes et de jambes. Partout des gens grouillent, des gens qui se déplacent difficilement, qui ne viennent pas à bout des distances. Tellement de Chinois et si peu de moyens de locomotion! L'on piétine, l'on marche indéfiniment, les plus raisonnables – c'est la grande majorité – vélocipèdent. Ces torrents de bicyclettes... Je me retourne vers l'arrière de l'auto pour interpeller un Yao bien épanoui qui converse avec Marie-Françoise.

« Et vous, avez-vous une bécane ?

– Bien sûr, la vie quotidienne ici, c'est vélo-boulot-dodo. Tenez, la preuve ! »

Et les sortant avec défi de sa poche, il exhibe une paire de pinces à vélo. Petite quinte qui chez Yao – comme chez les autres Chinois – annonce une pensée à mi-chemin entre la provocation et l'excuse :

« Je ne m'assieds sur une banquette de voiture que lorsque j'escorte un client étranger, autrement je suis un trop petit personnage pour me pavaner dans une cylindrée. Pour cela il faudrait être au moins ministre. Sinon toute la journée je fais le cycliste et le soir je cadenasse mon précieux clou pour qu'il ne soit pas volé pendant la nuit. Ça, ça serait la catastrophe. Ce vélo représente trois mois de mon salaire. »

Guettant du coin de l'œil d'éventuels beaux restes de mon cher Pékin, je me laisse ainsi conduire superbement vers les cérémonies déjà concoctées, des offices dont la liturgie sera la rhétorique.

Où que nous allions, bâtiment administratif, simple logis, je sais que des messieurs et des dames de qualité, dûment chapitrés et rassemblés, vont nous convier au culte de l'Exposé. L'Exposé, quel souvenir d'horreur ! Il y a trente ans, dans l'endroit où j'aboutissais, généralement le salon d'honneur ou le poste de commandement d'une usine, j'étais accueilli par une assemblée glaciale qui me recevait en célébrant l'amitié. Toujours le même dispositif. Au lieu de la table en U des capitalistes exécrables, une table moins solennelle, toute ronde, sur laquelle étaient disposés les accessoires de la bienveillance – des théières, des tasses, des paquets de cigarettes et surtout des pommes rouges, lesquelles sont restées pour moi les fruits de l'amicale Chine haineuse. Tout autour, des personnages hiérarchiquement placés, sévèrement vêtus, se levaient, s'inclinaient, me congratulaient. Regards rigides, rides en ordre de bataille, d'autres phrases hypocrites, une détestation à peine voilée de politesse, même dans l'offre d'une friandise. Après ces préambules, débutait la messe de l'Exposé. Un quidam âgé à la face fielleuse et mielleuse dirigeait l'incantation, débitant les menaces arrogantes ou perversement suppliantes que mon interprète traduisait aussitôt. Deux ou trois escogriffes plus jeunes notaient sur des carnets toutes les paroles qui m'étaient répercutées par mon sbire. Un muet du sérail, sans doute le chef, surveillait gelé dans le silence et quelques utilités faisaient chœur. Toujours le même déroulement en cinq temps, la même quête, la chasse dialectique à mener tous ensemble. Après l'élimination successive de toutes les erreurs possibles, on arrivait en fin de course, glorieusement, à l'indispensable, la vraie, l'unique « solution correcte ». Tout d'abord le péroreur, d'un ton de grande hargne, décrivait la situation lamentable de l'entreprise du temps de Tchang Kaï-chek. Dans un excès de jubilation, il entreprenait ensuite de raconter les efforts déployés après la Libération et les excellents résultats obtenus grâce au peuple et à la Pensée du président Mao. Alors venaient les soupirs de remords et d'insatisfaction, ces méritoires progrès ayant été insuffisants. Mais grâce à l'autocritique, à la correction des fautes, à l'acharnement des masses, à la « ligne » prescrite par le Parti, la production avait quintuplé ou décuplé. Danse de Saint-Guy, cri de triomphe, réjouissance et pluie de chiffres merveilleux. Là-dessus, nouvelle tristesse, un deuil. Les résultats auraient pu être encore améliorés par davantage d'autocritique, toujours plus d'autocritique, infiniment d'autocritique.

À ce moment le récitant s'interrompt, les scribes aussi, une taciturnité pèse sur tout le groupe. Silence. Va-t-on m'assaillir? Eh bien oui! Le péroreur reprend de son accent cagneux que me transmet très bien l'interprète, ce champion ès saloperies :

« Est-ce que notre ami étranger aurait la bonté de nous apporter des suggestions pour nous aider à corriger nos déficiences ? »

Le piège. Surtout ne pas y tomber. Moi, dans cette ambiance exacerbée, je me répands en compliments et en éloges. Je suis quitte, je suis sauvé.

Pas encore, car il me faut faire la visite. S'il s'agit d'une usine, on me conduit dans une salle à machines branlotantes, vieilles machines qui semblent surexcitées par le fracas des haut-parleurs tandis qu'ouvriers, ouvrières exténués, visages blets, visages usés, visages aux bouches obturées par des sortes de serviettes hygiéniques se démènent dans des tremblements de zèle. Chaque être est traqué par le tracé de sa courbe de production, cette courbe de fièvre inscrite à l'encre rouge sur une pancarte accrochée au-dessus de lui. Chaleur, tumulte, fracas, voix métalliques des cadres poussant au rendement. Avec mon cortège, je traverse rapidement ce branle-bas sans avoir le droit de m'adresser à qui que ce soit. Une fois de retour à la table ronde, toujours garnie de pommes rouges, de cigarettes et de thé, je demande à m'entretenir avec les ouvriers. Oui. C'est même ce qu'on attend de moi. On m'en amène deux, un garçon et une fille que je sais soigneusement sélectionnés. La femelle est toujours plus virulente que le mâle. Quand je me risque à lui demander si elle souhaite se marier, elle éclate d'indignation :

« Non, jamais, jamais! Je ne pense qu'au peuple, je veux progresser, je veux me consacrer à son Bien. »

Après ce numéro, je n'ai plus qu'à m'esbigner. Sans un mot, mon interprète me déposera à mon hôtel comme un paquet.

Aujourd'hui, l'Exposé subsiste toujours mais combien changé! Plus de réceptions hostiles, plus de tables rondes, plus d'aréopages, plus de pommes rouges. Pas de visages armés, pas de friandises empoisonnées, pas de haine prête à éclater en vitupérations. La politesse la plus officielle, c'est de s'enquérir d'un éventuel besoin d'aller aux toilettes. Proposition bien intentionnée mais dangereuse car toujours ces lieux puent. On me débite un discours gentiment, sans qu'il soit question de peuple, de masse, de Parti, d'autocritique, ni de solutions correctes. A peine la trace d'une « ligne ». Surtout plus de Pensée de Mao, plus de Mao! Je n'ai plus face à moi de camarade en bleu de chauffe, en tenue Sun Yat-sen mais généralement un homme en chemisette ou une dame en blouse. Les chiffres tombent mais ce ne sont plus des cailloux qui lapident. Évidemment, un ou deux extras assistent à la scène, prennent des notes mais mignonnement, comme si c'était inoffensif, une manie sans importance. La rhétorique se limite à l'anathème contre la Bande des Quatre, l'odieuse, l'exécrable Bande des Quatre. Dès qu'elle fut tombée, finis les malheurs, les désordres, les calamités, ce furent la renaissance et la résurrection. Je fais la « visite », l'endroit est pépère, bon enfant, presque flemmard, comme si on travaillait sans ardeur exagérée. Des femmes se manucurent ou se fardent en profitant de ce que les machines, qu'on laisse tranquilles en raison de leur âge, tournent au ralenti. Restent enfin les questions que je dois poser mais plus de perfide invitation à ce que je fasse des « critiques ». Non, non. J'interroge un peu, l'on me répond suavement, parfois avec humour. Mon Dieu! De l'humour en Chine et au terme d'un Exposé!

Tel responsable de l'architecture décrivant l'exiguïté des maisons ajoute avec esprit : « L'entassement humain dans les logis gêne l'expression des sentiments. Alors les amoureux pour s'embrasser vont dans les jardins publics. Il y en a tant que parfois deux couples s'enlacent sur le même banc. Il faut bien que jeunesse se passe! »

Que les temps ont changé! Ce camarade me lâche aussi des choses sérieuses, vraies, évidentes, impudentes. Que le nouveau Pékin est mal foutu, qu'il n'est pas conçu pour une population de neuf millions d'habitants, qu'on n'aurait jamais dû coller des usines dans cette vieille cité. Et de sortir des programmes et des plans. Il n'ira pas jusqu'à dire que c'est par pure vanité et gloriole prolétarienne qu'on a stupidement construit près de la capitale la plus grande aciérie du pays, le complexe pétrochimique qui souille l'azur de toutes ses cheminées, la manufacture textile numéro un, mais que la pollution le préoccupe! Comme l'atterre le fait que dans la ville gigantifiée, livrée à l'industrie, on ne se soit même pas occupé de l'intendance, des problèmes vitaux dus à l'installation de tant et tant de gens. Il n'y a pas d'égouts, l'électricité et le gaz sont insuffisants, manquent les tuyauteries, les plomberies, le sanitaire. Le résultat? L'éclairage est défaillant, le chauffage déficient, l'eau tombe goutte à goutte des robinets, les ordures s'amoncellent dans les caniveaux. La vie est donc difficile. Le « parleur », un officiel, me décrit ces lacunes et ces défauts avec cette jubilation qui est une forme de la pudeur. Ma stupéfaction. Quant à Yao qui d'habitude, lorsqu'on tombe dans les marécages des statistiques, des chiffres, des pourcentages, traduit paupières presque closes et d'une voix de somnambule, cette fois il est tout éveillé, tout guilleret, il trouve que l'Exposé est piquant et gratiné. Dès que nous sommes dans la voiture, il confirme, il s'étrangle en un filet de voix pour en rajouter sur les incommodités de Pékin :

« Chez moi, je n'ai que peu de lumière pour éclairer mon unique pièce, vous imaginez comme il m'est loisible de lire et de me perfectionner. Heureusement, l'eau n'est pas trop loin, dans la cour en bas, aussi n'ai-je pas de mérite à être aussi propre. Les cabinets sont sur le palier, ils sont communs à plusieurs étages, il faut faire la queue. Mais j'ai la télé. Et puis ça m'est égal parce que je sais que les choses s'arrangeront, que ma fille aura une vie meilleure. »

Le rire de Yao... une fêlure. Ses yeux lisses, ses yeux impavides, que cachent-ils? Le malheur d'être chinois? Mais tant de fierté aussi et tant d'espérance. Il a comme le don de sentir dans cette Chine qui se réclame du dragon de la modernité tout ce qui ressemble à des laisser-aller, à des tricheries, à des infirmités, à de la brocante, à l'orgueil mal placé qui sabote. Il sait que Marie-Françoise et moi sommes témoins de ces faiblesses. Alors Yao, très bravement, crâne.

A d'autres moments, dans les Exposés, nous frisons ce qui autrefois aurait été le sacrilège, le crime contre l'État, la trahison envers le peuple. Ne nous répète-t-on pas constamment qu'il faut réduire l'importance du Parti et de ses succédanés dans la gestion d'une manufacture ou d'une entreprise? Ce n'est plus la vertu qui importe mais la capacité technique. Alors, sans tenir compte des appareils anciens on embauchera, on débauchera, on passera des contrats, on paiera l'habileté et le rendement, en somme, on fera du capitalisme rouge avec l'aide des capitalistes étrangers. Et Yao, en polissant et en récurant ses syllabes pour nous transmettre ces étonnantes déclarations, donne ensuite sa propre morale. Il exulte, il n'y aura jamais assez d'ouverture, jamais assez en Chine de ploutocrates, d'ingénieurs, de banquiers de l'Occident. Grâce à eux, la Chine se développera et la vie y sera meilleure.

J'éprouve des impressions plus émouvantes lors de visites chez les particuliers en leurs domiciles. Moi, à qui on ne faisait voir jadis que des praticiens de la dialectique, bourreaux ou victimes, on m'emmène maintenant chez des gens délicieux, qui me reçoivent de tout leur cœur, sans que je sache si c'est pour eux besogne ou joie. Quoi qu'il en soit, je retrouve des Chinois semblables à ceux de mon enfance que j'avais tant aimés. Des êtres d'une extrême simplicité, d'une grande bonté, tout le lait de la tendresse humaine, apparemment. La plus charmante de ces rencontres sera celle d'un très illustre professeur, le professeur Luo Dagang. En bordure de l'université de Pékin, une maison érigée au milieu de pins dépérissants, de fleurs étiolées, de gravats. Un couloir étroit, des marches en ciment, des couleurs délavées, un luxe dépenaillé, bardé de linoléum, mais les meubles délabrés sont hospitaliers. Deux petits vieux, un homme voûté au corps fragilisé, une femme solide, vigilante, nous attendent debout, déférents. Ils parlent tous deux un français de miel, ces professeurs très âgés et très célèbres, anciens sorbonnards rentrés en Chine en 1949 par patriotisme. Ce qu'ils ont subi, ils le taisent, ils sont tout à leur vieillesse heureuse, on prend soin d'eux, ils disposent d'un grand appartement, faveur inouïe. Tandis que sa femme nous sert du thé, Dagang soliloque, s'extasie :

« Des Français, des Français, quelle merveille! »

Il me dit, il me répète combien il a aimé la belle France, combien *l'Âme enchantée* de Romain Rolland l'a pénétré. Dans sa joie, il sort d'un tiroir des poèmes qu'il a rédigés autrefois en français et dont certains ont été publiés ici ou là. Il nous les fait lire, ils sont beaux, très beaux, d'une langue étonnamment élégante. Soudain, avec malice, il nous demande d'une façon pressante et retenue si nous ne pourrions pas faire éditer à Paris d'autres de ses textes... Délicieux professeur Luo Dagang. Comment oublier sa maisonnette, sa chaleur, son aimable ruse, sa bienveillance patinée, un peu usée de la trame, un peu quémandeuse, cette confiance immédiate?... Il a le visage radieusement adouci, limé par les ans et des yeux presque aveugles. A ses côtés le couve son épouse, la partenaire, la compagne de toute une vie. Lui, il gigote, il s'ébroue, il fait le beau, il bat l'estrade, il se vante. Il s'occupe encore de travaux littéraires après avoir traduit autrefois Eluard, Aragon et Montesquieu. Sa femme (elle, c'était George Sand) l'assiste, le materne aussi. Philémon et Baucis à la manière jaune... Comme si l'invisible carcan de la Chine communiste, qui presque toujours oppresse, s'était évanoui. Pas tout à fait. Yao surveille la conversation, bloc taciturne, mais il ne prend pas de notes. D'ailleurs M. Luo Dagang a des allures de ponte avec sa tenue Sun Yat-sen impeccablement boutonnée.

Il devine ma légère suspicion, enchaîne sur son admiration pour Stendhal et surtout Mérimée (une surprise en Chine où l'on est plus habitué à entendre les louanges de ces amis du peuple que sont Balzac et Victor Hugo). Luo Dagang est rouge, excité, lyrique, il crie avec fierté : « Prenez tous mes livres, l'amour y est partout, le grand amour. » L'amour, la poésie... Dangereux tout cela. Je m'enquiers de son sort pendant la Révolution Culturelle.

« Mais ces passions-là n'étaient-elles pas alors considérées comme le comble de l'égoïsme, de la réaction? Vous a-t-on persécuté? »

Il a un sourire d'oubli, se souvient quand même :

« Quelques étudiants égarés sont venus. Peu de chose en vérité. Et puis nous avons été envoyés à la campagne. »

La campagne, je sais ce que cela signifie : les travaux forcés et les supplices. Luo Dagang battu, devenu sourd sous les coups, Luo Dagang coiffé d'un bonnet d'âne, Luo Dagang et sa femme martyrisés, le poète réduit au silence et qui pourtant ne plie pas, parce qu'il « porte dans le cœur son œuvre posthume ». Mais Luo Dagang ne veut pas de ma pitié... En hochant la tête il me dit :

« Les vraies victimes sont les jeunes. Une génération a été sacrifiée. Elle ne sait plus ce qu'est l'amour. »

Il regarde son épouse avec un sourire :

« Et pourtant l'amour peut commander deux existences jusqu'à la mort. Un amour fou et raisonnable, celui que prescrivait Confucius, le sage longtemps condamné qu'on réhabilite à juste titre. »

Je n'en crois pas mes oreilles car c'est en partie contre Confucius que s'est faite la Chine moderne. Avant même que le communisme se soit répandu, les premiers balbutiements d'une sensibilité nouvelle avait rejeté le joug du Sage. Une telle fureur, une telle haine contre lui... Lu Xun, l'immense Lu Xun, l'homme accablé de détresse devant les cruautés de l'ordre ancien, Lu Xun qui avait dénoncé les calamités de la famille-tribu, broyeuse d'êtres, dévoreuse de femmes, anéantisseuse d'adolescents, Lu Xun mort en 1936 bien avant que Mao ne nivelle les écrivains, Lu Xun avait maudit Confucius qui empiétait sur les libertés ! Et ensuite, comme le communisme au pouvoir avait dressé son ordre moral contre le sien ! En 1973, une campagne de dénigrement associait le nom désormais honni de Lin Biao à celui de Confucius ! Et maintenant, aucun doute – Luo Dagang est quand même dans la ligne –, Deng Xiaoping a redonné du galon à maître K'ong, « grand éducateur à défaut d'être un grand philosophe », commente le professeur. Je soupçonne que ce Confucius, dont on fait à présent visiter la ville natale Qufu, est bien pratique pour maintenir une certaine discipline dans une Chine que guette le désordre.

Encore du thé, le meilleur de Chine paraît-il – chez tous mes hôtes j'entendrai la même affirmation. Douceur du breuvage, douceur de la porcelaine fine, bleue, transparente. Émotion, l'intimité. Je m'informe de leur progéniture. Ils n'ont qu'un fils mais pas dans les lettres ou l'enseignement, qui sont métiers périlleux. Il est ingénieur chimiste et parcourt la Chine à la recherche de pétrole. Éternelle expression un peu triste des parents abandonnés. Yao nous fait signe de partir. Longues effusions. Que ces vieillards sont touchants... et qu'ils sont habiles !

Il est vrai que l'adresse est une nécessité dans un pays convulsionnaire, où la « pensée » est constamment prête à se contredire. On édicte, on critique, on condamne, on réhabilite, on desserre la vis, on la resserre, on lance une campagne, on l'interrompt, tout cela au sein d'une organisation sociale qui a fait de la délation une vertu, du contrôle des individus son principe. Et « l'ami étranger » voudrait que les Chinois n'aient pas appris à louvoyer? Coincés entre les unités de travail (la danwei) et les comités de quartier, poursuivis par ce fameux dossier qu' « on » ouvre sur eux le jour de leur naissance, les vieux renards se débrouillent. Mais les jeunes, les malheureux jeunes que le régime a si souvent sacrifiés, comment supportent-ils cette oppression, eux qui fantasment sur une vie améliorée par les fanfreluches de l'Occident? Sont-ils naïfs, blasés? A quoi rêvent-ils vraiment?

M. Yao m'emmène dans un lieu suprêmement raffiné que je connais bien, l'université de Pékin. Luxe et beauté, c'est à certains endroits le plus précieux et le plus joli campus du monde. Pavillons aux cimes recourbées, tuiles bleues du crépuscule, portes ardentes de l'orgueil, un brouillard qui traîne sur des étangs, des bosquets, de la rocaille, lotus et bambous, nénuphars, on dirait une estampe. Elle a été bâtie par des pasteurs yankees que dirigeait un nommé Leighton Stuart, celui-là même qui sera promu ambassadeur auprès de Tchang Kaï-chek et qui soufflera feu et flammes pour que soit détruite la Chine « libérée ».

Pauvre Leighton Stuart, leader des protestants à poils durs qui ont cru à la prédestination des Américains en Chine! Ils avaient tellement été persuadés que la Chine, la bonne Chine, ne manquerait pas de se rallier au Dieu yankee sous l'influence des ministres du culte réformé, presbytériens, méthodistes ou autres! Tellement été convaincus que, si les religieux français ou anglais n'avaient été que des « colonialistes », les révérends du nouveau monde, eux, avaient apporté dévouement, connaissances et moralité. Sauvant les âmes avec la Bible, ils avaient aussi sauvé les corps avec de très chrétiens bistouris. Ils avaient dépensé des millions de dollars et, de leur rigueur et de leur honnêteté, ils avaient attendu la récompense. Sun Yat-sen converti, Tchang Kaï-chek converti, l'un et l'autre aiguillonnés par leurs épouses, les fameuses sœurs Soong, nées dans la bonne religion et pratiquantes assidues, ils étaient certains de triompher. Aussi effroyables avaient été leur amertume et leur rage quand le communisme le plus rouge et le plus virulent avait déferlé sur la Chine. Ils s'étaient sentis dupés, ils n'avaient pas compris, ils avaient jugé que l'Empire de Mao était maudit et devait être anéanti. Redoutable est la colère des hommes de Dieu, surtout quand ils ont derrière eux les immenses congrégations américaines. Plusieurs de leurs fils étant devenus sénateurs ou ministres, sous leur emprise la septième flotte avait protégé Formose, le général Mc Arthur éprouvé la tentation de lancer une bombe atomique sur Pékin. Cette rancœur puritaine avait duré longtemps, jusqu'à ce que l'Amérique, atteinte par le cynisme, renonçant à sa mission divine, se réconciliât avec Mao, en pleine Révolution Culturelle. Arriva le temps des parties de ping-pong où Nixon donna l'accolade à la Chine rouge.

Ainsi le ruissellement des dollars n'a pas dompté l'âme céleste, pas même corrompu cette université de Pékin qui, dans les falbalas de sa splendeur, a toujours orienté l'histoire de la Chine. Là, dès 1919, un certain 4 mai, étudiants et étudiantes s'étaient ameutés, révoltés contre les patriarches. Ils avaient hurlé ce mot iconoclaste, inconnu dans la Chine des soumissions nécessaires, celui de liberté. Liberté de tous et de chacun, affranchissement des corps et des âmes, ne plus obéir à Confucius, aux dieux, à Bouddha et au Christ assemblés. Se levant contre la sainteté des coutumes, ils avaient acclamé ce qu'ils appelaient les « mœurs nouvelles », une abomination empruntée aux Barbares, et l'antique harmonie de la société céleste avait été fracassée.

A la suite de cette manifestation, la jeunesse de la Chine avait été prise d'ardeur et de frénésie. Partout, et jusqu'à Chengdu où je grandissais, les garçons avaient secoué les carcans ancestraux et les jeunes femmes s'étaient mutinées avec une audace sacrilège contre l'oppression millénaire dont elles étaient victimes. Finies les esclaves immémoriales ne disposant ni de leurs sentiments ni de leur vie, finis les palanquins des larmes, les créatures vendues, les marionnettes déplorables promises à devenir des matrones souveraines et inexorables, finies les mutilations affreuses censées attiser leurs maîtres. Comme elles avaient lutté contre l'institution des pieds bandés, des pieds moignons, qui faisaient des femmes des infirmes incapables de marcher! Elles avaient libéré leur poitrine qui, selon la décence, aurait dû être aplatie par des linges serrés. Elles avaient été des combattantes victorieuses de la guerre des cheveux courts. Oui, elles avaient ébranlé le pays en le jonchant de leurs crins coupés. Les ciseaux scandaleux avaient triomphé.

Évidemment on abominait aussi l'impérialisme. Le mouvement avait en fait éclaté lorsque les étudiants avaient appris que les possessions allemandes en Chine, au lieu de revenir à la patrie, seraient concédées au Japon. Un flagrant déni de justice puisque la Chine, tout autant que l'Empire du Soleil Levant, avait déclaré la guerre à l'Allemagne... Et une sacrée maladresse! Alors l'université de Pékin, l'université Yen-Ching, était devenue la matrice des révolutions. Il y avait là, comme aide-bibliothécaire, un certain Mao, rustre, sale, mal vêtu qui avait quand même plu à la fille d'un docte professeur et l'avait épousée. Celle-ci lui avait donné quelques manières. Plus tard, lorsqu'elle ne lui avait plus été utile, il l'avait abandonnée, elle avait été capturée et fusillée par le Kuomintang. En place d'oraison funèbre, Mao lui composa un poème. Il avait désormais d'autres encens à renifler! La jeunesse dorée, la jeunesse libérale, la jeunesse intellectuelle s'était jetée à ses côtés, et avec quelle force, quand il était devenu le tribun rouge. Ironie de l'Histoire... Ce Mao, dès qu'il domina la Chine, étouffa tous les instincts individualistes des étudiants, leurs inclinations à la joie et au plaisir. Plus de raffinement mais la chape de la vertu, l'ignorance considérée comme une qualité, le poids de la discipline, l'agressivité dialectique comme perfection suprême. L'idéal à l'université de

Pékin, c'était de ne plus savoir, de vivre obscurément, de dénoncer, d'être fils de prolétaire. Malheur aux rejetons des cinq « catégories noires », aux enfants d'anciens propriétaires fonciers ou de soi-disant contre-révolutionnaires, malheur puisque la tache était indélébile et héréditaire ! Les pavillons merveilleux avaient été complétés par des cités de briques sales. Ainsi avais-je vu l'université déjà banalisée, déjà graisseuse en 1956...

Dix ans plus tard la grande et solennelle institution devint le premier champ de bataille de la Révolution Culturelle. Là s'est allumé le premier tison, le premier incendie. Quelle soudaineté ! Tout est calme, tout est studieux mais un jour, à l'heure ombrée de la sieste, d'immenses pancartes aux caractères calligraphiés par sept professeurs de philosophie sont collées aux portes du réfectoire. Elles accusent Lu Ping, le vénérable et docte recteur, d'être l'écailleux démon de la contre-révolution. Lu Ping, dans son indignation de vertueux lettré, fait recouvrir ces affiches infâmes par des placards où il stigmatise les sept enseignants, ces miasmes de la répugnante réaction. Les étudiants, éberlués et effrayés, se réfugient dans l'inertie. La plupart en leur cœur donnent raison à Lu Ping qui est un homme aimé et estimable. Cependant ils pressentent que quelque chose de terrible va arriver. Et voici qu'on les rassemble pour écouter la radio d'où sort une voix métallique et nasillarde distillant le texte des professeurs. Immédiatement l'anxiété, l'angoisse, l'enthousiasme, tous ces sentiments mêlés s'emparent des jeunes. Des camps ennemis se sont constitués et s'affrontent, c'est la guerre au sein des parcs, des bosquets, des bâtiments, il y a des morts et des blessés. Il faudra trois mois à la Révolution Culturelle pour triompher. On met en jugement Lu Ping, on le bat, on l'insulte, on le trempe dans du purin, on le coiffe d'un bonnet d'âne et on le promène ainsi affublé dans toute l'université. Un tribunal accable ses partisans, accusés d'être des « valets » du Kuomintang et leur inflige des sentences impitoyables. De nombreux « coupables », « saisis de honte », se sont ôté la vie. Apothéose, Jiang Qing, la quatrième femme de Mao, une ancienne actrice du Shanghai capitaliste, jusque-là effacée, surgit à l'université et de la chaire suprême prononce un discours fou, elle devient le prophète de la violence, la pasionaria, l'âme de la Révolution Culturelle.

Aujourd'hui quand j'entre dans l'université de Pékin, on se garde bien de me parler de ce passé glorieux, gâté par le fantôme de Mao. Pas question non plus de Leighton Stuart. L'université est née comme spontanément avec ses palais, ses douves, ses arbres élancés, pins, thuyas, trembles et saules. Les toits ont toujours miroité de perles de lumière, l'eau a toujours reflété le soleil, l'air a toujours vibré. Une éternité... Je suis émerveillé par une certaine allure preste, rieuse, un rien affairée, un rien désinvolte, des garçons et des filles qui vont et viennent. Cette jeunesse me paraît d'un naturel exquis et en même temps elle est grave, elle est comme de la nacre, comme l'éclat du monde.

Certainement a dû s'exercer ici après tant de terreur rouge une terreur blanche qui a chassé, pourchassé les fils et les filles du peuple, les balourds de la connaissance, les ignares de la distinction, tous ceux qui avaient fait régner la loi des rustres pendant quelques années. Il est vrai que ces grossiers individus qui s'étaient qualifiés de « rebelles révolutionnaires » avaient multiplié les horreurs et les meurtres, imposé leur dictature caleuse, vrai aussi que certains d'entre eux, quand l'ordre fut rétabli, travaillèrent durement pour se maintenir à l'université. Ceux-là aussi furent ignominieusement refoulés et punis. Comme je l'ai dit, tout est à nouveau délicieux.

Je suis abordé par un groupe de deux garçons et de deux jeunes filles. La plus grande me demande en bon français avec un petit retroussis des lèvres si nous sommes les amis attendus. Oui. Aussitôt une affinité s'installe entre nous. Moi, le vieux sanglier et Marie-Françoise aux cheveux d'or auréolée de ses paillettes et de ses effluves, nous sommes instantanément admis – pas M. Yao, il fait trop peuple. Ce sont des élèves de l'Institut français qui nous conduisent dans un cottage à l'ameublement d'une beauté surprenante en ces temps de mauvais goût démocratique : le bureau de Leighton Stuart resté en l'état. Un décor très simple, fauteuils en bois de rose autour d'une table en palissandre, des vases antiques, et surtout une coupe bleu foncé, couleur de nuit. Il y a aussi des terres cuites, la statuette d'un pèlerin en robe pourpre marchant sur le sentier de l'éternité. Le symbole du Tao.

Pouffant de timidité, mes étudiants s'encouragent à parler et d'abord balbutient. Mais une fierté luit dans les regards, ils sont contents d'appartenir à cette université joyau, après avoir réussi les difficiles concours d'accès rétablis en 1977, une fois passée la période de l'obscurantisme vainqueur. L'inévitable cérémonie du thé, le poli des gestes, le soprano des voix... On m'explique que l'élite du pays est ici rassemblée. Dix mille étudiants. Ils suivent un cycle ordinaire de quatre ans, puis les meilleurs, nommés « aspirants chercheurs », en entament un autre de deux ou trois ans. On se pâme à me décrire l'amour des élèves pour les professeurs, on me raconte avec une pointe de vanité l'horaire de chaque journée : le lever à six heures et demie, le déjeuner, la sieste, des cours puis les promenades, le sport, le badminton, la gymnastique, le ping-pong. La grande fille me jette d'une voix câlineuse :

« Nous sommes très sérieux, mais forcément pas tout le temps. Nous nous distrayons aussi. »

Elle est belle, elle n'est que fossettes, que traits en pâte tendre, reine, Célimène, la fée et le merveilleux bébé... Ce côté puéril des grandes filles ! Son amie se lance sur un ton extasié, elle a tellement aimé *l'Amant* de Marguerite Duras.

N'est-ce pas un roman érotique ? N'y a-t-il pas là de cette pornographie que la Chine excelle à repérer partout et qu'elle répudie ? La bringue royale, un peu dédaigneusement, vient au secours de sa compagne :

« Nous sommes toutes très intéressées par les romans d'amour. Il n'est plus interdit d'éprouver des sentiments personnels. »

Tout en elle proclame sa liberté, probablement bien distribuée. Je n'ose pourtant pas l'interroger sur un point précis : couche-t-on à l'université de Pékin? Ce n'est pas que je sois poussé par une curiosité malsaine, mais je sais qu'en Chine communiste le couchage a toujours été une affaire doctrinale, une question presque théologique. Longtemps la chair fut un péché à expier dans le repentir, les privations et les autocritiques. Maintenant, serait-elle permise?

Je n'insiste pas, je me rabats sur les noces pour apprendre que « rester célibataire, c'est dépassé. Au contraire, nous nous marions tôt, dès que nous avons quitté l'université ».

« Mais tiendrez-vous compte de l'avis de vos parents? »

Bien sûr puisque, paraît-il, ceux-ci désormais comprennent l'amour. Mais pour les enfants, du calme : il y a déjà un milliard de Chinois, c'est terrible, c'est trop. Une descendance nombreuse garantit le malheur.

J'attaque sur un autre terrain, les réunions politiques. Cette fois la sculpturale égérie se moque, la politique a disparu ou plutôt elle est devenue « la politique qui consiste à étudier ensemble, à travailler ensemble, à servir le pays ensemble ». Je commets alors un impair imprévisible en leur demandant s'ils sont enfants de cadres du Parti. Or il se trouve que cette progéniture-là est en ce moment dans le collimateur. On parle à son propos de scandales, de trafics, de mœurs ignobles, de réseaux de prostitution, bref, elle n'a pas bonne presse. D'où un étonnement et même une gêne chez mon petit auditoire. Manifestement on s'indigne d'une pareille supposition. La Walkyrie assaille M. Yao en chinois, lequel très placide, ayant écouté ses récriminations, me dit amusé et sarcastique :

« Ces chers étudiants ne comprennent pas ce que vous voulez dire. Ce ne sont pas des rejetons de cadres du Parti, ils seraient vexés de l'être. »

A ce moment, la grande fille me criarde que son père est enseignant et sa mère médecin. A sa suite les autres me débitent les professions de leurs parents. Rien que des métiers libéraux, pas de cadres communistes, comme si appartenir au Parti, en vivre, était désormais devenu une inélégance. En revanche le summum du bon genre, le critérium du goût, c'est l'intelligentsia. En être...

Ce malaise est définitivement dissipé par l'entrée dans la pièce, en coup de vent, d'un homme d'une trentaine d'années, leur professeur. Un fil d'argent dans la chevelure, une lueur d'acier dans le regard, très svelte, très moderne, avec son blouson de cuir, il arbore non pas une suffisance, mais une aura charmeuse, ce parfum de snobisme qui décidément semble prévaloir ici. Avec quelle aisance, en quelques phrases trop simples, comme détachées, il révèle qu'il est aussi linguiste, philologue, latiniste! Il a passé plusieurs années en France, plus qu'assez pour comparer :

« Dans votre pays, les élèves doivent avant tout compter sur eux-mêmes, ils assistent à des cours magistraux excellents, ensuite le

maître ne s'occupe plus d'eux. A Pékin, c'est le contraire, je ne fais pas seulement des cours, je me penche sur tous, je suis le conseiller, le confesseur, le père. »
Il achève sa confidence :
« Ici tout vient des professeurs.
– C'est-à-dire de vous?
– Je tâche de suffire. »
Je ne doute pas qu'il suffise à beaucoup de choses, ce don Juan chinois taillé en maître à penser et même à vivre. Comment lui expliquer que l'instruction occidentale vise plutôt à former des esprits indépendants qui fonctionnent sans tuteur? Déjà il soulève la poignée d'une belle sacoche, déjà il s'en va car son temps est précieux.
« Excusez-moi, j'ai rendez-vous avec de jeunes philosophes. Inutile de vous le dire, nous nous intéressons à la philosophie occidentale autant qu'à la philosophie chinoise. »
Il s'éclipse, laissant l'assistance muette d'adulation.
Les jeunes gens et moi n'avons plus rien à nous dire, mais nous ne sommes pas restés ensemble assez longtemps. Solution, une promenade. Nous nous en allons par les charmilles sur les chemins délicieux, au bord d'un lac. Bruissement des arbres, jeu de la lumière, alentour d'autres garçons et filles déambulent, des couples se tiennent par le petit doigt. Dans cet entrelacs d'eau et de terre, j'aperçois une tombe moussue et décorée de fleurs en papier, une dalle de marbre où sont gravés des idéogrammes et des lettres dorées. C'est là qu'est enterré Edgar Snow, l'auteur d'*Étoile rouge sur la Chine*, l'ami américain.
Du moins ces Chinois capables de tout, le sont-ils aussi de reconnaissance. Quels services en effet Snow n'a-t-il pas rendus à Mao et aux communistes avec ses livres qui ont peut-être changé le cours de l'Histoire! On lui doit un Mao rassurant, le Mao rencontré à l'issue de la Longue Marche dans la bourgade de Yanan, dans ce Shaanxi où le sol est un déchirement de lœss jaune, et qui est le berceau de la race chinoise. Il avait vu là un Mao familier, amical, bourru, fruste, rotant et faisant des bruits, écrasant ses puces entre ses ongles. Et il avait dépeint au monde un homme au cœur d'or qui voulait mettre fin au malheur éternel des plèbes jaunes. En toute bonne foi, Edgar Snow a lancé l'image d'un Mao non pas vraiment communiste pur, non pas vraiment révolutionnaire dur, mais réformateur agraire épris de justice. Ce portrait allait duper l'univers, éveiller même chez certains Américains une sympathie que plus tard ils paieraient cher lors de la chasse aux sorcières. Edgar Snow a surtout fait croire à un Mao infiniment préférable à son ennemi, à son rival, cet allié des États-Unis du nom de Tchang Kaï-chek.
Mao simple réformateur agraire, quelle foutaise! Moi, sa réforme agraire, je l'ai connue : collectivisation totale et dictature des paysans les plus pauvres. Et j'ai vu le rituel : dans chaque village, l'exécution d'un « richard ». Tout le peuple assemblé, déchaîné, hurlait à la mort

et le coupable désigné prenait les poses du repentir, demandait sa grâce, non qu'il y crût mais parce que cette requête faisait partie de son rôle. Quand il s'écroulait, résigné, dénoncé par sa famille, il était enfin fusillé. Exubérance générale, la salve, la chute du corps, le sang et le prix des balles payé par les enfants qui se réjouissaient de la mort du père criminel et réactionnaire. Combien d'exécutions au cours de cette réforme agraire ? Huit cent mille selon les autorités. Plusieurs millions, dix ou vingt selon des sources autorisées... Mais qu'importe qu'Edgar Snow se soit trompé ou ait trompé les autres avec son ouvrage : c'était un homme digne et honorable. En tout cas, il a bien mérité d'être mis en terre au cœur de cette université, dans un des emplacements les plus illustres de la Chine.

Nous reprenons la route à petits pas. Nous passons devant des bâtiments en brique, des immeubles construits pour les étudiants étrangers (ils sont quatre cents, surtout des Américains et des Français). Entre aigreur et envie, on me détaille leurs avantages, logis spéciaux, jolies chambres, bonne nourriture et fortune supposée : « Ils ont des vêtements bien repassés, des domestiques, ils ont tout, ils ne pourraient pas vivre comme nous, aussi pauvrement, à peine chauffés l'hiver, les mains gelées, les figures noires de froid. Tous, ils ont beaucoup d'argent.

– Et vous, vous êtes très pauvres ?

– Très. Quand nous avons payé quarante yuans (cent douze francs environ au cours de l'époque) pour la nourriture, il nous reste dix yuans par mois pour nous habiller et vivre.

– Vous vous habillez bien.

– Les parents aident un peu.

– Vous connaissez des étudiants français ?

– Il est très difficile de devenir leur amie et de toute façon cela ferait jaser. »

Oh ! le joli mot, oh ! pudeur. J'apprendrai aussi que tout Chinois rendant visite à un étranger doit laisser son nom au gardien de l'immeuble chaque fois qu'il vient. Éternelle méfiance...

Ma gaillarde esquisse une grimace, elle a un petit sourire de moquerie un peu cynique, un peu irréel. Elle est affranchie, mais jusqu'où ? Ah ! dans le domaine du culot sentimental comme la Chine a rétrogradé par rapport aux « mœurs nouvelles » des années 1920. Pourquoi faut-il que je songe à Mlle Soume Cheng qui avait été étudiante à l'université de Pékin et qui avait un jour surgi à Paris dans le salon de Philippe Berthelot que je fréquentais avec ma mère Anne Marie quand j'étais adolescent ? Un salon au comble de sa gloire, où n'étaient reçus que les illustres de ce monde : Soume Cheng y avait fait une « entrée » étourdissante. Elle était la « garçonne », lustrée, calamistrée, moulée dans une robe chinoise fermée au cou par un col officier et largement fendue sur ses cuisses en fuseau. Elle était aussi, cette vamp, un homme d'État, l'envoyé spécial en mission extraordinaire du général Tchang Kaï-chek. Qui connaissait alors le nom de Mao ? Mlle Soume Cheng m'avait embrassé et ses anneaux de jade m'avaient caressé les oreilles. Elle était la morsure, elle était la jouissance – une légende aussi : on racontait qu'elle avait jadis transporté dans ses valises les bombes que le conspirateur Sun Yat-sen faisait exploser dans le Canton impérial. Elle était pour moi le pouvoir et la volupté.

Il me semble aujourd'hui qu'après tant de dégâts, tant de catastrophes dus à la chimère, cette pente fatale de l'utopie, on est revenu dans cette université de Pékin à ce qu'il y a de moins populaire et de moins démentiel, aux délicatesses du goût et de la connaissance, à l'ancestrale conception du lettré. Le régime communiste actuel, mou et inexorable dans son fond – du marxisme à la détrempe mais du marxisme quand même – peut-il supporter cette mutation ? Que vont devenir ces petites choses gentilles, ces charmants produits de l'université quand ils ne seront plus sous la protection du fantôme de Leighton Stuart ? L'énigme de la Chine que j'avais crue un instant dissipée me baigne tout entier dans sa sulfureuse clarté. Entre les tentations du luxe et les promesses de la doctrine assagie qui dit à chacun : « Ébats-toi et tu seras toute ta vie payé cent yuans par mois (deux cent quatre-vingts francs environ) si toutefois tu ne tombes pas dans la disgrâce », que deviendront ces garçons et ces filles ? Et comment réagiront-ils s'ils se trouvent demain associés à je ne sais quel « plan des flambeaux » qui les enverra, bien sûr volontairement, porter la bonne parole dans quelque Turkestan ? Et puis il peut arriver pis, que cette jeunesse s'enhardisse trop et que tombe sur elle la grande répression. Du moins ai-je été momentanément rassuré sur le sort de « mes » étudiants après les manifestations de décembre 86. Un soir, à la télévision française, je les ai vus apparaître tous les quatre, commentant bien sagement les événements, avec ce qu'il fallait de mesure et de distance, porte-parole élégamment embrigadés. De bons élèves, vraiment !

La doctrine officielle me donnera peut-être d'autres précieux indices, alors je me rends à la Fédération des femmes chinoises où jadis deux ogresses, deux monstresses me prêchaient un idéal féminin consistant à supprimer les différences entre les sexes. Escamotant leurs formes dans un bleu de chauffe serré d'un ceinturon, les femmes ne devaient pas se distinguer des mâles. Leur seul but était de les égaler dans leur travail en creusant dans les champs des sillons aussi profonds que les leurs, en portant dans les chantiers des pierres aussi lourdes que celles qu'ils charriaient sur leur dos. Disparus ces loups-garous, ces cauchemars vivants. Aujourd'hui je suis reçu par deux charmantes frisottées, la blouse délectable, discrètement échancrée sur un soupçon de poitrine. Elles se font les apôtres d'une sorte de boy-scoutisme où le bon sens coule à flots, propageant une moralité encroûtonnée de petit-bourgeois avec parfois un petit relent communiste plus ridicule que dérangeant. Le leitmotiv : « Vive l'amour, vive la famille ! » Au lieu de la détruire, comme le voulait

Mao, il faut au contraire la renforcer par la « bonne pensée » et la pratique des « cinq vertus ». Seuls vingt millions de familles sur deux cents millions ont eu droit à l'honorable qualification de « famille à cinq vertus », leurs membres s'étant brillamment évertués à suivre ces règles :
1. Faire du bon travail et de bonnes études.
2. Protéger les vieillards et les enfants.
3. Soigner la santé et l'hygiène.
4. Encourager le maintien de l'ordre public et respecter les règles du bon voisinage.
5. Bien observer le planning familial, pratiquer la contraception, s'adonner à des soins intimes adéquats et, s'il le faut, recourir à l'avortement – mais mieux vaudrait éviter l'occasion de grossesses superflues.

L'abstinence donc? Pas vraiment, une existence amoureuse devenue routine conjugale où l'on ne se reproduit que sur permission du Parti... Il paraît que dans les villes on s'y tient.

Fécondité... Dire que dans la Chine de mon enfance, ce que j'entendais souhaiter avant tout par les gros Chinois en robe de soie, c'était elle! Je les revois ces graves Célestes courbés devant mon père Albert et lui promettant abondance de progéniture. Albert, je m'en souviens, n'aurait pas demandé mieux mais Anne Marie en ces circonstances gardait un visage sévère, très lointain. Moi, qui ne voulais pas de concurrence, je me fiais à elle, à sa répugnance envers mon père...

Fécondité... Souvent elle était exprimée par des idéogrammes d'or creusés dans des planches de bois noir, caractères bénis, caractères sacrés comme ceux de la longévité et de la prospérité.

Fécondité... Quand Mao atteignit son zénith, il ordonna que la masse engendrât toujours plus de masse pour qu'arrive enfin le temps où le peuple innombrable gouvernerait la terre et les cieux. Pourquoi craindrait-on la famine car « à chaque bouche de plus correspondraient tellement de mains supplémentaires » qui assureraient toutes les mannes nécessaires. Ces très bizarres calculs n'atténuèrent évidemment pas la disette.

Toutes ces Chines défuntes, Chine de la multiplication des êtres, Chine traditionnelle, Chine mystique de Mao, comme les ignore l'Association de la jeunesse chinoise. Je suis reçu par des garçons de trente ans, tout mignons, tout efficaces. Un chiffre, un seul les obsède : trois cent vingt millions de Chinois ont entre quatorze et trente ans. Une population et des soucis immenses. Il y a la génération perdue, celle des anciens Gardes Rouges éviscérés depuis que leur soleil s'est éteint. On leur avait appris à fracasser le monde ancien au nom du *Petit Livre Rouge*, ils avaient cru que de ce sac, de cette destruction naîtraient l'éden, l'âge d'or, une nouvelle beauté. Et maintenant on leur explique qu'ils ont été égarés dans des rêves délirants. Ils ne comprennent pas, ils ne comprennent plus. Que faire de ces épaves, de ce bois flottant, de ces âmes mortes? Et puis il y a leurs cadets à qui il faut donner des cerveaux et des cœurs honnêtes, d'autant que le chômage guette – tant de millions de jeunes inoccupés, « en attente d'un emploi » comme on dit ici. Pour lutter contre l'oisiveté, on crée des milliers d'écoles, on multiplie les journaux qui enseignent la discipline, leur version du travail, famille, patrie, qui apprennent à vivre selon le précepte : « Tous pour un et un pour tous. » Ainsi chacun sera réchauffé par l'amour du peuple et même fortifiera son patriotisme dans les liens du mariage. On créera des agences matrimoniales, on procédera à des présentations entre garçons et filles dans des buts légitimes – pas de concubinage mal supporté par les masses et qui est répréhensible. On érigera un tribunal des bonnes mœurs pour conseiller les couples et faire régner l'entente dans les ménages. Mais, le code est formel, si l'amour disparaît, on organisera le divorce. Toujours la force contraignante. Toujours cette moralité comme un linceul, et le vilain museau du peuple dans les affaires privées, et ce tatillon fouineur et impératif. Finalement, plus rien n'est vraiment personnel, il faut qu'on intervienne, ce « on » qui est les autres, l'Association et sa dialectique. Où ai-je été prendre que la Chine changeait ?

Cependant l'Association de la jeunesse est comme le père Noël apportant des cadeaux dans sa hotte en langue de bois. On me raconte la manière de fabriquer du bonheur. Tout est prévu, le temps libre aussi. Les jeunes doivent se distraire, chanter, parler d'amour. On a vu arriver un ordre de danser et même des permissions de disco. Quant aux chansons... Des compétitions sont organisées à travers toute la Chine. Ils sont cent mille sélectionnés pour choisir les trente meilleures chansons dans les genres les plus divers : la chanson traditionnelle, la chanson moderne, la chanson légère, la chanson dramatique et même la chanson de rythme américain. Sans compter celles de Mireille Mathieu qui remportent un succès fou. Constamment des festivals sous le regard des commissaires politiques. L'ennui me prend. Impossible d'y échapper complètement en Chine. Même M. Yao m'assomme, avec sa figure de hanneton mélancolique, son constant chantage à la tristesse pour qu'on ne le déçoive pas.

Telle est la platitude de la réalité que je veux m'évader : je ressuscite ma déesse, celle dont la poigne fragile et terrible s'était étendue sur tout Pékin et sur toute la Chine, celle qui a prolongé de plus d'un demi-siècle l'Empire du Milieu. Il me semble la connaître car Albert mon père tout jeune l'a aperçue : au cours d'un bref séjour dans la capitale, il s'était rendu à une réception qu'elle offrait dans sa Cité Interdite. Elle était alors au-delà des ans, ratatinée, des fanons lui pendaient, sa bouche s'ouvrait en cisaille ébréchée, ses dents n'étaient que chicots, sa chair flasque ballottait, mais elle restait toujours majestueuse dans l'amas de ses broderies. Qu'elle était aimable, me racontait mon père, envers ces Barbares dont elle avait manqué l'extermination au cours du soulèvement des Boxers et du siège des Légations. Curieusement ces Blancs rescapés ne semblaient pas garder tellement de rancune à celle qui était désormais un monument. Mais je m'abstiens de parler d'elle à M. Yao : pour les communistes, elle est demeurée la créature du Joug Éternel, la Prêtresse du Mal Suprême.

Ts'eu Hi, je l'ai imaginée dans sa jeunesse, créature de tous les crimes et de toutes les voluptés, par caprice ou par raison d'État. Que ne raconte-t-on pas de ses débuts? Tout le fabuleux sordide des dessous de la Cité Interdite : l'histoire d'une simple concubine, qui, grâce à l'appui des castrats, approche Hieng Fong (Xianfeng), un Fils du Ciel dégénéré, haïsseur des femmes et toujours entouré de ses mignons. Épopée fourbe, feinte de la douceur, Ts'eu Hi amadouant la raclure impériale et réussissant à se faire engrosser : elle accouche d'un petit mâle. Vers 1860, les armées des Barbares, sur une terre brûlée et dans un sillage de mort, s'approchent de Pékin. Le sauve-qui-peut de l'Empereur et de ses chéris sur des pistes détrempées. Ts'eu Hi lui a en vain prêché l'honneur : qu'il défende la cité sacrée. Mais elle le rejoint dans sa fuite et, un soir, elle se glisse dans la Chambre du Repos du Dragon. Dans le verre d'eau destiné à apaiser ses soifs nocturnes, elle verse du poison. A la première gorgée, il décède. Les pleurs de Ts'eu Hi, ses voiles blancs de veuve.

Les hordes puantes se sont enfin retirées de Pékin. Alors chemine un long cortège funéraire qui rapporte le cercueil de l'auguste trépassé. Drame dès l'orée de la ville. Les gitons veulent être régents, ils ont comploté l'assassinat de Ts'eu Hi qui a réclamé le sublime pouvoir. C'est elle qui, dès le retour dans la Cité Interdite, trouve les rouerics pour faire occire les chéris de Hieng Fong couché sur son lit mortuaire. Ils sont perdus, ils sont condamnés, ils doivent se pendre de leurs propres mains avec les cordelettes de soie qu'elle leur fait parvenir cérémonieusement dans des boîtes rehaussées d'or, suprême cadeau.

Magnifique Ts'eu Hi. La puissance et la beauté. Elle est souveraine absolue de cinq cents millions d'hommes, d'un Empire qui s'étend du septentrion glacé aux jungles torrides, qui comprend des massifs effrayants, des déserts accablants et aussi les plaines limoneuses où grouillent les populations. Chaque matin, à l'aurore, quand les grands dignitaires s'agenouillent dans le Palais de l'Harmonie devant Toung Che (Tongzhi), le poupon Fils du Ciel gigotant sur son trône, elle se tient cachée derrière un rideau, par une fente elle regarde et elle écoute. Et sa présence dissimulée, tellement connue, inspire la peur et le respect.

Ts'eu Hi, frêle femme, règne dans sa capitale aux enceintes successives, concentriques, remparts noirs aux portes farouches, murailles cramoisies, parois sanglantes. Au centre de tout, cette délicate créature, invisible au commun du peuple, commande les êtres avec sagesse, car elle connaît les ressorts des insectes humains et les lois du juste gouvernement, car elle sait pratiquer la bonté comme l'extrême cruauté, être la déesse loyale comme la maîtresse de la perfidie.

Des Barbares blancs, dans son bonheur enclos, elle supporte la proximité, mais elle les dédaigne. En effet, une fois que leurs troupes ont déguerpi, ils ont laissé des envoyés permanents qui, au lieu de se prosterner devant elle, l'Auguste et l'Adorée, se sont installés dans des palais affreux qu'ils ont fait construire et appellent les Légations. Contre elle, ils arguent d'une science aux arcanes maudits, la « diplomatie ». Ces exécrables, dont l'odeur mauvaise arrive jusqu'à elle, la menacent, derrière leurs sourires hypocrites elle devine les vaisseaux de guerre et les canons aux bouches de feu. Pour traiter avec eux, sans se souiller elle-même, elle constitue le Zong-Li Yamen, le ministère des Affaires avec les Autres... les ignobles. Mais toujours elle les méprise et attend. Elle attendra quarante ans avant d'oser les affronter, réclamer leur sang.

Le sang... avec quelle jouissance pourtant elle en fera verser des fleuves immenses! La Chine, sa Chine est en proie à des rébellions fantastiques, traversée de révoltes impies. Dans les forêts du Yunnan, dans les monts du Gangsu, dans les désolations de l'Asie intérieure, les musulmans ont dressé l'étendard de Mahomet. Sur le Fleuve Bleu, un inspiré du Mal, se réclamant du Christ, a fanatisé les pauvres et les misérables. Il a formé des cohortes dangereuses qui se sont emparées des grandes cités, tuant les riches et tous les bons sujets. Il y a même eu auprès de Pékin des égarés, les Nian, qui se sont travestis en femmes pour torturer et découper les mandarins. Mais tous ces démons qui attentent au Ciel, le Ciel du Grand Chariot qui est le sien, elle a su les tromper par de fallacieuses promesses jusqu'à ce qu'elle puisse enfin les faire exterminer. Oh! ses délicieuses mains et sa bouche mignonne, son plaisir à donner les ordres du châtiment, à brandir la camarde. Hécatombes, mises à mort par millions, par dizaines de millions.

Ts'eu Hi, la grande régente, s'adonne aussi à toutes les joies que procure la vraie civilisation. Beauté parfaite, ses traits comme une épure, ses yeux de jais, la torsade noire de ses cheveux, le corail de ses lèvres, si petite, si immense dans ses robes sur lesquelles sont brodés les symboles fastes, elle est capable dit-on d'épuiser dix ministres et cent amants. En plus des délices de l'imperium, elle veut connaître tous les bonheurs de ce monde. Insatiable. Elle savoure la poésie, la danse et le théâtre, tous les arts, elle s'entoure de l'exquis. Il y a aussi l'amour. Ce sentiment profond et tendre, elle le partage avec Jung Lu, son fiancé du temps qu'elle n'était qu'une simple mortelle et dont elle a fait le chef de sa garde. Que de fois ne l'a-t-il pas sauvée pendant les périls de son ascension? Elle lui impose une fidélité complète et l'acceptation de ses caprices innombrables...

Mais la splendeur de son œuvre est menacée par son propre fils, Toung Che, qui lors de sa majorité, à dix-sept ans, a pris les rênes du pouvoir le jour recommandé par les astrologues, le vingt-sixième jour de la Lune (novembre 1872). Alors il s'est montré envers elle d'une noire ingratitude, il la déteste, veut lui arracher ses prérogatives, n'en faire qu'une simple reine mère impuissante. Cela, Ts'eu Hi ne peut l'accepter. Son visage reste calme mais elle est décidée à faire périr son enfant. Sans mort violente – sans poison – il n'y en a pas qui ne laissent pas de traces. Toung Che est un jouisseur qui s'ennuie dans la Cité Interdite, même avec son épouse, une charmante jeune fille que sa mère lui a présentée. La débauche par laquelle il est tenté, ce peut être la solution, une débauche crapuleuse en dehors de la Cité Interdite, parmi les hommes. On organise son « évasion » : chaque nuit, déguisé en mortel, accompagné d'un eunuque qui est une matrone du crime, qui obéit à Ts'eu Hi, il sort des enceintes sacrées. Il se vautre dans les bas-fonds et bientôt il « fleurit », son visage se couvre de boutons qui indiquent la décomposition de son sang et de ses organes. Il expire. Immense chagrin de Ts'eu Hi, évidemment. Mais sa belle-fille, une gamine de vingt et un ans qu'elle croyait son alliée, est enceinte et ose effrontément réclamer l'Empire pour le fœtus qu'elle a dans le ventre, pour la petite-fille ou le petit-fils de Ts'eu Hi. Il faut se débarrasser de la pécore. Cette fois, Ts'eu Hi ne se donne pas la peine de dissimuler, elle offre un breuvage au goût de miel à sa belle-fille qui meurt peu après. Triomphe de Ts'eu Hi. Il ne lui reste plus qu'à faire désigner pour tenir le Grand Timon un autre nourrisson, un petit-neveu. A nouveau, elle est la Régente, la toute-puissante Régente.

Que va-t-elle faire des Barbares blancs qui s'enhardissent toujours plus? Depuis le sac du Palais d'Été, elle les abomine atrocement. Ce palais, c'était la démence devenue matière, un délire rocailleux, un rêve fou de l'art, un antre pour tous les plaisirs, toutes les orgies, toutes les sensations, toutes les fatigues merveilleuses, tous les tendres repos. C'était un supplice de délicatesses où le souverain de Tout-Ce-Qui-Est pouvait se divertir à l'infini, se gorgeant de raffinements jusqu'à ce que les dernières fibres de son âme et de son corps fussent rassasiées. Ainsi nettoyé et purifié par les excès, il pouvait reprendre sa charge écrasante de pilier de l'univers. Quand, à force de turpitude rusée, Ts'eu Hi s'était attaché ce Hieng Fong aux étreintes de lézard, en consolation, elle s'était livrée là à toutes les extases et à tous les jeux avec son très fidèle amant Jung Lu. Jours ineffables. Jamais elle ne pardonnera aux maudits chiens puants.

M. Yao nous y emmène, dans ce fameux palais que Ts'eu Hi a fait restaurer en y engloutissant des sommes énormes. Marie-Françoise est stupéfaite par tant de splendeur baroque. Moi, je le connais déjà : au temps des Cent Fleurs j'y ai assisté à une fête offerte par Chou En-lai. Dans un antique théâtre où des colonnes rouges soutenaient des toits d'arc-en-ciel, où des plaques d'étain réverbéraient le soleil, un orchestre aux instruments biscornus jouait une musique grinçante. De frêles danseuses, coiffées de plumes de martins-pêcheurs, oscillaient indéfiniment suivant les rites de la grâce féminine chinoise. Réservés à l'Empereur, cette musique et ce ballet devenaient sacrilège en dehors de sa présence. Cette reconstitution fut la faveur que Chou En-lai accorda aux amis du peuple chinois... Ah! le merveilleux sourire de Chou En-lai que j'aborde et à qui je demande s'il a bien été jadis ouvrier chez Renault en France. Il sourit, sur ce point il ne répondra pas.

Le Palais d'Été... Son sac par les troupes franco-anglaises est toujours considéré comme une infamie indélébile. Même Hitler n'a pas détruit Paris, dit-on volontiers. Les cohortes barbares avaient débouché tout près de lui : au pont de Palikao, elles avaient anéanti les centaures, les cinquante mille cavaliers mongols lancés contre elles en une nuée de mort, bientôt hommes et bêtes n'avaient plus été que râles et agonies sur la terre jonchée d'entrailles. Victoire formidable. A quelques centaines de mètres, le Palais d'Été se dresse comme une proie. Pour les soudards blancs, c'est un fouillis échevelé, la crête d'une vague solidifiée dissimulant des trésors. Convoitise, armées saoules, généraux pochardés octroyant aux troupes la permission de piller. Comme une haine autour du butin, de ces objets tordus, griffus, cornus, pansus, de ces monstres grimaçants, de ces statuettes affreuses. Cette beauté plus que belle et cette horreur plus qu'horrible sont taillées, ciselées, incrustées dans l'or, l'argent, l'ivoire, le jade et l'ébène : tout sera pris ou détruit. Abondent aussi les pierres précieuses, les fourrures extraordinaires, les soieries, les fragilités ajourées et les lourdes broderies. Quand il n'y a plus rien, l'instinct de mettre le feu... L'ordre en est donné par Lord Elgin. Le Palais d'Été n'est plus que flammes, bûches incarnates, braises déclinantes, tisons ternis, cendres et enfin poussière.

Ces flammes, Ts'eu Hi en fuite les a aperçues de loin. Elle est descendue de son char impérial d'un jaune teinté de rose. Elle se tient debout, droite, silencieuse, elle se remplit les yeux de l'apocalypse. Du sol jaillissent des langues de feu qui se consument et qui deviennent vapeurs incandescentes, légères, qui montent dans la nuit. Tout s'éteint... les ténèbres. Ts'eu Hi ne montre rien, ne dit rien. Une seule pensée l'habite : qui a pu la peiner mérite la mort.

Une attente de quarante ans... Une domination qui s'effrite, l'Empire à son crépuscule, à sa fin. La beauté de Ts'eu Hi s'en est allée, elle est devenue une dame mûre, grasse, que tient toujours la haine des « puants ». Elle les redoute mais elle n'arrive pas à comprendre la nature de leur supériorité dans tous ces domaines où ils excellent, les sciences, la technique, l'industrie, la finance, elle ne maîtrise pas les données de leur système politique si contraire au sien. L'obsède le pouvoir, son pouvoir et rien d'autre. Aussi professe-t-elle un insurmontable dédain pour les Japonais qui, se mettant à l'école des chiens, se sont dégradé l'âme. Elle les méprise d'avoir transformé l'Empire du Soleil Levant en un décalque de la Barbarie blanche, un État avec des usines, des canons, des cuirassés, une flotte copiée sur celle de l'Angleterre, une armée modelée sur celle du Kaiser. Et maintenant ces Nippons qu'elle appelle les « Nains » se révèlent anthropophages, ils veulent dévorer la Chine céleste qui a été leur mère, qui leur a donné jadis la civilisation. Si grande est la cupidité de ces abâtardis que la guerre éclate entre l'Empire du Milieu et ce petit pays qui était son vassal, ces îles lointaines où règne un Mikado de bas étage. Orgueil de Ts'eu Hi, sa certitude d'être victorieuse mais, les hostilités à peine ouvertes, les forces chinoises sont balayées, fétus de paille que l'Histoire emporte. 1894 : année terrible. Le Japon est prêt à dépecer la Chine et Ts'eu Hi en est réduite à supplier les puissances blanches pour qu'elles modèrent les appétits des nouveaux samouraïs déchaînés. Pour prix de leurs services, les Barbares de toutes sortes se servent à même la Terre céleste. La ruée, la curée, la Chine coupée en tranches comme une galette des rois.

Ts'eu Hi est désormais une vieille femme, momie fardée presque au bout de son âge, momie de nouveau menacée. Son petit-neveu, l'enfant qu'elle avait choisi comme Fils du Ciel, Kuang Su (Guangxu) maintenant âgé de vingt ans, est tombé sous des influences néfastes. Il veut entreprendre de grandes réformes, s'inspirer de l'Occident. Pour cela, il doit liquider la Régente douairière. Il demande au plus illustre des généraux chinois, le rude Yuan Shikai (on écrivait Yuan Che Kaï) qui commande la meilleure armée de Chine, une armée moderne, de perpétrer le meurtre. Mais Yuan Shikai est bien trop avisé pour commettre ce forfait qui le discréditerait aux yeux du monde civilisé et des Barbares qu'il ne déteste pas, lui. Plus habile que d'occire Ts'eu Hi serait de lui révéler le complot. Ce qu'il fait. Cela lui vaudra de la reconnaissance. A cette révélation, Ts'eu Hi est prise d'une ventrée de rage, emportée par une lave de fureur contre Kuang Su et ses inspirateurs, les novateurs. Elle veut le faire périr, tout est prêt, les médecins de la cour annoncent que le Fils du Ciel, très malade, est sur le point de monter dans le Char du Dragon..., les interventions des Barbares le sauvent. Kuang Su est maintenu en vie mais Ts'eu Hi lui fait subir toutes les humiliations. On le fouette, on l'attache à une chaîne, Ts'eu Hi le garde toujours à sa portée, dans les fers, Fils du Ciel prisonnier, battu, tuméfié, un chien vivant et mutilé.

Ts'eu Hi se ronge. Si les Barbares se sont tant démenés en faveur de Kuang Su pour lui éviter une mort tellement méritée, n'est-ce pas la preuve qu'ils ont toujours été ses complices ? S'impose peu à peu à son esprit le grand dessein, celui devant lequel elle avait reculé pendant si longtemps, l'extermination de tous les Puants.

Dans le pays ravagé par la famine, la haine est formidable contre les « Grands Poils ». Mais Yuan Shikai se dérobe à la tâche de l'holocauste et les forces régulières sont insuffisantes. A la cour, les jeunes princes mandchous, à leur tête Toan, adjurent Ts'eu Hi de recourir aux services d'une société secrète issue du Lotus Blanc, une société dite « des poings de la fleur de prunier ». Leurs affidés, les Blancs les appelleront les « Boxers ». En temps normal, cette secte mystique et primitive, cette lie, Ts'eu Hi l'aurait abhorrée, elle aurait détesté leurs charmes, leurs incantations, leurs danses du feu et du sabre au milieu de cercles de craie, elle aurait fait détruire ces magiciens ennemis naturels du trône. Mais cette fois, malgré ses répugnances, elle se servit d'eux, à cause d'une répugnance plus immense encore. Alors les Boxers surgirent innombrables dans la grande plaine du Nord. Ils s'étaient ceinturé la taille de rouge, ils s'étaient enserré les poignets de rouge, ils brandissaient les drapeaux de la fidélité : « Sur ordre de l'Empereur » et « Gloire à la dynastie », ils se croyaient invulnérables. Ils se mirent à tuer tous les Blancs. Géhenne, feu, tortures, massacres des missionnaires et des « chrétientés ». Dans cette démence est démoli tout ce qui porte la marque de l'Occident, les chemins de fer, le télégraphe, tout ce qui pue la Barbarie.

Pourtant Ts'eu Hi est prise par l'angoisse et les transes de l'incertitude : et si tous les Barbares n'étaient pas tués ? S'ils survivaient, triomphaient, que ne lui feraient-ils pas subir ? A Pékin même, son auguste bouche ne donne pas le signal de l'assaut contre les Légations où les Excellences assistées de quelques soldats, employés et plantons, se retranchent derrière des murs épais. Ils se préparent avec de pauvres armes à repousser l'attaque qui ne se déclenche pas. Ts'eu Hi, vieille femme, tergiverse encore, de plus en plus oppressée, déchirée, tourmentée. Elle voudrait tant... et elle n'ose pas. Mais en juin 1900, à sa place, le sort décide.

Aux alentours des Légations, des ombres affreuses, des visages obsédants, des bruits sinistres, des danses. Le poids de l'attente. L'ambassadeur d'Allemagne, von Ketteler, part en reconnaissance, une balle l'abat. L'irréparable. Un autre Barbare est capturé, décortiqué, sa tête mise dans une cage est accrochée à la porte du Palais Impérial. C'est aussitôt l'enfer, les cinquante-cinq jours de siège commencent.

Les Légations résistent et, comme Ts'eu Hi le craignait, le monde civilisé lance contre elle et sa Chine ténébreuse une expédition militaire formidable. A cette croisade participent les sept plus grandes nations du monde : l'Allemagne, l'Autriche, la Grande-Bretagne, la France, l'Italie, le Japon et la Russie. Une armada de navires de guerre emplit le fond du golfe du Petchili. Les canons foudroient les forts en terre qui protègent la côte nauséeuse. Des contingents de troupes superbes débarquent et se mettent à marcher sur Pékin. Arriveront-ils à temps ? L'avance est lente sur la terre chinoise funèbre, calcinée, où tout a été détruit. Rien que des ruines et des macchabées, les envols de corbeaux, la puanteur, une chaleur accablante. Presque pas de batailles, mais l'infection décime les colonnes, les retarde. Et toujours la question : arriveront-elles à Pékin avant que les Légations ne succombent ? Celles-ci résistent toujours mais de plus en plus péniblement – elles ignorent que l'univers s'est porté à leur secours, qu'il approche, qu'il est là.

Ts'eu Hi, elle, le sait évidemment et cette arrivée des troupes barbares l'épouvante. En elle se succèdent les flambées de férocité et les abîmes de détresse. Une centaine de Boxers, conduits par le prince Toan, commettent le sacrilège de forcer les portes de la Cité Violette pour réclamer d'elle plus de vigueur. Colère impériale, elle fait décapiter ces criminels par ses eunuques. Et elle envoie Jung Lu, son vieil amant de toujours, annoncer aux Légations qu'elle les prend sous sa protection. Elle dort mal, elle a des cauchemars, les obus lancés contre la cathédrale catholique investie elle aussi l'assourdissent, lui donnent la migraine. Que ce bombardement cesse!

Et puis Ts'eu Hi est reprise par son orgueil, par sa frénésie de douairière outragée. Qu'au moins elle ait accompli le grand œuvre de sa vie, l'anéantissement de ces diplomates qui l'ont narguée depuis un demi-siècle. Alors elle reçoit les chefs des Boxers, elle leur enjoint impérativement de « manger la chair des étrangers et de dormir sur leurs peaux ». Mais de nouveau les ténèbres de l'immense panique s'emparent d'elle : les détachements des sept grandes nations sont sur le point de pénétrer dans Pékin. Elle maudit Toan et dans son égarement fait porter des cadeaux, des glaces et des pastèques aux assiégés qui ne se doutent toujours pas que leur salut est imminent.

Cependant qu'à Pékin l'Occident triomphe, la Régente aux abois s'est déguisée en paysanne et réfugiée dans des régions lointaines. Son errance... elle emporte avec elle l'empereur Kuang Su enchaîné, dont elle a fait étrangler la concubine favorite. Elle arrive dans la province du Shanxi dont le gouverneur avait tué de sa propre main soixante missionnaires, un exploit désormais regrettable. Elle dit gentiment à ce héros que le prix des cercueils a augmenté, ce qui signifie qu'il doit mettre fin à ses jours. Ce fidèle sujet se suicide aussitôt. Enfin Ts'eu Hi parvient à Xian, l'antique capitale glorieuse, un sanctuaire de la Chine. Elle n'a plus qu'une obsession : se raccommoder avec les Barbares pour retrouver le trône... Joyeusement elle sacrifiera ses mauvais conseillers, qu'ils périssent! Longues négociations avec les Blancs qui paradent dans Pékin. Mais ils se montrent très gentils, ils ne demandent pas de sang. Que Ts'eu Hi reprenne donc le sceptre. La Chine, la vieille Chine vaincue, devra faire des excuses à tous les peuples du globe et payer une formidable indemnité. Ts'eu Hi accepte, elle accepte tout, d'autant plus que ces exigences ne lui paraissent pas terribles. Comme excuses, quelques grimaces, quant aux indemnités, elles ne peuvent provenir que des droits de douane, des postes et autres services aux mains des Barbares. C'est la ruine de la Chine mais elle ne s'en rend pas compte.

Ts'eu Hi est comme rajeunie, guillerette, elle s'est même amusée à prendre le train pour rentrer à Pékin, ce qui lui a procuré des sensations très agréables, presque un rêve. Le 6 janvier 1902, en descendant de son compartiment, elle trouve à la gare mandarins empanachés et diplomates en uniformes. Respect général. Elle fait une rentrée somptueuse dans la Cité Interdite que les Barbares ont un peu pillée. A nouveau, elle est Ts'eu Hi, plus vénérable que jamais. Aux Excellences étrangères fascinées, de son antique voix essoufflée, toujours majestueuse dans l'affaissement de ses chairs, elle affirme qu'elle était désespérée lors du siège des Légations, qu'elle a usé de toutes ses prérogatives pour l'empêcher, hélas vainement. Elle reçoit

Pékin

les épouses de ces Excellences pour des goûters, et la malice dans l'œil, elle exprime son regret de ne pouvoir leur faire de cadeaux, tous ses objets lui ayant été volés pendant son absence.

Ts'eu Hi bien vivante et presque moribonde. C'est sans doute alors que mon père a pu l'approcher. Elle se prononçait désormais pour le progrès, ce progrès qu'elle avait tant combattu, elle se déclarait pour les réformes auxquelles elle s'était opposée si obstinément. Pour les prôner elle invoquait même Confucius. Clairvoyance crépusculaire, autre comédie et surtout ultime ruse.

Un plan existe : ces Barbares, pourquoi ne pas les jeter les uns contre les autres, qu'ils s'entre-tuent. L'hameçon, la proie offerte, c'est la Chine, ses lambeaux qu'ils s'arrachent. A Pékin, les légations sont les édens de la bicorne mais, passée la crise des Boxers, derrière les mondanités des Excellences, de terribles forces, des passions exaspérées s'ébranlent, des armées avancent, des guerres sont prêtes à exploser. En 1901 est mort un vice-roi très sage, le premier homme d'État moderne de la Chine qui connaissait les Barbares, qui avait souvent négocié avec eux, qui en était apprécié. Il s'appelait Li Hong Tchang (Li Hongzhang), naguère il a suggéré à Ts'eu Hi : « Allumons la mèche. Ils s'annihileront les uns les autres. » Tout d'abord, mettre aux prises les Russes et les Japonais dont les ambitions s'opposent en Mandchourie. Avis écouté, Li Hong Tchang se rend protocolairement dans toutes les capitales du monde et à Saint-Pétersbourg. En 1898 il octroie au Tsar le droit de prolonger son chemin de fer jusqu'à Port-Arthur (Lüshun), ce Port-Arthur stratégique que jadis les Puissances ont refusé aux Japonais et où s'est installée une garnison de la Sainte Russie.

L'épopée russe vers l'Orient. Les Russes, longtemps soumis à la Horde d'Or, ont commencé leur marche dans les espaces infinis, les forêts et les toundras sous Ivan le Terrible. Se sont succédé vers l'est les soudards de Yermak, le fameux Hetman, les chercheurs d'or, les caravanes de marchands moscovites, les lamentables convois de bagnards. Enfin, les troupes régulières ont atteint le Pacifique. Mais la Sibérie reste un continent vide, il s'agit de la peupler et pour cela de construire un chemin de fer à travers la nature incommensurable. Labeur forcé, financé grâce au bas de laine français. Alliance franco-russe, la Banque Franco-Russe, les emprunts russes. Gigantesques chantiers où peinent et meurent tant d'hommes, la ligne progresse, des villes se créent, des fonctionnaires administrent, les popes célèbrent les offices, les ingénieurs tracent des épures, les cosaques dansent : l'occupation d'un continent. Hélas, Vladivostok est pris par les glaces une grande partie de l'année, et il faut un port en eau libre : ce ne peut être que Port-Arthur. Puisque le Céleste Empire l'y invite, la Sainte Russie va prolonger sa ligne jusque-là, jusqu'à cette base qu'elle transforme en une forteresse formidable. Que les Japonais essaient donc de s'opposer à cette expansion en territoire chinois, ces Japonais que les Anglais soutiennent ! Pour les Russes, ces Nippons ne sont que des Jaunes arrogants et prétentieux, qui, s'ils se risquent au conflit, seront balayés par les armées du Tsar très saint et très orthodoxe.

En 1904, comme l'avaient voulu Ts'eu Hi et le défunt Li Hong Tchang, la guerre éclate. Batailles immenses, le siège de Port-Arthur, sa défense acharnée, les assauts des Nippons qui s'emparent enfin de la citadelle. La vieille flotte rouillée de la Baltique, bateaux hors d'âge, contourne péniblement l'Afrique, se fait acclamer par les coloniaux français lors de son escale dans un port de l'Indochine, et repart vers la mort. Dans le détroit de Tsushima, croiseurs et destroyers du Soleil Levant, tout neufs et tout luisants, aux aguets, fondent sur elle et l'expédient par le fond. Pis, dans la plaine mandchoue, les hostilités sont terribles : les tranchées, les barbelés, les pilonnages d'artillerie, les offensives et les contre-offensives, les corps-à-corps, une préfiguration de ce que sera la Première Guerre mondiale. Pertes effroyables, la Sainte Russie accablée est obligée de quémander la paix, les stigmates de la Révolution déjà, la mutinerie du Potemkine...

Ts'eu Hi se réjouit-elle de cette guerre qu'elle a contribué à provoquer ? Certes des Jaunes ont vaincu des Blancs mais ces Jaunes-là sont exécrables, désormais trop puissants, trop avides de la Chine. La Grande-Bretagne, qui a aidé l'Empire du Soleil Levant, profite de cette victoire nippone. Elle se renforce partout où elle peut, elle tient déjà Hong Kong, elle tient Shanghai et l'embouchure du Fleuve Bleu. Mais ses ambitions sont insatiables. Lors du dépècement de la Chine, vers la fin du siècle dernier, elle s'était fait donner Wei Hai Wei, face à Port-Arthur, et désormais les deux nations complices contrôlent le golfe du Petchili et les approches de Pékin. Depuis l'Himalaya, des agents anglais s'infiltrent vers le Turkestan chinois et le bassin du Tarim, mais surtout lord Beresford, le président de la très puissante « China Association », propose de faire du Sichuan une colonie de Sa Majesté. Il est question que les Anglais construisent jusque-là un chemin de fer à partir de leur Birmanie. Ces projets-là contrarient particulièrement les Français qui depuis leur belle Indochine arrachée à la souveraineté chinoise voudraient étendre leur influence sur tout le Sud-Est du pays.

C'est alors qu'Albert, mon père, tout jeune consul, acquiert son instinct antibritannique. Il a trouvé sa voie : il ne cessera de mener une guérilla contre les Rosbifs, officiellement nos amis mais dont il faut contrecarrer les ambitions pour que le coq gaulois puisse bien gratter le fumier chinois, le meilleur fumier du monde.

A Pékin, les Légations ont retrouvé leur tranquillité et les diplomates s'adonnent à la courtoisie des messieurs de Norpois. Malgré les rumeurs qui courent sur la santé de Ts'eu Hi, on célèbre superbement son anniversaire – elle va avoir soixante-treize ans. Elle est restée seule, splendide, tous les gens de son temps, ses conseillers, ses amis, ont péri, son bien-aimé Jung Lu vient de s'éteindre, il ne lui reste plus qu'à mourir augustement. Un dernier meurtre, un dernier coup d'État. Juste avant de rendre l'âme, sous ses yeux elle fait étrangler

Kuang Su, l'empereur qui avait voulu l'éliminer, l'empereur ligoté qu'elle avait gardé à ses côtés au cours de toutes ses tribulations. Pour le trône, elle désigne un enfant de trois ans, Pu Yi, le neveu de l'homme qu'elle vient d'assassiner. Choix déplorable... Après elle le déluge. En est-elle consciente? Déjà moribonde, elle prononce la fameuse phrase : « Ne laissez jamais une femme s'élever au pouvoir. » Ainsi avoue-t-elle la défaite qu'a été son interminable règne. Mais peu lui importe désormais. Revêtue des robes funèbres, elle est allongée sur son lit de parade et lucide, elle attend. Toujours impassible, le 15 novembre 1908, elle expire la bouche ouverte, le visage tourné vers le sud, comme le veut le rite. Elle sera enterrée un an plus tard, entourée de tout un peuple d'effigies en papier qui brûlent, de ses sujets prosternés, dans une immense sépulture aux murs peints en or. Le corps diplomatique, en grande tenue, participera à ce protocole du deuil.

Pu Yi, le dernier Fils du Ciel, je l'ai rencontré en 1956 pendant sa rééducation. Un choc que je n'ai jamais oublié.

Dès mon arrivée j'étais allé au ministère des Affaires étrangères, section des étrangers. Une dame du Parti, maussade créature d'origine bourgeoise mais reconnue « bonne », me tend un questionnaire. Je dois inscrire dans de longues colonnes ce que je désire : les voyages que je souhaite faire, les gens que j'aimerais voir. Parmi eux, j'inscris, à tout hasard, Pu Yi. Je ne savais pas encore que les Chinois accordent souvent ce qui semble impossible, refusant en revanche ce qui paraît aisé. Quoi qu'il en soit, Pu Yi, on me l'a offert.

Cela se passait en Mandchourie, dans les confins de la cité charbonnière de Fushun. Un paysage industriel exaspéré, crassiers, fumées incandescentes, les visages des mineurs comme autant de coulées de suie. Un peu à l'écart, au milieu de terrains vagues, une maison en brique, une boîte carrée et hermétique, une sorte de casemate. Tout autour, des barbelés et des soldats baïonnette au canon. Long cérémonial, mon interprète donne le mot de passe, négocie minutieusement avec des militaires pleins d'objections. Enfin la porte est ouverte, nous pénétrons dans un salon miteux. Au mur est suspendue une grande carte de la Russie méridionale, avec un Staline moustachu en surimpression – omniprésence du Petit Père des Peuples, à l'époque Mao n'avait pas encore découvert les encens du culte de la personnalité et même les refusait. Dans la pièce, deux hommes s'inclinent et me serrent la main glacialement, un vieux lieutenant ridé qui sera le scribe et un chérubin militaire à la grâce martiale. Avertissements. Le prisonnier a oublié la langue anglaise, il me parlera en chinois. Il déjeune, dès qu'il aura achevé de manger, il viendra.

Des pas dans l'escalier et Pu Yi apparaît. Je veux le saluer, il s'écarte de moi – on ne doit pas montrer de politesse à un ennemi du Peuple comme lui. On l'autorise à s'asseoir, je m'assieds en face de lui. Quelques instants je contemple cet ex-empereur en tenue démocratique, une casquette, un bleu de chauffe, des godillots noirs, tout cela à peu près neuf : on dirait un prolétaire endimanché. Il reste là, silencieux, maigre, blême, le front immense, la peau anormalement lisse. Il se tient immobile, l'œil vide, résigné, les mains sur les genoux, les jambes enroulées autour des pieds de son fauteuil en osier... Un poisson échoué sur un banc de vase qui, contre toute logique, survit.

Un dégénéré ? Pas vraiment, tout au plus une fin de race. Il est anxieux, je le sens. On me l'a livré alors qu'il est en pleine autocritique et il doit bien jouer son rôle. Il reste muet, lèvres closes, c'est à moi de l'interroger. Une question banale sur sa santé et aussitôt il entame sa litanie d'un filet de voix, s'appliquant surtout à croire à ce qu'il dit, sa sincérité, il le sait, est capitale. Donc il s'accuse comme il se doit de toutes les infamies possibles, en termes bien stéréotypés. Il a été un « féodal ennemi des masses », un « laquais des impérialistes japonais », un « traître à sa patrie et à la race céleste ». Ses aveux terminés, il sue d'une peur contenue. A-t-il prononcé les bonnes formules avec le ton convenable ? Il ne tremble pas mais sa pomme d'Adam monte et descend le long de son cou.

Soudain une lueur folle brille dans le regard de Pu Yi. Un individu trapu, cheveux coupés en brosse, les traits durs, la cinquantaine environ, vient d'entrer dans la pièce et se carre, raide et attentif, sur un sofa. Il nous fixe Pu Yi et moi, impassiblement. C'est sans doute le rééducateur en chef.

Le débit de Pu Yi s'est accéléré. Il me décrit son emploi du temps. Nulle sévérité, un sommeil abondant, trois repas par jour, des journaux, du sport, des jeux de cartes et d'échecs – pendant les heures où on ne le rééduque pas. L'idée me vient de lui demander s'il est ici le seul détenu. D'un ton neutre, il me répond que dix autres traîtres, d'anciens membres de son gouvernement du Manchoukuo, sont soignés là, en même temps que lui.

L'orage. Sur un petit signe du doigt du quinquagénaire, le chérubin se dresse, explose, toutes épaulettes battant le vent. Il me clame que je ne peux interroger Pu Yi que sur lui-même et ses forfaits, sinon il interrompra l'entretien. Jamais je n'ai subi pareille algarade en Chine : quels secrets sont en question ? Pu Yi s'est ratatiné, larve livide, poupée mécanique qui reprend sa dialectique, la dialectique bonne et salvatrice. Quand il aura compris ses crimes, quand il se sera repenti, alors le peuple le jugera. Excellente sera sa sentence, quelle qu'elle soit. Oh ! dialectique, oh ! serpent de Laocoon, oh ! anneaux brillants qui enserrent et ne desserrent que pour mieux étouffer ! Comme Pu Yi a bien appris le vade-mecum de la rhétorique rouge, comme il en connaît les impératifs et les subtilités !

Mon devoir est de l'aider à s'exprimer encore mieux, et je m'institue, par charité, le bourreau de ce triste mannequin du peuple : qu'il précise par exemple ce qu'il déclare aujourd'hui être son « avenir merveilleux ». Et si les foules réclamaient sa mort ? Eh bien, il en serait aussi heureux que d'un pardon. De toute façon, verdict fatal ou clémence auguste, ce sont les deux faces d'une même bonté qui, dans les deux cas, le libérera de son passé.

Et ce passé maintenant, le visage comme une laitance, comme s'il ne s'agissait pas de lui, Pu Yi me le détaille : des crimes, des crimes bien réels. Comment lui, le souverain du Céleste Empire, a-t-il accepté d'être le fantoche des Japonais, leur marionnette sur le trône du Manchoukuo ? Il me profère qu'autrefois il n'était pas éclairé, qu'il ne se rendait même pas compte qu'il commettait la pire des forfaitures... Sa triste existence, sa complainte. Bébé Fils du Ciel, jamais il ne voyait sa mère, une sujette indigne de lui, il n'a jamais été aimé. Après que la République chinoise, née en 1911, lui eut enlevé le sceptre, il avait pu demeurer dans la Cité Interdite avec sa cour, ses favoris, ses mille eunuques, ce qui, précise-t-il, démontre qu'une révolution bourgeoise est mauvaise, puisqu'elle ne va pas jusqu'au bout. Cependant la République ne lui payait pas souvent la rente convenue, quatre millions de taels, alors il vendait des « curios » à des antiquaires blancs. Cette situation agréable dura jusqu'en 1924, année où un Seigneur de la Guerre, le prétendu Maréchal Chrétien le chassa de son palais. Pu Yi s'enfuit à Tientsin (Tianjin) où il vécut en pauvre, en réfugié, en dédaigné, loqueteux, souffrant de la faim, le cœur en rage et maudissant la destinée.

Dans le plus noir de sa misère, les Nippons lui avaient montré une grande compassion, lui assurant asile et entretien. Longtemps il ne se douta pas que les Japonais avaient un but, voulaient se servir ensuite de lui comme d'un pion. Le moment venu, ils lui avaient proposé, si suavement qu'il ne pouvait le refuser, le trône du Manchoukuo. Il avait accepté, persuadé de conclure une bonne affaire. Il se donnait des excuses, n'était-il pas l'ultime rejeton d'une dynastie céleste d'origine mandchoue ? Il lui avait paru normal de rétablir son sang et sa race sur une contrée d'où son clan était parti pour s'emparer de la Chine. A Moukden (Shenyang), il était de nouveau dans un palais, un empereur entouré de courtisans. Il n'était pas complètement satisfait, lui aussi s'était mis à rêver de reconquérir la Chine à la suite des Nippons. Mais ceux-ci le rabrouèrent et le morigénèrent, l'accusant de folie. Immense fut sa déception. Il ne lui restait que le droit de se distraire : il fit fouetter ses demoiselles d'honneur, ses femmes et ses gitons, il s'adonna à l'opium, à la luxure, à tous les vices.

Et puis était venue ce qu'il croyait la catastrophe. Les Russes l'avaient capturé, l'avaient gardé cinq ans sans se soucier de lui et enfin l'avaient remis aux Chinois. Il s'attendait à une exécution, à des supplices. Quelle surprise de trouver la bonté du Peuple !

A ce moment, un sanglot dans la gorge de Pu Yi, il parle avec précipitation :

« Mon esprit était corrompu, ce qui est le Mal suprême. Mais je ne savais pas que l'abomination, le Peuple peut la transformer en Bien, en guérissant les cerveaux et les cœurs. Je remercie le Peuple de changer ma nature, de faire de moi un homme nouveau. Et je vous le répète quand mon traitement sera achevé et que viendra l'heure de la sentence, j'accepterai avec autant de joie la mort que la vie. »

Le colonel chérubin regarde sa montre et éructe que le colloque est terminé. Pu Yi, comme s'il n'en avait pas fait assez, recommence son antienne sur la grandeur et la clémence du président Mao. Il mâchouille ses phrases le plus rapidement possible, il bredouille, il ânonne, il remercie le Peuple, il le remercie s'il le laisse en vie, il le remercie encore plus s'il lui enlève la vie, il submerge le Peuple de ses remerciements.

Le colonel m'annonce :
« C'est l'heure de la partie de bridge du criminel. »
Pu Yi se lève, et, sans me regarder, s'enfuit à vive allure. Je le vois disparaître dans les escaliers, tête chétive, épaules tombantes, corps rachitique. Cet homme, qui n'importe où ailleurs aurait été fusillé pour haute trahison, sera gracié, j'en suis sûr. Sinon on ne me l'aurait pas montré dans un tel numéro. Pourtant il me semble que je viens d'assister à une exhibition affreuse, que la camarde aurait été préférable. Mais Pu Yi veut vivre, survivre. Après une existence tourmentée, pourquoi ne deviendrait-il pas le camarade Pu Yi?

Comme la suite de la saga a été édifiante! Tout d'abord on a jugé favorablement son repentir et, au cours d'un meeting, on lui a remis un certificat spécial de pardon. Sur ce, en 1960, on a fait de lui un gentil jardinier à Pékin, non loin de la Cité Interdite où il avait été Fils du Ciel. Avec quelle ardeur il soignait les espèces les plus rares de la flore, il tripotait la terre, il l'enrichissait de fumier, surveillant l'éclosion des boutons et des pousses. Son zèle... Mais le Parti voulait faire de lui un meilleur usage. On l'avait donc nommé archiviste auprès du Comité Politique et Consultatif des Peuples de Chine et à ce titre admis dans le Tout-Pékin rouge. En tenue Sun Yat-sen de première qualité, bardé de stylos et portant lunettes, le visage toujours souriant, il était devenu le protégé de Chou En-lai qui le recevait souvent. On envoyait auprès de lui des « amis étrangers », il leur exposait la générosité des masses à son égard. On lui avait même donné une épouse, une camarade très bonne, qui le poussait encore davantage vers le Bien. Une chipie, paraît-il. Peu importe, Chou En-lai avait assisté à la cérémonie nuptiale et félicité le couple. On arrivait au couronnement : Pu Yi allait, assisté d'un « nègre », écrire un livre où il raconterait longuement ses infamies et sa régénération. L'ouvrage parut en 1964 et fut largement diffusé, y compris à l'étranger.

Une certaine gloire, une gloire excellente autour de Pu Yi le mémorialiste. Mais la légende dorée, crime et résurrection, fut battue en brèche lors de la Révolution Culturelle. Son fameux livre fut critiqué, il se mit à réfléchir sur les défauts de l'ouvrage pour le corriger. Les mérites du Peuple n'étaient pas assez soulignés, il devait les montrer davantage, aller encore plus loin dans la louange... Son « nègre » fut jeté en prison, son rééducateur aussi, il était temps pour Pu Yi de disparaître, ce qu'il fit, fort à propos, le 17 octobre 1967, à l'âge de soixante ans.

En 1980, Deng Xiaoping remit sa mémoire à l'honneur : Pu Yi défunt fut promu pontife rouge. Le 29 mai 1980, les membres les plus éminents du Parti et du Gouvernement célébrèrent Pu Yi lors d'une assemblée funéraire. Après les rites, sa veuve, la camarade Li, porta l'urne contenant ses cendres jusqu'au cimetière révolutionnaire de Babaoshan : le dernier empereur de Chine dort pour l'éternité parmi les héros rouges. Bien plus, la demeure en brique de Fushun, où je l'avais interviewé, a été transformée en musée. Les visiteurs recueillis abondent en ce lieu où la métaphysique du Peuple a brisé l'orgueil d'un tyran.

Je prononce le nom de Pu Yi, je raconte le siège des Légations, Yao s'en fout, il ne connaît pas, ou plutôt les mânes de Pu Yi et les anciens tumultes ne sont pas au programme. Comme seul extra, j'obtiens, non sans difficulté, qu'il nous conduise à l'ambassade de France, dans le tout nouveau quartier diplomatique. Belles demeures sans prestance, sans passé. Par-ci, par-là des guérites, chacune contenant une sentinelle jaune, visage sur le qui-vive. A l'intérieur de l'ambassade, un accueil d'une aisance molletonnée qui ne se compromet dans aucun sens, la neutralité de l'excellente éducation, les grâces permanentes du Quai.

Mon expérience m'a aussi prouvé qu'il y a toujours en ces territoires mous quelqu'un d'intelligent, de serviable et même de culotté. Aurons-nous le temps de le trouver?

Ce quartier hautement surveillé, ces ambassades sirupeuses sont en contraste absolu avec le bloc des anciennes Légations où les Excellences du monde entier constituaient une garnison armée, dominatrice, condescendante. Ts'eu Hi, cette catin de Régente, cette vieillarde imbécile, après son échec terrible avait assuré leur revanche, leur triomphe. Les Légations devenues sacro-saintes étaient l'arrogance même et le défi. Après la proclamation de la République en 1911, elles avaient ignoré la Chine vraie, la Chine des événements décisifs, Canton, Shanghai et le Fleuve Bleu où s'accouchait l'avenir, les diplomates étaient restés à Pékin au sein de leurs Légations fortifiées. Aux portes on se battait.

Les terrifiants Seigneurs de la Guerre de la Chine du Nord, quelques brigands maréchaux, qui selon les circonstances pactisaient, se désalliaient, en venaient aux prises en de sanglants affrontements mais n'auraient jamais osé les attaquer. Imaginer la population égorgée, la terre comme un calvaire, une nudité sans récoltes, la faim, le sang comme la mer, une soldatesque gigantesque, tous les viols, toutes les flammes, tous les butins et, face à cette horreur, la superbe des Légations...

Des monstres qui commandaient ces holocaustes profitables, le plus redoutable était un certain Tchang Solin (Zhang Zuolin), un ancien détrousseur des steppes devenu un effrayant vieillard qui avait suscité la peur, l'ire et les sarcasmes d'Albert Londres. Ce satrape avait l'allure très respectable, patriarche menu, les cheveux d'un blanc candide, les moustaches en crocs, silencieux, les yeux presque fermés, il vivait entouré de sa garde prétorienne où l'on comptait de pauvres mercenaires, des Russes blancs. Il avait atteint le summum de la cruauté en devenant confucéen, c'est-à-dire un homme pieux dont la mission était de préserver l'ordre moral et d'exterminer tous les fauteurs de désordre. Sur un mouvement de ses cils, on fusillait ou coupait en morceaux quiconque lui déplaisait, autrement dit un bon contingent d'hommes et de femmes chaque mois. Son autorité redoutable, l'angoisse qu'il inspirait, son dangereux plaisir à être vertueux... Sa force, c'était d'être soutenu par les Japonais. Cet ignoble avait des rivaux aussi empoissés de meurtres et de saccages que lui. D'abord le Maréchal Chrétien, le faussaire du Christ qui baptisait ses troupes à la lance d'arrosage. Tous chrétiens! Ce maréchal-là était une créature souple, insaisissable, traîtresse, pleine de ruses peu paradisiaques. Drôle de sauveur qui ordonnait magnifiquement les punitions des suppôts de Satan, à savoir ses complices dont il se désacoquinait en des volte-face prodigieuses. Le moins mauvais de ces Attila était un certain Wu Pe Feu (Wu Peifu) qui se réclamait des règles très civiles de la courtoisie et de l'honnêteté et tuait un peu moins.

L'enjeu, le désir suprême dans ce pandémonium, c'était pour chacun d'eux d'arriver au contrôle, à la possession de Pékin. Pékin métropole divine qui tombait en ruine mais immense trésor puisque le reître qui la tenait détenait la légalité et, partant, multipliait lois et ordonnances d'un excellent rapport. Mais ces matamores ne se désignaient pas eux-mêmes pour les fonctions officielles, ils avaient leurs marionnettes, leurs séides, qui dans ce no man's land devenaient ministres et présidents aux décrets de rapines. Tous ces gens alternaient au char de l'État et représentaient la Chine aux yeux du monde. Parfois, quand s'opérait un changement de tyran, quand les armées menaçaient la cité, la population se ruait sur les Légations, l'unique refuge possible mais elle était chassée : il ne fallait pas déranger messieurs les diplomates.

Les Excellences à travers ces drames continuaient donc leur bonne vie, à l'abri et aux premières loges. En uniformes brodés, armés de leurs sabres de parade, les ambassadeurs remettaient sans sourciller leurs lettres de créance à ces Ubu rois; un fantoche incarnait la souveraineté, demain il serait assassiné, un autre serait reconnu officiellement... Tout allait bien. Les Légations étaient devenues une nouvelle Cité Interdite à eux réservée où ils menaient une existence exquise, d'un guindé cérémonieux mais enchanteur. Que de Talleyrand à mots d'esprit, sceptiques, cyniques, poursuivant le panache de leur diplomatie futile et solennelle! Et puis, dans ce monde clos, que de potins, que de fêtes, que de fesses, comme dans toute société de bon aloi. Cela dura longtemps ainsi. Vers 1928, ce personnel se transféra à Nankin auprès d'un Tchang Kaï-chek désormais accepté comme l'autorité légale. Mais les édifices des Légations de Pékin demeurèrent la propriété des seigneurs blancs, les témoignages de leur grandeur.

Les Chinois n'oublient jamais les outrages, même après un demi-siècle. En 1949, après la Libération, quand Pékin devint le sanctuaire de Mao, comme les communistes se souvinrent de cette honte si ancienne! A toutes les nations qui « reconnaissaient » le régime rouge, très discrètement et très fermement, ils conseillèrent d'abandonner les Légations à leur sort et d'aller s'installer ailleurs dans un quartier qu'on leur désignait. Ce qui fut fait. Alors on y construisit les ambassades actuelles qui étaient innocentes.

Cela commença par l'URSS, la grande nation sœur avec qui Mao venait de signer à Moscou le Traité de l'Amitié Éternelle. Puis ce fut la Grande-Bretagne qui avait négocié la sauvegarde de la colonie de Hong Kong, pourtant terre chinoise par excellence. Successivement d'autres pays venaient déposer leurs diplomates dans la corbeille des noces avec Pékin. La France tarda un peu. Lors des Cent Fleurs, elle n'avait pas encore pactisé et, très grotesquement, elle se servait comme factotum d'un ancien adjudant-chef corse de la Coloniale bien fruste, bien bistre, aux traits bien découpés, marié à une petite chose jaune qui était, disait-on, la fille d'un ex-pirate des chemins de fer. A sa table, qui était bonne, dans son modeste yamen, il recevait toutes les sommités françaises de passage, Edgar Faure, des ministres et moi-même, la bouche toujours close, cousue par la peur que ses propos ne fussent rapportés aux Chinois et qu'il ne fût accusé de crime. Un malin. En 1964 arrivèrent les gens du Quai. Comme tous les autres plénipotentiaires, au doigt et à l'œil, sans murmures ni hésitation, ils s'établirent dans leur nouveau quartier où ils n'étaient plus des maîtres mais des sujets soucieux de plaire et d'admirer. La Chine fut bonne pour eux : puisqu'ils ne pouvaient se déplacer par eux-mêmes, elle leur organisa de beaux voyages avec de vrais guides dont ils n'avaient qu'à suivre les consignes. Diplomates petits garçons...

M. Yao trouve à l'évidence incorrect qu'en compagnie de Marie-Françoise je m'échappe du monde qui m'a été préparé par l'Association des journalistes avec tellement de soin et où l'on nous délivre de si beaux Exposés, pour aller sans escorte nous débaucher dans Pékin. Moi, je ne pense qu'à m'évader de notre hôtel. Nous sommes supposés y prendre nos repas, selon des menus décidés pour nous, et sans M. Yao qui, je ne sais pourquoi, ne partage pas ces agapes. Est-ce interdiction ou est-il retenu par des obligations familiales? Sa femme est souffrante... a-t-il expliqué à Marie-Françoise. Une fois la journée de travail terminée, quand la Chine entière se couche, vers dix-neuf ou vingt heures, M. Yao nous conduit à notre chambre en nous souhaitant « bonne nuit ». Lui s'installe dans la pièce voisine. Vite, aller se galvauder auprès des Blancs, écouter leurs récits, leurs tracas et leurs enthousiasmes. Tout de même le remords quand nous rentrons sur la pointe des pieds et que nous apercevons M. Yao sur le seuil de sa porte, muet, l'air mi-douloureux mi-réprobateur d'un ange gardien bafoué. Et s'il se faisait engueuler?

Mais décamper n'est pas facile. Les taxis sont rares près de notre hôtel, qui n'est pas assez élégant : ils n'abondent que devant les grands palaces. Nous descendons en tapinois dans le hall que nous traversons sous les yeux des concierges qui affectent de ne pas nous regarder. Le premier problème, une fois dehors, c'est de trouver un bahut dont le chauffeur à la tête toujours obtuse veuille bien de nous. Ah! illustres phaétons de Pékin dont tous les conducteurs sont de la police mais qui, malgré cette honorable appartenance, ne baragouinent aucune langue étrangère. Discuter avec eux, négocier, leur faire ingurgiter l'endroit où nous déposer, quel travail de titan! De leur part aucune aide, pas un mot à consonance pour nous familière, pas de pidgin, encore moins évidemment de franchouillardise. Le chinois, rien que le chinois, le chinois au degré absolu, obstinément, furieusement. Certes parfois j'essaie d'articuler quelques sons, quelques expressions – soigneusement retenues par moi – dans ce que je crois être du mandarin. Il ne m'est retourné qu'une face encore plus stupéfaite, une incompréhension effrayante. Et puis ça l'agace cet homme qu'on s'efforce de jargonner le mandarin! Il se ride, il bat des bras, il croasse, il se lance dans des phrases butoirs. Mon père me le disait bien : « Arriver à persuader un Céleste réfractaire, c'est impossible. »

Je dois retourner dans le hall et appeler au secours les pipelettes. Où sont les vrais concierges des hôtels capitalistes, avec des clefs d'or brodées sur leurs parements, si affables, s'exprimant dans tous les idiomes de l'univers et capables pour vous des débrouillardises les plus osées ? Ici juste des simili, des ersatz, des de facto qui vous épient, qui sont un peu espions comme tout et n'importe quel personnel en Chine, mais n'en bafouillent pas davantage l'anglais. Les plus polis balbutient le seul mot qu'ils connaissent, « sir, sir », un bégaiement bienveillant et inutile. Ces personnages malpropres, enduits de taches, les cheveux pelliculeux, ce qu'ils s'en foutent de nous, moins pourtant que les femmes promues aux mêmes fonctions, des viragos.

Enfin, si Dieu le veut, vous arrivez à alpaguer un monsieur superbement ancillaire, un chef qui prétend maîtriser l'anglais : au son diligent et réjoui de sa voix, il est évident qu'il va vous tirer d'affaire. Échanges chevaleresques, échanges charabiesques où l'individu craignant qu'on n'ait pas suffisamment remarqué ses mérites et qualités s'énerve et menace de vous planter là. Pour ne pas nous emberlificoter davantage, je tente un coup d'État : écrire en anglais sur un bout de papier l'adresse où je désire me rendre. L'idéal serait de posséder la carte de visite de mes destinataires en anglais ou en français, avec au verso la traduction chinoise... Suspense, il faut des secondes, parfois des minutes, avant que l'interlocuteur paraisse saisir le sens de ces lettres pourtant tracées en majuscules. Je constate une fois de plus que la lenteur des Célestes est inégalable quand ils sont surpris ou contraints. Le texte assimilé ou pas, viennent des questions, des tas de questions, un interrogatoire. Après ces longs entretiens, comme par hasard, le personnage a une chose nouvelle, importante, urgente à faire, il ne s'occupe plus de vous ni de votre désir d'informer le conducteur qui devant le perron poireaute en jurant.

La meilleure solution, c'est de trouver une providence (par exemple, un client hongkongais) qui s'intéresse à votre cas. En quelques instants, il dessinera les caractères idoines sur une feuille avec une agilité qui toujours m'épate. Beauté de cette écriture, de ces signes excellents, à la précision incomparable... Je m'empare de ce qui n'est pour moi que « hiéroglyphes » pour le placer d'autorité sous les yeux du chauffeur. Il scrute, bat des paupières et s'ébroue. Le malheur, c'est qu'il ne sait pas lire mais qu'il ne l'avouera jamais. A ce moment, il s'agit d'éviter un danger du reste connu de tous les anciens de l'Extrême-Orient : tout comme autrefois il ne fallait jamais faire confiance au coolie d'un pousse-pousse ou d'un cyclopousse, il importe maintenant de ne pas se fier à la bonne foi et aux connaissances d'un « taxi ». Que le Chinois tire, pédale, ou manie le volant, de toute façon il décampe à toute vitesse et poursuit sa route indéfiniment, n'importe où, n'importe comment, au désespoir du passager qui se sent perdu à jamais.

Si je subodore lors d'ultimes négociations et discussions que le chauffeur, pour cacher son ignorance de la lecture ou de la topographie, à moins que ce ne soit par vil intérêt, s'apprête à me faire faire un tour de Chine automobile, je redescends de la voiture en y laissant comme gage et otage Marie-Françoise. Carrément, je pars à la recherche de monsieur le directeur de l'hôtel, un tout petit quidam à tête énorme. Je lui flanque à la figure mes histoires, je l'accroche par les basques, je l'entraîne dehors avec moi pour qu'il s'assure que notre chauffeur a bien compris où nous voulons aller. Le cadre important résiste à mes objurgations, je suis sur le point de faire un scandale, enfin, après une analyse de la situation, il se décide à me sauver, sort du hall et assiège le conducteur. Débat laborieux, interminable, échanges d'arguments, les cris rauques qui ponctuent toute aimable discussion en Chine. Cela dure d'autant plus longtemps que les deux individus ne parlent pas tout à fait le même dialecte et de ce fait se comprennent mal. Rien qu'à Pékin, il existe, paraît-il, une vingtaine de dérivés du mandarin qui est le parler officiel. Enfin l'obligeant dignitaire qui a condescendu à intervenir dans nos embarras m'assure, hochements de tête à l'appui, que tout est réglé, que nous arriverons illico à notre destination. Embarqués, Dieu Bouddha, saint Mao ou Sainte Mère, faites que nous parvenions à bon port.

Aujourd'hui j'ai rendez-vous à midi avec un Français à l'Hôtel de Pékin, l'un des ghettos où se rassemblent les hommes d'affaires étrangers. Théoriquement, M. Yao ignore cette escapade concoctée par téléphone. A moins que... D'aucuns ici appellent notre hôtel l'hôtel des micros. Vérité? Paranoïa? Ces histoires de micros hantent tout voyage en pays communiste et nous ne sommes pas de si importants personnages qu'il faille sans cesse écouter nos propos! Le sens quand même de notre duplicité – ce pouvoir qu'a la Chine de vous culpabiliser pour une bagatelle, dans l'exercice de votre liberté la plus évidente... Le moindre déplacement imprévu devient évasion, fuite à Varennes... Dans notre véhicule, je regarde avec méfiance la nuque épaisse de l'automédon, qui est colossal et taciturne. Première sortie sans la voiture noire, sans nos sbires. J'éprouve un désarroi devant la cité où je commence pourtant à me repérer, toujours la forêt des HLM, toujours ces millions de gens qui pédalent, ces gens comme des rongeurs, toujours cette foule qui achète peu mais dévore des yeux. Autour des échoppes, un grouillement fasciné par la brocante moderne, tout est là, cassettes, postes de télévision et même des ordinateurs qui vieillissent sous une couche de poussière. On ne parle pas. Où est la volubilité chinoise? Enfin le chauffeur s'arrête au pied d'un immense escalier. Tout autour, allant et venant, une autre foule, «impérialiste» celle-là, de Blancs et de Jaunes blanchis, amis étrangers aux faces de businessmen se congratulant avec des Chinois de première qualité. Les salamalecs, les courbettes, les poignées de mains, les petits rires, toutes les politesses de l'Orient et de l'Occident mélangées. Je suis arrivé.

L'Hôtel de Pékin date de l'ère maudite d'avant la Libération. Ce fut pourtant là, sous les lambris et les colonnades d'autrefois, qu'avait été célébrée la fête rouge où j'avais contemplé Mao. Un terrain neutre en somme. Maintenant ça s'est étendu, ça s'est démultiplié et l'édifice originel de type rococo colonial a donné naissance à deux polyèdres de béton et de brique. Un troisième sort même de terre. Qu'on entre et on est plongé dans le summum de l'ostentation. Des arcades, des boutiques, des restaurants, des galeries, des escaliers et aussi des jets d'eau, des fleurs, des plantes en pot. Dans des vasques, dans des imitations d'étangs, glissent des poissons rouges. Ça dégouline de musique, de piano, Richard Clayderman clapote en vaguelettes. Les Chinois ont des mines dignes, les Européens s'étalent. Contrairement aux vieilles coutumes d'antan, parmi les Blancs je ne vois pas de piliers de bar, d'ivrognes bonne maison, de pochards grand style. Non, on ne cultive pas le spleen à coups de «drinks», on est «matter of fact», on est réaliste.

C'est que désormais les «amis étrangers» ne sont plus des aventuriers, des aigrefins, des personnages douteux aux ressources et aux projets incertains. Dans la capitale sont accumulés les délégués de mille cinq cents firmes parmi les plus importantes du monde, toutes éblouies par la Chine, ses richesses possibles, le marché chinois, ce milliard d'hommes qu'on espère transformer en consommateurs. Ils ne sont pas là pour asservir le pays, ces missi dominici, ces représentants in partibus de la grande finance, de la grande industrie, des grandes affaires internationales, juste pour en manger un peu. L'idée, c'est de faire du fric, du gros fric en sachant exploiter l' «ouverture», en sachant jongler avec les Quatre Modernisations, en sachant aussi se faufiler dans les méandres de la «ligne». Puzzles et jeux de Meccano où les capitalistes de l'extérieur et leurs agents ont toutes les possibilités de monter des combinaisons avec les Chinois –

des combinaisons évidemment honnêtes. Plus question de tondre l'Empire Céleste, de lui couper la laine sur le dos, de le voler, de le brutaliser comme jadis à Shanghai. Maintenant les amis ont bon cœur, ils aiment la Chine et donc ils ne font plus bêler les Chinois. Au contraire, ils bêlent pour exiger de leur fournir davantage, de les couvrir d'argent et de cadeaux, croyant que cette générosité sera la mine des dividendes et des bénéfices. Oh! s'associer avec la Chine, monter de belles affaires ensemble, créer des sociétés mixtes. Ainsi elle sera prospère et sa fortune assurera d'immenses profits aux bons techniciens qui se seront penchés sur elle.

Bien sûr, il faut des lieux où fourrer ces gentlemen, les Chinois ne désirant pas qu'ils se dispersent, qu'ils s'infiltrent à travers tout le pays, qu'ils l'occupent. Mais puisque les Barbares sont devenus des anges, pourquoi ne pas les rassembler dans quelques crèches d'un Noël perpétuel? Clôture subtile, ingénieuse, par le luxe. On ne peut, n'est-ce pas, demander à des personnages aussi éminents de vivre à la chinoise dans l'inconfort et la saleté? On aménagera pour leur existence quotidienne de superbes palaces où tout sera d'ailleurs à des prix exorbitants. Car ces amis de la Chine, dès le début, il s'agit de les faire cracher.

L'Hôtel de Pékin, c'est la curée au sein des mots d'amour. Sous les langages fleuris, les propositions chatoyantes, avant tous les Chinois cherchent à gruger avec tact! Les pontes étrangers rêvent de revenus mirifiques, miraculeux, main dans la main avec les Célestes et le temps s'écoule, s'amplifie, devient éternité... où ne pointe aucun résultat. Les beaux accords, les pactes, les projets, tous les arrangements s'effilochent, se compliquent, se ramifient en écharde douceureuses. Sourires des Chinois qui continuent à promettre, qui ne sont jamais pressés, ils ont mille bonnes raisons de tarder, ils veulent améliorer les merveilles conçues en commun, les consortiums, les usines et ainsi de suite. Peu à peu, les Blancs commencent à s'impatienter, à douter. Dans leur « compound » même, ils se sentent roulés, écorchés. A l'Hôtel de Pékin, tout est deux fois plus cher qu'à Manhattan... Finauds de Chinois! Que les anciens Barbares promus amis de la Chine et grégairement réunis soient bien blanchis, bien lavés, qu'ils fleurent l'eau de Cologne, c'est là un privilège qui vaut des millions de yuans. Imaginez cela, on trouve de la solide plomberie, des chasses d'eau qui fonctionnent, on ne sent même pas de lointains relents de merde, c'est inestimable, ça vaut des pactoles. Alors pourquoi accéléreraient-ils les choses?

Pauvres amis de la Chine venus pour un bonanza et qu'on dépouille! Sans importance... C'est une mode récurrente pour le capitalisme international que de s'engouer de la Chine, de se pâmer, de s'égarer dans des visions d'eldorado et de se faire plumer avec délectation. Tous les dix ou quinze ans, les grandes places financières du monde se lancent dans la croisade de la bonne Chine rouge. D'un même mouvement surgissent des messieurs milliardaires – ou des représentants en milliards – croyant qu'ils vont gober la Chine populaire. Avidité, naïveté, la conviction que la Chine n'est pas un caillot de sang écarlate à déglutir, mais un délicieux bonbon rose à sucer. Au temps des Cent Fleurs, j'ai vu des premières cohortes partir de Hong Kong – une mission super-huppée du capitalisme français. Bien que la plupart de ces messieurs issus des deux cents familles ou de l'équivalent ne fût pas spécialement progressiste, le mirage chinois les faisait fondre d'espérance. Une fois à Pékin, tout harnachés d'importance bénigne et de Légions d'honneur, ils se mirent à draguer les Chinois qui sortaient difficilement de leurs trous. Finalement, ces apôtres inemployés, dissous d'ennui, se désespérèrent et ils repartirent la queue basse sauf quelques vendeurs de locomotives qui placèrent leurs motrices.

Ensuite la toute-puissance de Mao découragea la finance. Il avait découvert le crime de l'« économisme » et honnissait la « science réactionnaire » des lois et des techniques russes et américaines au profit de la « science populaire ». C'était le Grand Bond en Avant où l'on doublait le poids des épis, où l'on triplait la taille des cochons, où les ménagères fourmillaient d'inventions, un million par mois au bas mot. A cette époque de grande utopie, le capitalisme international ne pointait évidemment pas son nez. La Révolution Culturelle n'attira pas non plus le chaland, mais après la mort de Mao, dans une Chine qui claquait de misère et faisait son mea culpa, je l'ai dit et répété, quelle ruée, malgré les déconvenues!

Ma « longue marche » dans les corridors. Mais où est la magie d'antan? Pas d'aventurière fatale, pas de madone à voilette et à parfum, pas de beautés qui rendent fou et mènent les pauvres hommes aux pires voluptés et aux meilleures géhennes. Plus de drames, de transes, de passions éperdues à cause d'un visage entrevu, d'une couleur d'yeux, de la courbe d'un corps : les souvenirs de la littérature sont à rejeter. Plus d'histoires de cul, pas de flamboiement de carats, pas de nobles ou basses crapuleries. Toutefois je remarque avec plaisir des Chinoises très délicieuses, quelques-unes en robes célestes, la plupart en imitation de Chanel. Elles ont le minois aguichant mais il s'agit de la décente coquetterie nécessaire pour le business. Ah! la valeur sacrée qu'a prise le mot « business », c'est la nouvelle vérité, le nouvel évangile capable de déclencher tous les zèles. Comme elles jouent des sourires et des moues convenant aux affaires, les secrétaires, les dactylos des messieurs blancs qui ont l'obligation quasi morale d'être jolies. Si elles parlent un peu l'anglais, quel panache! Une question : sont-elles abordables? Ce ne peut être qu'hors business et l'idylle doit être coton.

Pourtant en ces mêmes lieux opèrent, dit-on, des courtisanes chinoises, très réservées à première vue, sachant s'adoucir prudemment et sûrement auprès de célibataires supposés généreux. Ai-je la berlue? Je croise une fille charmante qui me regarde entre ses longs cils comme pour jauger l'inconnu que je suis. Perplexité. Impossible que des demoiselles hardiment cauteleuses fassent le métier dans ces couloirs, la Chine populaire acceptant une certaine prostitution, c'est plus que je n'en peux admettre. La sensualité tarifée en Chine, non, je n'y crois pas : à la Libération, du temps de Mao, j'ai trop vu rafler et régénérer les donzelles de mauvaise vie. Il y en a eu des millions. Ah! mes amies du quartier flottant des plaisirs sur la Rivière des Perles à Canton, que sont-elles devenues? On leur aura rendu la vertu grâce à la pratique des Sept Joies du labeur et des Sept Délices de l'amour du peuple, mais que leur remise dans le droit chemin a dû être rude! Je le sais, j'ai visité une usine modèle où l'on réparait les mœurs par le travail et la morale rouge. D'immenses troupeaux d'égarées ont ainsi été refaçonnées au Bien : celles qui s'obstinaient dans le vice crevaient vite. J'ai acquis là la conviction qu'il n'y aurait plus jamais de putes en Chine rouge, en aucune circonstance.

Certes dans certains pays communistes, à Moscou par exemple, dans un bar d'hôtel, j'ai vu des filles manifestement de la Sûreté s'asseoir d'autorité sur les genoux d'hommes d'affaires nippons. C'était service d'État. Mais pareille pratique reste pour moi inconcevable en République populaire de Chine. Quoique... J'apprendrai plus tard que maintenant on tolère un certain racolage dans les palaces. Est-ce contacts commandés par la police, une façon de tenir les « amis étrangers », les Japonais surtout qu'on dit gloutons? Est-ce calcul, laisser-aller, concussion ou piège? De toute façon on risque gros, la gamme entière des avertissements, des emberlificotements et des emmerdements. Ici c'est un « boy » qui menace une professionnelle pour qu'elle lui graisse la patte... Au client de payer. Ailleurs la flicaillerie est au courant et sans doute touche. Ailleurs encore, on sombre dans la barbouzerie galante. Quant à la fille, en cas de scandale, elle trinque : prison à vie.

Je continue d'avancer dans les interminables couloirs. Leur longueur, ce vide pourtant animé d'une vie un peu mystérieuse m'a toujours fasciné. Chaque porte est sertie d'une plaque portant le nom, en lettres romanes et en caractères chinois, d'une société dont l'appellation se termine par l'éternel « & Co ». Le « & Co » anglo-saxon est une particule impressionnante. A l'Hôtel de Pékin, il y en a des dizaines, des centaines, chacune suivie de l'indication de ses spécialités commerciales. Le ronflant de ces noms. L'étrange de ce palace qui n'est pas une simple collection de chambres mais un rassemblement de bureaux, serrés les uns contre les autres comme des alvéoles! Tout un méli-mélo de Blancs. Beaucoup d'Américains en tenue de département d'État estivale, vestes en toile légère à rayures, aisselles inondées de sueur... La chaleur est accablante. Les Anglais sont fidèles à eux-mêmes, gentlemen à effluves d'Eton et même de la Compagnie des Indes. Quant aux Français ils sont encore assez gaulois, même si la moustache coloniale a disparu, même si les visages se sont un peu rembourrés à la british grâce au whisky et au bifteck. Ils cherchent à ne pas être volubiles, manifestant une volonté de retenue pour atteindre le genre hommes d'affaires style international. Ils parlent beaucoup quand même.

Je frappe à la porte de mon Français, laquelle affiche les en-têtes de l'import-export et la raison sociale d'une banque. Un beau garçon jeune, d'aspect romantique, très légèrement désinvolte mais avec veste, col et cravate de business, me reçoit. Il s'appelle Jean. Ce Jean ne porte pas le désespérant uniforme moral et physique qui sied aux espoirs des grandes firmes – ceux que j'avais rencontrés à l'aéroport de Pékin lors de notre arrivée. Merveilleux compagnon, la gentillesse même. Des yeux marron et gais, un nez droit et gracile, une expression chaleureuse, la voix et la main de l'accueil spontané, doux, naïf mais averti, il n'a pas suivi la filière habituelle, celle par où débouchent les quadragénaires chouchous de leurs présidents-directeurs généraux qui les jugent, allez savoir pourquoi, exceptionnellement qualifiés pour la Chine. Lui a réussi par des chemins traversiers, les meilleurs. Sorti en France d'une grande école, et s'étant retrouvé chômeur, il était allé étudier en Chine pour redorer son blason. Dans une université céleste il avait vécu des années pas désagréables, toutefois chatouillé par la crainte que ses amis chinois n'aient l'amabilité intéressée. De vrais copains jaunes, il ne s'en était pas réellement fait, pas plus au dortoir qu'en classe, nulle part, un peu par sa faute, un peu de la leur. Plus argenté qu'eux, il avait peur d'être pris pour leur vache à lait. Il souffrait de la promiscuité, de l'impossibilité d'être jamais seul au point que parfois il louait une chambre en ville pour se retrouver lui-même quelques heures. Cette épreuve l'avait transformé avantageusement : parlant parfaitement le chinois, le cœur tanné par la Chine, contaminé par elle, l'aimant bien mais sans se faire d'illusions, il avait acquis le bon état d'esprit pour entrer dans les affaires par ses propres moyens. Il a le flair, il sait être patient, voir venir, conclure à l'instant nécessaire ou se défiler sans en avoir l'air. Finalement, Jean est en symbiose avec la Chine, il en a fait son magasin pittoresque tout en restant pour l'essentiel un Européen. Le juste équilibre. A la vérité, il est devenu un « stringer », c'est-à-dire un auxiliaire ès business accrédité par de bonnes maisons, sous contrat avec des boîtes françaises importantes qui, par prudence ou par économie, n'ont pas délégué leur propre personnel en Chine.

Dès que Jean et moi avons échangé quelques phrases, il donne congé à ses employés et m'entraîne dans la chambre d'attente, son coin personnel, son salon privé. Je m'enfonce dans un bon fauteuil, il y a un petit bar bien garni, Jean en tire une bouteille de whisky, remplit des verres et nous trinquons à la mode céleste. Jean est tout sourire, je lui réclame un Exposé, un déballe-tout, un décrochez-moi ça. Nous rions encore. Des gamins... Dès le premier instant, il me livre les ficelles de son métier :

« J'ai ordonné à mon staff de déguerpir, la seule façon d'être tranquilles. Autrement notre conversation aurait été écoutée, nos propos rapportés à qui de droit. Mes employés, c'est la règle, je ne les ai pas choisis. Ils m'ont été imposés par l'organisme communiste ad hoc qui, à sa discrétion et à son bon vouloir, désigne et fournit le personnel travaillant pour les étrangers, un personnel trié sur le volet, qui surveille mes plans, mes projets, qui guette mes contacts. Aussi ai-je appris à ne rien dévoiler devant eux de mes intentions réelles, à toujours leur mentir, à lancer sur de fausses pistes ces dévoués collaborateurs, combien dévoués, tous aigris quoi que je fasse pour eux. Je paie leurs services à un prix exorbitant, huit cents yuans par mois (1 840 F), mais le Parti en prélève 80%. Alors ils tirent le diable par la queue et ce d'autant plus qu'ils doivent se composer le look capitaliste qui leur coûte très cher. J'ai bien pensé à ajouter à leurs salaires cisaillés des suppléments clandestins, mais ce serait trop dangereux, l'un d'eux pourrait me dénoncer, ce qui me vaudrait de terribles amendes. La triste réalité, c'est que mon staff est toujours occupé à me moucharder, à se moucharder. Une fois par semaine se tient une réunion de critique où j'en prends pour mon grade, c'est à qui m'insultera le plus... Ça, c'est de la routine. Ma vraie peur, c'est qu'il y ait quelqu'un d'assez malin pour repérer quelque secret d'entreprise. Le délateur toucherait une prime de zèle, d'ailleurs prélevée sur le redressement qui ne manquerait pas de m'être infligé... Heureusement, mes gens ne sont pas très forts et je me suis bien débrouillé jusqu'ici. »

Autre tournée, le glouglou du malt doré, la bonne humeur, Jean est intarissable :

« Pas de risque de finir en prison, les Chinois ne vous y fourrent plus... Mettre en taule ne rapporte pas. Mais quelle envie de vider les portefeuilles des " amis étrangers " grâce à des coups fourrés ! Moi, ils ne m'ont pas eu, ils ne m'auront pas et je m'amuse... »

Confidences, démontage de la chienlit céleste où se régale Jean l'enchinoisé. Ah ! leur tenir la dragée haute à ces Chinois, tout en les tchintchinant dans la forêt des compliments ! Jean l'amateur éclairé...

« Dans ces imbroglios, dit-il, je dois faire chaque mois un bénéfice minimum de vingt mille dollars américains. Les débours, le loyer, toutes sortes d'impératifs. A la moindre maladresse, je plongerais... Je n'ai pas la chance d'avoir derrière moi une de ces banques ou un de ces trusts français qui, quand leurs représentants font une bourde, casquent pour eux indéfiniment, au nom de la politique d'extension et de développement à travers le monde. Je suis un franc-tireur. »

Il regarde sa montre et sursaute :

« C'est aujourd'hui le banquet mensuel des représentants de la finance et de l'industrie françaises. Ils seront une cinquantaine. Voulez-vous que je vous emmène? Tout le cénacle déjeunera chez Maxim's. »

Je suis trop tenté, que M. Yao aille au diable ! Il m'avait prévenu qu'il avait fait préparer un menu particulièrement soigné. Tâchant de m'hypnotiser il avait ajouté : « Ensuite faites la sieste. Je passerai dans votre chambre à trois heures, nous irons voir un écrivain. » Eh bien, pas de sieste, Yao me trouvera dans le hall, je fais une fugue qui m'excite follement.

Apprenant en France qu'un Maxim's avait été inauguré à Pékin, j'avais été abasourdi. Autrefois bistrots et gargotes avaient été stigmatisés, accusés de nourrir les sales instincts de l'homme. Alors, qu'une pareille « pourriture » si contraire aux dogmes de Mao pût maintenant éclore, s'épanouir sur sa tombe, en tout cas si près d'elle, m'était inconcevable. Chine des retournements, Chine des millions de solutions, Chine des logiques en zigzags, j'aurais dû pourtant prévoir que tu pouvais tout imaginer! Depuis mon arrivée dans la capitale, le mystère s'est éclairci. Puisque les Barbares sont nécessaires, qu'ils se gavent ensemble, qu'ils aient leur antre et même y invitent quelques Jaunes pourvu que s'épanouissent les corolles du business au profit de la Chine.

Jean et moi dégringolons par les ascenseurs. Il hausse les épaules. « L'Hôtel de Pékin est quand même vieux jeu, il date du début du siècle. Même retapé par les Chinois, ce n'est pas le nec plus ultra. Pour cela il faut que les Barbares y mettent la main : dernières nouveautés, l'Hôtel de la Grande Muraille, un Sheraton ou le Jiango, du palace japonais, du vraiment flambant neuf. On ira ce soir. En attendant, direction le bon vieux Maxim's des familles. »

Il conduit lui-même, ce qui est culotté. Qu'une des roues de son engin effleure les mollets d'un quidam chinois et c'est la catastrophe. Pas de hurlements, pas d'attroupement, pas de fureur comme dans les temps anciens, simplement les flics s'amènent avec leurs gueules de procès-verbaux en avalanche. Des ennuis pendant des jours et des mois. Il vaut mieux avoir un chauffeur chinois et ce n'est même pas une garantie absolue, le Blanc est toujours responsable. Si l'on songe que la plupart des vélos n'ont pas de lumière... On imagine la fréquence des accidents et des emmerdements! Nous nous arrêtons devant un immeuble banal. Le restaurant est au premier étage. Dès l'entrée, le choc, le rococo flamboyant, la fesse d'ange, le surdoré, les motifs 1900, la tradition du chantourné franchouillard avec un zeste de dragon. Préside une sorte de Régine ivoirine majestueusement servile, colonne qui regarde le client du haut de ses volutes, le jauge, le dompte par la quantité bien mesurée de ses égards. Je l'imagine princesse dans un palais, dame des atours, figure porteuse de verdicts ou contremaîtresse. Elle s'appelle Mme Soong. En fait, elle représente Cardin, Cardin qui veut égratigner de son nom toutes les soieries chinoises, Cardin, le premier pèlerin de la nouvelle route de la soie. Mme Soong est sa vivandière.

Ne rêvons pas de vices, de galanteries, de soupirs étranglés, de cabinets particuliers, ne divaguons pas sur les gestes osés, les rires graveleux, les dames en adultère ou les cocottes, ne pensons pas aux aristocrates d'hier, encore moins à la noce : Maxim's à Pékin, c'est du prosaïsme, du commerce, une cantine où l'on se remplit tant bien que mal l'estomac. Cardin s'est posé sur la Chine en visionnaire qui offre le couvert à tous ses petits compagnons de conquête, départ au guichet de Paris, arrivée sur les sommets d'un Himalaya de contrats, les candides conquistadors viennent donc sous son égide casser la croûte en compagnie de quelques Chinois bien sélectionnés. Je suppose que leur moral s'en trouve amélioré.

Un seul salon est plein, celui du banquet annoncé. Encore une fois je reconnais les visages – je l'ai déjà dit, ces messieurs ont de bonnes figures bien propres, bien rassérénées, plutôt bien garnies. A croire que la finance en Chine nourrit les joues plutôt qu'elle n'aiguise l'intelligence! Me frappe surtout le peu d'animation de tous ces soupirants de la Chine argentifère, aurifère et monnayable, répartis par petites tables, agrégés selon le critère des importances. Pas de femmes: il s'agit d'un rassemblement de professionnels. Pas de potins non plus, comme si la matière en manquait. Les considérations générales sur la Chine et le business, ces importants personnages en sont rassasiés. Quant aux vrais renseignements, motus, chacun les garde pour soi. Où est l'ancienne Shanghai débordant de folies exaspérées et gaies? Où est la fraternité des combattants?

Ici, je ne vois qu'austérité et bienséance, sobriété, ennui, étau des convenances. Le vin est rare, la chère sans générosité, de plus il faut aller se servir à un buffet. Réduits à de maigres manducations, tous les convives sont plongés dans leur ego et leurs tranches de rôti. Un repas qui sent la corvée expédiée aussi rapidement que le permet un minimum de politesse. Comme ils sont moroses ces technocrates tartinés de matières financières, remplis de tous les bols alimentaires de l'escompte et de l'agio! Pas de grandes manières, pas même d'esbroufe, ils ont la concupiscence monétaire corsetée. La science vous salue bien, le génie est de sortie. J'ai préféré ne pas songer aux super-patrons des temps coloniaux. Il paraît que ceux de maintenant, quand ils se pointent en Chine, les Chinois les trimballent à Lhassa d'où ils reviennent épatés et, par suite, faciles à entuber. De retour à Pékin, ces PDG qui ont flotté dans les nuées distribuent à leurs commis des consignes béates... L'optimisme est de mise. Aux sous-fifres restés sur place de remâcher ensuite les inévitables déceptions. Chez Maxim's naturellement.

Sur le coup, notre apparition ne produit guère d'effet. Jean ne serait-il pas tout à fait au niveau des autres convives? Nous surgissons en retard, nous nous heurtons à une indifférence compacte, vaguement réprobatrice. Mais Jean me présente, je fais un tour de la société et je dois dire, vaniteusement, que mon nom suscite soudain un intérêt. On dirait qu'une bulle crève à la surface d'un marécage. Enfin une attraction! On commence à s'animer, à me parler, la discussion s'enfle et c'est bientôt un déferlement. Tous les Français de leur espèce que je rencontrerai en Chine, une fois qu'ils sont sortis de leur coquille, auront, je m'en apercevrai, comme l'impatience de s'exprimer. Ils ont besoin de parler tellement ils sont enquiquinés, tellement ils en ont marre, tellement ils ont envie de cracher le morceau, et, très curieusement, ils ne mentent pas. La vérité pourtant pourrait leur coûter cher, elle si contraire à toutes leurs normes et habitudes. En entendrai-je des horreurs dans les alvéoles à Français, toutes proférées avec la franchise de gens qui débondent, qui en ont trop supporté. Ce qu'ils disent ? Que la Chine s'est rechinoisée... Auparavant en Chine rouge, quand un Européen traitait, il avait affaire à deux ou trois cadres très stricts en tout et pour tout. Maintenant il y a pléthore de Chinois. Il en sort de partout et de tous les genres, de tous les âges, de tous les poids, de toutes les mesures, de toutes les beautés, de toutes les laideurs. Ceux qui anglicisent et ceux qui mandarinisent, dans toutes les tenues, la lunette d'écaille étant le comble de l'occidentalisation et les batteries de stylos, le symbole de la pureté doctrinale. De ces Chinois, il en vient de l'usine qu'on projette de créer, de l'unité de travail, de la société chinoise mère, du ministère d'État, de la corporation d'État. Pas un dossier unique mais des quantités de dossiers, pas une seule négociation mais la foire aux négociations. Tout se brouille, s'embrouille, se débrouille, s'arrange, se désarrange. Ah! ces Célestes à faces de carême qui soudainement, avec un petit rire ravi, vous sortent une finasserie qui casse tout ou presque. Des mois pour recoller les morceaux... Et toujours l'amitié, des banquets et encore des banquets, les uns à la chinoise, les autres à la française. Kampés... Le graissage de patte est recommandé mais la concussion est un art difficile, il vaut mieux passer par l'intermédiaire de spécialistes de Hong Kong, quoique cette solution ne soit pas sans inconvénients, beaucoup de Chinois de l'îlot capitaliste étant mal vus de ceux de Chine. Il faut savoir trouver les bons. L'idéal ? Un Hongkongais muni d'un vieux cousin à Shanghai qui, n'ayant pas crevé jadis, maintenant refait surface. Autrement les pots de vin sont dangereux et pourtant sans eux ça s'enlise, ça ne marche pas. Confusion... Surgissent des aigrefins qui se prétendent parents de Deng Xiaoping ou de quelque autre sommité. Escroquerie ravageuse. On doit se garder de tous côtés...

Chez Maxim's, l'effet de notre venue s'efface, les convives terminent leur repas avec une diligence terne. Les places des « notables » étant toutes occupées, nous nous retirons à une table marginale, plus agitée, plus gaie. Les gens réunis là opèrent pour leur compte, sans maison mère à Paris, ce sont des « aventuriers » du meilleur aloi, des entrepreneurs qui croient en leurs dons. A les entendre, ils réussissent formidablement. Un homme de la soixantaine active, cheveux blancs coupés ras, un peu la tête d'un ancien de la Légion, un attaché militaire français à la retraite qui a monté sa propre firme, la mine glabre et confiante, énonce des lieux communs : « Le Chinois si on lui donne du mou joue toujours des tours de cochon. Mais moi, le Chinois, je le connais, je le perce à jour, je le tiens en laisse. » Mine de satisfaction : « Vous pensez, dans mon ancien métier je vendais des armes pour la France. Je ne suis pas un enfant de Marie, alors le Chinois je l'entortille. »

Là-dessus, il s'ébroue et s'apprête à reprendre la parole quand la seule femme présente le coupe. Celle-là, quelle vitalité, quel enthousiasme, quelle volonté ! La vibration de ses yeux bleus, la percussion de ses cheveux clairs, elle déborde de partout, chair très ferme, morceaux alléchants, d'une beauté radieuse. Dès qu'elle ouvre la bouche elle se met à haleter d'une manière incantatoire, à respirer à gros flocons. Les soubresauts de sa poitrine, la blancheur de sa peau, de ses dents, le rosé de ses pommettes, le rouge de ses lèvres... Elle est le désir incarné. Mais pas question de bagatelle, me perce trop le cri de ce triomphal mammifère qui acclame de tout son cœur et de tous ses charmes le business, ses ciselures, ses entailles, ses baumes. Une fièvre chaude, un défi, une prédestination. Comme Jean, elle a été étudiante en Chine, a appris le chinois, comme lui les affaires l'ont happée. Alors que Jean se tait, un sourire malicieux au coin des lèvres, elle est en pleine envolée lyrique. Elle décrit sa vie extraordinaire – tant de dossiers, tant d'affaires, tant d'arguments, tant de chicanes, tant de dessous, tant de Chinois. Tant de moelleux surtout : « Moi aussi, je sais y faire avec les Chinois. Je les déride de mon rire, je les secoue, je les caresse, je les engueule. Vous n'imaginez pas mon existence, une transe merveilleuse, toujours cogiter, toujours foncer, je suis hantée, je suis heureuse. »

Je raille : « Vous devez être fatiguée parfois. »

Hurlements : « Je ne me suis jamais mieux portée. La nuit je dors à peine, je pense, je cherche le déclic qui me procurera le meilleur contrat. Chaque Chinois a l'encéphale fermé par un zip, il suffit que je trouve la fermeture Éclair de son cerveau. »

Tonitruance, elle est Jeanne d'Arc entendant les voix du fric : « En Chine, il faut pousser à fond, donner tout de soi, sans cesse besogner sur les chantiers. On perd de l'argent si on se statufie... N'imaginez pas que... » Elle s'esclaffe : « Être une femelle blanche ne me gêne pas. Ça m'aide, à condition de ne pas jouer les vieux rôles, la vamp, la dulcinée, la darling, la coquette. Moi, je suis business-business. »

Soudain un râle : « Et moi, je vous le dis, du pognon, il y en a à faire dans ce pays. »

Le mot « pognon » a éclaté comme une fanfare, vulgaire, sensuel, un orgasme, nettement plus réussi que les conjugaisons des dividendes et des profits prônées par les grands messieurs. Bruits de chaises, les gens se lèvent. Il va être bientôt trois heures et sans rituel superflu les convives décampent vers leurs bureaux, vers leurs palaces. Je demande à Jean de nous déposer à notre hôtel chinois, nous sommes convenus de nous retrouver à dîner le soir même. En attendant je connais mes devoirs, nous devons consacrer l'après-midi à M. Yao et à son programme. Quand nous sommes arrivés, il nous attendait debout dans le hall, les yeux fendus de reproches. Il nous a fait observer que nous étions en retard, péché suprême en Chine. Sa voix cravache... Il n'en a pas dit davantage et dans notre voiture noire nous sommes allés auprès de l'écrivain prévu, un vieillard remis sur le pinacle après avoir passé dix ans de sa vie en prison ou en camp pour « droitisme », comme à peu près tous ses congénères. Il ne m'a pas paru en trop mauvais état. Mais j'y reviendrai.

Le travail terminé, nous rejoignons Jean. D'abord la tournée des nouveaux palaces, autrement sophistiqués que l'Hôtel de Pékin. On sait qu'il y en a deux ou trois. Chaque fois, dans le comble des raffinements modernes pèse le poids du mauvais goût, éclate la volonté de stupéfier, d'assommer les clients sous une gamme de sensations fracassantes. Il s'agit de la technique à la dernière mode, celle de l'ultra-palace-capharnaüm conçu pour taper sur les nerfs, pour éclabousser les yeux, pour surprendre par le foisonnement, le tourbillon, le remue-ménage. Anonyme tour de Babel, foire où tout se dépersonnalise, où se confondent les visages également excités des offreurs de services et des acheteurs de marchandises. Brouhaha atomique, c'est exaspérant, épuisant, vulgaire aussi. Ces lieux sont le contraire des Ritz, des Savoy, des palaces pensions de familles, demeures temporaires pour les « aristocrates » qui y sont traités sacerdotalement par un personnel accoutumé au gotha. Dans ces antiques maisons chacun s'enfonce dans son importance spéciale, consacrée, dans la saveur des habitudes rares et choisies, tout est prévu pour la tranquillité et le plaisir auguste des initiés, des hôtes. C'est la vraie civilisation. A Pékin comme ailleurs, les palaces nouveaux, c'est de la carambouille.

Nous avons bu des verres, des « drinks » plutôt. Nous avons serré quelques mains, échangé quelques phrases avec des spécimens de cette cohue soi-disant huppée. Et puis Jean a pris un visage d'écureuil : « N'êtes-vous pas las de ces moulins à galette, de ces endroits pour richards? Le régime devrait faire attention car Pékin maugrée à la vue de ces gaspillages intempestifs, de ces splendeurs nauséeuses qui rappellent des souvenirs fâcheux. Allons dans un quartier vraiment chinois, un de ceux que les Blancs normaux ne fréquentent pas. »

Il nous a emmenés à pied par de vieilles rues tracées au milieu de terrains vagues et de chantiers délaissés. Des lumières rares, des grésillements de friture, des gens qui flemmardent. Un de ces quartiers où le bon peuple oublie qu'il est le Peuple. Des passants traînassent, des vieux tirent sur leurs pipes à eau, des gosses jouent à une sorte de marelle, les amoureux marchent enlacés, des matrones et peut-être même des putes, enfin des êtres qui ne sont plus des ectoplasmes dans le droit-fil d'une logique de plomb. Enfin des trognes, des gueules, de la vie.

Un chaleureux raffut provient d'une cabane en retrait. Jean pousse une porte et nous débouchons dans une salle pauvre, et cependant d'une certaine façon cossue. En nous, immédiatement, un sentiment de bien-être malgré le sol en terre battue et les murs badigeonnés à la chaux. Une flamme vacille, sur un fourneau à charbon de bois rôtissent des poissons et des viandes. Une douzaine de Chinois sont rassemblés autour de trois ou quatre tables, compères qui dégoisent tout en s'empiffrant. C'est un bistrot pour petites bourses, mais la nourriture est fameuse et la patronne luronne. Elle a une manière de serrer la main qui sent le secteur privé, un sourire de même acabit, une poitrine d'égale hospitalité et un babillage de bonne amitié. Elle vient prendre la commande, discute avec Jean d'un menu parfait. Il est évident que ma femme et moi sommes considérés comme des amis, surtout pas comme des inconnus à gruger, je veux dire des amis étrangers.

A la table voisine, quelques loubards en vestes de cuir parlent bas et fument. Soudain, l'un d'eux me plante une cigarette dans la bouche et me l'allume d'un geste autoritaire. Sur sa figure, une expression à la fois brutale et doucereuse m'inquiète. Profitant de ce que Jean s'est éloigné pour choisir les victuailles, il tire d'une poche une énorme liasse de billets, les agite devant moi en éructant : « Change, good change. » Je fais signe que non, je ne veux pas changer mes devises contre des « renminbi », la monnaie normale à laquelle je n'ai pas droit et qui de plus ne me servirait à rien. Moi, je suis soumis à l' « argent-certificat », monnaie artificielle, en fait des bons réservés aux étrangers. De plus en régime rouge, il vaut toujours mieux éviter ce genre de tractations. Donc je me ferme. Une rage saisit le Chinois : visage épais, yeux enfiévrés, il m'enfonce entre les lèvres une autre cigarette et à nouveau, ayant battu son briquet, l'enflamme. Mutisme lourd des autres types, je ne bronche pas, tandis que le loubard me chuchote : « Change, good change. » Il froisse encore ses billets tout contre moi... Le retour de Jean qui n'a rien vu, rien entendu – la scène avec ses vagues, ses remous, sa violence, a été silencieuse, imperceptible – casse la danse. Les mecs se lèvent tous ensemble et disparaissent sans un bruit. Des ombres...

Entre un policier qui dégraffe son ceinturon et s'écroule sur un banc. Il n'est pas là pour « fliquer » mais pour se remplir la panse et passer du bon temps. Peu à peu le rejoignent, aussi pépères, d'autres flics. Ils se vautrent autour d'une table, ils plaisantent, ils se goinfrent dans la paix et la chaleur, braves policiers qui pandorisent. Pour un peu, on les croirait inoffensifs. Ce sont des habitués. Jean les connaît, cordialités... Et même ils nous saluent Marie-Françoise et moi qui, manifestement, ne faisons pas partie de leur turbin. L'euphorie générale des bons intestins et de la bonne conscience. Le dîner, dans sa rusticité, est excellent.

Les derniers plats dégustés, la patronne s'est approchée pour recevoir les félicitations et nous offrir une bière. Nous avons bavardé – ce qu'on bavarde en Chine quand on se sent bien ! Elle a paru contente que je la questionne par l'intermédiaire de Jean. La nuit était tombée. Pékin était un jeu de formes, noyé de ténèbres et parsemé de reflets. Tant d'existences...

Récit de la patronne. Elle avait choisi le palpable contre la gloriole. Elle avait une situation appréciée, elle était infirmière dans un hôpital où elle pratiquait une spécialité rare et même unique, elle taillait dans de la matière plastique des yeux pour les aveugles qui évidemment n'en voyaient pas davantage mais semblaient ainsi avoir de vrais regards. Ils étaient moins dégoûtants... Mais elle était très peu payée et avait envie d'avoir de l'argent, beaucoup d'argent. Alors, à force d'économies pour se constituer un capital de départ, et puisqu'elle aimait cuisiner, elle avait quitté son bel hôpital et ouvert ce caboulot qui désormais lui rapporte beaucoup. Elle est satisfaite. Comme elle ne pratique pas ce qu'on appelle la « porte de derrière », c'est-à-dire les trafics, elle n'a jamais d'ennuis. Tout ici est légal et sain (les légumes et les volailles viennent du marché libre, pas la viande qui risquerait d'être pourrie). Elle gagne environ deux cents yuans par mois (560 F), soit le double du salaire d'un ouvrier, et rêve de s'acheter une machine à laver la vaisselle. Maintenant, dans une certaine mesure, elle regrette son métier, la considération, la blouse blanche... Mais sa vie est si bonne qu'elle est sûre d'avoir eu raison.

Autre rencontre dans la taverne : Xin, un vrai malin, lui. Il avait eu des malheurs. Il avait été déporté dans une région perdue, quelque désert à chameaux. Des années il avait végété dans ces confins, épousant même une femme beaucoup plus âgée que lui et déjà mère de plusieurs enfants. On croyait ce garçon un peu mou. Soudain il avait accompli l'exploit fantastique de rentrer à Pékin. Il s'était débrouillé pour se procurer les papiers nécessaires avec des « cumshaws » (des pourboires), comme on disait en pidgin vers 1930. Mûri, plein de sagesse et d'expérience, il avait compris. Oh ! il ne s'était pas humilié ni autocritiqué, il avait épousé la vague. Dans le Pékin où le Parti encourageait les jeunes désœuvrés à se servir de leurs « petits dons », lui s'était trouvé du talent. D'abord, il avait monté un restaurant – une erreur : il lui valait mieux manger chez les autres. Aujourd'hui, il fait dans la mode avec succès et s'est vu attribuer, à la suite d'on ne sait quelles astuces, deux mètres carrés dans un magasin d'État pour tenir son commerce. Il y vend des pulls à inscriptions américaines, des chemises un peu transparentes, des vestes bien cintrées, toutes marchandises que, grâce à des amis, il se procure par petites quantités mais à très bons prix dans les grands magasins et dans les stocks d'usine. Récemment, il a trouvé quinze pantalons pas trop avachis. Quand son réassortiment est insuffisant, il arrive à avoir un permis de voyage et à rouler sa bosse jusqu'à Canton où il se fournit en produits qui probablement arrivent de Hong Kong en contrebande. Il va, il vient, il réussit, tout fonctionnant par arrangements, discussions, ententes, pourcentages, négociations et combines. Le revenu de ce Xin ? Les bons mois, deux mille yuans (5 600 F), le pactole. Le garçon ne se cache pas de ses activités licites et patriotiques, du moins pour le moment. Il donne des détails sur la magouille rouge, fait apporter du maotai (un alcool de sorgho), on trinque, « kampés », cul sec. Du coup je comprends mieux toutes ces petites boutiques que j'ai vues, hétéroclites, incroyables, où il y a de tout, une montre, quatre chaussures, une casquette, n'importe quoi. Et toutes ces gargotes. Là-dedans ça discute, ça marchande, ça commande, ça mégote et ça traficote... La Chine, une partie de la Chine, est redevenue un bazar. Alors « kampé » ! Et vive la Chine Populaire, démocratique, communiste et grenouilleuse...

En quelques soirées, Jean soulève pour moi les toits de Pékin...

Pourtant il garde quelques secrets, les secrets de toute existence enchinoisée qu'il ne peut évidemment me dire, puisque mettre en cause des êtres de sang jaune demeure toujours très périlleux. Légitime prudence de Jean que les événements ultérieurs, la campagne contre le libéralisme bourgeois lancée en janvier 1987, justifieront. « En Chine, tout peut toujours recommencer. » Ces mots terribles, c'est un jeune Chinois qui les a prononcés à Paris, en me demandant de ne surtout pas chercher à rencontrer sa famille qui, il y a bien longtemps, avait connu la mienne. Le moindre thé pris avec des étrangers est inscrit au dossier. Rien ne se passe, le ciel reste serein, l'horizon pur, la vie avec ses amitiés, ses amours, se poursuit et soudain, on ne sait pourquoi, de quelque recoin de l'appareil – car l'appareil subsiste toujours, omniprésent même s'il paraît dilué, même si ses structures semblent dissoutes – surgit le fielleux sourire, l'argutie, l'argumentation, l'accusation, le mauvais coup qui dévaste les êtres. Quarante millions de membres du Parti vous surveillent. Qu'est-ce qui est permis? Qu'est-ce qui ne l'est pas? C'est l'incertitude et le tourment dans ce qu'on a présenté comme la liberté. Mais la liberté en Chine est un faux-semblant, une illusion, elle n'existe pas. Les Barbares qui jouissent apparemment d'une certaine immunité sont quand même « polluants ». Les Chinois qu'ils fréquentent, s'ils ne sont pas en mission auprès d'eux pour un flicage, s'il s'agit d'amis et d'amies de pure inclination, d'affinité élective, peuvent franchir des bornes non dites et se trouver brutalement soumis à une inquisition, acculés, châtiés.

Jean fait donc attention à ne pas porter malheur et ne m'exhibe pas à certains Célestes qui lui sont proches. Lui « passe » tout juste, mais moi, journaliste, écrivain, je ne peux que déclencher des catastrophes. Tristesse de Jean, initié à la nature réelle de la Chine, et qui doit me tenir à l'écart... Jean, si charmant. Un soir, il apparaît tout fringant, un sourire béat sur le visage à l'idée de me faire plaisir : « J'ai quelqu'un pour vous, Cheng Tcheng, un personnage extraordinaire, il a près de quatre-vingt-dix ans et il est professeur de français dans une école de langues étrangères. Surtout, c'est le dernier dadaïste vivant, un vrai dada. Il a aussi participé, oh! combien, aux débuts de l'Internationale en France. » Un cas en effet, et il n'a rien à redouter de notre présence... son passé, son âge, sa notoriété le protègent.

Dix heures du soir. Pékin est presque désert dans ses pénombres. Ville fantôme. On traverse des faubourgs enfangés aux ruelles égouts, on suit les berges d'un canal croupissant. Mais dans cette désolation flotte déjà un parfum d'été. Devant nous des grilles fermées. Un gardien poussah, obscène de graisse, refuse de nous ouvrir. Jean et lui s'aboient à la gueule. Les bruits énormes de ses clefs, il nous laisse entrer. Encore une fois, une HLM décrépite, ses relents, son dépenaillage, ses escaliers poisseux. Jean frappe à une porte. Du silence général sort un decrescendo de toux asthmatiques, de grognements étouffés, des glissements de pas. Un verrou tourne dans un fracas interminable. Apparaissent sur le seuil une tête coiffée d'un béret, tête abrutie, ensommeillée, un corps flottant dans une chemise écossaise. L'homme est maigre, un linéament, un squelette hagard. Près de lui une forte femme, toute vigilance en éveil, accourue au secours de Cheng Tcheng son mari. Elle le secoue : « Ne reconnais-tu pas ton ami? »

Jean, lui, explique qu'il est Jean et qu'il s'est permis d'amener un admirateur. Cheng Tcheng se métamorphose, il revit et même se contorsionne gaiement. Il ouvre les bras, clown malin, peut-être un peu gaga : « Venez les amis, à l'amitié. » On s'installe dans la pièce qui sert de salon, un bric-à-brac où se rencontrent les marchés aux puces de l'Occident et de l'Orient, Mme Cheng apporte le thé. M. Cheng regrette : « Ah! si c'était un petit vin blanc. »

Je suis dûment présenté, Cheng ayant appris que j'étais journaliste a retrouvé toute sa voix. Il me jette au visage, fièrement, comme un beau défi, le palmarès de sa vie : « Ce que Jean vous a dit, c'est vrai, je suis le dernier dada de l'École de Paris et j'ai été le premier communiste chinois. J'ai participé au congrès de Tours... On m'a nommé secrétaire général de la cellule du Languedoc où d'ailleurs il y avait plus d'Italiens et d'Espagnols que de Français. »

M. Cheng grimace de bonheur : « Maintenant vous voyez un bonhomme qui enseigne votre langue, à la perfection je dois dire, à quelques élèves paresseux. Dans ce bahut, mes collègues profs, des jeunes, parlent un français de cochon. Je le leur dis, ils grincent des dents, mais ils ne peuvent rien contre moi, je suis un ancêtre. Ces salauds, ils ont du mal à croire que c'est moi qui ai accueilli en France un Chou En-lai encore pied-tendre et qui ai fait son éducation révolutionnaire. »

Jean tapote affectueusement l'épaule du bonhomme qui pétille : « On ne m'écoute guère, mais c'est vrai qu'à dix-neuf ans, dans mon pays, j'étais à la tête du syndicat des cheminots et que j'ai transporté le trésor de guerre des révoltés dans ma locomotive. Ensuite je suis venu en France, bien avant les autres, et j'ai été le secrétaire général de l'association des étudiants ouvriers. Tenez, Chou En-lai, qui a été le chercher à la gare de Lyon, qui lui a donné des conseils utiles? Moi, moi. Il était arrivé avec deux jeunes filles... Hi-hi-hi. »

Le « hi » chinois, chez lui aussi. Cheng Tcheng se délecte, sa face se plisse de rides caramélisées, une drôle de petite pomme cuite au four.

« A l'époque, j'étais plutôt guesdiste, anarchiste, et les Chou En-lai, les Deng Xiaoping me faisaient de sérieuses remontrances sur le relâchement de ma doctrine. Moi, je n'en démordais pas et j'ai raté ma carrière de grand dirigeant rouge... J'allais surtout à Montparnasse dans les brasseries où l'on m'appelait le chinetoque. Sur les banquettes de la Coupole et du Dôme je suis devenu surréaliste, un des premiers artistes de Paris engagés au PC, bien avant Picasso et Éluard que je tutoyais. Je parlais aussi avec Romain Rolland, Henri Barbusse, et même André Gide. Ils se moquaient de moi, je leur disais leurs vérités. J'avais cessé de travailler dans les usines, je n'avais pas beaucoup d'argent et Picasso m'a aidé. Un grand ami, Picasso. J'ai bien connu ses modèles. Hi-hi-hi. »

M. Cheng est lancé, il larmoie de rire. Ah! il n'a pas encore vidé son sac : « J'ai aussi écrit un livre qui s'appelait *Ma mère*, en hommage à ma maman et à toutes les femmes maltraitées de Chine. Eh bien, imaginez, Paul Valéry lui-même m'a rédigé une longue préface, il écrivait que j'étais le trait d'union entre la France et la Chine. De Gaulle alors commandant ou colonel obscur a voulu me connaître, sans doute à cause de Valéry. Je l'ai souvent rencontré, je l'ai vu plusieurs fois à l'état-major de Pétain. Il était très proche de Pétain à cette époque-là. Hi-hi-hi. »

Les entretiens entre de Gaulle et le nabot ponctués de hi-hi-hi, ça a dû être quelque chose! Mais Cheng Tcheng insiste, il affirme que le Général l'avait choisi comme interlocuteur pour se renseigner sur l'Asie et qu'il la lui avait apprise, lui, Cheng Tcheng.

Bonne hôtesse, sa femme sert maintenant du maotai. On trinque, évidemment. Sous l'effet de l'alcool, Cheng Tcheng a rougi, la morve lui coule du nez, il se mouche bruyamment. D'une voix pâteuse, il se met à raconter d'autres épisodes de sa vie : « Je suis resté en France très longtemps. Après avoir fait l'étudiant à l'université de Montpellier, je me suis mis à l'herboristerie. Je pratiquais l'herboristerie des mots, ceux employés par les paysans et les ouvriers. J'étais un scorpion. »

M. Cheng Tcheng déraille. Il s'assoupit, sa femme lui tend une serviette chaude humide, il se frotte le visage, il va beaucoup mieux et reprend son étrange curriculum vitae : « Ensuite j'ai voyagé à travers le monde. En Turquie, j'ai été le conseiller politique d'Atatürk. Au Levant, j'ai appris la langue hébraïque moderne avec des rabbins. Mais arabes et juifs ne me plaisaient pas. Et puis j'ai eu le mal du pays. A la capitulation japonaise, j'ai été nommé doyen de la faculté de Taiwan. Hi-hi-hi. Il m'en est arrivé des choses! Là, je me croyais bien tranquille mais le destin m'a rattrapé. Même dans ma douillette situation, j'avais conservé quelques sentiments révolutionnaires... Surtout j'étais marqué par mon étiquette rouge. Eh bien, représentez-vous ça, il a fallu qu'en 1949 un Tchang Kaï-chek battu sur le continent se réfugie dans mon île, y débarque avec le reste de ses armées. Ça n'a pas tardé, j'ai été jeté au trou. Et j'y serais resté éternellement sans de Gaulle, mon de Gaulle revenu au pouvoir dans la douce France. Hi-hi-hi. »

Ce hi-hi-hi a cette fois un sens, il signifie le hasard, l'absurde qui vous damne ou vous sauve.

« De Gaulle a appris mon sort. Il s'est souvenu de moi et il a ordonné à l'ambassadeur de France de faire des démarches en ma faveur. C'est ainsi que je suis sorti de taule à condition d'aller me faire pendre ailleurs. J'ai bien réfléchi. Je ne me suis pas du tout précipité dans la Chine de Mao, j'attendais de voir la tournure des événements. Peut-être, me disais-je, que les communistes n'auraient pas apprécié la façon dont j'avais retrouvé la liberté. Grâce à de Gaulle, un général impérialiste, un chef d'État réactionnaire qui n'avait pas encore reconnu diplomatiquement la République Populaire de Chine. Dans ma patrie libérée, moi, l'ancien tuteur de Chou En-lai, je risquais de retourner en prison. Hi-hi-hi. »

Ah! la finesse de M. Cheng Tcheng, son sourire soudain entendu, une ombre de tristesse aussi, il vieillissait, qu'allait-il faire de sa carcasse?

« Comme un cheval de retour, je suis revenu à ma vieille écurie, la France. Mes forces faiblissaient, la Chine, la Chine perdue, la reverrais-je jamais? De Gaulle a voulu me décorer de la Légion d'honneur, j'ai refusé. J'avais peur qu'elle me compromît, qu'elle m'empêchât de réchauffer un jour mon vieux cœur dans mon pays. Les Chinois ont cette manie de vouloir mourir chez eux. Hi-hi-hi. »

Jean s'esclaffe, il tape sur l'épaule de son ami : « Sacré Cheng, tu viens de l'accepter la Légion d'honneur, tu l'as reçue au cours d'une grande cérémonie à l'ambassade de France. »

Cheng approuve de la tête.

« Oui, mais maintenant ce n'est plus pareil, je suis dans ma Chine, un vieil homme honorable, un vrai communiste reconnu par le Parti. J'ai pu accepter, j'ai accepté. »

La croix de la Légion d'honneur flambe dans un cadre accroché au mur. Elle est belle, cette fleur vermeille. Attendrissement général. On prie Cheng de poser à côté de la décoration pour le photographier. L'éclair du flash. Il pleure, rit, papillote des paupières, vieux chenapan qui a rejoint les sentiers de la vertu. Tellement d'aventures pour finir là, perdu dans d'obscures études sur l'origine de la langue chinoise. Décidément, camarade Cheng Tcheng, vous avez bien servi dada.

Le séjour à Pékin se termine. M. Yao s'est résigné à nos fariboles. Il nous tient, ses yeux piquetés nous le disent, nous allons partir avec lui, nous serons à lui. Le dernier soir, un grand dîner est organisé pour nous au siège de l'Association des journalistes chinois, un très bel hôtel qui aurait appartenu jadis à la Banque d'Indochine. Solennité, escaliers de marbres où des palmiers en pots rendent les honneurs, un salon où sur un tapis du Turkestan nous accueillent des personnes aux figures cirées et compassées, courbettes et dithyrambes. M. Yao, M. Zhu, leurs compères que j'ai rencontrés ne sont que des brimborions. Il y a là le Grand Chef – sans doute placé sous d'autres chefs encore plus grands, inaccessibles dans leur empyrée. Celui-là est comme un cercueil poli, en bois glacé. Il est exquis évidemment, de cette arrogance qui fleurit sous l'étiquette de l'amitié. Il condescend à dodeliner, à approuver de la tête, à prononcer lentement et interminablement les lieux communs des congratulations mutuelles. Repas cul-béni de deux heures, la nécessité de réciter la litanie des convenances. J'ai depuis ma jeunesse une certaine habitude de cet amphigouri et même une inventivité dans les nullités sucrées qui étonne Marie-Françoise. On remplit le crachoir des souhaits et des compliments. Brouhaha de fin de corvée, supra-rigodon de super-délectation. C'est terminé, Marie-Françoise et moi sommes consacrés, estampillés pour partir le lendemain avec M. Yao.

Le jour suivant, l'avion ne décolle que vers dix-huit heures. Yao ne nous lâche pas. La nuit, il a couché dans la chambre voisine, le matin, il nous a emmenés au petit déjeuner. Puis il nous a encore livré un écrivain. Le déjeuner ensemble. Il veille à ce que nous rentrions dans notre chambre, il se tient devant notre porte. L'heure est arrivée. Départ, départ.

Yao est rassuré, il cesse de faire le chien de garde, il sourit. Je lui demande : « Que va dire votre épouse d'une si longue absence ? – Rien. Elle n'a rien à dire. Je l'aime bien, ma fille me manquera. Elle a dix ans, elle a fait des bêtises, elle a imité ma signature sur son carnet de notes. Elle ne voulait pas que je les voie, elles étaient trop mauvaises... Elle est très gentille, ma fille. »

SHANGHAI

J'ai toujours aimé Shanghai. Quand j'étais garçonnet, j'y passais tous les deux ou trois ans; c'était le havre, le bon port entre la terre où j'étais né, le Sichuan, et ma patrie la France. Lorsque la famille, Albert le consul, Anne Marie ma mère et moi l'enfant gâté quittions la Chine pour rentrer en métropole, nous embarquions à Shanghai sur un bâtiment des Messageries maritimes portant, me semble-t-il, un nom de mousquetaire, l'*Athos,* le *Porthos* ou le *d'Artagnan.* Chaque fois que mes parents et moi arrivions de France à bord d'un paquebot, nous y débarquions avant de remonter le Fleuve Bleu en jonque ou en cargo. Oui, j'aimais Shanghai. Elle était ma joie et mon rêve, elle me rassurait. C'est que Shanghai était tout, l'antre, le refuge, le mirage vrai, la forteresse, le veau d'or. Elle était la signature des Barbares sur la terre de Chine, le monument de l'épopée des épidermes pâles exploitant la Chine, toutes les Chines lointaines y compris celle où mon père consulait et où moi je grandissais. J'avais parfois un peu peur de cet enlisement au sein du peuple jaune, Shanghai me rendait une identité, la certitude que j'étais le plus fort puisque les Blancs et les fils de Blancs sont toujours les plus forts.

Le mythe de Shanghai, je ne l'ai réellement perçu que bien après, quand se fut effondrée la domination de cette prodigieuse mégalopole. Il m'a fallu alors me baigner dans la légende. Et maintenant encore, comme tous ceux qui y ont vécu tant soit peu, j'ai du mal à me désenvoûter. J'égrène parfois les noms fantastiques : le Bund, le Whangpoo, Nanking Road, le Shanghai Club et le Cercle Sportif... Elle me grise cette Shanghai où dominaient la frénésie des passions, l'importance du jeu, la saoulerie en tout, la folie de l'argent, le déchaînement du désir, le pouvoir des femmes, les grandes toilettes, les jaquettes et les rouflaquettes, la hiérarchie solennelle et bon enfant, la méticulosité des règlements chargés de maintenir une certaine raison alors que tout était dément. Là-bas, autrefois, en dépit des hauts et des bas de la fortune, chacun se sentait chez soi, était chez soi, « enshanghaié ». Ah! les hurlantes excentricités, les codes de la fête, le bizarre, l'imprévu des spéculations, jackpots et fiascos où l'imagination était reine, saluée par les grelots des rigolos. Ah! Sirs et putes, le punch et les fièvres, le « Jolly Good Fellow » pour le pauvre mort emporté par le palu ou la boisson. Grouillement de toutes les cupidités, de toutes les générosités, toutes en accordance avec la loi des clubs et le reste cul par-dessus tête. Ah! l'infinie possibilité des hommes, la finance trônante, les meuglements des bateaux, la boue du Whangpoo, l'or, et les Chinois, tous ces Chinois qui s'ils râlent de ne pas être admis dans les saints lieux, je veux dire les clubs et le conseil municipal, entrent quand même dans le jeu, le grand jeu, le « gamble ».

Quand je suis allé à Shanghai en 1956, lors des Cent Fleurs, l'âme de la cité avait disparu. Ne restait plus qu'une carcasse, un corps qu'on laissait se dégrader, une Shanghai intacte et anéantie où l'intensité, le snobisme et l'agio avaient cédé devant la sainte tristesse des manufactures, sous le suaire des fumées. J'avais été désolé, l'univers avait perdu de son sel.

Et voici que, trente ans après, je retourne dans ma Shanghai avec Yao. En avion, dans un Boeing normal... Yao très adouci, charmeur dans la dignité, s'entretient plaisamment avec Marie-Françoise et lui confie qu'il est presque de Shanghai, de la cité voisine de Suzhou, la cité des mille rivières, célèbre de toute éternité par la beauté de ses filles. Il a ajouté: « Ma femme n'est pas de Suzhou, elle est du Nord. » Étrange Yao, l'orthodoxie pince-sans-rire, le règlement titillé, le prévu absolu et l'imprévu. Ainsi lorsque les hôtesses apportent de la nourriture immangeable et des boissons imbuvables, il tire de sa serviette un pique-nique et des douceurs. Remerciements chaleureux de notre part. De la sienne, un petit signe modeste, cela ne vaut pas la peine, c'est la moindre des choses. Excellent Yao...

Le glauque de l'atterrissage... rien que de la nuit. Une peur m'étreint: qu'on ait défiguré Shanghai comme on a enlaidi Pékin sous prétexte de la régénérer, de lui inventer un nouvel avenir. Mais l'heure n'est pas à la nostalgie, il nous faut courir, puisque tous les passagers ont entamé un marathon vers un hangar lointain, une baraque coupée en deux par un grillage. Longue attente, enfin sur un des côtés s'accumulent les bagages. Dès leur apparition, l'impossible, la fin de l'ordre rouge : une ruée par une minuscule porte, une mêlée, une bagarre, un fouillis de corps, de bras, de jambes, la lutte finale. Pas de vociférations, le pugilat solide, muet, ponctué de soupirs rauques. M. Yao saute dans l'affrontement pour en retirer nos précieux bagages. Mais, malgré ses poings durs, il ne suffit pas à la tâche. Marie-Françoise et moi nous tenons à l'écart, impuissants et accablés. Heureusement accourent deux ou trois gaillards, les représentants de l'Association des journalistes de Shanghai. Yao les mande à son aide. Le pack fonce dans la cohue et bientôt réapparaît, triomphant, avec nos belles valises. L'une d'elles, défoncée, les poignées arrachées, est une déréliction. « On en achètera une autre à Shanghai », murmure gentiment Marie-Françoise. M. Yao morfondu, confondu, gémit : « Mais elle sera chinoise ! » Je l'observerai souvent, les Chinois n'ont guère confiance dans la qualité de leurs produits.

Dans les immanquables voitures noires, nous traversons de brumeuses pénombres. Nuit fuligineuse que scandent de timides halos, juste le temps de me rassurer : la Shanghai d'antan avec ses édifices mi-Westminster, mi-Compagnie des Indes au rococo sublime, est là, toujours là. Cependant M. Yao se met à toussoter avec une certaine gêne. Après une conversation assez tempétueuse avec ses collègues, il se tourne vers Marie-Françoise et moi pour avouer : « Il y a une petite difficulté. » La phrase qui toujours en Chine présage de graves ennuis, l'annonce que quelque chose « foire », que le pire peut arriver. « Mes amis ont beaucoup cherché, ils se sont donné beaucoup de mal. Ils n'ont pas trouvé de logement digne de vous. Il y a trop de touristes et d'amis de la Chine à Shanghai. »

Yao est troublé, c'est sûr. Sa voix cahote, chevrote, ne lui ressemble pas. Je n'y sens aucune délectation, aucune de ces chatteries et mignardises que le Céleste affectionne quand, toute patte de velours, il vous fourvoie. Si nous échouons dans un taudis, ce ne sera pas sa faute. Simplement il a trop présumé de son pouvoir, lui qui nous a tant de fois fait miroiter qu'il nous empêcherait d'être ratiboisés, roulés dans la farine de riz, écorchés vifs. Nos dollars sont, je le suppose, le nœud de la question. Malgré Yao, l'Association des journalistes ne serait-elle pas en train d'en extraire le jus ? Ce qu'ils aiment les dollars américains, les Chinois, les bons bank-notes à l'effigie de George Washington, avec l'aigle et la pyramide tronquée, tellement plus solides selon eux que nos francs ou que n'importe quelle carte de crédit !

Les voitures s'arrêtent devant un immeuble proche du Whangpoo (Huangpu), de ce pont que l'on appelait le Garden Bridge. C'est une construction d'autrefois qui a dû être splendide avec ses lourdeurs majestueuses, ses ferronneries et ses marbres. Mais l'endroit est tombé dans le dénuement, dans une déchéance sordide qu'éclairent mal des ampoules rares et nues. Au rez-de-chaussée, nous butons sur une matrone avec qui M. Yao parlemente, tandis que Marie-Françoise et moi nous nous figeons là, résignés, stupides, devant nos valises. Tergiversations, attente dans un sous-sol. Enfin un signal, notre logis nous l'avons. Nous grimpons en procession à travers des dédales d'escaliers et de couloirs démantelés : tout a été beau, tout est ignoble. D'une verrière jadis luxuriante ne reste qu'un entrelacs de vitres sombres et ébréchées d'où tombe une odeur de pourri, une décomposition de ténèbres. Sur ce qui a été des mosaïques une couche d'hommes est étendue, Chinois surtout et quelques Blancs, de jeunes routards faisant la Chine sac au dos. Raideurs, étirements, saccades de Morphée. Va-t-on nous agréger à ce troupeau ? Mais nous continuons notre route, franchissant les corps assoupis, traversant un dortoir immense que surplombe une admirable charpente. On nous conduit dans une pièce vaste et solitaire, en ruine depuis quarante ou cinquante ans. Une chambre, quel privilège! Il y a quatre grands lits, un mobilier écaillé, un ventilateur tordu au plafond et, adjacente à cette tanière, une salle de bains tout aussi délabrée. Nous voilà Marie-Françoise et moi, la reine et le roi d'un dépotoir du passé. Piteux souverains pris par la crainte de l'infection, des punaises, des bestioles, des microbes, redoutant vaguement la plèbe d'allongés qui nous entoure, maintenant invisible, mais si proche, à portée. Et dire que nous devons passer plusieurs nuits dans ce royaume! M. Yao a disparu, il n'est pas dans la chambre voisine, peut-être n'y a-t-il pas d'autres chambres. La nuit, un cauchemar, il me semble entendre geindre une tourbe humaine. A cinq heures du matin, réveil en sursaut, un valet nous apporte du thé et cet imbécile, malgré nos objurgations, ne cesse de paraître et de réapparaître, masque mécontent et jargonnant. Le jour arrive comme un suintement nauséeux, nous nous levons, impossible de se laver, l'eau ressemble à de l'urine ferrugineuse. Et pourtant, comme toutes ces odeurs fantômes m'empoissent! Enfin nous sommes prêts, nous sortons de notre gîte. De la verrière filtre une lumière d'algues. Le dortoir est désert, lits impeccablement refaits, flotte un parfum d'enfance, un je ne sais quoi de pensionnat. Marie-Françoise fait des photos, s'amuse jusqu'à ce qu'un Chinois la tance très gentiment en anglais : « Vous n'auriez pas dû, ce n'est pas bien de capturer ainsi l'image de la pauvreté. » La honte. Moi, je me demande pourquoi j'ai décrit aussi durement ce lieu qui fut un fleuron de l'American Settlement, l'ancien hôtel Astor, je crois. Sans doute ma crainte que Shanghai ne soit à sa ressemblance, une coque enlisée dans les sables mouvants de la crasse.

Par une fenêtre embuée donnant sur la ville, j'aperçois alentour de vieux Chinois qui « boxent les ombres », en une danse lente et harmonieuse. Fascination... que casse l'entrée de Yao, ennuyé de nous trouver plâtreux Marie-Françoise et moi, perdus dans ce conservatoire d'un antan dissous. Il se dresse sur ses ergots pour s'emparer de nous et attaquer illico le programme. Je me révolte, exigeant que l'on aille d'abord sur l'espace mythique, sur le Bund (Zhongshandonglu). Dès mes premiers pas, je « le » vois, souillé mais solide. Faut-il qu'il ait été bâti à fer et à chaud, faut-il qu'il ait été robuste le capitalisme qui l'a créé... Le Bund... Je répète ce mot anglo-indien (il veut dire le « quai »), je m'en gorge. Le Bund... Une folie des années vingt, un délire de dômes, de campaniles, de coupoles, de balcons, d'immeubles qui proclamaient la fortune insolente et la bonne conscience des gens qui avaient fait Shanghai. Les tours qui se dressent là, tours encore victoriennes, étaient plantées comme des serres sur la Chine et l'horloge du bâtiment des douanes donnait l'heure au monde. Temps heureux... Ces édifices, c'était Albion, Byzance, le Bengale et la Phénicie. Au pied de ces orgueilleuses structures, le Bund était devenu un jardin merveilleux, allées, parterres de fleurs, buissons ardents. Les gentlemen qui y avaient réuni tout le nécessaire à la vie heureuse venaient s'y promener à petits pas, surtout les *tycoons* atteints de goutte et entourés de respect. De là, ils contemplaient le Whangpoo, cette coulée d'eau sale, grise et plate, où au milieu des jonques et des sampans étaient amarrés la flotte du grand commerce, les navires de la prospérité.

Il a fallu presque un siècle pour créer Shanghai. Une épopée sordide, héroïque, l'épopée du flair aussi. C'était pendant la guerre de l'opium, en 1842. Longtemps les voiliers anglais s'étaient glissés le long des côtes chinoises pour vendre la drogue produite aux Indes et interdite par les autorités célestes. Contrebande, concussion. Et puis, pour faire céder les mandarins obstinés, les Anglais avaient fait surgir à la Chambre des lords des orateurs en pâmoison pour la cause des pavots. Parmi eux, un certain Jardine aux goélettes d'aventure. En vertu de ce principe sacré, la liberté du commerce, ils avaient déclenché les hostilités. Les bombes sur un Canton ravagé, l'armada impériale anéantie. La *Nemesis* au nom prometteur, le premier cuirassé à vapeur à avoir contourné le cap de Bonne-Espérance, avait lancé des salves destructrices contre les populations de la Rivière des Perles, puis s'était engagée dans l'estuaire du Fleuve Bleu à la recherche d'un site où pourrait être édifié un dépôt. Et le navire avait réussi à s'infiltrer dans un chenal tout petit, mais qui semblait profond et sûr. Il s'était arrêté à proximité d'une bourgade chinoise ceinte de murailles croulantes, assoupie dans son moyen âge. Coup de génie, l'amiral anglais, au lieu d'ordonner le bombardement, avait fait afficher sur les remparts une proclamation où il célébrait la fraternité universelle. Mû par un instinct très british des possibles profits à venir, ce militaire pressentait que ces marécages donneraient naissance à un port merveilleux. Il offrait donc à ce qui serait Shanghai la paix, la paix du négoce. Avec, évidemment, comme première marchandise l'opium qui endormirait les Chinois dans les rêves profitables du sommeil exaltant. Divination et détermination.

Dès que la Chine eut capitulé, lui fut arraché le régime des concessions, ces enclaves étrangères dont bientôt le pays sera constellé. Il y en aura une, la première, à Shanghai où pour le moment ne réside pas un seul Blanc. Dès le 1er novembre 1943, le steamer *Medusa* apporte un consul, nommé George Balfour. La nuit tombe sur un chaos de fanges, il se résout à rester à bord jusqu'à l'aube prochaine. La fête avec l'équipage, les toasts. Balfour boit au destin de Shanghai, d'une Shanghai anglaise, il se serait écrié : « La civilisation barbare doit s'incliner devant la nôtre qui est la plus haute. » La civilisation de l'opium... Le lendemain, une chaise à porteurs a été envoyée par le taotai, le magistrat du bourg. Balfour y monte, et pénètre, le premier Blanc à le faire, dans Shanghai. La population de boutiquiers aux échoppes rances, stupéfaite à la vue de ce Barbare rouquin (tous les protagonistes sont les uns pour les autres des Barbares), n'est pas ennemie. Rien que des masures. Où loger ? Un personnage aux riches vêtements propose à Balfour de lui louer sa demeure, un malin qui en échange demande l'exclusivité du futur commerce de Shanghai avec le monde. Discussions. Balfour a un toit.

Avant tout, il veut, en dehors de la cité chinoise trop vétuste et croupissante, un territoire où établir la concession. Il jette son dévolu sur la berge pourtant infecte du Whangpoo. Cinquante ans plus tard ce sera le Bund. Aucun présage ne l'annonce, cette grandeur royale. Au bout d'un an, Balfour ne compte sur sa concession que quelques ressortissants végétant parmi les miasmes, des petits Blancs qui campent dans les huttes. Le miracle est lent à se produire.

On ne décourage pas comme cela la « dogacité » des British, obstinés comme des chiens. Balfour fait construire un consulat au milieu des lagunes. La cérémonie du lever des couleurs, le drapeau d'Albion hissé pour la première fois. A l'ombre du glorieux étendard arrivent enfin des gentlemen de la meilleure trempe, choisis par les firmes de Londres ou de Calcutta qui commencent à croire à Shanghai. La production indienne d'opium ne suffit plus et la culture s'est étendue à la Chine elle-même, les grandes maisons du « trade » se sont aperçues que Shanghai est particulièrement bien placée pour être le haut lieu de la marchandise. Il faut traiter la matière première, en obtenir les qualités supérieures, procéder à de multiples opérations et bien la vendre. Cela exige des hommes de confiance et d'entreprise.

Qui sont ces respectables pionniers? On appelle « taipans » les patrons et « griffins » leurs commis, du nom des poneys ardents que l'on a domptés pour les lancer sur les champs de course. Chez tous ces marchands d'opium, la santé comme un devoir, la pudeur comme une loi, l'ambition comme un aiguillon, le business comme un évangile. Souverains, ils savent se servir des Jaunes sans les fréquenter. A une bonne distance du bourg chinois, chaque taipan se fait édifier un bungalow confortable : au rez-de-chaussée « l'office », le bureau, les chambres au premier étage. Au-dessus, soutenues par des piliers très décoratifs, des terrasses où l'on déguste le pur malt d'Écosse. A cette époque, aucune épouse : le climat trop insalubre interdit la présence des ladies. Des vies se déroulant selon des rites déjà consacrés, ceux des nobles « merchants » sur les terres étouffantes et lointaines : casques coloniaux qui protègent de l'insolation et lourdes tenues blanches. Horaires immuables. Après les heures de bureau, tous en redingote ils se rassemblent – les impératifs de l'étiquette, toujours la même, les protocoles du cérémonial convivial. L'obligation de se distraire, de se remplir la panse, de boire beaucoup. Toujours les mêmes gens, les mêmes trognes de British, congrûment « good fellows » pendant le repas servi dans de l'argenterie. Menu éternel, la soupe de tortue et puis les rots, les mets bien solides, les venaisons, les crèmes et évidemment les vins et les alcools, le « claret », le xérès, le gin et les cigares de Manille. Appétits colossaux, bonne humeur des figures marbrées, violettes et livides. Ne jamais laisser percer aucune trace de spleen. Pas d'abattement... Pouffer de façon stylée, la gaieté comme une gaze pudibonde cachant les mélancolies secrètes, les tristesses honteuses. Mais de ces inflexibles parcelles d'Albion, beaucoup sont atteintes, esquintées d'une manière ou d'une autre, accablement de l'esprit ou trahison des organes. Parfois une maladie vicieuse apportée par le Whangpoo, parfois une infection largement répandue, la typhoïde ou le typhus, prélèvent leur dîme de gentlemen. Premières sépultures. Un clergyman récite les versets de la Bible, rappelant que toute vie est aux mains du Seigneur. Que bénis soient les trépassés! A leur place, viennent d'autres taipans, d'autres griffins, exactement semblables aux défunts, souvent même plus exemplaires. Impensable pour eux de se rendre dans la Shanghai chinoise, ils se « saliraient » au contact des Jaunes. Toutefois, dans leur équité, ces gentlemen reconnaissent que, pour des Célestes, ils sont de bonne composition, attachés à leurs us et coutumes. Comme toujours, chaque soir, ils ferment les portes de leurs murailles; puis dans les ténèbres des vigiles parcourent les ruelles vides, clamant régulièrement : « Dormez en paix, tout est tranquille. »

A la vérité, l'ancienne tradition céleste est tout de même attaquée par des Occidentaux. La foi, la brûlante foi pousse au prosélytisme intense curés catholiques et pasteurs protestants qui ont débarqué et se mettent à l'ouvrage auprès des âmes jaunes, que le Seigneur en sa bonté ne dédaigne aucunement. Les papistes ensoutanés et les parpaillots à col de celluloïd, tout en se chamaillant entre eux en une concurrence féroce, se rendent dans le bourg pour porter la parole sainte auprès des Célestes. Ceux-ci sont un peu étonnés d'être l'objet de ce zèle mais ne rechignent pas trop, les plus malins se disent même que ce serait une bonne affaire de se faire chrétien : en tout cas, au retour de leur saint apostolat, les missionnaires racontent : « A l'exception des chiens que notre odeur dérange, nul n'aboie contre nous. »

Donc les taipans restent incrustés dans leurs demeures que l'on dénomme des « hongs ». Pas de Célestes auprès d'eux, sauf leurs « boys ». La capacité des Chinois à être de merveilleux serviteurs... Ce sont les Anglais de Shanghai qui, les premiers, ont formé cette race de domestiques parfaits, complètement adaptés aux besoins des Barbares. Ils connaissent non seulement les coutumes méticuleuses de la société coloniale mais aussi les manies particulières de leurs maîtres. Ils apportent à l'instant nécessaire les verres et les bouteilles de l'apéritif du soir, ils révèrent le whisky et le porto, ils sont même capables de placer sur une jaquette les décorations selon l'ordre requis. Et ils sont toujours souriants, habiles, des ombres.

Outre ces boys indispensables, on utilise une autre catégorie de personnel, des collaborateurs sans qui le négoce serait impossible, les compradores. Il s'agit de Célestes occidentalisés, bien que certains aient conservé les grimaces de la politesse ancienne et l'art des longs propos fourrés. Les plus zélés, abandonnant les longues robes, s'attifent comme les taipans, et même ils exagèrent la dureté des cols, le pli du pantalon, et surtout ils triomphent dans l'épingle de cravate en or et le bouton de manchette en nacre. Ceux-là ont voyagé à travers les océans, ils ont habité Hong Kong ou Singapour. Là, ils ont fait connaissance de la « law and order » et se sont « gentlemanisés » tout en demeurant de purs Chinois.

Peu à peu chaque firme s'est choisi son comprador. Lequel a accès auprès des employés blancs. A la longue, on lui accorde dans le hong un petit bureau à son nom. Parfois le taipan lui-même, bien redondant sur son siège, respirant l'autorité, convoque le comprador. Celui-ci se courbe en « lays » si c'est un vieux, essaie le shake-hand s'il est d'un temps plus récent. Le dialogue est à peu près toujours semblable. Le taipan déclare :

« Vendez-moi ces tweeds venus d'Écosse aux meilleures conditions. »

Et c'est vendu très cher. Ou bien :

« Procurez-vous dix tonnes de soie au meilleur prix. »

Ce qui est fait. Jamais d'ennuis.

Le métier de comprador, c'est de tout régler. Métier qui s'est compliqué : l'opium n'est plus la seule denrée du négoce, prime désormais l'import-export, consistant à déverser sur la Chine les produits manufacturés anglais et à répandre sur le monde tant soit peu de matières précieuses célestes. Comment le comprador procède, on veut l'ignorer, on s'en remet à lui. Il est finalement un factotum très nécessaire, qui évite aux taipans de se commettre avec des boutiquiers et des marchands chinois. Lesquels, du reste, ne tiennent pas davantage à se commettre avec les sauvages aux cheveux rouges. Un gouffre entre les taipans soumis aux ordres de Londres, à la tyrannie des factures et des rapports, et les négociants jaunes. Au dégoût des Blancs correspond une méfiance invétérée des Jaunes pour les Barbares et leurs manières, pour leurs pratiques indécentes, les contrats et leurs stipulations, la science du droit et des ruses, l'économie et ses lois. La façon des Blancs est jugée malséante, puérile et tortueuse. Tout là-dedans est piège pour les Chinois qui ne connaissent, ataviquement, que le « tope là » : sacrée est la parole donnée. Quelle indélicatesse que d'exiger des écritures ! Quelle ignominie, les perfidies qui s'ensuivent ! En vertu d'un alinéa incompréhensible, les taipans ont soudain des prétentions incroyables, recourent aux diplomates et aux canons des navires de guerre pour imposer une malhonnêteté qu'ils jurent honnête, selon leurs codes. Inexplicable. Les Célestes, s'ils sont résignés à être sucés par leurs mandarins – tradition millénaire – refusent d'être tondus par d'autres commerçants sous prétexte qu'ils ont un épiderme blême.

Mais les compradores sont là pour tout arranger, tout harmoniser, intermédiaires obligés entre les taipans et la Chine innombrable, la Chine réelle, celle des négociants, celle aussi des forbans, des bandits, des fonctionnaires, des artisans, des notables, des généraux, des lettrés, sans compter la plèbe, la multitude, sans compter les courtisans et les ministres de Ts'eu Hi. Les compradores s'intègrent de plus en plus aux mécanismes occidentaux. Ils deviennent importants par eux-mêmes, ils tirent les ficelles de l'Empire du Milieu, non seulement à l'avantage des taipans mais aussi au leur. Ignorant désormais la couleur exacte de leur peau, participant des deux mondes, ils accumulent des milliards pour eux-mêmes et les font fructifier, se transformant en capitalistes, les premiers capitalistes chinois. La hauteur, les dédains des « merchants » leur deviennent insupportables. C'est ainsi que le Céleste Empire se « barbarise » peu à peu, de façon malsaine et complexe.

Malgré tout, temps prospères, temps bénis. Les taipans veulent vivre dans une vraie ville, munie de tous les agréments d'une cité. Quels gigantesques efforts pour fabriquer une métropole à partir de rien. Ils ont assaini les rives du Whangpoo à force de coolies, de cadavres de coolies. Des berges immondes, ils ont fait un quai où s'amarreront des cargos, toujours plus de cargos. De la boue ils ont tiré un sol ferme, une terre où poussera le gazon, où l'on dessinera de beaux parcs, où l'on construira de belles maisons et de beaux clubs. Les taipans se congratulent : Shanghai prend son envol.

Temps bénéfiques pour les Français aussi : ils mènent leur jeu à part, se fabriquant une concession selon leurs goûts, avec abondance de missionnaires et de dames de petite vertu. Il s'agit de l'œuvre mégalomaniaque d'un précurseur, Louis-Charles-Nicolas-Maximilien de Montigny, premier consul de France à Shanghai en 1848. A cette époque, les hongs des taipans anglais sont déjà des merveilles échevelées, façon Venise, coupoles à la mauresque et colonnades à la grecque. D'autres personnages sérieux, de véritables « traders », surtout des Yankees et des Danois se sont fondus dans l'élite britannique. Montigny, lui, ne veut pas être englobé dans Albion et son Bund. Descendant de son navire le 25 janvier, il met pied à terre sur une portion de la berge restée fangeuse et décide de s'emparer pour la France de cette désolation.

Montigny est un risque-tout, un forcené, un patriote, un héros, un gueulard... Un croisé. Son existence périlleuse : à vingt ans, il a combattu pour la libération de la Grèce, avec Byron assurait-il. Mais ce preux est aussi austère, un croyant, un catholique. Dans cet univers de la saleté et de tous les périls, il a amené avec lui sa famille entière : la maman, l'épouse, la progéniture – deux pucelles. Ahurissement des British confinés dans leur célibat cossu. Mais Montigny est un dément, au nom de la Sainte Trinité et de la patrie, qui du reste ne l'aide en aucune manière, il s'installe avec les siens dans une masure en terre séchée près du Whangpoo, à proximité du bourg chinois. Premier consulat édifié dans un marécage, alentour des roseaux géants et des tumuli funéraires. La faim, le froid, les inondations, la menace des pirates, le grand isolement. Montigny ne s'avoue pas vaincu.

Au bout de quelques années de misère, arrivent des Français qui se fixent sur ce qu'on appelle désormais la concession française. Des curés en nombre croissant qui construisent des chapelles et aussi des fonctionnaires, un vice-consul et un chancelier. Mais Montigny a surtout comme sujets des déserteurs, des insoumis, des vagabonds, des épaves et des révoltés. Et quelques camelots, quelques courtiers proposant de pauvres pacotilles. De cette lie humaine sortiront des fortunes.

Le système français fonctionne bien : pas de puritanisme, une religion indulgente aux péchés dûment confessés. Les Français ont l'art d'approcher les Célestes confits d'hypocrisie, de les séduire, de s'arranger avec eux, avec le taotai surtout. Contrairement aux taipans british repliés dans leur superbe, ils sympathisent avec les autochtones, ils les coudoient, les rudoient, les caressent. Si leur ordinaire est l'entrecôte de buffle, ils sont capables d'ingurgiter la nourriture céleste, à commencer par les nids d'hirondelles. Certes ils sont des « chiens puants » mais les beaux gosses arrivent à faire l'amour avec des Chinoises, qui ne sont pas filles faciles. L'alcool, au lieu de donner des ivrognes guindés, des pochards à l'anglaise, leur déchaîne les sens. L'érotisme et l'excitation créatrice. Ainsi se crée peu à peu une minuscule société gauloise, avec de la dispute, de la chamaillerie, de l'invention, de l'anarchie et déjà de la bureaucratie bienveillante. Les premiers bordels, encore plus d'églises, de jolies demeures blanches, des avenues bordées de platanes, la concession française est devenue une ville avec ses richards blancs et jaunes. Des Chinois viennent y habiter. L'ordre est assuré par quelques gendarmes et une petite garnison de marsouins.

Époque pas si lointaine et tellement révolue ! Durant notre promenade sur le Bund où Marie-Françoise et moi nous nous émerveillons à la vue des cathédrales du business d'antan, Yao bâille et s'excuse. Moi, je suis pris par la mélopée des souvenirs, je revois mes parents, Albert qui évidemment n'avait pas vécu les débuts terribles de Shanghai mais qui par ses récits m'en a imprégné. Mon père... Le diplomate éternel, le bel Albert. Dès ma plus ancienne mémoire, il est déjà le consul, le bon serviteur de la France. Combien de décorations méritoires sur sa poitrine, quelle prestance quand il revêt son uniforme brodé et que toute la « boyerie », en plus de ma mère, se met à l'ouvrage pour l'habiller, l'adorner dans ses beaux atours ! Comme il aime prononcer des discours patriotiques, rédiger des rapports prophétiques. La Chine l'obsède, il veut en percer les mystères, colonisateur pénétré de sa juste mission, héros à la Rudyard Kipling version gauloise.

Avec lui, tout enfant, j'ai parcouru les allées du Bund alors dans leur splendeur. Il me tenait par la main et, étrangement, me faisait des confidences d'homme. Ma mère, comme toujours en sa présence, arborait un air lointain. Mais je m'égare dans les temps. Autrefois Anne Marie, Albert et moi. Aujourd'hui Marie-Françoise, le cher Yao et moi... Avec eux je pérégrine aussi, lentement. Mais au lieu de pelouses et de massifs merveilleusement taillés, je ne vois qu'une végétation empoussiérée, veule, en friche, au lieu de fringants conquérants qu'une foule banale, qui vaque à de triviales affaires, sur le Whangpoo presque tous les grands navires ont disparu. Laisser-aller des choses et des êtres...

Mon père... Quelle allure il avait! Et quelle conviction! Son leitmotiv était: « Les Chinois auront toujours besoin de nous, ils sont incapables, cousus de défauts. » Il ne demandait donc qu'à se dévouer aux Jaunes en prenant lui-même du galon. D'ailleurs la Shanghai d'Albert n'était pas uniquement une escale entre la France et le Sichuan, un autre motif l'y poussait, l'ambition : il se voyait très bien en phare de Shanghai. Quand nous flânions sur le Bund, avec quelle avidité il regardait l'immeuble des « douanes chinoises », si majestueux, si dominateur, le coffre-fort de la Chine, la clef de la vie économique en Chine. Prétextant on ne sait quelles dettes, les Barbares, pour se rembourser, s'étaient emparés des « customs » et, sous la fiction de la souveraineté céleste, ils les géraient en bons propriétaires, pour le bien de tous, paraît-il. C'est-à-dire que le principal des recettes allait dans leurs poches et que l'on donnait un pourboire aux Chinois.

Albert aurait bien voulu être nommé directeur des douanes mais il s'agissait d'un fief britannique dont l'organisateur avait été le redoutable sir Robert Hart, un Irlandais renfermé, solitaire, un despote fou de la Chine et des chinoiseries. Un de ces individus comme les îles britanniques en produisent parfois, ni un « rosbif » ni un gentleman, mais une espèce d'androgyne à la sensualité indigène, le grand cordon de saint Georges et de saint Michel uni à la Plume de Paon. Dans son PC sur le Bund, il vivait comme dans une sorte de temple. Petit homme timide, de physique miteux, il se prenait pour un mandarin et collectionnait les chefs-d'œuvre de l'art céleste. Adonné aux garçonnets jaunes, voluptueux de tout ce qui était la Chine, il adorait les vieux caractères et la musique des flûtes et même avait son propre orchestre, cymbales et xylophones jouant pendant qu'il dînait seul à une grande table. Ce gnome qui appréciait peu les Blancs était le seul d'entre eux admis dans l'intimité de l'Impératrice et de ses lettrés. Expert dans les finesses célestes, il savait terminer les « sales histoires » par des compromis sauvant la « face » des Chinois tout en donnant entière satisfaction aux Barbares. Il était irremplaçable pour Albion. On le méprisait, on le craignait, on le respectait. A la fin du siècle il était le personnage le plus puissant de Chine.

A l'instar de ces « customs », bastion inexpugnable, il y avait les Postes, qui par tradition revenaient aux Français – les premières vignettes n'avaient-elles pas été des timbres indochinois surchargés d'inscriptions célestes? Albert les convoitait. En tapinois, il allait de temps en temps contempler leur siège, un immeuble tout proche du Bund. S'asseoir dans le bureau directorial et diriger les PTT jaunes connus pour leur bon fonctionnement au milieu du chaos, être le roi des facteurs, telle était sa concupiscence. A lui, à lui donc ce monopole gaulois. Il avait posé sa candidature et ne cessait de revenir à Shanghai pour manœuvrer et intriguer. Ses airs allumés ou désespérés, ses longues confidences à ma mère qu'il ennuyait et qu'il essayait d'enjôler en lui promettant : « Vous serez la reine de Shanghai. » « Bah ! répondait-elle, je trouve Shanghai vulgaire. Je ne voudrais pas y habiter. »

Elle lorgnait Paris, ma mère, et elle eut toute satisfaction : Albert, tenu pour un agent vraiment trop voyant de l'impérialisme français, fut refusé par les deux gouvernements célestes concurrents, chacun prétendant être le « bon », l'unique, le légitime. Oui, il arriva à Albert cette avanie qu'il fut recalé à la fois par le gouvernement révolutionnaire de Canton – à vrai dire tenu pour illégal par le concert international – et par le gouvernement réactionnaire de Pékin, le seul reconnu par les puissances. Albert fut déclaré indésirable par le président Sun Yat-sen qu'il croyait son ami et par le maréchal Tchang Tso-lin (Zhang Zuolin) à qui il avait pourtant envoyé des missives lécheuses. Ah ! la désolation d'Albert qui s'était battu, qui avait fait donner en vain Aristide Briand et Philippe Berthelot, le secrétaire général des Affaires étrangères, son protecteur attitré. Ma mère, ravie, put rentrer en France, s'y établir et m'envoyer dans un collège style british. Et c'est ainsi que je n'ai pas eu une adolescence shanghaienne.

Morale : à Shanghai, en ce qui concerne la direction des services publics chinois, les Français n'étaient bons qu'à acheminer le courrier, ce dont ils s'acquittaient de leur mieux. Les Anglo-Saxons, grâce aux « customs » et à leur tempérament, leur étaient infiniment supérieurs. Triomphe du mercantilisme, de l'acharnement à profiter, le mercantilisme pilier de l'univers. Essor des firmes qui avaient commencé petitement et étaient devenues les oriflammes de la rapacité. Tous ces noms qui claquaient à travers l'Asie : Butterfield and Swire, Dent, Jardine and Matheson, relayés par la Hong Kong and Shanghai Bank, tant d'autres banques. Me frappe toujours dans cette légende épique son côté exaspéré, ce besoin d'aller toujours au-delà, dans l'ordre comme dans la débauche... La ville folle entraînait la Chine derrière elle, une Chine qu'elle corrompait et exploitait avec une fantastique assurance. Ce Bund fiché insolemment dans la vieille terre céleste, météorite néfaste venu d'un autre monde, se croyait invulnérable, se voulait éternel. En fait il se corrodait, et de manière si inexorable que sa fin en 1949 fut presque paisible. Mais ceci est une autre histoire.

D'où Shanghai tirait-elle son orgueil et sa confiance ? D'événements dont mon père avait eu les oreilles rebattues et dont il déroulait pour moi la tapisserie de farce noire et d'âpre tragédie. Le génie d'Albion à Shanghai avait été, quarante ans avant qu'Albert, jeune blanc-bec, n'arrivât en Chine, d'avoir su mater presque pacifiquement un pays qui refaisait le dragon et risquait de broyer les taipans en ses plis. Dans cet immense péril, ils étaient restés impassibles, calculant au mieux de leurs intérêts, au fur et à mesure des épisodes. Quel sang-froid il leur avait fallu pour que Shanghai, loin d'être anéantie, se servît de ces drames afin de s'élancer dans une nouvelle grandeur, les bases de sa prospérité définitivement établies!

La situation? Le problème? En 1860, les corps expéditionnaires français et britannique s'étaient emparés de Pékin et les diplomates avaient arraché à la Régente Ts'eu Hi un traité satisfaisant: ils lui avaient imposé l'« ouverture ». Shanghai manquait de débouchés, il fallait lui donner la Chine centrale comme marché, il fallait que le Fleuve Bleu devînt l'artère par laquelle les British pourraient essaimer leurs « merchants » et les Français leurs missionnaires. Ces objectifs avaient été atteints par les conventions signées avec Ts'eu Hi. Et maintenant on se demandait s'il ne serait pas plus profitable de s'entendre avec les Taiping qui dominaient la Grande Rivière.

Depuis 1853 en effet les rebelles Taiping avaient pris Nankin, la capitale du Sud, si proche de Shanghai. Leurs hordes de crève-la-faim avaient taillé en pièces les garnisons impériales et leur chef, un certain Hong, s'était couronné empereur de la Paix Céleste. Un prophète, ce Hong! Ayant dans sa jeunesse à Canton subi l'influence d'un pasteur presbytérien, il s'était proclamé le frère cadet de Jésus-Christ, et dès 1850 il avait fait exterminer tous ceux qui ne croyaient pas en sa divinité, tous les suppôts de Ts'eu Hi et tous les nantis. Ts'eu Hi avait levé des armées pour l'anéantir, lui et ses adorateurs, pour détruire ce gigantesque mouvement égalitariste qui se constituait en empire. Convulsions, tumultes, longtemps Shanghai s'était sentie peu concernée. Pourtant, elle s'était trouvée peu à peu englobée dans la confrontation.

Hong semble s'intéresser à Shanghai: ses hordes aux cheveux longs s'approchent d'elle. Ts'eu Hi de son côté masse des troupes près de la ville. L'un et l'autre camp, prêts à s'exterminer, pour le moment ne menacent pas les Blancs. Au contraire, on recherche leur alliance, sans doute avec l'arrière-pensée de les occire après les avoir utilisés. Que faire? se demandent les taipans. Les pasteurs anglais sont plutôt favorables à Hong, présumé être une sorte de parpaillot. Cela suffit pour que les religieux catholiques, les Français surtout, le haïssent. Les taipans, eux, n'ont pas de sentiment. Ils optent donc pour le « wait and see », pour l'attitude du bon négociant qui vend armes, munitions et équipements aux belligérants. On avisera ensuite.

Mais la situation s'envenime. La ville chinoise tombe aux mains de la Triade, une société secrète liée à Hong. Des individus armés de coutelas sortent des ruelles et déchiquettent les notables. Les forces impériales surgissent pour détruire ces « bandits ». Les Blancs ne sont pas encore impliqués. Du haut de leurs terrasses, en buvant du whisky, les taipans regardent le spectacle, ils se croient au théâtre.

Dehors battent des gongs, crissent des bannières, défilent des combattants aux costumes étranges, aux armes fourchues. Tout est incompréhensible. La plupart du temps les affrontements ou les batailles ne sont qu'une grimacerie, aucun coup de feu n'est tiré.

D'autres fois, les « boys » préviennent leurs patrons : « Prenez vos jumelles, ce sera intéressant. » Les domestiques sont infaillibles : à l'heure dite, le massacre.

Calme des Anglais, les Français s'énervent, surtout les bons pères : ils savent qu'à Nankin un protestant, le Révérend S.P. Roberts, sert de ministre des Affaires étrangères à Hong. Opportunément, dans la bourgade chinoise de Shanghai, un catéchumène catholique est tué. Clameurs des ensoutanés. M. de Montigny lâche son armée, c'est-à-dire sa compagnie de marsouins. Ces braves font une brèche au canon dans les remparts et se ruent baïonnette en avant. Sauve-qui-peut des affidés de la Triade, mais fuite vaine car les subtils Français ont donné le mot aux Impériaux qui s'engouffrent derrière eux et abattent les suspects dans les venelles, soit à peu près toute la population sauf les richards et les catholiques. Têtes coupées. Les vainqueurs défoncent même les cercueils et dépècent les cadavres, les Français remercient la Sainte Vierge, ils sont contents d'eux. Les Anglais en revanche restent neutres. Ils se disent qu'un jour ils seront aux prises avec les Impériaux ou avec les Taiping, avec les uns et les autres probablement. A tout hasard, le Captain Tronson du 2e Bengal Fusiliers entraîne les jeunes griffins sur le champ de courses récemment inauguré et les transforme en soldats. Heureuse préparation : les troupes de Ts'eu Hi, cédant à la tentation, osent pénétrer sur le Bund, pas vraiment méchamment, juste pour chaparder un peu. Au tour des Anglais de se fâcher. Les trois cents volontaires s'élancent à l'assaut du quartier général des Impériaux, chargeant courageusement sous les obus vendus par leurs propres firmes et que la Chine retourne contre eux. Victoire. On appellera cette bataille, la bataille du « banc de vase ». Elle a duré deux heures.

Jusque-là donc rien que des escarmouches. Mais voici qu'après le traité passé à Pékin avec Ts'eu Hi, les taipans apprennent que la cité de Suzhou, à moins de deux cents kilomètres de là, a été incendiée par les Taiping. L'orage arrive, parfois les fumées noires de villages consumés viennent lécher les hongs. La masse en révolte va-t-elle attaquer, submerger Shanghai? Il y a tellement de ces gueux aux turbans rougeâtres alentour, partout, derrière les tumuli funéraires, dans des bosquets, au milieu des ruines. Leurs intentions semblent mauvaises, ils tuent un religieux et les enfants de son orphelinat. Est-ce la fin de Shanghai? Surprise, la horde, au lieu de s'élancer, se retire dans ses retranchements. Les taipans reçoivent des messages tour à tour terrifiants et tentateurs. On leur annonce d'abord que Shanghai sera réduite en cendres, puis que leurs demeures seront épargnées s'ils y mettent des inscriptions suppliantes, enfin on aboutit à une proposition de traité : « Joignez-vous à nous pour détruire l'Empire maudit de Ts'eu Hi. »

Réfléchir, toujours cogiter. Maîtriser la tension. Les taipans jouent au poker. Au milieu de cette apocalypse, ils gardent des nerfs solides, une détermination trempée, une immoralité efficace – la moralité puritaine. Premier enjeu, leurs vies. Mais il ne suffit pas de survivre, il faut miser sur l'avenir, prévoir où seront les plus grands gains. Conclusion : à nouveau le « wait and see ».

D'ailleurs, ces désordres apportent la pleine prospérité. La région est livrée à l'atroce et Shanghai s'accroît comme si elle faisait ventre avec le mal. Une plèbe jaune se réfugie là, dans les concessions, dans la vieille ville, dans les faubourgs nouveaux. L'argent ruisselle. Quartiers de bouges et de fumeries où l'impunité est assurée puisqu'il n'y a pas de police organisée. Accourent aussi les hors-la-loi du Pacifique, gens de sac et de corde attirés par les récits fabuleux des combats, des rapines, des pillages. Débarquent les frères de la côte, des Américains surtout, happés par l'odeur de l'or. Ces écumeurs blancs cherchent avant tout à se vendre. Une centaine d'entre eux rejoignent les troupes de Hong, aventuriers incroyables, dont certains seront exécutés, d'autres promus conseillers et dignitaires. La plupart se laissent acheter par le taotai de Shanghai que les riches jaunes pris de panique, terrés chez eux ont délégué à ces besognes en lui fournissant tout l'argent nécessaire.

C'est ainsi que se constitue une troupe mercenaire où des Blancs de toutes origines sont amalgamés à des bandits asiatiques, essentiellement des Philippins. Comme chef, Ward, un gangster yankee qui a pratiqué la flibusterie en Amérique du Sud et qui se vante d'avoir fait tous les métiers sauf les bons. Son état-major ? Une bande d'hommes de main, beaucoup de matelots et de soutiers débauchés des équipages des cargos. Raids autour de Shanghai, tout ce qui vit est passé au fil de l'épée, tout ce qui a quelque valeur emporté. Assez de succès pour que l'Impératrice accorde à Ward le grade de général chinois et octroie à cette racaille le glorieux titre d'« Armée Toujours Victorieuse ». Ce ramassis... Les taipans jugent sévèrement cette confrérie de l'horreur si honorée par Ts'eu Hi. Surtout ils estiment qu'enfin est arrivé pour eux le moment de choisir entre les prétendants à leurs faveurs, entre la Régente et le Prophète. Le mieux, ce serait d'abord de les jauger, de les mettre à l'épreuve. Ts'eu Hi confirme qu'elle accorde aux Blancs l'accès du Fleuve Bleu, encore aux mains de Hong. Au même moment, l'amiral Hope remonte le Yang Tse-kiang avec une flottille de neuf canonnières. Il se présente devant Nankin, est reçu par Hong qui prononce des phrases où il se condamne : le Christ dont il est le frère est hostile au commerce qui pourrit l'homme. N'a-t-il pas chassé les marchands du temple ? La cause est entendue : désormais les taipans sont décidés à abattre Hong.

Comme pour appuyer ses paroles, Hong fait attaquer Shanghai qui entre-temps est devenue une forteresse hérissée d'armes – les taipans avaient quand même fait appel aux gouvernements de Londres et de Paris et ils avaient été écoutés. L'attente de l'assaut, le couvre-feu, les suspects jaunes arrêtés et les huttes en paille démolies par peur de l'incendie, les badauds et les mendiants employés aux travaux de terrassement. Les trompes taiping résonnent. C'est l'hiver, le ciel est de plomb, la neige tombe jour et nuit, le Whangpoo charrie des glaçons. Ce froid terrible serait-il un mauvais présage ? Est-ce que les

Taiping auraient peur des Blancs, encore plus peur que les Blancs n'ont peur d'eux ? A nouveau, ils battent en retraite.

Délibération des taipans : il faut désormais multiplier les opérations, il faut frapper, cogner, tuer. Ne pas employer uniquement l'« Armée Toujours Victorieuse » trop incertaine mais se servir des forces régulières anglaises et françaises. L'amiral britannique Hope et son collègue français Protet débarquent leurs équipages et, laissant une minuscule garnison à Shanghai, en 1862 ils lancent dans la nature deux colonnes. Guerre hallucinée, guerre ignoble. A peine Shanghai quittée, l'horreur, le vide, le traquenard. Un pays piégé, brumes, buées, des fossés, des palissades, des arbres abattus, des pieux acérés, huit camps taiping installés dans les débris de villages. Réseaux primitifs et redoutables. La mort partout. Dans les cités détruites, pas une âme, mais du butin qu'on charge sur des jonques. Parfois l'embuscade. Un soir, on capture deux mille Taiping. Qu'en faire ? On décide de les livrer aux Impériaux qui traînent à l'arrière-garde. Un missionnaire profère que, parmi ces prisonniers, il y a peut-être d'honnêtes hommes qu'il faut sauver. Il les interroge un par un en chinois. Ceux dont il se porte garant sont relâchés. Les autres, aux Impériaux. Hurlements. Sombre nuit de la démence. Toujours continuer à bombarder, à escalader des murailles, à tuer. Vociférations effrayantes des Taiping qui portent comme étendard une tête de Blanc embrochée sur un bambou. Folies sanguinaires, les soldats de l'Occident sont en plein cauchemar. Plus grave encore, les résultats sont maigres, les pertes grandes. L'amiral Protet est abattu d'une balle. Ses funérailles solennelles à Shanghai...

Plus que jamais les taipans cogitent. Il leur apparaît que les minces forces régulières des Blancs sont insuffisantes. Ultime recours, reconstituer et renforcer l'« Armée Toujours Victorieuse », pourtant tombée dans le banditisme. Ward a été tué, on décide de le remplacer par quelqu'un de plus sûr. Leur monstrueuse erreur quand ils se résolvent à choisir un autre yankee, un lieutenant de Ward du nom de Burgevine. Celui-ci se révèle une brute pire que Ward. Sa cupidité, ses méfaits, ses colères rouges, il se plaint d'être grugé par Ts'eu Hi, par le taotai, par les richards jaunes de Shanghai, par les taipans. Ses exactions sont telles que ceux-ci le mettent hors la loi. Alors Burgevine essaie d'entraîner sa troupe entière dans le camp de Hong. L'effroi des taipans. S'il avait réussi, Shanghai tombait entre ses mains. Par chance, Burgevine dans sa désertion n'a été suivi que par peu d'hommes. Cette « grande compagnie » d'écorcheurs se joignit aux Taiping et les dépassa dans l'horreur. Commença un carnaval macabre, le périple au bout de l'indicible, une telle violence que Hong se débarrassera de Burgevine en le faisant enfermer dans une cage et jeter dans le fleuve.

Immense avait été le danger. Les taipans plus que jamais réfléchissent. Ils sont acculés, il leur faut à tout prix trouver l'homme providentiel. Longs débats. Enfin, certains d'entre eux s'avisent de ce qu'au lieu de s'aboucher avec un ruffian qui dominerait d'autres ruffians pour la bonne cause, ce qui a si mal tourné, ils doivent recourir à un militaire parfait. Ils pensent à Charles George Gordon, un officier britannique d'excellent renom, un vrai gentleman. Hésitations. Ce parangon avec sa courte moustache, son stick, cet homme d'à peine trente ans, saura-t-il mater une cohorte d'assassins? N'est-il pas trop classique, bon pour des Gurkhas ou des Highlanders? Enfin les taipans se décident pour lui. Ils ont raison. Tout se joue très vite. Deux heures après sa nomination, Gordon passe en revue les soudards qui lui ont été confiés. Que peut-il sortir de cette routine, de ce protocole ancestral de la parade? Eh bien, un miracle, un face-à-face où Gordon dompte cette tourbe. Le rituel, la rigueur des gestes, les fifres et tambours, le *God Save the Queen*, le défilé... Le capitaine envoûte. Son regard d'une telle intensité qu'il semble aveugle, sa stature dont la minceur nerveuse est influx d'autorité, ses lèvres qui bougent à peine en donnant les ordres... C'est gagné. A la fin de la cérémonie, les reîtres sont devenus des soldats. Quant à lui, il est « Gordon le Chinois » destiné à sauver Shanghai et à écraser les Taiping.

Quelques semaines de préparatifs. De ce qui était une bande insoumise, Gordon fait une unité accomplie et il part pour la guerre. Aussitôt la victoire, des chapelets de victoires, une apothéose de victoires. De plus, ce vainqueur est un archange. Dans cette Chine abominable, il interdit cruauté, exécutions, rapines. Lui-même donne de son propre argent pour soulager les misères, le voilà un demi-dieu. Il assiège Suzhou, la cité aux mille canaux où est retranchée la dernière armée des Turbans Rouges, commandée par les fameux « rois-coolies ».

Suzhou agonise. La fin, la mort, la folie, les « rois-coolies » sont prêts à s'entre-tuer. Alors Gordon, avec une audace suprême, demande à entrer seul dans l'enceinte de la cité. Aux derniers chefs taiping il propose la capitulation contre la vie sauve. Instants effrayants, les « rois-coolies » dans le farouche de leurs figures couturées n'ont pas confiance: ils décident de retenir Gordon prisonnier et même de le tuer. Et puis ils changent d'avis. Il est relâché, ses conditions acceptées. Le lendemain, Suzhou se rend avec cent mille hommes et un immense trésor de guerre. Gordon, lui, continue de progresser. Un jour, il apprend que dans son dos les généraux impériaux ont mis à mort les « rois-coolies ». Fou de dégoût et de colère, il part à leur recherche pour leur brûler la cervelle. Ils se sont cachés, Gordon leur fait dire qu'ils l'ont déshonoré. Ainsi va la guerre... Gordon quittera le Céleste Empire pour suivre son destin qui sera d'être massacré à Khartoum par les derviches. Malheureux Gordon. Les taipans de Shanghai estiment maintenant qu'il a fait beaucoup de chichis pour une bagatelle. Quant à l'impératrice Ts'eu Hi, elle est contente d'être débarrassée de ce Barbare délicat dont elle n'a plus besoin. Désormais ses propres armées suffisent...

En 1864, un Nankin presque sans défense tombe entre leurs mains. Hécatombes, fin des Taiping, Hong disparaît à jamais, retrouvant sans doute dans les cieux son frère aîné, le Christ. Dans ces horreurs, ces angoisses, dans ce flegme aussi, et cette coriacité, est véritablement née la grande Shanghai qui désormais dispose pour son commerce de toute la vallée du Fleuve Bleu. Le boom, la guerre qui a rapporté, le « banc de vase » qui sue de l'or, la paix qui rapporte plus encore. Une fantastique spéculation immobilière, le prix du terrain se multiplie par dix, partout jaillissent de vrais buildings. Une débauche, le profit comme un vice, et puis la fièvre tombe, des krachs, des suicides, une crise où périt tout ce qui n'était pas sain. Les taipans, les meilleurs, se retrouvent plus puissants que jamais, juste récompense de leur vertu et de leur sagesse. A eux, la souveraineté de cette République mercantile où les divers consuls ne font que de la figuration, Shanghai nouvelle Venise... Les « merchants » commandent grâce à un conseil municipal où ne sont élus que les Blancs les plus notables et les plus fortunés. Cet organisme détient tous les pouvoirs – l'administration, la police, le fisc, la justice. Les Chinois, devenus innombrables, demeurent des subordonnés, sans autre droit que celui de faire du business et de payer l'impôt.

Quant aux Français, ces « froggies », ils continuent de sautiller dans leur mare. Ils amusent. Jadis les grenouilles se sont déconsidérées. Elles avaient entrepris d'assainir un marécage funèbre qui servait de cimetière aux Chinois. Tout fut détruit à l'exception d'une pagode, elle aussi dépôt d'estimables cadavres. Lorsque dans la foulée les Français voulurent la raser, les bonzes appelèrent à la révolte, la populace se déchaîna. Au beffroi de la Concession internationale, on sonna la cloche d'alarme, on envoya la police et la troupe pour aider les « froggies ». Mais, honte et désolation, le consul de France refusa ces secours et capitula face aux Célestes... Quels brocards, quelles railleries contre ces lâches de Français qui avaient manqué à la loi fondamentale de Shanghai : ne jamais reculer devant les Jaunes. Ces Chinois si fourbes, il fallait les exploiter et aussi les « civiliser », c'est-à-dire leur faire avaler le monde industriel, celui des usines et du stock-exchange, mais évidemment sans jamais rien leur céder.

Quand mon père était-il arrivé dans cette Shanghai heureuse ? Vers 1900, je crois. Déjà Shanghai était superbe, mais encore loin de son apogée. Anne Marie, ma mère, m'a prétendu plus tard qu'Albert n'était qu'un « petit Blanc », un besogneux, un appliqué. Ses confidences méprisantes... Il était entré comme commis dans une maison de commerce britannique. Pris à l'essai pendant un an, il avait fait la preuve de sa bonne mentalité. Ensuite, dûment engagé, il s'était autorisé quelques fredaines. Après l'accablement de la journée, le soir, l'alcool était permis, recommandé même, à condition d'être frais le lendemain au bureau... La question des dames le préoccupait : peu de ladies, de toute façon elles étaient inabordables pour lui. Restaient les Chinoises, trop chères... Il lui aurait fallu se contenter de putains de la dernière catégorie, de celles qui criaient sur le Bund : « Un dollar, un coup, mais par-devant, pas par-derrière. » Hélas Albert avait de la délicatesse. Il fut sauvé par l'arrivée de prostituées blanches, d'abord des Américaines, puis des Françaises. La chance d'Albert, ce fut son amitié pour Anne Ballard, une maquerelle célèbre qui avait ouvert un réseau de « maisons » où, paraît-il, elle permettait même à ses filles de rencontrer discrètement quelques Chinois milliardaires. Charmante Anne, elle a laissé un souvenir mémorable. Lors d'une réception du 14 Juillet, ne l'avait-on pas trouvée chevauchant et fouettant le consul de France tout nu, et lui criant : « Galope mon cochon ! » A cette époque-là, Albert ne pensait pas à un avenir consulaire pour lui.

La jeunesse de mon père... tout imprégnée de la suprématie blanche. Il aurait fait beau voir, me racontait-il, que la plus déjetée des crapules fût soumise à la juridiction des Célestes. Certes, il existait un ramassis de « petits Blancs » – dont il n'était pas – qui souvent échouaient dans l'escroquerie ou la misère. On les embarquait sur le premier cargo venu ou bien, plus honorablement, on les employait dans la douane ou la police. On lui avait proposé à lui Albert de devenir commissaire de police, il avait refusé, il avait plus d'ambition. Il souhaitait un bon et beau mariage, pour cela il fallait qu'il devienne quelqu'un. En attendant, il faisait le vert galant.

La seule rébellion dont m'ait jamais parlé Albert, c'est celle des pousseurs de brouette, des pauvres pousseurs à la parole pacifique. Les autorités de la Concession internationale avaient augmenté la taxe sur leurs véhicules, la passant de quatre à six « cents ». Ces gueux s'étaient ameutés et, comme les « grenouilles » jadis, les fiers British du Conseil municipal avaient capitulé avec couardise. Quelle colère, quelle puissance de colère chez les honnêtes Blancs contre la lâcheté de leurs édiles ! Devant cette ignominie, tous les Blancs avaient endossé leurs uniformes de vigiles, se faisant policiers auxiliaires pour rétablir la loi et les pousseurs de brouette s'étaient dispersés, l'honneur avait triomphé et l'impôt été maintenu.

Cinquante ans pour métamorphoser les Chinois de Shanghai. Emboîtant le pas aux fameux compradores, des Chinois en robe de soie se mettent à faire les industriels et les financiers. Chinois fondant des compagnies maritimes avec le Dragon pour emblème. Chinois créant des manufactures et des sociétés, le « & Co » qui fleurit. Des quantités de banquiers. La maladie de faire de l'argent comme les Occidentaux, la marque indélébile de l'Occident. Et les taipans se réjouissent qu'il y ait des milliardaires jaunes de l'Exchange, du Business, de l'Industrie. Cela ne fait qu'accroître l'importance de Shanghai. Qu'importe que derrière ces pontes naisse un prolétariat d'ouvriers et d'ouvrières qui ne sont que de la chair à machine, qu'importe cette détresse dans Shanghai-lupanar, Shanghai-kidnapping, Shanghai-dollar, Shanghai-forteresse, Shanghai-mépris. Qui oserait toucher à Shanghai ? La guerre des Boxers est une énigme, on se dit que la vieille Ts'eu Hi a perdu l'esprit dans son Nord lointain, que la réalité est ici, avec le Bund comme un jaillissement, Nanking Road comme une fourmilière. Depuis longtemps les ladies sont là, les épouses si belles avec leurs bébés si blonds. La splendeur des « mansions ». Des vies de châtelains anglais... les sports, le cricket, les promenades, les excursions à la Source Pétillante. Les amahs gardent les enfants dans des parcs qui sont interdits aux « coolies chiens », tout simplement les coolies qui tiennent en laisse les chiens des matrones britanniques. Les divertissements, la musique douce, *la Veuve Joyeuse*, la vie mondaine incessante, fiançailles et mariages, galas, bals, rallies, la pluie des cartons gravés, toujours des invitations à dîner, toujours des cocktails.

Indifférence des Blancs devant la misère, ordures et immondices dans les ruelles célestes, mendiants exhibant des plaies, agonisants essayant d'inspirer une pitié improbable, des êtres d'une maigreur effrayante, des monstres, des enfants comme des bêtes. Tout près de ces dépotoirs, le quartier des plaisirs, un dédale fétide et mystérieux. Foules débridées, l'odeur épicée de l'opium, portes sales ouvrant sur on ne sait quelle débauche, musiques aigres, des chants, la mangeaille, le graillon, des hommes au ventre lardeux, des femmes fardées que des coolies portent sur leurs épaules jusqu'à leurs clients, des gamines parées de fleurs qui se proposent d'une voix enfantine, des gitons. Autour de ces grouillements ont poussé d'immenses faubourgs, des usines prisons où s'étale la pauvreté triste et nue de la brique noircie. Dénuement sans pittoresque d'une main-d'œuvre qui n'a pas encore pris conscience de son malheur.

Beaucoup de Chinois cependant sont gagnés par le sentiment que leur pays est à bout de force. Ils pensent qu'une nouvelle Chine doit surgir, non pas une Chine qui se dresse contre l'Occident mais qui s'inspire de lui. En résulte la Révolution de 1911, la fin de la dynastie des Qing, l'écroulement de l'Empire, l'apparition d'une République chinoise avec une constitution et un Parlement. Cela s'est produit à partir d'un rien, un incident quelque part dans la Chine Intérieure. Cela n'a mené à rien, sinon à une insécurité qui épargne les Blancs et leurs marchandises. Plus que jamais les Blancs sont des rois intouchables, plus que jamais la Chine est à leurs pieds.

En 1911, Albert mon père a depuis longtemps quitté le business pour lequel il n'avait pas vraiment la bosse. Un hasard providentiel, galamment utilisé par lui, en a fait un diplomate, un grand petit consul de France dans le Sichuan lointain. Là, il y eut de l'horreur. Mais Shanghai, plongée dans son business, resta tout d'abord paisible. Aucun ressentiment contre les taipans, un respect aux formes comiques envers eux. Les Blancs furent donc les témoins amusés d'une fiction de belligérance, du reste soigneusement maintenue en dehors des concessions. Dans les quartiers chinois, des héros combattants s'étaient levés, s'étaient attifés comme ils avaient pu en chefs de guerre à l'occidentale, se harnachant de treillis, de ceinturons courageux, de chapeaux de brousse à la boer, parfois de guêtres, ils avaient hurlé des discours, brandi des revolvers et, de toute leur vaillance, ils avaient vaincu en une seule journée. Les autorités mandarinales s'étaient rendues. Pantalonnade, la preuve, on n'avait tué personne. Les Chinois respectables s'étaient quand même tenus à l'écart. Dans cette libération, les mauvais garçons, les dirigeants des sociétés secrètes, toutes sortes de personnages douteux avaient accaparé l'autorité.

Ils se démènent, ils se trémoussent, ils sont grotesques. Un journaliste tonitruant s'est nommé gouverneur, des gouapes se sont attribué des fonctions honorables. Tous, au nom sacré de la Révolution, réclament l'obole, c'est-à-dire la dîme, presque une rançon. Quant à la jeunesse patriotique, garçons comme filles, elle danse, défile, jubile. La kermesse. Les porte-parole tiennent réunions, multipliant les symboles. Rien n'est plus à la mode que de se piquer le bout du doigt avec une épingle en précisant que ce sang est celui du sacrifice perpétuel. Cortèges de l'éloquence à la pelle. Tintamarre, une gaieté nerveuse, piaillante, mais peu à peu une méfiance, les meilleurs citoyens commencent à déchanter. De partout surgissent des individus sinistres qui s'amusent à couper les nattes, ce signe de soumission dont les Mandchous avaient imposé le port aux Chinois, mais d'un même mouvement ils arrachent les bijoux. Est-ce le moyen républicain d'équilibrer les finances? Viennent les chantages, les meurtres de récalcitrants qui se refusent aux débours, la foire aux kidnappings. A tel point que les riches Célestes font de leurs maisons des fortins. S'ils ont des automobiles, ils s'y verrouillent en y montant, ne se déverrouillent qu'après être arrivés en sûreté, parmi une pléiade de gardes du corps. Et pourtant Shanghai reste un havre, un million de Chinois accourus d'endroits tellement plus malmenés s'y réfugient. Comme toujours la cité grossit, comme toujours de tous les fléaux elle tire profit.

Ainsi vais-je dans ma Shanghai, celle d'autrefois. Mais il y a M. Yao, l'éternel M. Yao, la sentinelle du devoir qui me pique de la baïonnette de ses consignes, l'œil torve, le front chargé de nuages, un Zeus tout déjanté de sa majesté par la mauvaise humeur, un tronçon au vinaigre, un bout de ténia. Le programme, le sacré programme, le programme-Bible, le programme qui m'assomme en son principe et en sa dictature. Comme Yao est plutôt bon garçon, il s'apaise quand je me mets à lui obéir, à le suivre et je le fais d'autant mieux que ce matin l'objectif, c'est la visite de Nanking Road, la fameuse Nanking Road, la rue qui porte le nom de la capitale de la Chine du Sud, Nanking Road qui symboliquement traversait le Céleste Empire puisqu'elle coupait une trentaine d'artères aux appellations de provinces ou de villes chinoises, Nanking Road où jadis la vie ne s'arrêtait jamais, où se déversaient tant d'existences prises entre le désir, l'âpreté, la jouissance et la misère, Nanking Road la pochette surprise des édens commerciaux de la Chine.

Partant du Bund à la froide splendeur britannique, elle est consacrée au mercantilisme céleste. Combien céleste, combien sensuel, paradisiaque et infernal. Lieu de toutes les convoitises, on y trouve toutes les bagatelles, toutes les babioles, tous les trésors qui améliorent la vie, tous les joyaux et tous les nards, les essences et les substances qu'il faut posséder. La tentation dépasse de loin celle de nos rues de la Paix et de nos Regent Street puisqu'en Chine tout est objet, à l'exception des cerveaux, machines léviathans qui ne songent qu'à prendre ou à acquérir. Et si tout est objet, tout se fabrique merveilleusement, même la chair, même les dames, dont les visages sont transformés en masques, les pieds en trognons de grâce. Innombrables seront les produits qui aiguisent ces sensations dont la monstruosité est grande pourvoyeuse. Esthétisme du repoussant qui attire, arbres qui ont été nanifiés, chiens qui sont devenus des difformités réjouissantes, exquis des tortures qui enjolivent de façon répugnante, tout se rejoint, le délicat et le dégoûtant.

Nanking Road, c'était le marché du désir. On y trouve de tout, depuis le fiel des cobras qui donne aux vieillards libidineux la force de dépuceler les petites vierges jusqu'aux épices exotiques qui empourpreront la saveur des nourritures pour les gens qui ont choisi la goinfrerie comme remède à la vie. Racines de mandragore, ginseng, élixirs... Les innombrables envies humaines sont prévues. Quel achalandage et aussi quel noble maquignonnage, les mille sourires de la tentation et les mille moues du dédain sur les visages des marchands et des acquéreurs aux prises, l'immense calcul et les doigts sur les bouliers. Dans les échoppes de grande qualité, là où la porcelaine est une transparence, l'ivoire une quintessence, là où les terres cuites s'écroulent en ruines figées, là où les couleurs sont une vérité de deuil ou de joie, c'est encore toute une cérémonie que d'arriver à l'accord sur le prix. La subtilité des discussions, la rugosité de la voix et du geste, le crescendo et le decrescendo des argumentations qui se cognent. De temps en temps, une pause au sein de ce duel. Enfin, l'accord, cette profonde quiescence.

A côté de ces boutiques d'antan, se sont créés des bazars énormes, les Quatre Grands : le Wing On, le Sincere, le Sun Sun et le Sun, le Bon Marché et les Galeries Lafayette locaux qu'emportent le charivari et le tumulte nerveux des Chinois et des Chinoises, tournés crabes à pinces en leur hystérie. Dans ces endroits vulgaires, la direction applique cette règle sage que l'exaspération des acheteurs doit, une fois les acquisitions faites, se dissoudre dans de la culture offerte à titre gratuit, des spectacles comportant de la poésie, de la littérature, de la peinture. Il y a des chanteuses, attirantes et apaisantes, avec toutes les mignardises qui conviennent à leurs mélopées susurrées. Il y a de l'opéra chinois, du charleston et des ice-creams. Savoir dévergonder les appétits de la clientèle jusqu'à la folie mais ensuite calmer les gens par des tours et des représentations qui agissent comme des massages, en somme jouer sur les nerfs pour les exciter puis pour les assoupir, telle est la grande recette découverte par messieurs les patrons de ces gigantesques foires.

Ailleurs, on donne dans la fureur de la modernité la plus outrancière. Le néon tel un incendie, les idéogrammes qui flamboient et s'éteignent dans un précipité qui grise. Des numéros comme à Broadway, des demoiselles habillées en grooms qui font des claquettes au rythme d'un orchestre de Noirs américains, des prestidigitateurs en redingote. Un nain en haut-de-forme clame devant un magasin : « Valeur inouïe, prix dérisoire, occasion unique au monde. » Il est célèbre. Il résume la rue.

Nanking Road, tant de foule, tant de chahut sous la voûte des lourds oriflammes, des bannières immémoriales du négoce. Un ordre pourtant dans ce désordre, et même une géographie comme dans les cités anciennes où les boutiques consacrées à la même matière, précieuse ou vile, se rassemblaient au même endroit : on trouvait toujours une rue de la soie, une rue du jade, une rue du cuivre, une rue des vieux vêtements. A Shanghai, cette tradition a persisté et dans le tourbillon où tout se jouxte, se bouscule, on distingue des localisations précises. Le coin des librairies où l'on se procure aussi bien le dernier Dekobra que les récits millénaires des Royaumes Combattants, les pinceaux à calligraphie aussi bien que les stylos Parker. Le coin des chaussures, sandales feutrées pour lettrés, bottes comme dans les westerns et escarpins pour tenues du soir à l'européenne. Le coin des aphrodisiaques, des herboristeries, toutes les bizarreries de la pharmacopée antique qui revigorent mais aussi le dernier cri en pilules chimiques, des grains lisses et modernes qui feront encore mieux bander. Dans ce coin, le marché du riz, dans celui-là, le marché des œufs, plus loin les déballages de poissons séchés et même, quelque part, tout un commerce voué aux bonnets de bébé.

Nanking Road, Nanking Road, qui ne finit pas. A côté des outrances chinoises, des plaques contaminées par le vice importé de l'Occident. Vices en masse. Là les tavernes à matelots, là des beuglants, là des boîtes de nuit ordinaires, plus loin des boîtes de nuit chics où désormais des Russes blanches de noble extraction, princesses ou l'équivalent, sont devenues entraîneuses, paillasses à Chinois. Pauvres filles, les premières Blanches qui contribuent vraiment au rapprochement des races. Encore une fois tout est à vendre et à acheter, ce qui vaut des milliards et ce qui ne vaut que quelques pence, les femmes évidemment, les diamants et les soies, les vraies et les fausses antiquités, tous les « curios », tout le clinquant, tout le brillant.

Tohu-bohu toujours, mais jamais les querelles ne finissent en geysers. D'ailleurs les flics sont là, beaux flics anglais placides et roses, accompagnés de leurs petits collabos chinois, superbes flics polis et majestueux, parfois dominant la marée humaine du haut d'une sorte de mirador. Il y a mieux, les Sikhs aux grands turbans, aux barbes immenses, en uniforme de l'armée des Indes. Ceux-là, ils incarnent le colonialisme anglais, la matrice de Shanghai.

Mais cette artère de la joie ne doit pas faire oublier qu'à Shanghai la belle, on crève aussi. Et même qu'on y crève en masse, tout simplement, dans les rues, à la vue de tous. Dans la ville impitoyable, on meurt de faim et de froid, pas seulement les mendiants hideux, les monstres haillonneux dont le chancre est le métier, le gagne-riz, je veux parler des pauvres, des milliers de pauvres arrivés au bout de leurs derniers sous et qui expirent seuls, couchés sur les dalles, sans l'espoir d'une manne salvatrice, sans l'aumône d'un regard.

Pourtant Shanghai abonde en organisations chrétiennes, en œuvres de charité avec clergymen ou curés, avec ouailles censément adonnées à la pitié. Sans compter les sociétés de philanthropie qui sont la dilection des riches Chinois. Certains d'entre eux font modestement parade de cette propension à l'amour des malheureux, et leurs cartes de visite après d'autres titres portent celui tellement honorable et apprécié de « philanthrope ». Malgré cet océan de bonté, chaque année vingt mille hommes et femmes, des enfants aussi, s'étendent au milieu de la foule et agonisent, sans que personne se dérange. Le lendemain, les cadavres sont ramassés par des bennes. Quant aux infanticides, ils sont monnaie courante, petites filles surtout dont on retrouve les corps spongieux flottant dans des mares ou incrustés dans les grilles des égouts. Un massacre qui a ses racines dans les plus vieilles traditions chinoises : les filles coûtent trop cher à marier, les filles ne peuvent assurer le culte des ancêtres. Le communisme, et qu'il en soit loué, avait aboli cette horreur. Mais une rumeur veut qu'elle ait réapparu avec la généralisation du contrôle des naissances. Si l'on n'a droit qu'à un enfant et que naisse une fille, que croyez-vous que l'on fasse pour se donner une nouvelle chance d'avoir un garçon? Bien sûr, les autorités démentent. Mais le bruit court, insistant.

Enfant, je n'avais évidemment aucune conscience de ces ignominies. Shanghai, je l'ai dit, était pour moi une caverne d'Ali Baba, une forêt enchantée où je me promenais avec mes parents, croyant découvrir tous les charmes de la civilisation. Un jour surtout m'a marqué. C'était dans Nanking Road et tous trois nous nous faufilions dans la cohue. Ma mère Anne Marie avait son sourire indéfinissable, pour une fois elle était aimable avec mon père. Lui, tout gaillard, les yeux mouillés de tendresse pour sa femme, me chahutait affectueusement. Enfin nous sommes entrés dans un antre sombre où un marchand en robe ancienne a sorti d'un coffre une boîte de bois noir. Ayant fait coulisser un des côtés, il en a retiré deux bracelets de jade. Après avoir allumé une torche électrique, dans cette lumière soudain vive et violente, il les a mirés en les caressant doucement. Il parlait un anglais maladroit, Albert s'est inopinément exprimé en chinois, ce qui a fait tiquer le vieux coquin pas très satisfait de découvrir en mon père un fort en thème, sans doute connaissant les prix et rompu aux barguignages. Que ces anneaux étaient purs, verts comme l'eau d'un lac de montagne, à peine teintés d'une veine un peu plus blanche! Ma mère avait pris une expression lointaine, plutôt indifférente, celle où il fallait deviner son désir. Albert, dont elle repoussait si souvent les conjugales avances, sentit là que son portefeuille serait le bienvenu. Il comprit son devoir et lui murmura : « Je vous les offre... Ces pierres vous iront si bien. » Sans mot dire, Anne Marie encercla ses minces poignets de ces bracelets et leva les bras au ciel pour contempler les reflets qui irisaient sa peau. Un grand moment! Mon père, dans sa radinerie, essaya tout de même d'obtenir un rabais mais le Céleste qui connaissait fort bien les manèges des couples blancs maintint son prix. Albert paya donc la grosse somme sans trop maugréer et Anne Marie le récompensa d'un effleurement de ses lèvres sur son front. Ensuite, jusqu'à sa mort, elle garda ses bras enserrés dans ces anneaux à la limpidité magique sans que je susse jamais s'il s'agissait pour elle de magie blanche ou de magie noire.

Aujourd'hui Yao me montre Nanking Road (qui s'appelle maintenant Nanjindonglu) avec un sourire fat. Où sont les scènes anciennes, l'acrobatie des négociations, les astuces des vieux boutiquiers et les mines des jeunes beautés au dédain calculé et au soprano suraigu? Où sont les flamboyants étalages des temps anciens? Où sont les matières miraculeusement travaillées, la luxure des pierres précieuses et l'attrait des brocarts? Tout a été hygiénisé, tout a disparu, les ardeurs des âmes comme la jouissance des crachats, Nanking Road a été nettoyée. Restent quand même l'envie et la cupidité, mais elles sont devenues ternes et convenables, une mornerie. En effet, si un million de Chinois passent là chaque jour, il s'agit tout juste pour eux de faire leur marché ou d'acquérir les objets nécessaires à une existence fruste. La tâche est ardue, en raison du manque d'argent, à cause d'une pauvreté lassante, épuisante, irréparable. Pour nous nantis, la poignance de tous ces désirs! Si les yeux adorent encore, c'est presque toujours de modestes choses et les regards me semblent voilés qui savent que cela, même cela, est inaccessible.

Nous continuons notre exploration dans un hallucinant concert de sonnettes de vélos, concert surprenant puisque à Pékin il est interdit. Surmontant ce pandémonium, la voix de Yao attire notre attention sur les vitrines. Les étalages, au lieu de contenir le vrac habituel, ont, il est vrai, une certaine prétention au bon goût et à la mise en scène : des mannequins sont habillés de vêtements et même de sous-vêtements qui se veulent à la mode. Foison de produits de beauté, de chaussures fines pour des cendrillons devenues camarades marquises, de stylos et de sacs à main. Voilà les « Trois qui tournent » (montre, vélo, machine à coudre), voilà les « Six Objets », et même les « Douze Objets » qui selon la phraséologie du Parti constituent le summum du bonheur pour les meilleurs communistes. Lesquels du reste ne les acquièrent que l'un après l'autre, péniblement. Les « Douze Objets », c'est le maximum possible des possessions terrestres.

Hélas, ces articles prestigieux ne sont souvent qu'un mirage. En effet notre trio s'est lancé dans de vaines et extraordinaires recherches pour se procurer une valise décente, qui remplacerait celle de Marie-Françoise éventrée lors de notre arrivée à Shanghai. Espérances déçues. Yao a beau nous entraîner dans les magasins les plus affriolants, tout le monde s'en fout, les vendeuses ont des yeux de somnolence bovine et font des signes négatifs. Assauts dans d'autres échoppes où l'on se heurte à la même veulerie des employés, au même air béat de paresse. On sème la révolution à réclamer un bagage et cette révolution échoue dans les profondeurs de l'indifférence. Enfin une idée de génie frappe Yao, se rendre au « Magasin de l'Amitié » réservé aux amis étrangers. Là, on est dans le royaume du grand chic, en principe interdit aux Chinois. Ce n'est pas que les vendeurs y soient plus zélés qu'ailleurs, mais à force de farfouiller dans les rayons nous arrivons à dénicher ce trésor, ce qui ressemble à une valise. Que de temps encore pour réussir à payer. C'est devenu ça la Chine des Objets!

A Shanghai, à l'époque des Cent Fleurs, j'avais encore vu des diamants à vendre, comme si pouvaient encore fleurir les gemmes de la joaillerie. Mon interprète d'alors, le salaud, pour me montrer la renaissance du faste qui avait été permise par Mao – cela ne devait pas durer – m'avait conduit dans une bijouterie luisante de brillants. Leurs facettes, leurs carats. Le bijoutier, qui ne portait aucun des stigmates de l'autocritique, avait l'aspect d'un négociant des temps capitalistes. Il m'avait exhibé d'un air persuasif des bouchons de carafe, le plus gros muni d'une étiquette portant ce prix énorme : 8 379 yuans. J'ai demandé qui en Chine Populaire pouvait acquérir de pareils ornements. Le bonhomme, un instant découragé, avait pris feu et flamme pour m'assurer : « Des acheteurs, j'en ai en quantité. Des camarades chinois, des Chinois d'outre-mer, des " amis étrangers ". Je fais de très bonnes affaires, je veux dire que la coopérative à laquelle j'appartiens est tout à fait prospère. » Il mentait évidemment. Le hasard fit que j'appris la vérité dans les journaux. Un diamant, un seul, avait été vendu depuis la Libération. Cet achat avait paru si extraordinaire que la presse rouge tout entière l'avait rapporté avec une abondance de détails qui ne pouvait qu'engendrer la méfiance. Cela aurait même été fantastiquement louche si l'acheteur n'avait été le camarade président Soekarno, le grand progressiste indonésien qui aimait tellement les femmes, surtout bien garnies de joyaux.

J'ai demandé à Yao si cette bijouterie existait encore, elle était dans Nanking Road, j'en suis sûr. Mais non, plus de trace, disparue, emportée. Cependant nous découvrons dans quelques boutiques des parures fort jolies, peignes en bambou, pendentifs en pierres de couleur, des perles vitreuses, des « antiquités » aussi qui toutes, pour sortir du pays, doivent avoir moins de cent ans. Marie-Françoise succombe au charme de ces bricoles : Nanking Road, Nanking Road, il te reste un peu de magie!

Dans l'après-midi, la foule s'agite un peu, ondule, s'excite. On assiste même à une querelle : un quidam hurle contre une matrone qui, face à un minuscule étal, débite des choux. Elle l'aurait volé sur le poids. De pareilles disputes sont considérées comme un désordre à tendance réactionnaire. Dans ce cas interviennent des retraités, le bras orné d'un brassard rouge qui consacre leur autorité. Ce sont d'anciens ouvriers qui, pour se rendre encore utiles, assurent un débonnaire service d'ordre. Si les altercations s'aggravent et dégénèrent en échanges de coups, elles deviennent des « crimes ». Apparaissent de vrais flics, en tenue quasi militaire et aux gueules de métier, ce qui annonce des ennuis pour les fauteurs d'agitation, sur ce point Yao est formel.

Nanking Road... J'apprécie qu'elle n'ait pas changé d'aspect physique. Subsistent encore à certains endroits les anciennes demeures de deux ou trois étages rafistolées tant bien que mal. Comme souvent en Asie du Sud le rez-de-chaussée est un « compartiment », une salle ouverte sur la rue, où sont installés de petits commerces, où se tiennent des paquets de gens qui font de tout, de l'artisanat, de la cuisine, de la conversation. L'ancienne Chine s'y prolonge encore un peu... et moi je prolonge la promenade. Mon obsession ne me quitte pas, la nuit je rêve à la Shanghai de Malraux, il me faut aussi celle de Noël Coward et celle de Paul Morand, celle de Joseph Von Sternberg et celle de Tintin, celle de von Stroheim et celle de Vicky Baum, celle d'Albert Londres et celle de Marlène Dietrich. Il me faut mes héros, mes fantômes, il me faut les poursuivre jusque dans leur temple, le saint des saints : le Shanghai Club.

L'édifice du Shanghai Club se dresse toujours sur le Bund, le dominant de son ancienne superbe. Chaque jour, je le regarde, hypnotisé. Il a été transformé en un hôtel réservé aux Chinois, le Dong Feng, que je voudrais visiter. Quand je fais ma demande à Yao, il ne me comprend pas. Sait-il qu'autrefois jamais un Yao ou même un milliardaire céleste n'y aurait été admis ? Ce lieu reconquis serait-il interdit aux Blancs par une sorte de revanche ? Non. Absolument pas. Yao refuse de m'y emmener par ennui, par ignorance, par manque d'intérêt. D'ailleurs, ce n'est pas dans le programme...

Alors jouons avec mon programme à moi, celui des nostalgies enfantines. La paix d'Albion ne se conçoit pas sans un « club » à proximité des bureaux. Le plus célèbre d'Asie, c'était le Shanghai Club rebâti plusieurs fois, toujours en plus riche, en plus lourd, en plus solennel, au fur et à mesure que la cité se gigantifiait. Il s'agissait lors de sa plus grande gloire d'un affreux cube, d'un agglomérat de marbres froids et de colonnes dorées avec plus de cent salles et salons, des salles à manger, des salles à jouer, des salles à boire, des salles pour la lecture, des salles pour la digestion et la somnolence, des salles pour la conversation. Que l'on comprenne, ce n'était pas un lieu de débauche et de plaisirs faciles, non, là régnait une philosophie : après des heures consacrées au labeur et au profit il était sain et nécessaire de savoir feuilleter le registre des jouissances convenables. Cette institution très renommée était dominée par des tycoons blancs, cuits et recuits, des pionniers qui, l'âge venu, ayant triomphé de tout, étaient devenus des originaux à l'anglaise. Terribles gentlemen à manies surveillant la stricte application des us et coutumes britanniques. Leurs grands-pères ou leurs pères, eux-mêmes parfois, avaient commencé humblement, comme goûteurs de thé ou toucheurs de soie. Maintenant ils sont tout-puissants. Ils sont Shanghai. Autour d'eux du respect, de la soumission, de la crainte. Non qu'ils aient des comportements de tyran, des exigences extraordinaires, des caprices de maître, mais leur joug est de ceux qui ne supportent aucune dérogation. Ayant quitté l'« office » et ses employés, étant passés « at home » s'habiller, saluer l'épouse et gronder les enfants, ils arrivent au Club au juste instant. Là, ils se mêlent à leurs congénères, entrechocs des auras, amabilité redoutable. Ils s'adonnent à ce qu'on appelle le « guffaw », le rire tonitruant, préambule parfois d'une discussion sérieuse. Alors les voix s'effacent dans les « understatements », ces sous-entendus qui sont en réalité des super-déclarations et affirmations. En cas de désaccord grave, une luisance de l'œil, une exclamation comme la foudre. Rien de plus ! La politesse exige qu'on reste dans l'ordinaire.

Ah ! Les barbichettes en pointe, les fracs et cette manière de s'apostropher par des bouts de prénoms, par des surnoms – capital le surnom, mieux qu'une particule. Ah ! le bon-garçonnisme mi-artificiel mi-spontané, le bégaiement aristocratique, le mutisme comme une invitation à ne pas gêner, les hoquets impeccablement réglés, les entretiens essentiels sur les résultats des matchs de polo et des courses de chevaux. Quelques-uns ne sont pas grégaires, des individus bizarres au point d'apprécier les livres, de se délecter de sonates de Bach, de jouer eux-mêmes sur un crincrin ou de faire l'acteur dans un impromptu.

Ces Blancs n'ont jamais d'argent sur eux. On ne paie pas, on signe des bouts de papier, des « chits », des additions dont le total vous est présenté à la fin de chaque mois. Ah ! jeunes griffins, face à ces tycoons, même s'ils vous ont admis au Club, soyez prudents de toutes les façons. Ne soyez pas bavards, ne soyez ni trop ni pas assez obséquieux, gare à vous si vous n'êtes pas dans la bonne note, dans la bonne tenue, si vous prenez des airs auprès des dames, si vous gribouillez trop souvent votre nom pour n'importe quelle somme et qu'à la fin du mois vous ne puissiez vous acquitter. Il faut des hommes solides à Shanghai, capables de résister à tous les vertiges. Le griffin insuffisant est renvoyé du Club, ce qui équivaut à un ostracisme dans toute la ville. La journée se déroule au métronome, ponctuée d'obligations récurrentes. A midi, les premiers drinks au bar du Club – le plus long du monde – le lunch ensuite. Les garçons, les plans de table rigoureusement établis selon des préséances strictes – toute erreur dans ce domaine est très regrettable, tout litige, une énorme affaire, où les prétentions indues seront sévèrement jugées. Cocktails avant le dîner, la soirée pleine de cris et de chuchotis vineux. L'ivrognerie est une qualité éminente à condition qu'elle soit une grâce, un charme. Honte à la pochardise invétérée, aux individus que la boisson porte à la violence ou à l'hypocondrie – il faut se saouler en gentleman. Pour la paix des mâles, les billards, les journaux et aussi de sacrées parties de poker où les godelureaux, les griffins, même les meilleurs se voient ramenés à leur place par des pertes bien calculées, ni trop, ni trop peu. Suicide pas admis, femmes juste tolérées.

Mais la gloire des femmes resplendit aux bals où la Shanghai huppée tourbillonne dans le royaume de toutes les élégances et de toutes les importances. Elles ont, sans exception, passé des heures chez elles à se parer, à choisir les atours qui rehausseront au mieux leur qualité de ladies, et ce selon l'âge et la condition. Chacune d'elles est une vitrine. Flonflons, les douairières à l'œil aigu, au visage ravagé brillent de l'éclat de leurs bijoux. Le climat tropical les a exagérément amaigries ou engraissées mais, même difformes, ces personnes expérimentées savent mettre une pointe de coquetterie « dignified » dans le décolleté de leurs robes sévères, laissant entrevoir des poitrines quasi disparues ou gonflées comme des outres. Flonflons, ces vieilles peaux affichent la position et surtout la fortune de leurs époux. Les commentaires de ces antiques toupies, leurs réflexions, c'est à Shanghai le jugement de Dieu. Flonflons, certaines jeunes femmes par leur rayonnement, leur acuité et leur naïveté feinte se révèlent les reines de la nuit. Flonflons, Shanghai danse. Des flirts s'esquissent, certains honorablement approuvés, d'autres plus audacieux. Émoi des vierges, des débutantes qui sous les regards et d'après les conseils de leurs mères manœuvrent pour se caser. De one-step en tangos, les plus jolies trustent les bons numéros de la tombola matrimoniale. Aux laides, reste à faire miroiter leur dot. Flonflons, les heures s'écoulent, les grands lustres de cristal luttent contre les premières lueurs de l'aube. Fatigue, excitation, un brin de salacité. Alors au son des violons, la carte des cœurs et la carte des finances se superposent en un affolant dessin, une véritable géographie. De plus en plus d'intrigues amoureuses mais apparemment très respectables, très british et même très scottish, l'Écosse abondait aussi. Il ne faut pas commettre d'impairs dans les jeux et les ris : encore et toujours, chacun à son rang.

Bal des élus. Tous les participants ont été acceptés au Club par un vote du Conseil d'administration. De cet aréopage les décisions sont sacrées. Que ces messieurs réunis en véritable chambre étoilée évincent un candidat présomptueux ou se prononcent pour la radiation d'un individu devenu indésirable, que ces messieurs brandissent la malédiction des boules noires et c'est la descente aux enfers : être blackboulé équivaut au déshonneur absolu. Assez curieusement échappent à ce châtiment certains faillis dont on estime qu'ils sont pourvus des qualités indispensables pour renaître dans le berceau des milliards honnêtes. En ce domaine, les traverses s'oublient, les imprudences se pardonnent. Mais la faute de goût, le viol d'un règlement non écrit mais intransigeant ne se tolèrent jamais. Ainsi va le Club.

Comme mon père me vantait ce cénacle où, en dépit de sa nationalité, il avait été admis sans difficultés, une fois nommé consul! Foin alors de sa petite guerre contre Albion au Sichuan, guerre professionnelle qui n'entachait en rien aux yeux des British le personnage très convenable qu'il était devenu. Chaque fois qu'il passait à Shanghai, il allait au Club faire sa tournée des shake-hands, proférant, comme il fallait, les considérations adéquates, les inévitables « jokes » et la sainte philosophie coloniale. Lui aussi était un « jolly good fellow ». Brun certes, un peu exotique, avec une pointe de vulgarité mais quand même pas un « native ». Les salutations, les quelques « drinks » nécessaires et l'éternelle conversation à la fois guindée et « witty ». Ah! il était spirituel Albert, la louange poivre et sel, la gauloiserie vaselinée. Et puis il avait des sentiments justes en ce qui concerne la Chine et les Chinois.

Je le revois mon père qui se faisait beau pour les bals, moustache cirée et œil suave. Mon père si amoureux et si fier de sa femme, ma mère. S'il était bien accueilli, il suscitait toujours invisiblement une ombre de réserve. Pas Anne Marie pour qui les Anglais, si exigeants et si méprisants, avaient éprouvé un coup de foudre. Son charme en demi-teinte, sa grâce malicieuse, le tranchant modeste de ses jugements, un humour bien moins lourd que celui d'Albert, tout en elle séduisait. On lui savait en outre du courage à cette jolie consulesse qui avait affronté les Seigneurs de la Guerre à Chengdu. Elle recevait même tant d'hommages et tant de cette amitié qui est la forme la plus haute de la considération qu'au ravissement d'Albert se mêlait, je le sentais, un peu d'envie. Moi, je voulais accompagner mes parents au Club, mais je n'arrivais pas à les faire céder malgré mes rages et mes chantages d'enfant gâté, c'était vraiment impossible, selon la règle anglaise, un enfant eût été une nuisance. Je me morfondais en les attendant. Anne Marie m'agaçait, je n'étais pas satisfait d'elle, je trouvais que sa tendresse prenait un aspect plus strict, plus contrôlé. Quoi qu'elle ait pu dire sur la Shanghai des parvenus, il me semblait qu'elle se « britishisait », qu'elle recourait à certaines moues, à certaines nonchalances, à certaines vivacités marquées du chic anglais, qu'elle se prenait vraiment pour une lady. Je ne me trompais pas. A la longue, elle me rêva en jeune gentleman, en pur produit d'Oxford ou de Cambridge, oubliant qu'elle m'avait fait élever à Chengdu, par Li, une amah chinoise. Résultat, à onze ans, j'étais devenu un hybride, un mélange des rues de Chengdu et d'hypocrisie albionesque. A cette époque, je parlais à peine le français.

Si mon père avait obtenu ses PTT célestes, j'aurais été un vrai Shanghaien. Ai-je fantasmé ensuite sur cette adolescence manquée! Au point que Shanghai maintenant est pour moi une magie, un visage féminin soudain apparu, une inconnue inoubliable, une femme fatale, reine ou prostituée. Cette créature, je l'aurais, vers mes vingt ans, rencontrée dans un lieu étrange et onirique, le « Grand Monde ». Quand je dis à M. Yao que je voudrais aller dans ce qui fut un éden des souillures, encore une fois il se cambre dans le refus.

Peut-être n'a-t-il jamais entendu parler de cet endroit jadis célèbre dans toute l'Asie ? Dois-je lui apprendre, à lui originaire de Suzhou, que les filles de sa ville natale étaient là-bas les plus demandées des sing-song girls ? Devrais-je lui raconter le Grand Monde, cette tanière des exaspérations, celles que l'on fait remonter du tréfonds des âmes et des tripes, celles qui rongent les hommes, systématiquement écartelés entre espérances et désespoirs... Le fabuleux des gains et des pertes, des gloires et des humiliations, le fracas des sens et l'effondrement de la vie, le bonheur comme une foudre, la camarde et les Fontaines Jaunes comme recours, tout est là, à portée, et les gens palpitent, pantelants, entre les sommets de la victoire et les gouffres de la défaite. Cet enfer a été scientifiquement combiné pour attirer des hordes d'êtres de toutes espèces, des papas et des garnements, des voyous, des escarpes, des voleurs mais aussi combien de dignes Chinois, combien de femmes honorables. Le Grand Monde est une usine où tout flamboie, où tout sombre.

Qu'on imagine un immeuble de six étages consacré au jeu, aux tables de mah-jong, de bacquan, de taxieu, à tant d'autres inventions démoniaques. Les joueurs : quelle armée convulsée aux visages anormalement froids ! Il y a aussi bien des misérables perdant les piécettes de leur bol de riz que des commis ayant chapardé à leurs patrons quelques billets crasseux rapidement engloutis, que des pontes, des citoyens connus, des milliardaires qui, à des emplacements privilégiés, risquent des pactoles. Une musique vrille tout cela, les mélodies des croupières qui chantent les numéros annonçant les destins, fortune pour quelques-uns, catastrophe pour la majorité. Ululements de mort que ne semblent même pas remarquer les génies tutélaires, tous impassibles et en uniforme, les centaines d'employés dont les mains lancent la bille ou ratissent les plateaux. Au-dessus d'eux, des chefs de rayons, des états-majors, au-dessus encore des sommités aimables et tout à fait aux cimes des personnages fabuleux que l'on ne voit jamais, dont les noms sont sacrés et qui donnent des commissions énormes aux grands policiers et aux grands gangsters. Pour assurer la bonne marche des cartes, des dés, des dominos, des jonchets contre les tricheurs professionnels ou contre les malheureux essayant de réparer la fatalité, on a placé dans tous les endroits stratégiques des surveillants, les uns reconnaissables, les autres anonymes. Les plus dangereux de ces espions sont des personnes dont on ne devinerait jamais le rôle, des mères de famille ordinaires, des gigolos apparemment inoffensifs et même des notables encore plus insoupçonnables. Tous ces yeux qui épient...

La rage de jouer. Les fenêtres sont grillagées pour empêcher les perdants de se jeter dans la rue. Ce n'est pas pitié mais goût de l'ordre. On fait attention aux richards, on leur redonne le moral, on les pousse à continuer. Que de roueries ! Quand un millionnaire lassé de perdre s'apprête à déguerpir, miracle, une de ses connaissances intimes surgit auprès de lui à ce moment, tout persuasif, la « maison » ne manquera pas de lui faire crédit, la vie est faite pour s'amuser, qu'il reste, il se rattrapera. Le miel des mots, le ponte poursuit sa chance – sa malchance – sans se douter que ce très cher ami est stipendié par la direction pour qu'il persévère. Et que dire de tous ces faux perdants qui entraînent les vrais à miser plus, toujours plus... Jour et nuit c'est ainsi, sans arrêt. Les suicidaires montent jusqu'au toit où aucun parapet ne les empêche de se jeter dans le vide. Chaque année des centaines de Chinois s'élancent de là-haut. Là cela ne gêne pas les joueurs, on n'entend pas les flocs! Organisation en tout : les corps sont ramassés à l'aube par des coolies préposés à cette besogne.

A côté du jeu, le Grand Monde utilise tous les moyens de fabriquer de la surexcitation et de l'énervement. Ça beugle, ça brille. Les hurlements de l'opéra chinois, les rugissements des acteurs et aussi le remue-ménage des maquereaux, des maquerelles, des girls classées en une vingtaine de catégories mais qui toutes font des manières au sujet de leur cul. Des écrivains publics, des studios de photo, des barbiers, des devins, des diseuses de bonne aventure, des restaurants, la bouffe, le dégueulis. Yeux furetants, mains avides, la démesure des instincts et toujours l'exploitation, l'écrasement des faibles par les forts. L'intelligence mauvaise, celle de la haine, le goût de la monstruosité, la baleine empaillée où sont installés des WC, une fillette de huit ans très enceinte exhibée dans une cage avec à ses côtés, tenu par une chaîne, un tigre abruti sur lequel on peut cracher. « Vulgaire », disait ma mère.

Moi, je rêve aux filles, à l'aristocratie des filles, les sing-song girls ou les taxi-girls... Ah! que leurs voix émeuvent les gros Célestes qui dévorent des repas de quarante plats. Le timbre de ces « petites fleurs » de Shanghai est de cristal. Leurs doigts choisissent avec une habileté prodigieuse les meilleurs morceaux pour les porter à la gueule de leurs clients avec des baguettes aériennes. Saxophones, tintamarre, tamtam, grosses caisses, tambours. Sur les pistes glissent les taxi-girls avec leurs partenaires qui ont acheté chaque danse en leur remettant un ticket valant quelques dollars. J'aurais tant aimé en courtiser une à Shanghai, je le ferai à Hong Kong.

Le Grand Monde, ma fascination. Ma mère affirmait que les Chinois avaient besoin de s'entre-tuer dans le plaisir, pour le plaisir. Pour moi, cet honorable établissement reste un épitomé, une légende merveilleuse. Finalement Yao après avoir tellement prétendu en ignorer l'existence m'avoue qu'il était au courant. Il y a toujours des spectacles, mais bien-pensants, cela a changé de nom évidemment, c'est devenu un Palais de la Culture, un dépôt de bâillements où ses compatriotes s'éduquent vertueusement.

Hors programme mon romantisme, enterré le Grand Monde. Chaque matin Yao s'impatiente. C'est que nous commettons souvent Marie-Françoise et moi la faute de ne pas être prêts à l'heure où le devoir nous appelle. D'abord il cogne avec insistance à la porte de notre chambre, toujours aussi nauséabonde, toujours entourée de son peuple de gisants. Enfin, il pénètre chez nous en toute bonne conscience, même si nous sommes à notre toilette à moitié nus. A croire qu'il est réactionnaire, hors de coutume de cacher son anatomie. Nous nous habituons pourtant à cette impudeur de la pudique Chine. D'autant plus que Yao est un ange, il nous apporte des sandwichs et des douceurs amoureusement préparés par lui, puisqu'on ne sert pas de petit déjeuner dans cet hôtel taudis. Une fois que nous avons mangé, vite, vite dégringoler derrière lui les corridors pouilleux jusqu'à la sortie dans la rue, vite, vite, s'enfourner dans la voiture noire, foncer dans une Shanghai gigantesque et avaler du programme jusqu'à plus soif. A nous les écrivains, plusieurs d'un coup, qui reconnaissent dignement avoir passé la majeure partie de leurs carrières en prison ou à la « campagne ». Les Cent Fleurs ont mal fini pour eux et des malheurs encore plus terribles les ont frappés lors de la Révolution Culturelle. Ils ne récriminent pas, ne se plaignent guère, ont de la tenue dans leurs confidences, seule la Bande des Quatre en prend un coup. Gens sages qui savent que l'avenir est imprévisible...

A nous les curés de la grande cathédrale catholique qui se dresse rouge et monumentale dans le lointain faubourg chrétien. Ces saints hommes sont gras, ensoutanés, adonnés à toutes les dévotions de la vieille liturgie, croyant très pieusement en Dieu mais rejetant le pape, un simple évêque tourné dictateur, escroc, suppôt de Satan. Signes d'impuissance et de désarroi quand je m'enquiers des prêtres chinois qui n'ont pas accepté la rupture avec Rome et en sont bénignement morts, en martyrs. A vrai dire leur courage inébranlable a surpris tout le monde, à commencer par les missionnaires étrangers qui les avaient convertis et avaient été chassés, les laissant à leur sort, personne ne s'attendant à pareille fortitude de la part des chrétiens jaunes que l'on croyait avant tout intéressés par les bénéfices matériels qu'assurait la religion des Blancs. Les curés avec lesquels je m'entretiens ne sont pas de cette trempe, même si eux aussi ont connu bien des épreuves, même s'ils se révèlent de bons pasteurs. Ils ont accepté l'Église nationale mais veillent à la foi et à la pratique de leur troupeau. Quant à Rome... A Shanghai exerce maintenant un archevêque très intelligent, Mgr Soong, qui estime que les temps ont évolué, que les rapports avec le Vatican ne sont plus qu'un petit problème secondaire qui s'arrangera, la Curie étant de moins en moins intransigeante...

A nous les usines. Finis les énormes usines, la métallurgie et les hauts fourneaux dont on régalait les étrangers, on se contente pour nous d'une banale et modeste manufacture de bicyclettes – il est vrai que les vélos sont les rois de la Chine. Là où on nous emmène, on fabrique une marque renommée. La tête du directeur, la tête massive d'un ancien prolo qui a dû être terriblement rouge, fanatique et brutal. Mais il n'est que grâce et affriolante amabilité. Il se lance tout de suite dans la nouvelle antienne, celle de la valeur des méthodes capitalistes adaptées à la Chine communiste. Lui, il est le maître, le chef, le responsable de l'actif et du passif, qui se bat avec la concurrence. L'importance du bilan... S'il dirige mal son affaire, elle peut être mise en faillite, la possibilité de la faillite présentée comme un signe du progrès économique en Chine... S'il fait des bénéfices, il investira dans des machines neuves. Le Parti est présent mais il ne doit plus intervenir dans le management. Quant à la main-d'œuvre, il faut qu'elle travaille bien, il n'y aura plus de « bol de riz en acier » pour tout le monde, les paresseux seront chassés, tel est le nouveau credo.

Visite. L'ambiance est sympathique, une désinvolture où le casse-croûte est l'occupation principale. Du bavardage, une jeune ouvrière se refait une beauté, une vieille tricote. Pas de frénésie surtout et le camarade directeur n'inspire pas la peur : personne ne simule l'ardeur à notre approche et lui parle, parle, faisant le brave et le bon. Il explique, il vante les résultats de sa gestion, il volubilise des statistiques, gargouille des chiffres, grasseye des rendements, les yeux à fleur d'orbite. De retour dans le bureau « patronal », notre hôte nous offre le thé tout en braquant sur nous ses arguments. Il instituera des primes, tout sera transformé, la production va décupler et les Chinois pourront pédaler encore davantage. Enfin il nous lâche son arme suprême : pour séduire les clients, il va faire de la publicité, oui, de la publicité comme aux États-Unis et aussi comme en France, ajoute-t-il gentiment. Il a commandé de grandes affiches à des étudiants des beaux-arts : bariolages naïfs, le père, la mère et les enfants chevauchant les bécanes flambantes, les champions s'élançant pour des courses, pour les prochains tours de Chine. « Phœnix », sa marque, gagnera, gloire, gloire, paix bucolique et compétition à tout casser. Adieux, amitié éternelle. Je regarde Shanghai, la quantité d'affiches collées aux murs où l'on vante les objets de la Chine modernisée, resplendissants, d'une beauté magique. Le Japon est là, l'Amérique aussi, Sony et Mickey... Tout est bien.

Que ne nous procure pas M. Yao ? Même le champion Zhu Jianhua apporté sur un plateau et qui n'a rien à nous dire ! Il a sauté 2,39 m en hauteur et il n'y a plus de Pensée de Mao pour lui faire franchir 2,40 m. Il espère malgré tout y arriver et même à bien plus, en 1988 aux Jeux Olympiques. D'ici là, il apprendra aussi la psychologie et la psychiatrie qui lui permettront d'augmenter sa détente. Non, il ne s'intéresse pas à l'argent (son salaire est de cent yuans par mois, le tarif de la célébrité) mais à la gloire de la Chine. A la vérité, ce n'est pas lui qui parle mais son entraîneur, un monsieur bien tassé dans son survêtement – très semblable à ses confrères, à tous les pères Joseph des Sports. Quant à l'athlète, ce voltigeur muet, il est grand à ne pas croire, mince comme tout, une sauterelle. Sa conversation se réduit à des « hum-hum » et tout le temps, du haut de son altitude, il regarde ses pieds. Enfin, son manager conclut ce passionnant entretien : « Nous, Chinois, n'avons pas tellement de moyens matériels. Zhu est un précurseur de tous les Chinois qui, portés par

le patriotisme, vont déferler sur tous les stades du monde. »
Autre gâterie proposée par M. Yao, un défilé de mode plein de bonne volonté sur une musique de Vangelis... Cela se passe dans une fabrique ferraillante où nous reçoit le Magicien, le Grand Vizir, le Pontife des Tapis Volants et des Tissus Précieux. Exposé accablant. Dans ce déluge tout de même quelques précisions instructives. Que les étoffes en polyester, c'est bon pour les Chinois de Chine, que les cotons plus ou moins artificiels, ça suffit pour les Arabes (sauf s'ils sont rois du pétrole) et autres Africains noirs. Que les véritables soieries, les lisses, les brillantes, les chatoyantes, les vaporeuses, les voluptueuses sont réservées aux Blancs... D'ailleurs, à la suite d'arrangements et de négociations, les coupons de l'extrême luxe sont griffés des signatures de Saint Laurent et de Cardin. Ah! ce Cardin du Maxim's de Pékin. Quel génie! Il se fait représenter dans ce domaine des textiles miraculeux par la chère, la grande, l'auguste Mme Soong qui est, bien plus que la gargotière de Pékin, l'Impératrice des cocons dévidés.
A nous ensuite les mannequins. Attente vaine, elles ne viennent pas. Le lendemain non plus, ces demoiselles ne semblent pas disposées à se montrer à nous. Enfin nous sauve, le troisième jour, l'arrivée d'un paquet d'Américains et d'Américaines, business-business, qui, selon leur habitude, du moins avant qu'on en vienne au fait, ne sont qu'exclamations, sourires clic-clac et enthousiasme monté en graine. Il s'agit de clients très sérieux, d'acheteurs en gros. En tout cas, grâce à eux on va voir les filles. L'accès aux Beautés s'annonce par une moquette, matière si prestigieuse qu'il nous faut enlever nos chaussures pour la fouler. Une fois en chaussettes, nous pénétrons dans une salle avec projecteurs et haut-parleurs et nous nous asseyons sur des bancs. Sur une estrade surgissent les artistes de la mode, les premières en Chine. Une révolution encore. Quelle ferveur pour arriver à la sophistication de leurs modèles européens! C'est un professeur de l'Opéra antique qui leur a enseigné les maquillages et les maintiens nécessaires. D'où galimatias corporel, chic Chanel et dandinements des Royaumes Combattants. Mais ne soyons pas trop sévères pour ces mannequins improvisés, leurs visages d'une grande joliesse, leurs sourires, leur insolence chinoise, font oublier le ridicule de leurs efforts, ces fesses qui bombent trop, ces jambes qui s'ouvrent trop, ces ventres qui s'offrent trop et ces poitrines qui pointent trop. Défile tout l'arsenal du vêtement capitaliste, parfois assez bien coupé. Comme conclusion à cette parade, une mariée dans sa nuptialité de tulle blanc. Quand je pense que le blanc était la couleur la plus néfaste qui soit, la couleur du deuil! Ah! modernisation. C'est fini, on applaudit, on remet ses chaussures mais il y a encore un autre Exposé du grand cadre. Aux Américains qui la lui demandent, il refuse l'interview des filles. Cela leur donnerait de l'orgueil, ce ne sont que des ouvrières, choisies pour une besogne un peu particulière et qui ont tendance à oublier qu'elles sont toujours des petites prolétaires qu'on peut constamment renvoyer à leurs

machines. Déjà, on les paie royalement cent yuans par mois et elles sont enclines à se croire des vedettes. C'est mal... Pauvres mignonnes qui doivent singer l'Occident sans être polluées par lui!

Maintenant, à nous deux charmantes et juvéniles actrices de cinéma, les plus prestigieuses qui soient, connues et admirées de millions de Chinois. L'équivalent, semble-t-il, de Brigitte Bardot et consorts. Yao nous prévient malicieusement que certes ces personnes montrent moins leurs appas que nos prestigieuses stars mais qu'elles sont, dans la mesure où le permet la décence rouge, bien séduisantes quand même. Yao qui ne s'engoue de rien en Chine, pour une fois est excité. Eh bien, moi, ce morceau de programme, le meilleur, je suis résolu à le refuser parce que m'a saisi une nouvelle obsession: retrouver un milliardaire chinois d'antan, un de ceux qui étaient demeurés à Shanghai après la Libération dans l'espoir d'un bon arrangement à la céleste. Les malheureux! Ce qu'ils étaient devenus... On m'en avait exhibé quelques-uns lors des Cent Fleurs. Ah! ces affreuses comédies, ces déchus descendant progressivement vers le Néant et clamant le bonheur de leur régénération. Après tant d'années, j'ai absolument voulu connaître le sort de ces parias, découvrir des survivants, leur parler, savoir si dans la nouvelle conjoncture leur vieillesse se trouvait adoucie.

Comment je me suis débrouillé, je ne peux le dire. Quelqu'un d'extrêmement important m'avait donné un numéro de téléphone. Que je le compose et je trouverai au bout du fil deux vieux birbes qui avaient été des sortes de compradores au profit d'une banque française fermée depuis longtemps. Les deux compères, mon protecteur en était sûr, vivaient toujours, bon pied bon œil et si je me recommandais de lui... de façon contraignante, ils ne pourraient refuser de me recevoir, qu'ils en aient envie ou pas. Donc, secrètement, en m'assurant que Yao n'était pas en faction auprès de nous, j'ai appelé le numéro. De l'autre côté, de l'hébétude, de la stupéfaction et enfin on a répondu en un français hésitant, d'une voix ternie, usée, qui ergotait, qui ne comprenait pas ce que je disais. J'ai expliqué, expliqué dix fois de suite, de toute ma cordialité, de toute mon assurance, répétant le nom du Grand Individu pour assommer cette trouille que je devinais au bout de la ligne. Enfin résigné mon interlocuteur me fixa un rendez-vous, me précisant dans des explications gênées, un jour, une heure, une adresse, un étage, une certaine pièce. A l'endroit désigné, je devais frapper à quatre heures de l'après-midi exactement. Or c'était justement l'heure des actrices. Le visage de M. Yao devint de fer quand je lui dis qu'à mon grand regret et à mon extrême désolation je ne pourrais profiter de cette « rencontre de l'amitié ». Je mourais de honte, proférai-je, de manquer à ces dames, mais j'avais une autre obligation impérieuse. Il bouillait, M. Yao et il essaya d'abord de me démontrer l'« incorrection » de mon comportement. Il me martelait que rater un point du programme, c'était impossible, inconcevable, sacrilège. Je me maintenais calme, résolu, ne cédant aucunement. Yao se tut, il réfléchissait. Sa fureur étant tombée, ses traits exprimèrent une sorte de dédain. Il ne me questionna même pas sur le motif de mon égarement. De toute façon il le saurait et je savais qu'il le saurait. Peu importait. L'affaire était réglée, mal. A ce moment j'eus une idée : « Marie-Françoise se rendra avec vous auprès des comédiennes, elle me remplacera très bien, elle est spécialiste de cinéma. Ensuite elle me rendra compte, ce sera comme si j'avais été à l'interview. »

Yao parut soulagé, mais il n'avait pas encore capitulé. Alors Marie-Françoise entra en jeu, débita des arguments en ma faveur, que j'étais écrivain, corporation d'individus bizarres, que je voulais être seul pour mieux m'imprégner de l'atmosphère, que sans doute mes retrouvailles avec Shanghai me chaviraient, qu'il fallait comprendre mes pudeurs... Son ton persuasif, sa bouche souriante calmèrent Yao. Il ne semblait plus ressentir l'affront quand tous deux montèrent dans la voiture noire.

Je prends un taxi et cette fois, miraculeusement, le chauffeur semble comprendre ce que je lui dis. Mais nous roulons longuement sans aller loin, en prenant et en reprenant les mêmes artères bondées et bruyantes. Pourquoi passer et repasser ainsi...? Est-ce pour me signaler à je ne sais qui? Pourquoi? Enfin la voiture me dépose près de mon but, juste derrière le Bund, dans un quartier inconnu de moi, celui du grand business purement chinois. Des buildings presque neufs, déjà mal tournés, puants, sales, sans que cette décrépitude gêne quiconque. J'entre dans un immeuble salopé. S'y pressent des gens, rien que des hommes, débouchant de partout avec des serviettes, des attachés-cases, me bousculant, emportés par leurs discussions d'intérêts, leurs mots aigus hachurant l'air, leur boxe verbale. Bataille pour pénétrer dans un ascenseur. Au dixième étage je sors. Des couloirs partent en tous sens, très longs, comme peints de couche de morve. Sur chaque porte, un numéro. Au bout de longues recherches, je trouve le mien.

Ce que je découvre... Deux petits vieux vêtus chichement à l'occidentale qui, ayant fait les doubles politesses, les chinoises et les européennes, m'offrent une chaise et du thé qu'apporte une centenaire dépenaillée. Leurs visages ont été dégonflés par les années et les épreuves, visages délabrés, un rapiéçage, des dents gâtées, des dégoulineries d'humeurs. Et puis je m'aperçois qu'ils ont le regard dur et rusé. Ils cogitent, ils me passent à l'interrogatoire, ils se renseignent sur mon identité, s'informent et se réinforment sur l'importance de mes relations avec le Grand Individu qui m'a envoyé auprès d'eux. Questions biaisées et incisives pour savoir ce que je veux d'eux, tout en n'osant pas me le demander tout à fait.

Moi, selon la règle de la déférence, je m'enquiers de leur âge, de leur santé, je souhaite toutes les félicités à ces crapauds baveurs. Leur félicité, s'écrient-ils en un chœur mouillé, jamais elle n'a été plus grande. Que j'imagine, la Banque française dont jadis ils ont été les respectueux employés si bien traités, close depuis plus de trente ans, eh bien, elle va rouvrir, bientôt, très bientôt et ils la serviront à nouveau. Shanghai va connaître le grand épanouissement financier, elle redeviendra la première place du monde. Hymne à la joie. Je continue. Pendant tout ce temps, quel a été leur sort, qu'ont-ils fait? Le français, ils n'ont pas dû souvent le parler, il ne leur en reste que des bribes prononcées avec un chuintement chinois. Ils prennent des mines offensées, outragées, quand je leur demande s'ils n'ont pas été punis pour avoir été les collaborateurs des Blancs. Avec un mépris doux, le mépris qu'on a vis-à-vis des obtus, ils me coassent que je suis la victime d'informations mensongères et perfides, que depuis la Libération, leur vie, et celle des Chinois comme eux, de tous les Chinois sauf de quelques traîtres, a été le paradis. Je ne les lâche pas, mes couards effrontés. Je me borne à une question : « Pourquoi votre banque, la Banque française, si honorable et si estimée, a-t-elle été fermée? »

Peaux grises, yeux mi-clos... Ils me haïssent, ces flasques maringouins. Enfin ils bafouillent leur embarras comme une flatulence...

« Après la Libération, certaines choses qui n'étaient pas bonnes ont dû être un peu arrangées. La Banque, d'elle-même, s'est mise en congé quelque temps, jusqu'à ce que soient trouvées les meilleures solutions. » L'arrangement, je le connais, le plus extraordinaire « squeeze » du monde : les entreprises occidentales restées à Shanghai dans l'espoir de pactiser avec des Chinois honnêtes, les communistes pour tout dire, ont été pressées comme des citrons, leurs comptes, leurs affaires décortiqués par les justiciers chinois. Tout ce qu'avaient fait ces firmes n'avait été que spoliation, vols, dépouillement de la Chine qui exigeaient de justes réparations méticuleusement calculées. Les réparations demandées, c'était évidemment un délire, des raisonnements fous, le labyrinthe des milliards. Les managers et les directeurs blancs avaient essayé des argumentations défensives et ces marchandages avaient duré des années. Et tout ce temps, le haut personnel, les grands du business avaient été retenus à Shanghai, prisonniers, otages plutôt. Lorsque eut été extrait tout l'argent possible, messieurs les gentlemen, à la queue-leu-leu et fort fatigués, eurent enfin le droit de quitter la Chine et de retrouver ailleurs, à Hong Kong ou à Saigon, leur Hong Kong and Shanghai Bank ou leur Banque d'Indochine, les maisons mères qui dans leur habileté n'avaient toutefois pas été ruinées.

Ainsi la Banque française, sous la forme nouvelle qu'elle a prise, va revenir à Shanghai. Ce que mes deux ringards sont contents! Pourtant, je l'ai dit, ils ont peur. Et cette peur est significative : tout reste dangereux, même lors des grandes symphonies de l'« ouverture ». A peine serai-je sorti de chez eux, qu'ils avertiront la police de ma visite et que M. Yao sera informé. Quand même, quels lâches! Ils ne devraient pas montrer d'anxiété puisque cette fois, officiellement, c'est l'idylle. On raconte qu'il y a d'étranges et heureuses retrouvailles entre les vieux capitalistes, les ancêtres refleuris et leurs rejetons, petits-fils ou petits-neveux qui sont devenus des crésus à Hong Kong, en Australie ou en Amérique. A preuve, une vision entre toutes incongrue : une Rolls dans les rues de Shanghai, je ne l'oublierai jamais.

Face à ces deux vieux que l'angoisse rend presque méchants, je fais mon cérémonieux, je prodigue les emphases et les images flatteuses. Ils s'alarment d'autant plus qu'en Chine, souvent, les compliments masquent un hameçon qu'on lancera au bon moment. Après les bagatelles du préambule, que vais-je leur demander, un service peut-être ? Je les laisse mijoter encore quelque temps :

« Notre grand ami m'a beaucoup parlé de vous et de vos mérites. Il m'a dit que les plus vénérables résidents de Shanghai sont de vos amis et vous aiment. »

Conversation chinoise comme mon père en a tant eu. Pendant que je m'attarde aux politesses, ils se renfrognent tout en me faisant des sourires futés. Leurs grognements de dénégation devant mes compliments exagérés et peut-être compromettants.

Je reprends mon dithyrambe :

« Notre ami m'a affirmé que j'avais tout intérêt à vous rencontrer, que vous connaissiez les hommes d'affaires de Shanghai les plus honnêtes, ceux qui, comme vous me l'avez déjà indiqué, se sont améliorés après la Libération et qui, malgré leur âge, se rendent encore utiles. »

Qu'ai-je dit d'impudent, d'inconvenant ? La bouche du compère le plus déjeté, le chef du duo, grimace une attaque, ou plutôt une réprimande très amicale.

« Depuis la Libération, les capitalistes chinois sont très heureux. Ils ont connu le malheur avant, quand, une fois les Japonais écrasés après Hiroshima, Tchang Kaï-chek et sa clique se sont jetés sur Shanghai comme des malfaiteurs. Pour dépouiller les capitalistes, ils les ont traqués, torturés, assassinés. La grande inflation, c'était l'œuvre du Kuomintang. »

La grande inflation... Dans combien d'autres pays du monde a-t-elle sévi, mais en Chine les maléfices prennent toujours une ampleur inimaginable. Depuis des siècles, les épidémies, les famines, les inondations, les guerres y sont plus dévastatrices qu'ailleurs, il était donc logique que l'inflation, cette peste moderne, atteigne quand elle est apparue dans Shanghai, un gigantisme inouï, qu'elle ait dévoré le ciel et la terre. Shanghai, l'immense Shanghai du business et des banques, la Shanghai du veau d'or et du peuple innombrable avait été contaminée comme jamais par la démence de l'argent. Tous infestés, tous les Jaunes infestés, aussi bien les rois des finances que les maîtres du gouvernement.

L'histoire est ancienne. En 1935, Tchang Kaï-chek avait donné à la Chine une monnaie nationale, le « fabi ». Mesure apparemment excellente car auparavant il n'y avait qu'un chaos, des pièces d'argent moyenâgeuses tailladées, ciselées, de tous les poids et de toutes les valeurs, les thalers de Marie-Thérèse l'impératrice d'Autriche-Hongrie, des pièces mexicaines, sans compter toute une pacotille de sapèques, de ligatures, de sous troués en leur milieu, de chiffons de papier. Mais la guerre et ses conséquences vinrent à bout du fabi et Shanghai fut prise de vertige. Tout le monde en fabriqua et la cité en exsuda de telles quantités, de telles masses qu'elles noircissaient les horizons et recouvraient le sol. Une malédiction, un lierre accroché à tous les interstices de la ville. Il suffisait d'imprimer. Les beaux-frères du Généralissime – TV Soong et HH Kung – s'en donnèrent à cœur joie avec leurs banques nationales. Les autres banquiers aussi. Et ce n'était pas fait innocemment, bêtement, mais au milieu de spéculations incroyables. Abîmes et surtout cynisme.

Qu'importait que les coupures se pèsent au kilo ou au quintal, qu'elles soient libellées en milliards qui ne valaient pas un sou... Le but était atteint, il y eut de fantastiques enrichissements. Mais aussi que de victimes! Que de krachs! Que de suicides! Ce ne fut pas tout. Dans un sursaut, en 1948 le Généralissime lança le yuan qui devait désormais être la monnaie glorieuse de la Chine. Mais on en fabriqua tant que lui aussi s'effondra. A nouveau l'inflation, une seconde inflation encore plus gigantesque, à nouveau les rotatives en action, les yuans chiffrés en millions, en milliards, encore plus que ne l'avaient été les fabi. Montagnes de papier d'autant plus dérisoires que ces yuans avaient été dénommés magnifiquement yuans d'or. Yuan sacré, yuan patriotique qui devait soutenir la grande victoire des armées du Généralissime contre les communistes. Un si noble motif qu'on imprime, qu'on imprime toujours, le triomphe militaire devant justifier cette débauche monétaire. Hélas, le triomphe tardait, reculait, tournait au désastre. A Shanghai l'immense catastrophe du yuan passé simple épluchure. La folie, les émeutes, le torrent des ruines, le spectre livide du désespoir, encore plus de suicides... Et quelques fabuleuses fortunes.

Alors le meurtre officiel vint au secours du yuan. Les particuliers dans leur détresse cherchaient à se procurer sur la place, par tous les moyens, les dernières ressources sûres, les pièces d'or et les dollars américains. TV Soong et son gang qui dirigeaient les finances de la Chine et étaient de plus en plus prospères en interdirent l'acquisition à tous ceux qui n'étaient pas de leur confrérie. Crime de trahison. Une seule sanction : la mort. Le chef des tueurs était Tchang Tching-Kuo, un fils que Tchang Kaï-chek avait eu de son premier mariage. A la tête d'une police noire, lui et ses hommes, en pleine rue, brûlaient la cervelle de tous les délinquants ou supposés tels. Tous les chantages, la terreur...

La suite? Ce fut après la Libération l'ensevelissement dans la suavité. Les réactionnaires de tous crins, et surtout les grands riches, les capitalistes, les friqués, les bourgeois, avec quel angélisme le régime les a traités, jusqu'à ce qu'ils deviennent des superfluités! Pas d'octobre rouge, pas de chasse aux sorcières, pas de grandioses massacres, juste de l'éducation. Des pilules, des cachets, des potions, des clystères d'éducation qui ont purgé les pensées de leurs sanies et donné la vertu. Le même processus partout. Toujours la même méthode de la douceur cruelle, de l'avilissement volontaire, l'apprentissage de la haine de soi. Et toujours les mêmes et merveilleux résultats : la dissolution par la béatitude, la disparition dans le gouffre de la joie. Shanghai, tableau kafkaïen du capitalisme régénéré, le cimetière du Mal aux yeux des maoïstes. Shanghai, comme une carcasse vidée de sa substance, un décor de carton-pâte qui, étrangement, faisait toujours parade de ses capitalistes...

Les capitalistes! L'obsession des Rouges en 1956, me les servir sur un plateau. On m'en montra à tout propos, tous identiques, tous flambards en redingote et chapeau claque, les visages béats et les ventres rebondis. Je me souviens de M. Kan, des Tabacs, un fleuron de l'espèce, le milliardaire des milliardaires. On m'a emmené chez lui. Somptueuse maison : un grand salon regorgeant d'objets précieux, de meubles raffinés, de bibelots ouvragés, un luxe presque outrageant. Lui est jeune, beau, s'exprimant dans un anglais parfait, avec ce qu'il faut de désinvolture. Quand nous entrons, Mme Kan est au piano, jouant du Chopin. Élégance et distinction. Elle s'est levée, vient à nous souriante, maîtresse de maison radieuse, distribuant ses ordres aux domestiques pour qu'ils servent le thé. Puis les enfants apparaissent, une fille et deux garçons, soignés, discrètement jolis, vêtus à l'européenne. Spectacle serein d'une famille heureuse. La richesse, l'aisance et l'harmonie. Bavardages. Une sorte d'insouciance aimable. Et peu à peu, dans ce calme, la vérité qui sourd, que tout Shanghai me confirmera puisqu'elle en est la fable. M. Kan, comme toute sa tribu, était à l'étranger en 1949. Et puis il est revenu avec sa femme qui est née et qu'il avait épousée en Amérique, pour s'occuper des vingt-cinq usines familiales. On le ménage, M. Kan, mais il ne peut pas quitter Shanghai et si sa femme, qui vit en recluse tellement contente d'être impeccablement servie, si sa femme donc a pu aller à Hong Kong en 1953, c'était à condition qu'elle n'emmène pas les enfants : ainsi était-on assuré qu'elle rentrerait. Les Kan étaient une vitrine pour les étrangers, les Kan étaient des otages cédés par leur clan à la Chine Rouge.

Je me souviens aussi de M. Wu. Il m'avait reçu dans son usine de textiles, la plus grande de Chine qui, désormais, produisait exclusivement des bleus de chauffe. Il était habillé en gentleman du business, d'une élégance peut-être un peu criarde, une veste bleue en laine, un pantalon pure flanelle, des chaussures en croco et sur le nez des lunettes d'écaille. Quoique nous fussions entourés d'une demi-douzaine d'individus en bleu de chauffe, et qu'il ait, lui, fâcheusement oublié l'anglais, il avait la voix chaleureuse, le geste cordial, l'allure du propriétaire. Ah! son récit, quel chef-d'œuvre! Un peu avant la Libération, m'avoua-t-il, il s'était enfui à Hong Kong parce qu'il haïssait le peuple. Aussi, quel fut son étonnement et même sa joie quand, dans la colonie britannique, il décacheta une lettre où son personnel entier lui demandait de retourner à Shanghai. On avait besoin de lui, on l'aimait. Cela le décida. Lors de son arrivée dans le grand hall de l'usine, les masses se rassemblèrent et le supplièrent de rester le patron.

Bon M. Wu. La situation avait un peu changé, il était moins triomphant mais toujours fier et heureux, plus heureux qu'autrefois. Il dirigeait son entreprise « démocratiquement »... D'autres capitalistes se comportaient mal, pas lui, il était un homme amélioré. Mais être le propriétaire lui pesait de plus en plus. Son usine, il avait voulu la donner au peuple. Lequel mit longtemps à accepter sa proposition et le fit enfin en lui accordant un dédommagement financier beaucoup trop important : on versa des millions de yuans à son compte en banque. Certes il lui fallait une autorisation pour en retirer la moindre somme, mais on lui permettait de prélever beaucoup d'argent pour ses besoins personnels, on comprenait qu'il vécût richement, la bonté des masses étant infinie. Ce disant, M. Wu s'épanouit, il m'offre du whisky, du vrai whisky et il m'explique avec une redondance quasi mystique la félicité de parvenir au Bien en abaissant toujours plus son orgueil. Il est sûr de lui, il plastronne M. Wu, et sa pétulance redouble lorsque nous visitons la filature. D'un geste large il embrasse un embrouillamini de bâtiments ajustés les uns aux autres : « C'est ici », dit-il, royal.

Déambulation d'atelier en atelier. M. Wu fait des mines, prend des poses, la démarche glorieuse, au milieu de l'armée des ouvrières au travail. A tout bout de champ il s'arrête, vérifie un détail, de la main caresse une machine. Parfois son doigt balaie une poussière, d'autres fois il s'adresse à une employée, mais ne s'étonne pas que celle-ci l'ignore, ne remuant pas même un cil pour montrer qu'elle l'a entendu. En fait nul ne s'occupe de nous. Chacun s'attache à son labeur avec une intensité méprisante, avec trop de zèle. Sensation étrange : au fur et à mesure que se déroule notre directoriale randonnée, mon impression se renforce : plus M. Wu se démène, gesticule et fait son propriétaire, plus il me semble se déchiqueter en brouillard, se dissoudre. Plus nous avançons et plus il devient transparent. Jusqu'à l'interprète qui finit par oublier de traduire ses propos. Comme si peu à peu M. Wu cessait d'exister.

Soudain nous débouchons dans un petit réduit qui sert de bureau à une vieille femme. M. Wu s'est tu. Claquement de langue respectueux de l'interprète qui me présente d'un ton légèrement emphatique « la camarade responsable de l'unité de production Mao Zedong » : il s'agit de l'adjointe de M. Wu. Elle s'est levée et s'avance vers nous en claudiquant. Toute petite, ratatinée, le visage rétréci par l'âge, des dents en avant. Elle parle. Une voix lente, qui exprime la vérité du lieu. Réquisitoire bref, neutre, terrifiant de sécheresse. Elle me dit que je viens de visiter une usine modèle de la nouvelle Chine dont M. Wu est toujours le directeur en titre... parce que les masses sont généreuses et que, pour l'instant, elles lui ont pardonné ses fautes passées.

Les fautes de M. Wu! La monstresse les rappelle par le détail. Les plus graves remontent à l'époque du Kuomintang, au temps des misères et du désespoir, quand le peuple surexploité mourait à petit feu. Une grève générale avait éclaté dans l'usine : les ouvrières réclamaient un supplément de salaire, de quoi survivre plus dignement. Colère de M. Wu devant la rébellion de toutes ces souillons crève-la-faim. Une fureur meurtrière. Faire tuer. Le travail ou la mort ! Il avait appelé la troupe, les spadassins de Tchang Kaï-chek, trois mille soldats et flics des brigades spéciales. Mitraillages dans le tas, cadavres, giclées de sang, cris des survivantes que l'on a torturées pour que le travail reprenne et le rictus victorieux de M. Wu quand il a visité les lieux nettoyés... Elle y était la vieille, ouvrière parmi les ouvrières : c'est là qu'elle avait eu la jambe fracassée. Maintenant elle est estropiée à vie... Puis la Révolution a renversé l'ordre des choses. Pour M. Wu c'était l'heure du jugement. Elle, la boiteuse, était intervenue pour rappeler qu'il faut toujours analyser correctement la situation et que le criminel Wu était peut-être accessible au repentir. Il fallait en tenir compte car il possédait des connaissances utiles à tous, qu'il pouvait mettre au service du peuple. Donc, s'il faisait amende honorable, il serait plus judicieux de le garder en vie et à son poste. M. Wu avait accepté. Sa contribution, son autocritique, son remords... les ouvrières avaient pardonné et découvert alors, fort opportunément, que les responsables du massacre étaient les membres du « Bureau social » de Tchang Kaï-chek, qu'ils l'avaient ordonné, que M. Wu avait tenté de s'y opposer et que même il avait fait distribuer du riz et du charbon à son personnel, une fois la grève terminée.

Tandis que tombaient les mots de la vieillarde, M. Wu s'est affaissé, fragmenté en poussière de Wu. Indifférente, la vieille continue et m'explique que le temps ayant passé et le peuple s'étant éduqué, bientôt M. Wu ne sera plus indispensable à la tête de l'usine. Ce sera pour lui l'heure de se régénérer totalement en travaillant de ses mains...

Est-ce hallucination ? A l'annonce de sa prochaine éviction, M. Wu semble reprendre consistance humaine. Le voilà même radieux, un homme nouveau, tout prêt à chanter derechef la mansuétude de Mao. Il ne se trahira qu'à la fin, oh, bien involontairement, lorsqu'il me parlera de ses fils assez malheureux d'être nés d'un capitaliste pour ne pas souhaiter marcher sur ses traces. Enfants d'une « catégorie noire », j'imagine en effet ce qu'ils ont dû supporter !

Certainement des capitalistes régénérés, il en a subsisté. Tous ceux qui, volontairement bien sûr, se sont inscrits en 1956 dans les écoles des capitalistes. J'en ai visité une, la plus grande, située dans l'ancienne Guilde des banquiers chinois de Shanghai : fronton de marbre, colonnes doriques, murs énormes, où régnaient encore la paix et le froid des coffres-forts. D'un groupe de camarades en bleu de chauffe, se détache un vieillard aux cheveux blancs coupés en brosse et portant redingote. Il me salue : « Bienvenue à l'école des capitalistes dont je suis l'humble directeur. » Ce personnage a été autrefois l'impérialiste patron de la Banque Commerciale de Chine. Nous parcourons des couloirs, on entend des bruits de classe. Dans une des salles une quinzaine d'hommes faits, jadis importants dans la finance, le commerce ou l'industrie, étudient autour d'une table. Ils boivent du thé fumant, devant eux des cendriers pleins de mégots et des vases de fleurs artificielles. Ils écrivent sur des cahiers d'écolier, ils discutent avec un sérieux enjoué sur ce thème : « Le capitalisme sera-t-il tué par ses crises cycliques ? » Un vrai débat. Certains affirment que oui, d'autres hésitent, quelques-uns n'y croient pas. Un cadre, intense, muet, note dans un registre toutes les paroles prononcées. Quand les argumentations s'épuisent, il se met à parler d'une voix tranchante : « Les crises sont un mal inhérent au capitalisme qui ne peut y échapper qu'en se lançant dans des guerres d'agression. »

Mais la discussion n'est pas terminée, loin de là. Il faut poursuivre, déterminer ce que deviendra le capitalisme en Chine. Alors je comprends qu'il s'agit d'un jeu, un jeu terrible où chacun doit se donner du mal, remplir son rôle et surtout ne pas sauter à la conclusion que le capitalisme sera extirpé à jamais. Le scénario implique qu'on lui trouve certains avantages, certaines beautés... Partie périlleuse, pas tellement périlleuse puisque le but est connu : ainsi louangé, le capitalisme n'en tombera que de plus haut. Tout de même, quel soulagement quand on annonce, après ces acrobaties, la fin, la fin nécessaire, le CQFD inéluctable : « Le capitalisme a été terrassé à jamais par le peuple. »

Partout des classes. Le même spectacle, le même décor, les mêmes mots, la même ardeur, une technique semblable. Partout d'anciens capitalistes en pleine compétition pour détester à qui mieux mieux leur capitalisme. Je suis un peu écœuré mais je sais que ces hommes doivent se renier complètement pour espérer survivre.

Pendant quelques secondes, je me suis laissé entraîner par mes souvenirs. C'est pour pouvoir approcher des anciens élèves de ces écoles que je me suis évadé du programme de M. Yao, que je me suis rendu auprès de ces deux ramollis de la Banque française. Enfin pour moi le moment est arrivé, je vais leur annoncer ce que je veux d'eux. Simplement qu'ils aient la bonté immense de me présenter à quelques-uns de leurs amis. J'ajoute que ce n'est pas pour faire du commerce avec eux. Je désire seulement qu'ils me décrivent leur vie qui a été si heureuse. Et j'avoue ma condition, je suis journaliste.

Immédiatement, je sens que pour mes hôtes je représente le diable. Ils m'affirment qu'ils ne peuvent rien faire pour moi, qu'ils ne sont que des vers de terre, qu'ils ne connaissent pas de capitalistes. Ils m'offrent une fois de plus du thé, n'ayant qu'une hâte, évidente, palpable, que je décampe. Ce que je fais. Ma visite a été vaine, mais pas totalement. J'ai mesuré à quel point la peur sévissait encore dans la Chine de l' « ouverture ».

Je retrouve à notre hôtel Marie-Françoise et Yao. Ils sont très contents, ils se sont bien amusés. Dès que nous sommes seuls dans notre chambre, Marie-Françoise et moi nous racontons nos aventures. C'est la première fois qu'en Chine nous nous sommes séparés, avons vécu différemment. Je lui narre mon fiasco... Marie-Françoise, bon cœur, qui se fait déjà de la Chine une idée un peu préoccupante, s'inquiète : « Tu n'as pas été suivi ? Tes deux nobles vieillards pourraient avoir des ennuis. » Je ris, elle est quand même naïve, il y a longtemps qu'ils m'ont « dénoncé ». Et de son côté ? Elle s'est fort divertie. Certes elle a dû subir un Exposé fait par un directeur qui évidemment lançait des chiffres énormes. La Chine est devenue une gigantesque productrice de films, des centaines par an si bien que des millions d'images se chevauchent dans tous les genres : le bon vieux dragon, mon armure est en or, le bijou Fix, l'Antigone jaune, le Fernandel local, plutôt le Laurel et Hardy sauce orientale. Dans les studios grouillants, les actrices qui nous attendaient se moquaient complètement de mon absence, elles devaient être interviewées, elles l'étaient... et par une femme avec laquelle elles ont papoté. Elles se sont révélées gaies, primesautières, bavardes, immédiatement complices de Marie-Françoise. Cancans et confidences. Un salaire misérable de cent yuans par mois et pourtant ce sont des stars. Elles prononcent le mot de « star » et puis elles font ce commentaire, celui qu'on entend si souvent, celui qui revient sur toutes les lèvres : « Que voulez-vous, nous sommes en Chine. » Elles rient, elles rient, Marie-Françoise rit aussi. Bavardages habituels sur la difficulté de trouver de bons scénarios, d'être sur les bons coups. L'une d'elles conclut que pour faire carrière dans sa vertueuse patrie, il faut du piston. Yao a traduit cette impertinence en fronçant les sourcils. La débrouille, même pour des vedettes, cela ne s'avoue pas.

Après mon grave manquement au programme si heureusement réparé par Marie-Françoise, Yao me pardonne. En tout cas, il ne voit aucun inconvénient à me conduire dans ce qui fut un fief de mon enfance, l'ancienne Concession française. La belle concession que c'était avec ses fonctionnaires, ses flics, ses marsouins, ses soldats annamites, son potentat, le consul général. Ah! La Concession française. On parle toujours avec un sourire ému, égrillard, de ce charmant quartier résidentiel avec ses villas tropicales et ses grandes rues aux noms révérés. Il y avait les maréchaux illustres, comme Joffre. Il y avait la littérature, Molière et Corneille, il y avait des cafés à terrasse comme le Café de la Renaissance, des boutiques de mode où l'on attrapait le goût de Paris, des boîtes de nuit avec des chanteuses roulées jusque-là depuis la métropole, des entraîneuses russes et à l'entrée, servant de portiers, des princes moscovites déchus exhibant dolmans et épaulettes. Partout régnait le savoir-faire français, une façon plus galante, plus doucereuse, plus rieuse de procéder. Tous les Chinois riches avaient acquis des demeures dans la Concession française.

Nous y habitions évidemment, les Bodard, quand nous étions à Shanghai. Maintenant j'y recherche mes fantômes, Albert et Anne

Marie. Je retrouve les rues paisibles où s'alignent encore les platanes, les rues de mes promenades, mais les cafés ont disparu, les boutiques de mode aussi, les guinguettes se sont envolées et les maisons élégantes sont toutes décrépies. Plus la moindre moustache de flic, plus de pastis ni de grands chapeaux. Cependant il me semble respirer encore cet effluve spécial, cette senteur particulière, l'arôme de la France aux colonies. Flotte encore l'ambiance des loisirs anciens, enfouis dans l'océan des futilités disparues.

Je me souviens de toi, mon cher papa, tu portais beau, tu arborais ton nœud papillon et ta récente Légion d'honneur. Quelle modestie pour accepter les félicitations et les congratulations! Tu étais devenu important, un consul de première classe, tu savourais le Cercle Sportif, une institution qui avait presque autant de renom que le Shanghai Club. Pourquoi ce titre de Cercle Sportif alors que les Français « sportaient » si peu? Ce n'était pas un building mais une magnifique « chaumière » de un ou deux étages, un Trianon exotique, sis très saintement 290, rue du Cardinal-Mercier. Une véranda soutenue par des colonnes, sur le toit une terrasse où l'on dansait l'été, pour l'hiver, des salons où l'on conversait, hommes et femmes mêlés échangeant les derniers potins. Une salle de bal aussi et un bar, pas aussi grand, loin de là, que celui du Shanghai Club mais combien plus animé, comme si les Français sirotaient leurs commérages alors que les Anglais les buvaient sec. Autour un parc avec même une piscine où les naïades étaient rares. Tout à fait le genre du Saigon du bon temps qui avait aussi son Cercle Sportif.

Yao évidemment ne connaît pas. Il interroge des Chinois qui ouvrent des yeux stupéfaits : oublié, oublié de tous cet éden, voisin pourtant de l'Hôtel Jinjiang construit en 1929. Nous roulons dans de larges allées ombragées. Enfin, nous trouvons une bâtisse en cours de démantèlement. A l'intérieur, personne. J'erre au-dedans de ces décombres, je franchis des pans de murs effondrés et soudain je découvre dans ces ruines longtemps délaissées une pièce intacte, peuplée de tentures rouges et de fauteuils dorés. Souvenirs encore... Je ne veux pas croire qu'on soit en train de les détruire. Yao est embarrassé, il n'arrive pas à savoir quels sont les projets des Chinois pour ce lieu abandonné. Un temple à bâillements de plus? Il y en a déjà tant...

Comment pourrais-je nier que je suis ému... Je tisonne un passé si sensible, si vital. C'est que mon destin a été lié à ce Cercle Sportif où je suis certain d'être allé dans ma tendre enfance. Des femmes m'y caressaient la tête, sous le regard d'Anne Marie, ma si jolie mère. Son allure...

Que d'événements se sont déroulés là qui ont importé pour ma vie! Avant qu'il ne soit marié, Albert avait joué son coq au Cercle Sportif. Dans la nuit des temps s'était décidée là sa fortune. Jadis, jadis, Philippe Berthelot avait été expédié en Chine par son père Marcelin, le grand savant devenu ministre des Affaires étrangères qui lui avait donné mission d'inspecter les postes consulaires. En fait, il voulait le séparer de la « mauvaise femme » avec qui il vivait à Paris, la luxurieuse Hélène, un ancien modèle. Ladite Hélène, pas froid aux yeux, avait pris à Marseille le paquebot suivant et avait débarqué à Shanghai à l'extrême surprise de son amant. Délices. Mais Hélène n'étant qu'une « concubine » avait été impitoyablement exclue de tous les dîners officiels, des réceptions et des galas donnés en l'honneur de Philippe. Tout ce temps, elle se morfondait dans sa chambre d'hôtel. Ah! le génie d'Albert... Il avait fait porter sa carte à Hélène qui, dans son désœuvrement, avait accepté de recevoir cet inconnu. On raconte qu'il était arrivé la tête cachée par un bouquet de fleurs. Il avait amusé Hélène, il était devenu son cicérone, son cavalier respectueux. Elle voulait aller dans les endroits distrayants, il l'avait conduite au Cercle Sportif et tous deux avaient pris place à sa table habituelle, celle des messieurs un peu voyageurs de commerce, qui avaient à mots entendus brocardé la bonne fortune d'Albert. Celui-ci s'était fâché. Altercation. Le consul général apprenant l'identité de la personne incriminée l'avait invitée avec empressement à s'asseoir auprès de lui et il avait tapé amicalement sur l'épaule d'Albert. Stupeur. Enfin, Hélène et Albert avaient trouvé cette ultime distraction : rentrer dans des cyclos roulant côte à côte jusqu'au palace d'Hélène. Pendant que des coolies presque nus les tiraient en courant de leurs longues jambes inépuisables, elle lui avait crié : « Ah! c'est drôle, c'est si drôle, on m'a prise pour votre petite amie. »

En fin de compte, Albert s'était rendu indispensable, il s'était fait apprécier de Philippe qui l'avait remercié de s'être tant consacré à Hélène. Tous trois, comme pour railler la colonie française, s'étaient affichés ensemble au Cercle Sportif et là, Philippe avait déclaré à Albert : « Nous rentrons en France. Mais tout ce que je pourrai faire pour vous, je le ferai. » Albert avait carrément répondu : « Ce que j'aimerais, c'est entrer aux Affaires étrangères. » Quelques mois plus tard, il y entrait. Ainsi avait débuté la carrière de mon père.

Le Cercle Sportif, j'y suis passé avant même d'être né, dans le ventre de ma mère. L'étrangeté du monde... Albert, jeune diplomate en congé, était de passage dans la bourgade d'Ancenis, où il était venu voir son frère l'officier qui y tenait garnison. Douceur angevine... il avait eu le coup de foudre pour Anne Marie en la voyant descendre du train de Nantes. Aussitôt il faisait demander sa main. Il se trouva que, lui qui plaisait tant aux femmes, déplut immédiatement à Anne Marie. Elle n'avait pas de dot, on l'obligea à se marier... Un consul, vous pensez. Ensuite, un long voyage de noces à Venise, une lune de miel où elle ne cessa de pleurer, puis l'interminable trajet par le paquebot. Et Shanghai. Anne Marie déjà très enceinte de moi avait la gestation belle, elle était amphore, elle était Cérès, la déesse des moissons. Albert, qui ne se tenait pas d'orgueil, voulut à tout prix emmener sa femme au Cercle Sportif pour montrer son œuvre. Il rayonnait. Les hommes lui donnaient du « mon gaillard », les femmes, surtout les douairières et les mères de famille, s'attendrissaient sur la rondeur émouvante d'Anne Marie. Qui, encensée, jaugée, palpée, se sentait, me dira-t-elle plus tard, prise pour une vache à lait. Une fois l'exhibition terminée, Albert n'avait plus eu qu'une idée, rejoindre son poste à Chengdu emmenant avec lui sa femme grosse. « Je veillerai sur vous, promettait-il, il ne vous arrivera rien. » Ainsi enceinte de moi ma mère connut le Fleuve Bleu, les rapides et les jonques fracassées. Elle ne protestait pas, pourtant elle ne pardonnerait jamais à Albert cette odyssée.

Quand je fus un garçonnet, mes parents m'ont souvent amené au Cercle avec eux. Moi, le fruit de leur couple heureux, j'étais toléré, j'étais admis, j'étais le petit Lulu qu'on choyait. Albert, désormais installé comme consul, père et époux, armé du pince-nez de son importance, se dilatait de contentement. Il avait la quarantaine, était ce que l'on appelait un « bel homme » et racontait la Chine en anecdotes bien troussées. Il savait complimenter finement les ayants droit à ses égards. Des gens qui n'étaient pas de sa qualité, il attendait le respect qui lui était dû, marmottant, furieux, qu'ils étaient des mufles, s'ils y manquaient. Évidemment, Albert s'asseyait toujours à la table d'honneur, celle du consul général, son ami, son complice, un spécimen de Franco-Russe un peu tordu, un margoulin de l'honnêteté intelligente qui tirait en souplesse les ficelles de son monde colonial, lequel ne fleurait pas toujours la rose. Ah! Albert comme il était en cheville avec le grand consul général, entouré de sa cour, de ses flics les plus estimables, de ses douaniers les plus entendus, de ses marsouins galonnés et de ses lieutenants de marine que tentait l'opium. Albert était aussi toute suavité avec la consulesse générale, une grosse personne d'origine byzantine qui, bien drue et bien sagace, trônait en face de son époux. Ornaient cette tablée les plus jolies femmes de la colonie, enfin celles d'une vertu suffisante et qui faisaient étalage avec convenance de leur charme et de ce qu'elles pouvaient avoir comme esprit. Les deux consuls se tutoyaient, aucune rivalité entre eux, mon père n'ayant jamais visé le poste de Shanghai. Naturellement Anne Marie, toujours placée à la droite du potentat, apportait les effluves de sa présence, sa façon d'être fille de la Loire devenue grande dame du Yang Tse-kiang. On se souvient que les Anglais avaient pour elle de l'amitié. Les Français, pourtant enclins au débinage des dames, ne la déshabillaient pas de ses qualités, ils les reconnaissaient. Excellente maîtresse de maison, consulesse parfaite, grande conseillère de son mari, sans ses avis judicieux, Albert n'aurait pas, selon eux, fait une pareille carrière. Non qu'on n'appréciât pas Albert, c'était un bon agent, mais il lui manquait le nez. Ce à quoi suppléaient les subtiles narines d'Anne Marie qui, elle, sentait les choses.

Anne Marie n'aimait pas le Cercle Sportif. A côté de rares gens bien, on rencontrait là, prétendait-elle, des créatures douteuses, des escrocs, des putes. Bien sûr il fallait un vote pour entrer au Cercle, mais, à moins d'être tout à fait véreux, « on » était indulgent. Cinquante femmes seulement étaient membres de droit, le dessus du panier, beaucoup de laides, de beautés usées, de vieilles dont les frasques étaient oubliées. Dans ce lot, pour que ce ne soit pas un champ de décombres, quand même quelques ravissantes cavales admises si la fortune de leur conjoint était honorable. Celles-là s'habillaient avec une grande recherche, à la mode de Paris, une mode toujours en retard de plusieurs mois, le temps que fanfreluches et colifichets arrivent par bateau. Il existait pour les impétrantes une liste d'attente. En tout cas, qu'elles fussent acceptées officiellement ou pas, voletait là abondance d'oisillonnes femelles. N'étaient exclues que les dernières des dernières, des « petites blanches » qui faisaient métier de leur cul. Majorité de Françaises aiguës mais aussi des Anglaises à l'hypocrisie prometteuse, des Américaines au sang chaud et, après un tri sévère, de somptueuses Russes blanches, princesses vraies ou fausses, aux noms empanachés, qui n'étaient pas tombées dans le ruisseau ou qui n'y avaient fait qu'une courte trempette. Dangereuses ces femmes-là, car elles cherchaient époux et souvent en trouvaient grâce à leur accent suave et surtout à une dure connaissance de la vie.

Cet essaim si garni attirait les gentlemen, beaucoup de British qui, las du Shanghai Club, venaient se distraire à la gauloise, leurs moustaches tombantes devenant des ramasse-femelles. Le train-train quotidien? Des adultères, des flirts, des faux couples, des Sganarelle philosophes, des Casanova défraîchis, des cocufieurs et des cocufiés, des Messaline et des épouses à peine pécheresses; une Carte du Tendre sur laquelle planaient des chevaliers d'industrie. Le Cercle français tout entier était une cour d'amour avec salutations, susceptibilités, disputes, courtisaneries, libidinosités, en somme la France éternelle, juste un peu surexcitée par le climat, une France où les échos du business étaient moins importants que les châteaux de la fesse.

Souvenirs si précis. Albert si pimpant, Anne Marie si admirée, Anne Marie qui n'aimait pas Albert...

Je me rappelle aussi les procédés politiques des Français : au lieu du réalisme traître des Anglais, le cynisme prétendument intelligent. « L'Asie, disait-on, il faut la gouverner par ses défauts, il faut savoir se servir de ses vices, les rendre utiles et pour ainsi dire honnêtes. Il est important de fermer les yeux à bon escient. » En conséquence, si la douceur de la Concession française était fort appréciée des notables chinois, elle l'était plus encore par les éléments jaunes les plus subversifs. On y tolérait, tout en les surveillant, quantité de sociétés secrètes aux activités suspectes. La Concession française, c'était le Neuilly des richards chinois et le sanctuaire des conspirateurs. L'illustre Sun Yat-sen, quand il était fatigué de jouer le révolté à Canton, quand une de ses entreprises se terminait en fiasco, venait se reposer et méditer dans sa splendide maison du 29 de la rue Molière (Xiangshanlu). Une demeure entièrement cadenassée, des mots de passe pour entrer, des pièces et des salons d'un goût plus yankee que céleste, au-delà d'un portique, des arcades, un jardin. La richesse, une nombreuse domesticité, des visiteurs, des émissaires, des affidés. Gens de toutes sortes autour de lui, tant de manigances, tant de passions, tant de races. Cette résidence comme la marmite où mijotent les événements de l'avenir. Un jour, Sun Yat-sen dans sa paranoïa en est sûr, la Chine sera à lui, l'univers sera à lui. En attendant, la fausse paix, la tranquillité agitée et le remue-ménage dans sa tête inlassable.

Comment s'en serait-il douté... Tout près de chez lui, dans la Concession française aussi, à l'ombre du drapeau tricolore, s'est déroulé un petit fait, un tout petit fait qui se révélera décisif pour lui et le Céleste Empire. En a-t-il eu connaissance, en a-t-il soupçonné l'importance? En tout cas la police française, mieux avertie, laisse se créer en juillet 1921 le Parti communiste chinois. La réunion capitale, la signature du document ont eu lieu obscurément au 76 de la rue Xingye... (autrefois, 160, rue Wantz). Dans une salle pauvre et dénudée, douze délégués se sont rassemblés. Le flot des paroles, la bataille des résolutions, deux cendriers et douze tasses à thé. Ces individus sont à peu près tous des intellectuels, le plus ignoré étant un lourdaud nommé Mao Zedong. Après leurs débats, ils s'entassent pour dormir dans une école de filles, lesquelles sont en vacances. Ce dortoir du 309, rue Auguste-Boppe (aujourd'hui 127, rue Taicang...).

Ainsi les flics français savaient. Il valait mieux laisser faire et se tenir au courant, avoir sous la main un informateur et agir ensuite selon les renseignements. Qui était le mouchard, on l'ignore. Un mystère bien gardé. Comme tant de fondateurs du PCC, il semble qu'il ait disparu, à la trappe sans doute.

La Concession française continua d'être un refuge pour les communistes. Mao Zedong de 1924 à 1926 habita dans un baraquement-bureau au fond d'une ruelle (route Vallon, aujourd'hui rue Nanchang), un Mao bonne à tout faire du PCC, fonctionnaire des travaux ingrats. Chou En-lai au début des années quarante vécut dans une masure de la rue Massenet (rue Sinan), toujours un peu surveillée par la flicaille française mais espionnée aussi par les agents du Kuomintang.

Les Français, s'ils avaient deviné où les menait leur pari! Cela s'était fait aussi un peu en dépit d'eux, à cause de la légende... Le 14 Juillet, la grande Révolution française, Marat, Robespierre... A cette époque-là, l'influence jacobine était prépondérante sur la jeunesse révolutionnaire chinoise, sans que les Français le sussent trop ou même le voulussent trop. Ils donnaient des visas et des facilités aux garnements chinois bien nés qui désiraient étudier en France. Comment prévoir qu'ils y apprendraient l'anarchie et le marxisme? Les dangers contagieux du Quartier latin, la bonne chope de Lénine, la banlieue ouvrière... Parmi ces garçons, Chou En-lai arrivé sur le *Porthos* à la fin de l'été 1920, le prince Chou En-lai manœuvre chez Renault, qui fonde cellules et journaux.

Mais retournons rue Molière... A la barbe des flics français, il y eut des contacts, des négociations discrètes, secrètes, pour amener Sun Yat-sen à lancer la grande révolution prolétarienne. Un Sun Yat-sen qui pourtant s'était fait protestant, s'était adonné aux Américains, aux Anglais, aux Français et surtout aux Japonais! Caméléon de l'Occident, il avait parcouru toutes les mers et tous les océans avec pour dieux Abraham Lincoln, Gladstone, Victor Hugo, sans compter tous les samouraïs devenus super-capitalistes. Cet homme, comme il avait été saisi de rancœur et de haine : toutes les nations se réclamant du Christ ou du Mikado l'avaient odieusement méprisé lorsqu'il avait voulu instituer en 1921 sa belle République démocratique et bourgeoise à Canton. Il y rêvait d'un Buckingham ou d'une Maison-Blanche, l'Occident l'avait abandonné au profit d'ignobles Seigneurs de la Guerre. Alors rue Molière, quand se présentèrent des Blancs d'un autre monde, du bord opposé, celui de la Révolution d'Octobre, il ouvrit les oreilles, écouta et réfléchit. Arriva une lettre de Tchitchérine, le ministre des Affaires étrangères de Moscou qu'il avait connu vingt ans auparavant dans un salon de thé londonien. Enfin la grande proposition lui fut faite, toujours rue Molière, en janvier 1923 par Joffe, un personnage capital en URSS, l'ancien négociateur du traité de Brest-Litovsk de 1918. Joffe suggérait un pacte : que sans se faire communiste lui-même, Sun Yat-sen accepte une alliance de son Kuomintang (le parti national du peuple) avec le PC chinois sous l'égide des techniciens russes, des agitateurs professionnels comme Borodine, Galen et autres. On lui fabriquerait une armée progressiste et un prolétariat de combat qui lui donneraient la Chine, à lui, Sun Yat-sen.

Février 1923, la maison de la rue Molière est vide, Sun Yat-sen est parti faire son démiurge à Canton, creuset de la Révolution. Shanghai contaminée se révulse de haine contre les Blancs. Tous les Célestes de toutes les classes sociales se jettent dans l'insurrection. Grèves, pas seulement de misère mais de défi, le peuple se révèle à lui-même, aussi bien les tireurs de pousse que les dockers du port, aussi bien les cheminots que les ouvrières des filatures. Les étudiants mènent cette colère, surtout ceux revenant des antipodes, de Harvard ou de Cambridge. Leurs papas sont dans le mouvement, Chinois prospères humiliés d'être traités en indigènes. Ces tumultes, ces fracas, ces violences s'atténuent beaucoup dans la Concession française où, notoirement, on est habile avec les honorables populations. Malgré tout...

C'est alors que les Français pactisèrent avec M. Du Yuesheng, malfrat suprême né dans la vase du Whangpoo, dans la faim et les coups. D'abord un loubard comme tellement d'autres, petit voleur, petit holduppeur, petit cambrioleur. Quel génie ne lui fallut-il pas pour se détacher de cette plèbe vulgaire et devenir le chef de la redoutable «société de protection», la Bande Verte, dont l'ombre domine Shanghai! Tant de tâches minables, de lamentable truanderie avant de s'imposer par la froide beauté de son travail de tueur et d'arriver à la force supérieure, au mystère, au secret du haut commandement de cette association philanthropique. Crimes et vertus, la domination de l'opium et le serment du sang, le voyage initiatique, l'obéissance aveugle de tous les affidés, une seule punition : la mort, la mort simple ou la mort sous la torture.

La Bande Verte, une nébuleuse très étrange, n'était pas seulement un ramassis d'hommes de main mais aussi de milliardaires, de mandarins, de généraux, de chefs de province et même, dit-on, de chefs de gouvernement. Raison sociale : la bonté trempée dans le meurtre. Bénéfices énormes, essentiellement grâce à l'argent extorqué à tous les Chinois un peu fortunés, leur assurance obligatoire contre le Mal, contre tous les maux. Malheur à qui ne cotisait pas! Il y avait aussi un commerce d'assassinats, de chantages, d'enlèvements, de rackets de toutes sortes... Parfois également de la charité, le secours aux détresses. Tout cela plongé dans l'insondable, les initiés n'ayant pas même connaissance de leur commune appartenance à cet ordre chevaleresque. Et pourtant des ramifications partout...

Malgré ses mérites éminents, Du Yuesheng ne serait pas monté au faîte sans une chance, celle de complaire au saint homme en place, Huang le grêlé, Huang le vérolé, un affreux de la vieille école, trop enclin aux procédés rustiques et sanguinaires. Du Yuesheng lui prêcha la modernité, le bienfait des arrangements, la besogne bien huilée. A l'époque en effet la Bande Verte guerroyait avec d'autres sectes de la même espèce pour leur arracher la haute main sur la principale marchandise de Shanghai, la Fumée du Rêve. Du, par son génie, convainquit cette brute de Huang des avantages de la coopération, de l'entente avec la concurrence pour une harmonieuse exploitation de la bonne drogue. Malgré les accords passés, très étrangement, ces rivaux furent par la suite grignotés, escamotés et encore plus énigmatiquement Huang le grêlé se trouva réduit au rôle de chef des inspecteurs chinois de la police française. Ainsi le sort fit-il de Du le maître absolu de la Bande Verte.

Son principal fief était la Concession française où la gendarmerie entretenait avec lui, et depuis longtemps, des relations très cordiales et très rémunératrices. Consécration : Du, l'ancienne frappe meurtrière, était considéré comme un gentleman chinois et se comportait comme tel. Il s'habillait très dignement, en lettré, même s'il ne connaissait pas les idéogrammes. D'une extraordinaire fidélité envers ses amis, il avait accoutumé de faire parvenir un petit cercueil en bois, joli présage, aux gens qui ne lui plaisaient pas. Joueur effréné, face à lui ses courtisans s'arrangeaient pour perdre, non que le gain l'intéressât mais il ne supportait pas d'être battu, même au mah-jong. Le masque ardent et ascétique, un visage de sphinx, il était dominé par le sentiment de l'honneur, sa parole valait de l'or.

Du Yuesheng... D'un mot, il pouvait arrêter toute activité à Shanghai ou au contraire tout y mettre en mouvement, tout réprimer ou tout déclencher. On le sait, Shanghai était troublée depuis quelques années par le vrai désordre, le désordre mauvais, le désordre rouge, celui du peuple, des étudiants et même de certains négociants. Leur xénophobie, leur détestation des Barbares, leur frénésie, la maladie de l'indépendance. Certes, les flics français et assimilés étaient nombreux, des centaines, mais ils ne suffisaient pas, pas plus que l'infanterie de marine et les navires de guerre ancrés dans le Whangpoo, c'était intolérable. Seul, Du Yuesheng... Alors les Français, le consul général, son conseil municipal, les autorités s'avisèrent de passer avec lui un pacte en bonne et due forme. Négociations. Les Français s'accordèrent avec lui pour qu'il assure la paix dans leur Concession, une paix absolue, à condition qu'il y renonce aux profits annexes des enlèvements et de la cambriole, des « bavures » indignes de lui. En revanche, on supporterait très bien qu'il fasse fonctionner sa « société de protection » selon les normes les plus humanitaires. Accord donc. Il était sous-entendu que, s'il le fallait, il serait l'ange exterminateur des Rouges, de leurs agents, de leurs partisans. Merveilleux arrangements. C'est ainsi que la Concession connut l'ordre de M. Du, tellement décent et satisfaisant pour les citoyens français, désormais bien tranquilles dans leur Cercle Sportif, leurs clubs, leurs maisons, à l'abri des folies de tous les hurluberlus se réclamant du patriotisme à la sauce marxiste.

Du allait être idolâtré par les Blancs – ne les avait-il pas sauvés en 1927 ?

Il s'agissait de temps terribles. L'exécration et la mort marchaient sur Shanghai... En juillet 1926, depuis Canton la Rouge, déferle une immense vague d'hommes armés – l'armée de la Révolution. Une coalition fanatique. En avant-garde, les troupes régulières commandées par les « cadets » patriotes de l'Académie militaire de Whampoa (Huangpu), tout juste créée avec l'aide des Soviétiques, puis des forces populaires dominées par toutes sortes d'agitateurs, et enfin les cohortes privées des Seigneurs de la Guerre convertis à la foi rouge. Tout cela sous le commandement du Généralissime Tchang Kaï-chek qui a installé son quartier général dans un train spécial.

L'expédition vers le Nord, la « beifa ». Progression aisée. Au fur et à mesure de l'avance, tous les pauvres se révoltent, se joignent à l'armée de la Révolution. L'explosion de la joie, l'explosion de la haine, la libération des instincts. Les paysans dans une carmagnole effrénée assaillent et tuent les propriétaires fonciers. Les ouvriers, encore plus déchaînés, se répandent à travers les manufactures et les ateliers, tirant vengeance de leurs oppresseurs, les patrons capitalistes, les durs contremaîtres. Malheur aux riches, malheur aux usuriers, malheur aux profiteurs. La Révolution gronde, tous les nantis, pour échapper aux mains de la colère, essaient de s'enfuir... Quand ils sont rattrapés, ils sont déchiquetés. Le sang... Mais la tempête s'abat aussi sur les Blancs, c'est contre eux la même rage que du temps des Boxers. Il ne s'agit plus de la sorcellerie primitive des « poings de la fleur de prunier ». C'est le Peuple qui pourchasse les Barbares. Pourtant l'on croirait revivre les terribles scènes d'antan. Comme jadis, les églises flambent, les missionnaires sont exterminés, les crucifix piétinés et souillés. Hystérie. Délires. Inquiet, pour enrayer cette folie, Tchang Kaï-chek proclame la loi martiale. Inutilement.

Les colonnes débouchent à Hankéou (Wuhan). L'immense cité faite de trois cités où abondent déjà étudiants et ouvriers, est proclamée la capitale de la liberté, c'est surtout la capitale de la liesse rouge. Sans cesse des rassemblements géants, des défilés gigantesques, les masses dans leur paroxysme voluptueux. Les armées commencent en suivant le fleuve à marcher sur Shanghai, Shanghai déjà happée par la peur. Des réfugiés, Européens ou « gros Chinois » y surgissent par milliers et leurs récits terrorisent les Concessions. A Nankin, Nankin si proche de Shanghai, la fureur de la populace s'est encore accrue. Comme si les Rouges emportés par le bonheur de la violence s'étaient livrés à tous les excès qu'une passion mauvaise peut inspirer. Quelle revanche que de souiller les Blanches, que de laisser leurs corps nus jonchant la chaussée, offerts à la gaieté et aux caprices de la foule. La plupart ont survécu aux outrages et sont apparues dans Shanghai. Leur humiliation et leur détresse... Que la malédiction soit sur la Chine!

Après les atrocités commises à Nankin, l'Occident se mobilise pour envoyer toutes les forces possibles au secours des Concessions menacées à Shanghai. Sont dépêchés en toute hâte – un rappel du temps des Boxers – des corps expéditionnaires français, japonais, italien, espagnol, belge, hollandais. La Shanghai des Blancs est désormais une forteresse tenue par une garnison internationale de vingt-cinq mille hommes. Les « frontières » sont garnies de barbelés et de fortins – mitrailleuses prêtes à cracher, tous les soldats sur le qui-vive, en état d'alerte permanent. Cent vingt-cinq navires de guerre ancrés dans le Whangpoo braquent leurs canons sur la Chine. De nouveau, la civilisation contre la Barbarie. Mais comment celle-ci se manifestera-t-elle? L'attente, la grande attente. Et cette inconnue, les Rouges attaqueront-ils, oseront-ils attaquer? Ce serait suicidaire. Ne recourront-ils pas alors à une autre tactique, l'étouffement? Si les Concessions sont invulnérables aux assauts, encerclées par la Chine révolutionnaire, ne seront-elles pas asphyxiées à la longue?

On apprend que l'armée de Tchang Kaï-chek approche, qu'elle est là, tout à côté. Un silence s'abat sur les faubourgs chinois, en principe défendus par un Seigneur de la Guerre nordiste, antirévolutionnaire, du nom de Hsu Lang Hai que l'on a comblé de dollars, pour lui insuffler du courage à lui et à ses hommes.

Soudain des quartiers chinois éloignés montent des bruits belliqueux, détonations, déflagrations, sifflements, la panoplie sonore de la guerre. Il y a aussi des fumées, des flammes, des incendies. Que se passe-t-il? Ce n'est pas Tchang Kaï-chek qui a fait donner ses troupes : à ce que l'on sait, il se tient tranquille avec elles aux abords de l'agglomération. Que se passe-t-il donc? C'est Chou En-lai. Il est sur place, il a lancé un ordre de grève générale qui est totalement suivi. De là le silence qui s'était répandu sur les quartiers pauvres. Mais ensuite, ces ouvriers en grève, il les a jetés dans l'insurrection et

Shanghai

la rumeur des combats s'est répercutée dans les Concessions. Les forces de Hsu Lang Hai se sont rapidement débandées face aux miliciens prolétariens qui ont opéré avec une minutie et un acharnement extraordinaires. La discipline du Grand Soir. Ces gens du peuple, un brassard rouge autour du bras, se sont formés en petits groupes de partisans aux objectifs précis. Chou En-lai lui-même, entouré de quelques responsables du Parti communiste de Shanghai, dirige tous leurs mouvements. Du travail bien fait. Au bout de quelques heures, le soulèvement est victorieux. L'arsenal, les entrepôts militaires, les commissariats de police, la gare principale sont pris. On juge, on fusille. Chou En-lai crée un conseil municipal rouge, Chou En-lai n'a pas affronté les Concessions.

Un mystère : pourquoi Tchang Kaï-chek n'est-il pas intervenu avec Chou En-lai? Maintenant on le sait, Chou En-lai avait fait appel à lui, et pourtant il n'a pas bougé. Les relations entre les deux hommes sont mauvaises depuis l'école militaire de Whampoa, à Canton, dont Tchang Kaï-chek était le directeur et Chou En-lai le commissaire politique. Chou En-lai s'est toujours méfié de Tchang Kaï-chek qu'il considère comme peu « sûr ». Il n'a accepté son autorité que sur les instances formelles et répétées de Borodine, de Galen et des autres émissaires russes qui ne cessaient de lui prêcher : « Tchang Kaï-chek, au contraire, retenez-le. Soyez souple avec lui, obéissez-lui, qu'il soit satisfait. » Injonctions, ordres de Moscou.

Et là, à Shanghai, ils sont face à face. Et Chou En-lai a agi seul. Tant de prolétaires armés triomphants sous sa coupe. Est-ce cela qui a déplu à Tchang Kaï-chek? Toujours est-il que lorsque Chou En-lai s'adresse à lui pour que l'Armée Rouge se joigne au Peuple Rouge afin de balayer la Shanghai capitaliste, Tchang Kaï-chek ne fait rien. Moments de vérité, mais il est indéchiffrable. Il reçoit des journalistes occidentaux dans son quartier général et leur débite des banalités.

Dans les Concessions, la personnalité de Tchang Kaï-chek intrigue. Son comportement... Bizarre dans la situation actuelle. Qui est-il, que prépare-t-il, quelle entreprise sinistre, et contre qui? Une lueur d'espoir. Est-il le jeune sauvage rouge que l'on a décrit? Que sait-on de lui vraiment? Qu'il a été envoyé par Sun Yat-sen s'endoctriner en URSS pendant quelques mois. Mais jamais, jamais il ne s'est inscrit au Parti. Ne commet-on pas une erreur d'appréciation sur lui? Tant d'ombres – heureuses, prometteuses – sur son passé...

Un Chinois d'origine ordinaire que le régime impérial envoie dans une école militaire au Japon. Il est promu lieutenant, un petit officier pauvre, sans relation, sans appui. Dévoré d'ambition, il cherche un levier pour le lancer vers un destin qu'il rêve grandiose et, de retour à Shanghai, il s'acoquine. Les Shanghaïens blancs se souviennent qu'il avait acquis les faveurs du fameux Chen Qimei dont il s'était fait l'intime et le valet, un personnage redoutable à la fortune ténébreuse, un des chefs de la Bande Verte. Tchang Kaï-chek avait donc été membre de cette confrérie dont on ne peut jamais sortir. Chen Qimei avait sauté joyeusement dans la Révolution bourgeoise de 1911, une excellente affaire. Il s'était institué gouverneur révolutionnaire de Shanghai, ce qui lui permettait toutes les exactions et spoliations au nom de la vertu républicaine. En particulier, il faisait lever l'impôt patriotique et Tchang Kaï-chek était complice de ce brigandage, interrompu en 1916 par l'assassinat de Chen Qimei.

Tchang Kaï-chek avait ce don de s'attirer les grâces de sommités dont il devenait le favori indispensable. A Chen Qimei succéda Sun Yat-sen comme patron. Il l'avait littéralement envoûté. Cela lui avait refait une virginité. Évidemment, il avait suivi Sun Yat-sen dans sa révolution, devenant son garde du corps, son chef d'état-major, bien plus, le commandant suprême de ses armées. Sun Yat-sen mort, il était resté le Généralissime de ses troupes parties de Canton à la conquête de la Chine.

A Shanghai, il est devant le choix de sa vie. Ou bien il reste l'allié des communistes et il tombe fatalement sous leur emprise, il est digéré par eux. Ou bien... Dans ce cas-là, il ne peut y avoir qu'une solution extrême. S'il se retourne contre eux, ce sera en ennemi absolu.

Tchang Kaï-chek regarde à la jumelle la Shanghai des Concessions si formidablement protégées. Ce serait démence de se jeter contre elles, contre ces grandes murailles d'acier, de fer et de feu. Et puis il n'en a pas envie... Cette Shanghai capitaliste est celle de sa jeunesse où il a, parmi les notables, tant de connaissances et d'amis. En prenant contact avec eux, il ne se trahirait pas. Trahirait-il même les communistes? Depuis longtemps il leur est totalement hostile, il en a fait assassiner secrètement, il les hait. Quoi de plus juste que de se débarrasser de ces Rouges odieux dont il est pourtant – ironie – le chef militaire. Il faut faire vite, Chou En-lai et ses congénères ont de plus en plus de soupçons à son égard.

Dans son tréfonds, il est déjà décidé. Les tendances secrètes de sa nature qui sont conservatrices l'ont emporté. Il sera le héros de la société établie, de la morale éternelle. Il sera le Tchang Kaï-chek de la grande respectabilité, qui dirigera une Chine décente, confucéenne. Mais d'abord il doit se laver des salissures rouges que les circonstances lui ont imposées. Le sang purifiera tout.

Son massacre, il le prépare minutieusement. Cependant il ne dispose que de trois mille hommes, le gros des forces révolutionnaires étant resté à Hankéou (Wuhan) avec Borodine et Galen. Ses unités lui sont dévouées mais le suivront-elles dans son dernier et terrible dessein?... Ne renâcleront-elles pas, ces troupes rouges, à exterminer les Rouges? Pour se les attacher davantage, il n'y a qu'un moyen, le suprême moyen : ses soldats n'ont pas touché leur solde depuis longtemps, il va les payer sur-le-champ, les surpayer, les gaver d'argent. L'argent, il n'en a pas mais il sait où le trouver facilement, en abondance.

Tchang Kaï-chek envoie des émissaires aux milliardaires jaunes des Concessions. Ceux-là même qui, par naïveté vaniteuse, par dégoût de l'ordre humiliant institué par les Blancs, ont récemment encore soutenu les causes progressistes. Qu'il leur a fallu peu de temps pour se dessiller les yeux, pour apprendre leur vérité ! Et désormais ils sont déchaînés contre la Révolution, le drapeau rouge, l'Internationale, ils ont découvert la lutte des classes et ils ont pris peur. Leur répugne tout ce qui s'est passé depuis le déferlement des armées cantonaises, ce qui se passe dans les faubourgs de Shanghai où les ouvriers de leurs usines se sont, et avec quelle détermination, proclamés rois. Leur vie et leurs richesses sont en jeu, il faut tuer, faire tuer. S'il est possible de s'entendre avec Tchang Kaï-chek, ils lui fourniront tout ce dont il peut avoir besoin.

Tasses de thé, politesses, long prélude. Et puis la vraie discussion, fulgurante. Que Tchang Kaï-chek leur quémande des subsides à eux qui sont ses amis, c'est très bien. Mais cet argent, à quoi lui servira-t-il? Les représentants du Généralissime ne font que bégayer, balbutier... Ils ne connaissent pas ses intentions. Les notables se fâchent, s'emportent, s'empourprent et refusent net. Si c'est pour autre chose... Le terrain est préparé, tout va être rapidement dénoué par l'homme adéquat, TV Soong. Fils du célèbre Charlie Soong qui avait été l'intendant de Sun Yat-sen, il lui a succédé comme trésorier de la grande révolte. Mais en ce mois de mars 1927, ce même TV Soong réclame les capitaux nécessaires pour défaire ce qui a été si malheureusement fait, pour décapiter cette Révolution qui se révèle être une calamité. TV Soong est franc, carré, épanoui, il joue cartes sur table, il exige des millions, bien plus de millions, énormément de millions. Et les richards sont d'accord, plus que d'accord. Leur hilarité, leur enthousiasme. Ils font apporter des sacs et des sacs de billets.

Autre difficulté pour Tchang Kaï-chek : la maigreur de ses effectifs. Trois mille hommes, ce n'est pas suffisant. Les rebelles sont nombreux et impudents, il a donc besoin d'une main-d'œuvre supplémentaire de bonne qualité. Là aussi, Tchang Kaï-chek sait à qui s'adresser. En son nom, l'indispensable TV va chez Du Yuesheng et lui demande le concours des hommes de la Bande Verte pour une entreprise on ne peut plus honnête et utile. Du, joyeux, satisfait, accepte. Juste quelques tractations sur la récompense qui lui sera octroyée. A combien la tête, à combien le prix des têtes? Du prie TV Soong de revenir, il doit réfléchir, prendre des dispositions...

Il semble bien que Du ait tenu à rendre une visite à M. le consul général de France et une autre au chef de la police de la Concession française, pour les prévenir des événements imminents. Ces messieurs ne veulent pas être informés, ce qui est une manière diplomatique d'approuver. Alors Du, drapé dans sa rigueur, convoque son état-major puis donne ses directives, règle toutes les modalités et enfin appose son sceau sur un parchemin – l'ordre de la grande mort. TV Soong, convoqué, a naturellement payé. Tout est paré.

Le 12 avril 1927, les affidés de la Bande Verte, tous vêtus de noir, sortent de la Concession française et font irruption dans les faubourgs chinois. A leur côté, les soldats du Généralissime qui ont enlevé leurs insignes rouges. Les quartiers généraux des communistes sont pris d'assaut et puis on procède à l'abattage. Le Grand Soir du Généralissime, le Grand Soir de la Grande Contre-Révolution.

Ce qui est surprenant, c'est la cruauté des tueurs, leur ingéniosité dans la torture. Les hommes de Du, il est vrai des professionnels du tourment, se surpassent. On fusille, on procède à des exécutions sommaires dans les ruelles – ces victimes-là ont de la chance. D'autres sont éviscérées, étranglées, précipitées dans le Whangpoo. Le règne des coutelas, des yeux crevés, des entrailles extirpées, des poitrines fendues et des cœurs arrachés. D'autres encore sont enfermés dans des cachots étouffants. Là, l'innommable, la mort lente, les agonies prolongées. On jette aussi des hommes vivants dans les chaudières de locomotives. Est-ce la vérité, est-ce l'imagination de Malraux? En tout cas, l'horreur à son comble, les éclats de rire des tueurs, leur gaieté.

Une autre particularité, la méticulosité. Pas besoin d'interrogatoire, on liquide méthodiquement, comme si les gens à occire étaient connus. La police française de Shanghai a-t-elle ouvert ses fichiers à Du Yuesheng? Quoi qu'il en soit sont expédiés en priorité les individus réputés être les émanations mêmes de la Révolution, les chefs syndicalistes, les agitateurs populaires, les étudiants marxistes, les intellectuels progressistes. Ces mauvaises têtes sont bientôt réduites à des grumeaux de cervelle, elles ne penseront plus. Mais Chou En-lai continuera à penser, il échappe miraculeusement au carnage. Quand on le conduit au poteau, un ancien cadet de Whampoa le reconnaît et le laisse déguerpir. Cette fuite... Bientôt Chou En-lai retrouvera le Généralissime.

La tuerie dure des jours et des nuits, une telle tuerie que Shanghai ne sera plus jamais un cratère rouge. Mao Zedong haïra toujours cette cité et s'en vengera. Chou En-lai aussi évidemment. En revanche cette hécatombe a plu aux Blancs de Shanghai, même aux British qui jugèrent que les grenouilles françaises avaient été malignes. Pour une fois.

Admiration jalouse, un peu dépitée, car eux les Anglais, deux ans auparavant, avaient commis une gaffe monumentale qui avait porté Shanghai à ébullition. Le 30 mai 1925... A cette époque, on le sait, les Chinois étaient tous chauffés au fer rouge contre les Blancs, même les notables, les gros, les gras, cuvaient la rage, criaillaient la plainte. L'injustice les accablait : ils payaient de lourds impôts, ne votaient pas, n'avaient pas le droit d'appartenir au conseil municipal... Pour eux, aucun moyen de s'exprimer en tant que citoyens, d'ailleurs, citoyens, ils ne l'étaient pas, seulement des assujettis contrôlés par des armées de bureaucrates et des milliers de flics. Et si eux, les Célestes, s'étaient rendus coupables d'un délit dans la Concession internationale, ils passaient devant une cour mixte présidée par un magistrat anglais assisté d'un auxiliaire chinois qui faisait de la figuration. Des sentences dures, la prison, des coups de fouet. Abomination, abomination, clamaient les plèbes folles. Dans cette atmosphère enfiévrée, il suffisait d'un incident pour embraser la ville. Il y en eut un.

Deux contremaîtres chinois sont renvoyés d'une usine japonaise. L'entreprise est mise à sac par les ouvriers. Les Nippons tirent au revolver, un Chinois est tué. La colère longuement accumulée explose, pas contre les Japonais pourtant responsables du meurtre, contre les Britanniques tellement dédaigneux... Tout le peuple de Shanghai, riches et pauvres coagulés, se déverse dans les rues, haine formidable, haine comme de la lave et le hurlement gigantesque : « A mort les Barbares! »

Une marée humaine, armée seulement de ses poings et de sa fureur, se lance à l'assaut du poste de police de Louza, un building de sinistre réputation où l'on enferme les délinquants dans des cages de fer. Le chef du commissariat, un vieil Anglais expérimenté, est passé boire un verre au Shanghai Club, avant d'aller aux courses. En son absence son suppléant, un novice du nom d'Everson, assume les responsabilités. Lors de la ruée de la foule, il fait arrêter vingt-sept Chinois par ses agents. La fureur monte d'un cran, un magma dément réclame la libération des embastillés et s'engouffre dans le bâtiment pénitentiaire. Everson s'affole, procède aux sommations, crie qu'il va faire tirer sur les assaillants s'ils ne reculent pas. Dix secondes ne se sont pas écoulées qu'une salve abat une rangée de Chinois. Sauve-qui-peut, la cohue, le silence, un spectacle de sang, un amas de blessés et de cadavres. Neuf tués. Rien pour la Chine des Seigneurs de la Guerre, la Chine des batailles, la Chine des catastrophes. Mais ces neuf-là pèsent plus que des milliers de morts indifférents : ces neuf-là ont été tués par les Blancs. Et ils vont déclencher une révolution.

Neuf tués... Le mot se répand de rue en rue, de ville en ville, de province en province, bientôt toute la Chine méridionale est en proie à la violence. Ce n'est plus une violence populacière, mais une violence ordonnée très soigneusement, organisée, l'étau du peuple pour étouffer les Blancs, l'œuvre de Borodine. Partout les colonies étrangères sont agressées par les populations... Interventions des canonnières et encore plus de morts chinois. Huit à Hankéou. C'est pire à Canton : les mitrailleuses anglaises et françaises fauchent un défilé d'ouvriers et d'étudiants, encadré par les cadets et les commissaires politiques de l'école militaire de Whampoa, qui s'engageait sur les trois ponceaux menant à Shamian, le charmant îlot dans la Rivière des Perles où est située la Concession étrangère. Là, cinquante-deux tués... Dès que la nouvelle parvient à Shanghai, la métropole s'enflamme. Grève générale, meetings permanents, les patrons associés au peuple. Boycott de tout ce qui est blanc, les marchandises étrangères sont interdites de vente et les Barbares, mis en quarantaine, abandonnés par leurs domestiques, se calfeutrent dans leurs demeures où les ladies se transforment en bonniches. Une fois de plus les gentlemen revêtent leurs uniformes de vigile.

Les Blancs sont persuadés que ce paroxysme ne s'éternisera pas. Eux, ils peuvent tenir, les Chinois pas, la faim viendra à bout de tous ces coolies, ces dockers, ces ouvriers, sans ressources depuis qu'ils ont cessé le travail. Ces Jaunes-là cependant continuent à se passer de leur bol de riz quotidien, des semaines et des mois durant. Et puis, au bout d'un temps interminable, la situation se normalise, les serviteurs réapparaissent, la plèbe retourne à ses usines, Shanghai sera toujours sauvée, Shanghai est éternelle. Les plus subtils des observateurs ont compris, eux, que le 30 mai 1925 avait été une date décisive, le commencement de la fin des Puissances en Chine.

Dans ces tumultes, Du Yuesheng était devenu une sorte de saint. En 1931, les Français le béatifièrent en le nommant conseiller municipal de leur Concession, qui grâce à lui avait continué de rester paisible. Pour être digne de ces honneurs, il s'entourait des meilleurs professeurs qui lui enseignaient à mieux parler, à mieux se comporter, même à ne pas cracher. Autant que possible, il avait supprimé la caque de son passé. Bien sûr il n'avait pu effacer les tatouages de son corps, les emmêlements de dragons sur son tronc, ses bras, ses jambes et, disait-on, sur son sexe, mais il portait de très longues robes de soie qui cachaient ces décorations devenues gênantes. Il avait enlevé de ses doigts ses diamants bleus à mille facettes, ses bijoux bien-aimés, si gros qu'ils pouvaient lui servir d'armes, des casse-tête. Désormais un grand Céleste adonné à la vertu complète, M. Du continuait à diriger souverainement une Bande Verte que l' « honnêteté » rendait prospérissime. Un « parrain » en ses palais (il en reste un, l'hôtel Donghu, sis anciennement rue Doumer). Il paradait dans Shanghai son royaume, assis à l'intérieur d'une énorme voiture blindée, des « petites fleurs » sur les genoux, quantité de gardes du corps alentour. La marche royale. Hommages non seulement des Français mais aussi des Anglais : il était glorieusement cité dans le *Who's who* comme un éminentissime homme d'affaires, un bienfaiteur social, le directeur d'une école fondée à ses frais et d'un hôpital construit avec ses fonds, un membre dirigeant de la chambre de commerce chinoise et aussi le président d'on ne sait combien de banques, de sociétés de navigation, d'entreprises toutes importantes et utiles.

La fin de l'existence de Du Yuesheng fut un peu gâchée par la victoire des communistes : réfugié à Hong Kong, moins puissant mais toujours très riche, il avait emmené ce qui restait de sa Bande Verte et opérait dans toutes les Chines non communistes, les Chines d'outre-mer. En 1951 il rendit l'âme. Il avait soixante-quatre ans.

Enfant, Du Yuesheng me fascinait. J'en entendais souvent parler par Albert qui avait avec lui des rapports... commerciaux. Une sombre histoire. Dans notre lointaine province du Sichuan, Albert était le serviteur zélé du « cynisme » colonial, c'est-à-dire là-bas de la volonté d'expansion de la prestigieuse Indochine. Le gouverneur général de la belle colonie dans sa bonté avait pensé que les indigènes ne pouvant se passer des délices consolantes de la fumée noire, ce serait œuvre pie de leur en fournir en abondance, de la meilleure qualité et en toute légalité. Ainsi avait été institué le monopole étatique de l'opium. On le préparait, on le mettait en condition avec un soin extrême dans des bouilleries perfectionnées et on le vendait par boîtes de dix, cinquante et cent grammes exactement comme des paquets de cigarettes. A l'État incombait aussi la tâche de se procurer la matière première, ce qu'on appelait la mélasse, le suc même des pavots. Or la production indochinoise ne suffisait pas. Albert avait donc été prié par le gouverneur général, un excellent homme poupin, de s'en procurer au Sichuan, terre bénie où les champs de pavots s'étendaient à l'infini. Frêles tiges balançant au gré du vent, ravissantes corolles pâles, roses, légères, la beauté... et la blessure, les petites incisions par où la sève s'épanche dans des godets. Immenses récoltes, gros commerce de cette drogue que la loi chinoise interdisait, loi dérisoire, un semblant de loi, dont évidemment les Seigneurs de la Guerre se moquaient. L'écoulement de toute la production chinoise se faisait par Shanghai... Ce qui avait permis à M. Du, successeur des taipans d'antan, de devenir dans la grande cité le chef d'un trafic « clandestin ».

L'Indochine, le Sichuan, Shanghai, la Concession française dans le pot de la drogue... et Albert au milieu, tout heureux de ses finasseries. D'abord, pour l'acquisition de la drogue, il patelina les ruffians despotes du Sichuan à qui, en contrepartie et pour solde de tout compte, il fournirait des armes de Saint-Étienne et des manufactures françaises. Tout cela, drogue et fusils, devait transiter par Shanghai. Intervint en conséquence dans ces chicaneries l'ombre de M. Du, son ombre seulement, car lui ne se déplaçait jamais jusqu'à ces confins de la Chine où sa précieuse vie aurait été menacée. Pour les premiers marchandages, il envoyait un émissaire dont le cou pouvait être coupé sans trop d'inconvénients. Tractations, complications, Albert débrouillant les écheveaux. Mais il ne pouvait conclure qu'avec Du, l'absent, le tout-puissant, bien à l'abri dans la Concession française de Shanghai. Albert se rendit donc dans la métropole avec sa petite famille.

Les négociations avec Du, comme toujours en Chine et comme le veut la politesse, furent longues. Albert eut même l'honneur d'être admis dans l'antre de Du, une cache à peine éclairée de meurtrières et pleine d'hommes armés, une obscurité où se devinaient les yeux en faïence des bêtes bienheureuses, lynx, licornes, phénix et paons. Diplomatie sans heurts, sur un divan de bois dur les deux hommes côte à côte fumèrent un peu. Dans le fourneau de la pipe, une main refermée en ivoire, grésille l'opium prêt pour le saint office. La volupté s'aspire d'un grand trait, l'onde de la drogue emplissant la tête et l'être tout entier d'une sensation poivrée. Illusion de la lévitation alors que sur la couche les corps s'ancrent dans l'immobilité. Des créatures serves, de préférence des hommes que la drogue a décharnés, préparent méticuleusement les boulettes à l'aide d'un arsenal de petits objets précis. Combien de pipes ce jour-là ? Dix ou vingt, le temps que les négociateurs, comme confits dans la cérébralité, échangent lentement, rituellement, des phrases rares, presque solitaires, arguments sortis du songe. Ah ! l'état de la grande clairvoyance ! Du fut d'une amabilité lisse, sans prise, Albert, plus terre à terre. Ténèbres, lueurs incertaines, longueur du temps... et toujours l'office. A la vérité, dans cette euphorie les discussions n'aboutirent pas.

Pour arriver au règlement final, il fallut l'intervention, le débonnaire entregent du consul général de France, le fameux baryton des bonnes intrigues. Une fois que Du eut appliqué sur un parchemin le trait au pinceau qui lui servait de signature, ce diplomate si heureusement roué et sa pétulante épouse donnèrent un dîner très choisi en son honneur. Quand même, un bandit, eût-il des allures de mandarin, célébré par un consul général en son consulat ! Temps heureux... Étaient invités, outre Albert et Anne Marie, les plus éminentes personnalités françaises, le gratin de la compréhension, les bons requins aux ailerons décorés de la Légion d'honneur. La consulesse générale, dans son sans-gêne pétaradant, avait prié ma mère, dont la réputation de cuisinière avait atteint Shanghai, de surveiller les maîtres queux chinois, qui ne s'en étaient pas vexés. Elle avait l'habitude de « traiter » les Seigneurs de la Guerre, elle saurait donc faire préparer un menu convenant autant que possible à M. Du, éliminer en particulier ces rosbifs saignants qui dégoûtaient les Célestes. Anne Marie choisit un poisson mandarin au beurre blanc, poisson superbe, magnifique, le roi des fleuves, souvent servi à notre table de Chengdu, et elle mitonna elle-même le beurre blanc qui, dans son Anjou natal ruisselait sur les brochets aux gueules d'assaut.

Moi, de par un droit régalien, j'étais dans ses jupes quand elle officiait devant les fourneaux. Puis elle était allée s'habiller... sa robe décolletée, ses jades, son sourire. Ensuite M. Du était arrivé. J'avais décidé qu'étant le petit Lulu, une personne dont j'avais déjà fait reconnaître les privilèges par toute la Chine, je verrai M. Du. Je l'ai regardé descendre seul de sa voiture blindée. Il portait une tunique de soie noire emblématisée de quelques caractères à sens confucéen et j'ai aussitôt admiré sa figure ciselée, enduite d'un demi-sourire à l'expectative bienveillante. Pendant le dîner, par une porte entrouverte j'ai scruté M. Du qui conservait son expression figée, mais s'inclinait de temps en temps devant Anne Marie toute proche de lui, la gratifiant de son respect. La conversation se déroulait en chinois, si l'on peut appeler cela une conversation. Phrases immémoriales, modulés de l'amitié, rires de commande, sentences polies comme des galets pour servir de munitions à la convivialité. Du parlait peu mais parfois son visage s'adoucissait et même je l'ai vu rire. Il y eut quelques allusions au contrat. Il y eut quelques kampés, monsieur le consul général donna même une tape sur l'épaule de son hôte, ce sacré coquin. Du remercia avec effusion, de la part de tout autre il aurait été mortellement offensé.

L'assemblée retourne au salon, eh bien moi, je me lance. Air courroucé d'Anne Marie, surprise amusée de la société. Je m'avance vers M. Du retombé dans son inexpressivité, il me fait signe d'approcher, sa figure se plisse de malice, manifestement il me connaît de réputation, il me demande en chinois : « Qui es-tu ? – Je suis Lulu de Chengdu. – Tu es le fils du consul ? – Oui, je suis né à Chongqing. » Il pose ses doigts sur ma tête, il la caresse : « Tu as appris le chinois là-bas ? – Oui, avec mon amah Li. – Alors tu es presque chinois, sois-en fier, la Chine est un grand pays. »

Fier, je l'ai été. Jusqu'à ce qu'en France d'horribles gosses d'une horrible école m'enseignent que j'étais « un sale Chinois », voué à la honte. Pourquoi faut-il que j'ai oublié la langue céleste et que maintenant je doive utiliser un interprète pour communiquer avec mon peuple ? Mon peuple, ma langue perdus... Désormais je me sers de M. Yao comme d'un instrument, comme d'une machine mercenaire pour retrouver d'autres traces de mon passé, de ma civilisation si récente et si morte. J'ai l'âme d'un archéologue, d'un jouisseur du souvenir, d'un pleureur de ce qui a existé. Oh ! Je n'ai pas à gratter le sol, à le fouiller, à le fouailler, tout est resté bien visible, des ruines à ciel ouvert, une mémoire à arpenter.

Mais où est cette splendeur qui s'étalait à la face de Shanghai, qui rassemblait Shanghai, qui était Shanghai, encore plus que le Bund ou Nanking Road ? Là il ne s'agissait pas seulement de quelques poignées de Blancs pleins de leurs mérites et de leur vanité, mais de centaines de milliers d'hommes charriés par une passion à nulle autre pareille. Les chevaux... Pour eux, le cœur de Shanghai battait comme jamais. Sur le champ de courses, noyau de la galaxie du jeu, la ville, incandescente, brûlait. Aujourd'hui ce lieu de toutes les fièvres n'est plus qu'une désolation, un terrain vague, une esplanade immense et désertée, une solitude de bitume et de terre souillée, gigantesque béance ouverte au flanc de la cité. Quelques baraques, quelques constructions, une piste de patins à roulettes où des morveux se poursuivent en chahutant. Dérision... Un baume pourtant, la vision de ces Chinois qui viennent à l'aube ou au crépuscule promener des oiseaux encagés et les faire chanter dans cet espace désacralisé. J'y discerne les signes d'un apaisement, d'un retour à la raison, moi qui ai connu « la campagne contre les oiseaux », période folle où toute la Chine avait reçu l'ordre de vacarmer nuit et jour afin que les malheureux volatiles pilleurs de récolte n'osent plus se poser et volent jusqu'à ce que mort s'ensuive. Il va sans dire qu'avoir un oiseau chez soi, ce bonheur ancestral, fut considéré pendant la Révolution culturelle comme un signe de féodalisme, un crime évidemment répugnant qu'on réprima durement. Infini de la bêtise.

Assez de ces stupidités, revenons au champ de courses. Dans la Shanghai de l'hystérie et de la démence, c'était, plus que n'importe quel endroit, le sanctuaire des joies foudroyantes et l'église des nerfs écorchés vifs. Tellement d'argent, tellement de snobisme... Tout au long de la saison se succédaient les Cups, les Events, les Sweepstakes. Des jours à l'avance, dans les clubs de la haute société coloniale comme dans les huttes des mendigots chinois, les courses étaient le sujet, l'unique et exhaustif sujet de conversation qui balayait toutes les autres préoccupations, une hantise, un leitmotiv où chacun y allait de ses remarques, divinations, paradoxes, suggestions et affirmations. Tout était supplanté, même le business, les trafics et les spéculations. En somme, la sublimation : le crottin devenait plus précieux que l'or, la denrée la plus fantastique de Shanghai.

Obsession. Du côté des écuries s'agite toute une aristocratie. Gentlemen propriétaires, gentlemen entraîneurs, gentlemen vétérinaires, gentlemen garçons de box, gentlemen palpeurs des narines, gentlemen caresseurs des ventres et tapoteurs des croupes, gentlemen pronostiqueurs. Tout est chic, ultra-chic, super-chic, trop chic pour qu'on laisse monter ces bêtes par des jockeys professionnels, ces gringalets généralement issus de basses classes. Aux jeunes gentlemen de les conduire à la victoire, avec maestria, style et stick. Le plus curieux, c'est que les chevaux ne sont que des poneys aux oreilles pointues. D'où viennent-ils ? Les avis divergent. D'Australie, paraît-il, ou d'Argentine. Il est plus probable qu'ils descendent des minuscules coursiers chinois aux jarrets de fer, escaladeurs de pistes, de marches, d'escaliers, avaleurs de montagnes à la résistance et à l'intelligence prodigieuses. En tout cas, les poneys sont l'orgueil de Shanghai, l'objet de la spéculation extrême, celle qui porte sur des milliards au point que même les Chinois sont contaminés par les « races » : leurs paris, leur argent constituent très heureusement un enjeu colossal, la masse monétaire qui donne tout son éclat à l'événement.

Au centre de tout, le « smart set ». Mes parents et moi étions admis dans la tribune officielle parmi les dignitaires occidentaux. En ces occasions, les hommes arboraient leur plus belle panse, leur redingote la mieux taillée, leur trogne la plus illuminée et leur meilleur accent d'Oxford. Quant aux femmes, elles faisaient étalage de leurs plus magnifiques parures, la tête dodelinant sous l'immensité des chapeaux. Ma mère portait souvent une capeline fleurie de magnolias. Comme toujours, pour moi elle était la plus belle. Mon père ronronnait, nous avions de bonnes places. Mais je ne veux pas décrire davantage les manèges de la société élégante en ce jour de merveilleux manège équestre. Tout le protocole du poney. La cérémonie du pesage et puis le starter, le coup de pistolet, les petites formes ridicules, les centaures croquignolets qui y vont de la crinière et du mors. Bestiaire et cérémonial, la beauté de l'accouplement de l'homme et de sa monture... Tout de même, ce ne serait pas un spectacle extraordinaire, ces gentlemen juchés sur des bidets, n'était la folie de Shanghai. Quelle intensité dans la course, ses flanquements, ses dépassements, ses rivalités de naseaux, ses écumes et ses baves! Qu'un des jockeys chute, qu'une des bêtes s'affale, et monte, je m'en souviens, une clameur incroyable, aucunement le gémissement de la pitié, ni le hoquet de l'attendrissement mais la rage, tant d'argent perdu à cause du petit talent ou de la faute insigne d'un jeune monsieur. Le guindé et la fureur amalgamés, la mer hurlante des êtres à l'annonce des résultats et lors de la proclamation du numéro magique, du sweepstake gagnant... Les courses de Shanghai étaient les plus importantes du monde.

Au-delà des tribunes réservées aux sommités, on trouvait les autres Blancs, les gens honorablement douteux, les traîne-savates de la ville, les mauvais garçons, les tenancières blondes, les truqueurs, les flambeurs, escrocs. S'y mêlaient des individus plus ou moins émêchés, plus ou moins méchants, irritables ou doucereux. Rires, lazzi, vulgarités. Tohu-bohu masculin, gloussements des filles chatouillées, mines des Marie-couche-toi-là, le jeu...

Mais autour de l'hippodrome, il y avait surtout la Chine et les Chinois amassés sur les gradins, debout, accroupis, agglutinés. Combien étaient-ils? Des centaines de milliers, peut-être un million. A l'écart de cette plèbe, un gratin jaune tant soit peu enchevêtré au gratin et au sous-gratin blancs. Diverses catégories, d'abord les grands notables qui occupaient des boxes avec leurs familles, pas tout le clan mais la douairière, l'épouse principale, les enfants mâles. Puis des milliardaires ouatés dans leur suite courtisane, exhibant parfois quelque concubine sublime. Certains élégants avaient ramené de l'Occident des petites bourgeoises ou des étudiantes qui s'étaient crues épousées et qui, en Chine, quand elles n'étaient pas mortes de chagrin, étaient devenues de vrais numéros. Se mêlaient à cette haute société céleste les inévitables grands philanthropes encadrés de leurs gardes du corps en tenues allégées, c'est-à-dire sans pistolets ni revolvers, les armes n'étant pas du tout tolérées dans cet hippodrome où la « law and order » était appliquée totalement à la suite d'un accord tacite. Naturellement M. Du était là, en vedette, impassible, quelques sourires, quelques courbettes, misant des fortunes.

Mais qui ne pariait pas? Le personnel des bureaux, les employés, les commis, les inférieurs nichés dans les labyrinthes du business trouvaient là l'aubaine de risquer orgueilleusement leurs salaires. Les artisans, les boutiquiers, les ouvriers, les mères de famille, certaines portant leur dernier bébé accroché dans le dos, le peuple entier, le bon peuple, le pauvre peuple, jouait. L'argent brûlait les poches, l'argent propre du travail, des besognes pénibles et écrasantes, des ultimes forces, comme l'argent des voleurs et des gangsters... tout y passait.

Génie du jeu, on peut parier tout simplement ou participer à l'invention sublime, le sweepstake qui mêle le hasard aux données classiques de la course, qui est une loterie. Quand le numéro gagnant court à travers la forêt des haut-parleurs, le tonnerre, le tremblement de terre, l'égorgement général. Curieusement, le béni de la fortune est souvent un personnage déjà très important, par exemple quelque consul de France estimé, mais dont le traitement est insuffisant pour ses réceptions somptueuses. Ah! les courses! Les chers vieux gentlemen respectés tournés pickpockets légaux, et ratissant encore et toujours la vieille Chine. Et les jockeys, les meilleurs des griffins, qu'on ne célébrera jamais assez. Si l'un de ces garçons se rompt les os, les dames croix-rouge à l'hôpital l'entourent de leurs lèvres maternelles et les jeunes filles lui apportent la promesse de leur fleur. Une fois l'un d'eux est mort. C'est le héros national de Shanghai.

Chaque course était un pandémonium, le grand «Event» de l'Asie coloniale, de l'Asie blanche. Ensuite, quand les autres temps sont venus, ceux du communisme, l'hippodrome s'est dégradé en une friche sale, en une uniformité morne. Jusqu'à ce qu'il retrouve usage d'hystérie au moment de la guerre de Corée. Nuages sur Shanghai. Tchang Kaï-chek et ses reîtres installés à Formose ne pouvaient-ils débarquer alors que les armées de Mao s'accrochaient avec les forces américaines dans le lointain pays du Matin Calme? Danger, danger. L'infâme Mc Arthur ne voulait-il pas satisfaire le Généralissime en transportant ses troupes reconstituées sur le sol même de la Chine, n'allait-il pas lancer la bombe atomique et faire de la Chine rouge un enfer de flammes? Péril surtout à Shanghai. N'y restait-il pas quantité de capitalistes qui avaient été traités avec trop de douceur? Ces gens ne risquaient-ils pas de se jeter dans les bras d'un Tchang Kaï-chek aux unités refaites, foulant à nouveau la terre céleste sous la protection des gigantesques canons de la 7e flotte?

Shanghai était menacée. Les circonstances commandaient la fin de la clémence, il fallait éliminer aussitôt les capitalistes les plus obstinés dans le mal. Et quelle meilleure arène que l'ancien champ de courses pour ces justes exécutions? A nouveau, il y eut sur les gradins, sur les pourtours, un ou deux millions de Chinois hurlants, mais cette fois d'un hurlement de haine. Le jugement du peuple. Cent par cent, les ignobles criminels furent livrés à la justice des masses. Ils descendaient des camions, petits êtres hâves, que des soldats attachaient très rapidement à des poteaux – un poteau pour chacun. On ne prenait même pas le temps de pratiquer les rites coutumiers, les démonstrations de l'humilité, les vaines supplices, voix geignardes et corps rampants. Les remblais de bleus de chauffe vociféraient suivant une cadence marquée par des chefs de claques: «A mort, à mort!» Beuglements qui se répercutaient, déformant les visages, jusqu'à l'infini de la monstruosité. Des roulements de tambour, des ordres, une salve, coups de grâce et ramassage immédiat des cadavres des traîtres. Après une fournée, une autre, la vengeance des dieux rouges, l'abîme de la bonté des hommes.

C'était pratique et symbolique à la fois, ces fusillades en ce lieu où le capitalisme avait déployé toute sa frénésie. Je me demande si M. Yao en a connaissance. Évidemment il n'en dit rien et je ne me sens pas l'audace de l'interroger. Quoi qu'il en soit, qui oserait se souvenir? Il ne reste plus que ce no man's land où il semble que jamais rien ne se soit passé.

Mélancolie... Je m'escrime à retrouver le dynamisme d'antan, la pelote des plaisirs de Shanghai où je plantais mes griffes comme un chaton. Vanité de mes efforts... Shanghai est morte, bien morte et je le sais depuis longtemps, depuis une certaine fête qu'au moment des Cent Fleurs on m'avait offerte. Les ultimes rescapés de la grande époque y avaient été conviés, fantômes prêts à se dissoudre, ombres fragiles, un instant arrêtées au bord du néant.

Cela se passait au consulat de France, le vrai, celui que j'avais connu dans mon enfance. Le consul tout comme à Pékin avait été remplacé par un brave adjudant de la coloniale. Pour moi, il avait eu la pieuse pensée de rassembler les derniers survivants de la Shanghai d'antan. Il en est résulté une étrange scène dont je n'ai jamais pu me défaire, et que j'ai souvent racontée.

Ces êtres qui avaient pleinement existé dans les splendeurs du Bund et les agréments de leurs clubs sont tombés en poussière. Le cadre lui aussi est d'un autre âge où surnagent quelques beaux objets, le reliquaire des consuls et des consulesses qui avaient été si importants, si puissants, qui avaient comme régné. Ce qui reste est vétuste, un héritage piteux, des gravures galantes, un embarquement pour Cythère, des livres reliés pleine peau. Il y en a un de ces consuls, accroché au mur, superbement peint, complet, avec tous ses affûtiaux protocolaires, aussi décoré qu'Albert lui-même. Mais au lieu du bon sourire de mon père, il arbore une grimace de supériorité hautaine. Comme la vanité aussi se démode!

Cependant l'adjudant essaie de faire croire qu'il est vraiment consul. Sa femme veille sur la cuisine, lui pérore, tout vivace d'anecdotes, sous un fanion qui d'ailleurs sied mieux à un ancien marsouin qu'à un représentant du Quai d'Orsay. On y lit : « Honneur et Patrie. » Veut-il signifier que la France éternelle, grâce à lui et à ses vaillants exploits, demeure en ce dépotoir? Les serviteurs en robe blanche passent des cocktails roses. Mme l'adjudant-consulesse est revenue de l'inspection des fourneaux. Tout est prêt, nous pouvons prendre place à table. Une belle vaisselle, des assiettes vrai ou faux Sèvres, des cristaux. Comme symbole de l'étiquette, des petits cartons avec les noms des convives en belle écriture moulée, bien appliquée. Les politesses, les préséances. L'adjudant, martialement, met de l'ordre dans le troupeau. Chacun à son rang. Le bruit des cuillères ramassant la soupe et la portant à de vieilles lèvres qui découvrent des dents jaunies...

Je contemple les êtres que pour moi l'on a ressuscités. Tous écroulés sous le poids de la Chine, cette Chine qu'ils dominaient il n'y a pas dix ans et qui maintenant les domine. De la ride, de la peau tannée, des yeux ternis. Tous, pourtant, à ce qu'ils me disent, ont vécu dans la prospérité, étaient pourvus d'excellents métiers. Parmi eux, un homme un peu parkinsonien et qui avait été le médecin le plus célèbre de la Shanghai française. Et aussi un avocat dont il ne reste qu'un grand nez qui ne hume plus aucune cause. Ils n'exercent plus depuis longtemps, ils végètent dans l'oisiveté, ils ressemblent à des centenaires jaunes. Tout leur a été pris, leurs logements, leurs biens. Comment vivent-ils? Pourquoi sont-ils demeurés à Shanghai? Ils ont grand-peine à me répondre. Plutôt s'étendre sur leur félicité passée même s'ils savent bien que leur univers est mort et que jamais les canonnières ne réapparaîtront pour les rétablir dans leurs droits. Seule continue à croire au retour de cet antan fabuleux la grande théâtreuse française de l'ancienne Shanghai, une mimi pinson de la bohème riche, mais elle a quatre-vingt-dix ans et ce soir-là, elle est malade, paralysée dans son lit, inapte au service.

Curieusement, ces décombres n'ont ni rancune ni regret. Plus bizarre encore, ils admirent la Chine Rouge, ils ont la certitude qu'elle sera la plus grande nation du monde. Cette Chine qu'ils n'avaient pas prévue, qu'ils avaient abominée est désormais, dans ses fières allures, leur viatique, pour eux la seule réalité à quoi se raccrocher. D'ailleurs où iraient-ils, eux qui sont étrangers partout? Enclos dans les murailles de la société communiste, ces fossiles ont appris l'art de dépérir lentement. Des spécimens comme eux, il en demeure une centaine à Shanghai si l'on compte leurs congénères anglais, allemands ou américains. Maigre forêt pitoyable de petits vieux et de petites vieilles, qui s'ignorent et ne s'aiment pas.

Quand même et presque joyeusement, ils me font leur oraison funèbre, ils sont de trop. Les femmes résistent mieux, des femmes comme on n'en trouve qu'à l'agonie d'un monde. Magnifiques. Surtout les Russes blanches qui avaient réussi l'exploit de convoler jadis avec des Français de Shanghai. Ils sont morts, elles les ont pleurés mais elles ne demandent qu'à revivre. Hélas, les occasions sont rares à Shanghai maintenant. Elles espèrent pourtant, ces dames russes... Seules geignent et gémissent les veuves de souche française qui, leurs maris enterrés, se sont comportées en orphelines, en fillettes égarées. Ce qu'elles racontent comme inepties, confondant les Seigneurs de la Guerre, le Kuomintang et le Parti. Elles ont perdu la boussole...

Au dessert surgit un lot de capitalistes français fraîchement avionnés de Paris, la première vague de ploutocrates à venir s'ébattre sur la Chine où éclosent les Cent Fleurs. La joie de mes fantômes... Mais ces messieurs ne jurent que par Mao qu'ils prennent pour Mercure, le dieu des affaires. Ils sont pris de passion pour les vertus de la Chine Rouge, ils en ont plein la bouche, même si en France ce sont d'affreux patrons réactionnaires. La vue de mes ectoplasmes les rend malades de dégoût. Leur répugnent ces profiteurs, ces exploiteurs qui ont saigné la Chine. Bruits de voix, la querelle s'aiguise. Mes spectres retrouvent des forces pour prêcher la prudence à ces bourgeois-gentilshommes. La preuve, eux-mêmes à la Libération, ils ont cru... Mais ce qu'ils ont cru, les intrus s'en moquent. L'adjudant-consul pour apaiser les esprits fait servir des liqueurs et porte un toast à la France! Les zombies n'ont plus qu'à s'évanouir tandis que les capitalistes importés rêvent déjà à des milliards de profit. Ils les méritent, ils aiment la Chine, eux.

Où sont mes ombres aujourd'hui? Disparues, dissipées, volatilisées, sans avoir laissé un nom, ni même un souvenir. Où est l'adjudant de la coloniale? Où est le consulat ancien qui flambait d'importance, celui où j'avais joué mon personnage de « petit Lulu », où j'avais parlé crânement à M. Du? Disparu lui aussi, enfoui sous les défroques rouges. Qu'importe... Car je sais qu'à Shanghai la France est à nouveau représentée par un consul général, un vrai, qui réside quelque part à l'intérieur de l'ancienne Concession française. Sketch habituel avec Yao quand j'annonce mon intention de rendre visite au diplomate : il est abasourdi. Il nous croyait définitivement sous sa coupe et cette incartade lui paraît bien plus grave, bien plus dangereuse que notre expédition à l'ambassade de France à Pékin. Elle l'est. Un consul, Albert en a été la preuve, est bien plus accroché à la réalité, aux difficultés du quotidien qu'un ambassadeur qui flotte souvent dans le mirage des théories, dans l'oracle des nuages et dans la qualité du style. Le consul, lui, doit d'abord faire face aux embêtements.

A la recherche du consulat, nous nous enfonçons dans l'ancienne Concession, si agréable dans sa solitude. Ah! le changement des temps, l'immensité de la chute. Avant, le consulat, c'était Versailles, le soleil qui illuminait un peuple de courtisans et de serviteurs, le consul était prince, le chef révéré de quelques milliers d'hommes. Désormais, le consul est anonyme, le consulat inconnu.

Enfin nous arrivons devant une jolie villa, assez grande, qui ne dépareraît aucun Vésinet. C'est là.

L'exquis d'une sentinelle baïonnette au canon, les négociations de Yao, la liasse de papiers officiels. Un serviteur indifférent nous ouvre. Quelques marches, une autre porte et la réception où est assis un cerbère chinois, grand, maigre, la tête coupante, le corps enveloppé d'une tunique blanche. A peine a-t-il entendu mon nom qu'il est secoué d'enthousiasme. Il me dit dans un français impeccable : « Vous êtes M. Bodard, le grand M. Bodard dont j'ai lu toutes les œuvres? Nous sommes honorés. J'avertis M. le consul de votre visite. »

Là-dessus, un hennissement de bonheur. Je me dis qu'il est étrange que ce personnage me connaisse : sans doute une providence policière lui a-t-elle remis une fiche sur ma personne.

M. le consul général a l'accueil charmant. La quarantaine, le teint de la bonne santé, on dirait un paysan de la diplomatie. Sans empois, sans artifices, sans les grâces apprêtées de sa profession, il se montre d'une chaude amabilité, d'un enjouement paisible. Je sens cependant à certaines ombres sur sa figure, à certains blancs de sa voix qu'il essaie de me faire percevoir des choses. Autour de nous le silence, dans des pièces attenantes travaillent des adjoints français. Vont et viennent alentour clercs et serviteurs chinois agissant – est-ce de la paranoïa? – comme s'ils étaient particulièrement chargés de nous écouter. Je devine que M. le consul, sans le dire ni le montrer, s'arrange pour me recommander la prudence. Au bout de quelques phrases il me prie de l'excuser, il se dit occupé, pris par une tâche urgente et m'invite pour le soir même dans un restaurant de Shanghai, là, nous pourrons nous exprimer plus à l'aise. Que nous repassions au consulat vers huit heures, lui et sa femme nous conduiront. Amusant, le consul et moi conspirons.

Le soir, comme un souffle de liberté. Un consul épanoui, un peu truculent, nous conduit aussitôt auprès de son épouse, dans son appartement privé. Images de conjugalité délicieuse. La femme est blonde, les yeux bleus, jolie, mince, d'une volubilité accueillante, d'une vivacité amusante. Elle est Mme la consulesse, mais avec une sorte de grâce naïve... Avant tout, elle est la conjointe et la mère, sa famille, c'est son univers et son monde, sa préoccupation essentielle en Chine, et son mari, tout naturellement, se comporte en homme comblé et en hôte prévenant. Avant le départ, scène de genre avec les enfants, un bambin de quatre ou cinq ans et un bébé que nous admirons dûment. On berce, câline, console mais rien de niais là-dedans, tellement il y a d'amour et d'édénique félicité chez ce couple.

Le consul n'a pas de chauffeur et nous conduit lui-même dans le cœur de Shanghai. Néons, grouillements de vélos et de piétons qui s'écartent avec peine, nous nous arrêtons enfin devant une ignominie de style berlino-soviétique, le palais des Expositions. L'ascenseur, le septième étage, le restaurant, la nourriture céleste, le fric. Anonymat du consul de France en ces lieux... Il regarde autour de lui, ne discerne rien de particulier, maîtres d'hôtel et garçons s'empressent mais comme auprès des autres clients : nous pouvons parler. Le consul à la bonne figure discourt sur son métier, sur ses soucis. Il exerce dans une cité décadente même si elle demeure la première ville industrielle de Chine, 12 % de la production totale chinoise au lieu des 30 % d'autrefois. Par la volonté du gouvernement et des autorités qui ont envoyé dans des régions lointaines les meilleurs ingénieurs et techniciens, Shanghai n'est plus qu'un squelette où les Quatre Modernisations démarrent péniblement. En conséquence, le consul n'a pas tellement à s'occuper des capitalistes français qui y viennent en rechignant et en repartent vite, sans créer d'affaires ou si peu. Cinq banques françaises sont présentes, une société d'import-export déploie une certaine activité, rien d'éblouissant. Sur les cent ressortissants que protège le consul, quatre-vingts sont dans l'enseignement, professeurs et étudiants. Cela lui pose parfois des problèmes malaisés à résoudre, mais tout n'est-il pas compliqué en Chine? Le consul ne dénigre pas l'Empire rouge mais manifestement il le trouve « difficile ». Sa femme surabonde, parfois rien ne va, il lui faut elle-même se consacrer à la bonne tenue de ses enfants, souvent faire la cuisine, le ménage et le marché. Pour moi, ces propos sont stupéfiants, moi qui à Chengdu étais le roi d'un peuple d'amahs et de serviteurs, moi qui ai connu une Anne Marie et un Albert souverains dans leur Far West sichuanais. Nous épiloguons donc sur la Chine « ouverte », incommodément ouverte, sur la Chine-eczéma qui de temps en temps tourne à l'empoisonnement du sang, sur la Chine satinée qui si souvent procure des plaisirs délicats.

Les plaisirs justement. Au dessert, nous décidons d'aller faire la fête, puisqu'elle est désormais permise. Mais seule la fête décente est vraiment autorisée. Les uns et les autres, nous connaissons l'existence de cavernes louches où les jeunes se déchaînent sur de la musique rock. Là sévissent des « dévoyés ». Contrairement aux affirmations officielles, il y a même des coins où se rassemblent les homosexuels, ils sont nombreux, certains maquillés, fardés, presque travestis. Pourtant l'homosexualité est en Chine un crime puni de mort... Tout se passe comme si, à certains moments, il existait une tolérance de la police, les noceurs étant souvent des fils et des filles de cadres du Parti. Et puis soudain tombent les répressions et les châtiments. Ainsi, un même soir, sur les cent soixante boîtes de nuit qui existaient, quatre-vingts ont été fermées. Considérations du consul sur le comportement des autorités, la succession du laisser-faire, des atermoiements et des brutalités. En 1983, une affaire de mœurs a d'ailleurs failli engendrer une crise politique de la plus extrême importance, une affaire d'État. Trois rejetons de grands dignitaires avaient été condamnés à la sentence capitale pour proxénétisme et viols, on ne sait combien de crimes. Quelques semaines plus tard, ils étaient graciés. Encore un mois ou deux, un communiqué annonçait qu'ils avaient été exécutés. Où? Comment? C'est le mystère. Il avait dû y avoir des remous dans le Parti. Maintenant on ne parle plus du tout de cet épisode, lèvres closes sur la mort du petit-fils du maréchal Zhu De et du petit-neveu du président de la République, Li Xinnian... De cette conversation, il ressort qu'il ne faut pas se risquer là où un consul ne doit pas être et où de toute façon les jeunes Chinois à la mode se moqueraient des « vieux » que nous sommes, Blancs de surcroît. Nous irons donc au coffee-shop du Peace Hotel (l'hôtel Heping), un palace d'autrefois qui est resté luxueux et qui avec l'hôtel Jinjiang abrite des gens « bien ». Le consul est tout étonné que nous n'y habitions pas, qu'on nous ait relégués dans un établissement ne servant qu'aux pauvres. Il tique un peu, c'est-à-dire beaucoup pour un consul.

Le Peace Hotel. Colonnades, portails, couloirs solennels. Le dancing est au rez-de-chaussée. Une piste où s'exercent quelques couples et puis dans les profondeurs une quantité de personnes tout à fait mûres. L'Internationale des riches qui se distraient cossus, vulgaires, bavards, branlant du chef en mesure! Il ne s'agit pas d'êtres bouchonnés de bonnes manières, de plénipotentiaires des grandes firmes internationales mais d'une faune de touristes et de chevaliers d'industrie qui ont écumé le monde avec des succès divers et qui, à Shanghai, invinciblement attirés par les remugles de l'ancienne magie, semblent sortir des fissures, des lézardes de l'aventure. Dans ce bal ils sont aux anges. Sur la piste se trémoussent Germaniques, Nordiques, Scandinaves, compères revêtus du sans-gêne du Septentrion. Tournicotent des femmes décaties, volailles croyant encore en leurs charmes, et des hommes faisandés, pétulants comme dans un carnaval grotesque. Mâles et femelles s'en donnent à pleine ventrée. Glapissements et rires aigus : la règle, c'est de rigoler.

Mon Dieu, que j'ai pitié des musiciens chinois, de leur résignation, de leur tristesse. Rien n'est plus déprimant en ce monde qu'un orchestre ramolli qui ressuscite des airs d'il y a cinquante ans. Ce ne sont que valses, tangos, one-step, jazz néolithique surgis de la mémoire de ces forçats aux figures de rebut et d'usure. Avec quels efforts, ils soufflent dans les cuivres, manient l'archet, tapent sur un piano désaccordé, battent la caisse. Pourtant ces larves sont bienheureuses, elles ont enfin à manger et touchent un salaire, elles qui, pendant tant d'années, ont été accusées d'empoisonner le peuple, interdites de musique, réduites à la complainte de la faim. Soudain démomifiés, ces survivants s'attaquent à leurs instruments pour en extraire quelques numéros, quelques effets, quelques solos, assez pour susciter l'excitation d'une salle qui veut s'amuser en Chine, qui s'amuse. Hourra donc...

Il est temps de rentrer. Nous sommes tout près de notre trou à rats que nous nous proposons de regagner à pied. Pas question, le consul et la consulesse veulent absolument nous reconduire en voiture. Éclairé par la pleine lune, le Bund revit dans la beauté comme régénérée de ses monuments, de ses édifices, de ses flèches, grandiose ballet architectural enfin débarrassé de ses flétrissures. Sous la lumière de l'astre habité par le fameux lapin de jade, les jardins ont retrouvé toute leur fraîcheur et les taches de rousseur de leur délabrement ont disparu. Quant au Whangpoo, il luit, coulée de reflets clairs. Symphonie de bruissements portuaires dans la nuit. Feux follets, lanternes de sampaniers et même une acuité sur les rares cargos, étraves de hardiesse, structures de défi prêtes à fendre les flots du monde : on dirait que Shanghai a de nouveau une âme.

Devant nous, notre hôtel aux apparences si convenables. Il faut que le consul et sa femme descendent de voiture, nous accompagnent jusqu'au seuil, pour que soudain ils comprennent l'infection qui ronge cet immeuble. Arrive de l'intérieur une pestilence chaude, poisseuse, écœurante, le vomi du temps. Nous couchons dans les boyaux putréfiés de ce qui a été jadis un ventre charnu et magnifique. Sur la face du consul, je distingue une moue que je n'arrive pas à interpréter. En tout cas, congratulations, remerciements, nous nous reverrons, nous avons vraiment sympathisé.

Le lendemain, vers neuf heures, au téléphone M. Yao avec une voix haletante et perdue, des termes tranchants et durs, comme il n'en a jamais eu. Le programme? Non, il aboie : « Vous devez quitter immédiatement cet endroit, je vous emmène au Peace Hotel où vous disposerez d'une très belle suite. Nous partons dans une demi-heure. »

Marie-Françoise et moi maugréons. Il ne reste que deux jours à passer à Shanghai, nous sommes mous, découragés à l'idée de refaire les bagages, de déménager, de nous trimballer, nous nous sommes accoutumés à la saleté. Marie-Françoise remercie M. Yao de son zèle, ce n'est plus la peine. Yao rugit : « Dans une demi-heure. Dans une demi-heure ! »

Nous continuons à faire la grève des valises. Au bout de la demi-heure prescrite Yao apparaît. Il découvre une Marie-Françoise en tenue de nuit, pas même coiffée. Yao la secoue et la rabroue, je comprends qu'il s'agit d'une affaire très importante pour lui, bien plus que l'envie de nous trouver enfin un logis décent. Quelque mécanisme s'est mis en branle dans la machine communiste, il en est résulté la nouvelle « solution correcte » de nous installer somptueusement au Peace Hotel. Yao a dû se faire engueuler pour nous avoir casés dans un endroit aussi indigne de nous.

Marie-Françoise s'est alors habillée, remise à la besogne, à nos valises et à nos sacs. Yao l'aiguillonne, d'ailleurs tout le corps de l'Association des journalistes de Shanghai s'est rameuté dans notre chambre de façon à charrier rapidement nos personnes et nos bagages. La course. Deux voitures noires nous déversent devant le seuil du Peace Hotel, un beau bâtiment d'une douzaine d'étages, un élan de pierre somptueux et sévère, couronné d'une sorte de gâteau posé sur la terrasse. Si la salle du rez-de-chaussée, si le hall avec ses boutiques de l'amitié sont le reflet d'un monde factice et douteux, en revanche le reste du Peace Hotel est un fief, celui d'une élite à la tenue très stricte, à la sévérité cossue. Vétusté majestueuse de ce conservatoire Art Déco, de ces couloirs comme des allées, de ces immenses salles aux parquets luisants, de ces murs recouverts de bois sombre, de ces cloisons lisses d'une imposante nudité, de ces salons profonds et calmes, de ces vastes salles à manger à marbre et à colonnes, de cette pénombre feutrée où je crois distinguer les fantômes d'antan, aristocratie de ce silence qui brave les ans. Notre appartement, une tombe confortable d'un luxe démodé, d'une opulence froide nous semble un paradis.

Je somnole un peu, juste le temps de donner corps à mes rêves. Le Peace Hotel, c'était jadis le Cathay, l'hôtel le plus célèbre de toute l'Asie. Là ont défilé des gloires mondiales, des hommes d'État, des écrivains comme Noël Coward qui y écrivit ses *Vies privées*, là ont dormi Marlène Dietrich et tant d'autres actrices qui ont incarné les cruels éblouissements de Shanghai. Je flotte dans la luxure, les drames, les amours désespérées, parmi les gentlemen aux cœurs tannés et tendres, dans le sifflement des trains qui toujours emportaient ces victimes à travers les traîtrises de la Chine. Tous ces films, tous ces romans pour célébrer Shanghai...

Le nom des Sassoon éclate dans ma tête. Sassoon de l'âpre légende, aux rapacités si fantastiques qu'elles en étaient devenues respectables. Ils avaient fait construire le Cathay, l'avaient voulu palais des fêtes et ce n'était pourtant qu'un temple parmi d'autres temples de leur fortune. A l'origine un clan de juifs irakiens persécutés dans leur Mésopotamie. L'ancêtre David s'était établi à Bombay où sa cervelle prodigieuse avait commencé à bâtir un empire. Fécondité du patriarche, quantité de Sassoon que leur instinct avait amenés à Shanghai où ils avaient fait merveille dans les négoces de l'opium et du textile avant de se répandre avec un flair infaillible dans tous les trafics et tous les commerces. Calculs fructueux, audaces récompensées, leur ascension avait été fulgurante. L'épopée. Leur réussite était telle que ces bellâtres bruns étaient acceptés par tout l'Establishment. Les plus doués de la tribu dominaient l'Asie des profits incommensurables. Les autres, on les établissait dans Albion où ils épousaient des filles de ducs. Tous accumulaient titres de Sir et de baronnet et quand l'un d'eux mourait, des Lords menaient le deuil, tenant les cordons du poêle, et sur l'étendue des continents, les parsis, les levantins, les petits juifs, en signe de chagrin, fermaient boutique.

Après la Première Guerre mondiale, le plus célèbre des Sassoon de Shanghai était Ellice Victor Sassoon qui avait le privilège de n'être plus connu que par ses initiales, E.V.S., un surnom donné par ses condisciples de Trinity College à Cambridge où il avait d'ailleurs fait d'assez mauvaises études. C'était le tycoon des tycoons, peut-être aussi puissant à lui tout seul que la Hong Kong and Shanghai Bank, arrivé en tout cas à ce point de notoriété seigneuriale qu'il avait pu se composer un personnage d'hurluberlu magnificent. Sa passion des femmes... Il les collectionnait mais leur préférait ses centaines de chevaux qu'il faisait monter par de jolis British. Tout Shanghai répétait son adage : « Il n'y a au monde qu'une *race* plus grande que les juifs, le Derby. »

Petit, menu, ni laid ni beau, un éternel œillet à la boutonnière, toujours une créature de rêve à son bras, était-il heureux ? Il donnait les « parties » les plus extravagantes du monde – larbins, flambeaux, musiques partout, l'échevelé des danses, la goinfrerie gargantuesque, la chevauchée fantastique. Souverain d'une Shanghai flambeuse, vulgaire, excitée, si loin du puritanisme qui avait fait sa force, il annonçait la décadence et la destruction. Il corrompait les épouses et soudoyait les maris. Cependant venaient à ses réceptions nombre de vraies ladies et de vrais gentlemen. Anne Marie, elle, refusait d'aller à ces soirées démentes, proférant que ce n'était pas décent, même si Albert la pressait de s'y rendre avec lui pour le bien de ses affaires de consul. En vain plaidait-il auprès d'elle, lui assurant que sa vertu inattaquable la plaçait au-dessus de ces carrousels crapuleux et que sa grâce arriverait à toucher un E.V.S. pas si mauvais bougre. Il est vrai que dans le modeste bureau où il opérait avec une maîtrise déconcertante en maréchal des directeurs, en magicien des finances, E.V.S. recevait volontiers Albert qui avait toujours quelque petit service à demander pour ses compatriotes en difficulté. Anne

Marie refusait quand même d'accompagner Albert tout en le toisant avec condescendance : « Mais vous, allez-y, E.V.S. vous apprécie, vous êtes son genre, il n'en sera que plus ouvert à vos sollicitations consulaires, puisque vous n'êtes pas dégoûté de lui en présenter. Et puis avec votre nature salace, vous vous amuserez, peut-être même trouverez-vous chaussure à votre pied. » Albert y allait. Seul.

Qui n'a-t-il pas rencontré là-bas! Des maharadjahs, des marchands d'armes, de grands espions de l'Intelligence Service, combien d'autres personnages mandés par Downing Street pour des tâches occultes. E.V.S., qui rendait des miettes de service à Albert, était aussi l'instrument des desseins puissants et secrets de la Grande-Bretagne, E.V.S. que ma mère dédaignait était chic et utile.

Était-il heureux? Il me revient qu'Albert se posait très souvent la question. E.V.S. en effet était infirme, condamné à la douleur après un accident d'avion survenu pendant la guerre. Le corps cassé, le corps souffreteux, dans sa détresse il n'avait jamais voulu se marier, dévoré par la crainte qu'on n'aimât en lui que son fric. Il devait connaître une vieillesse accablée où pourtant, parfois, comme par défi, il organisait encore une fête qui, malgré les épices et les farandoles, tournait à la veillée mortuaire. Lâchant ses cannes, il s'accrochait à une hétaïre, tâchait de gigoter quelques pas, disait un bon mot et s'écroulait dans le fauteuil le plus proche. La paralysie le gagnait. Enfin à soixante-dix-huit ans, il épousa son infirmière. Fin de E.V.S. qui bien sûr avait depuis longtemps quitté la Chine devenue communiste et s'était mis à l'abri. Après son décès ont subsisté, mais ailleurs qu'à Shanghai, d'autres Sassoon milliardaires trônant sur les fracas de l'univers, des Sassoon de beaucoup moins de renom, des décadents, des ordinaires : jamais aucun d'eux n'égala E.V.S. le déjeté, E.V.S. l'incomparable.

Sans doute est-ce l'euphonie, les Sassoon font naître en moi le souvenir du couple Hardoon dont le jardin était célèbre autrefois. Il n'en reste rien et sur son emplacement on a construit l'immonde palais des Expositions où le consul et sa femme nous ont emmenés dîner. Lui un minable, un sans-le-sou, un mochard devenu nabab. Pour épouse, une métisse fille d'un gendarme français, une beauté à la cervelle envahie de rêves chinois, de yamens, de bosquets de bambous, de collines artificielles, de lacs, de ponts en dos d'âne. Combien de millions dépensés à matérialiser ses songes! La statue de Bouddha, des nuages d'encens, dans son palais des hordes de serviteurs et de parasites chinois, dix enfants jaunes adoptés et pour amant le majordome. La prière, les génuflexions, la nourriture comme une malédiction, la domination d'un moine taoïste qui prêchait la marche vers la révolte, qui clamait la haine des Blancs et qui mourut. Obsèques grandioses, milliers de pleureuses. Alors elle s'était réfugiée dans son parc où elle rassemblait les jeunes révolutionnaires pour des palabres interminables. Elle était devenue grave, vieille, laide. Son mari s'en foutait, occupé qu'il était à amasser de l'argent. Cet homme était le plus grand propriétaire de « slums », de taudis de Shanghai. Chaque matin, il allait lui-même, impitoyable, infatigable, collecter les loyers de ses misérables locataires. Un monstre dont les héritiers dilapidèrent rapidement la fortune. A sa manière, un symbole de Shanghai.

Mais au Peace Hotel, plus d'ombres des Sassoon, plus de relents des Hardoon. Yao s'impatiente, à cause du programme, du maudit programme qui commence à tant m'ennuyer. Il faut quand même se mettre sous la dent un écrivain à figure de Landru et sa rengaine de l'éternelle prison, un gros curé au ventre plein, autre rengaine sur l'amour du Christ et de Mao, et un architecte à la rengaine de la construction socialiste. Je baigne dans la Chine des rengaines, harassé, saturé.

Malgré tout, le bon Yao, nous l'invitons à déjeuner, lui et ses congénères de l'Association dans une des salles à manger à longue perspective du Peace Hotel. Nous commandons une bouteille de Dynasty, ce vin produit par une société mixte franco-chinoise, et aussitôt ceux de nos convives qui connaissent la France, comme enivrés, se laissent aller à leurs souvenirs d'un pays où ils ont été heureux. Avec pourtant ce regret : ne pas en avoir profité davantage, ne pas s'en être repus complètement. C'était à l'époque déjà lointaine où les rares étudiants chinois, encasernés ensemble, toujours ensemble, étaient surveillés par des commissaires politiques. Ils auraient voulu jouir de ce qu'ils découvraient de luxe, de liberté, de plaisirs inconnus. Mais ils étaient trop pauvres pour parvenir aux délices car leur bourse était amputée des deux tiers par les hommes de l'appareil rouge, toujours présents, toujours à leurs trousses, à la fois pions et espions. Leur rêve à tous? Les vendanges. Quelle hantise que les vignes, les ceps, les grappes rubicondes et aussi les filles rieuses! Ils en avaient une envie formidable, déjà grisés par l'air léger, par le contact des bonnes garces qui les auraient traités de chinetoques, les auraient plaisantés, embrassés peut-être. A ces perspectives festives s'ajoutait, bien sûr, le désir de gagner quelques francs. Eh bien, cela avait été interdit. Ils ne le diront pas mais sans doute les a-t-on envoyés faire les domestiques, s'adonner à la plonge dans un consulat de la République Populaire de Chine. Il paraît que la pratique était coutumière... Ils changent de sujet mais dans leurs voix je discerne l'amertume de la joie envolée, la trace d'un chagrin. Ce n'est pas qu'ils soient mauvais communistes, loin de là – on ne délègue auprès des invités officiels que des individus jugés irréprochables –, mais à qui fera-t-on croire qu'ils n'aimeraient parfois respirer le large, les senteurs du monde.

C'est samedi. Cet après-midi-là, pas de programme carcan. Sous peu nous quitterons Shanghai et nous décidons d'aller faire nos adieux au consul et à la consulesse. Nous téléphonons une fois, dix fois, cent fois, longues sonneries vaines. Il paraît pourtant impossible qu'un consulat soit coupé du monde, même un week-end. Que faire, sinon s'y rendre à l'improviste dans la voiture noire – autrement nous nous perdrions. Est-ce douce nostalgie, Yao soupire : « Ah! la belle France » et acquiesce, angélique, à notre requête. Cap donc sur la villa mignonne qui est un tout petit morceau de la patrie. A nouveau les négociations avec la sentinelle, une brute au front bas. A nouveau l'inspection des papiers et à nouveau le portail s'ouvre. La légèreté de l'air, les bruits du printemps, le concert des feuilles, le chant des oiseaux, les crissements des insectes... Mais du consulat ne vient que le silence. Je carillonne à plusieurs reprises. Le vide, le néant, je pousse le battant de la porte qui n'est pas fermée à clef et je monte quelques marches. Rien. Je bats en retraite. Marie-Françoise, elle, fait un raid plus audacieux. Elle s'enhardit jusqu'au bureau consulaire, désert. Elle appelle. Enfin de leur appartement, débouchent le consul, radieux et s'excusant, et Mme la consulesse qui a de petits mots émus. Nous sommes les bienvenus, ils s'étonnaient même que nous ne nous soyons pas déjà manifestés. La famille est cloîtrée dans son logis avec quelques amis. Thé, biscuits et sympathie. Pas de domestiques évidemment, ce serait abuser du peuple. J'apprends au consul que nous sommes au Peace Hotel et que nous avons reçu l'ordre de déménager le lendemain même de notre dîner. Sourire malin, il croit connaître la raison. « Dès qu'il a pris son service, j'ai dit en passant à notre appariteur que vous étiez bien mal logés pour des personnalités que les Chinois faisaient profession d'admirer. Une simple remarque. Vous m'apprenez qu'elle a eu de l'effet. En Chine il faut parfois protester violemment, plus souvent trouver une petite phrase amicale, innocente qui tombe juste, et choisir l'individu le mieux placé pour la comprendre. »

Suivent les inévitables considérations sur la vie quotidienne en Chine où le chœur des femmes chante à pleine voix. La diplomatie pointilleuse, elles la pratiquent, elles qui sont soumises à tous les tracas qu'implique l'utilisation de personnel chinois, personnel trié (toujours la pollution!), personnel contrôlé, personnel qui contrôle, fût-ce contre son gré. La tyrannie de l'appariteur au consulat... Il y a des règles très strictes, tous les serviteurs arrivent et partent au même moment, le matin à huit heures, le soir à cinq heures. Une minute de retard, c'est une faute. Ils n'ont pas le droit de recevoir de nourriture et apportent donc des gamelles contenant du bouillon maigre où trempent quelques légumes. Rien n'est simple. Toujours comme une mauvaise volonté, une méchanceté, de l'acrimonie, s'ils sont plusieurs, des jalousies, parfois entre eux la guerre au couteau. Embûches et embrouilles incessantes. La consulesse va elle-même au marché acheter du riz et d'autres denrées rationnées pour les Chinois. Qu'elle en acquière de trop grandes quantités et les marchands la rabrouent violemment comme si elle se livrait au marché noir. Que dans un élan elle distribue quelques portions à son personnel, tous acceptent mais s'épient furieusement de crainte que l'un soit avantagé. La bataille des bouchées. On me raconte une coalition générale contre une vieille amah qui a eu le malheur de grossir. Pesée immédiate, deux kilos en plus, l'unité de travail immédiatement réunie pour juger la malheureuse. Autre histoire du même goût : une Américaine apprend à sa cuisinière à faire des sablés. Aussitôt les soupçons, le futur cordon-bleu n'aurait-il pas goûté les gâteaux ? Elles sont intarissables mes informatrices, des rats dans les jardins à l'indiscrétion généralisée, tout y passe. Qu'importe, affirment-elles, les séances de critique, le plus pénible, c'est l'atmosphère, ces alliances, ces antagonismes, ces hostilités, ces manœuvres, ces inconnues que sont les consignes données par l'unité de travail, la cellule, le Parti, les appareils de toutes sortes, la vérole mystérieuse et incurable qui affecte presque toutes les relations en Chine.

Tristesse de ces anecdotes qui soulignent aussi combien l'existence des Chinois ordinaires est précaire. Ils ont froid l'hiver, puisque, au sud du Yangzi, il est interdit de se chauffer. Si bien que prospère un commerce de bouteilles remplies d'eau chaude, on se les applique quelques instants sur le corps, les mains, la figure pour se « défroidurer ! » Mains gercées, oreilles gelées, corps souvent faibles, tel est le lot commun. Les gens se nourrissent, ils ont des ventres pleins ou apparemment pleins, mais le manque de vitamines les fragilise. Ce qui n'est pas rationné coûte trop cher : les œufs (deux yuans la douzaine), les poulets (douze yuans pièce) ne sont accessibles qu'aux bourses des cadres. Le poisson est réservé aux hôtels des amis étrangers. Quant à la viande, du porc essentiellement, c'est surtout de la graisse. Et que dire des logements ? Quatre mètres carrés par habitant à Shanghai. Rien qui ressemble, même de loin, aux appartements modèles dont la presse occidentale publie les photos. Ou alors il faut croire que les gens chez qui je suis allé étaient particulièrement mal lotis !

L'assemblée partie, le consul nous retient à dîner avec une merveilleuse chaleur. Et sa femme immédiatement se met à la cuisine. Soirée délicieuse, agapes charmantes. Le repas est succulent, un repas solide comme on en déguste dans les provinces françaises. Où est la Chine ? Partout évidemment puisqu'elle nous obsède, puisqu'elle nous fascine. Nous épiloguons sur le côté périssable des touristes qui par fournées entières se déversent sur l'Empire Céleste jusqu'au Tibet ou au Turkestan. Le voyage est épuisant, il en est qui rendent l'âme et ces morts déplaisent beaucoup aux Chinois qui veulent être débarrassés des cadavres très rapidement. Le consul les fera rapatrier, mais quels soucis ! Il n'a pas de crédits pour ces transports funéraires, pas même pour se procurer des cercueils. Les Américains sont mieux organisés, ils en ont paraît-il des dépôts dans leurs consulats. Où est la Chine ? A cette table, naturellement puisqu'elle y pèse. En ce mois d'avril 1986 rôde une question, à certains égards prémonitoire : quel est le véritable mal qui ronge Shanghai ? Comment savoir ?

Un professeur fameux qui donne des leçons remarquées à l'université et qui, de l'avis de tous, est un « connaisseur » de la Chine me fournira peut-être un élément de réponse. Cet oracle loge dans un hôtel, un vestige de l'ancienne Concession française. Dans cette institution les étrangers rassemblés sont peu exubérants, comme si la Chine qui jadis excitait les nerfs des Européens était devenue un sédatif. L'ennui, toujours. Au restaurant, nous rencontrons ma « célébrité » et sa femme, que j'appellerai M. et Mme Sauveterre. Lui, la cinquantaine, une figure ravagée par la pensée, un loup-garou pris au piège de la cogitation, des yeux très sombres au fond de cavités noires, des cernes, de rares rides très ravinées qui entaillent une chair maigre collée sur des os proéminents. Elle, une belle blonde, qui a des restes. Nous dînons sans guère parler. Atmosphère de conspiration : quand j'élève la voix, il me crie tout bas « Pschutt », comme si j'étais un élève chahuteur. Durant tout le repas règne le « pschuttisme ». Je règle l'addition et tous quatre en grand mystère nous nous glissons dans les couloirs étroits jusqu'à l'appartement de M. le professeur de français et de son épouse. Un deux-pièces, un confort bourgeois très réussi, avec ce qu'il faut de « curios » du meilleur goût et même quelques joliesses. Sauveterre douloureusement mais résolument se met à sa table de travail, que surplombe une bibliothèque. Autant la femme est aimable, autant l'homme est étrange. Il frissonne, il me paraît suer la fièvre. Dans ses yeux la tristesse de tous les idéalistes trompés.

« Monsieur, dit-il, je me suis décidé à vous recevoir, car je crois à mon devoir par-dessus tout. L'heure est venue pour moi de dire la vérité, même à un journaliste bourgeois. Mais sachez que je risque beaucoup. Les Chinois sont partout autour de nous, ils ne manquent jamais une de nos paroles. Vous pensez s'ils écoutent notre conversation. Ils savent tout. Tout ce que je vais vous révéler sera enregistré. Parfois, dans cet appartement qui semble anodin, j'ai l'impression de vivre dans un QHS (Quartier de Haute Sécurité). Mais je vais vous parler, même si je m'attire les pires ennuis. » Je suis surpris : que pourrait-il nous communiquer qui mérite l'attention des services spéciaux chinois? Cependant, il me débite le discours douloureux qu'il m'a préparé :

« Je suis marxiste de toute mon âme et de toute ma force, je l'ai toujours été et je suis venu ici avec foi et espérance. Ma désillusion a été accablante, c'est le fond du puits. Ces Chinois que je voulais tant aimer et admirer ont perdu l'esprit. La jeunesse à qui je consacre mon enseignement est dépolitisée jusqu'à la moelle. Garçons et filles témoignent d'une allergie inguérissable à la doctrine. En fait d'idéologie, ne leur reste, si je peux dire, qu'un égoïsme forcené sur une trame de détresse et de jouissance. Les plus de quarante ans sont des âmes mortes. Les plus jeunes n'ont qu'un rêve : la consommation, l'argent, toutes les évasions sensuelles. »

Quelle douleur chez ce Jérémie Sauveterre qui s'envole dans ses formules :

« Dans l'énorme cratère de la Révolution Culturelle, on n'a rien replanté de valable. Les Modernisations? Des imitations clownesques d'un Occident que les Chinois connaissent mal. Ce n'est pas le pire. De ce qui subsiste, rien n'est bon. Le Parti dans ce chaos ressuscite les principes traditionnels que la Révolution avait détruits. Il se sert même des débris du confucianisme pour imposer un ordre rouge, mais exécrable, qui fait que toute vie est prévue dans son déroulement entier, délimitée à l'avance de façon absolue, et ce dès la naissance. En Chine, le marxisme a disparu mais il reste le communisme, le mauvais communisme, celui qui organise les existences et en décide complètement. Que n'ordonne-t-il pas? De danser... J'ai vu mes étudiants en une sorte de garde-à-vous rigide se mettre à valser. Le caporalisme géant. Tout est comme cela. En Chine un être humain ne peut plus être un individu sauf s'il se livre à ses vices et à ses violences. »

Pauvre M. Sauveterre, pauvre visionnaire dont les propos me paraîtront lors des manifestations de décembre 1986 d'une très impressionnante acuité. Il disait juste le prophète, et je m'en voudrais d'ironiser plus avant sur cet amoureux déçu, qui croit qu'il n'aime pas la Chine et que celle-ci ne l'aime pas.

« D'ailleurs, ajoute-t-il pour bien enfoncer le clou, l'amour n'existe pas en Chine où nul ne peut avoir sa spécificité, être unique si peu que ce soit. L'amour, la rencontre de deux êtres uniques l'un pour l'autre est ici impossible. L'amour en Chine n'est qu'un phénomène d'opéra. »

Ce manque conditionne toute sa vie de professeur. Avec ses étudiants, il n'a aucun lien personnel, aucun rapport profond. Ils sont pleins de déférence envers lui mais ils l'évitent soigneusement à l'entrée et à la sortie des classes. Cela vaut mieux, car s'il avait des relations d'amitié avec ses élèves, il aurait peur qu'elles ne les compromettent. Quant à ses cours, il en juge la portée limitée. Les étudiants apprennent par cœur sans se servir de leur intelligence, denrée dangereuse. Même les meilleurs, ceux en qui il avait cru discerner de vraies capacités, à un moment se mettent à piétiner, ne progressent plus. Pour eux, croit-il, la littérature est une matière qu'il convient de ne pas trop examiner! Aussi ils ne comprennent pas, ils ne veulent pas comprendre, ils sont prudents. Le résultat, c'est qu'ils sont incapables de commenter un texte français et qu'en guise d'analyse, ils bégaient des banalités.

Offensé, humilié, M. Sauveterre pardonne cependant aux ingrats qui profitent si mal de son savoir et de son expérience. Ce n'est pas leur faute, c'est celle du Parti qui semble avoir disparu et qui est partout. Sur les vingt étudiants de sa classe, plusieurs sont des responsables d'organisations de masse, d'autres des membres du Parti qui ont donné des gages. L'horreur de ce Parti... Le marxisme vivant, ce feu gigantesque, n'est plus que cendres, à sa place la Chine a installé un squelette, un Parti sans chair, sans âme, un Parti qui inspire la peur, un Parti qui a peur de tout et d'abord de la culture. On l'utilise, on prétend la révérer, mais c'est un badigeon, une couche transparente qui dissimule mal la réalité, celle de la dictature, celle du néant. Dans ce pays de morts vivants, seuls s'en tirent les jeunes qui choisissent les mathématiques, science qui paraît aux autorités utile et sans menaces. Ici deux et deux font à nouveau quatre, si on ne tient pas compte des altérations, rajouts et rognures dus à la concussion omniprésente. En homme équitable, M. Sauveterre reconnaît néanmoins une qualité aux Chinois, leur endurance, leur stoïcisme. Il me décrit les épouvantables conditions de vie des étudiants et des professeurs. A nouveau, j'entends la litanie de leurs misères, le froid durant l'hiver, les engelures, les mains crevassées, les oreilles noires. Les ventres creux toute l'année.

« Ce courage, à quoi sert-il, où va-t-il ? Je ne sais. Voulez-vous que je vous le dise, la Chine s'ennuie, elle est pauvre, le peuple souffre même si c'est moins que jadis. Lui ne se révoltera pas. Mais que feront un jour ces garçons et ces filles si nombreux qui peuplent universités, instituts et écoles de tout genre ? Ils jouent les résignés, les abrutis, malgré tout ils ont envie d'un destin meilleur, celui dont jouit l'Occident. On affirme, je ne l'ai pas entendu moi-même, que certains rêvent à la « démocratie », pas la démocratie populaire, la démocratie capitaliste. Moi, je crois que dans cette Chine endormie il y a un immense potentiel inemployé, un amas de désirs formidables qui demain peuvent se répandre et exploser. Quelle déflagration ce sera, surtout ici à Shanghai ! »

Pourquoi spécialement à Shanghai ? M. Sauveterre hoche la tête dubitativement :

« A Shanghai. Peut-être aussi à Pékin et dans d'autres villes. Mais d'abord à Shanghai. La raison, je ne la connais pas et pourtant j'en suis sûr. »

A Shanghai donc, dans les cœurs et les pensées, partout, je découvre un tumulte : un goût de la prodigalité mêlé à de l'effroi. Comme si chacun portait en soi le serpent de la peur. Qu'y a-t-il de caché dans les enlacements des choses secrètes ? La mort n'est pas à l'affiche et pourtant on la sent, sous-jacente. Shanghai, contrairement à Pékin, baigne dans l'angoisse, dans la lie de tellement de sentiments et de ressentiments.

Ancienne figure de proue du capitalisme et de l'impérialisme, ses habitants tenus pour complices, la ville a longtemps été suspecte. C'est que cette Shanghai mercantile, qui avait sécrété le plus grand prolétariat de Chine, après le massacre de 1927 n'avait plus été révolutionnaire.

Shanghai a commis une autre erreur, bien plus grave celle-là, un crime. Lorsque Mao lança ses Gardes Rouges sur la Chine, lorsque sa Pensée fut supposée devenir l'unique pensée d'un milliard de Chinois, Shanghai comme toutes les villes dominées par le prolétariat résista : ouvriers et ouvrières étaient restés fidèles au PCC dirigé par Liu Shaoqi. Les Gardes Rouges appuyés par les troupes de Lin Biao durent conquérir la Chine urbaine, la Chine prolétaire. Ce fut la guerre ponctuée de communiqués de guerre. La plus grande bataille se déroula évidemment à Shanghai. Quand les Gardes Rouges voulurent envahir les usines, sur les directives du Parti les ouvriers et leurs cadres les repoussèrent et organisèrent une grève totale, longue et dure. Shanghai demeura un temps aux mains des antimaoïstes. Hostilités tenaces, efficaces contre les Gardes Rouges, contre Lin Biao, contre Mao et ses délires. Le chaos. Shanghai allait échapper à Mao, alors celui-ci donna l'ordre aux troupes de tirer sur les masses, si nécessaire. La cité fut prise, le PCC et son peuple écrasés.

Aussitôt Shanghai tombée, aussitôt la Révolution Culturelle y fut magnifiée... Quelques hommes tenaillés par l'ambition avaient compris qu'une occasion unique leur était offerte : sur ces gravats, ils créeraient le royaume de l'immense pureté. Grâce à eux, à Shanghai, la Révolution Culturelle devint une flamme rouge, ardente, terrible. Ils s'étaient transformés en prophètes et en théoriciens, ils étaient les disciples de Mme Mao, jadis starlette à Shanghai et désormais la pasionaria rouge, l'impératrice écarlate, une nouvelle Ts'eu Hi. Mais il y eut des vertiges, des confusions mortelles, des chocs sanglants. Sous le couvercle du nom de Mao, s'était propagée comme une décomposition virulente du pays où l'on ne savait plus qui était soumis et qui ne l'était pas. Shanghai, elle, l'était.

Shanghai 1986, le mystère. Officiellement le maoïsme, ses relents, ses effluves ont disparu. Mais le soupçon demeure. Dans la coquille vide de Shanghai, dans sa splendeur dégradée est peut-être tapie la Pensée de Mao, prête à éclater de nouveau. Fantasme atroce. Je m'adresse au Grand Individu qui m'avait envoyé aux deux croûtons épouvantés de la Banque française, il me confirme que Shanghai est un chaudron où bouillent des haines qui peuvent devenir vengeance. En attendant y prévaut un étrange équilibre, avec des accidents de parcours. En effet, Deng revenu au pouvoir n'a pas abattu tous les cadres qui avaient collaboré à la Révolution Culturelle, complètement, tièdement ou avec circonspection. Il lui fallait composer, admettre que le Parti se reconstituât avec des gens qui avaient été « marqués ». On murmure donc que les plus hauts dignitaires de Shanghai sont encore imprégnés d'un certain maoïsme, qu'ils sont en tout cas peu favorables à l' « ouverture ». On cite en particulier un redoutable chef de la police. Mais tout se passe dans l'ombre, intrigues multiformes, crapahutages de la tactique, finasseries stratégiques, la mer des habiletés. La direction du Parti à Shanghai est une collégialité faussement unie, venimeuse, où s'opposent les tenants du communisme avant tout et les adeptes d'une certaine libéralisation. Le nœud du problème : jusqu'où aller ? Toujours cette question des limites...

De temps en temps dans cette concorde, un bubon crève, une tête tombe. On ne sait jamais vraiment pourquoi. Un étudiant disparaît, il aurait mené des chahuts contre la nouvelle emprise japonaise sur la Chine. Un prolétaire aurait été condamné pour avoir dirigé une grève perlée chez les chauffeurs d'autobus... Une autre fois, c'est un vieux cadre ranci qui par haine du nouveau management aurait empêché les livraisons de matières premières nécessaires à la marche de son usine. Des gens sont fusillés, un médecin parce qu'il aurait accepté une gratification de quatre yuans, sa femme aussi, qui ne l'aurait pas dénoncé. Parfois une affaire plus grosse : un personnage de poids s'évapore. Le brouillard. Bien sûr, maintenant, il existe une légalité, des droits, on a fabriqué un code et l'on organise des procès où les accusés qui, à tout hasard, clament leur culpabilité, sont défendus par des avocats, espèce nouvelle d'accusateurs qui souvent chargent leurs clients. Mais en général, lorsqu'il y a rupture dans l'accommodement des choses, il ne se passe rien d'officiel. Quelques cris et chuchotements, des ragots vrais ou faux, le public oublie rapidement, la chape de la peur recouvre tout.

Qu'on ne s'imagine pas pourtant une Chine d'exécutions innombrables et de cadavres dégoulinants. On est loin de la Chine de mon enfance, celle des Seigneurs de la Guerre qui faisaient supplicier qui leur déplaisait. On est loin de l'époque où Mao, au nom de l'idéologie, tuait bien plus que tous les couteaux, tous les fusils, toutes les cordes du monde. Il semble qu'à Shanghai le nombre de mises à mort ne dépasse pas deux cents par an, ce serait même un quota. Si la plupart du temps les liquidations sont secrètes, il arrive au contraire qu'on exhibe avant de les tuer les voleurs, les assassins, les brutes et quelques politiques qu'on fait passer pour des droits-communs. Cela afin de frapper l'opinion, de décourager les instincts mauvais. Attachés, garrottés, entourés de soldats et de baïonnettes, on fourre les condamnés dans des camions qui parcourent la cité devant un grand concours de peuple. On les fusille publiquement. Le spectacle est annoncé à l'avance par des affiches. La télévision retransmet parfois la parade qui précède l'exécution, pas l'exécution elle-même.

Est-ce possible ces mises à mort sans rééducation ? Lors des Cent Fleurs on m'avait fait, je l'ai dit, assister à la régénération des malfaiteurs et des bandits. Dans un bel atelier, des criminels en bleu de chauffe travaillaient devant de superbes machines. Les éducateurs veillaient à la purification de ces méchants en corrigeant leurs pensées, en les amenant au Bien. Les résultats étaient paraît-il merveilleux. J'avais interrogé les anges gardiens, les chirurgiens des sentiments.

« Ainsi donc vous ne connaissez jamais d'échecs ?

– Jamais. Selon les individus, la guérison prend plus ou moins de temps. C'est tout. »

Moi, j'avais été effrayé.

A l'époque, les faits divers étaient inconnus en Chine, inconcevables même. Maintenant ils abondent et font les titres des journaux. Étrangeté du système. En mars 1986, le bureau de la sécurité publique de Shanghai appelle voleurs et cambrioleurs à se rendre... Sept mille quatre cents personnes, selon la presse, l'auraient fait. Cela leur vaudra de l'indulgence. Encore une fois tout se brouille, l'ancienne dénonciation et une modernisation où l'on admet que toute société a ses déchets. Yao plaisante :

« Que les Français viennent en Chine jouir de la paix, chez nous il n'y a pas de bombes, pas de terrorisme. »

Ce qui reste à vérifier.

HANGZHOU

Anne Marie, Albert et moi, en compagnie d'amis blancs, nous allions jadis à Hangzhou, à deux cents kilomètres au sud de Shanghai. Hangzhou, c'était l'incarnation de la Chine qui se rêve dans l'accomplissement de sa beauté, la matérialisation d'un songe. Hangzhou, c'était au bord du lac de l'Ouest et à l'extrémité sud du Grand Canal, la retombée dans le passé magique de la Chine. Les Barbares de Shanghai, tout pleins de l'ignominie du banc de boue, avaient coutume de saccager pour de gais pique-niques cette Chine si fragile en son parachèvement, cette terre des gracilités.

J'avais de ces charmes une réminiscence, une sorte de désir et à Paris, à Issy-les-Moulineaux plutôt, je les avais inscrits dans notre programme. Cela n'avait évidemment soulevé aucune difficulté. On aima même que ma mémoire s'y accrochât. Le Grand Canal... Quel souvenir ou quelle imagination en moi. Une œuvre aussi grandiose que la Grande Muraille, une épée d'eau creusée au VIIe siècle, une avenue, un grand moiré liquide, un jeu éternel d'herbes aquatiques et de flots ridés. Depuis Hangzhou jusqu'à Pékin où il apportait les tributs du royaume, les trésors et les grains, le Grand Canal traversait tous les paysages, tranchait les collines, les plaines et les vallons. J'y vois des nefs, des jonques et des vaisseaux, j'y vois la caravelle impériale toute teintée d'or, le trône flottant de Ts'eu Hi, qui y prenait place au milieu des musiques et de tous les encens possibles. J'y vois le prince consort, le grand Eunuque Ngan The-hai s'embarquer vers un destin amer : Ts'eu Hi lasse de son castrat lui remit des lettres de marque, et l'envoya seul, sur un bateau sacré, collecter les impôts dans une cité dont le mandarin avait reçu des ordres secrets. Il le salua à genoux, et puis, sur l'esquif auguste, il s'empara de lui et le fit décapiter. Ts'eu Hi avait besoin de vrais amants...

Mais l'attrait essentiel de Hangzhou, c'était bien sûr son lac, le lac de l'Ouest, une perle d'eau tombée de la Voie Lactée, une perle issue des amours d'un sphinx et d'un phénix. Légendaire douceur des choses. Hangzhou, humide versant du yin, penchant féminin, lunaire, fluide. Hangzhou, femelle enveloppée de voiles qui attise les mâles, harmonie des pagodons, miroitements des eaux, formes estompées, branches de cerisiers et chatoyantes frondaisons, pièges d'une tendre sensualité.

M. Yao, pourtant en général peu élégiaque, décrit Hangzhou avec une larmoyance amoureuse. Il nous rappelle encore une fois qu'il est natif de Suzhou, la Venise orientale, l'autre joyau de la Chine, une cité de canaux toute proche elle aussi de Shanghai et il nous cite un proverbe céleste : « En haut il y a le paradis, en bas il y a Suzhou et Hangzhou. » Avec une tête de calebasse inspirée, Yao fait son troubadour. Il nous dit Hangzhou, la patrie de tant de poètes délicats, de tant de héros mélancoliques, de tant de délicieuses courtisanes, de tant de jouisseurs de haut rang. Mao lui-même, lors de sa passagère disgrâce après l'échec du Grand Bond en Avant, n'y avait-il pas trouvé l'apaisement? Passons sur le fait que le tyran y concocta sans doute les poisons vengeurs de la Révolution Culturelle... Sur les bords du lac, bercés par les soupirs des brises, nous chevaucherons les temps, nous nous laisserons emporter par le souvenir de la dynastie des Song qui, fuyant les hordes tartares, firent aux XIIe et XIIIe siècles de Hangzhou leur capitale, la plus capiteuse et la plus voluptueuse capitale du monde, celle qui éblouit Marco Polo. Délices. Ces souverains s'étaient adonnés à une épopée de la sensation, à une civilisation des luxures et des jouissances. La somptuosité des demeures, la délicatesse des mets, la chair idolâtrée, la philosophie et la calligraphie vénérées, une quantité de peuple, de chalands, de voyageurs et de marins du monde entier. Hangzhou était alors un port dont les bâtiments couraient tous les océans, bravant moussons et ouragans. Des quartiers entiers de chanteurs, de petites fleurs, de maisons d'illusions et de plaisirs. Sur une colline très haute, le Grand Palais et ses murailles de nuées et de légendes. On racontait que l'Empereur souvent descendait de sa montagne inspirée pour monter dans une barque et ramer sur l'onde du lac, ramer le bonheur.

Hangzhou, paysage truqué, paysage transfiguré le fut à l'appel des bardes et des peintres. Ils avaient invité les hommes à fabriquer une nature plus belle, enchantée, à faire de Hangzhou la citadelle de la joie. Sous leur impulsion, elle devint une mélodie, une mystique. Contre toute attente, cela déplut, et temples, monuments et palais sculptés par des hommes extatiques faillirent souvent être anéantis. Les Taiping brûlèrent Hangzhou mais elle fut reconstruite dans sa perfection. Les Gardes Rouges, eux – Chine éternelle des immenses ravages et des recommencements –, voulurent en finir à jamais avec elle : ils y décelaient la puanteur épouvantable qui se dégage de toute beauté, les senteurs qui émoussent les ardeurs rouges. Il fallait anéantir Hangzhou, décimer les concupiscents qui se parfumaient à l'iris. C'était l'époque terrible où le Grand Timon de Mao cassait tout ce qui était ancien. On avait supprimé l'opéra traditionnel et ses mélopées, on débaptisait les lieux aux noms évocateurs, on interdisait la poésie, les porcelaines et même les fleurs. Dès 1965, la décision était prise de rayer Hangzhou de la carte de la Chine au nom de la Pensée de Mao, d'une Pensée qui extirperait du monde le futile, l'esthétique, le décadent. Hangzhou était le mal, Hangzhou serait supprimée et cette fois, la résurrection serait impossible. Le saccage par le fer et par le feu commençait quand arriva un ordre de Chou En-lai, l'homme qui se jetait dans les orages pour mieux les vaincre : il prescrivait de respecter le merveilleux des choses, rappelant qu'un Mao déliquescent avait trouvé à Hangzhou la capacité de rétablir ses forces et de surgir plus haut, toujours plus haut jusqu'à être le Seul Homme, le Dieu Unique de toute la Chine. Tout l'onctueux et tout le savoureux survécurent donc. Mais dans quel état? Comment vais-je trouver Hangzhou? Après Confucius réhabilité, vais-je découvrir les Song célébrés?

Le train, quatre heures de voyage depuis Shanghai. Je sais que pour la plèbe il s'agit de se battre, de se démener, afin de s'emparer des places. Mais nous, nous sommes des rois et M. Yao est notre grand chambellan. C'est à la gare que me frappe l'existence d'une nomenklatura par ailleurs relativement discrète en ville. Peu de limousines noires, de cortèges tonitruants, de voitures à girophares et de motards d'escorte. Et pour les dignitaires, les demeures tellement exclusives que personne ne s'est aventuré à nous les montrer – à Pékin, par exemple, pas de visite à Zhongnanhai, la nouvelle Cité Interdite. En revanche ici, je vois des privilégiés, des pontes, les gens de la « classe molle » – en Chine, l'équivalent du sleeping. Les mous ont droit à une salle d'attente immense, pleine de plantes vertes, d'azalées et de rhododendrons, avec des fauteuils profonds où ils mijotent, engoncés dans leur dignité. Officiers dont les épaulettes un temps supprimées semblent avoir grandi depuis la chute de la Bande des Quatre, cadres civils en tenue genre Poincaré-s'en-allant-au-front, amis étrangers, quelques Blancs, tel est le gratin de la Chine dont je fais évidemment partie. Tous, nous patientons, bien isolés les uns des autres, dans le mutisme qu'impliquent nos importances respectives. Seul Yao fristouille un peu dans son rôle de chef d'armée, il parlote avec Marie-Françoise, l'unique femme de l'assemblée, à croire que les femelles ne sont pas admises à circuler en Chine, du moins dans les hauteurs stratosphériques du luxe.

Au signal d'un employé obséquieux, nous nous dirigeons vers nos compartiments, nous dépassons les « couchettes-dures », nous, nous allons nous vautrer sur du tendre, du ramolli, du vieillot, entourés d'une ostentatoire et prétentieuse cucuterie : petites lampes, petites cactées, petites dentelles, et grandes tasses à thé. Hurlements, le convoi s'ébranle lentement. Aussitôt des haut-parleurs déversent cette musique fracassante qui est la plaie de la Chine, tout et n'importe quoi, aussi bien de l'Opéra de Pékin que du Verdi, du disco, du jazz, du reggae, du Mireille Mathieu et pourquoi pas du « Kyrie Eleison ». Des filles en uniforme passent en brandissant des thermos d'eau chaude, jets précis dans nos tasses, thé vert à volonté. Contrôleurs innombrables s'acharnant particulièrement sur les permis et autorisations de M. Yao qui a l'infortune de provoquer les soupçons de ses compatriotes – il est vrai qu'ici on ne peut se déplacer sans le consentement de son « unité ». Si seulement cette musique s'arrêtait. Décidément les Chinois nous empruntent le pire, jusqu'au dégueulis musical des supermarchés. Et en plus ils bousillent les potentiomètres!

Heureusement il y a le paysage découvert à cinquante kilomètres à l'heure, la vitesse normale des trains chinois. Je scrute ce plat, ce verdâtre coupé de rigoles noires, entaché de chaumières en pisé, en boue séchée. Rien n'a changé. Des formes humaines courbées qui repiquent le riz, des buffles qui se caparaçonnent de vase, des canards au bec jaune qui déambulent en bandes, des petits cochons au poil ras qui farfouillent dans les ordures. Parfois s'élancent en des traits vertigineux des oiseaux aquatiques, des oiseaux sauvages, des grues auxquelles on coud les paupières si on veut les domestiquer. Oh! ma grue de Chengdu, l'ornement de l'étang du consulat que j'avais fait découdre et qui à l'instant même avait disparu dans le ciel...

Des heures à regarder cette grisaille où éclate le jaune impérial des champs de colza. Je me souviens de jadis, de toutes mes journées en train, quand j'allais de Canton vers Shanghai ou Pékin. C'est en train que j'ai vu se « libérer » la Chine en 1949, en train encore que j'ai surveillé ses fièvres à la fin des années cinquante. Au cours de ces longs trajets, pendant les haltes, j'ai été le témoin des menus faits de la vie quotidienne que nous autres étrangers ignorions, enfermés que nous étions dans nos ghettos urbains. Je remarquais combien les paysans avaient les mêmes mines, les mêmes expressions de ruse alerte, les mêmes allures de calleuse bénignité – les cœurs étaient peut-être rouges mais pas encore emballés dans du bleu de chauffe. Immuable campagne chinoise... Pourtant c'étaient ces gens, les pauvres d'entre les pauvres, ceux qui ne possédaient ni un pouce de terre ni un carré de ciel, qui avaient porté Mao à la victoire. Parce que lui seul avait su en appeler à leur haine. Comme ils avaient tué, comme ils avaient été tués, avec quelle fureur, quelle joie, dans quelle abolition de toute pitié. Mais, je le répète, dans les voyages où je parcourais la Chine des Cent Fleurs, je n'avais pas vu de visages enragés. Loin de là. Lisses étaient les joues des enfants, fripées les têtes des vieillards, cordiaux les visages des hommes, plats les ventres des femmes enceintes. Tout était immuable, même la trogne abrutie des soldats. Tout était pareil et pourtant tout était différent, insondable. Mais je me déteste d'écrire ce mot où l'on sent la référence obligatoire à ce poncif, l'énigme chinoise.

Et voici que je retrouve la pérennité des expressions, l'amabilité appuyée, la fausse servilité. Rien n'a changé depuis mon enfance. Est-ce dans un train semblable que jadis, quand j'étais le petit Lulu, mes parents m'ont emmené à Hangzhou? Je me souviens mal du lac et de ses flots, de ses rives et de ses brumes initiatiques, solfège des douceurs sensorielles et clé des artifices heureux. Mais je me rappelle une maison au bord de l'eau, une berge, un parc, un horizon bleuté où se perdaient les collines. La demeure était cossue, pas chinoise du tout, un grand bungalow où mon jeu préféré était d'écouter les adultes, tous incrustés dans leurs conversations sur la Chine, l'éternelle Chine déjà incompréhensible.

Nous étions les invités d'une Anglaise d'environ cinquante ans, Mrs. Halliwell, une personne rebondie, que ne tourmentait aucun souci de laideur ou de beauté, une femme solide, d'un cynisme très raisonnable que j'aimais beaucoup. Nous l'avions connue dans la lointaine Chengdu, elle était l'épouse du consul anglais ennemi d'Albert, la grande amie d'Anne Marie qui la considérait un peu comme sa mère et prêtait attention à ses conseils. « Un mari, il faut le garder, surtout s'il est bon et Albert est un homme excellent. Et votre fils, ne le laissez pas trop traîner avec son amah. » Quant à elle, ses enfants étaient au collège en Angleterre. Le mari rappelé à Shanghai avait tourné banquier et Mrs. Halliwell avait fait de Hangzhou sa villégiature. Autour d'elle, ce jour-là, rien que des Français. Anne Marie avec son habituelle auréole et Albert tout fringottant formaient un couple apparemment bien appareillé. Étaient aussi présents un ménage de Shanghai, un homme de haute taille, maigre et voûté, d'une gaieté spleenétique que sa femme, une grassouillette sans cesse occupée à tricoter, couvait comme un petit garçon. Quoique Français, il appartenait aux douanes chinoises, y avait même un poste assez important, et s'était de ce fait anglicisé. Je me souviens aussi d'un pince-sans-rire, un esculape pimpant qui avait exercé au dispensaire de Chengdu. En somme, nous constituions un petit rassemblement très colonial.

Pour une fois nous furent épargnés les gémissements des hommes sur leur tripaille en charpie, bouffée par les amibes et autres protozoaires. Quel inépuisable sujet pourtant que la piteuse malédiction des mâles occidentaux ! Leur manque de pudeur à cet égard, les détails de leurs inondations et de leurs sécheresses. Les femmes, qui souvent échappaient au fléau, soignaient et écoutaient, quel que fût leur dégoût. Il se trouvait que les missionnaires, eux aussi, étaient indemnes, mais là intervenait sans doute la grâce de Dieu.

Miraculeusement donc, les messieurs se portaient bien et ils se gavèrent de viande et de whisky qui les rendirent particulièrement diserts. C'était l'époque où Canton bougeait, où ses soubresauts préoccupaient la Chine entière. Albert y alla de son couplet de fin connaisseur. Lui se tourmentait moins que les autres parce qu'il avait, bien avant qu'il ne fût diplomate, en des temps sur lesquels il gardait le silence, négocié avec Sun Yat-sen, on ne sait trop quoi, ni au nom de qui.

Quoi qu'il en soit, Albert ne s'inquiétait pas trop de ce que Sun Yat-sen, une fois l'Empire Céleste tombé, se fût allié aux Rouges. Dans le fond des fonds, Albert en était persuadé, Sun Yat-sen restait un bourgeois proche de tous les bourgeois célestes qui à un moment

donné auraient peur et se retourneraient contre les communistes.
Quelles palabres! En cette fin d'octobre 1924, ses interlocuteurs avaient beau jeu de lui jeter à la face le massacre ordonné par Sun Yat-sen de la milice constituée sous l'égide de la guilde des marchands et de la chambre de commerce de Canton. Ces vénérables patriarches avaient eu le cœur broyé par le Kuomintang renaissant, ses impôts exorbitants, ses exigences innombrables – de plus ils redoutaient l'armée à la soviétique qui se fabriquait grâce au concours des émissaires russes, Borodine et Galen. Horreur, contre leurs ordres paternels et leurs vœux, certains de leurs fils s'étaient inscrits à l'école de Whampoa, la matrice des troupes rouges, et beaucoup des ouvriers de leurs fabriques avaient formé des unités populaires d'assaut. Infamie, blasphème... Ces vieillards, ces compradores blanchis sous le harnais avaient donc levé parmi les bons éléments toujours soumis à leur autorité d'ancêtres un corps de trois mille « volontaires marchands » auxquels les Anglais de Hong Kong avaient distribué armes et équipements. Bagarres multiples. Protestations de Sun auprès des instances internationales qui ne répondirent pas... Alors Sun Yat-sen, le bon Sun Yat-sen, lâcha contre eux une armée révolutionnaire. Cela avait été rapide mais effrayant, fusillades, égorgements, Canton en flammes.

Albert, en dépit de ces atrocités si regrettables, ne se laisse pas démonter. Il a sur les lèvres son sourire d'homme qui sait. Il le concède, un Sun Yat-sen au sommet de la puissance, comme à Canton, il ne faut pas l'offenser sinon, dans un mouvement d'humeur, il joue au Gengis Khan. Les « volontaires marchands » révoltés étaient un défi intolérable que son orgueil insensé ne pouvait que relever impitoyablement. Mais, Albert l'affirme, quand il n'est pas emporté par l'âpre colère, Sun est un homme très raisonnable et très réaliste. Que ces gras négociants de Canton, ces poussahs, en soient arrivés à l'affronter, cela a dû le faire réfléchir. Il sait que la partie décisive se jouera à Shanghai dont les milliardaires jaunes l'adorent encore. Se mettront-ils eux aussi à haïr la Révolution? Que fera alors Sun Yat-sen? Mon père parie qu'il se retournera contre les communistes...

Interminable débat. Albert pérore, pérore trop, sa « politique » pourrait lasser. Mrs. Halliwell, en bonne maîtresse de maison, le coupe pour interroger le jeune médecin dont les exploits galants sont célèbres :

« Et votre Chinoise... Celle de Chengdu, est-ce vrai? »

Bafouillement satisfait. L'homme essuie sa moustache comme pour mieux affûter sa bouche. Son aventure plaisante et tragique, je l'ai entendu narrer au moins dix fois, à vrai dire sans toujours bien la comprendre. Il faut d'abord savoir qu'aux abords de Chengdu existait un dispensaire tenu par trois ou quatre docteurs français appartenant à la marine ou à l'armée de terre, des docteurs dévolus aux soins des Chinois : il n'y avait pas de troupes françaises dans la cité et ses environs. J'allais souvent voir les toubibs qui m'accueillaient très bien. C'étaient de sacrés types, des célibataires disposant dans leur yamen de tout ce qu'il faut pour la bonne vie et la bonne chirurgie. Ne leur manquaient que les clients. A part quelques chrétiens envoyés par les pères et quelques rares Célestes à l'esprit moderne, personne ne venait se confier à leurs talents. Dans la Chengdu de ce temps-là, l'endroit est tenu pour tout à fait néfaste : qui y va y expire. Les remèdes des Blancs sont remèdes du Diable et les Barbares se délectent à en distribuer qui expédient aux Fontaines Jaunes. Surtout refuser ce qu'ils appellent des «vaccins» qui, sous le prétexte de prévenir les maladies, font flamboyer le mal, savoir qu'ils s'amusent à torturer avec toutes sortes d'instruments, en prétendant raccommoder les os et les chairs. Tout à l'avenant. Comme ils ont quand même quelques étudiants à former, un jour, ces toubibs réclament au Seigneur de la Guerre le cadavre d'un condamné à mort pour enseigner la dissection et l'anatomie. Lequel despote, bienveillant et éclairé, leur envoie un brigand en très bonne santé. Il explique qu'inciser le corps d'un mort est très dangereux car il s'en dégage des esprits pernicieux, mais qu'en revanche ce bandit promis à l'exécution, ils peuvent le tailler, le couper, le trancher sans aucun inconvénient, ils épargneront ainsi du travail au bourreau. Anecdote fameuse, et véridique, d'une époque au fond très proche. Et dire que la Chine actuelle est obsédée par la vaccination! Au point que je ne serais même pas étonné que l'on en fasse la propagande dans ce train.

Cependant, dans le bungalow de Mrs. Halliwell, le séduisant médecin, à la demande générale, entame son récit :

«Un après-midi, dans notre cour s'arrête une chaise à porteurs, complètement close, soutenue par des coolies de bonne contenance. Ma stupéfaction, surtout quand du palanquin sort une Chinoise charmante qui tient à peine sur ses pieds bandés. C'est dire qu'il s'agit d'une élégante de la meilleure société, par ailleurs, jeune, jolie dans sa veste de brocart et son pantalon de soie. Attroupement de la domesticité : je soutiens la Chinoise ou plutôt je la porte jusque dans mon cabinet de consultation. Une fois seule avec moi, confuse, timide, elle fixe son moignon de pied comme si c'était un charme inestimable. Je l'interroge. Relevant la tête et me regardant droit dans les yeux, cette panthère me raconte sa fable. Depuis des années, elle souffre atrocement, elle a dans le corps des vents contraires qui se battent, qui la tourmentent affreusement. Elle n'a plus de force, elle est désespérée, de mauvais génies veulent sa mort. Pourtant dans sa famille elle est bien traitée, la première femme du fils aîné se montre bonne pour elle qui n'est qu'une troisième épouse, le patriarche du clan et la douairière sont aussi très compatissants. Pour la guérir, on n'a pas regardé à la dépense, on a tout essayé, on a fait venir les thaumaturges les plus réputés de la ville, des sorciers, des bonzes, des anachorètes, des devins. Elle a avalé beaucoup de drogues et s'est livrée aux pratiques les plus anciennes et les plus vénérées. En vain. Dans son malheur, la pensée lui est venue de recourir aux Barbares, une de ses amies lui ayant confié que parfois leurs filtres opéraient. Elle s'est décidée, bien que sa visite, si elle était découverte, pût provoquer au sein de sa tribu une fureur et une désolation incroyables. Et la voilà, chez moi, chez les démons blancs. La vicieuse... J'avais tout de suite compris qu'elle allait parfaitement bien. Alors, j'ai joué au saint-ni-touche, je veux dire au saint médical qui voulait la déshabiller et l'ausculter en honnête praticien. Protestations, cris, violences, je réussis tout juste à l'examiner à travers ses vêtements, palper les armures de sa pudeur. Elle est repartie en protestant qu'elle ne reviendrait plus jamais. Naturellement, quelques jours après elle était là. Reprise des pourparlers, négociations infinies, arguties et enfin, elle a consenti à enlever ses pelures. Ainsi a débuté tout un jeu d'apparitions, de disparitions, de frayeurs, de coquetteries qui cachait peut-être cette vérité que sa vie était en danger, la mienne aussi d'ailleurs. J'ai même eu, je l'avoue, le ridicule de garder un revolver auprès de moi.

« Et puis un après-midi, Huy – c'était son nom –, très simplement, d'elle-même s'est dénudée et nous avons fait l'amour sur un bat-flanc. Je ne vais pas vous décrire la beauté des femmes chinoises, ce fuselé, cet élan où rien ne pèse... Excusez-moi, je m'égare. Huy est revenue souvent. Elle était gaie, cynique et m'avoua que depuis longtemps elle désirait connaître les Blancs, découvrir leurs avantages que l'on disait énormes et leurs forêts de poils. La légende prétendait même que leur virilité était fourchue... Notre liaison érotique et tendre s'est terminée brutalement. La dernière fois, Huy était sévère, lisse, jouant l'indifférente, et, sans autres commentaires, elle m'a dit qu'elle ne reviendrait plus. Je ne l'ai jamais revue. Beaucoup plus tard un notable chinois m'a appris qu'on l'avait empoisonnée et qu'on avait jeté son cadavre dans un puits. Elle avait prévu cette fin, j'en suis sûr. Mais la curiosité et le sens du défi avaient été plus forts. Les Chinoises sont terribles. »

Le train traverse des faubourgs et s'arrête dans une gare. M. Yao descend les bagages que reçoivent les délégués de l'Association des Journalistes de Hangzhou – un homme en tenue Sun Yat-sen et une superbe fille enveloppée dans un manteau rouge vif. A nous la voiture noire et la ville. Mais où sont les yamens et les palais d'antan? Si Hangzhou est une perle tombée du ciel, elle a perdu son orient. Cette cité, symbole de la beauté en soi, c'est d'abord des HLM, encore plus d'HLM, des HLM en masse, tous construits après la Révolution Culturelle qui y avait quand même fait quelques dégâts. Depuis que le régime a eu l'idée d'exploiter son charme, Hangzhou est devenue une caserne. On a édifié des bâtiments mochards pour loger les vingt millions de touristes (dont trois cent mille étrangers) qui s'y pressent chaque année. Tous les chichis du lac ont été prolétarisés, mis à la portée des foules. Hangzhou-Cythère jaune pour voyages de noces bien rentabilisés, à prix fixes et minimes, est un paradis ringardisé.

Notre hôtel est banal et nous mangeons mal. Après le dîner, Exposé sur l'Exquis par M. le chef de l'Association des Journalistes de Hangzhou. Pluie dialectique de chiffres sur la Beauté. Il est bien laid ce camarade et totalement assommant, avec sa figure plissée de maussaderie. Le soir, tandis que Marie-Françoise et moi nous nous endormons, nous parviennent les ronflements de Yao dans la chambre voisine. Pourquoi ai-je voulu venir à Hangzhou dont le communisme n'a pu que gâcher les antiques préciosités?

Me hante un visage venu du fond des temps, celui de la Chinoise du fringant docteur. Maintenant je me la rappelle, je l'avais rencontrée, lors de mes promenades au dispensaire. Elle m'avait souri, pris dans ses bras et demandé qui j'étais. « Lulu », avais-je répondu, et nous avions eu une petite conversation. Elle riait comme souvent les Chinois avec moi, le fils du Consul, qui baragouinait le sichuanais. Mais avec Huy, j'avais éprouvé une impression particulièrement délicieuse. Cette nuit, je comprends qu'elle a été la première dame de ma vie : si Anne Marie était ma mère adorée, Li ma tendre amah, Huy fut ma dulcinée. J'étais d'autant plus touché par elle que les Vénus jaunes restaient invisibles, cachées dans les gynécées. Sphinges poétiques et lascives qui dissipaient le mélancolique de l'écoulement des jours, toutes les humeurs noires qui venaient à leurs « maris-clients », elles devaient, je le savais, sans cesse se métamorphoser et suivre les mille conventions, les dix mille règles d'or de la féerie. Parler avec Huy, c'était approcher le mystère, se former une image de la volupté. Pourquoi l'ai-je oubliée? Étrange magie de ce voyage qui efface le temps, retisse les trames sur lesquelles je suis dessiné.

Dans ma somnolence, je recompose la magnificence de Huy et même je reconstruis l'idéal de la joliesse chinoise ancienne, cette fabrication merveilleuse. Toujours des visages délicats et fins, complètement remodelés à force de fards, de nards, d'onguents et de bijoux inquiétants. La figure est un paysage, une philosophie, la chevelure une pagode où s'enfoncent des épingles d'or et des pointes de jade. Tout évoque le feu du dragon, la ruse du serpent, le miel de l'extase. Ô Beauté achevée! Ô pauvre Huy qui a frôlé de ses doigts le petit Barbare!

Mon sommeil n'est qu'une pellicule sur laquelle vient s'imprimer un passé d'épouvante. Resurgissent des histoires ignobles du temps des Cent Fleurs, tous leurs détails comme une chape gluante... Moi, je n'ai pas de sang sur les mains, mais j'ai su des meurtres insidieux. C'était la première ouverture du régime communiste, arrivèrent les correspondants capitalistes. Certaines Chinoises eurent des faiblesses pour les « amis étrangers » et elles les payèrent cher. On ne les a pas jugées, on ne les a pas condamnées, leurs complices barbares n'ont pas été inquiétés, elles ont disparu secrètement, anonymement.

Comédie tragique. L'histoire de Jacques, un gentil « bel ami », taches de rousseur et yeux pétillants, toujours enroulé autour des femmes, presque un vert-galant professionnel. Mais à Pékin il ne songe qu'à s'amuser. Son éclat de rire quand il m'a raconté la bonne farce plus tard. Sans gêne et sans peur, il fait des avances à son interprète, une jeune fille qui, à sa stupéfaction, ne se montre pas rebelle. A vrai dire, à cette époque en Chine, l'accueil des étrangers n'est pas encore au point : on a placé auprès de Jacques une fille d'origine bourgeoise au cerveau mal lavé et qui ne rêvait que de fuir à Hong Kong. Persuadée qu'il peut l'aider, dans une chambre d'hôtel elle accorde ses faveurs. Aussitôt tout le personnel de l'étage est au courant. Soucis, préoccupations, longue discussion dialectique parmi les valets et les soubrettes, ils craignent de se tromper dans les « solutions correctes » et d'être punis. Ils ne savent pas s'il faut laisser faire au nom de l'amitié entre les peuples ou empêcher les ébats au nom de la pureté de la race chinoise. Enfin, ce monde ancillaire se résout à un compromis. Toutes les trente secondes, l'un d'eux frappe à la porte et entre dans la pièce où le couple essaie de copuler. Hilarité de Jacques : « Il a fallu nous y reprendre au moins cinquante fois mais nous y sommes arrivés. Quant à ma partenaire, une folle, je ne sais plus rien d'elle, elle a dû trinquer. »

J'ai vécu de plus près une autre intrigue dont le dénouement fut encore plus sinistre. A Pékin, trônait l'envoyé d'une agence, un personnage cauteleux, la cinquantaine, une tête de bon vivant, des plis, des rides autour des yeux alternativement suaves ou fulgurants, le meilleur homme du monde, le bigot, le jésuite, le franc-maçon, le confesseur, la voix du cœur multiple, la confidence intarissable, mille douceurs, mille caresses, la juste vivacité, la fureur, l'affirmation et la négation, le chuchotis, se mettant à raconter qu'il était du 2e bureau, une éminence grise, et le lendemain démentant farouchement, bref un rad-soc à la lyonnaise, quenelle de brochet et amitiés dans les cabinets ministériels. A Pékin, il était le favori, l'intime de tous les communistes qui comptent, reçu des heures par eux et leur recommandant de devenir « titistes ». Le « titisme », c'était son évangile et sa solution pour la Chine. Tout en rédigeant des notes à ses patrons de France et tout en continuant de prôner un Mao-Tito, il avait fait de sa résidence une excellente maison où je me gobergeais. Un cuisinier népalais, des serviteurs merveilleux, une table succulente, des grands vins de Bourgogne, de magnifiques objets chinois, tous les conforts. Il m'enseignait la Chine : il la connaissait très bien. Et voici qu'un jour, il me dit en prenant une gueule de chaisière potinante :

« Vous ne savez pas tout. J'ai deux petites amies chinoises. Je suis en si bons termes avec les autorités qu'elles me les tolèrent. »

Tout d'abord je ne crois pas à une pareille faveur. Alors il me montre une photo où une petite Chinoise nue est assise sur ses genoux : « C'est ma jeune étudiante. »

Il en tire une autre de sa poche : autre demoiselle céleste dans l'état de nature, toujours sur le giron de son « papa » :

« Celle-là est dans les chemins de fer, guichetière à la gare de Nankin. Elle s'arrange pour venir me voir tous les mois. Je lui suis d'excellent conseil. »

Pas de contestation possible: sur les clichés, je reconnais sa maison. Je le laisse tout glorieux et retourne à Hong Kong. Quelques mois plus tard j'y vois surgir cet excellent ami, verdâtre, décomposé, une ruine. Le «titisme» n'avait pas marché, et catastrophe, les Chinois s'en étaient pris salement à lui. Un matin, à l'aube, deux flics de la police politique lui avaient signifié de décamper dans la journée. Ce qu'il avait fait. Mais le malheureux aimait l'art, il avait emporté avec lui une «guanyin», une déesse de la miséricorde. A la frontière, on l'avait accusé d'avoir volé cette statuette, d'avoir voulu dépouiller la Chine de ses biens, on l'avait interrogé sans répit pendant huit jours, le menaçant d'années et d'années de prison, puis on l'avait laissé filer, sans aucune explication. Le cher ami! Comme il avait de la santé, dans la colonie britannique il avait rapidement retrouvé son teint vermeil, il était redevenu prospère. Il s'était acheté un yacht et aimait arborer une casquette de capitaine au long cours. Malgré son ridicule, personne dans la colonie française ne refusait de naviguer avec lui sur une mer d'opale, parmi les îlots de roche rouge. On jetait l'ancre dans une baie et l'on bavardait: je l'ai dit, il connaissait très bien la Chine.

Moi, j'avais toujours droit à ses confidences. Ainsi me raconta-t-il, avec une vaniteuse nonchalance, qu'il avait reçu une lettre de son étudiante. On l'avait mise dans une coopérative de broderie, sans doute un ancien ouvroir de bonnes sœurs et elle suppliait qu'il lui envoie de l'argent, même très peu, sinon elle mourrait de faim.

«Tu l'as fait?»

Il hausse les épaules:

«Non. Tu sais, la vie... s'il fallait s'occuper des détails anciens.

– Mais elle va crever.

– Que veux-tu, je n'y peux rien.»

Le consul, un homme de gauche qui n'appréciait que les plaisirs capitalistes, se joignait souvent à notre groupe. Avant la Libération, il avait épousé une Chinoise qui était poinçonneuse à la gare de Nankin et il lui avait interdit d'apprendre le français pour qu'elle ne gâche pas son excellence plébéienne. Chez lui, tout se passait à la céleste, il y avait des enfants, des vieux, des odeurs, des cris, je crois qu'il préférait se consacrer au cheval et faire le jockey. Un jour, il était monté à bord, les traits tirés, l'air furieux. Aussitôt, il s'était précipité sur «papa»:

«Je vais te casser la gueule. C'est toi qui as tué ma belle-sœur.»

Le compère proteste, fait un sabbat d'indignation, nie avec violence.

Le petit consul, comme un coq:

«Si je m'étais douté que tu faisais venir ma petite belle-sœur à Pékin... C'est un crime et tu le savais! Tu as gagné, mon salaud, elle est morte. Les Chinois ont raffiné: ils l'ont laissée dans les chemins de fer, mais plus à distribuer les billets, à poser des rails en plein désert du Turkestan. Elle n'a pas duré un mois.»

Là-dessus, le petit consul s'est calmé.

« Tu n'es qu'une ordure... Et je ne vais même pas te foutre sur la gueule : tu ne comprendrais pas pourquoi. »

Nous avons continué notre croisière. En fin de journée, nous avons bu du champagne.

Il y a presque trente ans de cela, pourtant il me semble que dans la Chine de l'«ouverture», l'instinctive et formidable répugnance qu'éprouvent les Chinois à voir leurs femmes souillées par des Blancs n'a pas changé. Pauvres femmes à qui l'on permet une coquetterie inspirée des modes de l'Occident, femmes fardées, ornées, arrangées, habillées pour séduire dans le style capitaliste, femmes interdites sous peine de graves tracas. Si la thèse officielle depuis deux ou trois ans prône la tolérance, qui saura jamais combien de pièges recèle cette façade bonhomme? Malgré tout, les Blancs, de préférence jeunes et riches, plaisent follement. Ils sont le nouveau monde, ils apporteront aux filles cette merveille, un passeport. Le mariage avec un Barbare, c'est donc la fortune, peut-être la félicité, en tout cas la solution. Mais pour quelques-unes qui réussissent, combien échouent, tombent dans la réprobation et le châtiment?

J'ai connu un cas heureux à Shanghai : un jeune Français qui avait épousé une Chinoise au prix de mille épreuves. Il m'avait caché son secret jusqu'à la fin de mon séjour. Pourquoi cette extraordinaire retenue? Parce que, je le répète, tout en Chine peut être source d'ennuis et qu'il faut toujours s'y conduire avec prudence. Enfin, dans un élan de bravoure, la veille de notre départ pour Hangzhou, il nous avait fait dîner avec sa très légitime épouse qui était enceinte et qui lui avait déjà donné un petit garçon.

Dîner donc au Peace Hotel. Le couple respire la tendresse. Preuve, s'il en fallait, que, contrairement à beaucoup d'opinions reçues, une Chinoise peut aimer, et même aimer un Blanc. On dira que le sentiment dans ce cas n'est que la forme supérieure de l'intérêt bien calculé, mais à voir le comportement de cette jeune femme jaune avec son jeune mari blanc, je ne le crois pas. Pas de maquillage, une voix douce, sans aucune espèce de clochette chinoise. Elle a ce maintien extraordinairement réservé qui était autrefois l'apanage des femmes bien nées, bien installées dans le confort émotionnel et matériel. Et pourtant... son union est toujours jugée infamante, même par ses proches.

Son histoire? Ses parents avaient divorcé sur ordre du Parti : la mère née prolétaire était jugée « bonne » mais le père réprouvé, à cause de son origine bourgeoise. Il avait donc été envoyé au fond d'un désert tandis que son ex-femme se remariait avec un camarade de meilleur statut. Ling, ainsi appellerons-nous notre héroïne, avait eu l'âme tout aigrie par ces interventions de la politicaille dans les affaires de cœur et elle en était restée irritée, tourmentée malgré les cajoleries de sa mère qui l'aimait. Ling la condamnait à cause du beau-père, du Parti, à cause de tout. Elle étudiait mal, regimbait, insolentait et surtout refusait de se rendre aux séances d'autocritique.

Pis, elle s'était mise – extrême perversité – à fréquenter le Français. La jase, les réprimandes, les railleries, puis l'apparition des flics. Les interrogatoires interminables, une lampe électrique nue braquée sur les yeux. Autour d'elle, toutes ses fréquentations cuisinées. Sa mère avait alors montré du courage : aux policiers qui exigeaient qu'elle écrive une lettre dénonçant Ling pour qu'on la plaçât dans une maison de correction, c'est-à-dire un mouroir, elle avait répondu non.

Angoisse du Français et son imprudence. Il était parti en voyage avec Ling. A leur retour, la grande épreuve, la grande question, celle qui revient si souvent en Chine communiste : « Avez-vous couché ensemble ? » Obsession. Ling interrogée férocement des jours et des nuits durant, presque torturée. Tant d'yeux méchants de flics rivés sur elle, tant de bouches de flics, comme des crochets, pour lui arracher un aveu. A nouveau, ses relations et connaissances mises sur le gril. Sa mère poursuivie. Si Ling avait craqué, si n'importe qui avait mouchardé, que serait-il advenu ? Le Français m'a confié :

« A ce moment-là, j'ai eu très peur, on disait que cent filles avaient été arrêtées et fusillées pour avoir sympathisé avec des étrangers. Des potins, des ragots, mais bien souvent en Chine les ragots sont fondés. »

Ling avait été renvoyée de l'université et inscrite d'office au chômage – c'est-à-dire que l'autorité pouvait s'emparer d'elle n'importe quand, et l'expédier n'importe où pour n'importe quelle besogne. Il ne servait à rien que le Français protestât de ses bonnes intentions, de son désir de noces légitimes, de toute façon, la race était salie et Ling coupable... Ah! cette éternelle question de la souillure... Mais, preuve supplémentaire qu'en Chine tout est imprévisible, il arriva soudain que la souillure parut tolérable. Alors que tout était à craindre, le péril s'écarta. Comme si les instances supérieures avaient procédé à une nouvelle analyse de la situation. Peut-être avaient-elles jugé que cette affaire ferait mauvais effet sur l'essaim de capitalistes blancs que la Chine essayait d'attraper ? Mais ce pouvait être une tout autre raison... Il se trouve que la mère de Ling avait une cousine très haut placée dans le « milieu » des grandes dames rouges de Shanghai, dans la coterie des égéries. Jusque-là cette parente n'avait pas fait le moindre geste en faveur de Ling. Soudain cette importante personne la convoque chez elle, l'embrasse, la câline, et lui dit en riant : " Apporte-moi quatre cassettes vidéo et tu te trouveras mariée sans encombre à ton Barbare. Présente-toi à la mairie, demande un certain camarade, l'union sera enregistrée discrètement mais officiellement ". »

Ce qui fut fait. Bien sûr il n'y eut pas de fête. Une certaine honte reste. Jamais le Français n'a été reçu par ses beaux-parents qui sont des gens honorables, plutôt riches, et qui probablement redoutent l'opinion du voisinage. Le jeune couple prétend se moquer de cette semi-quarantaine familiale... Mais on sent une blessure. Ils en parlent trop, avec une narquoiserie plus feinte que réelle. Ling, de cette petite voix précise qui en Chine sert aux déclarations solennelles, réaffirme qu'elle n'éprouve aucune gêne à être devenue une Barbare, épouse d'un Barbare, mère de Barbares, quelle souffrance cache-t-elle? Enfin, elle a atteint son but, l'amour certainement, et – accessoirement – l'argent, qui tout de même compte dans cet océan de pauvreté qu'est la Chine.

A Hangzhou, le lendemain matin, Yao est tout ardeur pour nous entraîner dans la poésie. L'arrogant chef de l'Association locale des journalistes, le faiseur d'Exposé en tenue Sun Yat-sen étant un personnage trop important pour s'occuper de nous, il nous a envoyé son adjointe, la grande fille que Yao regarde d'un air railleur. « Une gourde », souffle-t-il. Mais elle est vraiment belle. Je préfère croire qu'elle a été choisie pour nous faire mieux savourer les harmonies du paysage. En fait, le trio constitutif, Yao, Marie-Françoise et moi, nous nous sommes vite aperçus que cette divine personne était une Marie-Chantal rouge, sortant de quelque couvent des oiseaux pour demoiselles de la bonne société communiste. En tout cas, la personne parle peu mais avec un délicieux air de bienséance, peaufiné dans des dortoirs, des réfectoires, des confessionnaux où la bible marxiste était enseignée par les meilleurs militants. C'est une fille à papa du Parti, c'est une fille à maman du Parti. Face à nous, elle tâche d'avoir une grâce futée, elle prononce quelques phrases perlées que Yao dans son mécontentement croissant ne traduit même pas. Il ne cesse de nous répéter : « C'est bien une imbécile, elle n'a jamais vu le lac par peur de perdre un temps utile pour se perfectionner. Et c'est elle qu'on vous donne comme guide. » L'idiote, évidemment sans comprendre, dodeline de la tête, approuvant l'éloge que Yao fait d'elle.

Ah! Xihu, le lac de l'Ouest, les fantasmagories de ce lac pris sur la mer, conquis sur l'Océan qui a reculé ou qui a été repoussé, je ne sais. C'est un lac doux, suave, aux eaux saphir, aux ondes d'éternité, un lac entouré de collines discrètes, de montagnes pas trop abruptes, aux formes pas trop prononcées, monts incertains comme des songes, précis comme des rêves délectables. C'est un lac harnaché, ornementé d'îlots, de péninsules, de digues, de lanternes et de promontoires qui sont les symboles, les caractères, les idéogrammes du ravissement. C'est un lac où tout semble calculé : temples grouillants de dieux, ponts en dos d'âne, pavillons rouges et laqués, jardins et grottes surnaturelles, des magnolias, des saules pleureurs, des arbustes aux feuilles cirées, la gamme immense des senteurs, le jeu des vaguelettes, les reflets et les brumes. C'est le plus grand artifice qui soit au monde. Moi, je le trouve banal.

Quel tarabiscotage cependant! Il y a même une géographie des sensations. Dix endroits ont été choisis pour que les fervents du lac puissent vibrer aux dix impressions majeures. Il y a l'endroit pour ressentir la brise qui remue le lotus, l'endroit pour s'imprégner de la lune d'automne, l'endroit pour regarder la neige persistante, l'endroit pour écouter les grillons, l'endroit pour contempler les saules agités, l'endroit pour s'abreuver du soleil couchant, l'endroit pour se repaître de la vue des poissons rouges, l'endroit pour s'épanouir dans le printemps, d'autres encore...

Un bruit bizarre, régulier, du bois que l'on frappe, martèle mes impressions. Des enfants s'amusent avec un jouet qui me semble tout droit issu du *Voyage en Occident*, cet immense roman transformé en un opéra aux épisodes archijoués, archiconnus, archiaimés. Le cliquetis continue et se lèvent en moi les images du Roi des Singes et celles du Serpent Blanc, les clameurs, les mythes et les masques de l'Opéra chinois avec lesquels je suis presque né...

Dans mon enfance, mon amah Li m'emmenait dans des salles ignobles où s'entassaient des foules sans-gêne, crachant et mangeant. Et chaque fois j'étais subjugué par une mélopée, un hurlement, le rugissement de la vengeance ou le gémissement longuement filé d'une fille de roi que son père voulait faire occire. Oh! gracieuseté du cou qu'un sabre va trancher! Oh! apparition d'une divine tristesse incarnée par quelque giton! Oh! merveilleuses illusions! Oui, je suis presque né avec les magies de l'Opéra chinois. Aujourd'hui encore j'aime ces drames de l'éternelle vie et de la mort immanente, ces explications infinies, ces farces et ces envoûtements, ces cascades et ces clowneries, tout le légendaire aux couleurs de fièvre, toute la Chine épique, la Chine réfléchie, la Chine ésotérique, la Chine des hallucinations, toute la symbolique des voix et des gestes. J'aime cet art absolu, celui des signes.

Cet opéra, qui me réconcilie avec Hangzhou, accompagnera tout ce séjour en Chine. Ahanements rauques des grands guerriers, roucoulements sirupeux des femmes promises au supplice, musiques douceâtres ou vinaigrées, il y en aura sur les scènes, sur les écrans, à la télévision aussi. Mais là, curieusement, cet opéra sera souvent servi en une mixture des plus inattendues, entrelardé de western-spaghetti, de comédies yankees, de wushu (notre « kungfu ») et de James Bond, enfin de toutes les denrées de consommation mondiale. En somme, ce sera plus que l'ouverture, le pot-pourri.

Noyés dans la masse des touristes, nous remontons une gorge où coule un torrent et longeons une falaise de roche poreuse et noirâtre, percée de grottes habitées par Bouddha, par toutes les espèces de Bouddha, plus de trois cents, des bons et des sinistres et même un très obscène qui n'est plus que panse énorme et bajoues rigolardes. Enfin, nous arrivons au célèbre sanctuaire de Lin Yi. De degré en degré, des bouddhas de plus en plus majestueux, superbes colosses assis dans l'épanouissement de leur sagesse, la figure étrangement taillée, le front marqué de stigmates sacrés, les lobes des oreilles immenses, le nez étroit, les lèvres serrées, ils sont d'une surhumaine sérénité. A côté d'eux, comme toujours dans le bouddhisme, surgissent les apparitions du fantastique, les êtres tortueux soumis aux désirs et aux instincts, assoiffés de sang et de meurtres... Éternité de la Chine.

Des foules se pressent dans le temple où claquent les mêmes bruits secs. Me revient à nouveau dans l'esprit la trame du *Voyage en Occident*, dont j'ai vu un épisode représenté à Pékin. Inspiré d'une aventure authentique, le voyage en Inde du moine chinois Hinan Tsan au VIIe siècle, c'est le récit d'une grande quête, de la recherche dans les terres lointaines des livres transcendants... Un souverain qui se croit maudit du Ciel envoie son fils vers l'Occident afin qu'il en rapporte les textes de la religion qui donne un sens à l'existence. Le jeune homme commence une longue marche à travers les montagnes vertigineuses, les forêts oppressantes, toutes les terreurs de la nature mauvaise. Son escorte l'abandonne, mais il poursuit son interminable randonnée. Pèlerin inlassable, il est à bout de forces, presque moribond, lorsque le sauve un chasseur de monstres qui se proclame son défenseur et fait fuir les tigres rôdant alentour. Lui aussi renoncera au périple mystique. Et le héros continuera seul sa pérégrination, résistant aux tentations du désespoir. Il va cependant succomber quand surgit auprès de lui le grand personnage de la mythologie chinoise, Sun Wukong, le Roi des Singes, l'effronté, qui à son tour se constitue son protecteur. Lors d'une attaque de brigands, le Roi des Singes, malgré les supplications du pèlerin, les extermine tous. Saisi d'un pieux courroux, le saint homme réprimande ce roi qui a tué alors que la loi divine l'interdit. Mais Sun Wukong, fulgurant de colère, l'affronte avec superbe :

« Je fais ce qui me plaît. Je suis le souverain de ces contrées. »

Réplique du pèlerin :

« Tu es mon disciple. Tu dois m'obéir et je t'interdis d'anéantir qui que ce soit, fantôme ou hydre cruelle. Toute existence est sacrée, même celle d'une puce. »

Le Roi des Singes, se frappant la poitrine de fureur, abandonne alors le pèlerin qui dans sa solitude et sa lassitude se met à pleurer. Soudain une flamme brille, en sort Guanyin. Elle lui remet un talisman, une couronne et une sorte de crécelle qui lui permettront de dompter Sun Wukong quand il reviendra auprès de lui. En effet, le simiesque monarque jaillit des sylves mais il est toujours pétri d'orgueil et de défi. Le pèlerin l'amadoue, le flatte, lui pose sur la tête la couronne offerte par la déesse et, en même temps il actionne le petit instrument dont le son crissant, obsédant, assourdit le Roi des Singes, lui emplit le crâne du tumulte des orages et des tempêtes, de tous les tintamarres du monde. Et le pèlerin continue impitoyablement et la couronne se resserre autour des tempes du Roi des Singes, les broyant comme dans un étau jusqu'à ce que sous l'emprise de la souffrance Sun Wukong s'humilie, cède, promette de ne plus jamais occire qui que ce soit. Merveille de l'opéra ! Dans le roman, Guanyin enseignait au pèlerin une formule magique dite l'Affermisseuse du Cœur. La voilà devenue bruit. Et le jouet sur lequel tapent les enfants avec un petit maillet de bois reproduit la tête de Sun Wukong telle que fixée par la tradition !

Bien sûr, je ne vais pas raconter le roman aux mille aventures, ni la manière dont Sun Wukong qui jadis s'était révolté contre les palais célestes et avait été enfermé sous le mont des Cinq Éléments recevra le titre de Fou (Bouddha en chinois), Vainqueur des combats. Bien sûr, je ne vais pas évoquer l'ascèse et la doctrine, ni les enseignements de Cakyamuni le Très Sage, ni la poursuite de l'illumination, ni la chaîne des vies successives avec comme punition la réincarnation en un être inférieur, un animal et même un insecte (d'où, par parenthèse, la leçon du pèlerin selon laquelle il ne faut jamais tuer, même la plus infime parcelle de vie). Tout de même, je suis amusé par la Chine rouge qui laisse représenter sur les tréteaux cette légende dorée.

Où en est la Chine me suis-je encore demandé dans la pagode de Lin Yi? De l'enseignement bouddhique, il ne reste rien, juste un peu de superstition. Quant à respecter la vie, je n'ai jamais vu de contrée plus sanguinaire, même aujourd'hui où officiellement on ne tue plus. La foule me fascine, foule en grande partie lavée de religion, étrangement laïque, ni hostile ni ricanante cependant, tout ingurgitant du bon vieux temps. Aux échoppes de piété, quelques dévots et dévotes achètent des bâtonnets d'encens et des bougies à des bonzes en robe verdâtre, aux figures humbles et renfermées. Disparue leur fantastique prestance d'autrefois. Ils sont là, modestes, comme ravaudés, silencieux, sans doute heureux d'avoir survécu, et prudents, très prudents, en apparence uniquement occupés des piètres bénéfices de leur commerce sacré. Des femmes, après avoir fait brûler leur offrande, s'agenouillent devant une sainte statue et prient. L'une d'elles encore jeune et d'aspect moderne sursaute quand je l'aborde, mais enfin elle consent à répondre à mes questions : elle est ouvrière à Shanghai dans une usine de textiles, ses parents avaient des sentiments religieux, elle en a aussi. Plus remarquable encore, une troupe de vieillardes venues de loin en pèlerinage, qui toutes portent une ceinture et un baudrier jaunes sur leur bleu de chauffe : c'est une expédition organisée d'ancêtres édentées, à moitié cassées, qui indéfiniment marmottent les mêmes phrases de supplication à Bouddha pour la prospérité de leurs enfants, petits-enfants, arrière-petits-enfants, et ainsi de suite. Que pense de cette dévotion le comité de quartier? Sans doute le régime actuel juge-t-il que les Chinois seront meilleurs communistes si on les accepte avec leur foi et leurs goûts particuliers, évidemment tamisés et contrôlés. Si la prière n'est pas interdite, le monde des dieux me paraît quand même tombé dans la négligence au point que le peu de ferveur qui subsiste peut être considéré comme « bon ». D'ailleurs on laisse refabriquer des bonzillons. Extraordinaire Chine d'à présent où sont autorisées quelques couches de religion, où l'on encense l'argent, où règne l'intérêt personnel. Cela fait un tout bien malaxé, dominé par le Parti. Mais dans quelle mesure? Là est une fois de plus la question.

Ces problèmes ne préoccupent pas M. Yao. Au moins ne se croit-il pas obligé de m'affirmer, comme la Marie-Chantal couinante, offusquée de se trouver en ces lieux, que les gens que j'ai vus adorer Bouddha le faisaient par pure moquerie. Cependant, quand je lui demande de m'arranger un entretien avec un moine, il refuse : juste parce que ce n'est pas dans le programme. Je ne vois pas d'autre raison, rien ne serait plus facile que de me trouver un bonze adéquat – il se réjouirait de la clémence du peuple après la chute de la Bande des Quatre, ce peuple si généreux qui contribue à la restauration des temples. En effet, dans la région de Hangzhou, toutes les pagodes sont des chantiers, jusqu'à la plus célèbre, celle des Six Harmonies dont les treize toitures superposées menaçaient de s'effondrer.

L'opéra chinois me hante. A la Libération, sa destruction avait été réclamée par des purs qui prétendaient que, nourri de la vie d'autocrates et d'aristocrates ennemis du peuple, il offensait les senteurs de la vertu. Mais Chou En-lai qui avait, disait-on, un joli talent d'amateur s'en était montré le grand défenseur. Selon lui, on retrouvait dans l'opéra tous les fantasmes de la Chine, l'esprit chevaleresque, la bonne ruse, la méchante perfidie, la sagesse aussi, et surtout ce qui était déjà une dialectique. Tous les héros, les honnêtes barbus à figure vermillon, les traîtres à masque blanc, les jouisseurs à fleur rouge, les bons et les mauvais, tous procédaient aux analyses de la situation, aussi bien pour arriver à rendre de justes verdicts que pour proclamer de noirs desseins. D'abord, toujours, que ce soit avec des voix de tonnerre ou des voix de lyre, ils s'expliquaient en de long solos préparant à l'intensité des paroxysmes. Une fois les hurlantes méditations terminées, pouvait se déchaîner l'action terrible. L'opéra, c'était la Chine dans tous ses replis ténébreux d'où sortait finalement la bonne solution.

En 1956, au moment de la Chine de l'inexorable douceur, j'avais été invité par Chou En-lai lui-même à une représentation très extraordinaire, avec tous les Grands du régime. Jamais je n'avais été convié à une soirée aussi élégante. Ne manquait que Mao mais Chou En-lai en personne recevait et plaçait tout un chacun avec un sourire merveilleux, une vraie chaleur dans la voix. J'avais l'honneur d'être au premier rang, quoique sur le côté. Tonnerre, gongs, tambours, flûtes, un déferlement, la pièce commençait. Tout en gardant ses formes antiques, elle était un peu arrangée en opéra de la saine révolte, de la colère salutaire, sur le thème « le peuple exige ses droits ». En effet, l'opéra, selon ses laudateurs, non seulement se déroulait selon les règles de la dialectique mais, sous des apparences féodales et théocratiques, célébrait toujours l'insurrection des opprimés. Ce soir-là, de bons brigands, les Seigneurs des Vertes Forêts, se rebellaient contre l'injustice incarnée par un empereur à la cruauté farouche. Doués du génie des stratagèmes, les insurgés taillaient en pièces les armées du souverain et lui arrachaient « le mandat du ciel ». Leur chef s'installait sur le trône à la place de la majesté tuée et créait une nouvelle dynastie bénie par le Grand Chariot et les étoiles du firmament. On avait veillé à ce que tout dans l'action, les hurlements, les barbes et les maquillages restât conforme aux traditions séculaires. Mais dans le spectacle je devinais une transcription plus subtile : de nos jours, ce chef des gueux établirait un régime démocratique et populaire, ce serait Mao.

Je suis assis à la gauche de Liu Shaoqi qui ne s'est pas mêlé au tohu-bohu mondain. Il se tient seul, maussade, les yeux presque clos. Avant même que le spectacle soit terminé, il déguerpit, hâtif et furieux, comme pour éviter Chou En-lai qui sourit entouré du Tout-Pékin. Je suis sûr qu'il a parfaitement « lu » la pièce et compris qu'elle est une apologie du Grand Timonier, de ce Mao qui a demandé à tout le peuple de dénoncer les injustices et les outrages de la nouvelle tyrannie, celle du Parti, de façon à « combler les fossés et abattre les murs » entre les masses et les cadres. Je viens d'assister aux prémisses de la lutte gigantesque, en somme à l'ouverture d'un opéra chinois, plein d'immenses bouleversements, de défaites et de victoires amoncelés par lesquels Mao deviendra l'Empereur Rouge, détenteur du « mandat du peuple ». Le bel homme qui était près de moi ne saura pas empêcher son désastre, tel un acteur au maquillage blême, il sera écrasé par la Révolution Culturelle, instrument de sa destruction.

Comment aurais-je pu imaginer que l'Opéra de Pékin serait ensuite aboli par l'épouse de Mao devenue toute-puissante? Les antiques légendes furent supprimées au profit de huit ballets patriotiques. Caporalisme rouge, entrechats héroïques, lyrisme de peloton d'exécution. Jiang Qing heureusement s'est fracassée et la Bande des Quatre a chu piteusement. Alors ont pu revenir les hurlements des empereurs et des guerriers des Royaumes Combattants, les pitreries de Sun Wukong.

De nouveau on enseigne, et avec quelle ferveur, le fantastique d'antan et ses techniques extraordinaires. A Pékin, M. Yao nous a emmenés visiter une école. Apprentissage de la maîtrise du corps : qu'il soit libéré de ses entraves, qu'il devienne aérien, qu'il ne soit plus que souplesse, détente, bonds prodigieux, acrobaties insensées. Ce travail se pratique dans une sorte de gymnase dépourvu de pittoresque, des tapis, des chevaux d'arçons, des espaliers, des anneaux, des moniteurs, des survêtements. Prosaïsme, ce n'était pas ainsi que jadis les Mei Lanfang, les Ma Liang Lieng et autres illustrissimes vedettes de l'Opéra avaient appris à incarner des souverains terribles ou des femmes à la fragilité émouvante. Du moins, d'après ce qu'ils m'avaient raconté en 1956. La gloire de ces deux gloires... A Mei Lanfang, l'ancien giton de toutes les gracilités femelles, on avait permis, faveur exceptionnelle, de fumer encore l'opium sans quoi il serait mort. Quant à Ma Liang Lieng qui jouait les héros, revenu de Hong Kong où il avait fui, il vivait dans un somptueux caravansérail à l'ancienne.

Mais continuons la visite de l'école. Ici, des jeunes gens étudient les arts martiaux, les agressivités nécessaires, les comportements stylisés, les gestes, les moues, les maquillages aussi. Visages chinois de la dureté et de la provocation, visages qui semblent devenir couteaux...

Ailleurs, de beaux garçons bâtis en force et en sveltesse apprennent à monter des chevaux fictifs. Toutes les allures, toutes les positions, cent manières de chevaucher des montures qui n'existent pas. Cela grâce à la baguette magique qui non seulement crée les destriers mais indique ce qu'on en fait : grimper dessus, en choir, dompter, maîtriser, résister aux ruades, aller à l'assaut, s'enfuir, comment on galope, comment on trotte, comment on marche au pas, c'est une science immense et compliquée de monter à cheval sans cheval dans l'opéra chinois.

Survient le professeur, un homme d'une cinquantaine d'années portant casquette cossue, un homme qui a été un acteur fameux et qui, désormais à la retraite, enseigne. Son début d'embonpoint, son regard humidifié à la bière, sa bonne gueule de repu – maintenant il peut se laisser vivre –, sa joie à révéler les finesses de l'équitation opératique dont il est le seul à posséder les secrets. Peu de livres sur le sujet, la tradition orale prime tout et il en est un des derniers détenteurs. La subtilité de ses manèges... Il les explique à ses élèves, il me les explique, je fais semblant de comprendre, je suis perdu, moi l'ancien petit cavalier de Chengdu.

Nous achevons de parcourir l'établissement. Toujours rien de surprenant, pas d'attifements antiques, pas de gueulantes sacrées. De la gymnastique, surtout de la gymnastique. Cela jusqu'à ce que j'entrouvre par erreur une porte et que je tombe sur un petit rien amusant : trois fillettes se sont harnachées virilement, chacune s'accrochant derrière la nuque un faisceau d'étendards, elles sont désormais de redoutables chefs de guerre, à la tête de leurs armées. Cocasserie. Autrefois, les rôles de femme étaient tenus par des tapettes et maintenant des gamines peuvent jouer les seigneurs belliqueux. Elles sont là à se trémousser avec leurs fanions qui s'agitent dans leur dos en même temps que leurs nattes. En fait, elles gaminent et s'arrêtent à notre entrée comme surprises dans des jeux interdits.

Plus loin, je tombe sur des adolescentes qui, cette fois très sérieusement, s'initient aux pratiques millénaires de la coquetterie. Elles sont trois, très jolies, en longues blouses aux manches ondoyantes, armées d'un éventail qui peut signifier la caresse, la tendresse et aussi le refus ou le mépris selon son maniement. Une rombière, certainement jadis créature délicieuse, dorénavant trognon au visage érodé, leur montre les mimiques séductrices. Comique dans ses grâces, elle leur enseigne les artifices et les caprices qui servent à attraper les hommes et à leur extorquer ce qu'on veut, elle leur fait répéter la gamme des minauderies, et, sous son autorité, les mignonnes si minces, si légères, s'adonnent aux sourires aguicheurs, aux sourires enjôleurs. Elles ont des lèvres de bouderie mutine, elles dégagent des effluves de promesses incertaines, elles piquent leur regard de moquerie invitante, d'irritation perlée, de provocation ourlée, de refus attisant. Elles sont douées, les filles, mais elles ont encore à se perfectionner.

Si l'opéra renaît et se maintient, quoique les jeunes paraît-il ne l'apprécient que modérément, n'en comprenant plus toutes les subtilités, les Beaux-Arts eux se dissolvent en essayant de se recréer. Tristesse de la visite à l'école des Beaux-Arts de Pékin. Exposé d'un professeur résigné : « La situation est bonne. Nous approuvons plusieurs styles de peintures empruntés à l'Occident, surtout l'impressionnisme, un peu l'art abstrait et le cubisme. Mes élèves admirent Van Gogh et aussi Hartung et Soulages. Pignon est venu, il nous a encouragés. Autrefois nous n'étions pas libres de nous exprimer, nous le sommes aujourd'hui mais il ne faut pas aller trop loin. »

La rengaine, quoi, dont la sinistre résonance s'accentue encore à la vue des œuvres des étudiants. Pauvreté, candeur dans l'imitation, un peu de Matisse par-ci, un peu de Picasso par-là, quel gâchis! La Chine des estampes, des paysages poétiques, des nuages sombres et des ruisseaux clairs, la Chine méditative pour qui l'art était une métaphysique est totalement délaissée ou alors n'inspire que de plates copies, tout juste bonnes à épater le touriste. A vrai dire plus beaucoup de traces non plus du réalisme socialiste sauvagement imposé par Mao – que l'art chante le peuple, qu'il ne corrompe plus, que son seul but soit de répandre le Bien, d'être utile à l'humanité dans son élan vers la fraternité populaire. J'en passe... Là comme ailleurs les effets conjugués de la destruction des vieilleries et de l'interdiction de toute expression personnelle ont créé un vide sidéral que l'on tente aujourd'hui de remplir avec du n'importe quoi, des chromos kitsch, de timides barbouillages à la barbare, du traditionnel sans racine. Et même dans ce capharnaüm, il ne faut pas trop oser, l'essor est sous surveillance, bridé par les fameuses limites invisibles entre le permis et l'impermis. Comment l'immense talent chinois pourrait-il retrouver sa voix?

Sur le lac de Hangzhou, nous remplissons point par point le programme de la beauté toujours en compagnie de notre mijaurée. Il est de notre devoir de naviguer sur les ondes tout comme les empereurs Song – on ne s'en débarrasse plus – qui voguaient au gré des flots pour se gaver d'odeurs et de visions apaisantes. Nous nous entassons dans une barque rudimentaire, et deux sampanières solides, agréablement tannées, se mettent à godiller vigoureusement. Elles sont plaisantes, rieuses, saines et certainement d'une moralité irréprochable. Que l'on est loin des pauvresses que j'avais connues jadis, des humbles courtisanes de l'eau qui se proposaient tout en ramant! Fin de cette hospitalité-là...

Nous abordons une île, un type, mégot aux lèvres, la poitrine moulée dans un maillot et le postérieur enfourné dans un bleu de chauffe, nous tend la main tandis que nous sautons sur un débarcadère. Nous nous retrouvons dans un jardin d'Éden où tout a été miniaturisé. Un pastel, des petits pavillons, des petits arbres, des petits pots contenant des arbustes réduits et souvent de ces pierres taraudées, creusées par les eaux où elles furent laissées pendant des décennies afin de s'y charger de tous les symboles du cosmos, des pierres qui figurent des monts et unissent le Ciel et la Terre. En ce rêve, un cauchemar, les corps drapés de voiles ondulants, les yeux globuleux des poissons chinois, ce comble de la laideur ou de la beauté, je ne sais. Dans certaines vasques, il y en a tant qu'ils forment une tache ardente d'où s'exorbitent les gélatines, les protubérances vénéneuses du regard. Nous nous promenons longuement et, sur les indications de Marie-Chantal, nous nous perdons. Buissons de fleurs, feuillages rares à profusion, je commence à me lasser de cette botanique princière, de cette forêt de sens, et je languis après la terre ferme, les rivages où pullulent les temples.

Pagodes, pagodes. La plèbe, les gens qui avalent leurs casse-croûte et les mères qui torchent leurs lardons. Enfin voici un temple sans Bouddha, sans dieu, sans bonze, où personne ne mange bruyamment ni ne nettoie sa progéniture. Dans le sanctuaire consacré au général Yue Fei, un héros de la Chine médiévale, règne enfin le respect. Solennité, un bois de pins centenaires, des murailles sang de bœuf, une longue allée bordée de statues des animaux fastes, lions, chevaux et béliers, qui nous mène à un tumulus émouvant de simplicité. Même calme dans le temple où trône un Yue Fei gigantesque, magnifique, superbement barbu, le visage impérieux, les sourcils épais et noirs, un regard qui contemple l'éternité. Il est vêtu en mandarin militaire, d'un uniforme où serpents et dragons s'entortillent pour mieux effrayer l'ennemi. Comme tous les preux, il a le petit bidon du grand courage. Encore une fois, curieux pays où certains braves très anciens sont vénérés fanatiquement, bien plus que chez nous les Bayard ou les Jeanne d'Arc.

Reflets rouges et obscurs, sur des panneaux des idéogrammes proclament : « Servir le pays avec une loyauté absolue. » Cette devise en quatre caractères, la mère de Yue Fei l'avait tatouée de sa propre main sur le dos de son fils adolescent. Et toute sa vie, il avait été fidèle à ce commandement, jusqu'à ce qu'il en périsse. Le drame se déroula au XIIe siècle quand la dynastie des Song, traquée par les Jürchen, ces ancêtres des Mandchous venus de Sibérie orientale, s'était réfugiée à Hangzhou. Yue Fei avait levé une armée de paysans et entrepris de reconquérir les territoires perdus au nord. Il avait aussi maté une rébellion, attirant par ruse et sortilège la flotte des insurgés dans des marécages où les bâtiments embourbés furent pris d'assaut. Il allait peut-être réunifier la Chine, hélas ses exploits prodigieux fatiguèrent le sybaritisme et le pacifisme de la cour des Song du Sud. Qin Gui, un premier ministre collaborateur qui le jalousait, signa un traité de paix avec les envahisseurs. Puis ce traître, profitant de la faiblesse du prince Song, fit arrêter, emprisonner et assassiner Yue Fei. Suprême ingratitude que le destin a châtiée. Vingt ans après ce meurtre, les Jürchen reniaient leur parole, déferlaient à nouveau sur la Chine du Sud apportant partout ruines et désolation.

Aujourd'hui Yue Fei incarne le patriote qui ne se soumet jamais, il est le corps même de la Chine invincible et immortelle... Non loin de sa tombe sont représentées quatre créatures maudites et exécrables, le premier ministre félon, sa femme et deux de ses complices, une bande des Quatre du XIIe siècle sur laquelle la foule crache depuis huit cents ans! Yue Fei ou la Chine à jamais. Il a inspiré des opéras, il est par excellence le modèle charnu et majestueux du grand guerrier au masque rouge. Je le contemple longuement. Yao éclate de rire : « Heureusement que vous autres les Blancs, quand vous n'étiez pas des " amis étrangers ", vous n'avez pas eu affaire à lui. Encore que vous aussi, vous l'auriez fait tuer par des stipendiés. »

Une plaisanterie? A moitié. Yao nous aime Marie-Françoise et moi, mais il a l'orgueil chinois et Yue Fei, c'est l'esprit de la résistance contre les Tartares, les Mongols, les Japonais, tous ceux qui menacent la Chine, donc nous éventuellement. La Révolution Culturelle a failli lui être fatale, il a fallu ensuite lui réparer la gueule très sérieusement, le reconstituer presque en entier. A présent, selon certaines exégèses, il dénonce la Bande des Quatre. Quoi qu'il en soit, dans la Chine actuelle en rupture d'idéologie, on se sert de lui. Il est le ferment de l'identité nationale, le gage et le garant de la permanence de la nation.

Grandeur, grâce et éternité. Et aussi des heures très douces, loin de la foule, des temples bondés, du lac pourléché, un moment privilégié où j'ai retrouvé le charme bucolique de la Chine. Nous avons pénétré dans le domaine verdoyant des collines et nous nous sommes dirigés vers ce qui avait été un couvent bouddhiste, une retraite ecclésiastique. La chaussée pavée de dalles séculairement ajustées, route mystique et paisible, grandiose et humble annonçait quelque demeure sanctifiante. Nous avons marché longtemps, solitaires, dans une paix béatifique où je percevais – en opposition à la Chine des tumultes – une Chine faste et vénérable. J'ai même eu l'impression d'entreprendre une de ces quêtes si chères au taoïsme où l'homme s'avance sur une sente qui le mènera, au-delà de la mortelle condition humaine, à l'identification avec le Tout, hors du temps et de l'espace. Il y a toujours là-bas de ces chercheurs d'absolu, qui, vêtus de bure, cheminent indéfiniment vers les cimes... Douceur, oubli. La voie monte suavement au milieu de l'émouvante forêt de bambous. Souffle un vent léger qui agite les feuilles et incline les troncs avec une sorte de tendresse. Impression de sentir respirer l'univers, l'auguste concorde. Le ciel s'obscurcit, il se met à pleuvoir et j'aime le son des gouttes sur cette nature spiritualisée.

Sous les nuages attardés, nous avons franchi des portiques promettant l'approche du saint lieu, nous avons lu des stèles exhortant à l'envoûtement pieux : « Dégage-toi des passions, écoute ton cœur et tu seras bon. » Enfin nous sommes arrivés à un grand bâtiment vermoulu, une de ces méditatives demeures chinoises que j'affectionne. Personne. Je m'enfonce dans les cours et j'aperçois des infirmes, des grabataires, des goitreux qui me font signe de filer. Le temple est désormais un hospice pour ces déchets humains qui auparavant abondaient en Chine et dont on n'aperçoit plus jamais le spectacle gênant, au point que je me demandais si on ne les avait pas tous tués. On les a parqués et même on les fait vivre relativement bien. L'incident clos, quelqu'un est venu nous offrir de la confiture de lotus et nous avons retrouvé la paix.

Plus tard, bien plus tard, nous sommes retournés à notre voiture. Le chauffeur a pris une minuscule route de terre battue qui enlaçait les collines. Nous nous sommes égarés, un peu ivres de quiétude, dans cette Chine mélodieuse. Parfois, nous traversions un village, luisance des toits de tuiles, lumière immobile des yeux d'enfants, regards en coulisse des vieillards, ma jeunesse soudain me serrait la gorge. Nous avons franchi des ruisseaux et des forêts, débouché enfin dans une immensité de champs de thé, contemplé les boules sombres des arbustes et la laque des feuilles. On produit dans ce lieu dit Le Puits du Dragon le meilleur cru de Chine, le plus rare et le plus célèbre, un thé vert que pour nous honorer on nous servira tout au long de notre voyage. Des femmes étaient accroupies, occupées à cueillir des brins, riantes, cancanantes, vraies commères qui paraissaient avoir oublié la Commune populaire modèle qui autrefois était établie là. Yao ne m'a pas parlé de la Commune et de sa fameuse discipline, comme si c'était une institution inconvenante, enterrée à jamais. Heureux silence. Il n'y avait plus d'horaire, ni de programme pour ternir mes retrouvailles avec mon pays.

Dans cette Chine ancestrale me manquait cependant une dernière rencontre : les serpents. Hangzhou s'y prêtait qui est la ville du Serpent Blanc et de sa servante le Serpent Bleu, un conte devenu opéra qui m'a toujours enchanté. Un jour un serpent blanc qui avait au moins mille ans de pratique magique surgit du Lac de l'Ouest sous la forme d'une femme superbe qui prend le nom de Bai Niangzi (la Dame Blanche). Elle tombe amoureuse d'un mortel Xu Xian, l'épouse et ensemble ils ouvrent une pharmacie qui très vite prospère grâce aux talents de Niangzi. Hélas, hélas, à la fête des Barques-Dragons, Xu Xian invite sa femme à boire un vin à l'arsenic rouge qui chasse les démons et dès la première gorgée, Niangzi s'effondre, se dissout, redevient Serpent. De terreur Xu Xian va mourir... Alors Niangzi part à la recherche de l'amadouvier, une herbe miraculeuse qui pousse au sommet d'un massif escarpé, d'une montagne maudite que garde une armée de génies. Des jours durant Niangzi escalade la paroi abrupte, elle évite pièges et trappes, arrive enfin à la crête où abondent des plantes violettes, les plantes des Immortels. Les esprits qui protègent ce trésor repoussent Niangzi, elle les supplie vainement. « Dans le passé, j'ai été un serpent, je suis maintenant une femme, je donnerai ma vie pour guérir mon époux dont le cœur bat à peine. Laissez-moi prendre quelques feuilles. » Les génies la raillent : « Tais-toi imbécile, redeviens ce que tu étais, un Serpent Blanc. »

Niangzi retourne à son état ophidien, ce qui dans la représentation de l'opéra se marque seulement par la présence d'une ceinture blanche autour de la taille de l'actrice... Je passe les péripéties. La ceinture se défait, Niangzi à nouveau créature humaine se déchaîne. Alternativement fée et femelle, elle extermine toute la garnison des esprits qui défendent l'amadouvier et de ses dents arrache les quelques touffes ciselées qui ramèneront Xu Xian à la vie. Triomphe, apothéose, le cri de joie de Niangzi. Mais ceci n'est qu'une première aventure. Le pharmacien et sa belle en connaîtront bien d'autres encore, avec tout ce qu'il faut de diables, de méchants bonzes et de diadèmes magiques.

Charmant lac où les reptiles sont aussi des fées. Délicieux amadouvier qui ressuscite les morts. Fabuleux serpents dont les Chinois font une forte consommation pour la gastronomie, pour la pharmacie, pour la gastronomie pharmaceutique. Encore maintenant, dit-on, dans certains festins on apporte des paniers de vipères et autres cobras gluants ramassés en un nœud de sommeil : ils sont drogués à l'opium. Devant chaque invité, un serviteur empoigne un des serpents assoupis, le brandit, d'un coup de couteau expert lui entaille le foie et recueille les gouttes de bile qui en tombent dans un verre à moitié rempli d'alcool. Kampé! Kampé! Cul sec et amitié... On boit, on boit, c'est délicieux et cela donne, si besoin est, suffisamment de force aux vieux pour satisfaire ensuite quelque dame. Honneur donc à l'animal venimeux qui est aussi remède et ingrédient succulent.

J'ai fait mettre des serpents au programme, j'ai voulu visiter une usine où l'on fabrique les médicaments de cette médecine traditionnelle que les Chinois ont soigneusement conservée pour « marcher sur deux jambes ». La médecine occidentale jadis tant honnie, ils l'ont ingérée complètement, elle est leur, partout hôpitaux, laboratoires, milliers de toubibs et de chirurgiens, recherches fondamentales, l'esprit même de la science, des Pasteur jaunes, des as de l'auscultation et du bistouri et des remèdes « made in China » de qualité égale à ceux produits par les Blancs, mais... Mais la santé est chose incertaine, il vaut mieux, se disent les Chinois dans leur sagesse, avoir une béquille supplémentaire pour la soutenir. On a donc gardé l'ancien art céleste des guérisons, les recettes millénaires, l'acupuncture qui excite les dragons de la vie et les procédés aux allures de sorcellerie. Et tout cela a été hygiénisé, aseptisé, a pris un aspect moderne, Docteur Knock et compagnie.

On nous conduit dans une manufacture banale, bâtiments récents, ripolinés, des couloirs, des salles, un décor clinique. Nous sommes dans le domaine du thérapeutique et du sanitaire, la preuve, c'est que dès notre arrivée on nous affuble de blouses et de bonnets blancs, on nous colle même une gaze sur la bouche – déguisement indispensable pour circuler dans un temple de la science. Un bureau, des moleskines, une jeune cadresse qui, assise devant sa table, nous débite d'une voix automatique l'Exposé. Mille trente-quatre ouvriers, huit ateliers, un bureau de recherches, un bureau de vérifications, la science mais sans rien de chimique, de dangereux. Juste l'utilisation élaborée des dons de la Nature, plantes, herbes, bêtes, minéraux. Les cadeaux du Bon Dieu sont exposés dans une pièce spéciale, vitrines et flacons en quantité, des choses qui flottent dans des bocaux, en particulier les très attendus serpents nageant dans le formol, exactement comme autrefois en France à la devanture des pharmaciens. Suit la visite des ateliers où des machines font, de la matière première, des pilules, des comprimés, des ampoules, des gélules, à la manière des médicaments occidentaux. C'est mal empaqueté mais c'est merveilleux, du moins à en croire la cadresse qui, la tournée terminée, nous fait revenir dans son bureau pour un jus final tout à fait estourbissant, je veux dire revitalisant. Qu'est-ce que ça ragaillardit les produits de la maison! Boniment d'enfer! Miracle de la gelée royale. Miracle du ginseng. On m'affirme qu'un vieil écrivain qui avait perdu la mémoire, après une cure intensive, a publié sept romans remarquables. Une actrice hors d'âge, paralysée, a pu se lever et recommencer à jouer. Sous l'effet de ces remèdes les enfants grandissent, les obèses maigrissent, les anxieux retrouvent la bonne humeur, les insomniaques dorment comme des anges, les cauchemardeux font des rêves délicieux et même, les femmes embellissent.

La petite cadresse est si persuasive que j'achète deux boîtes, une de gelée royale, une de ginseng dans l'espoir de perdre des ans et de récupérer ma sveltesse. Par la suite j'ai très honnêtement consommé mes emplettes, sans hélas observer beaucoup d'effets. Et que ces produits avaient donc mauvais goût!

Non que je sois totalement incrédule, je serais bien ingrat : mon amah Li à Chengdu, lorsque je m'étais gavé de saletés succulentes achetées dans la rue et que j'avais la diarrhée, m'a souvent guéri à l'aide de bouillons infâmes! J'ai le souvenir des boutiques d'apothicaire, de bouts de charognes, de viscosités noirâtres, d'organes puants provenant de sales bêtes, crapauds, hippocampes, vampires et serpents évidemment. Qu'on voyait là de choses répugnantes, innommables, pourries, desséchées, saumâtres et que ces ignominieuses denrées bien spécifiques et bien nécessaires étaient chères, car provenant de contrées et d'océans lointains. Mais il y avait de tout pour tout, peut-être même de cette urine de vieille tigresse qui prétendait-on donnait du courage aux soldats.

Importaient le plus les aphrodisiaques. Ils étaient innombrables, des plantes, des glandes, des boyaux, des insectes réduits en poudre, des yeux de tortue et surtout, dix fois plus cher que l'or, des cornes de rhinocéros – un animal rare, extraordinairement précieux où tout est excellent, jusqu'à la fiente – mais la corne, la poudre de corne, c'était de la dynamite, elle provoquait des érections aux centenaires. Dans cette Chine de la sagesse, quand ils vieillissaient, les hommes pour couler encore des jours heureux avaient le choix entre deux solutions. La première, l'opium et son rituel, procurait une lucidité bienheureuse dans laquelle peu à peu le corps se délabrait. On finissait grabataire mais cette paralysie ne s'étendait pas au cerveau qui au contraire fonctionnait avec une espèce de clairvoyance supérieure. Décharné, on dominait. Si l'on répugnait à se droguer, on optait pour l'érotisme. Plus on prenait d'âge, plus on croupissait dans ses rides et ses infirmités, plus on faisait l'amour, de préférence avec des jouvencelles dont la jeunesse donnait de la force. Surtout il fallait se gorger de « fortifiants » aux prix exorbitants et aux pouvoirs fabuleux, s'enduire la Tige de Jade de pâtes et de crèmes, privilégier certains aliments, en bannir d'autres, procéder avec méthode (neuf intromissions légères, une profonde) et l'on arrivait ainsi à bander des heures durant. D'où l'importance de la pharmacopée. Ces mœurs ont été éradiquées par la Vertu Rouge, mais il en reste quelque chose. Ainsi à Chengdu aurons-nous droit à un repas de diététique traditionnelle, avec soupe à l'hippocampe et autres mets tonifiants, comme la langue de cochon, l'agaric blanc, le gingembre, le clou de girofle et l'inévitable ginseng. Certains me seront servis avec le sourire entendu qu'appelaient sans doute mon âge et la blondeur de Marie-Françoise!

Dernier soir à Hangzhou. Je propose d'aller dîner dans une gargote privée. Une fois de plus, Yao marque sa satisfaction en se tapant sur le ventre. Mais Marie-Chantal ouvre de grands yeux, fait la pimbêche, presque la dégoûtée, et affirme ne pas connaître d'adresse. Nous lui ordonnons de trouver et nous voilà déambulant derrière elle dans les rues de Hangzhou. Longue errance, bain de foule. Marie-Chantal prend un sourire de plus en plus forcé... dit que là c'est interdit, que là on ne peut pas, que... Soudain Yao nous fait grimper d'autorité un escalier en bambou jusqu'à un premier étage d'où proviennent des bruits de boui-boui. Horreur, c'est dégueulasse et il y règne une atmosphère de grossièreté, de brutalité, de violence. Je redécouvre une autre Chine oubliée, où les gracieusetés du sourire rouge sont tombées. Les gens ont de sales têtes, des expressions provocantes. Cette mauvaiseté existait aussi jadis à Chengdu dans certains quartiers que mon amah Li me faisait éviter... Ici, les tables, les chaises sont mal équarries, la nourriture pue, il faut aller à travers des bagarres, des similis de bagarres, jusqu'à une caisse où l'on paie d'avance le menu choisi. Marie-Chantal expédiée à cette tâche, c'est d'ailleurs son rôle, est révulsée. Elle finit par s'exécuter, et revient morveuse, racontant qu'elle a été repoussée. Alors Yao part à l'assaut, poings fermés, traverse héroïquement les cohues et arrive à commander quelques plats.

Longue attente. Près de nous de petites gens, la quarantaine un peu engraissée, gueulent comme des écorchés. Ils se lèvent, ils hurlent à la façon des Chinois qui se plaignent d'une injustice, ils tempêtent pour bien faire scandale. Sonorités extrêmes, ils exigent d'être remboursés, on leur a servi du poisson pourri... Vrai, il chlingue jusqu'à nous. Le patron, un Hercule, clame et jure que sa marchandise est toute fraîcheur. Éclats des voix qui s'affrontent, pauses pour reprendre des forces et découvrir de nouveaux arguments, après quoi on redémarre. Toute cette ordonnance dans la criaillerie, je la connais, c'est de la discussion à la chinoise, une manière aimable de s'expliquer. Le patron s'éloigne, il n'a pas cédé. Tandis que l'homme fait semblant de poursuivre le colosse, la femme, pour sauver quelque chose, fourre deux petits pains, deux « baozi », dans la poche de son pantalon. L'énorme taulier revient pour reprendre l'explication – bien sûr l'explication à l'ancienne mode, celle qui peut durer une heure. On réexamine les accusations réciproques, mais d'un ton moins exaspéré puisqu'on est dans le sérieux du drame. Silencieuse, la femme suit les débats avec une attention aiguë. Quand un accommodement se dessine, elle sort de ses vêtements les petits pains. Quand on va vers la rupture, la fâcherie, vers le triomphe du patron, elle les remet. Cela finira par une déconfiture des clients, mais avant de déguerpir, la femme, d'un geste furtif aura caché les petits pains dans ses fouilles, comme lots de consolation. Enfin une souillon nous apporte nos repas. Un sale déballage dans une sauce malsaine, presque chancreuse. Yao se risque courageusement à goûter, nous suivons, surprise, ce n'est pas mauvais. On attrape des morceaux d'on ne sait quoi, au goût indiscernable mais savoureux, avec des baguettes usées, qui ont dû porter de la nourriture à des milliers de bouches, de dents, de salives. J'ai peur, je redoute les amibes, les fameuses amibes qui ont valu la Légion d'honneur à mon père. Yao se tape la cloche, Marie-Françoise nullement gênée mange avec plaisir, je me force bravement, la plus affectée, et de loin, c'est Marie-Chantal. Effondrée, au bord des larmes. Une fois dans la rue, en sécurité – finies les possibles altercations, finis les protozoaires – elle gémit : « C'est la première fois de ma vie que je mange dans un restaurant. » Elle est choquée la pauvre fille, comme si on venait de la dépuceler. Nous la consolons. Chère Marie-Chantal qui ne connaissait que la décence des cantines rouges, adieu et pardon.

NANKIN

La prochaine étape du périple sera Nankin (Nanjing) la « capitale du Sud » (par opposition à Pékin/Beijing/la « capitale du Nord »). Sise au milieu des collines, cernée de bois, parée de lacs, la cité se déploie sur la rive méridionale du Yangzi, là où le fleuve brimé par les derniers sursauts de la nature se resserre en une coulée de mille mètres de large avant de s'évader dans un delta aux innombrables bras. Pour un Européen, son nom évoque d'abord une cotonnade – ce nankin dont on faisait des pantalons, une couleur – un jaune chamois.

Surgit aussi le souvenir des pères jésuites qui pour catholiciser l'Empire s'étaient faits lettrés chinois, doués pour l'astronomie et la morale, ne répugnant pas trop à l'assimilation entre Dieu et le Ciel, tolérant les sacrifices à Confucius et aux ancêtres. Subtilités bien entendu condamnées par le pape et les ordres rivaux, Missions étrangères, dominicains, franciscains et lazaristes qui jugeaient ces pratiques idolâtres et à qui il fallait de la bonne et solide religion. En 1598, le jésuite Matteo Ricci en route pour Pékin avait fondé une mission à Nankin. C'est à Nankin qu'en 1707 le légat du pape, un janséniste français, Mgr Charles Thomas Maillard de Tournon lut le célèbre mandement qui interdisait les rites chinois et qui devait déchaîner la colère de l'Empereur tout acquis à la Compagnie de Jésus. Pauvres jésuites qui disaient la messe en chinois et qui par leurs lumières avaient conquis l'estime des Célestes et de leurs souverains – en particulier celle de Kangxi (1661-1723), un grand monarque, un artiste et un philosophe, formé par l'un d'entre eux. La Chine leur était ouverte à condition qu'ils se fassent Célestes, ce qu'ils acceptèrent. Le Vatican n'y comprit rien.

On sait la suite, la Querelle des Rites plus vive que jamais, jusqu'à la suppression de la Compagnie par Rome. Une fois que les jésuites furent partis, la Chine se referma sur les autres prêtres de l'Occident, jugés bornés et dangereux. Édits de proscription, persécutions... la religion chrétienne pratiquement interdite. Ce n'est qu'en 1858, au traité de Tientsin (Tianjin) que les missionnaires obtinrent de s'établir à l'intérieur du pays et d'y posséder terrains et bâtiments. Alors sont revenus en grand nombre les bons pères à la barbe opulente et au cœur chauve qui se donnaient bien du mal pour convertir les païens. S'ils n'obtenaient que peu de succès dans leur prosélytisme, parfois ils étaient touchés par la grâce du martyre et toujours ils étaient bénis dans les saintes œuvres des finances.

Et puis c'est à Nankin qu'a été signé le premier de ces traités que les Chinois appelèrent les « traités inégaux ». Cela se passait en 1842, les Occidentaux allaient dépecer la Chine. En allant là-bas, je songe à ce passé et aussi aux Barbares qu'étaient mes parents. Mais avant tout, je veux revoir M. Qian.

Ce Chinois-là, je l'ai connu à Paris, où il était étudiant. Il avait de la plénitude dans le visage, une suffisance de chair compensant une rétention de paroles, un bredouillis de mots d'où ressortait toujours la salutation « Vive l'amitié franco-chinoise ». Après bien des formules de politesse, il m'avait annoncé qu'il était en train de traduire mon roman *Anne Marie*. Ce qui m'avait surpris car il parlait assez mal le français, mangeant les syllabes avec des bruits curieux, des chuintements entrecoupés de silences, de longues recherches pour trouver le vocabulaire et les idées convenables qui, une fois identifiées, s'écoulaient en pitoyables gargouillis, une musique de chapeaux chinois. Pourquoi avoir choisi ce récit bourgeois des démêlés d'une mère et d'un petit garçon? J'avais beau insister, il ne me donnait aucune raison mais il était décidé, absolument décidé. Mon éditeur, les conditions, un contrat, tout cela ne l'intéressait pas et mes remarques là-dessus, il les balaya d'un sourire, d'un mouvement de bras, il ignorait complètement ces pratiques réactionnaires. Il revint chez moi plusieurs fois, il traduisait, il traduisait toujours plus, et coassait-il mystérieusement, ne voulait de moi qu'une petite préface que, je dois l'avouer, je n'écrivis pas, tellement j'étais sceptique sur l'issue de son entreprise.

J'appris par la suite que M. Qian était retourné dans son pays natal où il enseignait le français à l'université de Nankin et je n'y pensai plus. Je m'apprêtais à partir pour l'Empire céleste quand arriva un paquet. Deux exemplaires d'*Anne Marie* en chinois, avec sur la couverture un dessin de son visage devenu étrangement sino-aryen, un visage à la fois jaune, blanc, livide, mystique, éthéré, sensuel et vaguement vulgaire, un masque. Anne Marie avait-elle été ressuscitée ou dévorée par l'édition chinoise? En tout cas, j'avais envie de retrouver l'énigmatique M. Qian.

Anne Marie brochée à Nankin. Quelle étrangeté! Évidemment, M. Qian ne pouvait pas connaître l'histoire, tant de fois contée par elle, de son premier passage à Nankin. Elle était, on s'en souvient, enceinte de moi lorsque avec Albert elle prit à Shanghai un cargo pour remonter le Fleuve Bleu. Sur ce bateau miteux, elle avait eu un malaise et mes parents avaient dû débarquer à Nankin qui en cet automne 1913 sortait à peine des tumultes de la proclamation de la

Nankin

République. Capitale les trois premiers mois de 1912, elle était très vite retombée dans sa désolation tandis que le pouvoir, échappant à Sun Yat-sen, était transféré à Pékin et à Yuan Shikai. Je ne sais où fut soignée ma mère, sans doute dans un dispensaire religieux. On crut qu'elle allait mourir, que j'allais naître d'un cadavre, largement en avance sur la date prévue. Le récit d'Anne Marie... Albert qui pleurait, elle sans larmes, courageuse et résignée, refusant toutefois les eucharisties et les extrêmes-onctions. A la vérité ma mère luttait farouchement pour vivre, pour survivre, enfermée dans son silence et son orgueil. Après de longs jours, contre toute attente, elle se rétablit. Relevée, superbe, elle dit à mon père avec défi :

« Poursuivons ce voyage où vous m'avez entraînée. Vous voyez, je suis une fille de la campagne, simple et solide. »

En fait, c'était autrement plus complexe que cela : elle voulait avoir une raison de plus de haïr mon père. Ils reprirent donc le bateau vers les régions lointaines et c'est ainsi que je ne suis pas né à Nankin.

Tout cela, je l'ai tu à Yao et surtout je lui ai caché l'Anne Marie de chair et de sang, celle qui avait failli périr à Nankin et qui n'appartient qu'à moi. M. Qian en revanche on pouvait en parler. Pourtant mon désir de le rencontrer avait paru contrarier M. Yao comme s'il était peu orthodoxe. Il avait eu de mystérieux entretiens téléphoniques avec Shanghai ou Pékin, je sentais qu'il lançait une enquête. Enfin, d'une drôle de voix, il m'avait averti que le nécessaire serait fait, sans en dire plus.

A Hangzhou, nous avons pris un petit avion à hélice, tout vermineux, tout décrépit, tout vieux, un escargot des airs qui nous a emmenés en une heure à Nankin. Par le hublot, je cherche le Fleuve Bleu remonté jadis par Anne Marie, désormais héroïne littéraire dans cette fameuse capitale qui en commande le cours. C'est que, même en cet âge, je me sens toujours incrusté de ce fleuve, enraciné en lui, issu de lui. Dans le tréfonds d'un homme mûr subsiste une mer de sentiments essentiels, primitifs, que souvent il dissimule et voilà qu'en cet instant je les retrouve intacts, suscités par ce seul nom : le Yangzi, ce Yang Tse-kiang que les Chinois baptisent aussi, et avec quelle hauteur, le Grand Fleuve (Chang Jiang). Il est la source de tout, il m'entraînera vers la caverne des enchantements, vers l'enfant que j'ai été. Je veux voir cette balafre et ce baume, je scrute le sol à m'en user les yeux, mais je n'aperçois que des eaux sales, des nappes limoneuses, des marécages, le rien. Mon Yangzi a disparu.

Peut-être est-ce mieux ainsi. Il faut à ces pèlerinages une sorte de gradation et je ne peux m'empêcher, tout en subissant ce flot d'émotions, de vouloir les refouler. Curieux état de désir craintif et d'impatience retenue. Soixante ans que je ne suis pas venu à Nankin où j'aurais pu voir le jour ! Enfant, j'y ai plusieurs fois fait de courtes escales avec Albert et Anne Marie, ce couple désaccordé dont je suis le produit... et puis, le néant. Descentes et remontées du fleuve me reviennent, nuée floconneuse de souvenirs, brouillard phosphorescent. Dans ces vapeurs de la mémoire, quels fantômes vais-je lever ?

M'assaille, toujours aussi vivace, la fondamentale ambiguïté de ma jeunesse, cette balance entre Shanghai qui était l'Occident bien-aimé et l'immensité orientale que j'aimais tout autant. Le fléau de la balance, c'était Nankin. Nankin dont Tchang Kaï-chek allait faire sa capitale avant de la laisser détruire, Nankin ville musée, Nankin qui sentait la mort. Il m'en reste comme une appréhension... que n'apaise pas, au contraire, l'absence de mon fleuve dans ce paysage spongieux, englué de sédiments rougeâtres...

L'appareil descend et enfin j'aperçois une ville, des bouts de ville qui peu à peu deviennent un ensemble biscornu, des buildings, des masures cernées de remparts. Mon angoisse ne diminue pas dans l'aéroport où me manque M. Qian, sa figure de sévérité bonhomme, sa politesse épaisse, qui m'auraient rattaché à mon existence présente d'écrivain dans laquelle Anne Marie n'est plus qu'une image déformée sur une couverture. A sa place, nous trouvons M. Hui, un journaleux de l'Association, un bon jocrisse aux faux airs d'institutrice, qui m'agace avec ses cheveux coupés au bol sur un front de gros bébé, ses traits fins mais d'un grain grossier. Et quel accoutrement ! Une chemise au col boutonné, pas de cravate, une veste verte croisée. D'emblée je lui colle moralement des knickerbockers pour l'achever !

Il se trouve que Hui et Yao se connaissent très bien et même s'entendent comme larrons en foire. Poignées de mains, salutations, M. Hui en courbettes et souriant, M. Yao sur ses bons ergots, Napoléon-petit caporal. Les formalités expédiées, nous nous entassons dans une voiture noire – il semblerait que ce soit toujours la même et que seul le chauffeur change. Nous roulons vers Nankin, dans Nankin.

La banalité d'un Washington chinois hors d'usage, désaffecté, où je crois discerner un mauvais relent de Tchang Kaï-chek. Des avenues solennelles, la verdoyance poussiéreuse des platanes, de la végétation ennuyée. Une impression de vide, de désœuvrement d'antan, de nullité des choses. Désuétude... Nankin serait-elle aussi une ville punie ? Ce qui me frappe, c'est la rareté des monuments anciens, des traces d'antiquité. Nankin est un no man's land où l'on a jeté par-ci par-là des édifices, toute la panoplie de l'architecture socialiste la plus académique et des bredouillis de constructions modernes. Et soudain, le grouillement, des magasins, des théories de vélos, et soudain, une tour improbable, l'hôtel Jinling, un immeuble de trente-sept étages dont le sommet est occupé par un bar panoramique et lentement giratoire, le dernier gadget à la mode dans la Chine pour étrangers. De là-haut je contemple l'horizon, toujours d'énormes bâtisses, toujours des termitières mais toujours pas de Fleuve Bleu.

Qu'importe... M. Hui et M. Yao se conciliabulent. Ah! ça, notre programme ils le peaufinent. Enfin M. Hui se retire après des révérences qui le cassent en deux. Mais aucune explication ne nous est fournie. Marie-Françoise et moi nous nous réfugions dans notre chambre quand Yao, qui évidemment est installé à côté de nous, nous donne très inopinément notre liberté.

Qu'en faire? Nous explorons ce super-caravansérail pour touristes avec management de Hong Kong ou l'équivalent. Arcades, boutiques, restaurants, galeries, jets d'eau, fleurs, nous sommes assommés par cette profusion, par l'électrochoc des tentations et des choix. Bonheur de pouvoir se décrasser. Émerveillement de se retrouver dans un salon de coiffure, de se livrer à des mains légères, à des ciseaux civilisés, à ce comble du luxe, la déférence indifférente. Pourquoi je raconte ces détails minuscules? Parce que pour des Européens dégénérés comme nous, se désenliser de la Chine des à-peu-près négligés est un extraordinaire réconfort de l'âme et du corps. Marie-Françoise se dandine dans sa propreté et moi je fais mon gentleman quand à l'heure du dîner, M. Yao nous ramasse et nous emmène dans la salle à manger de deuxième catégorie où il nous abandonne après avoir commandé à l'économie. Alors, au scandale général, nous partons vers un restaurant plus digne de nous. Nous paierons, nous paierons tout mais qu'on nous laisse jouir du luxe retrouvé, jouir enfin d'une cuisine chinoise raffinée, dans un décor pour une fois réussi.

Le lendemain, Yao survient à l'aube, la bouche en cœur, pour nous annoncer une journée de travail sanctifiante et bienheureuse. Pas trace de M. Qian, pas d'allusions à lui, comme s'il n'existait pas, même à l'état d'ombre. Il y a de la transaction dans l'air et il serait particulièrement inconvenant de s'enquérir de lui sauf à vouloir déclencher un conflit international à notre échelle. Motus donc sur M. Qian, je dois accepter ce qu'on nous offre. Eh bien, dans ce Nankin où je suis venu essentiellement à cause de ma littérature, on m'apporte celle des autres. Depuis que nous avons fait connaissance, Yao me prodigue partout et sans cesse des écrivains chinois, des pontifes fatigués, des quadragénaires futés, des dames à allure de précieuses des lettres, encore, toujours, constamment des écrivains, par pelletées, par palanquées. Il en ira de même à Nankin puisque manifestement l'Association des journalistes chinois s'est mise en cheville avec l'Association des écrivains chinois pour que je sois toujours approvisionné en plumitifs de toutes catégories.

Malheureuses gens qui ont embrassé l'une des professions les plus périlleuses qui soient en Chine! Tous ont la lourdeur légère, l'aisance modeste et le bien-parler, cet air de satisfaction qui caractérisent les auteurs. Et tous, sauf les plus jeunes, ont été des forçats, tous ont passé la plus grande partie de leur vie à casser des cailloux plutôt qu'à tracer des idéogrammes et cela depuis trente ans, depuis les Cent Fleurs qui promettaient la liberté et qui se sont fanées dans le sang. Même les plus méritants, les plus serviles, les plus conformistes, les plus communistes, ont été envoyés au trou, dans l'ignominie des geôles ou dans les exhalaisons de la merde. La tradition, il est vrai, est ancienne ici de massacrer les littérateurs et de brûler les livres. Mais Mao, on ne le dira jamais assez, la raviva comme personne. Les écrivains auraient dû se méfier, garder en mémoire son « Intervention aux causeries sur la littérature et sur l'art » de Yanan qui, dès 1942, annonçait, si j'ose ainsi m'exprimer, la couleur, cette conviction que l'artistique et le politique devaient être unis et les auteurs « se mettre à l'école des paysans, des ouvriers et des soldats » pour mieux « servir les masses ».

J'étais en Chine quand commencèrent les persécutions annonçant la campagne contre les « droitiers ». Déjà en 1952, la campagne de « refonte des intellectuels » avait fait des dégâts. Là, ce furent des ravages. Par calcul, Mao avait invité le peuple à critiquer le Parti et il en était advenu un tel raz de marée de plaintes, d'accusations et de dénonciations que le communisme entier semblait menacé, aussi bien celui de Liu Shaoqi que celui de Mao. L'heure des châtiments allait sonner et les victimes, merveille, s'étaient elles-mêmes désignées.

Cette terreur avait eu comme prologue et comme étincelle une querelle littéraire. En 1954 éclatait un débat en apparence purement académique entre gens de métier à propos du plus classique et du plus illustre roman du XVIIIe siècle *le Rêve dans le Pavillon Rouge* de Cao Xueqin sur lequel toute la Chine avait pleuré.

Au-delà de la somptueuse chronique d'une famille de nantis, on y aimait surtout le récit des amours contrariées de Jade Magique et de sa cousine la frêle Jade Sombre à la santé chancelante. Le conseil de famille décidait de marier Jade Magique à une princesse mieux portante, Grande Sœur Joyau, et Jade Sombre mourait de désespoir tandis que son prince se faisait moine. L'œuvre était si puissante qu'elle engendra une science, la « rougeologie » et qu'on continuait toujours à la commenter. Or donc, en 1954, un certain professeur Yu Pingbo, publia un essai sur le roman. Tel un rapace, un maître littérateur, le célèbre Guo Moruo lui tomba dessus. Il avait été toute sa jeunesse un poète, un révolté, il avait vécu dans la misère, son enfant était mort de faim mais sous Mao, il était devenu l'Inquisiteur des lettres acharné à faire des créateurs les outils de la Révolution. Que dans les livres l'intrigue soit le reflet de la vie du peuple, que les événements et le dénouement soient « corrects » de façon à éduquer les masses, que pour cela l'auteur invente des gens mauvais, des ignobles aux actions tortueuses et aussi des personnages excellents qui découvrent et déjouent les perversités de la clique méchante, et qu'ainsi le Peuple soit exalté. Il ne s'agit pas, disait Mao, d' « ajouter des fleurs à un brocart » mais d' « offrir du charbon en temps de neige ».

Alors malheur au pauvre Yu Pingbo, il ne s'intéresse qu'à des histoires d'amour, à la peinture des beautés féminines, à la description flatteuse de la société féodale, il n'a pas discerné, et c'est là un crime, que ce chef-d'œuvre était avant tout une immense protestation contre toutes les formes d'oppression, que là apparaissait pour la première fois dans le patrimoine littéraire la bonne dialectique. En somme, Yu Pingbo est stigmatisé parce qu'il n'a pas compris que Jade Sombre et Jade Magique étaient déjà des héros marxistes. Accusé d'«idéalisme», dénoncé comme réactionnaire, une campagne se déchaîne contre lui. Que la foudre l'écrase!

Panique dans la république des lettres. Contre elle, une agitation immense et organisée. Yu Pingbo n'est pas assez important, il faut des «ennemis» de plus grande envergure. Chaque écrivain s'humilie, montre un zèle ignoble pour échapper au danger planant. Mais le Parti a déjà choisi les victimes. Et d'abord Hu Feng, pourtant un membre honoré du PCC. Chef du clan des «individualistes», il croit à la forme personnelle du talent. Au lieu de reconnaître ses fautes, il se rebelle, il énumère «les cinq poignards plantés dans la tête des auteurs», dont l'emploi d'un style national et l'utilisation des arts et des lettres à des fins politiques. La curée. Les journaux fulminent, les écrivains les plus illustres (dont Mao Dun) et les dirigeants du Parti dénoncent Hu Feng. On mobilise contre lui les masses qui dans des milliers de réunions populaires exigent sa «punition». Le *Journal du Peuple* publie soixante-huit lettres prétendues de lui où il apparaît qu'il est à la fois le complice de Tchang Kaï-chek, du Kuomintang et des Américains. Enfin Hu Feng est livré au Procuratorat général du Peuple. Arrêté, il ne sera libéré qu'en juin 1957. Entre-temps, les Cent Fleurs se sont épanouies, les cent écoles ont rivalisé... et Mao a pu dénombrer ses ennemis. Vient le temps des charrettes. Presque tous les auteurs chinois, taxés de «réactionnarisme», sont envoyés aux champs. Les paysans leur apprennent à aimer les mains calleuses et l'odeur de la merde. Dans un article, un écrivain délicat et repentant avait alors décrit comment il en était venu à apprécier les remugles de l'engrais humain. On lui en avait collé un baquet sur le dos et, marchant le long des sillons, se servant de ses mains nues pour répandre glorieusement les étrons, il humait la délicieuse senteur qui fertilisait la terre. Oui, pauvres écrivains!

A peine quelques années de répit, et plus que jamais, le mépris et la haine : la Révolution Culturelle qui elle aussi eut une querelle littéraire pour prélude où Mme Mao jeta feu et flammes. Des années de peur. Encore des sévices contre les intellectuels qui sont les incarnations modernes des anciens lettrés, ces mandarins qui écrasaient le peuple et régissaient le pays. Ils n'ont plus de sceau sacré, ils n'interprètent plus les lois, ils ne jugent plus du haut de leur tribunal, ils n'ordonnent plus les supplices, ils ne commandent plus aux bourreaux, ils ne sont plus le reflet des étoiles qui inspirent la justice, dérision, ces lettrés ne sont que des scribouilleurs, des barbouilleurs. Mais n'ont-ils pas conservé leur orgueil que des années d'atrocité n'ont pu briser? Sans doute Mao les jalouse-t-il, lui qui n'est que peu cultivé et que ses quelques poèmes n'ont pas installé au firmament des Lettres. Avec une sorte de folie, il s'acharne, clamant que «le cerveau d'un intellectuel pue». Le 7 mai 1966, il crée des écoles dites des cadres où seront rééduquées au moins vingt millions de personnes, tous les gens susceptibles de penser. Par les méthodes les plus persuasives et les plus mortifères, il abêtit, il tue.

Du fond de sa retraite, l'immense Ba Jin, l'auteur de *Famille* et de *Nuit glacée*, qui a si justement décrit la Chengdu du début du siècle où il était un enfant à peine plus âgé que moi, vient de réclamer la construction de musées pour que le souvenir de l'horreur des Gardes Rouges ne s'atténue jamais. On annonce la parution prochaine d'un livre sur les suicides d'intellectuels à cette époque. Mais dira-t-on vraiment toute l'abjection, ces femmes et ces hommes battus, humiliés, torturés, dira-t-on le martyre de Lao She? Qui dira l'étendue du désastre, la Chine effondrée, la littérature et les arts plongés dans un cataclysme dont ils émergent à peine? Les récents événements, l'exclusion d'un Liu Binyan qui, après avoir fait vingt ans de prison, s'attachait encore et toujours à dénoncer « le mal chinois », la corruption et les exactions des cadres, m'interdisent de rêver à une Chine qui saurait regarder sa vérité en face. Songer qu'à cette époque, à Paris, Mao était le guide des idéalistes éclairés, en particulier de ces jeunes qui réclamaient la liberté, toutes les libertés, m'écœure encore. Il devait bien rire Mao, s'il en avait connaissance, de ces barricades de 68 faites en son nom.

On ne me montre, bien sûr, que des écrivains expérimentés et chevronnés en d'étranges séances qui tiennent du salon et du confessionnal. Ils me font des grâces, ils sont polis, souriants, vifs, intelligents et aussi ils avouent... comme si j'étais un juge. Non seulement ils racontent la « ligne » actuelle, si bonne pour eux, mais ils décrivent leurs souffrances passées, sans trop appuyer, et surtout ils exposent leurs erreurs et leurs déficiences, sans rien omettre. Ainsi enlèvent-ils les oripeaux de leur « moi » et sont-ils supposés me montrer leur âme à nu. Sinistres représentations en présence des espions officiels qui notent nos moindres propos. Parfois j'ai l'impression que ces écritures ne sont que de pure forme, à d'autres moments elles m'inquiètent. Que les discours et exposés aient le ton du laisser-aller bien étudié, du badinage savamment léger, de la pensée mûre et comme philosophique, cela peut, si les temps changent, se retourner contre les auteurs, devenir matière à ennuis, incriminations, accusations. A chaque rencontre donc, je me sens gêné, pris dans une atmosphère lourde, quoique tout soit d'une exquise urbanité et d'une apparente franchise. Pour ces écrivains, je suis bien plus qu'une corvée, une épreuve.

Malgré leurs traces d'usure, les rescapés qu'on m'exhibe ont bien tenu le coup. Réhabilités, pensionnés, ils sont maintenant considérés comme des flambeaux de la civilisation. Encore leur faut-il savoir y faire, être bien vus, ne pas trop lancer leurs héros dans les arcanes de la psychologie ou les aventures de la passion, ne pas abuser du sarcasme ou du dénigrement, de peur que leur satire n'atteigne le régime. La tolérance semble de règle en cette année 1986... Mais qu'ils n'en profitent pas pour tomber dans des exagérations nuisibles, ce serait à leurs risques et périls. Les purges de janvier 1987 montreront que leur peur, si évidente sous le vernis du conformisme, n'était pas dénuée de fondement... Oui, pauvres écrivains, qui pourtant me racontent tant d'épisodes, tant de péripéties, tant de façons d'avoir survécu, les héroïques comme les lâches. En moi, à la fois l'écœurement et la fascination.

A Paris, j'avais visé haut, j'avais demandé à rencontrer Ba Jin l'illustrissime que la Révolution Culturelle n'épargna pas, mais il m'avait été répondu qu'il était trop faible et trop âgé. On me promit en revanche un des grands dirigeants de l'Association des écrivains, une autre gloire, du nom de Yao Xuening.

Dans Pékin, une HLM de luxe déjà déglinguée et souillée. L'odeur bien chinoise du suri, de la soupe aux choux, de la poubelle. Un salon où des ventilateurs brassent l'air. Recherche mesquine du décor, plantes en pot, fleurs en plastique, dentelles fanées. Des pièces voisines proviennent des bruits de cuisine, des cris d'enfant, trois ou quatre générations doivent être entassées là. Par une porte entrouverte, j'aperçois des mioches qui courent, une matrone qui les taloche pour imposer le silence, d'autres femmes et aussi une douairière qui doit être l'épouse du maître. Petite attente, enfin, il apparaît, en complet-veston, impeccablement cravaté et sur la poitrine un badge avec sa photo et des cachets pour affirmer je ne sais quoi, sa qualité de membre de l'Association des écrivains ou son appartenance au Parti. Le front tanné, des yeux encore vifs, des reliques de sourcils, des cheveux blancs rejetés en arrière, des rides bien construites, le personnage porte beau mais toute sa physionomie semble prête à se friper s'il n'y prenait garde. On le devine nerveux, ce vieillard. Il me tend une main sèche, maigre, couverte de taches de son. Salutations. On apporte du thé, le meilleur, celui qui vient de Hangzhou.

Le bout des ans... mais il est heureux. Il me chevrote que tout va bien pour lui depuis la chute de la Bande des Quatre, que sa santé est bonne, que l'Association des écrivains le respecte, écoute ses avis. Il insiste, radote, répète ce qu'il vient de me dire, à quel point il est bien traité. Il bénéficie de ce magnifique logis de cent vingt mètres carrés, effectivement une surface énorme pour la Chine, il touche un salaire mensuel de deux cents yuans, somme faramineuse à laquelle il convient d'ajouter primes et droits divers. S'il est malade, les soins, les médicaments, l'hôpital sont gratuits pour lui. Il a droit à un serviteur qui lui est constamment attaché. Quand autrefois il voyageait, il était défrayé de tout. L'énumération se prolonge à laquelle il prend maintenant plaisir. Sur son visage parcheminé flotte un sourire béat, un peu dédaigneux. Enfin il achève la litanie en me déclarant avec emphase : « Si on calcule bien, vous le voyez, cela fait beaucoup. »

Une pause pour que moi, le capitaliste, je médite cette information et puis nous entamons le second acte. Il ferme les paupières comme pour mieux s'isoler et se met à me raconter sa vie. Il est né au temps des Seigneurs de la Guerre dans une famille bourgeoise, il a pu étudier, et tout jeune il s'est mis à rédiger ses premières œuvres. C'est alors qu'il s'est inscrit au Parti communiste. A ce point du récit, Yao Xuening rouvre les yeux mais son visage se défait, ses traits s'embuent.

« Je n'ai que peu de mérites, je n'ai pas combattu les armes à la main, seulement avec ma plume. Je me suis beaucoup réjoui à la Libération. Et pourtant... »

Une grimace voltige sur sa figure, comme une sorte de taie :

« Peu après la fondation de la République Populaire, ma vie est devenue très misérable. Était-ce à cause de ma mauvaise origine ? J'ai été accusé d'être un " droitier " et pendant des années j'ai dû travailler de mes mains une terre lointaine et très froide. »

Il continue d'une voix blanche :

« Droitier, c'était une étiquette terrible à porter. Je n'avais pas pris position assez tôt contre Yu Pingbo et ses théories féodales à propos du *Rêve dans le Pavillon Rouge*, ni contre Hu Feng, j'aimais trop la littérature, alors le Ciel et l'Enfer se sont déchaînés contre moi. »

Il se tait et j'imagine ce qu'il a subi. Combien d'autocritiques vaines, combien d'interrogatoires, sans doute les masses rassemblées pour le maudire et le mépriser, sans doute les promenades dans les rues, couvert d'insultes et de crachats, et finalement l'exil.

« Tellement de temps dans un désert, dans une maigre oasis au milieu des sables. Beaucoup de mes congénères ont péri d'épuisement, d'autres ont choisi de se suicider... Bienheureux quand ils y arrivaient ! Sinon les gardiens leur reprochaient d'avoir voulu tromper le peuple et les battaient à mort. Et puis est arrivée une époque de clémence et la plupart de mes codétenus ont été relâchés. Moi pas. Le temps s'est écoulé dans une attente atroce, et je me suis rendu compte que j'avais été oublié. »

Malheureux Yao Xuening ! En effet, en 1960, après l'échec du Grand Bond en Avant et des Communes du Peuple, alors que sévissait en Chine une famine épouvantable qui fit au moins vingt millions de victimes (certains experts avancent même le chiffre de quarante millions), Liu Shaoqi nommé président de la République avait fait libérer les bagnards écrivains. Pendant quelque temps, la littérature remise à l'honneur refleurit dans les délices d'un nouveau mandarinat. Qu'avait-il fait, lui Yao Xuening pour avoir été « oublié » ? Durant ses épreuves, ce « droitier » était-il devenu trop maoïste à contretemps et avait-il de ce fait déplu au Parti à l'époque triomphant ?

Quoi qu'il en soit, le vieillard reprend avec dignité, les yeux bien ouverts cette fois :

« Enfin est arrivé le jour miraculeux où moi aussi je fus gracié. A Pékin, j'ai retrouvé mon épouse, mes enfants qui m'avaient attendu dans le dénuement et l'angoisse... et je suis retourné à mon métier d'écrivain. J'ai publié un livre tiré de l'épopée de Li Zicheng, cet ancien gardien de moutons qui, au XVIIe siècle, se proclama roi et fracassa la dynastie des Ming. Je racontais comment des pauvres, des gueux, des vagabonds se soulevaient contre les riches, les propriétaires fonciers, les usuriers, qui sans cesse ourdissaient des traquenards. Mais la masse, grâce à son enthousiasme et à sa haine, les anéantissait et alors commençait une ère nouvelle... »

En somme, Yao Xuening a pactisé, choisi le thème solide et sûr de la rébellion paysanne, un thème entre tous cher à Mao. Aussi est-ce sans surprise que j'apprends de mon auteur qu'il n'a pas été inquiété pendant la Révolution Culturelle.

« Moi, j'ai été épargné sur l'ordre du président Mao qui avait lu et apprécié mon livre. Il ne m'est rien arrivé de mal alors que tant de mes amis subissaient mille morts. Maintenant j'éprouve du remords d'avoir été favorisé ainsi. »

Favorisé! Quel euphémisme! Son ouvrage a été un des seuls, en dehors du Petit Livre Rouge, à être encore en vente pendant la Révolution Culturelle. Pour cette raison, évidente, que Li Zicheng c'était Mao. Le visage de Yao Xuening est moite, enfin il m'a fait son aveu – je l'ai dit, il est rare que l'existence d'un écrivain chinois n'en comporte pas. La faveur dont il a joui a certainement été lourde à porter après le décès de Mao. Je soupçonne des manifestations de repentir, des compromissions peut-être, pour arriver au pardon complet, à cette situation de maître reconnu de la société des écrivains chinois. Finalement, il s'écrie avec force : « Tout va mieux depuis la chute de la Bande des Quatre. »

Revoilà le mot de passe, et mon hôte, bien sûr, s'en gargarise. Quelle vie tout de même! Un « droitier », un bagnard, un favori de Mao pendant la Révolution Culturelle et maintenant, après un superbe rétablissement, un patriarche vénéré et vénérable. Le barbon est vitreux, à bout de forces, mais le sentiment de sa gloire lui fait dresser la tête comme une vieille tortue. Il use son ultime vigueur à me clamer sa péroraison.

« Les jeunes se tournent vers des romans subjectifs où ils ne s'inquiètent que de leurs petits sentiments. Mais moi, je le dis, il faut traiter uniquement les sujets réalistes, historiques, afin de servir le peuple. Cependant on peut y mettre plus d'art que ne le voulait Mao. »

Du revers de la main, il s'essuie la bouche, en retire sa salive oratoire et nous salue – nous signifiant notre congé, d'ailleurs lui, le maître, va dîner. Nous dégringolons un escalier qui sent l'épluchure, l'ascenseur évidemment est bloqué.

A Shanghai, où fut fondée en 1930 la Ligue des écrivains de gauche qui regroupait les Lu Xun, les Ba Jin, les Mao Dun, les Lao She, j'ai eu droit à un panachage, un groupe de gens réfléchis qui ne risquaient pas non plus de m'induire en erreur. Ils me reçoivent au siège de l'Association des écrivains, un bel immeuble datant de l'ère impérialiste. Un grand salon, des friandises, du thé, les inévitables politesses et cartes de visite. Le lot est dominé par un beau majestueux de la soixantaine qui cultive une tonitruante autorité carrée – masque sévère, cheveux en brosse, un immense corps dans une tenue Sun Yat-sen au col fermé. A côté de lui un petit cravateux, lunetteux, stylos, une physionomie aiguë, pointue, bien au fait, avec un rien d'impertinence, un poète me dit-on. Le benjamin, un garçonnet monté en graine, l'aspect un peu androgyne donne dans la critique d'art. Mais la star de la société est une dame de qualité, agréablement mûre, à peine ridée, charmeuse avec retenue, Ru Zhijuan. Pleine de grâce académique, elle entame un discours sur l'origine de sa vocation littéraire :

« Je suis née dans une famille pauvre et ma mère est morte très jeune. Nous avions faim, nous ne connaissions que l'injustice. En 1943, quand la Quatrième Nouvelle Armée Rouge a traversé notre région, je me suis engagée. Comme je n'étais pas tout à fait illettrée, on m'a rattachée au service de propagande. Là, je me suis mise à chercher de bons arguments pour remuer le peuple. La nuit, nous marchions souvent en colonne dans les montagnes, à la queue leu leu sur des sentes étroites, tous portant des brassards blancs, pour ne pas nous perdre de vue et risquer de tomber dans un ravin. Dans ces ténèbres, dans ce silence, les mots sont venus. J'étais envahie par eux et j'ai commencé à composer des chansons. Le jour, pendant les haltes, je les ai chantées aux camarades soldats, ils les ont aimées et reprises en chœur. Les mots m'arrivaient toujours davantage, une masse, une nuée, qui peu à peu devenaient des histoires. Après la Libération, ces histoires je les ai écrites et présentées à un bureau de littérature où elles ont été jugées dignes d'être imprimées. Depuis je suis une femme de lettres, chaque année je publie un nouvel ouvrage. »

Ces débuts édifiants dans la littérature n'ont pas empêché l'écrivaine qui avait pourtant traversé sans encombre la crise de 1957 d'être jetée aux chiens lors de la Révolution Culturelle. Elle indique cette disgrâce d'une phrase puis refuse d'en parler davantage. Son numéro est terminé. Au tour du suivant.

Le poète vinaigré, lui, ne cache pas qu'il a durement trinqué pendant la Révolution Culturelle, bien au contraire. L'androgyne, le chérubin expert en peinture et en sculpture, non plus. Au sujet de ces temps de pénitence, les hommes sont bien plus diserts que la femme. Ils se mettent même en compétition, c'est à qui aura fait le plus d'années de prison, aura été le plus maltraité, je veux dire acquis la plus grande expérience. Car les blessures reçues n'ont pas été perdues pour les lettres, elles ont servi à créer à la fin des années soixante-dix la littérature dite « des cicatrices », aujourd'hui démodée mais qui eut son utilité.

Le sexagénaire, le vieux lion, est le champion : il est assez âgé pour avoir été mis par deux fois dans des camps au cours de sa vie, en 1956 et en 1966. Recordman de la petite assemblée, c'est lui qui apporte la solution correcte :

« La littérature des cicatrices a été une bonne chose. Dans notre fédération de Shanghai, bien des écrivains ont disparu dans les tourmentes et il fallait le dire. Mais aujourd'hui tout est bien. Les fenêtres sont grandes ouvertes et des forces positives se lèvent dans le

Parti qu'il serait fou désormais d'attaquer. Or certains perdent la mesure. »

Qui visait-il le vieux lion? En tout cas, la campagne contre le « libéralisme bourgeois » déclenchée en janvier 1987 a bien refermé les fenêtres!

Autre question, que pensent aujourd'hui les écrivains de leur persécuteur principal, Mao? Silence. Enfin le vieux lion répond après mûre réflexion:

« A mon avis, il n'y a pas de grand homme parfait. Mao a été un prodigieux révolutionnaire mais son esprit restait teinté de quelques nuances féodales. Rappelez-vous l'empereur Qin Shihuangdi, le fondateur de l'Empire chinois, qui en 213 avant Jésus-Christ a brûlé tous les livres qu'il jugeait hostiles à l'Autorité Suprême. Eh bien, Mao, surtout dans sa vieillesse, a manifesté quelques tendances théocratiques. Comme l'empereur Qin Shihuangdi, il a voulu détruire les écrivains et les œuvres, les jugeant lui aussi pernicieux pour son pouvoir. Enfin, permettez-moi cette constatation: plus un génie est grand, plus, quand il s'égare, il provoque de fléaux. »

Il résulte des constats du vieux lion qu'il faut déféodaliser la Chine. Et tous jugent que le meilleur moyen d'y parvenir, c'est de répandre la culture, ce qu'ils vont faire avec zèle. Mais qu'est-ce que la culture? Discussion de deux heures, des distinguos, des points sur les *i*, des déclarations fondamentales. De cette confrontation ressort une loi essentielle, toujours la même: se rendre utile aux masses. Finalement ces intellectuels sont des escargots gras de prébendes, collés au mur rémunérateur du communisme de l'Ouverture, le bon communisme qui autorise la liberté, une certaine liberté, dans la création.

A Nankin, on me livre trois écrivains, deux hommes et une femme, dans ma chambre. Ils sont jeunes, seront-ils plus audacieux dans leurs conceptions?

Toujours le même scénario, la séance qui chaque fois débute par le récit de l'entrée en littérature. Suit automatiquement un exposé sur l'œuvre en cours. Du solide. Ainsi l'un d'eux s'est lancé dans une histoire vraie, celle d'un étudiant des Beaux-Arts qui pour échapper à la police se réfugia dans les montagnes sauvages, parmi les populations primitives qui ne l'ont jamais dénoncé. La police le rechercha pendant dix-sept ans. Et puis quand il sentit le moment venu, après la mort de Mao et la chute de la Bande des Quatre, il se présenta dans un commissariat où nul ne l'inquiéta. Enfin son talent allait pouvoir s'exprimer.

A cet instant la femme s'étrangle, des larmes perlent à ses yeux.

« Moi j'ai honte, j'ai tellement honte. »

Les deux autres la regardent sans étonnement. Ils sont habitués à ce que leur compagne joue cette scène qui fait sans doute partie de ses obligations.

« Pendant la Révolution Culturelle je ne voulais pas être exilée à la campagne. Alors j'ai prouvé que je n'avais pas besoin de rééducation. Pour cela, j'ai fait ce qu'il fallait faire, j'ai dit ce qu'il fallait dire, j'ai écrit ce qu'il fallait écrire. Je suis sans excuses mais j'étais si jeune, je n'avais pas vingt ans, j'avais peur. Maintenant, j'éprouve un grand remords de ma lâcheté. »

Elle geint. Aucun des deux acolytes ne lui demande quelle a été sa félonie. Ils sont au courant, la punition de la jolie écrivaine, c'est de devoir répéter en public sa confession. Pour le reste, elle a dû être jugée récupérable puisqu'elle a été admise à l'Association des écrivains.

Les hommes ne se sont pas aussi bien tirés, ou aussi mal, de la Révolution Culturelle. L'un d'eux dit, mais avec détachement, comme s'il ne s'agissait pas de lui :

« Moi, pendant un an, j'ai été enchaîné au mur d'une geôle où ne pénétrait jamais la moindre lumière. La nuit noire. Je me suis cru, dans cette opacité permanente, devenu aveugle. »

L'autre garçon fait juste cette remarque :

« Pour moi cela a duré dix-huit mois. On m'a seulement envoyé à la campagne. »

Mais le trio ne s'attarde pas sur la Révolution Culturelle et ses maux. Ils ne donnent pas non plus dans la « littérature des cicatrices », décidément oubliée.

Discussion – la discussion obligatoire. Cette fois elle est alerte. Mes interlocuteurs sont passionnés, aspirés par une ambition : faire de la « littérature de reflet », décrire les êtres humains dans leur vérité, dans leurs vices et leurs vertus, en proie aux emportements de l'amour, aux sordides intérêts, peindre la société contemporaine dans tous ses aspects. Ils parlent, mais pour mémoire, de Zola, de Victor Hugo, de Balzac, auteurs admis par les autorités comme contempteurs du monde bourgeois, ils préfèrent Camus, Sartre, Duras qu'ils louent et admirent intensément. Mais ils concluent que de pareils écrivains, la Chine en aura plus tard, pas maintenant, il faut d'abord que le régime s'affermisse dans la liberté, il faut qu'eux-mêmes apprennent et comprennent cette liberté, pour le moment on ne doit pas trop se livrer à la subjectivité.

Jamais je ne verrai d'écrivains et d'artistes vraiment libres. Il y en a pourtant. Ceux qui ne se contentent pas de décrire la société, ceux qui renient les lendemains qui chantent, ceux qui pratiquent le flot du conscient et même de l'inconscient, ceux qui s'autorisent des états d'âme, ceux qui dénoncent l'absurde de la condition humaine, ceux qui sont imprégnés de Kafka et de James Joyce. Ils osent aborder la sexualité, les plaisirs et les frustrations de l'érotisme, ils osent écrire des témoignages bruts, ils osent pousser leur recherche en matière de technique littéraire. Ouverts à l'Occident, ils rêvent aussi des modèles chinois d'antan, des chefs-d'œuvre romanesques, lyriques et cruels comme *Au bord de l'eau*, des récits satiriques et libertins comme le *Jing Ping Mei* (« Fleur en fiole d'or »), ils rêvent de tous ces contes au trait mordant et moqueur qui sont pour la plupart introuvables en Chine. Des siècles après, ils veulent reprendre et moderniser ces traditions. Tout n'est donc pas perdu dans ma Chine adorée, tout ce qui est littérature pourrait renaître. Pourtant je n'écrirai pas « refleurir » comme d'aucuns, j'ai vu tant de fleurs s'étioler et le terme me paraît être d'un mauvais présage. Il y a déjà des disgrâces, je l'ai dit. On a un peu levé la chape, on la reposera si se dégagent des magies jugées dangereuses et la grande répression s'abattra sur tous les intellectuels sauf les plus timorés et les plus obéissants.

M. Yao ne prononce toujours pas le nom de M. Qian. En attendant il nous emmène visiter une manufacture de bouteilles thermos. Je les connais bien, il y en a dans toutes nos chambres de ces objets kitsch, fessus, indispensables à la survie dans ce pays où l'eau n'est pas potable et pourrit les entrailles. Leurs formes cossues, peinturlurées avec cette mièvrerie chinoise qui est aussi intense que la brutalité chinoise... Une joliesse veule, la Chine de l'orgeat. Toujours les mêmes motifs, des nageoires de poisson rouge, des ailes de papillon, des corolles de fleurs, des nuages comme des buées, des joues d'enfant. A la manufacture, vieilles machines, vieux bruits ferraillants et, encore une fois, un directeur boursouflé et ravi. Visite des ateliers où je retrouve le même relâchement qu'à l'usine de vélos de Shanghai, on tricote, on papote, on s'ennuie. Soudain un concert de crépitements, les visages s'éclairent. Les explosions proviennent d'une cour voisine; ce sont des pétards heureux, les pétards festifs de l'ancienne Chine qui avaient été interdits. Ouvriers et ouvrières applaudissent... ma surprise devant une pareille démonstration et aussi sincère. J'apprends qu'on célèbre l'achèvement d'un immeuble où les employés seront enfin décemment logés. Jusque-là, admet le directeur qui sourit, les conditions d'habitation n'étaient pas « bonnes », mais tout va mieux, tout va toujours mieux.

Le directeur raconte la jeunesse de l'entreprise, partie de rien, une ancienne prison du temps de Tchang Kaï-chek. A la Libération, les masses décident d'elles-mêmes de la transformer en une fabrique produisant des instruments utiles au bien commun. Mais quoi? L'idée des thermos est venue des militants. Avec quel argent? On forcera les capitalistes de l'époque à fournir les sommes nécessaires. C'est juste car le Peuple paie avec ses mains et même avec ses poumons: les « héros du travail » qui soufflent le verre peuvent en mourir. « Mais il y en a encore des souffleurs, j'en ai vu tout à l'heure », dis-je au directeur. Lequel répond que bientôt les hommes seront remplacés par des machines non périssables. Là-dessus, un Exposé sur le progrès. « Maintenant, se vante-t-il, il y a mille cinq cent seize employés, six ateliers, vingt bureaux, tout cela pour fabriquer des thermos de la marque " l'Hirondelle " connus et appréciés de la Chine entière, vendus dans tout le pays et exportés à l'étranger. » Béatitude du directeur. Mais son visage, selon le processus habituel, se teinte de contrition et de chagrin, pour prononcer la phrase rituelle:

« On a fait beaucoup, mais pas assez, vraiment pas assez, on fera beaucoup mieux. »

Puis lui revient une bonhomie vaniteuse pour énoncer la conclusion non moins rituelle : « Je suis indigne mais je suis le responsable. C'est moi seul qui décide de tout, je suis un patron prolétarien qui me bats pour le Peuple et contre la concurrence. »

Je crois que c'est fini. Pas du tout. Le directeur veut nous offrir deux thermos comme cadeaux de l'amitié. A nous de les choisir. Et il montre de la main la forêt de thermos, plantées sur des étagères, toutes gigantesques, toutes sirupeusement gratinées de chromos. A nous les oiseaux, à nous les fées. Encombrants objets. De retour à l'hôtel, Marie-Françoise et moi sommes bien embarrassés. Pour le souvenir nous décidons d'en garder une et de donner l'autre à Yao. Il n'en veut pas, il en a déjà quatre chez lui à Pékin, déclare-t-il avec suffisance. Quatre, c'est la prospérité. Que faire de notre superflu ? Le proposer à M. Hui ? Yao nous crie : « Il fait caca ! » Cher Yao !

Toujours rien sur M. Qian. Le programme inconnu nous apporte une camarade, une demoiselle vieillotte, menue, disgraciée qui pourrait porter un chapeau vert sur la grisaillerie ingrate et bouclée de sa chevelure. C'est une urbaniste, et diligente, que nous avons touchée : elle doit nous instruire de l'histoire de la ville, puis nous la montrer scientifiquement sur le terrain. La leçon faite, nous partons donc affronter les annales de la Chine.

Nous nous dégageons des quartiers habités et montons sur le haut d'une colline jusqu'à une forêt de résineux. Là, en cet endroit superbe et désert où la nature s'exalte, nous butons sur un rempart solitaire, lavé par le temps, un rempart d'énormes pierres accolées avec une régularité titanesque, un rempart colossal moussu, émouvant. Bâties à la fin du XIVe siècle par le premier empereur Ming qui avait fait de Nankin sa capitale, ces murailles étaient les plus grandes du monde. Trente-quatre kilomètres de pourtour (aujourd'hui il n'en reste que vingt), dix-huit mètres depuis le sol jusqu'aux créneaux et au chemin de ronde où passaient les chars de guerre. Treize portes avaient été construites, véritables forts constitués de trois ou quatre enceintes successives, percées de tunnels infranchissables, pleines de chausse-trapes et de pièges. La troupe – environ trois mille hommes – pouvait y être cantonnée, dans des sortes de niches creusées au bas de chacune des enceintes. Que les assaillants escaladent le premier ou même le deuxième faîte, il y avait toujours des soldats pour se jeter dans la mêlée, il y avait encore et toujours des murs et des portes aux battants sombres qui résistaient à tout, même aux bombardes et à leurs obus. Deux cent mille hommes travaillèrent pendant vingt ans à ce prodigieux ouvrage qui devait rendre la ville imprenable. Mais Nankin est toujours tombé. Et la vieille demoiselle me montre au flanc de la muraille des blessures à peine visibles, la trace d'une sape, l'éboulis d'une brèche. Nankin décidément pue la défaite et le massacre.

Cette cité plus ancienne et presque plus glorieuse que Pékin me saigne le cœur. Tant de souverains ont régné là, tant de malheurs s'y sont abattus, comme si la cruauté des hommes y avait été attisée. Invasions, guerres, catastrophes, rivalités de potentats et de dynasties, Nankin a tout connu, Nankin tant de fois détruit, Nankin tant de fois rasé et même au VIIe siècle le site de Nankin labouré pour que rien ne demeure de ce qui avait été une splendeur, Nankin de tous les tombeaux, Nankin où vint mourir un roi de Bornéo, mais Nankin toujours reconstruit, Nankin finalement supplanté par Pékin qui a copié ses fastes – la Cité Interdite n'est que la reproduction du Palais Impérial du Sud. Nankin des ruines, Nankin abandonné, immense terrain vague, obsédant lamento, vision de gloire enfuie, ville folle, capitale du Ciel, comment aujourd'hui imaginer toutes tes démences?

Comment imaginer les pires des atrocités, Nankin onze ans durant (de 1853 à 1864) promu capitale du Céleste royaume de la Grande Paix fondé par Hong et ses rebelles Taiping? J'ai déjà évoqué à propos de Shanghai l'épopée meurtrière qui fit cent millions de morts. Ici, on la révère : voici Hong devenu le précurseur des bonnes apocalypses et les Taiping célébrés qui connurent la même rage que les communistes. Au cours des siècles, on le sait, parfois la plèbe insondable se soulève et se déchaîne dans des fureurs inouïes. Pour entraîner dans la lutte les pauvres, les malheureux, les va-nu-pieds, il faut un homme aux paroles de feu, une voix. Hong fut cela, une voix entendue et avec quelle ferveur, par les « cent noms », par des millions de crève-la-faim, de souffre-douleur de l'injustice, de décharnés de l'oppression, des millions de courts-de-vie. « Cent noms » pas plus suffisent à les désigner, hommes-animaux, hommes anonymes. Mais les « cent noms » tous ensemble, c'est la formidable gueuserie, un raz de marée qui fait trembler l'Empire. Comment alors ne pas dresser de parallèle, aux prêches de Hong ne pas faire correspondre le Cri de Mao?

On m'a mené au palais de Hong, celui qu'il avait fait construire après la prise de la cité et l'égorgement de sa population, le palais d'un dieu dont la mission était d'anéantir à jamais le Fils du Ciel, un Paradis où il trônerait dans sa sainteté avec les fidèles et les apôtres de sa foi. Je ne discerne que l'ordinaire de la somptuosité céleste, des pavillons laqués de rouge, des toits recourbés, des cours dallées, des bassins à lotus, des ruisseaux, des ponts en dos d'âne. En fait cet entrelacs a été rebâti après l'extermination de Hong. Il a même servi de résidence à Tchang Kaï-chek. De l'époque des Taiping ne demeure qu'un bateau en pierres ouvragées, esquif chatoyant éternellement à l'ancre. Mais sans doute ce « bateau sec » emportait-il Hong en des voyages spirituels dans lesquels il suivait et dirigeait ses hordes qui dépeçaient la Chine, qui l'avaient presque en entier conquise, qui allaient marcher sur Pékin. Mais sans doute aussi, le bâtiment était-il maudit car il égara l'âme de Hong et Pékin lui échappa.

Dans un yamen majestueux et sévère qui fut la demeure de Yang, le roi de l'Orient, le redoutable chef des armées de Hong, la demoiselle disgraciée me montre les reliques des Taiping. Aux murs sont accrochés les turbans rouges dont ils ceignaient leurs longues chevelures hirsutes et leurs vêtements de combat, des blouses légères et très courtes, laissant toute liberté aux bras pour fulgurer les gestes de la mort. Sont étalées là, rouillées, des armes curieuses, primitives, aux crocs aigus, aux pointes acérées, aux lames courbes, des tridents aussi, terribles dans les corps à corps, armes qui déchiraient, fouaillaient les soldats impériaux empêtrés dans de lourds attifements. On voit des crochets pour arracher les tripes aux « cochons gras », aux pansus en robe. On voit des arcs et des flèches, des sarbacanes, des lances, des arquebuses, tout l'armement de leurs débuts avant que, enrichis par sacs et pillages, ils aient constitué le trésor qui leur permettrait d'acheter fusils et canons aux taipans. On voit aussi des étendards usés, décolorés, les bannières emblématiques que les Taiping faisaient flotter au-dessus de leurs hordes enragées pour annoncer la camarde. On devine sur des parchemins les proclamations ordonnant l'adoration perpétuelle de Dieu sous peine de grande mort et de toutes les damnations. Elles sont marquées par le sceau de Hong comme l'imprimatur du sang. Et puis il y a surtout des cartes, tous les itinéraires des troupes Taiping, leurs fantastiques pérégrinations, un emmêlement, un recommencement constant d'expéditions toujours répétées, marches extraordinaires, randonnées échevelées, les mêmes ruées sur les mêmes proies, capturées, délaissées, reprises pour anéantir mieux. A chaque fois sang et cadavres, à chaque fois, dans les ruines et les charniers, le pillage, l'éternel pillage. Fascinante géométrie de cette errance des colonnes infernales...

Albert se vantait d'avoir connu en Chine un octogénaire, un Blanc à la vieillesse calamiteuse qui, à vingt ans, s'était engagé dans les rangs des Taiping et était devenu un roi auprès de Hong. Ce qu'Albert avait entendu de lui, il l'avait adjoint à son répertoire d'anecdotes sur la Chine et il m'en a bercé.

Né en 1814 dans le Guangxi, Hong Xiuquan était un fils de paysan Hakka, une minorité méprisée du sud de la Chine. Élancé, émacié, beau, des yeux d'envoûtement, une parole de « jettatore », il avait été nommé instituteur mais, mécontent de son sort, il était parti pour Canton afin d'y devenir un lettré. La nuit, il étudiait avec acharnement, le jour il faisait l'écrivain public pour subsister. Au bout de deux ou trois ans il s'était présenté aux concours du mandarinat ouverts à tous les hommes qui connaissaient les Grands Traités de Philosophie et les plus beaux poèmes. La solennité des séances, le rituel. Et par trois fois, lui le méritant, lui l'adonné au savoir, il avait été recalé. Échecs affreux, les étoiles s'étaient ternies pour lui, elles l'avaient rejeté. Mais Hong savait qu'il avait été victime de la concussion, de l'injustice, de l'orgueil des Grands Examinateurs qui ne voulaient pas qu'un pauvre devînt leur pair et leur égal. Atteint d'une maladie nerveuse, il fut ramené mourant chez lui, dans son hameau... La honte, la fièvre, la sueur, la douleur. Selon l'hagiographie, il délira quarante jours.

Ce fut alors qu'il eut un rêve très beau : monté au firmament dans une chaise à porteurs, il avait fait connaissance de sa parenté, la Sainte Trinité et avait appris qu'il était le frère cadet de Jésus-Christ. Quand son palanquin le redescendit sur terre, il savait que son devoir était de sauver l'humanité. Son frère Jésus s'était trompé en mourant sur la croix, couronné d'épines, afin de racheter les péchés du monde. Lui, il répandrait un tout autre évangile, qu'au lieu de pardonner aux méchants, de leur tendre la joue, on les tue, que les infortunés se soulèvent, qu'ils le suivent dans sa croisade qui les mènerait dans ses paradis – il en possédait sept.

Cependant Hong, très consciencieux, se fait à Canton disciple d'un pasteur américain qui le trouve pieux et le destine au métier de sacristain. Mais Hong voit plus grand : à l'extrême surprise du brave homme, il lui annonce qu'il est Dieu et qu'il va distribuer le Ciel et la Terre. Pour ce faire, il fonde l'association des adorateurs de Dieu et commence à prêcher.

Hong apportait sa vérité à des populations de riches plaines qui ne le croyaient pas. Poursuivi, traqué, il retourne dans le Sud extrême, dans sa province désolée du Guangxi. Au mont des Chardons, dans un paysage étrange parsemé de pitons calcaires, il trouve ses premiers fidèles : des paysans misérables et aussi quelques artisans en rupture de société, des charbonniers, des forgerons, des menuisiers, et encore des hors-la-loi et des déserteurs. Là, très curieusement, cette humanité acculée, en détresse, sans doute à la recherche d'une raison de vivre et sans doute dûment préparée par les Sociétés secrètes, se donne à sa foi, et même se donne à lui. La religion de Hong, bien qu'elle soit d'extraction barbare, ils l'acceptent.

Lui abreuve ses catéchumènes des semonces du Bien et de la générosité, il les soumet aux dix Commandements fondés «sur la fraternité de l'Amour». Défense de voler, de tuer, de commettre l'adultère, de mentir. Interdiction de boire de l'alcool, de fumer l'opium ou le tabac, de mutiler les pieds des femmes, de pratiquer les jeux de hasard, de se livrer à la sorcellerie et de travailler le jour du Sabbat. Destruction des titres de propriété, que rien n'appartienne à personne... L'Amour partout. Et la Mort partout : tout manquement, tout péché est puni de mort. Naturellement cette vie nouvelle implique de nouvelles institutions. Comme nul ne doit posséder quoi que ce soit, tous les biens, toutes les ressources, l'or et les grains sont versés dans un trésor commun dans lequel Hong puise pour assurer à chacun selon ses besoins, nourriture et vêtements. Plus de pauvreté donc, plus à se soucier de sa subsistance. Finie la cupidité. Finies aussi la concupiscence et les passions, les femmes sont séparées des hommes, toute relation sexuelle est illicite, les fornicateurs sont condamnés à la peine capitale. La délation est recommandée : un des premiers disciples de Hong ayant appris que ses propres parents venaient de commettre l'acte de chair rapporta la faute des auteurs de ses jours à qui de droit et le père comme la mère furent sur-le-champ occis. Avant tout il faut détruire les idoles, les bouddhas, les temples hérétiques, et même les autels des ancêtres. Et il faut supprimer tous les suppôts de Satan, les bonzes, les moines, les lettrés, les serviteurs du Fils du Ciel et les riches évidemment. Évidemment aussi, il faut tuer quiconque, même parmi les humbles, ne rejette pas son ancienne religion pour adorer aussitôt Hong comme le Seigneur auguste et solennel, le Roi du Ciel (Tianwang), titre qu'il s'attribuera au moment de la proclamation de son empire, celui de la Grande Paix (Taiping) en 1851.

L'afflux des croyants est tel que Hong augmente le nombre de ses paradis : il en place trente-trois dans le Ciel et un petit sur Terre. Il a des visions de plus en plus fantastiques, il naît d'on ne sait combien de ventres bénis, il réduit au Néant les serpents et les dragons. La Grande Paix est en marche. Pour l'aider dans ses tâches, Hong a constitué un clergé de prêtres vêtus de noir et surtout conçu une organisation paramilitaire de ses fidèles. Palmes de la félicité et sabres de la punition, tendre douceur et rigueur terrible, on dirait que cette conjugaison plaît en Chine. En tout cas, la région n'est bientôt plus que foules prosternées devant Hong, que peuples en extase quand il prêche, que cortèges enivrés autour de la litière qui le porte, que gens agenouillés dévotement pour tendre le cou à la lame qui tranchera toute existence ayant manqué à la ferveur ou à la discipline.

Transfiguration de Hong. Il appelle à la Guerre Sainte : que ses zélotes détruisent la maudite dynastie mandchoue des Qing. Dans ce bout de contrée sauvage, on s'est mis à fabriquer une armée très secrètement, très prudemment, pour ne pas attirer l'attention de milices ou de forces ennemies avant que les temps soient venus. Au fond des bois, des milliers d'artisans regroupés en corps de métier forgent des armes, ces armes primitives dont quelques reliquats sont exposés à Nankin. En même temps se révèlent des chefs, surtout Yang, qui recrute et entraîne les premières troupes. Bientôt ils sont sept principaux lieutenants qui eux aussi ont des visions, sont fous de fanatisme et de saintes imaginations. Dans leur démence, ils forment des bataillons à leur image, effrayants avec ces immenses chevelures laissées libres pour défier la loi impériale qui prescrit aux Chinois l'humiliation du port de la natte. Il y a aussi des régiments de femmes et des régiments d'enfants et toutes ces unités sont admirablement dressées à force de manœuvres, de pénibles exercices, de combats subtils. A cette dureté militaire se mêle bien sûr l'adoration perpétuelle. Encens, prières, hurlements guerriers, psalmodies des prêtres, la mort pour les tièdes, les suspects, les traîtres qu'on enduit de cire pour les faire brûler lentement : Hong est Dieu, il appert bientôt que Yang est un génie.

A l'aube de 1851, l'armée sort de ses forêts et livre son premier combat contre des forces provinciales. Les Taiping semblent une cohue mais ils excellent dans les mouvements de la tactique et de la stratégie. Leur allure terrorisante, leurs bannières, leurs cantiques et leurs vociférations, ces gueules, la luisance des lames, l'essaim des flèches, l'aveuglement de la bravoure. On déploie devant les cohortes un drapeau noir et elles s'élancent à l'assaut. Aux derniers rangs, des bourreaux armés de haches abattent les peureux et les fuyards. Le son des trompes, les prêtres en noir, l'état-major de Yang et le palanquin de Hong, le sang : la horde Taiping broie l'adversaire dont les survivants sont en plein sauve-qui-peut. On n'exécute pas les prisonniers, seulement ceux d'entre eux qui ne se convertissent pas, ne deviennent pas les soldats de Hong. Victoire, la première victoire. Les unités d'amazones commandées par la sœur de Hong se sont distinguées par leur cruauté.

Bientôt l'armée compte quarante mille hommes. Elle est désormais comme une chenille hérissée de piques qui va ramper sur toute la Chine, la bête de la justice apocalyptique. Hong arbore le sceptre et revêt les robes jaunes de l'Empereur Céleste. Yang, la figure rustre et brutale, sculpte la pâte humaine en démons de sang. Terreur et séduction. Immenses cérémonies, toutes les échines ployées, Hong annonce que son Père Céleste lui a ordonné de ne plus se satisfaire d'escarmouches mais d'apparaître comme le Dragon de Feu qui avalera la Chine. La grande expédition est décidée.

En septembre 1851, les Taiping s'ébranlent. Pari insensé : en face d'eux ils ont la Chine entière, tant d'armées impériales, tant de villes petites et grandes, ceintes de murailles aux garnisons d'orgueil. Mais leur résolution est inébranlable. La preuve, c'est qu'avant de partir, ils détruisent par le feu leurs camps et leurs refuges du mont des Chardons. Ils n'ont plus d'autre issue que le triomphe ou la mort.

La meute arrive sur une petite cité entourée de remparts, gardée par d'arrogants soldats tartares dans le flamboiement de leurs armures. Elle se jette sur elle, multitude qui broie un hanneton à la carapace vaine. Par-dessus les faîtes, les Taiping lancent des pétards qui sèment la panique et des brandons qui allument des incendies, contre les murailles ils appliquent d'innombrables échelles de bambou. Par milliers et par milliers, ils grimpent, ils deviennent flot qui monte, qui se renouvelle, qui est intarissable. Les échelles sont repoussées, les assaillants transpercés, mais déjà on appose d'autres échelles qu'escaladent de nouveaux attaquants. Bientôt certains sautent par-dessus les créneaux brandissant leurs crocs de fer, trompes, bugles, visages horribles, le tintamarre de la Mort. Les guerriers mandchous expirent, leurs femmes se jettent dans le vide après avoir égorgé les vieillards et leurs enfants. Cela ne suffit pas. La ville, qui a enfreint la loi divine, qui a osé se défendre contre Hong et sa bonté, doit disparaître. Alors Hong dans sa tenue sacerdotale fait son entrée parmi les ruines et les cadavres, suivi de son clergé, de ses enfants de chœur purs comme des séraphins, de ses « rois » aux faces atroces. Et sur une place souillée de corps impies, tandis que s'éteignent les derniers brasiers, il reçoit l'hommage des Taiping. On célèbre une messe étrange, où Hong distribue l'hostie de ses propres mains aux héros Taiping et ordonne le supplice de ceux de ses fidèles qui ont manqué de foi. Ite missa est. A la tête du cortège de dignitaires, Hong se rend dans le plus beau yamen de la ville qu'on a pris soin de préserver de tout dommage pour qu'il lui serve d'autel et de résidence.

Les Taiping sont maintenant des centaines de milliers que rien n'arrête. Leurs étendards couvrent les plaines. Oriflammes et oraisons. Porté dans un palanquin d'or par quarante dignitaires habillés d'argent, Hong resplendit au-dessus de la gueusaille infinie. Ses frères royaux, il les a nommés « Princes » et a établi par décret une hiérarchie entre eux. Yang est promu Prince de l'Orient, l'Orient magnifique d'où viennent la lumière et le jour. Il est le chef de toutes les stratégies. Le Prince du Septentrion commande les avant-gardes, le Prince du Midi les arrière-gardes, le Prince de l'Occident dirige le corps d'armée central. Les autres Princes se consacrent à l'intendance, aux armements et à l'administration. Ces Princes, que les Blancs appelleront par dérision les « Rois Coolies », rutilent dans leurs mises et leurs mines comme des Seigneurs chamarrés. Autour de chacun d'eux, un peuple de chambellans, de secrétaires, de serviteurs et de favoris. Extraordinaire minutie des prérogatives de chacun. Non seulement leur sang est précieux mais leur semence l'est aussi. Il leur est donc permis de rompre avec la continence, d'accumuler femmes et concubines choisies parmi les belles captives. Gynécées immenses, des dizaines, des centaines de créatures, la sainte luxure qui purifie. Hong a deux cents épouses, Yang presque autant. Des titres aristocratiques leur sont à elles aussi concédés, les bien-aimées de Hong sont appelées « Célestes Lingots », celles des Princes « Pierres Précieuses », celles des officiers supérieurs « Nobles Élégantes ». Le trésor commun est toujours le privilège de Hong mais en plus chaque Prince a le sien, or, gemmes, parures pris dans le butin. Et voilà la cupidité sanctifiée. Les pouilleux innombrables, eux, sont toujours maintenus dans la chasteté et la pauvreté, mais ils ne s'étonnent pas de la superbe de Hong et des Princes, ce sont les attributs très essentiels de Dieu et de ses apôtres.

Les Taiping tracent sur la Chine méridionale un sillon de feu mais, quand ils ont accompli sur les terres capturées leur œuvre bénéfique, ils ne laissent derrière eux aucune administration, aucune église, pas même un détachement. Ils avancent. Et ils prennent des villes toujours plus grandes et plus riches, ces guenilleux éclatants. Leurs assauts sont d'autant plus irrésistibles que les fiers soldats des garnisons mandchoues, comme atteints de la maladie du désespoir, se défendent à peine, s'offrent en holocauste. Ainsi continue la « Longue Marche » – une offensive foudroyante, rien de cette fuite que sera plus tard la Longue Marche de Mao – dans la pureté des flammes et la putréfaction des cadavres.

Enfin les armées de Hong atteignent le lac Dongting, cette nappe immense, glauque, purulente d'activités et de prospérités qui sert de réservoir et de poumon au Fleuve Bleu. Autant de proies pour les insurgés. Brasiers, bénédictions, charniers. Les Taiping s'emparent de milliers de jonques et de sampans, désormais les ondes comme les terres sont à eux. Que l'Empereur de Pékin tremble, ses jours sont comptés. Couronné d'une tiare, la barbe immense et les yeux étincelants, Hong se proclame le Souverain des Dix Mille Ans. Du haut de son palanquin, il fait signe aux Princes, aux dignitaires, à tout son peuple : « Le ciel est sur la terre, allez dans l'enthousiasme et les capitales de ce monde seront entre vos mains. » Et l'humanité à genoux – on aurait cru que c'était l'humanité entière – se redressa pour le grand élan. Le Hankéou (Wuhan) des fructueux négoces, l'entrepôt des marchandises suprêmes, la soie et le thé, tombe très vite aux mains de Hong et des Princes. Ils chavirent dans les trésors, ils se débauchent, pourtant ils ne s'attardent pas : en aval ils aperçoivent Nankin, le Nankin de la beauté, le Nankin de la Céleste Harmonie, le Nankin des légendes, le Nankin qui est la fleur vénéneuse du Sud, le Nankin des Ming, le Nankin qui a si longtemps régenté la Chine, le Nankin du suprême désir.

Les murailles – ces murailles noires dont je viens de visiter les restes – apparaissent formidables, de plus elles sont défendues par dix mille guerriers mandchous particulièrement fameux, ceux que l'on appelait les Tigres. Mais devant la marée humaine qui approche, même eux ont le foie qui se ronge. Pris par l'atroce peur, ils ne résisteront que quelques jours. Les Taiping creusent sous les remparts des sapes qui les font s'effondrer, ils gravissent les éboulis, parviennent au sommet, submergent tout. Scènes habituelles, les Mandchous égorgés, leurs femmes fracassant les enfants contre les murs avant de se jeter dans des puits. Cinquante mille morts au moins. Le 19 mars 1853, Hong entre dans la ville qu'il baptise Capitale du Ciel (Tianjing) et proclame sa clémence.

Il va sombrer dans la folie absolue. Il s'enferme dans son palais, vaticinant, prophétisant, perdu dans sa divinité, sa cour et ses femmes. Le Nankin des Taiping est entièrement consacré à son culte. Dans chaque famille, sur un autel, lui sont dédiés du miel, des épis et des fleurs, offrandes signifiant que c'est lui qui fait croître les récoltes et pousser les fruits de la terre. Le jour du Sabbat, le travail est interdit à la population qui se voue aux offices de l'adoration. Hong ne parle plus qu'à Dieu son père, qu'à son frère Jésus-Christ et à ses Princes. Et c'est ainsi qu'égaré dans son orgueil et ses vertiges, il perd l'opportunité unique de s'emparer de la Chine entière. Certes il lance d'autres campagnes vers le nord jusqu'à Tientsin (Tianjin) et vers l'ouest mais ses armées seront défaites. A Nankin, le pouvoir se délite, la disette menace, le manteau de la démence couvre tout.

Où était le temps de la vertu et de la continence? Il fallait que la chair de chaque Taiping soit apaisée, on distribuait des lots de femmes à tous les dignitaires, on donnait des pucelles aux vieillards, le mariage était obligatoire. Au milieu de leurs orgies, les princes se haïssaient, ne rêvant que de se supplanter et de s'entre-tuer. En proie aux délires furieux, aux vapeurs noires, ils entraient dans la tragédie la plus répugnante. Dans leur rivalité, c'était à qui se mettrait le mieux en valeur, se donnerait force et prestige, en montant en chair et en os dans un paradis d'où ils revenaient ragaillardis. Baroqueries, divagations, récits incroyables, vantardises où l'on dépassait en divinité Hong lui-même qui en prenait ombrage.

Tandis que les Taiping pourrissaient, la Chine impériale se renforçait. Le temps des Bannières mandchoues était révolu, Ts'eu Hi l'avait compris. Elle créait, elle laissait se créer des armées nouvelles. Des rangs chinois étaient sortis des mandarins confucéens qui levèrent des forces puissantes parmi le peuple des paysans, las de la sauvagerie des Taiping et repris par le sens de la tradition. Le plus grand de ces généraux impériaux de race Han fut Zeng Guofan, un lettré, un moraliste sévère, un savant inspiré et aussi un homme de guerre redoutable : pendant des années à la tête de ses troupes, il se heurta en des mêlées farouches aux hordes des Princes Taiping. Batailles extraordinaires, batailles où s'opposaient deux philosophies : l'idéal égalitaire dévoyé contre l'ordre établi. Les Princes se jalousaient tellement que chacun menait ses propres combats. Zeng, lui, unifiait les milices locales, regroupait, organisait, recrutait, disciplinait. Et toujours flambaient la guerre et le pillage, mais sous des auspices plus incertains.

A Nankin même, la plongée dans l'abîme. Hong était menacé : Yang, le Prince d'Orient, le chef militaire suprême, essayait de l'évincer. Il se disait plus proche que lui de Dieu le Père, qu'il était allé le voir et que celui-ci lui avait tenu des propos sévères sur Hong. Yang en était arrivé à réprimander Hong et à réclamer pour lui aussi le titre de Souverain des Dix Mille Ans. Peu après, en septembre 1856, Wei le Prince du Septentrion poignardait Yang, sans doute avec l'assentiment de Hong. Puis on procéda à l'extermination de tous les partisans de Yang – il y aurait eu cinquante mille tués. La purge achevée, Hong proclama qu'il avait toujours aimé Yang, qu'il était innocent de son sang. Tombé en prières, il eut une illumination : Dieu son Père l'avait peut-être éprouvé, poussé à la tentation et au péché parce que lui son fils n'avait pas renversé les idoles avec suffisamment de zèle. C'est alors que fut détruit le monument le plus célèbre de Chine, la Tour de Porcelaine de Nankin. Bâtie au début du XVe siècle, haute de quatre-vingts mètres, ses neuf étages de briques blanches émaillées, ses tuiles vertes, son toit doré étaient une des merveilles du monde. Chaque souffle du vent faisait tinter les dizaines et les dizaines de clochettes accrochées à ses rebords. Hong la jugea néfaste et la fit dynamiter à sa base, croyant ainsi rétablir l'harmonie entre ses Taiping. Il n'en fut rien. L'ère des meurtres entre Princes commençait.

Débarrassé de Yang, Hong était resté à Nankin le Dieu vivant, le maître du Sceau. Mais il s'enfonçait toujours plus dans la solitude. Ses Princes, ses Rois continuaient de dévaster la Chine en tous sens : des années durant ils combattirent encore. Impitoyable duel entre Zeng le docte académicien qui passait tout rebelle au fil de l'épée et les Taiping réduits à des outrances désespérées. La fin, on la pressent. Malgré quelques ultimes orgies de cadavres, les Taiping sont à bout. L'agonie. Le coup de grâce sera donné, je l'ai dit, par Shanghai et l'Armée Toujours Victorieuse de Gordon. A Suzhou, les derniers Rois Taiping ont été perfidement capturés et mis à mort. Le siège de Nankin peut commencer : il sera abominable. Hong, lui, refuse d'être pris : ses deux cents concubines ayant été envoyées au ciel sur son ordre, le 1er juin 1864, il fait dissoudre des feuilles d'or dans une coupe de vin, boit le calice et meurt empoisonné. Son cadavre ne sera pas retrouvé. Six semaines plus tard, les Impériaux entrent dans Nankin et massacrent au moins cent mille Taiping, tous ceux qui n'étaient pas morts de faim.

Et la chasse commence. Des Taiping passent au Vietnam où ils formeront les troupes de base des Pavillons Noirs, d'autres résistent dans des provinces lointaines. Étrange coïncidence, un des chefs est vaincu en essayant de franchir un torrent impétueux et profond, à l'endroit même où, près d'un siècle plus tard, la colonne de la « Longue Marche » de Mao, pourchassée par les forces de Tchang Kaï-chek, n'échappera à l'anéantissement que par une sorte de miracle. Ce chef sera exécuté à Chengdu avec deux mille de ses partisans. Enfin, au bout de deux ou trois ans, la rébellion Taiping est matée. Elle aura fait, j'insiste, cent millions de morts.

Et me revient, puisque tout à Nankin m'y incite, le souvenir de Mao. Ne croyant pas en la révolution prolétarienne, contre l'avis des autres chefs rouges, à commencer par Chou En-lai, il a lui aussi hurlé un farouche appel aux paysans. Qu'ils se soulèvent, qu'on les soutienne et dans peu de temps « ils seront des centaines de millions à se déchaîner aux quatre coins de la Chine avec la violence d'un ouragan : aucune force, si puissante soit-elle, ne pourra leur résister, ils briseront leurs liens et s'avanceront sur le chemin de leur libération, ils creuseront la tombe des impérialistes, des Seigneurs de la Guerre, des mandarins corrompus et des grands propriétaires ». Hong, qui prônait l'insurrection de la haine, ne disait pas autre chose. Allons plus loin, même si l'on cache soigneusement aujourd'hui les causes de la faillite terrible de Hong, toutes ces superstitions, toutes ces crédulités, ce ridicule et explosif bariolage de foi chrétienne, Hong et Mao se rejoignirent dans le mysticisme et le rêve théocratique. On sait ce qu'ils coûtent aux pauvres humains.

Armées des ombres, cycles de l'horreur qu'à Nankin on ne finit jamais de revisiter. La ville pourtant eut un sursaut, dix années pendant lesquelles Tchang Kaï-chek y avait établi son gouvernement et qui seront connues sous le nom de « décennie de Nankin ». Tout commence après le coup d'État du 12 avril 1927 à Shanghai. Dès le 18 avril, Tchang crée un nouveau régime qu'il entend fixer à Nankin. Cependant la saignée à laquelle il a procédé à Shanghai l'a mis dans une situation délicate : il n'a, je le rappelle, entraîné avec lui que quelques divisions et le gros des forces qu'il a commandées – les forces de la Libération – est toujours à Hankéou (Wuhan). Là-bas le honnit et le maudit une étrange coalition de Seigneurs de la Guerre enduits de progressisme, de notables du Kuomintang de gauche, d'apôtres et de militants de la pureté socialiste. Ce sont eux qui représentent le pouvoir « légal », ils se déchaînent.

Au milieu de ce pandémonium se démènent les agents du Komintern, ceux-là mêmes qui avaient si longtemps prêché aux hésitants la confiance en Tchang Kaï-chek et qui continuent de recommander l'union. Convaincu que tous ces bouillonnements aboutiront à des déchirements inouïs et à une obligatoire liquidation des Rouges, Tchang Kaï-chek décide qu'il est urgent d'attendre que la coalition d'Hankéou éclate d'elle-même dans le sang. Alors, on fera appel à lui. Dans l'intervalle, il lui semble plus habile de ne pas se compromettre dans des fracas inévitables, et le subtil Tchang Kaï-chek, après avoir tenté de marcher sur Pékin, abandonne titres et grades. Il s'en va faire un beau voyage, en simple civil, jusqu'au Royaume du Soleil Levant. Quelque temps après son retour à Shanghai, le 1er décembre 1927, a lieu l'événement le plus important de sa vie, celui qui achève de transformer l'ancien sauvage en gentleman jaune promis aux plus hautes destinées : il épouse Meiling, une des trois fameuses sœurs Soong, égéries et parques de la Chine, de toutes les Chines ennemies.

Et revoilà la famille Soong dont nous connaissons déjà un membre illustre, TV le négociateur du massacre de Shanghai. Incroyable famille qui tint entre ses mains le destin de la Chine ! Une famille quand même un peu particulière, à peine céleste, des gens d'outremer... presque des Américains jaunes, de tout petits Yankees puritains.

La prodigieuse histoire débute par celle du père, Charlie Soong, un homme trapu, de visage vulgaire, un de ces Cantonais miséreux qui franchirent les océans pour chercher fortune aux États-Unis. Il avait de la parenté à Boston, il y fut vendeur de thé et de soie dans la boutique de l'un de ses oncles. Il risquait de végéter. Son instinct, son génie, le poussèrent à se faire l'humble catéchumène d'un vénérable et puissant pasteur. Désormais il avait des protecteurs, des clergymen et des dames patronnesses qui lui permirent d'acquérir de l'instruction et lui firent donner des bourses pour des collèges et des universités, en Caroline du Nord et dans le Tennessee. Enfin il se sentit assez fort pour retourner en Chine – c'était là, avait-il finalement compris, qu'il se distinguerait. Réapparut donc à Shanghai dans les années 1880 un Charlie jaune à l'âme blanche, aux manières carrées qui surprirent ses compatriotes. Il était bruyant, affirmatif, se haussait du col, tapait dans le dos des gens et leur donnait du bonjour et du bonsoir à la volée, il montait à bicyclette, chantait des hymnes, prêchait à l'église, aimait le bifteck... on l'accepta difficilement. Est-ce la viande rouge qui lui donnait des forces ? Il ne cessait de travailler, de combiner, de fouiner. Il avait toutes les qualités appréciées aux États-Unis, persévérant, acharné, méthodique et rapide, somme toute il était d'une efficacité qui à la longue séduisit les rétifs Chinois. Malheureusement, si le mépris des Célestes à son égard se transformait en estime, ces Blancs, qui l'avaient si bien traité en Amérique, le tenaient à Shanghai pour un vil indigène. Charlie Soong fut profondément blessé par ce comportement.

Le pauvre, fruste malin qui s'échinait entre deux mondes, n'arrivait pas à grand-chose. Cependant il avait de ses mains installé une petite imprimerie et il y fabriquait des bibles qu'il vendait aux ouailles. Mais Charlie, si paisible apparemment, fit connaissance d'un certain Sun Yat-sen avec qui il avait des affinités – c'était un autre « Américain », un autre Chinois d'outre-mer, un autre chrétien. Ce Sun Yat-sen avait la particularité curieuse de fomenter de terrifiants complots et de jeter des bombes dans Canton. Conquis par le personnage, l'excellent Charlie accepta de composer pour lui des tracts séditieux. Charlie, le bon Charlie, désormais à la remorque de Sun Yat-sen, le suivit dans les aventures qui le menèrent à une éphémère présidence de la République en 1911, et ensuite à s'aboucher à la cause révolutionnaire. Étrange couple que celui formé par le grand Sun Yat-sen et ce petit-bourgeois de Charlie! Charlie était l'expert financier, le trésorier qui, au sein des extravagances, apportait le bon sens. Toutefois, Charlie serait resté à un rang secondaire si la Providence ne lui avait fourni un fils brillant et cynique, celui qui deviendrait TV (pour Tse Ven) Soong et surtout trois filles qui seraient connues de la terre entière, Eiling, Chinling et Meiling.

Femmes... La trame des femmes. Ces trois demoiselles allaient convoler de telle façon et se comporter de telle manière que l'histoire de Chine en serait changée, elles allaient prendre dans leur rets trois des grands acteurs du drame céleste. Il est vrai que Charlie, qui voulait en faire des « perles », avait soigné leur éducation. Il lui sembla que la Chine ne les épanouirait pas – leur mère, une bonne créature tombée en dévotion, était un peu bornée. Charlie estima que pour former ses fillettes qui étaient jolies, leur fournir un atout supplémentaire, il fallait leur donner la touche américaine. Il se saigna aux quatre veines et les envoya dans les meilleures institutions des États-Unis. Là, tandis que TV fréquentait Harvard, elles devinrent de vraies nièces de l'Oncle Sam, aimant le drapeau étoilé et surtout le gratin. Ce qui leur importait, c'était de pénétrer dans la société la plus huppée, d'en acquérir les tics, les mœurs, les manières, les accents, les mots. Et elles arrivèrent à des résultats très remarquables. Au bout de quelques années, elles avaient acquis cette allure si spécifique, ce mélange de convenance et de hardiesse qui sied aux jeunes filles. Elles furent beaucoup reçues, firent d'utiles et agréables connaissances et surent toujours rester dans le ton le plus sélect : elles avaient des cerveaux et des corps qui marchaient bien, et des ambitions démesurées. Intelligentes, elles étaient convaincues que pour elles se marier en Amérique signifierait fatalement l'échec. Non, c'était en Chine qu'elles mettraient en valeur ce qu'elles avaient appris aux États-Unis. Donc, au bon âge, elles rentrèrent à Shanghai pour retrouver leurs parents et surtout vaincre sur le marché matrimonial.

A la vérité, leur situation en Chine était délicate : elles devaient trouver le juste dosage entre leur éducation américaine et leur identité jaune, surtout ne pas être considérées comme des « étrangères », encore moins comme des « putains blanches », ce qu'elles n'étaient pas du reste, et en même temps séduire par leur « exotisme ». Elles se firent donc aventurières de l'honnêteté. Leur but était évidemment le mariage, mais pas trop céleste, pas trop traditionnel : qu'elles ne deviennent pas des épouses premières ou des concubines. Elles recherchèrent des alliances exceptionnelles, peut-être un peu dangereuses mais tellement plus profitables, avec des hommes de grande trempe. Comme armes, leur décente coquetterie, leur connaissance de l'univers et de la Bible, la Bible qui imposerait des unions à la façon de l'Occident, le couple sans tribu, sans toutes les tristes soumissions chinoises. Le mari et la femme devant Dieu et pour l'immense réussite dans cette vallée de larmes.

L'aînée, Eiling, convola la première. La plus délurée, la plus mignonne, flirteuse et aimant le luxe, elle visait l'argent. En somme, c'était la plus modeste. Elle se contenta d'un certain HH Kung, l'héritier d'une dynastie d'usuriers du Shanxi, la province lointaine des manieurs de fonds impitoyables, à l'ancienne façon. Lui, moderne en tout, protestant éduqué aux États-Unis, s'était adapté aux temps nouveaux, et même formidablement. Gros fric et sens de la spéculation : il sera le « pourrisseur » qui déconsidérera les nationalistes.

La grande pavane commence avec la seconde fille, Chinling, une personne à l'âme pure et noble. Son père l'avait placée comme secrétaire auprès d'un Sun Yat-sen aux abois dans Canton, traqué par les Seigneurs de la Guerre. Chinling se révéla aussitôt à la hauteur de sa tâche, elle fut la meilleure des exécutantes et même une excellente conseillère. Sun Yat-sen au milieu de ses intrigues eut le temps de tomber amoureux de Chinling qui justement était éprise de lui et qui, à vingt ans, s'installa chez lui. Quel que fût le prestige de Sun Yat-sen, il fallut surmonter les récriminations de la femme de Charlie qui arguait furieusement que le prétendant était un pécheur – il était déjà marié et même père d'un fils, Sun Fo. Discussions orageuses au sein de la famille Soong. Charlie arriva à convaincre sa digne épouse. Pour la satisfaire, Sun Yat-sen répudia sa première femme et Chinling put s'unir à lui en des noces très discrètes.

Dès lors, elle partagea tous les dangers courus par son mari. Une fois elle dut même s'enfuir sous les balles dans Canton et n'arriva que par miracle sur une barcasse de la Rivière des Perles où s'était déjà réfugié son époux qui ne l'avait pas attendue pour décamper et échapper aux assassins. Ombre vivante du Héros, reflet émouvant du Saint, après sa mort brutale en 1925, elle se trouva prête pour le rôle que le destin lui avait assigné : être la veuve sublime. Mais elle ne perpétua pas seulement la mémoire de Sun Yat-sen, elle perpétua son œuvre révolutionnaire. Elle fut plus que la gardienne de la flamme, elle s'érigea en symbole suprême du Parti communiste chinois à travers tous ses formidables ressauts. Après la victoire de 1949, à Pékin, elle se posa même en hôtesse du régime, sa dame du monde, incarnation élégante et pulpeuse de la République populaire, égérie sans pouvoir réel quoique parée d'un titre de vice-présidente et s'adaptant avec une aisance souveraine à tous les drames et déchirements du Parti. Elle planait au-dessus. Son attachement à Mao, la splendeur des fêtes qu'elle donnait... Je me souviens surtout d'une réception pour l'inauguration devant le Tout-Pékin d'un haut petit fourneau construit dans son jardin. C'était lors de la campagne des hauts petits fourneaux qui, multipliés par millions à travers la Chine, devaient fournir le métal bénéfique en minuscules et innombrables coulées, bien préférables à celles des hauts fourneaux, ces modèles réactionnaires qui trahissaient la République Populaire. Combustion donc et ruissellement précieux au milieu des applaudissements. Le charme de Chinling, la grande prêtresse, opérait, même si sa vie privée..., racontaient les mauvaises langues. Passons.

Chinling promue très légitimement, restait Meiling qui, rentrée d'Amérique, se partageait entre les bonnes œuvres et les réceptions de la « swinging Shanghai ». Était-ce comme une réverbération, une répercussion des grands sentiments animant le couple suprême, un cheminement identique mais plus modeste sur la Carte du Tendre, était-ce simplement la conjonction des astres, la prédestination des cœurs ? Tchang Kaï-chek, le chien de garde du Maître, s'amouracha d'elle au point de demander sa main. Approbation de Sun Yat-sen, bonne disposition de Meiling mais colère de Chinling et opposition farouche de la mère. Non seulement Tchang Kaï-chek, tout comme Sun Yat-sen auparavant, était déjà marié et père de famille, non seulement on lui prêtait quelques liaisons, mais, horreur, il était païen, bouddhiste et peu disposé à se convertir à la veille des grands événements qui ne manqueraient pas de survenir, de tous ces grands tumultes où il ferait carrière. Il attendit dix ans. Enfin, lorsqu'il se fut fait à Shanghai l'Exterminateur des Rouges, il jugea que le moment de la conjugalité était venu : le jeu était fixé, les cartes distribuées, cela ne pouvait plus nuire qu'il se christianisât, qu'il se mariât, loin de là, la Bible était aussi une carte. A l'inflexible Madame mère qu'il rencontra au Japon, il promit seulement de se convertir, sa parole suffit. Elle suffit d'autant plus que TV Soong, le frère de Meiling qui avait tant poussé Tchang à organiser le coup du 12 avril, avait compris que de ce mariage dépendait la fortune de la famille et qu'il veillait au grain. On organisa donc les noces : double rite, avec prééminence du Christ.

L'événement décisif, je l'ai dit, eut lieu le 1er décembre 1927. Noces triomphales. La grande liesse : tout Shanghai savait que ce Tchang Kaï-chek, officiellement rayé des listes, serait bientôt le maître de la

Chine. Des épousailles comme une parade royale avec son étiquette de sobriété pour l'union elle-même, avec la fulgurance des honneurs pour l'allegro final. S'il y eut une bénédiction bouddhique, on n'en sut presque rien. De même, la cérémonie chrétienne où officiait un pasteur chinois et qui se déroula dans la demeure familiale des Soong fut très simple. Qui aurait reconnu Tchang Kaï-chek le guerrier dans cet homme radieux bien pris, bien mis, habit et chemise à col dur, tenant des gants et disant « oui »? La ravissante Meiling, songe virginal mais très Harper's Bazaar, fleurissait le blanc : robe légèrement drapée en crêpe georgette brodé d'argent, voile de dentelle, couronne de fleurs d'oranger. Dans ses mains, elle tenait un bouquet d'œillets rose très pâle et de fougères noué de rubans argentés. Après cette consécration si émouvante, l'après-midi, ce fut l'immense chœur de la mondanité, mille trois cents invités firent allégeance à leurs futurs seigneurs dans le hall solennel de l'hôtel Majestic tandis qu'à l'extérieur une foule tumultueuse les ovationnait. Tchang Kaï-chek arriva seul. On l'applaudit tout en se demandant dans un frou-frou de murmures où était Meiling. Enfin, elle surgit au bras de son frère, une fée. Au milieu de la salle elle rejoignit son mari. Tous deux se dirigèrent vers un portrait de Sun Yat-sen et s'inclinèrent par trois fois devant cette image qui semblait les congratuler... Évidemment Chinling, partie pour Moscou, était absente. Restaient les formalités civiles. On lut l'acte de mariage puis les époux, après s'être salués, saluèrent leurs témoins et l'assistance en convulsion. Retentit la marche nuptiale de Mendelssohn jouée par un orchestre russe. Milliers de photos. Le Généralissime et sa femme s'en allèrent vers le destin grandiose que ce délire annonçait.

Tchang Kaï-chek n'aura pas à attendre. Le pouvoir lui est offert, proposé de partout. Comme il l'avait prévu, à Hankéou (Wuhan) le gouvernement « légal » a sombré dans le sang et avec lui le mythe de l'alliance du Kuomintang de gauche et des Rouges.

Qu'était ce Kuomintang de gauche, qui y participait? On y trouvait quelques bourgeois radicaux, quelques politiciens ambitieux – comme Sun Fo, le fils de Sun Yat-sen et Eugène Chen, un bel arriviste. On y comptait aussi des Seigneurs de la Guerre méridionaux, jaloux de Tchang Kaï-chek. Tous ces « progressistes » étaient attachés à la propriété et aux convenances et ce qui se déroulait à Hankéou (Wuhan), ces cortèges d'énergumènes, particulièrement le fameux cortège des filles toutes nues, les choquait de plus en plus. Mais avant tout se posait la question de la propriété de la terre. Borodine avait déclaré qu'il ne fallait pas, dans les campagnes, d'une révolution paysanne qui déplairait au Kuomintang de gauche. Et celle-ci s'était déclenchée d'elle-même, une furieuse jacquerie. Dans la Chine du Sud, les culs-terreux s'étaient révoltés pour s'emparer du sol et de ses moissons. Ils avaient constitué des Ligues paysannes qui prétendaient juger les propriétaires terriens, lesquels avec leurs intendants et leurs hommes de main voulaient exterminer tous ces gueux.

La situation à Hankéou, en ce printemps de 1927 est intenable, le Kuomintang de gauche se plaint amèrement des « excès » de la plèbe. A Changsha, la capitale du Hunan, la cité où Mao adolescent avait fait ses études, un général du Kuomintang de gauche ordonne, le 21 mai 1927, la liquidation de tous les éléments révolutionnaires. Un carnage d'ouvriers et de paysans, tous les supplices, l'horreur.

Malgré tout, à Hankéou, Borodine essaie toujours, contre vents et marées, de maintenir la coalition générale. Ce n'est plus possible. Le Kuomintang de gauche rompt. On reconduit cérémonieusement Borodine à la gare. Alors le grand fracas, la grande liquidation des communistes. Les mêmes scènes que trois mois auparavant à Shanghai, la folie des tortures, les pelotons d'exécution. Mao Zedong et quelques dirigeants du Parti arrivent à s'enfuir. Massacres de Rouges à travers toute la Chine et jusqu'à Pékin. Des milliers de tués. Début août, le Kuomintang de gauche se rallie à Tchang Kaï-chek et fait appel à lui. C'est, semble-t-il, la fin du communisme chinois.

Et pourtant... Le 1er août 1927 a lieu un soulèvement dont on ne mesure pas encore l'importance, celui de la garnison nationaliste de Nanchang, la capitale du Jiangxi, fomenté par Chou En-lai et Lin Biao secrètement infiltrés et par Zhu De à l'époque un des officiers supérieurs commandant la place. Cinq heures de combat pour s'emparer de la ville, la création d'un nouveau régime, la promesse d'une réforme agraire. Est-ce que le destin deviendrait favorable? On a envoyé des émissaires pour rallier à la révolte les unités du Kuomintang cantonnées dans le voisinage. Il y a parmi elles des hésitations, des tergiversations, quelques acquiescements et surtout des trahisons. Finalement les armées contactées, loin de se rebeller, se portent en masse contre les unités de Nanchang et les écrasent. Le 4 août, Chou En-lai ordonne la retraite, Zhu De emmène ses colonnes vers le Sud.

Et pourtant... Dans cette débâcle, on dirait que les Rouges ressuscitent, prolifèrent et que, cette fois, ils sont enragés. De plus, les ordres du Kremlin ont changé : après avoir tant recommandé la conciliation, Staline, comme pour se rattraper, prescrit l' « aventurisme ». Une seule consigne, l'insurrection partout où elle est possible, la floraison des révoltes dans toutes les villes, avec le prolétariat, le communisme pur. On a échoué à Shanghai, mais le rêve merveilleux ne pourrait-il pas aboutir ailleurs, dans une autre métropole? Canton semble tout indiqué. Canton où la seconde Révolution chinoise a débuté en 1925 avec des conquérants qui se sont révélés des pleutres ou des dupes. Foin de ces souvenirs, de ces amas de souvenirs, de la dérision de l'épopée gâchée. Place au romantisme, à l'orage.

Le 10 décembre 1927, du sein des profondeurs, surgissent les conjurés. A la tombée de la nuit, des ouvriers, des étudiants, des cadets de l'école militaire de Whampoa qui ont poignardé leurs chefs s'emparent de quelques positions clés. Le lendemain matin, ils proclament la Commune de Canton, une Commune semblable à celle de Paris, qui est le modèle le plus beau, le plus noble de ce que peuvent faire les hommes exaltés. Ce qui s'en est suivi? Pratiquement rien. Le peuple, épuisé par des mois de tueries, ne bouge pas. Et déjà de très nombreux mercenaires, au moins cinquante mille, dépendant bien plus des Seigneurs de la Guerre que de Tchang Kaï-chek, des gangsters aussi, pris par une apocalypse de haine et de pillage, attaquent la ville. Les canonnières étrangères tirent salves sur salves. A mort l'utopie... C'est en vain que les révoltés ont constitué un gouvernement de type soviétique, élaboré un programme. Au bout de quelques heures, retranchés derrière des barricades édifiées à la hâte, ils succombent. Le 13 décembre, tout est terminé. Et le massacre commence, massacre des suspects, massacre des innocents. La répression s'épuise à force de cadavres, cadavres innombrables, morceaux de cadavres épandus dans le dédale des ruelles d'un Canton à moitié consumé par le feu. Les tués, les blessés, les mourants sont enlevés pêle-mêle par des charrettes et jetés dans des fosses communes. Un journaliste témoin de ces scènes écrit que Canton est pire que l'enfer. Six mille tués. Du moins croit-on que cette fois la révolution est morte. L'heure de Tchang Kaï-chek est venue. Il est chef du gouvernement, chef de l'État, Généralissime et il se transporte avec Meiling à Nankin promu à nouveau capitale de la Chine.

Nankin abandonné depuis si longtemps n'est plus qu'une désolation, un lacis de venelles, de huttes, de demeures en ruine, un village sordide traversé par une grande rue. Tchang Kaï-chek et Meiling sont obligés de camper hors des murailles. Travaux énormes pour rebâtir une cité. Enfin Tchang Kaï-chek et Meiling s'installent dans le fameux palais de Hong qui a été reconstruit. S'étant dûment converti au protestantisme – il sera baptisé en 1930 – Tchang est habité par le projet d'édifier une Chine respectable et puissante. D'une ponctualité extraordinaire, il travaille de huit heures du matin à huit heures du soir, presque toujours en uniforme militaire, les traits sévères, qu'adoucit à peine son éternel sourire figé. Immense labeur. Il veut refaire une armée, des finances, une administration, supprimer les « traités inégaux », donner à son pays une façade glorieuse et un contenu vertueux. Inspiré par une morale et une philosophie qu'il a concoctées à partir des vieux préceptes célestes, il crée « le mouvement de la vie nouvelle » qui doit ressusciter les quatre règles principales de la sagesse ancienne : le « li », le « lien », le « yi » et le « tch'e », c'est-à-dire les rites, l'intégrité, la justice et la conscience. Il est moderne aussi, il emprunte à l'Occident les principes de la science et de l'hygiène. En appliquant tous ces commandements les Chinois se créeront, pense-t-il, une patrie superbe. Mais il se montre tatillon dans la propagation de sa doctrine, tatillon jusqu'à l'absurde. Ainsi voit-on partout afficher des maximes et des recommandations urgentes, il y en a sur les murs de Nankin, sur les locomotives, sur les pylônes électriques. Elles interdisent de cracher, elles ordonnent aux fonctionnaires et aux magistrats de balayer les rues, elles transforment les étudiants en prédicateurs. A tous, il est conseillé d'aller aider les paysans dans les travaux des champs. Très curieusement, on trouve dans ces préceptes et ces injonctions bien des traits qui seront ceux du communisme après sa victoire. Et même ne discerne-t-on pas chez Tchang Kaï-chek le germe du concept de l'« homme nouveau » qui sera si cher à Mao ? La grande différence, c'est que Tchang Kaï-chek se sera contenté des apparences.

Austérité. Le Généralissime est sec, maniaque d'autorité minutieuse, tout maigre dans sa rigueur. C'est un silex dont ne jaillit aucune étincelle, c'est une chicheté âpre dans ce qu'il croit être son devoir, une ruse bornée, c'est un quasi-aveugle qui distingue mal le monde dans sa vérité. Il n'admet aucun conseil, ne supporte que le dithyrambe. Il ne veut pas de cour et de courtisans mais le Kuomintang est au pied de ce ratichon qui se croit de plus en plus inspiré par la Bible – Jéhovah est digne de lui, il consent à le prier. Pas d'existence mondaine évidemment mais des réceptions et des repas officiels où il ne se manifeste que par des jeux de physionomie et quelques phrases pesées. Aucune femme près de lui, sauf Meiling, omniprésente, elle.

Meiling, son double, son âme, sa partenaire. Où est la beauté un peu frivole de jadis ? Elle s'est transformée en une sorte de quakeresse vêtue de moralité et d'entregent puritain. Elle enseigne l'anglais à son mari, lui sert d'interprète, discute de tout avec lui, de la grande politique comme des infimes détails. Elle est son sujet et sa cheffesse, attentive à respecter sa « supériorité », à ne pas le heurter dans ses idées rares et têtues. Elle le manœuvre pour son bien. Elle a aussi son domaine, où elle se montre également acharnée à la besogne, reine-fourmi dans le royaume des dossiers et des paperasses. Elle emploie toute son énergie à tenir des discours éloquents à des publics choisis, à convaincre ou à réprimander de sa voix insinuante. Elle joue même de son charme auprès de personnages importants, elle a envoûté un ambassadeur américain. Son secteur ? Le yankee, l'action sur les États-Unis. Elle reste donc protestante mais d'un protestantisme qui se teinte avec le temps de couleur confucéenne. Ne profère-t-elle pas que mourir de faim n'est rien si on s'est comporté avec dignité ?

Les années passent. Elle est toujours plus la contremaîtresse de Tchang Kaï-chek, la putain de l'élévation de l'âme. Son visage peu à peu se dessèche, s'étire, s'enlaidit. De ses lèvres trop minces sortent des mots trop suaves ou trop sifflants. Une mégère séductrice dont l'ambition s'accroît, qui se lance dans des entreprises édifiantes. Le réarmement moral par exemple. Elle crée des « écoles » où l'on inculque la discipline aux enfants de la « révolution ». C'est que la révolution est aussi au programme, une révolution qui apprend à faire reluire les boutons d'uniforme et à respecter les insignes et décorations. L'armée n'échappe pas à sa bienveillance : elle fonde une association pour le progrès moral des officiers, qu'ils sachent bien saluer et qu'ils soient doués d'une juste oreille pour mieux écouter les marches guerrières. Tout cela plus ou moins inspiré de l'esprit des YMCA (Young Men Christian Association) et des bonnes sacristies.

Le malheur de Meiling est de ne remuer que du vent. Elle n'a pas le génie de comprendre et de faire comprendre à Tchang Kaï-chek que la Chine a besoin d'une métamorphose complète. Meiling a des œillères ou s'en est mis par nécessité. En ces années-là Tchang Kaï-chek et son Kuomintang se parent du rose de l'optimisme, ils revendiquent quelques progrès dans l'infrastructure du pays, des chemins de fer, des usines. Mais le couple souverain, volontairement ou pas, ignore le sort des masses miséreuses, méconnaît l'exploitation des pauvres par les usuriers et les notables. Toujours autant d'injustice, de désespoir et de mort. Qui prête attention aux enfants squelettes, aux paysans bêtes de somme? En 1929, une famine tue cinq ou six millions de culs-terreux dans une province sans que personne s'en soucie. Tout au plus une certaine peur que les accumulations de charognes ne provoquent une épidémie. Mais les « gros » dans leurs belles villes mangent bien, banquettent bien pendant que chantent les sing-song girls. Une autre année, une inondation ravage une autre province, multitude de cadavres et de sans-abris. Toutes ces catastrophes n'intéressent pas Tchang Kaï-chek. Rappelons-nous les propos de Meiling: mourir de faim est sans importance quand on a gardé le respect de soi-même. Inconscience, ce qui compte pour le Généralissime ce sont les banques et ses armées qui sont innombrables.

Splendeur de Tchang Kaï-chek cependant, depuis qu'en juillet 1928 il a fait son entrée solennelle à Pékin à l'appel du Kuomintang, de tous ses dignitaires, ses politiciens, ses Seigneurs de la Guerre qui unanimement l'ont porté au pouvoir suprême. Mais est-il véritablement le maître d'une Chine unifiée? Dans la réalité, non. Il a dû quitter Pékin précipitamment, il ne tient solidement que la vallée moyenne du Fleuve Bleu. Le reste lui échappe, à commencer par Shanghai toujours dominée par les Concessions dont il réclame en vain, tellement en vain, l'abrogation. Ah! la discussion interminable. Tchang Kaï-chek a beau brandir l'argument que la Chine au cours du premier conflit mondial s'étant rangée au côté des Alliés, les vainqueurs devraient se montrer généreux et renoncer à leurs avantages indus, rien n'y fait. La sourde oreille. Ils disent « non », même les Américains anticolonialistes ne sont pas compréhensifs. Non, les Blancs « bien » sont ingrats, plus qu'ingrats envers la Chine, leur cobelligérante contre les Walhallas et les Walkyries. Non, non au Généralissime, tout au plus de vagues promesses. Les peaux pâles préfèrent même que Shanghai – enfin les quartiers purement chinois de Shanghai – retombe sous la coupe de personnages douteux, de Seigneurs de la Guerre de seconde zone.

Que d'épreuves à Nankin! Il faut à Tchang Kaï-chek jongler avec les Seigneurs de la Guerre, ses féaux, dont la soumission n'est qu'une feinte et qui dominent encore les trois quarts de la Chine. Que de parties traîtresses, perfides, dangereuses! Leurs démêlés entre eux, leur hypocrisie envers lui. Tout est toujours possible. Ruffians, tant de ruffians à côté desquels Tchang Kaï-chek et Meiling sont des santons. Que faire dans ce chaos? Eh bien, à toutes fins utiles, se fabriquer son corps de bataille, avoir un certain nombre de divisions supérieurement entraînées, absolument fidèles et dotées d'un matériel d'enfer. A qui s'adresser? Par qui le faire fabriquer? La réponse est évidente. Par les ressortissants d'une nation aux capacités militaires formidablement reconnues et qui, par suite des tours et détours de l'Histoire, a perdu ses concessions et ses privilèges d'exterritorialité en Chine: les Teutons, les Germains, ce ne pouvait être qu'eux.

C'est ainsi que Tchang Kaï-chek eut recours à une mission de grands « soldats » allemands dirigés par les Maréchaux von Seeckt et von Falkenhausen et autres hobereaux de même étoffe qui lui constitueront une armée à la discipline prussienne, avec artillerie, aviation et tout le nécessaire. Mais contre qui engager cette force redoutable? Les hordes des Seigneurs de la Guerre ne sont tout de même que du fretin. C'est aux Japonais et aux communistes qu'il faut s'attaquer. Et comme il lui est impossible de les combattre à la fois, Tchang Kaï-chek choisit l'ennemi prioritaire: les Rouges. Loin de s'être éteinte après les carnages de Shanghai, de Changsha, d'Hankéou, de Nanchang et de Canton, leur race maudite s'est multipliée. Elle obsède Tchang Kaï-chek.

Il existe à Nankin une terrasse dite « de la pluie de fleurs » (Yuhuatai). C'est, en dehors de la cité, une colline ravissante où le printemps resplendit entre les grands troncs moussus. La douceur y est telle que la légende s'en est emparée, qui veut qu'au VIe siècle, lors du règne de l'empereur Wudi, un moine, qui prêchait là la loi de Bouddha, chanta si bien les sutras que tomba du ciel une jonchée de fleurs qui se métamorphosèrent aussitôt en petits cailloux multicolores. De cette beauté Tchang Kaï-chek, lui, a fait un champ d'exécution, le haut lieu de la camarde: cent mille fusillés sur la poétique terrasse. Monotone succession des mises à mort, théorie de corps foudroyés qui n'auront pour suaire que les eaux du Yangzi. L'horreur, que commémore un monument érigé un an après la Libération. Neuf êtres de pierre, hommes et femmes unis dans une même foi, y contemplent paisiblement leur trépas, dressés pour jamais dans l'attente d'un monde meilleur. Une calligraphie de Mao promet la vie éternelle à ces martyrs anonymes et symboliques. Il m'a semblé que la Chine d'aujourd'hui les avait remisés dans le ciel de l'oubli. Qui sait encore la vie terrestre de ces fervents? Vie précaire, vie clandestine, vie traquée, vie tueuse. Des réseaux, des filières, des fuites, des mots de passe, des messages, des réunions hâtives, des assassinats, la ruse, la rage, la froideur, la peur. Existences maudites et superbes au sein de populations veules, de gens qui souvent dénoncent, qui parfois aussi protègent. Un cache-cache avec la police secrète de Tchang Kaï-chek si exécrable, si encline à la torture et qui déjà a inventé les camps de redressement. Un jeu terrible. Jour après jour, des militants, des suspects sont capturés par les suppôts du Généralissime, interrogés puis traînés sur la terrasse où désormais pleurent les fleurs. C'était il y a soixante ans. Je le répète : qui s'en souvient?

Face à cette boucherie, dans les montagnes méridionales où ils ont trouvé refuge, les communistes sont aussi impitoyables. Mais la mort qu'ils donnent n'est pas seulement un châtiment, elle prend une valeur morale et utilitaire, si elle est vengeance, si elle est haine, elle est évangile, elle sert à la propagation de la vérité : que le massacre des « mauvais » édifie et enthousiasme les « bons », les pauvres et les misérables. Le bonheur rouge se bâtit à coups de sacrifices rituels. Le sang, la nécessité du sang. Combien de centaines de milliers d'exécutés pour que le communisme s'étende? A cette époque le grand inquisiteur est un Mao de trente-cinq ans, un homme au visage ascétique et beau encadré de cheveux longs, au corps si mince qu'il en est presque voûté, un homme qui entame une lutte sans merci, une lutte de vingt ans dont il sortira maître de la Chine. A cause de lui, l'Histoire va basculer, en dépit de Tchang Kaï-chek, en dépit du Kremlin et de Staline, en dépit de tout.

Mao. En septembre 1927, on lui a permis dédaigneusement de se lancer dans la campagne de la Moisson d'Automne en son Hunan natal mais son cri, son fameux cri qui doit déchaîner l'orage parmi les paysans n'est pas entendu. En dix jours l'affaire est terminée. A peine quelques centaines de misérables se joignent à lui, parmi eux des brigands dont il faudra se débarrasser. Mao seul, presque seul, s'enfuit dans les montagnes Jinggang. Comme Hong au mont des Chardons. Viennent à lui quelques rescapés des grandes exterminations de Rouges en cours dans toute la Chine, des ouvriers de Canton, quelques intellectuels de Shanghai, des soldats restés fidèles au Kuomintang première manière et surtout, en avril 1928, Zhu De et ses deux milles hommes, les survivants de Nanchang qui depuis errent dans le Sud-Est chinois.

Quel personnage que ce Zhu De! Un fils du terroir comme Mao mais qui à force d'exploits était devenu un Seigneur de la Guerre au Yunnan. Luxure, veulerie, l'opium. Pour se guérir, il s'engage comme matelot sur un cargo britannique. Souffrance effrénée de la désintoxication mais il ne cède pas, il a désormais un but, il a été touché par la grâce politique, la grâce rouge. En 1922, il s'embarque sur le *Ville d'Alger* et arrive à Marseille. Suivent quelques mois obscurs, un apprentissage en Allemagne. A son retour, il est officier dans les armées du Kuomintang, mais son cœur est toujours révolutionnaire. Et c'est avec joie qu'il se lance dans l'équipée de Nanchang, avec joie qu'il se joint à Mao. L'Histoire lui rendra hommage puisque le 1er août est désormais la fête de la fondation de l'Armée Rouge, en souvenir de l'insurrection de Nanchang, le 1er août 1927.

Ce que fut l'existence de ces partisans, on l'imagine aisément.

Isolement, défections, raids avortés... Il fallut toute l'énergie de Zhu De devenu commandant en chef et de Mao promu directeur politique pour que cette bande ne se décourage pas. D'autant que les nationalistes organisaient un blocus implacable des monts Jinggang! Dans un dernier sursaut, Mao et Zhu De décidèrent d'aller plus loin encore, dans une contrée inaccessible, à la limite des provinces du Jiangxi et du Fujian, à Juling (aujourd'hui Ruijin). Là, ils fondent une république populaire, la première du genre en Chine. Elle se veut un phalanstère du Bien.

Car Mao, instruit par ses déboires de la Moisson d'Automne, a compris que les paysans chinois ne se donneront pas à lui dans un immense élan. Il fallait se les attacher peu à peu en les endoctrinant – la grande application de la technique de la persuasion. Que les servants de la foi rouge propagent autour d'eux le dogme nouveau. Le peuple entier doit être converti, sauf les réactionnaires, les propriétaires qui seront jugés par les masses et exécutés. L'éternelle formule de l'enthousiasme et de la cruauté... On distribue la terre des riches aux miséreux. Tous les hommes rééduqués sont frères, les soldats rouges aussi sont des frères. Jusqu'alors, les Chinois redoutaient et méprisaient les guerriers de tous ordres mais les camarades soldats sont bons... Loin d'abuser des pauvres hères, ils tâchent d'améliorer leur sort, ils pratiquent les Huit Devoirs, aident aux travaux agraires, accomplissent les besognes les plus humbles. Communauté de labeur à laquelle participent aussi les officiers et même Zhu De et même Mao Zedong.

Mais pour le nouveau chef du PCC, Li Lisan et pour les « bolcheviks » fidèles à Moscou, la République de Juling, comme la conçoit Mao, est une apostasie, une hérésie. Selon eux cette République perdue dans la nature ne serait acceptable que si elle était un camp militaire, une base d'où jailliraient des expéditions dirigées contre les villes, les grandes agglomérations, les métropoles où le prolétariat, qui attend sa libération, se soulèverait aussitôt. Mao reçoit des ordres d'attaque qu'il juge stupides mais il doit les exécuter. En 1930, une armée rouge partie de Juling et commandée par Peng Dehuai s'empare de Changsha, le Changsha de la jeunesse de Mao. Mais les citadins, y compris les ouvriers, ne sont pas « mûrs ». A l'apparition des troupes communistes, ils restent mornes et indifférents. Quelques heures plus tard, elles déguerpissent sans autre résultat que d'avoir attiré l'attention de Tchang Kaï-chek sur le « guêpier rouge » de Juling.

La belle armée que von Falkenhausen et von Seeckt lui ont forgée, Tchang Kaï-chek va donc la lancer contre Juling, les Nippons, on verra plus tard. Il pense qu'il suffira d'une seule offensive pour venir à bout de cet essaim de Rouges, quelle erreur! Le poing de fer nationaliste ne frappe que sur du vide. Face à une guérilla pratiquée selon les recettes de la guerre populaire, une guérilla dont les principes ont été repris à Sun-Tze et aux penseurs militaires du moyen âge, celle où l'on recule, où l'on disparaît, l'ennemi, si puissant et dominateur soit-il, ne rencontrant que le néant, peu à peu se désorganise. Et ce néant se révèle pestiféré, plein d'embuscades, de contre-attaques rapides. On ne voit rien, on est surpris, on est tué malgré la splendeur des unités, les belles manœuvres, la densité de feu. Tout est hostile, l'enfant, le vieillard qui observent, espionnent, informent, la nature n'est plus qu'un piège. Et la grande armée s'arrête.

A quatre fois s'y reprennent les forces de Tchang Kaï-chek, des centaines de milliers de soldats contre quelques milliers de guérilleros mais qui sont, selon l'expression fameuse, « comme des poissons dans l'eau » au milieu d'une population complice. Quatre campagnes. Guerre toujours plus moderne, bombardements terribles, mer d'acier, en vain. Guerre oubliée dans une région lointaine de la Chine que même le reste de la Chine ignore. Qui connaît le nom de Mao Zedong?

Mais Tchang Kaï-chek est toujours résolu à extirper le communisme du pays. Bien sanglé dans son uniforme, il se rend sur le front, il s'entretient avec von Falkenhausen et von Seeckt, cette raideur à lorgnons, il a confiance en eux, en leur morgue prussienne qui lui en impose alors que plus tard, bien plus tard, la cordialité des généraux américains lui déplaira tant. Puisque les guérilleros sont comme des moustiques, pourquoi ne pas les enfermer dans une moustiquaire et là les tuer? Au lieu de les pourchasser, pourquoi ne pas les emprisonner et les étouffer? La cinquième campagne, ce sera le plan béton. On construit des milliers de blockhaus autour de Juling. On étreint Juling dans des anneaux de casemates, cinq anneaux de fortins qui se resserrent toujours davantage. Les encerclés ne savent que faire. Mao est malade, Mao est mis en minorité et même interdit de pouvoir politique ou militaire, ce n'est pas lui qui prendra la décision de sortir de l'étau pour entamer la Longue Marche.

C'est que les vingt-huit « bolcheviks » du PCC qui ont essayé de tenir dans les métropoles et surtout à Shanghai ont peu à peu rejoint Juling. Leurs existences traquées, je les ai décrites. Parmi eux, au-dessus d'eux, des agents de la Russie, des hommes du Komintern qui ont pris la relève des Borodine et des Gallen, des Américains comme Earl Browder, Eugene Dennis, Steve Nelson. Qui sont-ils ces révolutionnaires professionnels, ces êtres de mystère, qui racontent ce qu'ils veulent de leur passé mais qui tous sont des émanations de Staline? Ils ne parlent pas le chinois, ils amènent parfois une épouse et des enfants qui ne sont sans doute pas les leurs. Où ont-ils vécu? Qu'ont-ils fait? En tout cas ils méprisent les Célestes du Parti terrés dans les faubourgs. Bagarres, luttes d'influence. Dans les réseaux s'infiltrent les informateurs, la police fait des coupes sombres et il ne reste plus aux Rouges qu'un endroit où aller, Juling. Par nécessité, et pas pour reconnaître Mao, pour l'abattre.

Ainsi Chou En-lai l'intellectuel a-t-il gagné Juling. Il y règne avec Bo Gu, le secrétaire du Parti et un homme qui se fait appeler Li De, une des figures les plus étranges de l'époque. Mort en 1974 à

Berlin-Est, ce Li De, Allemand ou Autrichien d'origine, répondait aussi au nom d'Otto Braun. Aryen aux yeux bleus, la taille immense, le caractère âpre, il était curieusement la réplique du von Seeckt qui conseillait Tchang Kaï-chek. L'énigme de sa vie : de la prison en Allemagne, une évasion vers la Russie, le flou. Il affirme aussi qu'il a combattu trois ans dans l'armée soviétique et qu'il a participé à travers le monde à quantité d'insurrections. Une certitude : il a des antécédents militaires excellents et maîtrise parfaitement les techniques du combat de rue. Toutes choses qui ne lui servent guère quand il débarque dans une Shanghai infestée de nationalistes : il n'a que le temps de suivre les « bolcheviks » à Juling. Là, quoiqu'il ne soit que conseiller, il se comporte en souverain, tenant même parfois Chou En-lai dans l'ignorance de ses décisions. Il habite une cabane, la plus belle, et en fait un poste de commandement, le bureau politique. Il surprend les Chinois par sa brutalité, sa grossièreté et aussi par ses appétits sexuels. Surtout il hait Mao qu'il veut casser et faire disparaître en l'envoyant en URSS. Dès leur première entrevue, il lui dit que sa guérilla et sa persuasion sont des sornettes, qu'il faut faire la guerre, la vraie, la guerre régulière. Batailles donc contre les armées nationalistes qui enserrent Juling... et pertes énormes. Batailles alors entre les chefs, Peng Dehuai, un rallié de la première heure, s'exaspère contre Li De-Otto Braun, Zhu De le consulte, Lin Biao l'encense, Mao est toujours sur la touche. La confusion.

Qui décida d'entreprendre la Longue Marche? Les historiens en débattent encore. Sans doute Chou En-lai et Otto Braun. Pendant l'été 1934, il n'est en tout cas pas question de Longue Marche : Braun ordonne de recruter des hommes, d'accumuler des provisions. Pourquoi? On l'ignore. Toujours est-il que le 16 octobre 1934 cent mille combattants, formés en deux lourdes colonnes, s'ébranlent. Ils franchissent trois lignes de béton, traversent les anneaux et continuent d'avancer. Vers quoi? Quel est le but de Braun? On ne sait pas. Tout cela reste indécis. Sans doute veut-il à la place de Juling trop menacé par Tchang Kaï-chek créer ailleurs une nouvelle base, d'où l'on soulèvera les villes. Mais ce schéma s'effondre, les colonnes doivent marcher sans relâche, fuir en vérité, pour échapper aux forces de Tchang Kaï-chek qui en sont à l'hallali. Braun perd de sa superbe et de plus en plus de notables du Parti viennent s'entretenir avec Mao toujours malade, couché dans sa litière.

Les divisions nationalistes quand même distancées, les Rouges pénètrent enfin dans une contrée aride, désolée, éloignée de tout, le Guizhou et prennent la ville de Zunyi. Enfin, un peu de repos, enfin le temps de délibérer. Et là a lieu un événement capital pour le destin de la Chine : les dirigeants rassemblés critiquent violemment Bo Gu et Braun et même Chou En-lai fait allégeance à Mao, désormais le maître incontesté. Braun est un incapable qui ne connaît ni le terrain ni les hommes, seul Mao pourra sauver ce qui est devenu une horde traquée. Le 19 janvier 1935, Mao ordonne : que l'on poursuive la Longue Marche. Que l'on aille plus loin, toujours plus loin, par le

Sichuan et les bordures de l'Himalaya jusqu'à la Chine du Nord, jusqu'à la terre du lœss qui échappe à tout contrôle et à partir de laquelle on refera la Révolution.

La Longue Marche. Extraordinaire épopée, une marche de douze mille kilomètres autour de la Chine. Dans les provinces du Yunnan et du Sichuan, d'innombrables divisions de Tchang Kaï-chek prennent la traque. Combien d'anéantissements évités de justesse grâce au flair de Mao, le grand Mao impitoyable qui toujours commande de poursuivre. Et la nature est hostile, glaciale, et la capacité des hommes à surmonter leur épuisement fantastique. Ils traversent dix-huit chaînes de montagnes, vingt-quatre fleuves, sont engagés dans deux cent cinquante combats. Tant de morts, tant de blessés mais toujours des survivants. Ils étaient partis cent mille on le sait, en octobre 1935, à peine quelques milliers d'entre eux arrivèrent à Yanan, dans ce Shaanxi si rude et si primitif qui avait été le berceau de la race chinoise.

Le génie d'un Mao... Prendre toutes les formes, être Protée. A Yanan il n'est que douceur, douceur rayonnante. Le grand œuvre de la séduction. Où est sa dureté ? Est-il seulement communiste ? Non, il apparaît comme un homme épris de justice qui veut améliorer le sort des miséreux. Il se révèle aussi un patriote et refuse que la Chine soit éternellement la proie des Japonais. Dans son élan, il tend la main à Tchang Kaï-chek pour former la grande union qui se battra contre les féroces Nains. Et en 1936 le Généralissime est contraint d'accepter cette offre, tant la Chine hurle à la réconciliation.

L'invasion japonaise, depuis des années Tchang Kaï-chek la supporte paisiblement. Est-ce par goût de ce Japon où il a été formé ? Sun Yat-sen aussi avait un faible pour les Nippons... Les Nains cependant n'avaient jamais caché leur goinfrerie de la Chine. Dès 1894, ils lui avaient fait la guerre, en 1904 ils s'étaient battus avec les Russes dont les appétits chinois entraient en concurrence avec les leurs. Pendant le premier conflit mondial, où ils étaient tout comme les Chinois dans le camp des Alliés, ils avaient présenté leurs « vingt et une demandes » qui équivalaient à une mise sous tutelle de la Chine, une bévue qui nuisit à leur image internationale mais ne les freina point. En vain les Anglais et les Américains, effrayés, essayèrent-ils de limiter leur ogrerie, les cent millions de Japonais étaient toujours résolus à avaler les six cents millions de Chinois et les richesses mal exploitées de l'ancien Empire Céleste.

Pendant des années ce ne fut que du grignotage mais en 1931 le Japon se met à la besogne : l'armée nippone luisante de baïonnettes, raide et obtuse, capture Moukden (Shenyang) et dix-huit autres villes, crée en 1932 l'État du Manchoukuuo et place sur le trône le triste Pu Yi. Ce Nord-Est qu'elle considère comme sa Ruhr ne lui suffit pas, l'expansion doit continuer. D'ailleurs l'entreprise est préparée depuis longtemps, par des consuls en uniforme, par un pullulement d'agents et d'espions – les coiffeurs soi-disant chinois et qui sont des officiers nippons, c'est authentique, les prostituées japonaises exportées en Chine qui font du renseignement aussi, tout est authentique dans la ruse, la mauvaise foi, la méticulosité et la force. Exaspérés par l'alliance Mao Zedong-Tchang Kaï-chek, confortés par la signature en 1936 d'un pacte anti-Komintern avec Hitler, les militaires sont prêts à tout.

Le 7 juillet 1937, éclate une petite fusillade au pont Marco-Polo, tout près de Pékin, une splendeur de marbre où trois cents lions reposent sur des piédestaux. Aussitôt se déchaîne la terrible armée nippone de Mandchourie, une armée fanatique presque indépendante de Tokyo. Partout entrent en action les régiments de soldats japonais, blocs plutôt qu'hommes. Ils tuent dans Pékin, ils exterminent toutes les garnisons célestes autour de Pékin. A part Yanan et la terre de lœss aux mains des communistes, ils s'emparent aisément de la Chine septentrionale qui, rongée de l'intérieur, s'écroule d'elle-même.

L'Empire du Soleil Levant va-t-il s'arrêter là? Tokyo a peur d'engager davantage ses troupes en Chine. Mais peu importe aux chefs de guerre, ces descendants des samouraïs au goût funèbre, aux ambitions immenses. Eux, ils veulent conquérir la totalité de la Chine. Et surtout porter le fer et le feu au cœur de l'Empire Céleste, à Shanghai et sur le Fleuve Bleu. Personne ne pourrait les en empêcher, ni l'Empereur de Tokyo ni surtout les puissances occidentales. Leur lâcheté, leur crainte d'être happées dans les hostilités. Tout ce qu'elles osent faire, ce sont des communications diplomatiques, des admonestations, des avertissements, des observations. En somme, elles ne jetteront pas leurs forces dans la balance, elles laisseront faire.

Shanghai comme une proie. D'autant plus que les militaires japonais ont leur honneur à venger. En 1932, ils ont déjà attaqué la métropole, une tentative de trop petite envergure : une compagnie de débarquement avait été mise à mal. Cette fois, contre la grande ville, ils multiplient les préparatifs, ils accumulent les moyens. Pendant un mois, s'ancrent dans le Whangpoo toujours plus de cuirassés battant pavillon du Soleil Levant, une armada formidable. Les Blancs ne réagissent pas. Pourtant la tension gonfle telle une mousson sèche qui va éclater en ouragan.

A cette guerre manque une cause, les Japonais vont la fabriquer. C'est une initiative de la marine jalouse du panache de l'armée de terre. De simples subalternes, l'enseigne Oyama et le matelot Saito sont désignés comme volontaires pour se faire tuer par les Chinois. Ils prétendront visiter une manufacture japonaise de textile et ils s'égareront sur un aérodrome militaire chinois. La salve inévitable, leurs corps découverts mutilés, troués d'éclats de grenade sur un terrain vague. Alors l'apocalypse.

Tchang Kaï-chek a lui aussi pris sa décision. Il défendra Shanghai avec ses divisions d'assaut. Il lance une grande proclamation à ses troupes. Qu'elles pénètrent dans la cité, qu'elles soient invincibles, qu'elles combattent jusqu'à la mort. Et ses paroles ont de l'effet. Les unités d'élite s'incrustent, les fantassins chinois s'accrochent dans les gravats et les débris, et pendant trois mois ils résistent aux assauts japonais malgré l'infériorité de leur armement. Comme une solitude autour d'eux, les six millions d'habitants restent cachés dans leurs maisons jusqu'à ce que le destin parle.

L'enfer. Les navires de guerre et les avions nippons bombardent, leurs soldats mitraillent. Détonations, déflagrations, flammes, incendies et morts, la ville n'est plus que carcasses noirâtres. Sauf les Concessions que les deux camps sont tenus de respecter. Les gentlemen ont évacué leurs femmes et leurs enfants par prudence, eux, ils restent, plaisantant, jouant aux braves, contemplant les batailles qui se livrent autour de leurs territoires protégés. Quelques obus tombent... On affecte la désinvolture, mais l'atmosphère est mauvaise et oppressante. Ces messieurs ne doutent pas que si les Japonais pouvaient, ils les occiraient aussi... Et puis, ils ont un peu honte de la veulerie de leurs pays qui continuent à ne pas intervenir. Ils en sont réduits à admirer l'héroïsme des troupes chinoises. De l'héroïsme en Chine, n'est-ce pas curieux ?

Enfin un jour le silence. Un silence comme un gel des âmes, le silence d'un peuple entier, le silence de la défaite. Et soudain ce calme est rompu. Shanghai écoute les vainqueurs défiler. Le martèlement de leurs pas sur le macadam, les cris de commandements des officiers, les musiques et les fanfares. Par les interstices de leurs logis en ruine, les Chinois regardent avec dégoût les Nains parader sous la voûte de leurs étendards qui apportent la nuit.

En fait le grand état-major japonais bout de colère. Rage chaude des généraux et des amiraux : ils ne s'attendaient aucunement à la formidable résistance chinoise, à ces semaines d'affrontements, à cette lutte acharnée qui est une offense à leur Empereur. Cette audace exige des représailles terribles qui domptent à jamais les Célestes. Mais l'indispensable leçon ne peut être donnée dans Shanghai, sous les yeux des Blancs indemnes dans leurs Concessions, ces verrues qu'il n'est pas encore possible de cautériser. Au premier rang pour voir le châtiment infligé aux Chinois présomptueux, ils le dénonceraient à l'univers. Ce que le Japon ne veut pas.

Vaincu Tchang Kaï-chek n'a jamais été aussi glorieux. N'a-t-il pas pourtant eu tort d'engager ses meilleures forces, les deux cent mille hommes formés par von Falkenhausen et von Seeckt, dans la bataille de Shanghai, à l'issue prévisible ? Ses troupes n'auraient-elles pas été plus efficaces dans la vastitude du pays, sur des espaces où les armées japonaises se seraient perdues ? A Shanghai, ses unités d'élite ont été anéanties pour l'honneur, pour rien. Et ce qui lui reste, une multitude de soldats médiocres, ne sera plus jamais capable d'affronter les Japonais.

De Shanghai sur le point de tomber se sont enfuies des hordes saisies de panique. Ils sont des millions à détaler dans une déroute effroyable. En tête de ce sauve-qui-peut, dans un ordre relatif, l'administration, de grands fonctionnaires, des bureaucrates. Suivent beaucoup de notables, de riches avec leur famille et leurs biens les plus précieux. Et puis vient toute une plèbe de pauvres affolés, de soldats qui ont jeté leur équipement pour mieux courir. Exode épouvantable, la grande détresse. Sur le fleuve, des cargos et des jonques surchargés. Sur les rives, une cohue incroyable. Les bombes s'abattent, les colonnes japonaises poursuivent, traquent et tuent. Où vont ces gens hallucinés, vers quel salut incertain? Ils ne le savent pas, ils refluent tant qu'ils ont des forces, vers le Sichuan, vers le Tibet.

En temps voulu, Tchang Kaï-chek et Meiling ont quitté Nankin pour Hankéou (Wuhan) avec beaucoup de dignité. Tchang Kaï-chek se refuse à toute négociation. Dans un discours à la nation, il s'engage solennellement à poursuivre la guerre, à ne jamais capituler. Son plan est même arrêté : il fera du Sichuan un bastion inexpugnable et il y restera autant d'années qu'il le faudra jusqu'à la victoire. Que les Japonais contrôlent le reste du pays, la guérilla sévira contre eux, le peuple refusera de travailler, les usines ne tourneront plus. Qu'importent les collaborateurs, un jour ils seront châtiés. Ainsi Tchang Kaï-chek emploie-t-il le langage de la résistance, cette résistance dont les Japonais sont décidés à empêcher l'éclosion. Plus que jamais la grande leçon paraît urgente. Et où mieux l'infliger qu'à Nankin, la capitale abandonnée par Tchang Kaï-chek?

Nankin est à peine défendu, les Japonais n'ont aucun mal à forcer les enceintes, à y pénétrer le 13 décembre 1937. Aussitôt l'holocauste. Par un ami blanc qui en fut le témoin et qui en cauchemarde encore, je me le suis fait raconter. Les quatre ou cinq cent mille habitants qui ne se sont pas enfuis, tenaillés par la peur, se sont entassés dans des bâtiments où ils se croient à l'abri, lieux saints comme les pagodes ou les églises, lieux officiels ou publics comme les écoles, les collèges, l'université, la mairie. Mais ces rassemblements facilitent la tâche des Japonais. Leurs détachements entrent dans les sanctuaires et les palais, en ramassent les occupants qu'ils transportent dans des camions ou conduisent à pied en sinistres processions, au-delà des remparts, sur les champs d'exécution.

Quelle organisation, quelle discipline, quelle conscience! Chaque unité a reçu un secteur où travailler. Dans l'agglomération, pas de démolitions ou d'incendies, Nankin doit demeurer intact. Et même on ne tue pas beaucoup sur place, juste ce qu'il faut pour que monte un chœur de suppliciés : qu'il y ait des gémissements, des murmures d'agonie en sorte que les gens, tout espoir effondré, se laissent facilement capturer. Mais que personne n'échappe à la rafle! Les pelotons japonais explorent les masures, les taudis, les recoins, les culs-de-sac, les cavités, les souterrains et ils s'emparent encore de quelques proies.

Ainsi la population presque entière est parquée en dehors des murailles, sur des terrains vagues. Là, cette foule prisonnière, ils la rangent en groupes de cent personnes qu'ils traitent l'un après l'autre.

Chaque fois les sentinelles s'écartent et les mitrailleuses fauchent. Une efficacité qui arrive à effacer la cruauté. Même plus de larmes chez les victimes qui attendent leur tour, comme si leur angoisse de la mort avait été neutralisée. Mais quelle besogne, il faut accélérer. Alors les Nippons enserrent, ligotent les uns aux autres des paquets d'hommes et de femmes qui ne se débattent pas. De l'essence, une allumette, la flambée...

Est-ce le goût de l'atrocité, est-ce bêtise militaire? Qui ne se souvient des photos où l'on voit des recrues nippones s'exercer à la baïonnette sur des Chinois nus attachés à des poteaux? Ce sont en tout cas des photos souvenirs prises par les Japonais eux-mêmes, qu'ils ont fait développer à Shanghai d'où elles sont parvenues en Occident. Je les ai vues jadis, je me rappelle l'air buté d'un soldat qui s'appliquait à bien enfoncer sa lame dans un corps. Un entraînement comme un autre...

Pour les femmes, le traitement traditionnel mais taylorisé. A la chaîne, des escouades accomplissent le devoir des derniers outrages, viols qui se terminent en meurtres, ventres découpés au couteau. Des fœtus arrachés, des bébés embrochés. Éternel recommencement des exterminations de Nankin. Comme autrefois les remparts sont gardés pour que des femmes ne se jettent pas du haut des créneaux. Malgré la précision déployée le massacre dure plusieurs jours.

Quelques personnalités naïves du Kuomintang n'ont pas déguerpi, elles sont prêtes à proposer leurs services aux Japonais qui se débarrassent d'eux. Ne seront épargnés que certains Célestes dûment répertoriés au préalable, avec qui les autorités du Soleil Levant se sont déjà abouchées. Les Japonais ont besoin d'eux, une fois Nankin et ses alentours nettoyés, ils veulent constituer dans la cité un conseil municipal à leur botte. Ces individus en seront membres. Un peu plus tard, ils formeront un gouvernement collaborateur plein de zèle, tout dévoué à la sphère de coprospérité que créera le grand Japon. A sa tête Wang Jingwei, un ancien compagnon de Sun Yat-sen devenu un important dirigeant du Kuomintang, qui a tenté de persuader Tchang Kaï-chek d'arrêter la guerre, puis s'est enfui en Indochine où les Nippons allèrent le chercher.

Le monde n'a pas bougé, pas même les Américains, bien qu'un de leurs navires de guerre, le *Panay*, ait été coulé sur le Fleuve Bleu devant Nankin. Tchang Kaï-chek et Meiling apparaîtront sur la couverture de l'hebdomadaire *Time*: pour Henry Luce, le fondateur du magazine, dont les parents furent missionnaires en Chine, ils sont l'homme et la femme de l'année 1937. Et voilà tout!

Comment Nankin pourrait-il oublier? Et pourtant, les souvenirs ont comme disparu, les crânes et les tibias sont à jamais enfouis dans les mémoires et seuls quelques vieillards les évoquent encore. La vie est bonne dans notre hôtel où abondent les hommes d'affaires japonais. Tout est bien, Marie-Françoise flamboie d'une gentillesse un peu inquisitrice, elle est née détective en jupon, flic au charme poudré, rondeur édifiante qui fascine le pauvre Yao et le mène par le bout du nez. Ils font leurs comptes, bavassent au-dessus d'un tas incroyable de reçus et de paperasse, échangent je ne sais quelles confidences tout en buvant de ce Coca-Cola qui semble être devenu la boisson nationale de la Chine. Quant à M. Hui, c'est le bon méphisto-valet qui se dévoue pour les corvées. Je le répète, tout est bien.

Enfin un matin, Yao, le visage farceur, annonce :
« Ils arrivent.
– Qui?
– Vos traducteurs. »

En effet, toute une délégation nous attend dans le hall. Sept ou huit personnes conduites par M. Qian dont le visage tient toujours du mufle exquisement courtois. Le pavois de son sourire. Son français ne s'est pas amélioré, il a encore dans la bouche une brumasse de vocabulaire, mais d'après ce que je démêle, il est ravi, honoré, au comble du bonheur que je me sois souvenu de l'humble individu qu'il est, une fourmi qui court sur les livres. Dès qu'il l'aperçoit, Yao rabat son caquet : il a discerné du premier coup d'œil que Qian, encore plus qu'un cadre de la culture – de la culture française – est un dirigeant haut placé dans le Parti. Cela se devine à sa sévérité transcendée par une sollicitude mielleuse et complimenteuse, à sa figure rembourrée d'autorité qui s'évide en félicitations bégayantes, à sa poignée de main qui est une cérémonie rituelle, à sa voix dominatrice qui file en quenouille d'amitié et aussi à sa tenue Sun Yat-sen ajustée sur lui comme des articles de la loi, le maintenant dans un panache austère. Le vêtement, taillé dans un tissu de bonne qualité, l'enferme si bien qu'il semble porter en lui la vérité et ne pouvoir en laisser filtrer que des expressions soigneusement analysées, des morceaux choisis.

En tout cas M. Qian a amené avec lui un gratin tout imprégné d'*Anne Marie* : le directeur d'un grand journal où a paru un article à son sujet, un critique littéraire renommé qui en a fait compliment, enfin l'éditeur qui l'a publié avec zèle. Je me demande encore ce que ma mère a pu faire pour tomber entre les mains de ces Chinois qui n'ont aucune raison de l'apprécier. Mais si, ils l'aiment... Elle est même leur héroïne. M. Yao surabonde en explications sur ces adorateurs d'Anne Marie, hauts seigneurs des lettres, chevaliers de la littérature, commandeurs du texte. Évidemment je me montre comblé par la venue de ces barons qui, chacun à son tour, me félicitent de mon ouvrage : « Une description vigoureuse des passions humaines lorsqu'elles ne sont pas contrôlées par l'idéologie. » « Une contribution à la psychologie des rapports d'une mère et d'un fils insuffisamment éduqués. » Et ainsi de suite. Une heure durant, ils décortiquent *Anne Marie* avec les lourdes clés de la connaissance dialectique. Nous en arrivons à parler de l'amour en pays capitaliste comme d'un égarement nuisible, gâchant des énergies qui auraient pu être mieux appliquées. Il faut de l'amour mais dans le cadre du Bien du peuple... Ainsi Anne Marie est-elle un modèle à ne pas suivre, un repoussoir social, même si elle est bien aimable. Ayant opiné, ces sommités inquisitrices et pleines de bonté s'en vont.

Restent Qian et ses élèves de l'Institut français, garçons et filles très charmants, très croustillants dans leurs tenues modernes. Surprise : ils ont compris le personnage d'Anne Marie, ses errances et mon amour. Un joli jeune homme bouclé, un ange aux yeux doux qui s'exprime parfaitement en français, s'empare de la conversation qui bée dans les articulations d'une syllabe ou d'un mot et me confie, un peu minaudant, qu'il a accompli le travail à 80 % et que la besogne complémentaire, les 20 % restants, qui concernent la syntaxe et la correction grammaticale, ont été parachevés par une linguiste ici présente. Étrangeté encore, cette savante tout à fait délicieuse se borne à rougir sans prononcer une phrase. Mais elle glousse comme soubrette de Molière dès que 80 % m'entretient de ses capacités. Pourquoi ne serait-elle pas la reine de la conjugaison de nos verbes, de l'accord des participes passés? Pourquoi pas? Pourquoi se poser de pareilles questions en Chine où n'importe qui fait très bien n'importe quoi avec à peu près rien? Et puis toutes ces subtilités de la langue gauloise mises en caractères doivent disparaître. Tout est parfait, même que deux freluquets à lunettes, qui ont participé à la grande œuvre de la sinisation d'*Anne Marie*, ignorent tout, absolument tout de l'idiome français.

De notre groupe monte un chahut presque mondain, rires d'amusement bénin, rires au hasard, rires au jugé, rires ailés, dominés par les vasouillis de M. Qian, le père noble de la troupe. Dans cette eau de rose, j'ai l'ironie de m'enquérir de mes droits d'auteur et de ceux de mon éditeur français. M. Qian est tout aussi abasourdi qu'autrefois, il n'est toujours pas au courant de pareils mœurs et usages, encore moins d'une convention internationale sur la propriété littéraire. Je m'esclaffe, j'ai fait une bonne plaisanterie. Mais M. Qian veut me consoler : par l'intermédiaire de 80 % il me fait connaître que j'ai eu un gros tirage, que les cinquante mille premiers exemplaires d'*Anne Marie* se sont arrachés, qu'on en imprimera d'autres. Je joue l'enchanté. Mon honneur, ma joie, mon allégresse d'être publié dans le Céleste Empire!

Nous nous entretenons depuis deux heures. Après les chatteries et les sucreries, considérations de sémantique, 80 % avec abondance de jubilation dissèque mes phrases et je dois bien lui reconnaître de la subtilité. Comme il n'est aucunement porté sur les dentelles ès lettres, M. Yao se tait. Malgré tout le respect qu'il doit à M. Qian et à son importance, il a le visage fermé, maussade, d'un qui rumine je ne sais quelle avanie. Tout à coup il se lève, nous interrompt et d'un ton de caporal-chef invite la société à déjeuner. Prenant la tête du mouvement, il nous entraîne dans une des salles à manger de l'hôtel, pas la plus luxueuse, celle de deuxième catégorie bonne pour des péquenots. Là, de sa voix la plus décidée, il commande quelques plats réputés mais en petite quantité. Je suis gêné, Yao est trop regardant, Marie-Françoise à droite de M. Qian feint de ne rien voir. Expérimentée dans l'entrain de bonne fabrication, elle se pare de fossettes diplomatiques, tandis que M. Yao, muet, absorbe les bouchées avec une ponctualité de robot, sans faire attention aux autres. Toute l'assemblée s'est mise à cette activité agréable et si essentielle en Chine, manger. Le remue-mâchoires, la gymnastique des baguettes qui happent dans l'inconnu des mets indiscernables, les piochages éclair et le transport quasi aérien jusqu'à la bouche. Selon la coutume, M. Qian offre à Marie-Françoise les parcelles les plus précieuses cueillies par lui en s'inclinant à chaque fois devant elle. 80 % continue à discourir. Il m'amuse, ce délicieux vantard qui joue la naïveté invétérée et presque puérile : la naïveté est aussi une spécificité chinoise, une astuce, une ruse, une manière de faire croire à son humilité, à sa modestie tout en se faisant valoir. Elle peut aussi servir à rebuter les arguments trop ingénieux. Mais ici personne ne contrecarre 80 %, d'abord parce que ses compagnons n'entendent pas son français tellement élaboré et ensuite parce que, manifestement, il est le chou-chou de M. Qian.

A lui donc les perles oratoires. Comment M. Qian a rapporté l'œuvre originale, comment M. Qian a persuadé le comité adéquat, évidemment incapable de lire ce livre, de le traduire en chinois. Comment lui a très respectueusement troussé une *Anne Marie* jaune en moins de deux mois. Comment la maison d'édition va s'attaquer à Proust, à Le Clézio dont la réputation est grande aussi, à Hervé Bazin et à Georges-Emmanuel Clancier. Pourquoi cette sélection, ce n'est pas clair... Une chose est certaine, maintenant il faut du nouveau, en quantité, avec du rendement, de la grande production. Que peuvent valoir dans ce cas les traductions ? Mystère... Simplement les traducteurs doivent traduire et montrer ce que sont les créatures de l'Occident, plus des démons comme autrefois, mais quoi ? Je ne saurai jamais quelle métamorphose a subie Anne Marie.

Au bout d'une heure M. Yao clame : « C'est assez, M. et Mme Bodard vont faire la sieste. » Pendant le quart d'heure d'adieux, 80 % me tire à l'écart et me glisse à l'oreille avec décision : « Pourrais-je vous rendre visite tout à l'heure dans cet hôtel ? » Je suis stupéfait, cet imprévu est contraire à toutes les règles, une énormité, comme une conspiration d'une extraordinaire audace : ce n'est pas dans le « programme ». Quoi qu'il en soit, je prends rendez-vous avec 80 % pour six heures, l'heure du dîner. M. Yao, qui est Argus et qui a perçu cette trame de ses mille yeux, ne bondit pas, ne proteste pas, n'interdit pas. Car manifestement M. Qian couvre cette conjuration, d'un clignement d'œil il approuve 80 %, l'astre de son équipe, le stakhanoviste qui lui permet de se targuer d'une production de masse. M. Yao ignore donc cette discourtoise entorse et nous mène fermement dans notre chambre. Au lieu de monter la garde, il disparaît avec M. Hui qui ressemble plus que jamais à une valise à soufflets.

A trois heures, Yao réapparaît. Un écrivain se présente, un écrivain prévu, que nous subissons très longtemps. Le moment approche où 80 % va surgir. Yao souffre manifestement mais il reste stoïque et ne fait aucune allusion à notre rendez-vous, cette rencontre adultère, avant de disparaître. A l'instant voulu, Marie-Françoise et moi descendons au rez-de-chaussée : 80 % nous attend, séraphique, le sourire avantageux. Il est accompagné d'une escouade de garçons et de filles – pas les mêmes que ceux du matin – comme si en Chine on ne pouvait vivre qu'en groupe. Poignées de main... Tout cet essaim bredouille un anglais déplorable mais quelle Carte du Tendre parmi ces éphèbes et ces donzelles qui se font les yeux doux ! 80 % se montre fort prévenant avec une petite déesse, une guanyin d'aujourd'hui, et j'ai bien peur que toute cette délicatesse ne soit répréhensible, punissable de prison selon la « ligne » de l'antipornographie. Je redoute surtout que M. Yao ne fasse une apparition de justicier ou de cocu magnifique. Mais non, il n'est pas là, il ne viendra pas, je convie donc à dîner 80 % entouré de sa garde vénusienne. Je l'embarque vers le Cythère de l'estomac, le restaurant de grand luxe où je commande un menu pour gourmet, vessies précieuses, boyaux mous, canard laqué et le fameux poisson mandarin. 80 % est ravi, plus volubile que jamais, il me parle de James Joyce et me dit que les étudiants voudraient goûter davantage aux délices de la vie. Des kampés, comme une ivresse. Après les confiseries du dessert, 80 % curieux surprend d'un regard le montant de l'addition. Il en reste bouche bée, il s'étrangle : « Je n'ai jamais dégusté un pareil festin. Je n'imaginais pas ce qu'il pouvait coûter, surtout au tarif pour les amis étrangers. Six mois de mon salaire à l'université. »

80 % m'émeut. La débine de cet esthète que je crois issu d'une bonne famille rouge, une famille d'intellectuels sans doute... Je lui demande son âge.

« Quarante et un ans.

– Vous paraissez si jeune. La Révolution Culturelle ne vous a pas abîmé.

– Pas du tout, pas comme vous l'entendez. Je n'ai eu aucun ennui, je suis de la meilleure extraction prolétarienne : mon père est un ouvrier et ma mère une femme soldate. »

Amitié, amitié... Comme cette jeunesse semble sans cautèle, le cœur ouvert ! Mais il est tard, très tard, huit heures du soir, le temps pour mes invités de se retirer. Politesses. 80 % m'annonce que M. Qian et lui nous attendront à l'université le lendemain et que M. Yao bien sûr est invité.

Dès qu'ils sont partis, Yao... furieux. Si exaspéré que nous ne lui parlons pas de la visite convenue à l'université. Ce qui le met hors de lui, c'est que j'ai offert un dîner aussi onéreux et que j'ai payé, que j'ai sorti des dollars de mon portefeuille, comme si je lui reprochais de nous avoir le matin relégués dans une cantine de seconde classe que j'aurais jugée indigne de nous. Je l'accusais donc, lui et l'Association des journalistes chinois qui doivent assurer ma nourriture, de parcimonie... Il a perdu la face. Situation insoluble. Mieux vaut gagner notre chambre sans discuter davantage tandis que Yao emporte son ire je ne sais où.

Une fois étendus sur notre lit, Marie-Françoise et moi regardons la télévision. Méli-mélo, pétrin, confusion de tout, le passé et le présent qui se chevauchent, l'Est et l'Ouest qui se mélangent inextricablement. Les Trois Royaumes, les hurlements médiévaux, les classiques acrobates et jongleurs et puis des messieurs en complet-veston, très sérieux, qui s'échinent péniblement à des gags à l'américaine. Informations : en Chine, tout va bien. Le reste du monde se débat dans un affreux pastis. Et puis un film avec des sous-titres en anglais. Le scénario est révélateur. Un homme est jaloux de sa femme qu'il accuse de faiblesse envers un autre quidam. Il lance à la figure de son épouse : « Moi, je suis réhabilité et ton amant ne l'est pas. Sois tranquille, je veillerai à ce qu'il ne le soit jamais. Je l'écraserai cette larve, et toi avec. » Dénouement heureux mais l'intrigue fait pressentir d'immenses petites manœuvres, d'immenses petits calculs, toutes les machinations incroyables de la vie quotidienne dans un pays où la chasse aux sorcières est une activité récurrente, où tout individu à un moment ou à un autre doit se dédouaner.

Le lendemain, jour anniversaire de ma femme, resurgit à l'heure habituelle un Yao de très bonne humeur, un bouquet de fleurs à la main. Il l'offre à Marie-Françoise en s'excusant de son audace. Minutes édéniques, nous en profitons pour lui annoncer que nous sommes attendus ce matin avec lui à l'université. Aussitôt, changeant du tout au tout, il grogne furieusement : « Ce n'est pas possible, le programme prévoit le mausolée de Sun Yat-sen... Est-ce M. Qian qui vous a fait demander?

– Pas directement... Par un de ses élèves que nous avons vus hier. »

Yao maugrée : « Je sais, je sais, le dîner que vous avez offert hier soir à cette bande de jolis cœurs. Vous n'auriez pas dû, toute la nuit j'ai été en colère.

– Mais enfin, M. Qian nous a fait savoir qu'il nous attendait. Nous avons accepté, nous irons. Sun Yat-sen peut attendre. »

Yao médite intensément et arrive à la conclusion qu'il ne peut offenser M. Qian, même s'il en résulte une entorse au programme – « un crime » dont il devra certainement rendre compte. Être chinois, c'est décidément maîtriser l'art de peser les risques.

L'université de Nankin, des bâtiments très prosaïques, plus ou moins noircis. A la porte d'entrée, toute la famille est là et d'abord M. Qian toujours aussi boutonné, qui nous fait le grand accueil. A côté de lui 80 % et les étudiants d'hier soir. Après les politesses, l'Exposé au cours d'une promenade. Huit mille étudiants, dix-neuf facultés. Nous passons devant l'immeuble pour étrangers qui jouissent, paraît-il, d'un restaurant excellent et d'un confort remarquable : ils sont chauffés l'hiver, et l'été, dans ce Nankin qui est avec Wuhan et Chongqing un des « fours » de la Chine, ils ont l'air conditionné. Évidemment, les conditions de vie des maîtres et des étudiants chinois ne sont pas aussi bonnes, loin de là. Il y a même une hiérarchie de l'entassement. Les simples étudiants sont huit par chambrée, les licenciés trois ou quatre, les docteurs deux et enfin les sommités comme M. Qian disposent d'un appartement pour eux et leur famille. Au passage, j'observe que tout le monde s'incline devant lui, ce qui me confirme dans l'idée qu'il est un commissaire politique de très haut rang. Heureusement, doit se dire M. Yao, que nous sommes venus. Discussions infinies : il semble que nos amis chinois aient de la France une idée un peu courte. L'existence de lois sociales en particulier est pour eux une vraie révélation.

Pas question de repartir, un déjeuner a été préparé en notre honneur. Dans une petite pièce attenante à un réfectoire, une table ronde nous attend. C'est un peu poussiéreux, de propreté douteuse mais quelle batterie de bols et de baguettes!

Quarante plats, des alcools, des vins pour célébrer l'amitié des peuples. Yao se lève et proclame qu'il s'agit du jour anniversaire de Marie-Françoise. La liesse, les félicitations, M. Qian tient à lui porter un kampé, il boit, elle boit et moi aussi, le conjoint, je bois. M. Yao ronronne, tout à fait réconcilié avec la vie, 80 % ressemble à un chaton, tous s'embellissent et M. Qian fait un discours sur la fraternité universelle et sur l'extraordinaire, l'incroyable, l'invraisemblable plaisir qu'il a eu à me traduire et à me recevoir pour ce repas frugal. Sa gravité craque en une allégresse quasi paternelle, il prophétise qu'une année heureuse s'annonce pour mon épouse exemplaire ainsi que pour moi, le grand écrivain français ami de la Chine. Marie-Françoise s'irradie de remerciements. Moi, je salue, je salue comme à la fin d'une représentation. Nous avons maintenant Sun Yat-sen à déguster.

Le mausolée de Sun Yat-sen construit par Tchang Kaï-chek, ce monument au fondateur de la Chine moderne, demeure sacré pour les communistes. Toute la solennité chinoise y est résumée. Au pied de la colline de Pourpre et d'Or, une fois passé le portique, une chaussée princière bordée de cèdres puis un escalier géant, des centaines et des centaines de marches, conduisent au sanctuaire, à Sun Yat-sen au comble de sa gloire. Je l'avoue, devant ce gigantesque ouvrage, je me sens un découragement. Lâchement, je m'assieds sur un banc, laissant à Marie-Françoise et à Yao le soin de l'ascension. A peine se sont-ils éloignés que je m'aperçois qu'un homme rôde autour de moi, mais à bonne distance, décrivant des cercles timides, se cachant derrière les arbres. Ma surprise quand je découvre que le brave coléoptère qui me surveille est mon « jocrisse », M. Hui. Mon irritation aussi : qu'est-ce que ce pays où je ne peux me reposer paisiblement? De quoi, de qui a-t-on peur? Enfin, au bout d'une heure mes délégués reviennent tout essoufflés. Ce qu'ils ont vu? Une symphonie de tuiles bleues et de marbre blanc qui évoque les couleurs du Kuomintang. Un Sun Yat-sen statufié par le sculpteur français Paul Landowski, un spécialiste des œuvres nobles. Et au-delà la salle funéraire, une crypte où les restes reposent sous un gisant. Toute la convention de la somptuosité cadrant bien avec ce personnage à fracas qui fut un des héros de mon enfance.

D'après ce que je sais, quel cascadeur des événements! Fou d'orgueil, inspiré, génial, gaffeur, d'un courage de feu, ne reculant devant rien, agrippeur de toutes les bonnes fortunes, inentamable dans les mauvaises. Un vendu inachetable, grouillant de tous les retournements possibles, jouant simultanément ou successivement toutes les cartes, un tricheur, un sincère, un outrecuidant, l'imagination délirante et pratique, scorpion et sangsue, tenant son rôle comme sur un théâtre – mais c'était le théâtre du monde.

Né en 1866 près de Canton dans une famille paysanne, Sun Yat-sen avait – instinct ou nécessité – flairé le vent et s'était fait protestant très croyant. Ainsi avait-il pu s'adonner à tous les collèges anglo-saxons d'Asie et du Pacifique grâce à des bourses octroyées par les religieux à col dur. Il avait même obtenu un diplôme de médecine à Hong Kong, une carte de visite bien utile pour pénétrer partout, car la vocation de ce monsieur sérieux, poli et portant beau, c'était l'attentat et la révolution. Obsédé par la Chine en plein chaos, il voulait la remettre en ordre à force de complots et ensuite la diriger dans la voie du Bien. En somme, un assassin prophète, un tueur moraliste.

Mais il lui fallait de l'argent. Éternel voyageur, il devint le plus extraordinaire «tapeur» de la terre, toujours à extorquer des subventions aux Chinois d'outre-mer comme à profiter des largesses des Blancs. Les Japonais aussi l'attiraient qui pourtant voulaient avaler la Chine. Lui, dans son cerveau bouillonnant, savait se servir de ces contradictions. Et même lui, l'occidentalisé, était en cheville avec les sociétés secrètes, surtout la Triade. Ce chrétien se remplit de tout leur ténébreux, de leur mystère, de leurs pratiques du silence. Sans doute a-t-il prêté serment, se soumettant aux épreuves initiatiques, mêlant des gouttes de son sang à celui d'un coq, à du vin, à des cendres. Dans ces écoles de fanatisme et de dissimulation il apprit aussi le lyrisme. Il clamait qu'il fallait renverser la dynastie maudite des Mandchous et ses mots se gravaient dans les cœurs des Célestes des îles lointaines et des cités étrangères, de toutes les Chinatowns de l'univers. Son magnétisme était tel que bientôt il se constitua en Chine même un faisceau de disciples, d'affidés, de complices recrutés dans toutes les couches de la population. Au premier rang d'entre eux, le fameux Charlie Soong.

Dans la grande cité de la Rivière des Perles, Sun se mit à fabriquer des bombes. Son but, c'était de faire sauter le palais du vice-roi, un palais-forteresse qui était aussi caserne, tribunal, centre des impôts, le siège du gouvernement des injustices. Le danger ne décourageait pas Sun Yat-sen, au contraire. Excité, plein de sang-froid, de hardiesse, et de gaieté, il monta conspiration sur conspiration. Toutes échouaient malgré la minutie et l'immensité des préparatifs, malgré les rouages bien enclenchés et les ruses savantes. Une fois, des caisses contenant prétendument des soieries laissèrent échapper des armes sur le port. Une autre fois, deux détachements de conjurés qui devaient donner l'assaut se mitraillèrent à la suite d'une méprise. Il tâta les Japonais qui lui promirent leur soutien et le lâchèrent au dernier moment. Sun Yat-sen s'en tira toujours mais combien de ses acolytes furent pris, torturés, mis à mort...

Malgré ses échecs, il répand une terreur si grande que le gouvernement de Pékin emploie tous les moyens de la sagesse pour le faire disparaître à jamais. Stratagèmes impériaux contre les stratagèmes de Sun. Un plan inouï... A Londres où il étudiait l'âme anglaise, il eut la naïveté – il était naïf aussi, cela faisait partie de son talent – de croire aux paroles flatteuses de jeunes diplomates chinois rencontrés dans la rue. Il se laissa persuader de pénétrer à l'intérieur de la Légation céleste. Aussitôt assailli et jeté dans une cave, on lui apprend très poliment qu'en son honneur on a affrété un bâtiment qui le conduira dans sa patrie où il subira le supplice de la mort lente. Dans les situations désespérées, Sun Yat-sen ne se contente pas de prier et de recommander son âme à Dieu, il cherche à sauver son corps, à trouver le subterfuge qui lui laissera la vie. Il circonvient donc un valet anglais de l'ambassade, qui lui sert de geôlier, et persuade cet homme de porter un mot de lui à un pasteur qui l'avait toujours protégé, un certain docteur Cantlie. Lequel, au reçu de ce message, alerte le Foreign Office qui atermoie : les diplomates n'aiment pas les dérangements et dans ce cas, ils craignent de s'immiscer dans les affaires célestes, d'offenser la très digne impératrice Ts'eu Hi qui a elle-même conçu ce projet mirifique. Devant ces réticences officielles, le docteur Cantlie informe la presse qui, bientôt convaincue de la véracité des faits, s'enflamme. Un révolutionnaire chinois kidnappé en plein Londres, quel extraordinaire sujet d'article! La clameur est telle que Sun Yat-sen est libéré et sauvé. Bien plus, son nom auparavant presque inconnu est désormais célèbre.

Quant à lui, à peine sorti de cette chausse-trape terrifiante, il se lance dans d'autres aventures. Il fait plusieurs fois le tour du monde à la recherche de cette équation : un bon gouvernement. Les modèles américain, français, anglais ne lui conviennent pas totalement, il est sûr de trouver une formule meilleure qu'il appliquera à la Chine lorsqu'un destin évident la remettra en ses mains. Son air d'assurance calme, son activité inlassable. Cependant sa quête financière ne rapporte pas assez, il émet des billets de dix dollars qui devront être acceptés par tous les bons citoyens. Mais peu les acceptent. En attendant, toujours des complots grands et petits et les alliances les plus étranges et les plus inattendues. Plus que jamais il flirte avec les Japonais qui l'ont tant déçu. Cela ne l'empêche pas de tout faire pour pactiser avec les gouvernements américain et anglais. En vain. Il a même, chose fantastique, passé un contrat avec les Français d'Indochine qu'il dénonçait avec une violence inouïe, au moment de la Conquête dans les années 1880. Il faut savoir profiter de tout.

Il se trouve que les colonialistes d'Hanoi ne sont pas rassasiés. Leur concupiscence, leur désir maladif est de dominer les provinces méridionales du Céleste Empire, de s'en emparer même. Ces Français que le jeune Sun haïssait, il devient leur pion. Il s'abouche avec les notables ventrus et richissimes de Cholon, le prospère faubourg chinois de Saigon. Tout comme il s'accorde avec des messieurs secs et moustachus des services secrets français qui s'engagent à lui fournir armes et munitions. Est-ce alors qu'Albert, mon père, rencontra Sun Yat-sen? Il semble que sans métier et disponible pour les subtilités, il ait été l'intermédiaire entre le deuxième bureau et lui. Plusieurs tentatives. La dernière fois, l'objectif commun était Hokéou (Hekou), une bourgade chinoise située juste en face de Laocai là où le Fleuve Rouge pénètre en Indochine, une position clé où je suis allé souvent comme reporter. Ce fut une misérable affaire, une centaine de gueux prirent bien la minuscule cité, le temps de hisser le drapeau républicain, mais ils s'enfuirent dès l'apparition des troupes impériales. Le fiasco avait été trop complet et le premier souci des Français fut de protester de leur innocence auprès de Ts'eu Hi. Albert sera désavoué, rayé des cadres de l'espionnage. Le bicorne lui siéra mieux.

Un épisode parmi tant d'autres. Rien n'arrête Sun. En 1905, il a fondé la ligue de «l'Union Jurée» qui deviendra le Kuomintang (le Parti National du Peuple). Il cherche les règles qui éclaireront son action salvatrice et invente les «Trois Principes du Peuple»: le nationalisme, la démocratie, le bien-être général. Cela peut paraître conventionnel, sans flamme, c'est à l'époque un programme nouveau pour la Chine. Il s'agit en clair d'«expulser les Mandchous et de relever le pays» (Nationalisme), de «fonder une république» (Démocratie) et d'«égaliser le droit à la propriété de la terre» (Bien-être général). Sun est un tel bateleur qu'il arrive à éblouir avec ses merveilleuses trouvailles. Il est prospère, satisfait de lui-même quand le destin lui joue un tour incroyable.

Lui, Sun Yat-sen, le rebelle de profession, le penseur de la révolution est à l'autre bout du monde, aux États-Unis, toujours à la recherche d'emprunts magiques, quand il apprend le 10 octobre 1911 que l'Empire millénaire s'effondre. Quelle ironie! Être ailleurs lorsque, à partir d'un rien, du soulèvement d'un régiment à Hankéou (Wuhan), chute inopinément la dynastie haïe. Mais Sun, loin de s'affoler, loin de prendre ses bottes de sept lieues pour retourner dans cette Chine qui fait sa Révolution sans lui, continue sa tournée autour du globe.

Une assemblée provisoire s'est réunie à Nankin, plus que jamais Sun veut de l'argent, cette fois pour acheter des suffrages. De New York il part pour Londres, pour sa «City», sa Bourse – son but est de réapparaître dans sa patrie les poches gonflées, matelassées de dollars et de livres. Il va même à Paris. Enfin, après de longues randonnées où son charme n'a pas opéré sur les grands banquiers, il rentre en Chine, sans un sou.

A Shanghai où il débarque, l'accueil est magnifique, acclamations, hommages. Au bout de quelques jours, il paraît enfin à Nankin. Parmi les délégués des provinces soulevées, il y a des disciples de Sun, des fervents qui brandissent l'étendard des Trois Principes mais aussi beaucoup de notables célestes, révolutionnaires craignant la Révolution, ayant peur pour leurs biens, redoutant les désordres. Contents d'être débarrassés de la cupide dynastie mandchoue, ils seront républicains à condition que la République soit conservatrice. Le personnage de Sun, son passé tumultueux, son impécuniosité aussi, leur déplaisent. Mais il se montre doux, rassurant, conciliant et finalement ces magots se résolvent à l'élire président de la République : il entre en fonction le 1er janvier 1912.

Il ne jouira que très brièvement de son succès. Il a trop attendu pour arriver en Chine et pendant son absence, un homme s'est taillé une place formidable sur la scène chinoise, Yuan Shikai. C'est lui « l'homme fort » que les gros bourgeois épais et subtils désirent pour diriger la Chine. Le 12 février, Sun démissionne et même sans trop de répugnance. Pauvre Sun, comme il va être dupé, trompé, cocufié.

Le mausolée de Nankin? Au vrai, le monument de la jobardise de Sun Yat-sen face à Yuan Shikai, ce personnage sorti des annales, le mandarin militaire, d'une ruse profonde qui dépassait de loin les habiletés de Sun, une brute qui avait même le don de comprendre l'univers réel avec un pragmatisme souple et effrayant. Il avait constitué la première armée moderne de Chine, une armée formidablement équipée, extraordinairement entraînée (déjà des instructeurs allemands) et entièrement fidèle à lui, une armée qui portait le nom poétique d' « Armée de l'Océan du Nord ». Elle jouera un rôle capital dans l'écheveau de trahisons, le chef-d'œuvre de rouries, qu'est sa vie.

Yuan le Terrible. On sait qu'en 1898, il aide à écraser les réformistes qu'il avait d'abord soutenus et qu'il refuse à l'empereur Kuang Su de faire exécuter sa grand-tante, la régente Ts'eu Hi, causant ainsi le malheur de ce monarque. Lors du soulèvement des Boxers il commence, suivant les directives de Ts'eu Hi, par les chasser du Shandong mais la vieille Impératrice décidant soudain de les épauler, il se garde bien de lancer son armée dans la bataille – s'il l'avait fait, jamais les Légations n'auraient résisté. Ts'eu Hi vaincue, pour rentrer en grâce auprès des Longs Nez, se retourne contre les Poings de Pruniers, les Boxers, haïsseurs des Blancs. Yuan en organise le massacre, Yuan le Fourbe. Son inquiétante étoile avait décliné à la mort de la Vieille Femme. Démis de ses commandements, il s'était retiré dans son village natal, ayant apparemment renoncé à toute ambition, en fait tenant toujours puissamment en main son « Armée de l'Océan du Nord ». Son besoin de revanche, son orgueil : la révolution de 1911 allait être pour lui un instrument, une pâture, une bauge, l'occasion de recourir à ses plus extrêmes capacités de violence et de duplicité.

Le 10 octobre, dans une des concessions étrangères d'Hankéou (Wuhan), un révolutionnaire fabrique des explosifs qui sautent. De la police, des arrestations, des exécutions. Mais un bataillon du génie se soulève, fusille ses officiers, s'empare de l'arsenal. Cinq régiments se joignent à la rébellion. Le général chef de la garnison, pourtant surnommé « le Tigre » s'enfuit, le corps mandarinal aussi. Toute la cité – composée des trois agglomérations d'Hankéou, de Hanyang et de Wuchang – tombe au pouvoir des insurgés. A Pékin, le Régent saisi de panique supplie Yuan Shikai qu'il hait : n'est-ce pas l'homme qui a trahi son propre frère, l'empereur Kuang Su? N'importe. Que Yuan Shikai réapparaisse à la tête de son armée et qu'il aille écraser la mutinerie qui commence à se propager dans toute la Chine du Sud. On offre à Yuan Shikai d'être le sauveur de la dynastie, il veut plus, bien plus...

Au lieu de sortir de sa retraite, il fait répondre qu'il doit se ménager, qu'il est malade. Puis, cédant aux prières, il se rend à la cour de Pékin, toujours lambinant, toujours multipliant les atermoiements. Finalement, il condescend à accepter des titres, des grades, commandant en chef, chef du gouvernement, et il donne l'ordre à son Armée de l'Océan du Nord de marcher sur Hankéou mais lentement, de façon que la situation ait le temps de se dégrader. Soudain, il juge le moment venu de frapper. La mort dérisoire va régner à Hankéou. Coups de canons, l'assaut. La ville est un labyrinthe inextricable, on y met le feu un jour de grand vent, les flammes se propagent, l'incendie consume tout. Hanyang tombe aussi. Mais, cela étant fait, l'Armée de l'Océan du Nord s'arrête là, comme négligeant de prendre la dernière agglomération soulevée, Wuchang située sur la rive opposée du Fleuve Bleu. Le chef en est un homme gras et traître. Yuan Shikai lui fait envoyer des messages, il en fait parvenir d'autres à l'assemblée de Nankin. Que dit-il dans ces lettres? Qu'il est républicain, un grand républicain. On lui demande de le crier publiquement, de renverser la dynastie. Ce qu'il ne fait pas tout d'abord à cause de Sun Yat-sen apparu et élu président de la République. Ce qu'il veut bien faire, annonce-t-il ensuite, si Sun Yat-sen lui cède sa place. Sun Yat-sen est contraint par les notables de l'Assemblée de promettre de se retirer si Yuan Shikai tient parole. Alors Yuan Shikai dit au Régent qu'il faut négocier avec les révolutionnaires, qu'ils sont trop puissants. Il lui déclare aussi qu'ils exigent l'abdication de la dynastie et que moyennant vingt mille onces d'or il essaiera de lui sauver la vie. Le Régent consent, Pu Yi le jeune Empereur est destitué mais autorisé à résider dans la Cité Interdite, et le Céleste Empire est transformé en République. Yuan Shikai est parvenu à ses fins, l'Empire est mort et, à Nankin, Sun Yat-sen s'efface devant lui.

Une fois nommé président de la République, Yuan Shikai déploie tous ses talents. A travers la Chine entière, il fait tomber les têtes trop agitées, têtes de pillards, têtes de brigands, têtes de voleurs qui pullulent depuis que la liberté a été proclamée, il fait aussi tomber les têtes des révolutionnaires. Il déteste la Révolution au point de refuser de se rendre à Nankin auprès de ses grands électeurs en protestant de ses charges et obligations. Retranché dans Pékin où le gouvernement est transféré, il a la bonté de nommer Sun Yat-sen ministre des chemins de fer. Et Sun accepte cette obole... Il est vrai que les Chemins de fer sont très à la mode en Chine et qu'ils ont entraîné des conflits passionnés. Sun Yat-sen en rêve donc, il rêve de construire cent vingt mille kilomètres de voies ferrées, il se veut mécano. Plans, études, programmes, convocations d'experts, d'ingénieurs, voyages, négociations avec des banques étrangères – mais celles-ci préfèrent traiter directement avec Yuan Shikai en qui elles ont toujours eu confiance. De l'argent à Yuan Shikai tant qu'on voudra mais toujours pas un sou à Sun Yat-sen, même ministre de « l'homme fort ». Pauvre Sun... Après quelques mois, il découvre que sa fonction est une dérision et une mise à l'écart. Ayant enfin donné sa démission, il se retire à Shanghai, dans sa maison de la rue Molière. Je l'ai dit : roulé, roulé.

Son avenir ? Il lui faut attendre que l'inexorable ambition de Yuan Shikai tourne à la folie. Tyran absolu, celui-ci dissout l'Assemblée parlementaire de Nankin, traque tous les partisans du Kuomintang, met hors la loi le Kuomintang lui-même. Ses troupes anéantissent toutes les oppositions dans le sang. Mais son cœur est gonflé d'une passion encore plus extraordinaire : il veut rétablir l'Empire pour lui. Cette fois, le soulèvement à travers la Chine est tel qu'il n'arrive plus à faire occire tous ses ennemis : en mars 1916 il est obligé de renoncer à son rêve de pourpre. Dans sa rage, il mourra d'une crise cardiaque, après avoir fait tuer sa concubine préférée. La Chine entre dans la période dite des Seigneurs de la Guerre (les Warlords ou Dujun), Sun Yat-sen se sent pousser des ailes.

C'est à Canton qu'il se lancera dans l'épopée. C'est là qu'il veut installer un gouvernement révolutionnaire destiné à dominer la Chine. Projets insensés dans l'état où est Canton. En 1911, la chute de l'Empire a apporté la désolation à l'ardente cité des Perles où s'est créée une République de Pirates. Ils se mettent à rendre la justice, c'est-à-dire à condamner tous les notables dont ils désirent les biens : accusés de tiédeur envers la République, ces nantis sont suppliciés pour, selon l'expression consacrée, « apaiser la haine ». Même Yuan Shikai ne réussit pas à ramener l'ordre dans ce Canton trop éloigné. Deux cent mille bourgeois s'enfuient pour échapper à la terreur. Après la mort de Yuan Shikai, les Seigneurs de la Guerre se ruent à Canton. Parmi eux, le grand Lou, gouverneur de la province voisine du Guangxi. Avec ses troupes, il fait son entrée dans la cité et ne tarde pas à s'associer avec quelques-uns de ses congénères et ce qui reste des anciens parlementaires de Nankin, réunis en petit aréopage. Deux « maréchaux » sont nommés et Sun Yat-sen surgi en juillet 1917 avec ses disciples reçoit le titre de « Grand Maréchal ». Il existe une photo de lui où on le voit vêtu d'un uniforme pompeux, des broderies aux manchettes, des épaulettes dorées et quantité de fourragères, un fameux déguisement. Bientôt Sun reproche aux

Dujuns, aux Seigneurs de la Guerre qui sont ses alliés de permettre à leurs hommes de mettre la ville à sac : assassinats, kidnappings, rançons, obligation de souscrire à ce qu'on appelle « les contributions patriotiques » sous peine de mort. Malheureux Sun qui condamne ces abus, beugle ses grands principes, veut se comporter en chef. Il indispose tellement ses partenaires, dûment soutenus par les Occidentaux, qu'en mai 1918, il doit s'enfuir et se retrouve à Shanghai, rue Molière.

Automne 1920. Autre mésaventure plus douloureuse. Sun revient à Canton qui est cette fois aux mains d'un ami, le général Chen Jiongming, originaire de la cité même, un lettré instruit et civilisé, un confucéen qui jadis a fait partie de l'« Union Jurée ». Accueil triomphal, des gongs, des fanfares, une retraite aux flambeaux. Sun s'apprête à appliquer son programme. Mais Chen tique quand en 1921 Sun se fait élire président de la République par l'assemblée croupionne qui subsiste. Il s'irrite encore davantage quand Sun lui révèle son intention de lever des troupes et de marcher sur Pékin dont on ferait la capitale du Céleste Empire... au détriment de Canton. Chen n'est pas ambitieux. Il a rendu la prospérité à Canton, il a fait revivre les traditions du négoce et de la volupté. Ce Sun paranoïaque l'exaspère, lui répugne même au point que... il n'hésite pas, il est décidé à faire tuer Sun qui ne se doute de rien, tout béat d'optimisme. Un certain 15 juin 1922, des détachements commandés par Chen lui-même encerclent la demeure de Sun, en abattent les gardiens, tirent sur tout ce qui bouge : il s'agit bien d'envoyer Sun aux Fontaines Jaunes. Sous les coups de feu, Sun parvient néanmoins à grimper à bord d'une jonque dont l'équipage lui est resté fidèle. On se souvient que sa femme Chinling a pu le rejoindre au milieu de la fusillade. A nouveau, la rue Molière.

La suite, la glorieuse suite, son association avec les Rouges, son immense aventure, je l'ai racontée. Sun comme un astre. S'il avait vécu, serait-il resté fidèle à l'accord avec les communistes ? Il meurt en tout cas loin de Canton, loin de la Grande Alliance alors en plein essor. Un dernier périple avant de trépasser ! Après un bref séjour rue Molière, il s'est rendu en toute amabilité au Japon – il sait pourtant que c'est une mâchoire qui veut broyer la Chine. Curieux... Enfin il débarque dans cette Chine septentrionale que récemment encore il désirait « punir ». Quel est donc le projet de Sun, quel coup a-t-il dans l'esprit ? Il veut entrer en pourparlers avec les potentats redoutables, tous anticommunistes, qui se déchirent entre eux, négocier peut-être avec le Maréchal Chrétien qui a pris le pouvoir à Pékin et qui serait le moins réactionnaire. Mais Sun qui paraissait si plein de santé, tombe malade, dépérit, agonise. Préférant la science occidentale, il se fait transporter à l'hôpital américain de Pékin. Les médecins yankees rendent un verdict fatal, ils ont diagnostiqué un cancer du foie au stade terminal. Ils ne se trompent pas, Sun meurt le 12 mars 1925. Ses funérailles se déroulent selon le rite anglican et il est enseveli dans un temple des collines de l'Ouest. Plus tard, selon son vœu, ses restes seront transférés à Nankin, reliques saintes que l'on célébrera dans le fameux, dans le splendide, dans l'impérial mausolée que M. Yao a tant voulu me montrer. Juste revanche.

Dernier soir à Nankin. Je pense à Anne Marie, Anne Marie vivante que nous allons rejoindre à Chongqing, à Chengdu, à Kunming, je pense à Anne Marie morte, Anne Marie que j'ai ressuscitée dans mes livres, que j'ai même rendue à la Chine des idéogrammes. Qui était-elle au fond, ma mère mystérieuse? Pendant mon sommeil, Anne Marie surgit derrière mes paupières et elle est folle, démente parfois douce, parfois hallucinée qui veut que j'accoure auprès d'elle. Moi, quinze ans durant, j'ai refusé de l'approcher... de peur d'être contaminé par son égarement. Je me réveille dans l'extrême du chagrin, peut-être du remords. Je me dis que je ne suis pas coupable, qu'Albert non plus ne l'était pas, que c'est la Chine qui l'a tuée. Car l'Empire Céleste a le pouvoir de corroder les âmes et les corps des Barbares qui l'appréhendent dans sa signification profonde et ne se contentent pas d'y satisfaire des appétits de marchands. Je me souviens d'Anne Marie jeune, de sa beauté, de sa tendresse, de son hospitalité, de sa capacité à surmonter toutes les horreurs accumulées autour d'elle, de son courage. Sans doute est-ce dans les tumultes sanguinaires du Sichuan qu'une fêlure a entamé son cerveau. Et peu à peu, cette fracture s'est élargie en un gouffre où elle a essayé de m'entraîner. Son rire si charmant était devenu une grimace d'angoisse, tous les dragons chinois avec leurs dards et leurs flammes se battaient dans sa tête. Ils y ont creusé leurs cavernes jusqu'à ce que finalement elle expire loin de moi : j'étais en reportage, je n'ai pas vu son cadavre, j'ai simplement prié sur sa tombe sachant qu'elle était retournée à l'harmonie universelle.

Non, ce n'était pas ma faute.

LE FLEUVE BLEU – CHONGQING

Deux heures de vol pour rejoindre Wuhan, l'ancienne Hankéou. Quand l'appareil prend de la hauteur, je distingue enfin le Fleuve Bleu. Je suis déçu, je vois seulement un flot rougeâtre, des ondes sales qui s'entortillent, un monde aquatique qui parfois laisse apercevoir comme des îles, des tas de boue qui sont pourtant les terres fertiles du miel, de la soie et du thé. On devine à peine des rives à ces surfaces marécageuses. L'idée me revient, obsédante, de l'épreuve qu'avait dû subir ma mère en suivant Albert sur ces eaux interminables.

En ce bas Yang Tse-kiang, sur ces nappes rouillées d'alluvions, on croisait de belles jonques aux poupes en château fort, aux gouvernails énormes, aux voiles guenilleuses, avec, sur le devant de l'étrave, des yeux peints qui chassaient les mauvais génies. Souvent un gamin presque nu tenait la barre. On rencontrait aussi des cargos, de la pouillerie ferrugineuse, sous le commandement d'un vieux capitaine Courage blême et alcoolique, des sortes de bateaux-lavoirs où était entassée une humanité misérable qui pouvait être dangereuse. S'il nous arrivait Anne Marie, Albert et moi de voyager sur un bâtiment de ce genre, nous étions des hôtes de première classe, l'objet des attentions du skipper desséché, comme cuit dans la Chine. Il racontait quelques-unes de ses aventures, comment il avait réprimé des mutineries quand toutes les figures jaunes étaient les masques de l'horrible. Mais d'autres navires, eux, avaient été capturés. Alors, l'indicible...

Anne Marie, on le sait, me portait en elle pour sa première remontée du Fleuve Bleu. Anne Marie d'Ancenis. Comment cette fille de la douce Loire avait-elle pu, dans son état de fatigue, s'enfoncer toujours plus loin, jour après jour sur le Yang Tse-kiang? Plus tard, lorsque j'ai eu trois ou quatre ans, je suis devenu le voyeur de la rivière. Des charognes voguaient, des puanteurs montaient; l'image qui me hante encore est celle d'un corps d'enfant gonflé d'eau, déliquescent, abandonné sur une baie. Mon premier cadavre. Tellement d'autres ensuite, cadavres noyés, brûlés ou suppliciés viendront s'imprimer dans ma mémoire! Si Anne Marie avait rapidement appris à se placer au-dessus de ces spectacles, moi j'en jouissais. Cela peut-être me sauva.

Cependant de notre avion je vois le soir éteindre peu à peu la nature. Le Fleuve Bleu s'est resserré et j'ai cru apercevoir des berges. Ici le Han se jette dans le Yangzi en un concours d'eaux gigantesque. L'appareil descend et se pose près de ce confluent où sont accrochées des villes, les trois cités dont l'ensemble constitue Wuhan, la capitale du Hubei, à mille kilomètres de l'embouchure. Un délégué de l'Association des journalistes chinois nous attend, une voiture noire aussi. Nous devons passer la nuit à Wuhan et reprendre un vol dès sept heures le lendemain matin. Est-ce l'obscurité? J'éprouve une sensation de vide, une impression de tristesse bien plus grande qu'à Nankin. Tout est figé, désolé, quasi mort.

Randonnée au sein des ténèbres calmes. Nous franchissons un pont sur le Fleuve Bleu, celui que j'ai vu construire en 1956 sous l'égide des Russes à l'époque encore des amis de la Chine. Mao, qui n'avait jamais quitté le sol céleste, s'était rendu à Moscou en 1950 pour y signer un traité de Grande Alliance aux termes duquel la Chine se couvrirait, avec l'aide de techniciens russes, d'usines et de constructions monumentales, dont ce pont. Pendant la visite du chantier, j'avais été frappé par les manières impérieuses des ingénieurs soviétiques : ils ressemblaient à des Américains dominateurs – la différence, c'est qu'ils étaient vêtus d'étoffes de moins bonne qualité. Leur grossièreté avec les Chinois... J'avais remarqué des Russes, qui, tout en discutant, épluchaient et mangeaient des bananes qu'ils arrachaient à un régime porté très humblement par des ingénieurs chinois qui marchaient sur leurs talons. Spectacle insoutenable, spectacle fréquent. Il me sembla que les Chinois, tout en gardant des visages souriants, regimbaient en leur cœur.

Mais n'étaient-ils pas fautifs eux aussi? Je remâche mes vieilles pensées sur la difficulté de s'accorder avec les Chinois dans une communauté de travail. Ils réclament l'apport des étrangers mais quand celui-ci leur est fourni, ils l'apprécient peu, le digèrent mal et, même là où ils sont ignares, ils prennent de curieuses initiatives pour perfectionner, améliorer ce qu'on leur enseigne, comme s'ils savaient déjà mieux. Naturellement les experts soviétiques jugeaient ce comportement incohérent et absurde. Ah! l'orgueil céleste! Mao lui-même en arriva à déprécier le concours des Soviétiques avant de le rejeter complètement. Il proclama la supériorité du Petit sur l'Immense, signifiant par là que mille minuscules entreprises sorties directement de l'intelligence et du patriotisme des « hommes nouveaux » chinois valaient mieux qu'un colossal ouvrage dû aux Russes. Il en résulta le Grand Bond en Avant, un mouvement dirigé au fond contre l'outrecuidance et la cupidité des Russes qui, d'après les Chinois, faisaient cher payer des équipements fonctionnant mal. Ces choses-là peuvent-elles recommencer et les modernisations

Le Fleuve Bleu - Chongqing

inspirées du génie capitaliste être rejetées comme l'a été la collaboration avec les maîtres marxistes?

Arrivée dans un hôtel apparemment désert. Dans la terne salle à manger, quelques étrangers dînent sans se parler. Ce ne sont pas des touristes, plutôt des conseillers. Quels spécimens de l'ennui! Je tâche quand même de deviner la nationalité de ces gens perdus en Chine pour quelque besogne. A une table, un Américain, genre tête d'œuf, lit un rapport. A une autre, trois ou quatre Japonais à l'air agressif. Il y a aussi un Chinois, mais de Hong Kong, qui est mal élevé, arrogant et déglutit salement. Est-ce cela la Chine du développement, cet isolement, cette espèce de cafard? Heureusement, M. Yao est là, tout épanoui, qui peu à peu se penche vers Marie-Françoise et lui murmure je ne sais quoi sur je ne sais quelles amours blessées. Puis, se refermant sur son émotion, il se tait. En silence, il nous accompagne à notre chambre qui est comme de bien entendu un peu fripée, un peu poussiéreuse. Une fois encore je regarde le fleuve qui coule presque à nos pieds, quelques rafiots, quelques jonques, un remorqueur tirant un train de péniches, une immensité à peine marquée de l'empreinte de l'homme.

Albert, Anne Marie et moi nous faisions escale à Hankéou avec soulagement à chaque remontée et à chaque descente du Yang Tse-kiang. Je crois me souvenir que nous nous installions chez le consul de France, un homme débonnaire aux plaisanteries obtuses, pourvu d'une épouse sèche comme une arête de poisson. Hankéou, c'était le bonheur, la bénédiction des Barbares qui, dans leurs concessions se succédant le long de la rive, vivaient tous en harmonie grâce à une étiquette coloniale moins solennelle qu'à Shanghai. Le consulat de Grande-Bretagne était le nombril de la cité et l'influence britannique dominait dans le business comme dans le plaisir, il y avait un club fameux le « Race Club », un champ de courses et même un terrain de golf. Certes, on fréquentait aussi au Cercle Gaulois, mais cet endroit, qu'on appelait Dieu sait pourquoi « Le Répugnant », soutenait mal la comparaison avec les délassements offerts par Albion.

Ah! la grandeur d'Hankéou, le véritable carrefour de l'Empire du Milieu. Alors que Shanghai était le suçoir de la Chine, Hankéou en était l'entrepôt. Là se tenait le marché mondial de la soie et du thé produits dans les provinces riveraines, là florissait une Bourse consacrée aux matières précieuses, de là partaient les élégants clippers aux voiles immenses qui faisaient la course afin d'être le premier, au début de la saison, à rapporter sa cargaison de thé à Londres et la vendre ainsi au tarif le plus élevé. Quand arriva l'ère des chaudières et de la vapeur, l'essor du thé indien avait déjà porté un coup fatal aux « China tea races », mais Hankéou s'accrut encore, devint un des plus grands ports fluviaux du monde.

Comme à Shanghai, il existait à Hankéou un Bund avec des

buildings de style très rococo, très tarabiscoté, ornés de pendules et de coupoles. Dans la rivière étaient ancrés quantité de cargos, de navires sales et beaux. Les coolies, les dockers, la crasse et en guise de berge une pelade du sol, cinquante mètres, cent mètres découverts seulement lors des basses eaux. Les pontons, les planches, les meuglements des bâtiments, la satisfaction et l'excellente mine des Blancs qui n'avaient peur de rien, bien qu'ils fussent plus exposés que les Shanghaïens aux terribles remous, aux passions imprévues de la Chine.

C'est que derrière cette façade, dans le labyrinthe des ruelles aux dalles souillées, chacune pourvue en son milieu d'une rigole stagnante où s'accumulaient ordures et excréments, grouillait la Chine, une humanité en haillons, un peuple innombrable se bousculant sous les fardeaux dans les injures et les crachats. Chine empestée, Chine grondante, l'haleine de la fièvre et de la misère. Dans cette Hankéou s'étaient agglomérés en une cohue affreuse les rescapés des calamités – toujours les mêmes, l'inondation, la sécheresse, la disette. Pas de société jaune établie comme à Shanghai, pas non plus de traditions vénérables, pas même d'espoir. Ces gueux n'étaient qu'une masse informe dominée par la haine de la vie mauvaise.

Cependant, de l'autre côté du Han, à Hanyang, s'était abattu en 1894 un dragon dont la gueule crachait des flammes, dont le ventre était du feu. Le monstre avait planté sa griffe et le ciel était souillé de fumées noirâtres et d'étincelles. Il s'agissait d'une usine effrayante, où coulait la lave des hauts fourneaux, où le fer rougeoyait en écumes bouillonnantes, il s'agissait des Forges de Vulcain. Une aciérie, la première du pays où des hommes nus aux côtes saillantes, dégoulinant de sueur, se faisaient dévorer par les machines. Tellement d'accidents! Cet antre titanesque était la fierté de la Chine. Il témoignait de l'apparition du progrès extrême dans ce pays médiéval, dans la forteresse du refus. Tout ce hérissement de sidérurgie, tout cet horizon de vacarme, tout ce rythme forcené de la matière qu'on transformait en tôles, en barres, en plaques, toute cette production abondante et bon marché – le minerai se trouvait à une centaine de kilomètres, le charbon pas plus loin et la main-d'œuvre était inépuisable – quel effort extraordinaire pour la Chine accablée! Certes y avaient contribué des ingénieurs étrangers mais, à ce qu'il me semble, les capitaux avaient été apportés par des bourgeois chinois. Quel risque aussi! Là naîtrait un vrai prolétariat...

Sur l'autre berge du Fleuve Bleu s'élevait une ancienne bourgade aristocratique, Wuchang, devenue ville universitaire où dans des palais, les mandarins disaient la loi et faisaient respecter l'ordre éternel. A Wuchang aussi s'était amassée dans de bas quartiers une quantité de racaille. Le terreau était parfait pour qu'y éclatât la première Révolution chinoise, une révolution dont la lointaine cause fut une histoire de gros sous, une histoire de notables modernisés et cupides, une histoire de chemins de fer.

Au Sichuan, des notables s'étaient avisés qu'il serait très bénéfique de faire construire des voies ferrées jusqu'à leur province si éloignée. Ils s'étaient cotisés, ils avaient accumulé un pactole, constitué des sociétés, engagé des techniciens blancs qui avaient multiplié études et plans. Les travaux étaient sur le point de démarrer quand soudain la cour de Pékin avait promulgué un édit par lequel elle se réservait la construction des lignes dans tout l'Empire céleste. Le trône, sans le sou pour semer des rails, avait emprunté de fabuleux capitaux à des étrangers réunis à Shanghai en un cartel usurier. La décision impériale avait été ressentie comme une spoliation par les riches Célestes de Chengdu, qui, dans leur colère, avaient fait donner la plèbe en des émeutes sanglantes. Pour réprimer cette agitation déplaisante, ces désordres voulus et entretenus par les bourgeois, la cour avait rassemblé à Hankéou un fort contingent de troupes qui devaient marcher jusqu'au Sichuan. La suite, l'étincelle, la mutinerie qui allait aboutir à la Révolution de 1911 je viens de la raconter. Le superbe, c'est qu'au cours de ces événements tumultueux, les Chinois se gardèrent bien de toucher aux Concessions qui demeurèrent intactes, comme invulnérables. Et même l'immense incendie qui détruisit le dédale des quartiers chinois d'Hankéou s'arrêta à leurs frontières. Il ne fut plus question de chemins de fer pendant longtemps. On continua à traverser le Yangzi dans des barques, du moins jusqu'à l'édification du pont que j'ai décrit, celui des Russes, celui que j'aperçois par la fenêtre de ma chambre.

L'euphorie des Barbares avait ensuite duré plus de dix ans au milieu de catastrophes qui leur étaient indifférentes, dont à la rigueur ils profitaient, tous ces démêlés, toutes ces batailles entre Seigneurs de la Guerre. Et puis soudain, l'effroi, l'angoisse. A l'automne 1926 déferle la vague rouge venue de Canton (la beifa) et la panique s'empare des Blancs. Quelle exécration contre eux, un extraordinaire bouillon de fiel, des défilés, des attaques. Un jour, la foule, les soudards, les Rouges de toutes espèces donneraient l'assaut et ce serait le massacre des sujets et des sujettes de Sa Majesté britannique. Alors l'on vit en 1927 la Grande-Bretagne se résoudre à cette décision incroyable, inimaginable : pendant qu'à Shanghai elle s'accroche, à Hankéou elle renonce à sa concession. Était-ce prescience ou lâcheté? Toujours est-il que cette capitulation retentit dans toute l'Asie, c'était la première démission blanche en Chine, l'aveu blanc. Sacrés Anglais, les événements pourraient poursuivre leur cours, quel qu'il soit – il n'était pas prévisible que les communistes tant redoutés seraient égorgés dans Hankéou même – grâce à leur sage décision, ils avaient désamorcé le danger. Ils survécurent donc et ensuite, même sans Union Jack dominateur, ils conservèrent leurs avantages commerciaux. Les autres concessions subsistèrent au milieu des difficultés, celle des Français végéta jusqu'à la veille de la Seconde Guerre mondiale mais ce n'était plus qu'un petit repaire gaulois sans importance. Hankéou avait d'autres soucis : les Japonais étaient là.

Un jour sale flotte sur le fleuve vide. M. Yao frappe à notre porte, il est notre destin. Il nous faut aller en amont, toujours en amont, comme au début du siècle Albert et Anne Marie. Je suis leurs traces, avec eux, si proches d'eux. Que pensait-elle Anne Marie grosse de moi à bord de sa jonque? Et M. le consul si pressé d'aller poursuivre ses grands desseins sichuanais, M. le consul si amoureux, si fier de sa prochaine paternité, que pensait-il? Que pensaient-ils tous deux lorsqu'ils ont accosté à Yi Chang et changé de bateau pour remonter les gorges, les fameuses gorges?

Yi Chang, c'était le havre de grâce pour les jonques qui avaient descendu le fleuve, qui avaient franchi les rapides. C'était aussi de là que partaient les bâtiments qui allaient affronter les canyons, leurs tourbillons, leurs folies, leurs cauchemars, leur fantastique beauté avant d'arriver au paradis du Sichuan. Yi Chang, c'était une pustule où sévissaient des troupes immenses de mendiants qui, par centaines, jetaient leurs moignons sur vous et vous dévalisaient, une ville sans loi... Il y avait bien un Seigneur de la Guerre mais, systématiquement paresseux, il laissait s'envenimer les affaires pour intervenir à bon escient et se faire graisser la patte. Yi Chang, c'était encore le marché des coolies du Fleuve, ceux qui ramaient, ceux qui halaient les jonques et même les vapeurs à travers les abysses, gens misérables, superstitieux, toujours dans l'effroi des esprits mauvais, Yi Chang ou l'Opéra de Quat'sous chinois. Le « bargain » et le « squeeze », tout se discutait dans des bouges, l'obligation à vous infligée de décharger et de recharger vos cargaisons, de vous transborder d'un rafiot du bas fleuve à un du haut fleuve – moins une nécessité qu'un impôt – et surtout les tarifs de quelques centaines de déchets humains, vos coolies que vous livrait quelque maquignon en carnes, le marchand d'esclaves.

Albert était très fort pour ces barguignages. Il s'indignait quand on lui réclamait des sommes exorbitantes pour les cercueils qui seraient nécessaires. Des cercueils pour des coolies... Il levait les bras au ciel! Brave Albert, en bagarre aussi avec l'aristocratie des pilotes, une super-élite qui valait de l'or. Ces messieurs connaissaient le Fleuve dans tous ses tourments et ses périls, jusqu'au dernier rocher qui éventrait, jusqu'au moindre vortex qui aspirait, jusqu'à chaque paroi qui fracassait. Ils lisaient la grande rivière d'un coup d'œil, quel que fût son état, en crue ou réduit à un torrent, ils voyaient tous les indices prémonitoires, une écume d'une certaine couleur qui annonçait un tourbillon, le lisse qui précédait un piège. Du regard du timonier, de sa main sur le gouvernail dépendait la vie ou la mort. Aussi, là, Albert ne lésinait-il pas trop : il choisissait le meilleur de la corporation.

On disait qu'à Yi Chang opéraient les espions des brigands avec qui Albert négociait en fait le passage. La tête de fouine de leur plénipotentiaire aux paupières purulentes, un rabougri décemment vêtu, aux excellentes manières, au parler courtois. Il n'appartenait pas à la race des pirates, ces brutes frustes, mais il était leur homme de confiance. Sa physionomie fausse, sa sournoiserie, ses exigences enrobées de miel, ses redoutables tics insignifiants. Il avait été l'orphelin mourant recueilli par les bons pères, le garçon pieux qui récitait les prières, l'enfant de chœur qui maniait l'encensoir mais, quoique toujours croyant, il n'était plus très catholique, pour le moins. Intelligent, ambitieux, au lieu de rester dans le bien qui ne le menait à rien, il s'était fait le lettré des ruffians, plus que leur secrétaire, leur diplomate. Avec cela le parfait salaud qui savait tirer le profit maximum des exploits les plus vicieux de ses acolytes, prises d'otages et autres atrocités. Pourtant, quand un engagement était pris, il tenait parole, et l'ensemble de l'association forbanesque, qui occupait les rives escarpées des gorges, ne bougeait pas, sauf quelques « indépendants » – certains équipés de canons – qui faisaient fi de ce pacte. Mais la chose était rare, leurs collègues pirates risquant de les tuer pour atteinte à la réputation de la confédération.

Yi Chang, ses querelles, ses grèves, ses violences, ses guenilles, ses trognes... Et l'élégance de quelques individus qui étaient les contremaîtres ou les maîtres de la pègre. Sur le fleuve, l'entassement des bâtiments, leur pêle-mêle, les familles de ce monde flottant, gosses rachitiques, trop avertis, et leurs mères, le dernier bébé accroché dans le dos. Le crime, la soumission, l'acceptation du destin, parfois les émeutes. Albert méprisait cette plèbe et sa hiérarchie, il était consul de France, il croyait avoir tout réglé. Après la conclusion des arrangements, le Seigneur de la Guerre organisait un repas en son honneur, kampé, kampé. C'était le meilleur des présages car ce personnage commandait une armée de soudards mais disciplinés et respectueux de ses consignes, lesquelles étaient généralement de travailler en harmonie avec les malfrats. Cela rapportait gros, c'était bien organisé, en somme parfait. Quand Albert gueuletonnait avec ce « gouverneur » – tel était son titre officiel – il allait même jusqu'à lui donner de l'« Excellence ». Pourquoi pas ? Son hôte faisait régner la paix parmi des engeances qui autrement auraient pu être dangereuses. D'ailleurs lorsqu'on lui obéissait mal, il se fâchait et rendait sa justice : il offrait le spectacle de supplices raffinés à la population de Yi Chang, ce qui contribuait à sa réputation d'intégrité. Albert pouvait donc sans mauvaise conscience louer ses vertus. Quoi qu'il en soit, le festin était le sceau de sa sécurité – sauf malentendu et erreur évidemment.

De tout cela qui fut ma vie, il ne reste rien. A Wuhan nous avons repris un avion le matin suivant. De temps en temps je distingue le fleuve majestueux, large entaille au milieu d'un damier de collines, à peine ai-je pu m'en repaître que nous arrivons à Yi Chang. Le calme, des HLM, un parc, une promenade, une ville chinoise purifiée par le marxisme, il n'y a plus aucun tumulte, plus de gueuserie, plus de chaos, il n'y a plus que le progrès. On a construit un barrage sur le fleuve, un barrage magnifique et qui en amont régularise un peu mon Yang Tse-kiang. Un ouvrage de plus de deux kilomètres de long, une cinquantaine de mètres de haut, des écluses, des vannes, des centrales électriques, l'industrie dans sa perfection banale qui pourrait se trouver partout ailleurs à domestiquer, à cadenasser quelque grande rivière. J'admire et je suis attristé, j'aurais tellement aimé revoir mon Yang Tse d'antan. Cependant, la nuit tombe et le bateau m'attend, j'ai appris que Chongqing et sa banlieue comptaient maintenant quatorze millions d'habitants. Comment reconnaîtrai-je la ville où je suis né ?

S'agit-il d'une mémoire améliorée par les récits de mes parents ou véritablement d'un savoir très ancien, il me semble que j'ai tout appris du monde dans les gorges du Yang Tse-kiang. Elles étaient terribles et ne me faisaient pas peur, au contraire. Elles me donnaient des sensations épiques et voluptueuses, elles étaient mon cauchemar adoré. J'y ai acquis l'idée que la Chine était l'empire de la frayeur tamisée par le sourire de Bouddha. J'y ai acquis surtout le sens de l'ambiguïté et, oserai-je l'écrire, une philosophie...

Clair-obscur... Terre écorchée, entrailles du globe, le fleuve est un couteau. Mais le tumulte des eaux dans l'étranglement des parois à nu parfois s'apaise et l'on aperçoit une pagode tapie dans sa sainteté ou lançant vers le ciel ses étages annelés. Une musique s'élève, cristalline, clochettes agitées par le vent qui disperse leurs tintements à travers la nature pour en calmer les meurtres.

Clair-obscur... Cadavres. Jonques échouées, abrupts assassins, récifs cachés, sables mouvants, gouffres, volutes de mousse, vagues courtes, lames brillantes des courants. Le canyon se referme, fente gourmande, le plafond du ciel a disparu : voici l'univers de l'ombre, la peine des hommes. Et surgit un sanctuaire de Cakyamuny prêchant l'équanimité au milieu des tourments.

Clair-obscur... Ces abominations perpétrées par le Yang Tse-kiang, ces dévastations, ces sacrilèges infernaux déchaînent en moi un bonheur. Le sentiment que je suis un seigneur au-dessus des catastrophes, protégé par Albert le consul et Anne Marie ma mère bien-aimée. Rien ne peut m'atteindre, tout est paix au sein des hécatombes, Bouddha me le rappelle, Bouddha qui me console et me réconforte de son fatalisme lénifiant.

Clair-obscur... Pourquoi suis-je plus marqué par Bouddha que par Jésus ? Quand je naîtrai au-delà des gorges, à Chongqing, je serai baptisé par le plus prestigieux apôtre des Missions étrangères, Mgr de Guébriant. Plus tard, je verrai les missionnaires dans leur saint apostolat, engrainés de Chine, tavelés de Chine mais combattant toujours les effluves embaumés des idoles et les souffles des dragons, haïssant les païens qui ne se convertissent pas. Le doute alors... Li, mon amah, elle, m'emmène dans des temples et je fais brûler des bâtonnets d'encens en l'honneur du Très Sage aux longs lobes d'oreille qui me murmure : « Jouis et tu atteindras le néant. » Ce précepte m'a toujours été un secours au milieu de la pestilence des hommes et des effrois de la nature.

Clair-obscur... Ces gorges épouvantables, je les aime. Ce fleuve qui perce les montagnes l'une après l'autre, en sorte qu'il n'existe plus que ce déferlement d'ondes, ce taillage de chairs, je veux dire d'argile ocre-rouge, couleur de sang de bœuf, couleur de tripes, je l'aime. Cette boucherie confine pour moi à la suprême harmonie dans la simplification des éléments. La Chine y est tout entière rassemblée, le bourreau et le Bouddha. L'homme là-dedans? Une déjection qui survit par la force de ses muscles, la rapidité de son intelligence. Prévaut évidemment l'impassibilité qui peut devenir un bel et périlleux orgueil. Ma Chine m'a élevé dans l'orgueil.

Aujourd'hui une extraordinaire émotion m'étreint à l'idée de remonter le fleuve jusqu'à Chongqing. Retrouverai-je mes paysages, mes profondeurs aquatiques, mes montagnes austères? Ma vision coïncidera-t-elle avec la réalité? Tant de romantisme... Ne vais-je pas découvrir uniquement les platitudes du progrès et cet ennui attaché au communisme? Ah! Le fleuve. J'ai peur qu'on me l'ait abîmé, qu'on en ait fait une litière, une gouttière.

Songer à ces gorges, à toutes les fois où je les ai franchies, songer à cette fois où je m'accroissais en Anne Marie, à notre navigation commune... Je le sais, il y eut des épisodes comme l'apparition de brigands surgis des rives – malgré les pourparlers préalables d'Albert à Yi Chang. Des monstres effrayants grimpèrent à notre bord, avec qui il fallut recommencer les débats rauques, hurlants, incertains, jusqu'à ce qu'apparaissent les canonnières salvatrices. Albert, on me l'a raconté, le visage contrôlé, discutait d'une voix nette, avançant des arguments qui se brisaient sur des gueules menaçantes. Ma mère, enceinte à l'extrême, écoutait sans aucun frisson comme si elle ne pensait pas qu'elle pouvait être souillée, ouverte, que ce qui existait déjà de moi pouvait être arraché à son ventre. Ensuite, les compliments, les remerciements, les politesses avec les officiers français dont le bâtiment nous escorta quelque temps à travers les passages hasardeux. Il est arrivé aussi que notre jonque, halée par des coolies en loques d'âme et de corps, bêtes condamnées, ait cassé son filin et ait été prise par un remous, par une « source », une force liquide jaillie du fond. Un autre voyage... La fortitude de mes parents, la tranquillité de mon amah Li qui me tenait dans ses bras. C'était vers la fin de la Grande Guerre et, pour un congé en France, nous avions pris le transsibérien et étions retournés par l'Amérique. Dans ce périple autour du monde, Li avec moi, jamais étonnée... Tant de voyages... Et constamment le grand fleuve comme le goulot de ma jeune vie. La dernière fois, à l'époque déjà sombre et trouble où la région entière suait la xénophobie, le sourire de Bouddha avait disparu des berges et il m'a semblé qu'elles me rejetaient. Je n'ai plus jamais remonté le Fleuve Bleu.

A Yi Chang, vers minuit, quand nous abordons notre navire, je me calme enfin, un certain sens du grotesque me reprend. Yao, notre éternel interprète, Cerbère touchant et rigoureux, rugueux d'attentions, ne me lâche pas d'une semelle. Mon âge déjà vénérable exigeant la présence d'une amah, il l'est devenu tout naturellement. Yao amah à côté de Marie-Françoise amah, le terme est consacré, nous en plaisantons tous. Mais il y a une vérité dans ces jeux, je ne suis décidément qu'un vieil enfant.

Attente. Marie-Françoise se mêle à un attroupement qui regarde Platini à la télévision. Le poste est installé en plein air, sur la petite place qui surplombe le quai. Enfin l'heure d'embarquer. Yao récupère ma femme et nous mène, écartant la foule. Un ponton, des passerelles en planches, une avancée difficile jusqu'au trou qui sert d'accès au navire, une sorte de ferry-boat, Dieu merci pas un bateau réservé aux touristes. Des ponts, des coursives, des couloirs, une masse humaine entassée dans des dortoirs bon marché, dans des cales. Mais les gens, au lieu de s'emmêler comme autrefois dans des enfournements anarchiques et glapisseurs, sont tous installés, eux et leurs petits objets, dans un ordre méticuleux où tout est déterminé à quelques millimètres près. Là ils mangent, ils dorment et le reste. Je ne sais comment ils font. C'est du positionnisme rouge, chacun recroquevillé en soi et à sa place. Nous, nous sommes les potentats du deuxième pont, le pont supérieur étant occupé par le commandant. Autour de nous, quelques Chinois de bon aspect, discrets et charmants. Marie-Françoise et moi disposons d'une cabine à deux couchettes, lavabo intégré et service assuré par une bonne à la figure déférente. Yao est tout près, à côté, dans les mêmes conditions, il se tient à l'écart, ne nous dérangeant pas, se montrant juste pour servir de steward supplémentaire et veiller à notre confort.

Le bâtiment reste arrimé jusqu'à trois heures du matin. Les moteurs commencent à ronronner, à chuinter, on s'écarte de la rive, on navigue. Les rumeurs humaines s'éteignent et je m'endors. A l'heure douteuse où l'aurore déjà mange la nuit, je m'éveille et je vais sur le pont jusqu'à une plate-forme dominant l'étrave, et là j'ai comme une vision surnaturelle. Il me semble que, sur les côtés, les masses des ténèbres sont plus denses, plus noires, que ces montagnes qui gravissent l'horizon sont de hautes murailles, des bastions de suie. Une lueur laiteuse descend jusqu'au sillon du fleuve dont la surface brille de phosphorescence. Oh! Chang Jiang, oh! grand fleuve, troisième du monde après l'Amazone et le Nil, voilà nos retrouvailles métaphysiques. Immensité... Et pourtant j'ai l'impression d'être dans une caverne, une nasse. Tout tourne, tout vrille, tout est en permanence mouvant. Règne le silence assailli par le déchirement de l'eau qui glisse sur la coque. Mais l'avance est aisée, la manœuvre facile. Où sont les pilotes d'antan qui ne pouvaient compter que sur leur savoir humain? Où est le fantôme d'Archibald Little, le pionnier qui en 1898 remonta le fleuve jusqu'à Chongqing avec un vapeur? Aujourd'hui il doit y avoir des appareils... Toute menace a disparu, le calme plane. Et je suis un peu déçu par cette banalisation que d'ailleurs j'attendais.

La beauté, la magnificence pourtant de ce qui n'est plus un voyage périlleux mais une croisière. La pleine lumière s'épand maintenant sur la nature. Nous sommes seuls au monde, seuls avec cette lame d'argent et ces massifs sombres où croupit une maigre végétation que parfois blessent des saignements de pierres. Les gorges se succèdent, à pic, déchiquetées, râpeuses, leurs flancs s'accotent presque comme si ces chaînes proches du Toit du Monde allaient verrouiller le passage. Au dernier moment une issue surgit, une boucle se découvre, la rivière a scié une trouée, trouvé le point de faiblesse de la masse granitique. Le bâtiment louvoie en se faufilant dans la passe qui se révèle, en suivant l'étroit chenal qui se tord dans la coulée des eaux. Mais désormais ces méandres sont marqués par des balises alors qu'autrefois, dans une espèce d'indifférence à la vie et à la mort, de soumission à la destinée, on ne se donnait pas la peine de fournir le moindre repère. Oh! curieux Chinois si acharnés à profiter de l'existence et en même temps si résignés. La rivière, ils l'avaient laissée telle qu'elle s'était faite, avec tous ses pièges. Depuis la Libération, on l'a enfin aménagée, on a dynamité les saillies les plus traîtresses, on a raboté les obstacles, on a surtout détruit les rocs qui affleuraient, écueils invisibles, ne perçant pas la surface des eaux, sur lesquels tant de navires s'étaient déchirés. Et puis le barrage de Gezhouba, celui que j'ai admiré à Yi Chang, a discipliné le géant.

Notre navire avance sans broncher, à peine de temps en temps frissonne-t-il quand il est aspiré par un vortex, happé par un contre-courant mais ce n'est rien. Je voudrais l'aventure, avoir peur comme jadis et je suis juste sur une grande route, dans un camion marin. A vrai dire, il y a peu de circulation. La navigation a presque disparu. Où sont les flottes de jonques qui passaient ou se brisaient, où sont les haleurs d'antan? Je discerne très bien l'incision continue taillée en corniche dans l'abrupt de la berge, la sente où ils avançaient, voûtés, attelés à leur fardeau, une barcasse grande ou petite. En effet, dans certains défilés, les voiles carrées si particulières aux jonques étaient vaines, demeuraient inertes car le vent ne descendait pas jusqu'au fond de la tranchée du fleuve. Les forçats qui godillaient dans ce Styx ou le frappaient en cadence de leurs rames ne suffisaient pas à vaincre le courant, il fallait absolument des sous-forçats, misérables des misérables, pour, au son du tambour, faire progresser péniblement le rafiot, il fallait absolument des tire-bateaux humains arc-boutés dans leur peine, sur ce chemin incrusté dans la paroi.

Je me perds dans mes souvenirs. Marie-Françoise est épanouie et Yao parfait puisque la croûte est bonne. Il existe une belle salle à manger mais nous sommes seuls à y prendre nos repas, tous rideaux tirés : les notables qui partagent notre pont s'abstiennent d'y paraître, même pour eux, c'est trop cher. Ces messieurs ont donc emporté un peu de nourriture, du riz et des condiments qu'ils font réchauffer je ne sais comment et debout ils avalent ces quelques raclures qui seront leur seule subsistance. Pourtant il s'agit, d'après Yao, de médecins connus de Shanghai appelés en congrès à Chengdu. Certains pratiquent la science occidentale, d'autres sont fidèles aux traditions célestes de la guérison. Je leur explique qu'à Hangzhou j'ai acheté des médicaments au ginseng mais que je ne sens pas accroître mes forces. Ils rient un peu, à peine.

Trois fois, après les gorges les plus terribles, les berges s'écartent, s'adoucissent, le Yangzi prend un aspect bucolique et charmeur comme une Loire gigantesque. Douceur des grèves, attrait des collines surmontées de villages, le plaisir de retrouver l'humanité. Le fleuve est tout assagi, seules traces de sa violence, des niveaux peints sur les rives. Échelles de crues, échelles mémorial, vingt mètres, quarante mètres, cinquante mètres, les flots qui en une nuit ravagent tout. Aussi les bourgades ont-elles une architecture très spécifique. La laisse d'abord, visible uniquement aux basses eaux et où il n'y a rien, puis en haut de cette lie, des paillotes sur pilotis, des terrains vagues où s'installent des marchés et enfin des escaliers majestueux et roides qui mènent au zénith, je veux dire à la ville. A chaque arrêt de notre bâtiment, le rite est le même : les planches et les pontons, les marchands qui arrangent leurs étals, les femmes à la lessive et toujours l'escalier vertigineux, épuisant. Une foule jaillit du navire le temps de faire quelques emplettes, débarquement, embarquement, nous ne bougeons pas, certains de ces lieux étant encore interdits aux étrangers non munis d'une autorisation spéciale.

A Wanxian toutefois nous sommes sortis du bateau et nous avons grimpé jusqu'à l'antique cité, célèbre pour ses soies mais aussi pour ses brigands et pour son Seigneur de la Guerre qui en 1926 avait osé s'attaquer aux étrangers, s'attirant ainsi de sévères représailles des Britanniques. Je voulais évoquer mes fantômes, mes soudards, mes marins guenilleux et mes mendiants. Évidemment, plus trace d'eux. Parvenu au sommet de l'escalier, tout essoufflé, je ne vois que gens ordinaires dont les traits pourtant me paraissent plus accentués, presque primitifs. Est-ce le signe que nous avons pénétré au Sichuan ? Pour le reste, tout est bien convenable, rien que des boutiques de vannerie, de rotin et de bambou tressé, rien que des maisons de thé en plein vent, où l'on sert un jus noirâtre dans des tasses sales. Je voudrais boire mais Yao me l'interdit, cette boisson est nuisible aux intestins délicats des « amis étrangers ». Les amibes d'Albert... ses boyaux sacrifiés à la grandeur de la France. N'ayant pas les mêmes ambitions, j'écoute Yao-amah et me perds dans la contemplation d'une vraie nouveauté, d'innombrables stands de tir où s'exercent enfants et parents. Savent-ils que leur fameux Seigneur de la Guerre avait abattu une bonne dizaine de ses concubines à coups de revolver ?

Si les ombres de ma jeunesse avaient disparu, les mânes de la Chine, elles, ne nous ont pas quittés. En effet, les médecins chinois ne

Le Fleuve Bleu - Chongqing

cessèrent pour nous d'égrener la mythologie du fleuve, de montrer les monts et les rocs qui ont des formes d'animaux et inspirent des légendes, de faire sentir les puanteurs des génies mauvais et les parfums des fées bienfaisantes. Souvent, ils ont évoqué les héros des récits anciens et surtout le paladin Zhu Geliang qui au début du IIIe siècle protégea le royaume de Chu (le futur Sichuan) contre les désirs affreux de deux autres royaumes, celui de Wei et celui de Wou. Grâce à eux, la nature était soudain tout imprégnée d'Histoire et j'ai aimé retrouver avec eux l'essence immémoriale de la Chine. Zhu Geliang, le sage... A Chengdu j'irai voir ton temple, toi dont les Chinois ont fait le symbole de l'intelligence, toi qui dans ces gorges inventas les machines de guerre, les ingénieuses intrigues de la stratégie en te servant de reflets, de mirages, d'apparitions pour tromper l'ennemi et lui faire croire à des illusions qui causeraient sa perte. Il me plaît que l'art militaire chinois ait été imaginé ici.

Des siècles et des siècles après, le Sichuan mythique allait devenir le dernier verrou contre la guerre immense, une poche de résistance dans la conflagration mondiale. Chongqing, promue capitale de la Chine, deviendrait un symbole de liberté. On se souvient qu'en 1937 les terrifiantes forces du Mikado avaient massivement attaqué les troupes de Tchang Kaï-chek à Shanghai. On se souvient que celles-ci après une défense héroïque s'étaient repliées le long du Fleuve Bleu... On se souvient de la grande traque, de la poursuite hallucinée, de l'horreur des massacres de Nankin et, tout au long du fleuve, de la chute des cités riveraines. Mais cette avance sauvage s'était peu à peu ralentie. Tchang Kaï-chek avait eu le temps de faire démonter les usines, les manufactures, les laboratoires et même le fameux arsenal d'Hankéou. Lesquels, en pièces détachées, avaient été transportés à force de coolies jusqu'à Chongqing. Tout avait été reconstitué et le Généralissime avait disposé dans ma ville natale du minimum d'industrie nécessaire à la poursuite des hostilités. Et puis Hankéou vidée de sa population et de toutes ses fabriques, surtout de ses hauts fourneaux, avait été occupée par les Nippons. Poursuivraient-ils? En 1938, ils s'étaient enfin arrêtés devant les célèbres défilés.

Ainsi les gorges ont-elles été décisives pour l'Histoire de la Chine et même pour celle du monde. Elles ont permis à Tchang Kaï-chek de tenir contre l'avalanche japonaise, sans l'appui de l'univers qui l'avait abandonné. Il s'installa avec son grand état-major et ses troupes à Chongqing et y demeura jusqu'à ce que la situation changeât, que le globe entier fût happé par la tourmente, qu'après Pearl Harbor les Américains fussent arrivés comme alliés et qu'ensuite éclatât la bombe atomique sur Hiroshima. Oh! La gloire de Tchang Kaï-chek à Chongqing, un Tchang Kaï-chek alors associé aux Rouges dans la croisade antinippone! Le héros Tchang Kaï-chek... Un drôle de héros à la vérité.

Si les forces terrestres étaient immobilisées devant les gorges, les avions, eux, les survolaient. Certes, je n'ai pas vécu ces temps-là à Chongqing dont le nom signifie double bonheur, mais j'ai lu les récits et vu les images de bombardements aériens alors sans précédent sur la planète. Ce fut un anéantissement méthodique. Les « Zéros » et les autres appareils nippons surgissaient en formation de dix-huit ou de vingt-sept essaims qui plongeaient en raids incessants. Des morts par milliers. Aucune défense que le courage, subir et supporter. Chongqing se truffe d'abris percés dans le calcaire. La sirène, au loin les vrombissements qui se rapprochent, la multitude qui, aux coups de gong, s'engouffre dans les grottes creusées à mains d'hommes, tous les êtres entassés dans les ténèbres. Chongqing martyre. Mais Chongqing qui dure sous le fer et le feu. Les brumes du fleuve l'aideront. A certaines époques, en effet, la ville est enveloppée de brouillards si denses que les avions de mort n'osent pas décoller de leurs bases, en aval des gorges, de peur de se briser sur les montagnes que cachent ces nuées. Six mois par an, c'est ainsi. Dans les jours lumineux de la belle saison, quand l'air est d'une pureté éblouissante, quand la température monte à plus de 40 degrés, l'enfer à nouveau s'abat. Chongqing incandescente et meurtrie résiste pourtant à l'épreuve, Chongqing devient l'emblème du patriotisme chinois pendant que, sur le reste du pays, à longueur d'années, la guerre s'enlise. Mais comment ma ville a-t-elle supporté tout cela? Quelles cicatrices, quelles métamorphoses vais-je trouver?

Moi, j'ai de Chongqing un souvenir magnifique et terrible. Mon Chongqing domine un carrefour d'eau, un confluent fabuleux où le Jialing du fond de sa vallée encaissée vient se jeter dans le Yang Tse-kiang. Entre les deux fleuves qui vont se joindre, qui se joignent, s'avance un massif escarpé, immensément battu par les flots et se dressant d'un jet, sauvagement. En bas, le jeu des crues, leurs déchaînements, la fureur aquatique, les escaliers prodigieux aux marches innombrables usées depuis des siècles par les pieds nus et calleux des pauvres et par les pantoufles des riches. Plus haut, la cité commence au-dessus de la ligne des plus fortes inondations.

L'odeur. Chongqing comme une maladie, comme une pelade infectant le roc auquel la ville est accrochée. Par-ci par-là de beaux yamens, des palais, quelques temples aux tuiles vernissées, des porches et des parcs. Et même quelques artères bien pavées aux boutiques regorgeant d'objets précieux quand le Seigneur de la Guerre a rapporté de quelque expédition un bon butin qui se vend par l'entremise de marchands très vénérables. Ma mère savait que c'était l'occasion d'acheter... Mais surtout des venelles abjectes, le faisceau des misères, les gueux aux épaules fracassées par les palanches et qui apportent en grimpant la forêt des marches l'eau à la population, toute l'eau nécessaire à la vie. Combien étaient-ils ces misérables, trente ou quarante mille, à tourner dans leur noria mortelle? Ils redescendaient chargés de baquets pleins de matières expulsées par les habitants, remplis de toute l'abondance fécale de la cité. Au bas des escaliers de Chongqing se tenait le plus grand marché de merde du monde, avec des produits de toutes qualités, les plus nobles et les plus médiocres. Cela grâce à l'art judicieux de mélanger les étrons – il y en avait même de faux, des imitations en argile. Les acheteurs, des paysans, marchandaient puis s'en retournaient en barque vers leurs villages et leurs champs munis de leur trésor, de leur or liquide.

Comme Albert racontait cela! En 1910, il avait été nommé consul à Chongqing, « port à traité » depuis 1891, mais où il n'existait pas de concessions étrangères. Ce qui confortait mon père en ces temps incertains, c'était la présence d'une canonnière française, l'*Olry*, puis le *Doudart de Lagrée*, amarrée sur l'autre rive du fleuve, juste sous un édifice baptisé « la Bastide » et qui deviendrait la caserne « Odent ». Il y avait aussi des bateaux étrangers, une canonnière anglaise, le *Woodlark*. Sur ces bâtiments légers, rien que des officiers d'élite, de jeunes enseignes brillants, des premiers de l'École navale, ceux qui aimaient l'aventure, une internationale de futurs amiraux. Les Français venaient souvent au consulat où ils apportaient comme une mondanité fleurant le faubourg Saint-Germain. Albert faisait bon ménage, prudemment, avec les hobereaux tout juste pubères, qui représentaient les ennemis héréditaires, mais dans le lointain Chongqing on ne pensait pas tellement aux hostilités ataviques : la communauté européenne avait montré des sentiments endeuillés lorsqu'une canonnière teutonne avait été coulée. Tous ces jeunes hommes parlaient inlassablement du fleuve prêt à drosser leurs jolis navires sur des récifs. Il arrivait aussi que d'un recoin de la rive, des pirates-soldats vinssent bombarder leurs nacelles, alors ils répliquaient de tous leurs canons. Ces Célestes étaient très bien armés : des mercantis blancs leur vendaient de l'excellent matériel. Et les canonnières si ravissantes n'étaient que des coques de noix aux tôles minces, faciles à percer. C'était périlleux, c'était amusant... Il fallait merveilleusement sentir, deviner, diriger le fracas des armes dans le fracas du fleuve. Quand même, ils étaient rassurants au mouillage, ces minuscules bateaux de guerre si bien briqués.

Je sais que c'est un médecin de marine qui a délivré ma mère de moi, avec maladresse : il n'était pas habitué aux accouchements cet homme. Je sais que lors de ma venue au monde, à Chongqing, j'ai fait souffrir Anne Marie, que je l'ai blessée. Ma douce Anne Marie. Il me tarde maintenant de retrouver le consulat où je suis né il y a si longtemps. La longue remontée du fleuve depuis Yi Chang, ces six cent cinquante kilomètres de navigation, n'avait pas d'autre but.

A l'approche de la ville, la nature est somptueuse, un flamboiement de bananiers, de bambous, de banians et de camphriers, des buissons de rhododendrons, des bosquets éclatants. Le fleuve s'évase en un bief où l'eau est immobile, lisse, à peine parcourue d'ondulations moirées. Et soudain je découvre les prémices de la laideur, des cheminées d'usines, des ateliers, des chantiers, des crassiers, des buildings quelconques. Surgit Chongqing. Où est mon roc, où est ma ville ? C'est comme si ce paysage tellement extraordinaire avait été submergé par une inondation urbaine. Plus de mystère, plus d'abîme. Une uniformité a supprimé la beauté, a rasé la montagne, ne laissant qu'un conglomérat utilitaire d'HLM et d'usines, une tache d'industries, plus terrible que les anciennes maladies de peau de la misère. Ici comme ailleurs, l'antique magie s'est métamorphosée en immensité de la banalité.

A Chongqing, il n'y a toujours pas de port. Juste une grève, du sable, une petite foule, les fameux escaliers qui me paraissent mesquins, inutiles. Une route désormais descend des hauteurs jusqu'à la lie du fleuve. Une voiture noire nous y attend, deux même. Pour nous accueillir toute une troupe chaleureuse, des saltimbanques de l'Association des journalistes de Chongqing. M. Yao se présente, nous présente, cartes de visite, congratulations ponctuées de rires, de gloussements de joie, de hoquets de bonheur. Une politesse empreinte de vrai plaisir. Le chef, M. Zhao Xiao Ci, est un minuscule bonhomme aux formidables lunettes. Il trépigne d'attendrissement, se démène de tous ses petits membres. Le comble de l'amabilité céleste, presque de l'enthousiasme sincère. Ce personnage, je l'ai déjà surnommé « Souris myope ». Il commande une cohorte très efficace de journalistes, une femme, deux costauds, deux chauffeurs. Tous connaissent mon histoire, ma naissance dans le Chongqing d'antan. Ils savent que je viens rechercher mon passé, cela les amuse, les trouble et ils veulent m'en faire une fête. Petite conversation. Souris myope me dit d'un filet de voix :

« Vous êtes mon compatriote, mon ami, mon frère, mon honorable patriarche. On trouvera le consulat, on trouvera. »

Marie-Françoise bénéficie aussi du fantastique accueil, elle est plus blonde que jamais sous le soleil du Sichuan, toute souriante, toute divertie, un peu folâtre, un peu émue. Moi, je me sens bizarre, le cœur serré par le passé qui me rattrape là, par ma vie qui commence là, quelque part dans la cité.

Nos deux voitures montent en lacet jusqu'au sommet de la ville. D'autrefois il ne reste rien. Plus de senteurs, plus de bruits, plus de peuple hilare et querelleur, plus de chaises à porteurs, plus de caravanes de mulets, plus de coolies écrasés sous l'effort, plus de notables en robe de soie, plus de dames entrevues à l'intérieur de leur palanquin, plus de relents merveilleux ou misérables. Chongqing est une mégalopole inodore, en bleu de chauffe ou en chemise, une ville à la fois ennuyeuse et stupéfiante dont la population de cinq cent mille habitants environ lorsque j'y suis né a sauté à quatorze millions (y compris les districts tout de même !), une ville qui s'étend sur les collines jusqu'au bout de l'horizon, une ville multiple que divisent les coupures des fleuves et des ravines plus petites, formant autant d'agglomérations distinctes et cependant réunies. Les gens, paraît-il, demeurent dans leurs quartiers, travaillent là, dorment là, mangent là : rien que des manufactures, des dortoirs et des réfectoires. Cela fait autant de satellites autour du centre de la ville, de mon pic natal, le vrai Chongqing.

Mais je ne reconnais rien, c'est un tohu-bohu de rampes, un chaos de pentes, un morne charivari rouge, sans vélos toutefois – ça grimpe trop. Sous les chapelets de bombes, palais et masures ont disparu et, malheur, l'architecture nouvelle qui a remplacé ces vieilleries n'a aucune splendeur. Comment a-t-on osé annihiler mon Chongqing ? Je me sens blessé par ce qui a été construit, cet enlaidissement pourtant commun à tant de cités chinoises : ici, me dis-je, on n'aurait pas dû. Alors, quel bonheur pour moi quand j'aperçois un vestige, un reste de l'ancien rempart crénelé, un bout de parc, une ruelle moussue, ma ville qui demeure.

Dans cet imprévu, nous aboutissons au comble de l'absurdité, à un Temple du Ciel super-format, une imitation géante et franfreluchée du suprême temple de Pékin mais flanquée de deux ailes. Il y a là les voûtes, les dômes, les colonnes, les toits, les scintillements de l'espace éternel, et aussi des excroissances moins sacrées. Ce monument dédié à toutes les Chines du passé, achevé en 1956, devait être le sanctuaire du peuple du Sichuan. Hélas, au moment où cette œuvre se mit à briller de toute sa gloire, le firmament fut condamné et aussitôt l'infâme architecte jeté en prison pour dépenses somptuaires. Il reste une grande salle pour recevoir les représentants de l'Assemblée provinciale lors de ses rares délibérations mais désormais l'essentiel de cet énorme gâteau mal foutu sert d'hôtel. C'est dans cette boîte destinée à soutirer des devises aux ignobles hordes pâles que nous logerons.

Souris myope nous dépose avec nos bagages devant un perron. Là traînaillent quelques grooms habillés comme des chasseurs de chez Maxim's. Étrange effet en cet endroit qui sent les écailles du dragon... On nous laisse hisser nos valises jusqu'à un hall de réception qui suinte le sur. Une aigreur douceâtre nous envahit, l'odeur d'un laisser-aller complet dans une chaleur moite, débilitante. Tapis usés, banquettes usagées et des hôtesses à l'indifférence ostentatoire. Il nous faut presque attendre une heure, le temps que ces dames de la bienvenue se soient suffisamment réveillées pour se crêper le chignon. Elles aussi sont déguisées... leurs jabots, leurs dentelles. Après leur querelle, elles se réassoupissent : impossible de les remuer, ces statues de sel. Devant nous un jeune Américain essaie de les animer, il gueule, bon yankee sûr de son droit qui clame qu'on lui avait promis une chambre avec salle de bains attenante et air climatisé. Rien de tel et pourtant il paie un prix exorbitant. Cette réclamation équitable et sonore tombe dans de l'ouate, et l'ouate chinoise, c'est de l'indestructible. A tel point que l'Américain, quoi qu'il en ait, épuisé d'avoir crié pendant une demi-heure, renonce à obtenir justice et s'en va à bout de force.

Quel sera notre sort ? Nous sommes recommandés tout de même. Par de longs corridors décrépis, une de ces princesses finit par nous conduire à un cagibi, avec vue sur une cour goitreuse et une salle de bains-buanderie. Yao se met à protester avec une véhémence extrême. Mais même lui se heurte au mur de l'inertie et doit abandonner. Pris de découragement, nous décidons d'aller déjeuner. Salle à manger où quelques couples blancs avalent avec lassitude une nourriture infecte. Yao ne réagit plus, il est résigné à cette Chine désagréable dont il a honte.

Surviennent Souris myope et les siens qui me traitent comme un bienheureux, comme un miraculé. Dès l'après-midi, toute la troupe, encore renforcée en nombre, me transforme en héros de légende, en baladin de la cité. Trois voitures noires cette fois quand nous sortons ! On me donne la ville. Les gens de Chongqing – hormis les salopes soubrettes de l'hôtel – se révèlent de bons vivants qui jouissent de la vie de toutes les façons permises. Rien ne sera trop beau pour moi. On me fait assister à des spectacles où des ballerines en longues chemises roses arrachent à d'anciens crincrins des sons douceâtres et biscornus. On me fait voir aussi – ça s'est répandu jusqu'à Chongqing, ça pullule partout – des messieurs Drucker jaunes, des acrobates, des danseurs genre cosaques ou façon *Après-midi d'un faune,* des prestidigitateurs qui heureusement n'escamotent pas le lapin blanc bénéfique que j'aperçois dehors, dans la lune qui est ronde et pleine. Nous nous promenons à travers les marchés de nuit où des torches fuligineuses jettent d'étranges reflets sur des fruits hérissés de pointes qui sont délicieux, sur des légumes géants qui sont très tendres quand on les mange mi-crus, mi-cuits. Ces randonnées se terminent dans de sombres tavernes. Là, nécessairement, rituellement, banquets de cinquante plats où défilent toutes les spécialités épicées de la célèbre cuisine du Sichuan. Souris myope fait admirablement les choses : il se lève à je ne sais combien de reprises et après avoir cogné son verre contre le mien, boit à mon éternité, moi le Blanc de Chongqing qui ne mourra jamais, il boit aussi à Marie-Françoise qui conservera sa délicate beauté, il boit, nous buvons, ivresse... Des jours durant Souris myope infatigable m'offrira tout.

Mais il s'agit surtout de retrouver le lieu de ma naissance, le consulat de France, le consulat d'Albert et d'Anne Marie, le consulat qui n'aurait pas été rasé pendant les bombardements japonais et qui aurait servi d'ambassade pendant toute la guerre. Souris myope s'agite et un matin, la figure plissée de malice, il me mène dans une partie encore exquise de la ville, par d'anciennes ruelles bien pavées, fermées de murs que coupent de temps en temps les portes rouges de quelque yamen. Un silence précieux baigne ces lieux qui surplombent le Yang Tse-kiang, un Yang Tse-kiang paisible, immense, glorieux, le Yang Tse-kiang légendaire. Nous nous arrêtons devant une grille peinte de jaune qui domine une cour verdoyante. En contrebas s'élève une maison de pierre, à arcades, à galeries, aux fenêtres plaisantes, aux pièces claires. Une sorte de tendresse là... Ce serait mon consulat. Il me semble que je suis dans un autre monde que j'aborde avec une certaine incrédulité, je ne peux me convaincre qu'en cet endroit a surgi une vie inconnue, une vie essentielle, la mienne. Et au dernier moment, en effet, un doute s'installe en Souris myope. Ne serait-ce pas plutôt le consulat britannique ou même l'allemand? Il discute avec ses acolytes. Des curieux se sont rassemblés autour de notre groupe, Souris myope les interroge, ils sont étonnés, ils ne savent pas bien. Enfin apparaît un Chinois très vieux, aux souvenirs très antiques et très sûrs qui tranche en faveur de la France. C'est décidé. Voilà la maison où je suis né, moi Lulu le Chinois.

Nous poussons la grille, nous descendons quelques marches qui mènent à un maigre gazon flanqué de quelques buissons et de quelques plates-bandes de fleurs un peu ratatinées. Nous sommes dans les arrières de la demeure, dans les anciens communs, où logeaient nos domestiques et leurs familles. Nous avançons de quelques pas. Soudain nous sommes pris dans un concert de rires et de piaillements. De partout jaillissent des petits Lulus jaunes, des garçonnets et des fillettes de deux ou trois ans, vivaces, gais, pomponnés qui batifolent, courent après nous, nous cernent : le consulat est devenu une pouponnière. Ah! Les bambins ne sont pas craintifs en présence des « Barbares », au contraire nous sommes leurs jouets. On leur raconte que j'ai vécu là tout petit comme eux, que même j'y suis né. Alors tous en un chœur rigolard me chahutent : « Ainsi donc, toi, tu es notre grand-père. »

Par un grand corridor qui traverse l'habitation, suivi de la bande des gosses tout excités, je suis allé jusqu'à une large terrasse, jusqu'à un perron majestueux. Par-dessus une jonchée de toits recourbés, on aperçoit le Yang Tse-kiang qui nous est comme offert, qui jadis était notre propriété. Sur cette terrasse, aux heures apéritives et digestives, Albert et Anne Marie s'étendaient sur des chaises longues en compagnie de leurs invités. Ils recevaient beaucoup, surtout des officiers de marine dont ma mère appréciait infiniment la distinction. Les boys servaient les boissons, Albert fumait son cigare. Anne Marie toujours un peu distante envers son époux souriait à ses hôtes avec une avenante retenue. Le consul dominait la conversation de sa grosse voix et de sa bonne humeur : le ton était à la plaisanterie, surtout lorsque la Chine grimaçait, montrait sa tête de haine et de mort. Mais quand Albert parlait doctement, il rasait tout le monde et autour de ma mère se créait comme une galanterie dont il se sentait exclu. Il arrivait que mon amah Li m'apportât dans ses bras pour montrer le chef-d'œuvre que j'étais.

Les mioches me tracassent toujours très gentiment. Je comprends que je dois m'amuser avec eux, ils s'accrochent à moi, m'entraînent dans un cache-cache plein de gaieté et lorsque un peu las, je m'assieds sur une des marches du perron, ils me grimpent sur les genoux. Deux ou trois enragés me fourragent les cheveux : j'en ai assez de ces badinages puérils. Mais tous mes Chinois, Souris myope en tête, sont ravis et je continue à faire mon guignol. Photos avec ces lilliputiens qui m'enchaînent. Jolies photos.

Enfin je suis libéré et tout le groupe rentre dans la maison sous les yeux des puéricultrices bien obligées de nous la laisser examiner. En bas, les grandes pièces qui servaient de salons et de salle à manger où Albert et Anne Marie conviaient les notabilités du cru pour de fastueux repas – ma mère avait dressé les maîtres queux à faire de la cuisine ancenienne. S'accomplissaient les rites des kampé, des rots et des dégueulis. Albert était superbe dans ces honorables manifestations et Anne Marie apprenait à ne pas s'en offusquer. Si c'était un Seigneur de la Guerre, brillaient tout autour les baïonnettes des soldats. Temps enfuis... Ces pièces servent maintenant de réfectoire ou de salles de classe.

Un escalier aux larges marches en bois de fer conduit au premier étage. Là, les vastes chambres sont devenues des dortoirs où s'entassent d'innombrables berceaux, ceux de mes petits compagnons de jeu qui nous ont désertés et que j'entends chanter leurs leçons en un bourdonnement nasillard. Dans l'une d'elles, un lit « occidental » dont le matelas et le sommier ont disparu, remplacés par des planches. Me vient la certitude que je suis né ici, très exactement ici. Oui, en cet endroit, Albert m'a tenu dans ses bras, moi tout juste apparu au monde, tout rouge et tout simiesque, un ouistiti nu à la chair pas mûre et qui hurlait. M. le consul reluisait d'orgueil paternel tandis que, sous les draps, gémissait une Anne Marie meurtrie. Dans un retour de conscience, elle m'a réclamé et m'a reçu sur son sein puis elle s'est endormie. Comme ils m'aimaient... Mais l'excellent docteur, celui de la marine nationale qui avait charcuté Anne Marie, avait commis une autre faute, il avait décuplé le nombre de certaines gouttes qu'on verse sur les paupières des nouveau-nés. Quand mes yeux s'étaient ouverts, ils étaient tout blancs, morts. L'angoisse de mes pauvres parents, au fond si seuls dans cette Chine de 1914... Quelques semaines plus tard j'étais guéri, prêt à me repaître de ma Chine.

Après avoir vécu tant de vies, que ma vieillesse rejoigne enfin ma jeunesse la plus extrême en ce bout du monde me chavire. Puis-je dire que je suis ému ? Je suis plutôt stupéfait, comme devant un mystère pas tout à fait dénoué. Et resurgit la pensée douloureuse d'Anne Marie morte, si mal morte. Et je songe à mon père, lui très décemment décédé après un second mariage et d'autres enfants, cet Albert que je méprisais pour imiter en tout la trop sublime Anne Marie. Quel fracassement que d'être, que d'exister.

Cependant les doutes me reprennent : s'agit-il réellement du consulat de France ou n'est-ce qu'une hypothèse dont on m'a fait, par pure gentillesse, une vérité. Pour effacer mes incertitudes on me montre alentour les traces d'une présence catholique et française. A cent mètres de là se dresse ce qui fut l'hôpital dirigé par les bons pères, une bâtisse colossale construite en 1900 – cette date est encore gravée dans la pierre –, un symbole de l'ancienne puissance des missionnaires en Chine. A peu près intacte, elle est aujourd'hui devenue une école de médecine traditionnelle. Les professeurs et leurs élèves nous reçoivent avec bienveillance en ce lieu où le ginseng a remplacé l'hostie et même ils nous vantent la qualité des soins donnés jadis par les religieux. Temps changés, monde changé... Mais je suis convaincu maintenant, la pouponnière a bien été mon berceau. Dans ce minuscule quartier chinois, l'alliance du faisceau de la République et de la croix des guérisons me le prouve : autrefois tout cela se rassemblait, se conjuguait. Pourtant je serais encore plus persuadé s'il y avait à proximité une église, celle où j'aurais été baptisé : la France est là, le Dieu des corps aussi, le Dieu des âmes ne doit pas être loin. Je m'enquiers. Eh bien cette église, elle est toute voisine, elle est dédiée à saint Joseph.

Je veux y aller, j'ai le désir fou de retrouver le lieu sacré où l'on m'a emporté dans mes langes pour recevoir l'eau lustrale, je veux voir mon acte de baptême. L'église est entière elle aussi, une église en brique, style fin de siècle mi Saint-Sulpice mi-gothique, comme il y en a tant. Au-dessus des portes des bas-côtés, deux étoiles rouges flambantes, les étoiles du communisme, mais aussi des croix, rouges également, la conjonction des mystiques. J'entre dans la nef humide et pénombreuse, tout au fond, par-delà les travées, brille une petite lumière, signe de la présence de Dieu. Surprise, j'aperçois aussi toutes les bondieuseries qui souvent en France ont disparu. Que de Christs dans ce clair-obscur! Le Christ du supplice, le Christ de la douleur, le Christ des miracles, le Christ absolvant la pécheresse, le Christ rompant le pain avec les apôtres, le Christ du mont des Oliviers et le Christ de la splendeur, celui de la Résurrection, tous bariolés, naïvement peinturlurés, d'un mauvais goût fervent. La Vierge surabonde, qui est la Guanyin de la légende chrétienne, tant de Vierges, toutes les Vierges, la Vierge de la Nativité, la Vierge à l'Enfant, les Vierges de la souffrance, de la grande joie, de la charité infinie, des consolations, la Mater dolorosa, la Mère de Dieu, la Mère du Monde, la Reine du Ciel. Quant aux saints, c'est la collection intégrale. On n'a que l'embarras du choix, de saint Georges perçant l'hydre jusqu'à saint Sébastien enfléché. On trouve aussi des saintes, toute pureté, toute grâce, même dans les atrocités et les offenses ignobles. L'autel nappé, fleuri, sent l'ostensoir, le calice et le ciboire. Quantité de confessionnaux, une chaire gigantesque d'où le prêtre doit faire retentir la voix du Tout-Puissant. Messes en latin, chants grégoriens. Les fidèles nombreux, disciplinés, obéissent à leurs pasteurs qui les tiennent d'une main de fer. En Chine l'usine de l'aveu et du pardon fonctionne bien.

Nous demandons à être reçus par le curé. « Il est sorti, nous répond un bedeau méfiant, il ne reste que le vicaire qui fait la sieste. » Souris myope ordonne sans appel : « Qu'on le réveille et qu'il vienne ! » Au bout de quelques minutes, apparaît un petit homme sec, très circonspect, qui nous jauge. Je devine une peur en lui car cette rencontre est imprévue donc grosse de dangers. Manifestement il s'interroge sur notre commando, ces Rouges manifestement gens puissants, Marie-Françoise qui ressemble à une Marie-Madeleine, cheveux impies épandus, et moi, vieillard d'on ne sait quelle espèce. Quel est notre but? Le vicaire attend silencieusement qu'on le lui explique, ce que nos accompagnateurs entreprennent de faire le plus courtoisement possible. Parlant tous à la fois, ils lui dépeignent avec chaleur ma situation particulière et intéressante, comme s'ils voulaient le persuader que je suis pour ainsi dire une de ses ouailles. Mais les chrétiens sont alertés et même sort de la sacristie une ancêtre méfiante qui vient nous contempler longuement et s'en retourne enfin après s'être signée plusieurs fois. Le vicaire, lui, écoute impavide, avec une attention intense mais neutre. Et c'est moi, à mon tour, qui m'interroge. Qu'est-ce que c'est que cet individu, ce petit gradé du catholicisme qui n'est pas même ensoutané comme ses confrères de Shanghai? Avec sa chemise bleu pâle, dont les pans flottent au-dessus d'un pantalon gris de bonne coupe, avec ses belles chaussures noires et ses mains manucurées, il a tout du dandy à la chinoise. Il continue d'écouter les surabondantes phrases et paroles de notre escorte, avec une sorte de mépris. Est-il toujours en train de se former un jugement, de se préparer un comportement – ou bien s'ennuie-t-il? Alors je me lance dans l'arène avec véhémence, j'ai du Mgr de Guébriant plein la bouche, je me proclame le catéchumène, le baptisé du lieu. Mais je n'éveille pas davantage son intérêt. Mes soupçons s'accroissent : est-ce vraiment un ecclésiastique, un homme de Dieu, ce personnage qui ressemble à un commissaire de police, ou plutôt à un commissaire politique?

J'ai peut-être tort de le juger aussi sévèrement. Sans doute n'éprouvait-il qu'une angoisse extrême dont il émerge enfin. Car il s'anime, et même il s'exprime en termes étonnants, en termes de commerce. Dans un véritable flux, il vante la paroisse comme un business, il parle, il parle, il est sincère, il est heureux, il exulte. C'est que cette cure-ci, c'est la meilleure affaire qui soit. Gestion saine d'un stock de dix mille chrétiens – la Chine en compte trois millions – excellent rendement, trois messes par jour, les bénédictions, les complies, les grandes cérémonies du dimanche. Il y a des conversions, un séminaire, des ordinations. Et quelles oboles! Aussi les finances sont-elles très bien équilibrées, 40 % pour l'entretien des prêtres, 60 % pour les réparations du sanctuaire.

Soudain j'interromps ce bilan et je m'accroche à ce marchand du temple. Mais j'ai beau lui jeter à la figure mes histoires et mes désirs, il n'est aucunement ébranlé. Oh! la sale petite tête de belette, de rat, de rongeur. Mgr de Guébriant, il n'en a jamais entendu parler, les missionnaires français, il ne les a pas connus, c'est d'autrefois tout cela, d'avant. Je lui réclame le registre des baptêmes, Lucien Bodard né en janvier 1914, baptisé le... par Mgr de Guébriant, on trouvera bien la transcription de l'événement. Je me complais à imaginer la scène, moi minuscule braillard en mes belles nippes brodées, moi porté par Anne Marie flanquée de son Albert et accompagnée de témoins. Quels témoins, je ne sais, on le découvrira tout à l'heure en voyant leurs signatures sur les feuilles jaunies du registre. A ma quête, à ma requête, le vicaire répond par une toux sèche que je ne connais que trop, celle du refus...

Comment cet avorton ose-t-il? Ma meute se jette sur lui. Souris myope, Yao, même Marie-Françoise, la délégation entière piaille et proteste, participant de mon émotion. Passée cette fureur, le vicaire cesse de ricaner et hâtivement, à petits mots lisses, des pierres dans le néant, gémit presque : « Certainement, certainement, j'aurais voulu, j'aurais désiré... Mais ce n'est pas possible!» Là-dessus de déclarer que toutes les archives ont été détruites pendant la Révolution Culturelle. L'église a été fermée pendant douze ans, les religieux dispersés – le saint lieu lui-même n'a pas été trop endommagé parce que les Gardes Rouges de Chongqing en avaient fait leur quartier général. Mais les ornements sacrés, les objets du culte, les cahiers et les recueils marqués de la croix ont été anéantis ou brûlés, il ne fallait plus rien qui indiquât la présence de Dieu. D'où je conclus que toutes les saint-sulpiceries de la nef sont de fabrication récente. Mais le vicaire enchaîne sur Dieu qui a permis la chute de la Bande des Quatre. Alors le communisme purifié a rendu le Christ au peuple et le sanctuaire restauré a été réouvert solennellement par l'évêque de Chongqing sous l'égide des autorités. Les fidèles avaient conservé leur foi, la chrétienté s'était reconstituée, encore plus fervente après cette longue et dure épreuve.

Le vicaire a les traits huilés de satisfaction. Désormais tout est bien, tout est merveilleux grâce au Parti qui aime les catholiques patriotes. Catholique patriote, il en est un évidemment. Il me toise. Je lui casserais volontiers la figure. Je suis déçu, affreusement déçu, j'aurais tant voulu retrouver l'acte qui me promettait la vie éternelle.

Une inspiration me vient. Je veux au moins voir les fonts baptismaux. Nouveau rire grinçant du vicaire, cela aussi a été mis en morceaux et maintenant on baptise les nouveau-nés dans une bassine. Mais bientôt, grâce à la générosité du Parti et de la congrégation, on en achètera un neuf, tout beau, bien meilleur. Je veux m'en aller, Marie-Françoise me fait signe d'être sage et surtout le vicaire me retient. Il pétille, il déborde de confidences : c'est lui le vrai maître de la paroisse parce que le curé est vieux, très vieux... Un saint homme qui a beaucoup souffert et qui se repose sur lui. Il nous fait visiter en propriétaire ces lieux pleins de l'odeur des lys. Nous avons tout admiré, cela ne lui suffit pas. Plus près de toi mon Dieu. Il entreprend de nous faire monter tout en haut du clocher qui n'a pas été complètement remis en état. Longue ascension par un escalier pourri. Enfin nous arrivons au sommet, devant l'airain de cloches énormes et très anciennes. Celles-là, me dis-je, ont dû sonner pour mon baptême. Est-ce que le vicaire a eu une intention gentille? En tout cas, il me montre le mécanisme qui les actionne, un rouage compliqué où est gravée une inscription : cela a été fabriqué dans le Jura en l'an de grâce 1893.

A cette époque, les pères des Missions étrangères semaient le bon grain à toute volée à travers la Chine. Pour leurs brebis jaunes, ils exigeaient des prébendes fantastiques. Au moindre chrétien un peu taillladé, un peu occis, il fallait qu'Albert retrouve les assassins, les fasse exécuter et qu'il obtienne d'immenses réparations, d'incroyables dédommagements financiers. Mais ils étaient français ces pères, ces saints pères fricoteurs, et parfois, prétendait-on, fornicateurs. Ils étaient français je le répète et M. le consul de France les soutenait contre les Chinois, les centaines de millions de Chinois qui n'appréciaient guère les convertis, ces renégats, ces vendus à l'étranger, ces « fidèles du bol de riz ».

Albert à Chongqing... La francisation avant tout mais pour cela les missionnaires ne lui suffisaient pas. Il leur avait ajouté des instituteurs tout à fait laïques. Maintenant me hante une question qui restera sans réponse, j'aimerais bien savoir si mon père n'a pas eu son petit rôle, s'il n'a pas, certes très inconsciemment, contribué à rougir l'avenir de cette Chine médiévale où il besognait. Anne Marie m'a raconté que dans ses débuts consulaires il avait fondé une école sans goupillons, où l'on enseignait notre langue à de jeunes Sichuanais. Il choisissait lui-même soigneusement les élèves et recrutait des professeurs à Shanghai ou en Indochine, surtout des métis, parfois de purs Annamites. Je l'imagine arpentant son établissement, le lorgnon sur le nez, jouant le proviseur, le censeur et l'économe. Quelle peine il s'était donnée... Intrigues, malentendus, anicroches, rien n'avait manqué. Mais, heureuse surprise, beaucoup de fils de notables à l'ancienne mode s'étaient présentés, qui sans doute éprouvaient le besoin d'un nouveau monde, de nouveaux temps. Certains s'étaient révélés brillants, et ceux-là, les ayant munis de visas et de lettres de recommandation, Albert les avait expédiés à Paris. Comment se serait-il douté que ces garçons allaient se métamorphoser en ardents communistes? Que de ces Sichuanais sortiraient des militants durs, des dirigeants essentiels qui mèneraient une lutte inexorable. Parmi eux, il y aurait eu Deng Xiaoping...

Hasards de l'histoire sur lesquels, dans ce quartier marqué par l'Occident, je ne cesse de m'ébahir. Parce que, confessons-le, cette ville et ce quartier, j'ai failli y retourner beaucoup plus tôt, en 1943, en pleine guerre. A l'époque, à Alger, de Gaulle a promu comme ambassadeur à Chongqing, auprès du général Tchang Kaï-chek, un certain commandant Pechkov dont j'avais fait la connaissance, un fils adoptif de Gorki-Pechkov était le véritable patronyme de l'écrivain révolutionnaire. Alors que le frère de ce Pechkov était devenu, sous le nom de Sverlosk, un héros soviétique, lui, était un « traître » à l'URSS. Se trouvant à Paris lorsque éclata le premier conflit mondial, il s'était, à la fureur extrême de Gorki, engagé dans l'armée française et avait perdu un bras à Verdun ou ailleurs. Bien qu'amputé, il avait ensuite participé à toutes les répressions coloniales, en prenant toujours du galon. Au cours d'une dernière entrevue avec son père, le futur chantre de Staline l'avait traité de « pauvre valet de la bourgeoisie », ce qui avait laissé mon personnage de glace. Il poursuivait avec les Français une carrière militaire, jouisseuse, dangereuse et saine. Quand je le rencontrai à Alger, c'était un joyeux drille de la cinquantaine, bien moustachu, les traits burinés, le vrai légionnaire. J'appartenais à la France Libre et cet excellent homme, ayant appris que j'étais né en Chine, avait voulu m'emmener avec lui à Chongqing. Fantastique proposition qui n'aboutit pas – on préféra m'envoyer à Londres – et qu'aujourd'hui en Chine rouge je préfère taire...

Tout de même à cette époque j'aurais bien aimé revoir mon pays natal, assister aussi à la fin de la guerre contre les Japonais. Quoique de cette guerre-là, en cette année 1943, il n'y en avait plus beaucoup... Comme si les armées du Soleil Levant méprisaient la Chine Libre au point de ne plus essayer vraiment de détruire ses bastions. Comme si les généraux du Mikado tout à leurs ambitions sur le Pacifique avaient décidé de laisser cette Chine sans importance pourrir sur pied. Le plus étrange, c'est que la Chine Libre elle-même ne mettait aucune passion à employer ses forces contre les envahisseurs nippons, qu'elle semblait avoir abandonné son sort à l'imprévu des événements.

A Chongqing prévaut officiellement le Front commun, l'alliance des nationalistes et des communistes contre le conquérant japonais. Tchang Kaï-chek est le maître au Sichuan où il dispose d'immenses armées, les communistes, eux, se battent dans le Septentrion, telle est l'apparence. La vérité, c'est que ni les uns ni les autres ne s'engagent réellement contre les Nippons. Depuis qu'après Pearl Harbor les États-Unis sont entrés en guerre, ils les laissent s'échiner contre le Japon dans l'espérance qu'ils en viendront à bout. En attendant, on fait semblant et Chou En-lai réside même à Chongqing.

Mais quelle sournoiserie! Tchang Kaï-chek résiste aux Américains pour ne pas jeter massivement ses forces contre les Japonais, il les réserve pour la liquidation des Rouges. Lesquels s'étendent dans le Nord sans pratiquer plus qu'une guérilla antijaponaise. Dans les deux camps, cette obsession: l'après... Après l'effondrement nippon, qui aura la Chine? Sous les yeux des Américains déconcertés et impuissants se joue à Chongqing une partie truquée entre Tchang Kaï-chek et la délégation rouge menée par Chou En-lai. Partie inouïe qui se terminera par l'apparition de Mao à Chongqing pour la plus perfide poignée de mains de l'Histoire.

Tchang Kaï-chek, Chou En-lai, Mao Zedong... Je désire visiter leurs demeures, ces demeures où se sont perpétrés les ruses incroyables, les mensonges, les faussetés qui, avec une logique inexorable, ont, contre Tchang Kaï-chek que Roosevelt considérait pourtant comme le Quatrième Grand, donné la Chine à des bouseux rouges. J'ai prié M. Yao de me conduire à la maison de Tchang Kaï-chek, ce qui n'était pas prévu dans le programme. Demande osée que je n'aurais jamais formulée en d'autres temps tellement le personnage est maudit et exécré. A mon étonnement, Yao a immédiatement acquiescé.

Départ un matin, traversée d'un pont magnifique sur le Yangzi, et ensuite le bonheur d'une nature sylvestre et vallonnée. Des nuages s'accrochent aux crêtes donnant au paysage un certain flou. Puis le soleil se met à darder. Dans la voiture noire règne une atmosphère de gaieté, comme pour une partie de campagne. En effet nous arrivons aux « sources chaudes », une station où toute une jeunesse s'amuse dans les piscines et les thermes. Foule chinoise en liesse, des familles complètes qui se baignent ou se promènent en barque. Photos, achats d'oiseaux en sucre, loteries... La kermesse. Les premiers troufions chinois que je vois, bien sanglés dans leurs uniformes verdâtres, sont très paisiblement en train de tirer sur des rames. Déjeuner excellent dans un restaurant désert : est-ce les prix, notre présence ? M. Yao me glisse : « Autrefois, c'était un endroit réservé, Mme Tchang Kaï-chek venait ici soigner son corps. »

Sa drôle de voix, les grains méchants dans ses yeux... Mais la bande, ravie, continue de faire bombance. Au dessert, on propose de me jeter à l'eau. Une fine plaisanterie. Je commence à m'inquiéter, me conduira-t-on jamais dans le domaine de Tchang Kaï-chek ? Sans plus d'explication, nous repartons à travers des collines boisées où devrait flotter le fantôme du Généralissime. La route s'arrête brusquement sur une esplanade en ciment que surplombe une vilaine bâtisse. Les fenêtres sont ouvertes, quelques échos de voix nous parviennent mais nous n'entrons pas. Yao me dit avec une certaine hargne : « Là étaient les communs, pour les serviteurs de Monsieur Tchang Kaï-chek. Nous en avons fait une maison de retraite. »

Le « monsieur », je le sens comme une pointe de venin, que je crois d'une certaine façon de pure convenance... Tout cela est déjà tellement lointain...

La lumière joue en reflets indécis à travers les branchages, je trébuche sur un sentier aux marches de pierres mal nivelées. Aucun son, aucun bruit, pas de chants d'oiseaux, une solitude éternelle... Enfin, entre les arbres, un pavillon de bois au toit de planches, presque une cabane, la maison de Tchang Kaï-chek et de sa femme Meiling. Les murs sont complètement décrépis, souillés par la suie. Quelques caisses en bois entassées les unes sur les autres, des poules en liberté, de pauvres ustensiles et un fourneau primitif où un homme prépare un rata. Curieux comme cette bonne odeur de cuisine ajoute un poids dérisoire d'humanité quotidienne, une moquerie à l'antique et immense tragédie. Nous continuons à marcher. Défense d'approcher d'un autre pavillon situé sur une autre colline, celui réservé jadis à Mme Soong Chinling, la belle-sœur de Tchang Kaï-chek, la veuve de Sun Yat-sen, l'héroïne communiste qui paraît-il n'y venait pas souvent. Drôle de promenade et drôle de géographie ! A une certaine distance, dans une demeure tout aussi précaire logeait le général Marshall qui, après Hiroshima et l'écroulement des Japonais, avait essayé de prêcher la patience et la concorde à un Tchang Kaï-chek avide de détruire les Rouges avant qu'ils ne soient trop forts. Pauvre Marshall avec sa mission de la dernière chance, à quoi pensait-il dans sa cabane?

Ce qui m'étonne, c'est que les communistes aient laissé en l'état ce lieu exécrable, qu'ils ne l'aient pas détruit, qu'ils n'en aient pas non plus fait un endroit destiné à l'épanchement de la détestation publique. Peut-être la vengeance est-elle ainsi plus subtile... ce croupissement, cet abandon, le mépris absolu. M. Yao me donne quelques indications. Je lui dis que je suis abasourdi par l'austérité de Tchang Kaï-chek. Il me répond en haussant les épaules qu'il était comme ça. Même horaire qu'au temps de Nankin, protégé par une escorte il partait chaque matin à huit heures pour ses bureaux de Chongqing où il gouvernait et il en revenait le soir à huit heures exactement, chaque soir, quelles que soient les circonstances, à une seconde près. La manie ou plutôt le génie de la ponctualité. Paranoïa ou prudence? Il ne supportait personne en ces lieux, sauf Meiling, et c'était une faveur exceptionnelle, même pour les dignitaires les plus importants, que d'approcher de ce gîte. Chou En-lai y était venu négocier deux ou trois fois lors d'événements extrêmement graves. Leurs discussions se passaient normalement en ville, à Chongqing même.

Chou En-lai m'obsède. On me propose de me rendre dans sa maison au centre de la ville, un logis sommaire que seule une plaque distingue des autres habitations. Trois ou quatre pièces, un escalier étroit qui mène à un étage demeuré dans son état de dénuement, un balcon, une cour minuscule, une rigueur poussiéreuse. Le salon d'accueil n'a pas d'autre ameublement que quelques chaises dévorées par le temps, moisies, tachées de chiures de mouche. Je ne remarque pas qu'elles sont entourées d'un fil rouge : défense d'y toucher. Dans ma négligence, je me laisse tomber de toute ma masse sur un siège en rotin pourtant interdit. Il craque, grince, menace de s'effondrer, moi avec lui. Je me relève d'un sursaut, j'ai frôlé la catastrophe sacrilège : anéantir le fauteuil où Chou En-lai cogitait ses ruses et affûtait son charme.

A nouveau, la sensation que l'Histoire pèse sur moi. En ces lieux Chou En-lai a vécu presque huit ans, de 1938 à 1945. Là, avec son implacable suavité, il a changé le destin de la Chine. A un mur d'un gris verdâtre sont accrochées des photos de personnages en robes célestes, aux figures bourgeoises marquées par l'âge. Ce sont les compagnons de l'aventure : ultérieurement, certains ont été assassinés par les sbires de Tchang Kaï-chek, d'autres ont trahi, plusieurs ont compté parmi les vainqueurs aux côtés de Chou En-lai, tous sont oubliés.

Dans le bureau un téléphone d'autrefois, une vétusté. J'imagine Chou En-lai le décrochant, il ne dit que des choses banales où parfois il glisse des énigmes intelligibles seulement pour les initiés – pas de vrai langage codé qui aurait pu être décrypté. Un mot, une nuance, un ton... Les délégués communistes qui vivent non loin de là, au village de la

Falaise Rouge, auront compris... C'est qu'en ce logement démuni, Chou En-lai a autour de lui une foule invisible d'espions et qu'il doit se comporter de façon à ne jamais être deviné. Une clandestinité au grand jour, la plus difficile de toutes. Tant d'années dans la main de Tchang Kaï-chek et arriver à le vaincre! Ses dons de mandarin : ses nerfs d'acier, sa force d'âme, son imagination, sa dissimulation. Cette tension toujours contrôlée. Quel homme! Yao me précise que Chou En-lai était encore plus surveillé qu'il ne le croyait : de l'autre côté des cloisons, certains cabinets, dont il ne soupçonnait pas l'existence, étaient remplis d'agents de la police secrète de Tchang Kaï-chek, tous des tueurs.

Il me reste à me rendre dans la demeure où Mao Zedong a vécu quelques semaines. Par nécessité pressante, urgence absolue, il était venu à Chongqing après Hiroshima et la capitulation nippone. La Chine était victorieuse mais quelle Chine? L'accord entre les deux Chines était-il possible? En tout cas, le logement, Tchang Kaï-chek l'avait lui-même très aimablement mis à la disposition de Mao comme s'il était un invité estimé, presque un ami. La maison appartenait à un des lieutenants du Généralissime, celui qui longtemps avait été son émissaire à Yanan. Attention délicate.

Le lieu est convenable mais sans vraie magnificence, sans grandiose comme si le luxe n'existait pas à Chongqing. Plusieurs pièces joliment meublées, des sièges rembourrés, des tables en bois noir, des bibelots et des estampes et même des doubles rideaux aux fenêtres. Nous nous arrêtons devant un lit très large recouvert d'un plastique, là a dormi Mao. Juste au-dessus a été placée depuis lors une image de Mao censée le représenter tel qu'il avait surgi à Chongqing. On l'a beaucoup rajeuni, il est toujours maigre, le front à peine dégarni, les cheveux romantiquement rejetés en arrière. Physionomie avenante, souriante. Ah! le sourire chinois, quel abîme!

Tandis que j'écris je regarde une autre photo de l'époque, un document historique. Elle montre, à l'issue de leurs entretiens, Tchang Kaï-chek et Mao célébrant leur accord, la paix établie à jamais entre eux. Ils sont debout face à face, de part et d'autre d'une table où l'on distingue les reliefs d'un festin et des jonchées de fleurs. Ils se portent un kampé, tenant chacun dans la main un verre d'alcool qu'ils vont heurter avant d'en avaler le contenu d'une gorgée, tout en se complimentant. Leurs faciès d'amour... Le Généralissime arbore une tenue militaire très stricte, la longue veste bien boutonnée, à peine un insigne au col, quelques décorations sur la poitrine. Le crâne presque chauve est parsemé d'un duvet blanc au-dessus de la nuque, le cou décharné est sillonné de tendons, le visage se crispe en une grimace bienveillante où pèsent des tonnes de soupçons, les yeux épient, cependant que les pommettes proéminentes se gonflent dans l'assaut de la convivialité feinte. Mao, engoncé dans une vareuse, comme pris d'un accès de passion chaude et fraternelle, est plus vraisemblable. Une effusion sur sa joue, ses tempes se rident de gaieté, ce qu'il a de graisse dans les traits se dilue dans l'amabilité. On ne devine pas sa répulsion. On dirait qu'il clame le bonheur. Pressent-il qu'il a déjà gagné ?

Cela s'est déroulé le 28 août 1945, non loin de la maison proprette où a gîté Mao. Imaginer Tchang et Mao se faisant leurs vœux dans quelque amphithéâtre bourré de spectateurs, dans une ville que ravage le choléra ! L'immense comédie, la mauvaise foi totale de part et d'autre, juste avant que se lève le rideau pour la conclusion d'une guerre civile qui dure depuis vingt ans.

Mais quelle raison a pu pousser Mao à se ruer sur Chongqing ? Dès le 6 août 1945, dès Hiroshima qui voile de mort le soleil nippon, les régiments rouges lancent ce qu'ils appellent « la contre-offensive générale », ils s'étendent sur toute la Chine du Nord où ils conquièrent territoires et populations. Mao est euphorique. Au cours de récentes assises du PCC à Yanan, il a dénoncé l'alliance avec les nationalistes et jeté l'anathème sur le Kuomintang. Mieux, ses troupes, commandées par Lin Biao, marchent sur la Mandchourie qu'en accord avec les Alliés et comme le prévoyait la conférence de Yalta réunie en février, l'Union soviétique s'apprête à occuper pour accélérer la défaite nippone. Mais trahison, trahison ! A peine Mao est-il passé à l'attaque qu'il apprend l'inimaginable, l'abominable : l'URSS a signé un traité d'alliance avec Tchang Kaï-chek. Par ce traité le Généralissime reconnaît à l'Union soviétique le maintien et la garantie de certains avantages acquis par les Russes du temps des Tsars, Port-Arthur (Lü Shun) et Daïren (Lü Ta) sont cédés à l'URSS pour trente ans, des droits de passage de troupes par chemin de fer à travers la Mandchourie reconnus et le principe de l'autodétermination de la Mongolie extérieure est admis. Il est évident que pour Moscou, le gouvernement légitime de la Chine, celui qu'elle préfère, celui à qui elle se fie, celui qu'elle appuie est celui de Tchang Kaï-chek. La Russie ne voudrait donc pas d'une Chine rouge, d'une Chine maoïste ? Pour Mao, amertume, désespoir, jours noirs.

La situation est d'autant plus grave que les Japonais sont censés se rendre aux nationalistes. A ceux-ci donc théoriquement, outre les prisonniers, les armements, les équipements, un butin énorme. Heures cruciales pour le Parti communiste chinois, débats terribles. On décide que les régiments maoïstes continueront leur déploiement en Chine du Nord mais sans heurts ni batailles, secrètement. L'essentiel, c'est de gagner du temps, beaucoup de temps, tout le temps nécessaire. Une seule carte reste : l'espoir.

L'espoir que l'URSS, quand elle aura achevé d'occuper la Mandchourie, quand elle ne craindra plus d'offusquer l'Amérique, changera d'avis et se mettra enfin à soutenir ce Mao qu'elle n'a jamais aimé. En attendant, il faut que Mao donne de sa grandeur et de sa stature, qu'il aille à Chongqing pour retarder les événements, jusqu'à ce qu'arrive le moment de frapper à mort le général médiocre et détestable. Comédie, comédie. Le kampé... Mao est bien conscient qu'il ne trompera pas Tchang Kaï-chek mais il pense duper les Américains qui croient encore la paix possible en Chine. En vérité, ce kampé annonce qu'après les tergiversations dues aux Blancs, aux nations blanches – l'URSS et l'Amérique aussi bornées l'une que l'autre et dont il faut ménager la bêtise – ce sera la lutte finale. Les deux hommes qui boivent à leur santé réciproque le savent, l'univers l'ignore : entre eux, la haine est inexpiable.

Revenons en arrière, en 1936... Le cinquantième anniversaire du Généralissime, célébrations fastueuses à Nankin. Mais en cette gloire une chiffe, un drogué à l'opium, un alcoolique, un fêtard qui tombait souvent dans des états de désespoir maladif, une loque humaine dont Tchang Kaï-chek avait confié la garde à un Australien vertueux du nom de Donald, prépare un de ces coups incroyables qui jalonnent l'histoire de Chine. Il s'agit de Tchang Sue Liang (Zhang Xue Liang) le « Jeune Maréchal », le fils du terrible Tchang Solin (Zhang Zuolin), l'effrayant Seigneur de la Guerre qui jadis occupait la Mandchourie. Ce Tchang Solin était un protégé, un serviteur des Japonais jusqu'à ce que ceux-ci, le trouvant encombrant, le fassent sauter lui et son train seigneurial qui de Pékin s'en retournait à Moukden (Shenyang). Tchang Sue Liang éprouva un chagrin immense et se jura de venger son père. Contraint d'évacuer la Mandchourie et de battre en retraite en Chine avec la puissante armée de Tchang Solin dont il avait hérité, il se rallia au Kuomintang et Tchang Kaï-chek lui servit de père. Celui-ci le fit désintoxiquer et l'envoya en Europe pour se changer les idées. A son retour, le Généralissime confie une mission capitale à ce pauvre jeune homme : qu'avec ses troupes – ses troupes sanguinaires, barbares, tellement réactionnaires – il attaque Yanan où s'étaient installés les communistes rescapés de la Longue Marche. Cette ultime destruction semblait une tâche aisée pour les hordes de Tchang Sue Liang.

Mais rien... Que signifie cette inaction, cette paresse ? Tchang Kaï-chek est à mille lieues d'imaginer que le Jeune Maréchal, dans sa détestation des Japonais, prête l'oreille aux nombreux agents infiltrés auprès de lui par les Rouges, qui tous prônent un front uni pour la croisade contre les Nains. Et même ce dégénéré conçoit le projet de contraindre Tchang Kaï-chek à l'union sacrée. Son chef d'état-major, un certain Yang, le pousse à ce qui est presque un parricide. Quand le Généralissime décide de se rendre à Xian, l'antique cité qui sert de quartier général au Jeune Maréchal, il ne se doute de rien. Le 7 décembre 1936, il y paraît en maître, sûr de lui, il pérore, il pérore en vain. Pire, mille fois pire : on manifeste contre lui, on l'arrête, on l'incarcère. Tchang Kaï-chek comme fou. Un Tchang Kaï-chek qui avec deux fidèles essaie de s'échapper de sa geôle. Les portes sont verrouillées, alors en chemise de nuit, sans son dentier, il escalade un mur d'enceinte, saute de son faîte, chute de quelques mètres, se foule la cheville en tombant sur le sol. En s'appuyant sur les épaules de ses deux compagnons, il boitille péniblement jusqu'au sommet d'une colline, se cache dans une grotte, épuisé et délirant. Et puis il est

Le Fleuve Bleu - Chongqing

découvert, insulté, amené auprès de Tchang Sue Liang; pitoyable, lamentable épopée.

Tchang Kaï-chek face au Jeune Maréchal. Tchang Kaï-chek tel qu'en lui-même, dans sa dignité offensée, dans sa vérité – s'il n'est plus le chef, s'il n'incarne plus la Chine, il préfère qu'on le tue. Le Jeune Maréchal commence à fléchir, essaie de s'expliquer : « Je vous protégerai mais vous avez des ennemis. Il faut que vous vous pliiez à leurs exigences. Je vous aime et je ne peux pas grand-chose pour vous. »

Ensuite Tchang Kaï-chek qui a refusé d'être hébergé chez le Jeune Maréchal est enfermé dans un réduit. Il crie qu'il ne cédera pas, il exige qu'on lui ôte la vie – c'est son obsession – il repousse toute nourriture et des jours reste allongé sur de mauvaises planches, gelé, affamé, blessé. Une intransigeance quasi métaphysique qui le condamnerait s'il n'y avait Meiling.

Meiling, elle, est à Nankin avec les principaux dirigeants du Kuomintang. L'extraordinaire nouvelle de la capture de Tchang Kaï-chek est arrivée... Intenses discussions sur les moyens de le sauver s'il n'est pas déjà mort. Un clan plein de rage se prononce pour l'intimidation extrême, toutes les représailles possibles. Que l'aviation bombarde Xian, que les meilleures unités nationalistes soient lancées contre le Jeune Maréchal et ses mutins, ces forcenés prendront peur, ils se soumettront, ils restitueront Tchang Kaï-chek. Meiling, de sa voix obstinée, s'oppose à ces entreprises qui, selon elle, ne pourraient qu'accélérer l'exécution de son mari. Au contraire, il faut entamer des pourparlers, manier la douceur. Elle envoie des émissaires qui apportent des lettres à Tchang Kaï-chek. Elle lui prêche la raison, il doit manger, il doit aller loger chez le Jeune Maréchal. A ce dernier elle écrit aussi, elle comprend ses mobiles, elle sait qu'il n'agit que par patriotisme, un arrangement est donc possible. Meiling décide de se rendre à Xian. « Qu'elle ne vienne que pour mes funérailles », ordonne Tchang Kaï-chek. Meiling désobéit, elle part. A l'arrivée, après avoir refusé que la douane inspecte ses bagages, elle tend un pistolet à son aide de camp : « Abattez-moi si on veut me faire prisonnière. » Mais elle ne rencontre que politesses, le Jeune Maréchal est charmant. Meiling rejoint Tchang, le soigne, lui parle longuement, le convainc, elle a trouvé l'argument décisif : « Avant tout, restez en vie, acceptez le Front Uni qui vous est imposé. Plus tard, beaucoup plus tard, vous effacerez de la surface de la Chine les traces de la lèpre rouge. » Tchang est persuadé, il cède. Il ressort de son cachot au bras de sa femme, suivi de toute une cour adulatrice dont le Jeune Maréchal qui dans sa naïveté croit avoir tout réglé et qui repart même dans l'appareil du Généralissime. Il y aura procès. Privé de ses droits civiques, il deviendra une sorte de mort-vivant, toujours à la portée de Tchang. De retour à Nankin, Tchang Kaï-chek offre trois fois sa démission au Kuomintang. Trois fois elle est refusée. Par force, le « Front Uni » est constitué.

La haine qu'éprouve Tchang Kaï-chek! Il est désormais de ces personnages qui ayant atteint les sommets du pouvoir grâce à leur sagacité et leur ruse, sont habités par la certitude, cette maladie des géants, des hommes recuits dans les grandeurs. Et pourtant Tchang Kaï-chek est obligé de reconnaître en lui-même – avec quelle fureur froide, quelle passion glacée – qu'il a commis une erreur, que son jugement défaillant l'a fait tomber dans la chausse-trape de Xian manigancée par Chou En-lai sous l'égide de Mao. Pour lui, le comble de l'horreur et de l'humiliation, c'est que ce Chou En-lai, quand il était dans le piège, était apparu pour le sauver. On le sait, Tchang Kaï-chek aurait préféré la mort, qui eût laissé sa mémoire pure et son orgueil intact. Mais il a dû accepter la vie. Sacrifice grandiose de Tchang Kaï-chek, de l'homme prédestiné.

En attendant, la haine, toujours plus de haine, en attendant il est obligé d'intégrer les Rouges, dont il poursuit depuis presque dix ans l'anéantissement, dans un gouvernement d'Union Nationale créé en vue du conflit imminent avec les Japonais. Oh! comme il aurait aimé en finir avec eux avant d'affronter les terribles Nippons. Les fureurs de Tchang Kaï-chek, les communistes s'en moquent. Ils ont ce qu'ils veulent, le proche, le très proche chaos de la Chine, l'apocalypse certaine, où s'instaurera, et ils s'en réjouissent, la « guerre longue » si chère à Mao, cette « guerre longue » qui, selon son enseignement, peut seule permettre la victoire du peuple. Les armées de Tchang Kaï-chek y pourriront et les forces rouges y acquerront une puissance invincible.

Les prévisions de Mao et de Chou En-lai se révèlent justes, on l'a vu. Ils sont contents. Tant mieux que les armées de Tchang Kaï-chek aient montré un héroïsme si extraordinaire à Shanghai, un héroïsme suicidaire. Tant mieux que les Nippons aient tellement massacré à Nankin, répandant une terreur démoralisante. Tant mieux que toute la Chine utile soit tombée aux mains des Japonais. Et tant mieux que Tchang Kaï-chek s'érige en titan à Chongqing, un titan avec qui ils pratiquent l'amitié, contre qui ils creusent le gouffre de l'amitié. Pendant ce temps les troupes communistes guettent, intactes, dans les lointaines régions de lœss.

Dérision des choses et du monde. Le premier signe des grandes retrouvailles, ce furent les roucoulades des trois sœurs Soong à Hong Kong. Là est installée Chinling la rouge, l'égérie du Parti, la veuve de Sun Yat-sen qui aime ses aises. Meiling, dont la santé est chancelante, la rejoint sous prétexte de se faire soigner. Eiling, la femme de Kung, l'accompagne. Les trois sœurs Soong « fraternisent » aussitôt, rient, s'embrassent, s'amusent. Elles s'affichent ensemble dans un restaurant et ce dîner fait sensation. Articles, dépêches, titres à travers le monde. Le signe de l'accord entre Chinois. Et puis ces dames se retrouvent à Chongqing : la Chine résistante est une et indivisible.

Signe combien trompeur. La Chine est surtout seule. L'univers n'est pas venu au secours de Tchang Kaï-chek, les voyages de Meiling en Amérique n'ont servi à rien. Que peut faire le Généralissime ? Pas grand-chose... Les Japonais ne se donnent pas la peine d'achever la Chine Libre, ils se contentent de l'étouffer et coupent le chemin de fer français qui va de Hanoi à Kunming. Pour essayer de desserrer l'étau, Tchang Kaï-chek fait remettre en état la route de Birmanie, la plus vertigineuse route du monde. Millions de coolies qui meurent, évidemment. On obtient une voie carrossable de faible débit qu'empruntent les camions d'aventuriers assoiffés d'or. Un camion sur dix tombe dans les précipices. Voie sans intérêt, presque inutile.

Pour aider Tchang Kaï-chek, rien que des mercenaires, des desperados blancs, des hommes de main attirés par le plaisir du risque et par le gain, quelques casse-cou, quelques acrobates de pilotes qui, à bord de zincs calamiteux, vont bombarder les Japonais. La jouissance de ces hommes. A leur tête, le colonel Claire Chennault, un yankee de sang peau-rouge et de lointaine origine française qui crée les « tigres volants ».

Tchang Kaï-chek dans ce néant est magnifique d'immobilisme. La Seconde Guerre mondiale a commencé, mais en quoi le soulage-t-elle en 1939, en 1940, au début de 1941 ? En rien. Le cerveau comme ankylosé, il écrit des milliers d'ordres insignifiants, il s'adonne à la sainteté, dans une sorte de confucianisme chrétien. Il est sous l'influence de Chen Lifu, le « moine réactionnaire », lequel prône une patience qui sera forcément récompensée par la bénédiction du ciel. Neveu de Chen Qimei, ce chef de la Bande Verte qui avait été le premier protecteur de Tchang Kaï-chek à Shanghai, Chen Lifu est un lettré et un grand moraliste, ce qui ne l'a pas empêché en 1932 de fonder les « Chemises Bleues », la section d'assaut de la répression. Il entretient Tchang Kaï-chek dans sa détestation des « progressistes » et surtout de Chou En-lai qui maintenant à Chongqing prodigue son fameux charme.

Sa propre vertu a un effet curieux sur le Généralissime. Elle le rend aveugle aux vices, aux spéculations et aux crimes de son entourage, aux forfaits du clan Soong qui met les finances, les pauvres finances au pillage. Plus que jamais il est indifférent à la misère des populations, à la déliquescence de ses armées éparses à travers le Sichuan et le Yunnan. Il trône dans sa certitude, sur sa certitude. Malheur à qui le contredit, à qui veut l'éclairer.

Dès 1941, le conflit larvé avec les Rouges crève à la surface. S'ils trichent, Tchang Kaï-chek triche aussi : son grand dessein, alors qu'il est bloqué par les Nippons, c'est d'arriver à bloquer les Rouges dans leur Shaanxi avec une ceinture de dix mille ouvrages tenus par des centaines de milliers de soldats. Et miracle, au début de 1941, il remporte une victoire contre ses alliés communistes. Ceux-ci, craignant que de guerre lasse Tchang ne fasse la paix avec les Japonais et même ne s'unisse avec eux pour les anéantir, lancent l'offensive dite des « cent régiments » contre les Nains, offensive qui les amène au sud du Yangzi. Le Généralissime présente un ultimatum à Chou En-lai : que les troupes rouges repartent vers le Nord. La Quatrième

Armée de Route s'exécute, les forces nationalistes surgissent et l'exterminent. C'est presque la rupture, cela ne peut pas l'être. Plus que jamais méfiance et haine réciproques.

Seul symptôme un peu encourageant pour Tchang Kaï-chek, la majorité des nations reconnaissent la Chine libre. Des ambassades s'ouvrent à Chongqing, les Excellences s'aperçoivent rapidement que la situation est détestable sans oser en avertir leurs gouvernements. Pour le monde, Tchang Kaï-chek reste un Grand Homme, mais on ne l'aide toujours pas.

La fin du séjour approche, j'ai envie de retourner au consulat de France. Je retrouve la demeure et les jeux des enfants, j'arpente les couloirs, la terrasse, je remonte au premier étage dans la chambre où Anne Marie m'a mis au monde.

Me revient l'idée étrange que j'aurais pu troubler ton cœur, Anne Marie, encore si présente en ces lieux, si le général Pechkov m'avait emmené avec lui à Chongqing en 1943. Là, toi qui n'étais pas encore morte, j'aurais intensément senti tout ton être qui me cherchait. Dans la pension de famille de Cavalaire où tu étais gardée comme une captive, tu m'appelais vainement et si je m'étais installé dans cette demeure, tu l'aurais su. La nuit, tes yeux auraient regardé les étoiles et ils y auraient lu que sur ce globe où coulait le sang des guerres, j'étais revenu, très précisément, très fantastiquement, à l'endroit où le destin m'avait fait naître de toi. Et tu aurais tellement pensé, ô toi qui étais imprégnée de géomancie! Quelle imprévisible, quelle extraordinaire conclusion aurais-tu tiré de cette coïncidence? Je t'aurais écrit qu'entre nous était renouée l'union mystique, que j'étais à nouveau avec toi, en toi. Peut-être m'aurais-tu cru, peut-être aurais-tu été satisfaite, peut-être aurais-je su adoucir ta folie quotidienne de Cavalaire. Oh! Comme j'aurais triché pour toi, mon Anne Marie qu'après cette visite je peux désormais invoquer la conscience pure, avec tout mon amour.

Ma songerie se perd dans d'autres domaines, dans un immense regret. Que j'aurais voulu me trouver à Chongqing en 1943 au lieu de m'embarquer à Alger pour l'Angleterre, à bord d'un de ces superbes paquebots britanniques qui, formés en convoi, naviguaient dans tout l'Atlantique. Ces bâtiments bondés de troupes... Et moi faisant mon officier en battledress et maniant mon stick, servi par des valets hindous enturbannés! Quelle fête aussi, d'autant plus joyeuse qu'on savait ces bateaux traqués par des sous-marins, qu'à chaque instant une torpille pouvait tout interrompre. C'était le temps de l'aventure... Mais comme j'en aurais préféré une autre, encore bien plus prestigieuse. J'aurais survolé le Hump, la « Bosse » du Tibet, dans un avion américain volant à son altitude maximale et pourtant effleurant presque les crêtes de l'Himalaya, affrontant les tonnerres de l'univers, attaqué peut-être par les redoutables Zéros japonais. L'appareil m'aurait déposé à Chongqing où j'aurais été le témoin d'événements bien étranges, de tous ces événements que je suis en train de reconstituer.

Le 7 décembre 1941, Pearl Harbor, le désastre américain. Pour les États-Unis et la Grande-Bretagne, c'est l'heure des hontes et des calamités à travers les terres et les océans de l'Orient. Pour Tchang Kaï-chek, la rumeur des batailles lointaines résonne comme la voix de Dieu : triomphe de sa sagesse, confirmation de son mérite unique. Il savait, de toute sa merveilleuse prescience, que la chose apparemment imprévisible se produirait. Elle était là. Les Américains sont aussitôt arrivés en Chine par le fantastique pont aérien de Hump. En quelques mois, ils abondent, soixante-dix mille officiers et soldats, un matériel énorme. Mais, dès le début, les troufions yankees sont déconcertés, écœurés par la Chine qu'ils découvrent. Tant de saleté, tant d'indifférence, tant de cupidité chez ces « bâtards à gueules de travers ». La naïveté américaine, l'incapacité absolue de ces Yankees à comprendre ces indigènes, ce monde si différent du leur. Le « star and stripes » flotte immensément sur Chongqing, mais entre le général Joseph W. Stilwell, le conseiller militaire américain, et Tchang Kaï-chek, c'est l'hostilité ouverte, totale.

Stilwell est dépassé. Alors qu'il apporte la puissance et son mode d'emploi, le Généralissime se ferme sur son demi-sourire, sur ses fausses dents trop blanches avec une obstination terrible et presque sans faille. Stilwell ne s'aperçoit pas qu'à force de lui donner des avis, il lui fait perdre la « face » et que sous cette atonie inébranlable Tchang Kaï-chek bout de rancune contre lui. Pourtant, ce soldat nerveux, un « marine », devrait connaître la Chine ; dans sa jeunesse, il a été attaché à l'ambassade de Pékin. Mais il ne fréquentait que les Légations... Donc Stilwell, face à un Tchang Kaï-chek impassible et obtus, trépigne. Il est maigre, décharné, un mondain style western, un charmeur aussi, pourtant sa séduction n'opère pas sur le Généralissime. Duel interminable entre le Yankee forcené et le Céleste blessé dans sa dignité. Stilwell se répand dans le « Tout-Chongqing » en émettant des opinions peu flatteuses sur Tchang Kaï-chek, qu'il surnomme « cacahuète » et tout cela évidemment revient aux oreilles du Généralissime qui daube sur « Vinegar Joe ». Que veut Stilwell ? Ce qu'il y a de plus simple, pour lui de plus évident : que Tchang Kaï-chek se batte, qu'il fasse la guerre aux Japonais, qu'il attaque Hankéou, qu'il attaque Canton, qu'il attaque les grandes bases nippones. Enfin un jour, Tchang Kaï-chek avoue à Stilwell qu'il ne veut pas s'engager contre les Japonais, c'est là la grande œuvre réservée aux États-Unis. Lui a un autre devoir, empêcher la Chine de tomber entre les mains des communistes.

Dialogue de sourds, Stilwell fou de rage. A quoi bon offrir de l'armement aux troupes de Tchang Kaï-chek, on le laisse rouiller. A quoi bon recruter, les soldats meurent de faim et se font bandits. En principe, le Généralissime dispose de trois cents divisions, mais presque toutes appartiennent à des Seigneurs de la Guerre qui achèvent d'écorcher le pays. Quand Stilwell dépeint ce sinistre tableau à Tchang Kaï-chek, celui-ci se borne à répondre que ses troupes sont bonnes et qu'elles doivent d'abord vaincre les Rouges.

Affrontements permanents entre les deux hommes. Mais ils sont obligés l'un et l'autre de tenir compte de certaines données. Pour Stilwell, que Tchang Kaï-chek est toujours considéré comme un Grand Homme par le président Roosevelt, que la « madamissima » Meiling se rend régulièrement à Washington où elle brille, persuade et même crée un « China lobby » en faveur de son mari. Quant à Tchang Kaï-chek, il lui faut bien accepter le fait que Stilwell est tout de même le représentant de l'Amérique. Finalement, il est contraint à des concessions. Ses unités les moins mauvaises, trente-neuf en tout, il les laisse former dans des camps par des instructeurs yankees. Dressage à la chaîne, querelles, disputes, susceptibilité, Stilwell parvient à offrir à Tchang Kaï-chek un corps de bataille mais de valeur moyenne.

Tchang Kaï-chek et ses armées... Tout le monde aura mis la main à la pâte : après l'école russe de Whampoa, après l'école allemande des années trente, la fabrication yankee aux résultats plutôt décevants.

Que faire de ces troupes? Le débat s'envenime encore. Tchang Kaï-chek veut les garder à sa portée, Stilwell exige de les envoyer en Birmanie où Alliés et Japonais sont aux prises. Stilwell a gain de cause. Les armées rénovées de Tchang Kaï-chek partent rouvrir la fameuse route coupée depuis longtemps, sa route à lui, Tchang Kaï-chek. L'enfer vert, l'épaisseur des sylves, la damnation de la nature, Stilwell en personne dirige les opérations. Mêlées confuses, le gâchis, le fiasco! Tchang Kaï-chek est presque content de cette catastrophe qui entraîne le rappel aux États-Unis de Stilwell, qui le débarrasse enfin de cet ennemi coriace, de son véritable ennemi selon lui.

Mais Stilwell, avant d'être disgracié, a découvert le sourire de Chou En-lai, sa coquetterie seigneuriale, le miel de ses paroles. Ce qu'il dit? Que Mao et lui sont des communistes mais des communistes à la chinoise, désirant seulement le bonheur de tous les Célestes unis dans une société fraternelle. Comme programme, la justice, le partage des richesses, la terre donnée aux paysans pauvres et l'affirmation que, eux, si les moyens leur en étaient donnés, lutteraient complètement, héroïquement contre les envahisseurs nippons. Qu'une mission américaine s'installe donc à Yanan et juge par elle-même...

Voici les Américains pris entre leur candeur et leur cynisme, voici les Américains tentés. N'est-ce pas œuvre pie, évangélique, que de réconcilier tous ces Chinois? Certes, il ne faut pas trop mécontenter Tchang Kaï-chek et l'on remplace ce roquet de Stilwell par le général Wedemeyer, un homme bien sous tous rapports, un officier au port noble, très courtois, qui saura ménager le Généralissime. Mais en même temps l'Amérique le trahit un peu : on nomme à côté de lui un

Le Fleuve Bleu - Chongqing

officier tonitruant, le vrai Texan énorme de corps et de rire, le général Patrick Hurley. Un amateur de bonne vie et de plaisanteries. Le tour dont il est chargé ne plaît pas à Tchang Kaï-chek qui cependant ne peut s'y opposer, il le laisse aller à Yanan auprès de Mao. Une mission militaire yankee y est installée, les journalistes blancs y accourent.

Ils sont édifiés par la superbe imagerie, par l'émulation permanente qui règne autour de la grotte sacrée, par l'afflux des patriotes. De toute la Chine surgissent là des milliers d'étudiants, d'intellectuels, de bourgeois libéraux qui y mènent une vie rude et apprennent à devenir des partisans. Le PCC accepte dans son sein, outre les ouvriers et les paysans, la petite bourgeoisie et la bourgeoisie nationale. N'est exclue que la bourgeoisie bureaucratique, celle qui est au service de Tchang Kaï-chek et des Seigneurs de la Guerre. Et même celle-là, Mao se dit prêt à lui pardonner, Mao qui réaffirme qu'avant tout il veut combattre les Japonais. Mais armer des Rouges, ne serait-ce pas imprudent? Et que ferait Staline dans cette hypothèse? Tout de même, les Américains hésitent, Tchang Kaï-chek se démène farouchement.

Médiocrité, indécision, tergiversations, finasseries, le complet imbroglio jusqu'à la bombe d'Hiroshima.

On sait la suite, Mao qui se croyait victorieux, qui brocardait même les Soviétiques, Mao trahi par Staline, le traité entre l'URSS et le Généralissime, Mao accouru à Chongqing, la célèbre poignée de main. Et puis la Chine qui au cours des mois glisse vers la guerre civile. La dernière, l'ultime tentative de conciliation sera celle du général Marshall, le général dont le Plan aidera à redresser l'Europe, et qu'à la fin de 1945, le successeur de Roosevelt, Harry Truman, envoie faire l'ange de la paix à Chongqing. Comme j'ai longuement regardé sa demeure, le pavillon qui lui avait été prêté par Tchang Kaï-chek et d'où il pouvait l'apercevoir! « Qu'attendait-on de lui, dira Stilwell retraité aux États-Unis, qu'il marche sur les eaux? »

La tâche impossible de Marshall, Marshall, sa gueule d'Américain ordinaire, de puritain de l'« american way of life », son besoin chaque soir de voir un film « made in Hollywood », son immense bonne volonté, son inlassable patience, Marshall qui recevra le Prix Nobel de la Paix en 1953. Il est pris dans les traîtrises célestes. Mais un temps il croit réussir à bâtir sa « Chine forte, unie et démocratique ». Un accord de cessez-le-feu est signé, un règlement politique du conflit envisagé, une conférence consultative est même réunie. Le gouvernement de Tchang Kaï-chek se transporte à Nankin où la réunion d'une Assemblée nationale est prévue. La paix serait-elle proche? Évidemment non, puisque les combats continuent! Les armées Rouges, Tchang Kaï-chek en veut bien à condition de les intégrer dans la grande armée du Kuomintang. Cela reviendrait à leur liquidation, Chou En-lai ne peut accepter mais il ne veut pas rompre, les communistes ont encore besoin de gagner du temps. On choisit donc l'intégration progressive, c'est-à-dire rien. Pour l'application de ce programme qui est une pure fiction, un couvercle mis sur les fureurs qui vont éclater, on crée un organisme tripartite où seront représentés le Kuomintang, le PCC et les Américains. Ultime grimace. Le quartier général de cette institution sera appelé « le temple des cent colonels dormants » par allusion aux bouddhas dormants. Pis, ces colonels sont tous des Américains car les délégués chinois des deux camps très rapidement s'abstiennent de se présenter. Au moment de retourner en Amérique, après plus d'un an d'une mission de Sisyphe, Marshall aurait prononcé cette phrase : « Laissons tout tomber. Il n'y a plus rien à faire. » L'écœurement de Marshall... Peu après son départ Chou En-lai, dans un discours, le traite quasiment de nazi.

Quant à Tchang Kaï-chek, de quoi se plaindrait-il ? La Chine libre du Kuomintang a énormément reçu de Roosevelt puis de Truman, le boutiquier qui a fait lâcher la bombe atomique sur Hiroshima.

Que l'on se souvienne... A Yalta, les Grands Alliés étaient convenus que les troupes nippones en Chine, une fois vaincues, se rendraient uniquement aux forces du Kuomintang. Quand la Bombe éclate, quand capitulent les Nippons, les armées du Généralissime se trouvent au loin, très loin, dans les provinces du Sichuan et du Yunnan. A leur défaut, à qui se soumettront donc les forces du Soleil Levant ? A qui remettront-elles leurs armes ? Ne risquent-elles pas de les donner aux hordes rouges qui surgissent de partout ? En ce péril, dès août 1945, le Généralissime avait fait sa requête à Truman : qu'il lui fournisse une gigantesque logistique pour déployer ses armées à travers la Chine. La réponse est formidable. Toute la dixième Air Force du général Stratemeyer, deux cent trente-cinq Dakotas, va, en une navette inlassable, semer des détachements nationalistes sur la côte de la mer de Chine et vers le Nord. Ce pont aérien se révèle insuffisant ? Des navires de guerre yankees débarquent cinquante mille « marines » sur les rivages du golfe du Petchili. Ils occupent Pékin et toutes les grandes agglomérations de la plaine septentrionale. Ainsi les Rouges ne pourront pas y déferler.

Et puis il y a la Mandchourie, Tchang Kaï-chek la veut aussi, obsessionnellement. Il prend un risque, la région est lointaine, isolée, piégée, déjà les steppes et les forêts y sont remplies des guérillas de Mao. Les Soviétiques s'y trouvent également, selon ce qui a été prévu à Yalta. A l'époque de la rencontre, un Roosevelt proche de l'agonie envisageait, pour mettre à genoux l'Empire du Soleil Levant, une guerre classique qui serait effrayante. En vue de ces hostilités-là – pour alléger d'autant l'effort formidable qui serait demandé aux Yankees –, il avait prié Staline de s'emparer du Manchoukuo nippon avec ses armées. Roosevelt meurt en avril, la Bombe est prête en juillet et Truman ordonne la grande mort à Hiroshima, une mort si affreuse que les indomptables Japonais implorent la paix. Plus question de guerre classique, les forces soviétiques pénètrent néanmoins en Mandchourie, sans avoir à combattre, pour ainsi dire l'arme à la bretelle. Depuis, elles sont là, paisibles, en amitié avec les Américains.

Puisque Tchang Kaï-chek veut la Mandchourie, les escadrilles de l'US Air Force amènent des détachements précurseurs à Moukden (Shenyang). Le général Malinovsky qui commande la place est on ne peut plus conciliant : il accueille chaleureusement les contingents nationalistes. Si excellente est l'ambiance que Meiling elle-même, toute grâce déployée, se rend dans la cité apportant des brassées de décorations qu'elle épinglera sur les poitrines soviétiques. Si complaisante est l'attitude des Russes que Tchang Kaï-chek leur demande de prolonger leur séjour mandchou au-delà des délais prévus. Consentement. Cela lui donne le temps d'amener à pied d'œuvre le gros de ses divisions. Et aux Soviétiques de faire main basse sur toutes les usines qu'ils expédient en URSS en pièces détachées. Ils y envoient aussi de six cent à huit cent mille prisonniers nippons. Dans la gare de Moukden se croisent les trains déversant les troupes nationalistes et les trains déménageant le butin soviétique.

Sous les yeux des Russes, qui bientôt vont l'évacuer, les forces de Tchang Kaï-chek ont occupé la Mandchourie entière. Mais, durant cette période, les troupes de Lin Biao se sont beaucoup renforcées sur l'immensité des plaines. Accrochages de plus en plus fréquents avec des unités nationalistes, une semi-guerre. Les Russes demeurent impassibles, pendant que Marshall se démène en vain à Chongqing puis à Nankin. Que signifie le comportement des Soviétiques ? On ne le saura jamais exactement. Sans doute souhaitent-ils laisser derrière eux une Chine faible, divisée, sur laquelle par la suite ils pourront assouvir tous leurs désirs, toutes leurs antiques ambitions. Ils se méfient de Mao, un communiste certes, mais de l'espèce intransigeante, qui pourrait s'opposer à eux. Alors ils jouent officiellement la carte Tchang Kaï-chek, peut-être même songent-ils à fortifier l'emprise du Kuomintang, à condition que ce soit un Kuomintang soumis qui accepterait une tutelle russe. Marchandages, bagarres, Tchang Kaï-chek se révèle indocile. Comme punition, les Russes se décident enfin à remettre aux colonnes maoïstes de Mandchourie un énorme équipement pris aux Japonais. Le sort en est jeté, plus besoin de feindre ou de temporiser. A peine les derniers soldats soviétiques rentrés dans leur patrie, à peine Marshall parti, ce qui n'était qu'une guerre sourde devient un affrontement déclaré, une lutte au finish.

En ce début de 1947, Tchang Kaï-chek est farouchement résolu. Et pourtant il a perdu l'appui sans réserve de l'Amérique. J'ai déjà dit la lassitude de Marshall après la faillite douloureuse de sa mission en Chine. Il est devenu secrétaire d'État auprès d'un Truman qui n'est aucunement un « asiate » et sa théorie à propos de la Chine, c'est désormais le « hands off », s'en occuper le moins possible, laisser faire. La gabegie qui y règne est telle que si l'Amérique voulait intervenir efficacement dans l'Empire Céleste déchiré, il lui faudrait régir toutes les affaires civiles et militaires, s'emparer de tout, gouverner. Tâche inconcevable, tâche impossible. Les États-Unis continueront donc à soutenir Tchang Kaï-chek, mais juste un peu. Leur générosité se tarit au moment même où le Généralissime quémande de plus en plus.

Qui sera le vainqueur en Chine? Pour le monde entier, sauf pour quelques esprits chagrins ou plus lucides, ce ne peut être que Tchang Kaï-chek, son nom est illustre, celui de Mao encore obscur. Hélas, Tchang Kaï-chek est identique à lui-même, ascète inaccessible qui ne sent pas l'immense puanteur des mégalopoles chinoises devenues des charognes. La fameuse inflation de Shanghai, la ruine et la misère, cela ne l'atteint pas. Il ne pense qu'à son armée, à ses troupes innombrables, 80 % du budget de l'État leur sont consacrés. Ces forces très bien équipées, grâce également au matériel pris sur les Japonais, ont bon aspect, Tchang Kaï-chek veut ignorer qu'elles sont rongées de l'intérieur.

La guerre. Pendant les premiers mois de combats, les troupes de Tchang Kaï-chek, deux fois plus nombreuses que celles des communistes, volent de victoire en victoire. Elles prennent même Yanan, l'ancien sanctuaire de Mao. Quel symbole! Mais c'est un symbole d'un passé révolu, nullement celui de l'avenir. Les forces du Kuomintang remportent aussi quelques succès en Mandchourie. L'euphorie à Nankin. Triomphes trompeurs, on occupe du terrain, sans plus. Les communistes se retirent dans la vastitude des steppes, et ils réapparaissent et ils attaquent furieusement. En quelques semaines, un retournement subit, total de la situation. Le typhon, le séisme, la Mandchourie comme un cimetière. Les lourdes armées du Kuomintang, ces armées méridionales trop étrangères à la région, sont assaillies, encerclées, décimées par les unités légères de Lin Biao.

Tchang Kaï-chek lance un appel désespéré à Marshall. Mais celui-ci est figé dans sa position. Bien qu'il ne croie plus à un règlement politique du conflit, il est plus que jamais opposé à une grande tentative militaire pour sauver Tchang Kaï-chek, pour essayer de le sauver. « Hands off »... Advienne que pourra. Cette résolution, Marshall l'exprime en termes forts à l'ambassadeur américain en Chine qui plaide la cause de Tchang Kaï-chek. Il lui prescrit de n'intervenir en aucune circonstance. Marshall laisse la Chine à un destin rouge. Dean Acheson qui lui succède en janvier 1949 adoptera la même ligne.

En Mandchourie, les offensives de Lin Biao se succèdent, les armées de Tchang Kaï-chek sont retranchées dans les villes, toutes leurs communications coupées. Si alors elles avaient battu en retraite, peut-être seraient-elles sorties de la nasse mandchoue. Mais Tchang Kaï-chek, comme Hitler à Stalingrad, dans son obstination démente leur ordonne de résister sur place. Tout se démantèle. Quand enfin les survivants des belles troupes nationalistes essaient de s'enfuir, ils sont anéantis ou capturés. A Tchang Kaï-chek, il ne reste plus

Le Fleuve Bleu - Chongqing

d'armées. Les Rouges se déploient, submergent la Chine. 1er octobre 1949, la Libération. Mao, tel l'Empereur Rouge, s'adresse à son Peuple à Pékin, du haut de la porte Tiananmen. Paroles de feu, paroles de haine, toujours exterminer les « réactionnaires » qui sans cesse renaissent, toujours lutter contre l'impérialisme. Qui reconnaîtrait le doux Mao de Yanan dans ce prophète vitupérant?

Chongqing, mon Chongqing où s'est déroulée la longue trame des perfidies qui ont préparé le triomphe rouge, Mao a-t-il voulu te récompenser toi, la capitale de Tchang Kaï-chek? Quels desseins a-t-il conçus pour toi durant les nuits obscures qu'il passa dans tes murs? Peut-être est-ce là qu'il rêva de faire de toi la cité des habiles dissimulations, une immense fleur rouge. Il n'aimait pas, Mao, les régions de l'industrie impure, de l'industrie léguée par les impérialistes, la Mandchourie par exemple ou Tien Tsin (Tianjin), Shanghai et même Canton, ces villes de la côte, toutes souillées et trop accessibles. Il avait voulu une plaque industrielle à lui, née de la seule Chine, très loin à l'intérieur. Et ce fut Chongqing, mon pays. Mais maintenant que sont morts Mao et son utopie, à l'heure du réalisme, des Quatre Modernisations, de l' « ouverture » aux étrangers et à leur science, la cité paraît trop éloignée, incommode, malgré les chemins de fer. Alors, pour la sauver, on a concocté un projet faramineux : dresser un barrage sur le fleuve cent fois plus grand que celui de Yi Chang, un barrage titan, un barrage himalaya qui fera des gorges une mer intérieure où ma ville flottera pour l'éternité. Encore maintenant quand j'écris ces mots, un vertige me prend.

CHENGDU

Le Sichuan Express... Dans la nuit chinoise le train roule de Chongqing à Chengdu, la cité de mon enfance. Nous sommes dans un cocon, sur un tapis volant qui m'emporte soixante et même soixante-dix ans en arrière. Allongé sur ma couchette molle, je me laisse aller à un sommeil anxieux, je rêve, mes tendres souvenirs ont tourné au cauchemar. Démons les dieux des temples, pétrifié le visage d'Anne Marie, hideuse matrone anthropophage ma douce Li, la moustache d'Albert luit de colère humiliée, les Seigneurs de la Guerre menacent, partout des flammes, Chengdu brûle, n'est plus que ruines et cadavres, des épées nues brillent, décapitent, supplices, le jaunâtre sanglant d'un ventre éviscéré, un corps dépouillé de sa chair par les bourreaux de la mort lente danse devant moi. Je me réveille en sueur. Mais tout est bien. Marie-Françoise dort, M. Yao, hibou vigilant, garde les yeux ouverts comme pour mieux nous protéger. A nouveau je m'assoupis et cette fois me viennent des visions consolantes, Anne Marie m'aime, Albert m'aime, Li l'amah m'aime et je suis le petit Lulu, le roi du consulat.

Albert... qu'il était fier de moi! Quel bon papa! Une seule restriction à ma liberté : défense absolue de faire du bruit près du bureau où il travaillait à ses projets ferroviaires. Les chemins de fer, son obsession... Où était l'époque des superstitions qui déchaînaient les foules contre les rails, accusés de blesser les génies du sol, les forçant à des gesticulations furieuses qui se traduisaient par des tremblements de terre? Dès le début du siècle, les bourgeois de Chengdu, saisis par le modernisme, avaient été tentés de jouer aux bâtisseurs de lignes et la frustration de leurs espoirs avait été, je l'ai raconté, la cause lointaine de la Révolution de 1911. Depuis, les Blancs avaient repris le flambeau.

La hantise d'Albert, c'était de harnacher la Chine Intérieure de ceintures de fer. Certes les étrangers qui voulaient du bien au Céleste Empire avaient, malgré les répugnances si anciennes des plèbes, construit des voies ferrées joignant les grandes cités et les capitales des régions côtières en cours d'occidentalisation. Mais les provinces intérieures, les contreforts du Toit du Monde, le « bassin rouge » du Sichuan, le grand corridor du Yangzi, les hauts plateaux du Yunnan qui surplombaient le Sud-Est asiatique étaient restés vierges de rails. Et en toute bonne foi, Albert estimait que les Chinois étant incapables d'édifier eux-mêmes des voies ferrées dans des contrées tourmentées, la tâche en revenait aux Barbares. Pour l'accomplir, que d'intrigues entre ces Barbares, complices les uns des autres, ennemis les uns des autres, entraînés dans des concurrences féroces. Mon père le consul se démenait afin de relier Hanoi, la gloire de l'Indochine française, à Chongqing ou à Chengdu de façon à détourner vers notre colonie les grands trafics de la Chine Intérieure. Quelle guerre il faisait aux Anglais qui régentaient le sillon du Fleuve Bleu, cette coulée vers Shanghai! Et ces sacrés rosbifs rêvaient de plus en plus à un débouché sur leur Birmanie, à une ligne qui franchirait les fameuses vallées pestilentielles du Mékong, de la Salouen et de l'Irrawady! Immense jeu politique des consuls... Albert avait flatté les Chinois, les Seigneurs de la Guerre, ces potentats rustres et terribles, mais il avait échoué et tous les colonialistes avaient échoué : n'avait été construit qu'un tronçon français qui joignait le Tonkin à Yunnan Fu (Kunming) et qui n'avait jamais été prolongé.

Autrefois, pour se rendre de Chongqing à Chengdu, il fallait prendre la vieille route dallée, la chaussée étroite avec ses escaliers interminables où déferlait toute la Chine, besaceux, miséreux, notables, marchands, soi-disant gendarmes, hommes de peine et bêtes de bât, ces ânes dont on fouaillait la plaie près de l'oreille pour les faire avancer...

Je songe au premier voyage de ma mère Anne Marie qui, du haut de sa chaise à porteurs, me serrant contre elle, découvrait sans peur l'Orient, sa grâce, ses splendeurs et ses atrocités, ses mystères. Des jours et des jours à s'enfoncer toujours plus loin vers les approches du Tibet, mon père caracolant devant sur un beau cheval... Combien de fois ensuite ai-je été ainsi de Chongqing à Chengdu?

Pérégrinations fantastiques. Notre cortège comprenait des centaines de coolies portant les caisses de l'Occident, tout le nécessaire – champagne compris – pour que les Bodard puissent vivre bien et bien représenter la France, mère de la civilisation, auprès des soudards tonitruants et des lettrés barbichus du Sichuan. La troupe nous escortait, des soldats payés fort cher et dont nous redoutions qu'ils ne disparaissent et soient remplacés par on ne sait quels mercenaires, peut-être même des brigands avec qui il faudrait négocier de nouvelles soldes. En cas de vrai danger, la chaussée se vidait de toute humanité – un signe qui ne trompait pas – et nous nous réfugiions dans la « chrétienté » d'un père missionnaire qui offrait assistance et conseils, quitte ensuite à harceler le consul de ses éternelles exigences et réclamations. O barbes blanches des saints hommes balayant la plaine de Chengdu! O vénérables négociants de Dieu! L'alerte passée, on reprenait la route à nouveau grouillante, dans les tourbillons de poussière et parfois sous le plomb des

moussons, jusqu'à ce que l'on aperçoive les murailles de Chengdu.
 Autres temps... Dans le soleil levant je regarde le paysage bosselé, le sol très rouge et enfin, après les collines de grès, le bassin si fertile du Sichuan rouvert aux étrangers depuis 1978, le cœur de « ma » province. Cent millions d'habitants au Sichuan... Je tourne et retourne le chiffre prodigieux. D'une certaine façon, il me paraît incroyable comme il me paraît impossible que la modernité ait atteint ma Chengdu féodale. La banalité d'une banlieue, dépôts, hangars, crassiers, me hurle le contraire. Mais je veux m'accrocher à mon rêve, pour une minute encore aimer l'antique Chengdu enfermée dans ses remparts, Chengdu des soieries et des haillons, Chengdu de la suprême beauté et Chengdu de toutes les lèpres, Chengdu « la ville du magistrat des brocarts », celle aussi des hibiscus, un véritable enchantement disait-on. La rue de l'Est était célèbre dans toute la Chine, la grande rue au commerce fastueux, aux jades purs d'un vert de lac profond, aux tapisseries guerrières ou printanières, aux panonceaux éclatants et aux dalles toujours propres. Une Anne Marie ravie m'y emmenait souvent, elle avait appris à marchander.
 Terminus. Comme partout nous attendent les journalistes locaux, cette fois peu sympathiques, un grand, confit de solennité et un petit, plutôt malotru. Et puis, les immanquables voitures noires... Quand je pense que mon père a fait venir à Chengdu la première automobile qui a sillonné la ville – à vrai dire sur deux cents mètres!
 Évidemment je ne reconnais pas Chengdu dont le centre pourrait être celui de n'importe quelle agglomération de la Chine communiste : la laideur des HLM et des palais de la culture, une laideur qu'adoucit à peine la profusion des fleurs. Immenses avenues rectilignes se coupant à angle droit, au milieu des chaussées, des buissons aux corolles éclatantes. Mais je discerne un côté impérieux et prétentieux, la vanité d'être sorti des temps antiques pour flamber dans un urbanisme à la fois prestigieux et bon marché. Un magma de vélos, de la propagande pour le planning familial et pour l'Internationale et, veillant sur ce hourvari, une gigantesque statue de Mao. Je n'aime pas du tout cette Chengdu retrouvée, tellement déformée.
 On me mène à l'hôtel, un énorme machin construit vers 1950, une boîte déglinguée bonne pour ramasser des touristes à la pelle. En plus des clients habituels, ces passe-partout de la routine voyageuse, quelques originaux, un couple allemand attendrissant de vieillesse, un Jésus barbu qui s'est donné le style gourou ou disciple de gourou et un jeune Anglais sac au dos, un peu boutonneux, du Baden Powell de banlieue londonienne qui parcourt seul la Chine sans parler la langue muni d'une thermos et de papier-chiottes et qui ainsi armé se débrouille fort bien. Il prétend qu'il suffit d'être patient et habilement résigné pour que les emmerdements s'arrangent.
 Ces hordes dans ce Chengdu qui était jadis complètement interdit aux étrangers, sauf aux missionnaires évidemment! Les consuls, au nombre de trois, le français, l'anglais et le japonais, n'y étaient que

tolérés. Parfois passaient presque clandestinement des audacieux qui allaient chercher au Tibet du musc bien puant, la glande de je ne sais quel mammifère pour aromatiser les plus exquis parfums. Ah! j'oubliais, les médecins militaires. J'avais le sentiment que ce Chengdu-là, presque sans Barbares, était à moi, à moi seul, mon bien rare et précieux. Maintenant la cité est profanée, livrée à tout le monde, à des Blancs vulgaires qui ne s'étonnent même pas d'être là. Un sacrilège. En fait, je suis jaloux.

Le monument de Mao se dresse au fond de la place principale qu'il domine de sa splendeur. Il s'agit d'un Mao dans la force de l'âge, vêtu d'une capote sanctifiante, les traits noblement empâtés et la bouche ouverte pour clamer sa pensée qui, tel un zéphir, ira planer sur Chengdu et l'imprégner. L'imprévu de cette brise dans la Chine des Quatre Modernisations où Mao ne fait pas tellement bonne figure... Aussi Yao et consorts – surtout le journaliste au visage gratte-cul, lourd de sales éructations – de m'expliquer, un peu gênés, avec des circonlocutions que le Mao qui est là, dans sa superbe, est presque de trop. Seulement personne n'ose donner l'ordre de l'abattre. Il reste donc Mao, au bénéfice du doute : il peut arriver qu'il reprenne de la valeur.

Je vais rendre visite au Grand Timonier... Une fois encore, je contemple cette bouche d'ombre, j'entends les slogans fous, les appels au meurtre, je vis la fête de mort cent fois recommencée. Je me souviens aussi de Mao mis sur la touche, dans un pays à peine rétabli de la famine et des stupidités dues à son génie (la conjugaison de la sécheresse et du Grand Bond en Avant aurait, d'après les experts, fait quarante millions de morts), je me souviens de Mao courroucé qui préparait sa revanche contre le Parti et contre Liu Shaoqi. Un signe pourtant aurait dû faire augurer le pire. En juillet 1966, Mao avait nagé dans le Yangzi pour montrer sa vigueur et sa détermination – il avait soixante-douze ans. A l'époque, sa baignade m'avait inquiété, je connaissais trop son habitude de faire trempette avant de se lancer dans quelque immense entreprise. Ah! Le grotesque et le merveilleux de cette outre flottant sur les eaux tumultueuses, entourée des meilleurs nageurs de sa garde et de plus protégée par des mitrailleuses juchées sur des radeaux.

Que ne m'a-t-on pas raconté sur la Révolution Culturelle à Chengdu? Une pâmoison rouge, un déchaînement de brassards et de petits livres à la couleur de Mao, un acharnement contre les trésors du passé, contre les « quatre vieilleries » (anciennes idées, culture, coutumes et habitudes), contre les suspects de tiédeur. Le manque total de pitié, la méchanceté et la suspicion comme système. Quiconque portait une chemise trop jolie, un pantalon trop net était un traître, un suppôt de l'infamie. Pour survivre il fallait se déguiser en bon apôtre mochard mais illuminé par la Pensée de Mao. Tout était indice, même le sang. Un homme tombé sur le trottoir saignait de façon voyante? Aussitôt on l'accusait d'être un ignoble qui avait voulu échapper à la justice du peuple par un suicide criminel. On le jugeait : à mort! Cette fois, selon le verdict rendu par les Gardes Rouges, une masse de poings et d'ongles l'étripait. La folie... Les péquenots de Chengdu, saisis par la surenchère du zèle, sombrèrent dans l'hystérie régénératrice : que la cité se purifie des souillures de sa trop longue histoire, de son antique passé puant. Chengdu n'était plus que hordes à l'assaut de sa beauté impudente. Au milieu de ces fracas et de ces hurlements, arriva un ordre de Lin Biao, le Napoléon Rouge qui s'était promu panégyriste de Mao, et cet ordre enjoignait de détruire le palais impérial, l'ancien palais du vice-roi de Chengdu, pour édifier à sa place le palais de la Pensée de Mao. Les Gardes Rouges seraient les anges du chaos et les soldats de l'Armée démocratique et sans galons de Lin Biao les génies tutélaires de ces garçons et de ces filles livrés à leur juste haine.

Mais le chaos désiré engendra trop de chaos. Les Gardes Rouges innombrables comme issus de la terre, tous ivres de Mao, tous ivres de saccage, se suspectaient, grondant de méfiance, s'accusaient de trahison, de « s'envelopper dans les plis du drapeau rouge pour lutter contre le drapeau rouge ». Faux et vrais gardes, comment les distinguer? Il y avait ceux que le Parti manipulait au nom de Mao contre Mao et puis les autres, ceux qui se proclamaient « rebelles révolutionnaires » et n'admettaient plus aucune autorité quelle qu'elle soit, la Pensée unique, d'ailleurs inconnue, leur suffisait. Confusion, brouillard.

Les factions se battaient, émeutes, supplices, sang, la guerre civile, l'abîme. L'armée tire et, stupéfaction, elle tire sur les « rebelles révolutionnaires », les fidèles d'entre les fidèles qui avaient effrayé jusqu'à Mao. Plus tard, comme une chape sur la ville, celle de la crainte et de l'apaisement. Mao est encensé, mais au sein de la Grande Alliance inspirée par Chou En-lai, l'Alliance des combattants révolutionnaires, des masses libérées et des cadres repentis. Le mot « révolutionnaire » qui avait pris tous les sens était désormais défini : il signifiait la discipline. Techniquement, la Révolution Culturelle qui elle non plus n'était pas un « dîner de gala », était terminée en 1969. Elle avait fait plusieurs millions de morts. Quant au nombre des prisonniers et des déportés, il est inchiffrable.

Est-ce la paix, enfin?

Le Grand Timonier, l'Empereur Rouge, l'Astre du Peuple, le Zénith de l'Univers n'est plus dans la réalité de la terre et de la chair qu'un gâteux, qu'un baveux qui tarde à mourir ou à se retirer. Épuisé, croulant de graisse, sans progéniture digne de lui, tous ses enfants mâles tués, fous ou disparus, il croupit dans sa longue agonie, son âge interminable. Autour de lui, le théocrate sublime, le dieu qui est Tout Ce Qui Existe, qui est plus que Tout Ce Qui Existe, se développe la lutte pour l'héritage. Trames innombrables, avidités incandescentes, cupidités effrénées, Lin Biao est le successeur reconnu, désigné, mais il s'impatiente, ce vieil adolescent tendineux. Il va trahir et sans doute il trahit.

Le Mao qui a vécu si pauvrement dans les grottes de Yanan est maintenant installé dans un palais au sein de la Cité Impériale, se gavant de ses splendeurs. Mais du dédale des cours et des pavillons, des marbres et des ors, du luxe suprême sourd la tradition antique : le complot et le meurtre qui rôdaient jadis autour du Fils du Ciel, désormais assiègent Mao. Il est trompé par ses fidèles, par les siens, par sa propre épouse, par le groupe qui entoure cette créature, ce groupe qui plus tard constituera la Bande des Quatre. Mais Mao est encore plus trompé par Lin Biao.

Comment s'enchevêtrent ces désirs exacerbés et affreux, avec quelles complicités, dans quelles rivalités, quelles hostilités? Il semble bien qu'en 1971 Lin Biao, assisté de son fils, ait organisé une conjuration contre Mao, préparé un attentat, l'attaque au bazooka du train « impérial » dans lequel le Grand Timonier parcourait la Chine. Du moins est-ce la version officielle. Le certain, c'est que Lin Biao était passé dans l'opposition à Dieu, et qu'il avait les desseins les plus noirs, qu'il voulait faire se coucher le Soleil. Quoi qu'il en soit, sa conspiration fut éventée par Chou En-lai. La hache de la justice allait s'abattre sur lui quand il s'enfuit en avion avec son fils et quelques acolytes, à la tombée du soir. Nuit shakespearienne... Chou En-lai suit sur un écran-radar le trajet de l'appareil qui survole la frontière soviétique et décide d'avertir Mao qui ignorait encore l'évasion de son vieux compagnon. Mao, dans un geste las, déclare qu'il est bien qu'il s'en aille : « Les feuilles flétries doivent tomber des arbres », aurait-il dit. Quelques minutes après, l'avion de Lin Biao se fracasse sur le sol de la Mongolie Extérieure, cette Mongolie arrachée à la Chine et sous emprise russe. Chute mystérieuse. L'avion a-t-il été abattu par des chasseurs chinois, descendu par une escadrille soviétique, ou le pilote en a-t-il perdu le contrôle à la suite de quelque rixe entre passagers et équipage dans la carlingue? Nul ne le sait. Et même on ignore si Lin Biao était vraiment dans cet avion. D'aucuns prétendent qu'il a été tué tout autrement, revolvérisé dans un restaurant de Pékin. Une autre version veut que Mao ait – vieille coutume – lui-même organisé l'assassinat de son dauphin. Rituellement, il l'aurait convié avec son épouse à un festin amical dans une de ses résidences, et quand Lin Biao et sa femme repartirent confiants, joyeux, il aurait fait anéantir leur voiture au lance-roquette. Où est la vérité : en Chine, on aime garder le secret autour de ce genre de conclusion.

Fin de Lin Biao. Et toutes les autres fins... Celle de Mao, celle de la Bande des Quatre. A Chengdu, Mao tend les bras vers le ciel, il parle comme s'il était encore la voix souveraine mais les mots sont évanouis, délavés, mais les passants ne les écoutent pas. Méprisée donc la statue érigée devant le palais d'une Pensée méprisée elle aussi. Là-dedans, dans ce bloc de béton prétentieux, ladite Pensée n'est plus qu'épicerie, camelote, friperie : le palais de la Pensée de Mao est devenu une sorte de « Bon Marché ».

Un grand escalier mène à un fronton où s'étale une sentence de

Chengdu 319

Mao mais les gens ne lisent pas cette calligraphie, ils sont en proie à d'autres désirs. Ils s'engouffrent par deux portes latérales dans le sanctuaire qui a pris une étrange tournure : n'y règne plus que la fébrilité de la « consommation », la dernière idéologie qui reste en Chine, une idéologie dévorante. A l'intérieur, s'agitent et se pressent des Chinois et des Chinoises vêtus à l'occidentale, obnubilés par la convoitise. Désormais, les objets sont Dieu. Il y en a quantité accumulés sur les rayons – vêtements, linge, chaussures en simili cuir, bijoux en toc, denrées alimentaires et aussi le suprême du luxe, ces fameux « biens » que sont les télés, les radios, les appareils de photo, les machines à laver, les réfrigérateurs, « biens » dont l'acquisition donne la « face ». Devant les étalages où des vendeuses lambinent, la foule se coagule, s'agglutine. Tous sont comme muets de saisissement, trop excités pour parler, perdus dans la contemplation des merveilles. Quelques bousculades dans cet agrégat de peuple, cette muraille de concupiscence qui regarde, jauge, juge, mais peu d'emplettes, les prix sont trop élevés. Qui dans cet empyrée des souhaits accomplis ou pas, qui dans cette humanité vibrante accorde une seule pensée à la Pensée de Mao ?

Dans ce bazar des commodités modernes, on trouve même des toilettes à la manière barbare. Les Chinois savent mal en user, sans doute sont-elles une atteinte à leurs mœurs et même à leur philosophie. Chier jadis, c'était si simple, on s'accroupissait n'importe où et l'on procédait. Les cabinets aux faïences blanches et aux chasses d'eau sont bien compliqués, alors les Chinois défèquent n'importe comment, la merde règne et s'entasse. Oh ! merde divine des Célestes... Mais chez Marie-Françoise et moi, quelle crainte d'avoir à se rendre dans ces lieux.

Malheureusement pour elle, au milieu du flot humain qui nous entraîne, Marie-Françoise est prise d'une envie. Elle a déjà la nausée mais s'enquiert courageusement sur l'emplacement des WC. Yao le lui indique, tout en ajoutant en un sarcasme amer : « Tu vas pleurer. » Marie-Françoise disparaît et revient au bout de quelques minutes, la face rouge et les yeux humides. « Je t'avais prévenue », lui lance Yao. S'il fait le flambard, c'est parce qu'il est horriblement gêné par ce qu'il considère comme une atavique faiblesse de sa race, cet amour de l'étron. Ça n'a pas manqué, Marie-Françoise raconte : « L'épreuve a été effrayante, je l'avais prévu quand j'ai aperçu une dame raffinée qui, se rendant là où j'allais, faisait ses préparatifs, retroussant son pantalon jusqu'aux genoux. » Elle a tout eu, les encroûtements de matière tiède et fumante, les inondations de pisse. De plus la quasi-absence de porte permettait aux curieuses d'examiner l'anatomie de la femme barbare qui en était encore tout offusquée et proposait d'inscrire le bon usage du sanitaire comme sixième modernisation, après la démocratie.

Que m'importe que Mao soit devenu dérisoire ou même qu'il redevienne à la mode. De toute façon ce ne sera plus le Mao grandissime, juste un petit Grand Mao. Mais Lin Biao, je l'exécrerai toujours, car il a porté atteinte à mon passé, à mes souvenirs, il a supprimé « mon » palais, celui du vice-roi. Ce palais, Albert l'avait connu au comble de sa magnificence quand y résidait le Maréchal Tartare, un Mandchou qui représentait le Fils du Ciel, personnage normalement invisible mais qui était parfois obligé de recevoir un Barbare comme lui pour affaires, les éternelles affaires – ventes d'armes, émeutes contre les Blancs, chrétiens coupés en morceaux dans un village lointain. L'Excellence jaune n'accueillait mon père qu'à la nuit, le jour appartenant aux mauvais génies et aux présages funestes. Après un entretien toujours courtois, le Maréchal l'invitait à un festin où Albert était contraint de manger tout en conservant sur la tête un haut-de-forme ou un bicorne. Mais la nourriture était succulente, ce maréchal terrible était aussi très adonné à la bonne cuisine. Une fois il fit servir à Albert de la cervelle au goût délicieux. Quand il eut achevé de se repaître, le Tartare lui dit benoîtement : « Les mauvaises idées n'enlèvent pas la saveur, ce sont les cervelles de deux agitateurs cantonais que j'ai fait exécuter ce matin. »

Hélas pour lui, le Maréchal ne s'était pas assez gavé d'encéphales pervers, il restait beaucoup de rebelles, suffisamment pour le chasser, pendant cette révolution de 1911 qu'Albert n'avait pas prévue, non plus que les Chinois. Les boutiques avaient fermé leurs grilles de bois, tandis que dans les rues bouillonnait une population qui, curieusement, ne s'en prenait pas aux Blancs. Une joie, une angoisse, des négociations et puis, des têtes coupées, la traque aux Mandchous : on leur ouvrait le ventre avant de leur trancher le cou. Ces pauvres Mandchous essayaient de se déguiser en Célestes, on les démasquait en les faisant compter jusqu'à dix – ils prononçaient ce chiffre avec un accent spécial, un zézaiement. Aussitôt reconnus, ils étaient massacrés. Les Chinois, eux, cisaillaient en pleine rue leur fameuse tresse, la célèbre queue qui signifiait leur soumission aux Mandchous. Tout se faisait sous le signe du sabre vengeur et du rasoir libérateur. Dans ces désordres, le vice-roi avait réussi à s'enfuir mais le palais avait été endommagé. Ce qui en restait devait plus tard m'enchanter.

Que je raconte. A Chengdu j'avais grandi... Arriva le temps où je voulus abandonner la chaise à porteurs dans laquelle j'étais souverainement assis, enlevé de terre par deux coolies vêtus de tenues bleues fournies par le consulat, des tenues dignes de moi, de mes parents et de la France. Donc, quand j'atteignis le grand âge de six ou sept ans, j'exprimai à mes parents mon désir de monter à cheval comme un prince. Finalement ils acquiescèrent et me choisirent une douce jument au pelage foncé et aux immenses yeux tristes. J'appris vite à faire le cavalier. J'avais aussi un écuyer, un mafou qui courait à pied devant moi, criant aux foules compactes de laisser place à l'enfant seigneurial. Je fendais les masses heurtant parfois au passage un indigène trop lent à s'écarter, qui pestait et que mon homme-lige réprimandait avec les injures les plus vertes.

Ma promenade de prédilection était cette superbe ruine, le palais du vice-roi dont ne demeurait en bon état que la monumentale porte d'entrée. Il me hantait si fort qu'un jour je m'étais glissé entre les battants mal fermés, et qu'en compagnie de mon palefrenier dévoué, j'avais erré dans les salles immenses et vides à moitié écroulées. Oh, mandarins! Oh, concubines! où étiez-vous? J'étais souvent revenu et, peu à peu, j'avais fait du palais mon impérium. L'enceinte contenait une forêt de mûriers. Là je chevauchais sur une allée de dalles chaotiques, en contrebas d'autels délaissés, enivré parce que je découvrais, murailles effondrées, douves asséchées, les débris d'un jardin. Oh, jolies rocailles tournées sauvages! Oh, étangs où des lotus perçaient encore la vase! Oh, ponts abîmés sur des ruisseaux taris! Oh, pavillons galants qui n'étaient plus que dépouilles!... Ces lieux qui dans leur abandon sentaient encore la grandeur et la sensualité étaient miens. Je ne supporte pas qu'on les ait détruits, qu'on ait touché à mon enfance.

A Chengdu, j'ai été heureux. Je n'étais entouré que de tendresse dans ce consulat qui, je m'en souviens bien, ne ressemblait aucunement à celui de Chongqing. C'était un yamen tout à fait céleste. Au-delà du grand portail sur lequel flottait le drapeau tricolore, s'étendait une imbrication de cours, d'allées et de pavillons construits dans un bois noir très ajouré, de la dentelle de bois tendue d'un papier en fibre de bambou. Le pavillon d'entrée servait de bureau à un Albert très consulaire, tantôt sévèrement concentré sur la pénible rédaction d'un rapport du meilleur style, tantôt enjoué lorsqu'il recevait quelque personnage jaune avec qui il négociait. Le courage et les craintes d'Albert dans cette cité si lointaine et si isolée, sans canonnière protectrice à proximité... Que la populace s'attroupât dans une fureur xénophobe ou qu'un Seigneur de la Guerre se fachât, alors la longueur des tractations, la fameuse habileté d'Albert...

Un autre pavillon, toujours en bois découpé, était réservé aux grandes réceptions et aux grands dîners. Il s'agissait surtout d'offrir de pompeux repas rituels à des Célestes importants, de donner des gueuletons, tant de gueuletons pour quelque Seigneur de la Guerre qu'Albert essayait d'appâter. Kampés innombrables au cognac – les Chinois adoraient cet alcool de la Charente, la région justement dont mon père était originaire. S'il y avait cinquante convives, Albert trinquait cinquante fois. Il était héroïque Albert, mais le lendemain la migraine le dévorait.

Nous logions dans le plus grand pavillon, mes parents faisaient chambre à part, selon la volonté d'Anne Marie et à la désolation d'Albert. Moi, j'étais niché dans une pièce qui séparait les deux conjoints. Leurs disputes, les supplications d'Albert, les refus d'Anne Marie ne me gênaient pas, au contraire ils me plaisaient. Anne Marie était ma déesse sans que je le susse bien.

A Chengdu, j'ai été heureux. Mon père – sauf une fois qu'il me gifla pour l'avoir dérangé lors de la rédaction d'une lettre capitale destinée aux Affaires étrangères à Paris – me soufflait son amour paternel par son gros nez et sa grosse bouche. De plus, pour s'occuper de moi, j'avais l'amah Li qui m'endormait par d'étranges caresses. Elle m'entraînait dans les rues où je me pavanais et me remplissais de visqueuses douceurs, elle m'emmenait assister aux tortures sur le « champ de la douleur » où les bourreaux ciselaient les corps aux sons de l'*Hymne à la Joie* de Beethoven joué par un orchestre militaire. La violence faisait partie de mes plaisirs, le sentiment du danger aussi. Mon mafou me le procurait, il me conduisait hors des remparts de la ville quand il n'y avait pas de périls mais j'imaginais les brigands qui surgissaient, j'avais peur, j'étais ravi. Je ne disais rien de ces expéditions à mes parents qui auraient été furieux. Mon mafou m'aimait et j'aimais son amour. Il avait un visage vérolé et je m'étais persuadé avec délectation qu'il était lépreux. Je parlais le sichuanais, j'étais bien Lulu le Chinois.

Chine, ta douceur, je la trouvais dans le parc qui entourait le consulat, surtout dans l'allée de grenadiers où se perchaient des aigrettes blanches. Nous nous y promenions ensemble, ma mère et moi, et je la sentais complètement mienne. Nous descendions jusqu'au potager où Anne Marie, la campagnarde d'Ancenis, avait fait pousser des asperges jusqu'alors inconnues à Chengdu. Gratter la terre, apercevoir les pointes violettes et avec un couteau couper les tiges enfouies : quelle excitation ! Et puis j'appréciais le peuple des domestiques, une cinquantaine de Chinois qui étaient obséquieux avec moi, à mes ordres, à nos ordres. Anne Marie avait le talent de mener cette troupe difficile, elle savait se faire obéir, maintenir la paix, tout un talent vraiment car ils étaient susceptibles, jaloux, féroces même, car il y avait les éternels problèmes de la « face ». Ah ! les boys et les « beps », ces cuisiniers si gras. Ah, Chengdu de mon enfance, comme tu m'as rendu heureux !

Pourtant une fois, le consulat faillit être pris d'assaut. Je l'ai dit, au nom de la France et pour son service, Albert s'occupait de vente d'armes et d'achat d'opium. A l'époque impériale, les discussions étaient polies, feutrées, mais depuis l'apparition des Seigneurs de la Guerre, elles devenaient parfois tumultueuses. L'un d'eux, à la suite d'un désaccord sur les prix, fit cerner le consulat par ses soldats et menaça d'attaquer et de massacrer tout le monde, à commencer par M. le consul, sa femme et son fils. Albert était soucieux, ma mère intrépide et moi assez amusé. Il ne s'agissait que d'un simulacre, une façon chinoise de marchander. Il en résulta d'ailleurs un contrat satisfaisant pour les deux parties. La paix retrouvée fut évidemment célébrée par un festin avec force courbettes, force kampés, force dégueulis.

Tohu-bohu des choses... Une autre fois, elles manquèrent tourner beaucoup plus mal et le consulat fut remis en état de défense. Toute une histoire, bien représentative de la Chine des temps chaotiques et du meurtre roi. Le gouverneur du Yunnan, un pirate déguisé en maréchal, ce Tang Kiao qui allait plus tard devenir mon ami et l'allié de mon père, clamait qu'il était un grand patriote et un grand démocrate. A ce titre, il s'était révolté contre le fameux Yuan Shikai, le mandarin qui, on le sait, s'était emparé de la présidence de la République et voulait rétablir l'Empire à son profit. Tang Kiao le juste avait envoyé ses forces contre lui. Certaines étaient allées à Canton où elles s'étaient surtout consacrées au pillage, d'autres avaient marché sur Chengdu où elles étaient entrées sous les acclamations populaires. Mais là aussi les régiments, avides seulement de butin et se livrant à tous les sévices et à toutes les spoliations, s'étaient transformés en une horde de reîtres. La mise à sac de la ville... Au bout de quelques années, les commerçants de Chengdu décidèrent qu'il fallait les chasser à tout prix. Ils s'étaient cotisés pour lever une nombreuse et puissante armée sichuanaise qui, dans force batailles et escarmouches, décima les Yunnanais. Les survivants s'étaient enfermés dans les ruines du palais du vice-roi, malades de peur, de haine et de désir de tuer.

Installées dans les quartiers marchands de la ville, les troupes sichuanaises avaient construit des barricades à proximité des murailles tenues par les Yunnanais. Une troisième armée, celle du Guizhou, une région proche et très pauvre, campait dans un faubourg. Son Seigneur de la Guerre avait flairé la bonne affaire et avait rappliqué, prêt à se vendre à celui des belligérants qui lui offrirait le plus. L'affrontement était inévitable, imminent. Chengdu était une poudrière.

Au consulat de France, situé en contrebas de l'enceinte du palais, Albert s'inquiétait, craignant pour Anne Marie et moi. Puis il se rassérénait et prenait son sourire de finesse : il arriverait bien à trouver un arrangement avec tous ces amas de soudards... De notre seuil, on apercevait les sentinelles des Yunnanais. Mon père les jugeait trop tendus, trop déments pour se rendre en personne auprès d'eux et il faisait porter des messages de conciliation à leurs chefs, rappelant que le Yunnan était une contrée que la France avait toujours soutenue, ce qui était vrai, les autorités d'Hanoi espérant bien en faire un protectorat. Pas de réponse, « des brutes » gémissait Albert. En revanche, il n'hésitait pas à aller s'entretenir avec les généraux du Sichuan qui, sûrs de leur victoire prochaine, se montraient beaucoup plus courtois. Il leur suggérait de laisser les Yunnanais rejoindre le Yunnan, il offrait ses bons offices, il proliférait en compromis, il était même si convaincu d'aboutir qu'il profitait de ces entretiens cordiaux avec les Sichuanais pour leur parler de son chemin de fer qui deviendrait la voie de l'amitié entre Yunnan Fu (Kunming) et Chengdu. Albert ne négligeait rien. Dans son intense diplomatie, il avait eu une entrevue avec le Seigneur de la Guerre du Guizhou dont la minuscule capitale Guiyang aurait pu être raccordée à la voie sacrée. Ce cher Albert qui prêchait la paix tout en poussant son chemin de fer! Du reste il était persuadé que ces Chinois, n'aimant pas les gaspillages, s'arrangeraient finalement. Moi, mieux qu'Albert, je sentais que l'abîme allait exploser. Et je prenais plutôt plaisir à cette pensée.

Mes parents m'avaient bien sûr interdit de quitter le consulat, mais j'avais décidé de rendre visite aux Yunnanais. Je me suis donc glissé dehors en compagnie du mafou qui se trouvait être un briscard, un ancien soldat, un ancien brigand de toutes les horreurs – sa maladie de peau n'était qu'un rassemblement de cicatrices-écailles. Pendant que nous escaladions les remparts, les sentinelles avaient braqué leurs fusils sur nous mais elles n'avaient pas tiré. Je n'avais pas peur, j'étais sûr qu'on n'oserait pas me faire du mal car j'étais Lulu, le jeune Blanc connu à Chengdu et surtout le fils du consul français qui, ces enragés le savaient, tâchait de les sauver, eux qui étaient cernés de partout en ces décombres... Arrivé en haut de la muraille, s'offrit à moi le spectacle d'hommes accroupis autour de feux de camp, des femmes allant et venant à leurs besognes, toutes sortes de gens enfouis dans la mangeaille. Au milieu de cette foire sauvage, des spadassins en armes, vigilants, yeux fauves, lèvres muettes. Ils étaient au comble du « ch'i », de la colère noire. Ils m'entourèrent mais le mafou, dans son expérience de vétéran de la cruauté, se mit à discuter avec eux – j'ignorais que jadis il avait combattu dans leurs rangs. Beuglements, hurlements, arguments. Alors apparut un chef, un bel homme d'une circonspection cisaillante qui nous dit de déguerpir, ce que nous fîmes. Dieu merci, mon père ne sut jamais rien de cette excursion.

Et puis les hécatombes avaient commencé. Les Yunnanais, descendus brusquement dans les quartiers avoisinants, s'étaient emparés d'une centaine de femmes et de gosses qu'ils avaient ramenés dans leur repaire et précipités du haut des murailles. La grande géhenne. La cité n'était plus qu'un grondement meurtrier, qu'un tonnerre de bruits, que feu et flammes. Les Sichuanais du sommet de leurs barricades bombardaient le Palais, achevant de démolir les enceintes avant de s'élancer pour l'assaut. Mais quelques Yunnanais infiltrés au cœur de l'agglomération y avaient allumé un incendie pourpre, qui dévorait les somptueuses rues de l'or et de la soie et jetait d'étranges lueurs sur les visages. En réponse, les Sichuanais avaient capturé un certain nombre de ces pyromanes auxquels ils avaient arraché les entrailles... Quant à l'armée de Guizhou, dans son faubourg, elle n'intervenait pas encore, son Seigneur de la Guerre cherchant toujours à qui se vendre au meilleur prix et attendant surtout de connaître les vainqueurs pour se joindre à eux. Était-ce la fin du monde? Le consulat était mal situé : un obus y explosa, dans le jardin heureusement. Les domestiques s'étaient enfuis, sauf le mafou et l'amah Li. Nous étions rassemblés dans le bureau de mon père qui se montra sous son meilleur jour, la tête pleine d'une initiative digne de lui. Moi, je tenais la main d'Anne Marie dont la constance un peu moqueuse me rassurait. Mon père lui exposa son projet. Ma mère lui dit : « Allez-y mon ami. » Et elle fit semblant de l'embrasser.

Albert avait joint son ennemi, le consul d'Angleterre. On sait qu'en temps normal les deux hommes ne pensaient qu'à se rouler, même si les familles consulaires s'entendaient très bien autour du bridge, du

« five o'clock » et du tennis. J'avais là des compagnons, cinq enfants blonds avec qui je m'amusais tant que l'anglais devint ma seconde langue, après le chinois. En ces jours calamiteux, les deux agents s'étaient donc réunis, avaient palabré, étaient arrivés à un accord héroïque : essayer ensemble d'arrêter le cataclysme. Ils étaient montés sur leurs chevaux et, arborant des drapeaux blancs, au milieu des détonations, des fumées, des égorgements, ils avaient affronté tour à tour les différents camps pour des pourparlers tragico-comiques. Ils avaient grimpé par des échelles jusqu'au sommet des remparts tenus par les Yunnanais rageusement désespérés, leur conseillant de se rendre, leur garantissant la vie sauve, ce qui ne leur avait valu que des ricanements. Ils avaient escaladé les barricades des Sichuanais pour leur recommander la clémence, ils n'avaient obtenu que des sarcasmes. Ils s'étaient même rendus auprès du Seigneur de la Guerre du Guizhou qui les avait patelinés. Finalement les deux consuls avaient payé les uns et les autres pour leur arracher un accord. Le silence s'était établi, plein du remugle des dévastations. Ce n'était qu'une trêve qui ne dura pas. Ensuite tout fut réglé rapidement.

Les Sichuanais, s'étant organisés et renforcés, lancèrent l'offensive générale, la résidence impériale fut assaillie de toutes parts et emportée – presque tout ce qui restait de Yunnanais fut exterminé et leur chef coupé en morceaux. Pour faire bonne mesure, les Sichuanais anéantirent aussi le Seigneur du Guizhou et ses soldats qui avaient trop joué les malins. Vitalité de la Chine, déjà la population était rentrée, nettoyant les quartiers souillés et reconstruisant. Chengdu retrouva sa solitude heureuse et de nouveau elle s'offrit à moi.

De tous ces événements terribles je garde un souvenir très doux : Anne Marie m'avait câliné tendrement, plus tendrement qu'elle ne l'avait jamais fait. Je revois aussi Albert fanfaronnant et qui, à force de se dire qu'il était le consul, avait eu une conduite admirable. Hélas, mon pauvre père, je n'ai pas su t'apprécier : à ta bravoure se mêlait toujours à mes yeux un peu de ridicule. Pourtant, à Chengdu c'est toi aussi que je cherche.

Et d'abord je veux trouver le consulat. Quête curieuse, quête où je me sens plein d'envie et de hâte, quête traumatisante : tout a été abattu, même les douves de la Cité Impériale, on les a comblées, transformées en immenses galeries souterraines, boyaux de tous les négoces qui tiennent plus de l'abri antiatomique que du marché. Enfin, à proximité de l'emplacement de l'ancien Palais, dans un quartier qui a gardé son antique grâce, nous découvrons des vestiges qu'on nous dit être ceux du consulat. Ne subsistent que deux annexes modestes en briques peintes de jaune. Où est la somptuosité de ma mémoire ? Sans doute s'agit-il d'anciens bâtiments utilitaires, de la cuisine, peut-être d'une buanderie.

Décidément, il y a une prédestination dans mes consulats, en ces lieux comme à Chongqing, une marmaille m'attend, des gosses de quatre ou cinq ans qui s'ébattent sur des balançoires et des manèges. A ma vue, la surprise, une sorte de sauve-qui-peut pas vraiment effrayé, plutôt amusé. Arrive l'institutrice, très élégante, permanentée, une chemisette blanche et un tailleur coupé dans un beau tissu vert, une maîtresse-femme. Yao lui donne des explications rapides, elle prend la situation en main, rappelle ses troupes et les enfants viennent à moi, m'entourent, m'assaillent presque. Je serre quantité de menottes. La « patronne » fait mettre en position ces bambins sur deux rangs, moi assis au milieu d'eux, et Marie-Françoise nous photographie cérémonieusement. Puis, gamins et gamines s'ébrouent, crient en m'appelant – eux aussi – « Grand-Père », comme si c'était la dénomination convenable pour moi. Je suis Grand-Père, je suis vénérable, Bon Dieu! Ils rient, tous ces enfants, ils me chahutent, je suis leur proie consentante, vaguement émue. La maîtresse-femme me sauve de ces effusions. Elle nous fait entrer dans un salon où elle nous sert du thé et confirme gentiment que le yamen du consulat était jadis très grand. A l'entrée il y avait une cour dallée sur laquelle, je me souviens, ouvrait le bureau d'Albert.

En une bouffée me reviennent tellement de souvenirs! Oh! qu'Albert était un consul sérieux! Parfois il faisait venir ma mère auprès de lui, dans son sanctuaire, et il lui lisait ses écritures. Elle l'écoutait, donnait des conseils qu'il rejetait, quitte ensuite à les appliquer clandestinement. Moi, de la cour je les espionnais. A la place du bureau d'Albert s'élève maintenant – comme si son labeur avait fructifié – une tour de vingt étages, la Tour de la Culture. Pauvre Albert quand même! Anne Marie n'est pas beaucoup mieux traitée : le superbe jardin auquel elle tenait tant a disparu sous les HLM. Fini le pont en dos d'âne, finie la porte de lune, finis les fleurs et les fruits, finie la mare à lotus, finies nos délices, finies nos promenades et ma main dans celle d'Anne Marie... Jamais je ne la sentais aussi simple que dans ce jardin quand je papillonnais autour d'elle. Ses yeux notaient le moindre bourgeon, un bouton, une corolle. Angevine transportée en Chine elle était réconciliée avec elle-même, avec son âme paysanne, en elle remontaient des sentiments plus purs, plus vrais, ceux de sa jeunesse. Mais la Chine revenait, la Chine dont l'odeur était mauvaise, ma mère interrogeait le jardinier pour s'assurer qu'il ne se servait pas de l'or liquide. De toutes ses rides il niait mais Anne Marie le soupçonnait toujours.

Une curiosité me tenaille, reste-t-il encore des serviteurs de ce temps-là? Il y avait, je l'ai déjà dit, tout un peuple de domestiques établis dans leur hiérarchie, leur dignité, leurs droits. L'importance du seigneur-boy qui habillait Albert, celle du seigneur-cuisinier à qui Anne Marie avait enseigné les recettes de l'Occident, celle du vieux blanchisseur édenté... Il y avait une horde de sous-domestiques, de palefreniers, de porteurs de chaises, de coolies, il y avait enfin les enfants de ces gens que, du haut de ma grandeur, je traitais en esclaves. Que sont-ils devenus?

A la vérité, c'est Li que je cherche, Li, mon amah, ma mère autant qu'Anne Marie, une autre mère, différente. Anne Marie était la grâce suprême, l'amour idéal, mais c'était Li qui s'occupait de moi, de mon corps, de mes premiers plaisirs. Li, la partie chinoise de mon être, Li que j'ai reniée, au point d'oublier la langue chinoise qu'elle m'avait apprise. Maintenant je veux me réconcilier avec elle, la revoir si elle n'est pas morte de vieillesse ou à la suite d'un de ces malheurs qui autrefois frappaient si souvent la cité. Pour cela a été convoqué le « responsable » du quartier. M. Yao engage avec lui une conversation très longue – jamais je n'ai autant regretté de ne plus savoir un traître mot de chinois. Au bout d'une demi-heure, Yao me traduit ce colloque en quelques mots, me lâchant à brûle-pourpoint : « Si Li vit, on vous la trouvera. Si elle est décédée, on trouvera sa descendance. Cela se passait il y a très longtemps, mais les ordres ont été donnés. »

Du Chengdu de Li, il me semble reconnaître quelques ruelles, celles que je parcourais avec elle. Donc je me persuade qu'elle n'est pas morte. Et qu'en tout cas, je retrouverai son souvenir, sa progéniture : puisque je le veux, elle en a une. Quand les Bodard ont quitté la ville définitivement, elle s'est mariée avec le chef-cuisinier du consulat et le couple a ouvert un restaurant « français » appelé d'après ma mère : « Aux parfums de l'Occident. » Quelqu'un doit bien s'en souvenir.

Comme je voudrais te revoir, ma Li de Chengdu, ma Li qui m'as fait aimer ton peuple. Grâce à toi je me divertissais à m'entretenir avec des gens de toutes conditions et tous étaient charmants avec moi. Parfois, en nous cachant d'Anne Marie, nous louions des chaises aux porteurs très sales, bien plus drôles que les porteurs du consulat dans leur uniforme bleu marqué de l'idéogramme « France », et nous allions dans de divins lieux douteux. Li, tu me menais à des amusements interdits, à l'Opéra comme aux supplices. Li, tu me conduisais chez ta sœur putain dans une maison de thé, là, tu faisais la grande dame, tu te rafraîchissais avec un éventail et la vieille maquerelle me régalait de bonbons. Ces bruits que j'entendais, la fornication... Que n'avais-je pas déjà vu avec toi, même des miséreux accouplés dans un ruisseau. Li, qui me bourrais de galettes et de beignets, Li qui m'as offert toutes les sensations de la Chine, je veux te revoir. Avec toi, j'ai aimé les mendiants pustuleux, les demoiselles petites fleurs, les coolies de tous les fardeaux, les concubines piaillant dans leur palanquin, les bonzes qui psalmodiaient, les arrogants seigneurs et les lépreux mangés vifs qui tendaient leur sébile de leurs mains sans doigts, les vieillards chenus courbés jusqu'à terre. Avec toi, tout était ravissement, même les têtes coupées, suspendues dans des cages aux portes de la cité. Avec toi, la Chine me parlait, je lui parlais et nous riions ensemble.

M. Yao qui a retenu des leçons de Chongqing la géographie des Blancs en Chine m'emmène d'autorité au grand séminaire, une construction géante des bons pères missionnaires qui voulaient, comme toujours, bâtir pour l'éternité. Pilastres, colonnes, voûtes, une solidité incroyable en cet endroit où les prêtres blancs formaient, et sous quelle férule, de jeunes Chinois se destinant au sacerdoce. Maintenant l'édifice est désert. Où sont les âmes ? Sans doute réfugiées dans la chapelle où une flamme brille sur l'autel. Le desservant n'est pas là. Une gardienne nous reçoit et nous guide dans la nef. Elle ne donne pas d'explications, je n'en demande pas.

Encore une fois, dans le clair-obscur filtré par les vitraux et dans le moisi du temps, le passé me revient. C'est là, j'en suis à peu près sûr, que j'ai fait ma communion privée. Étais-je pieux à cet âge, croyais-je en Dieu ? Oui, mais naïvement. Anne Marie à la maison veillait à ce que je m'agenouille et récite le credo. Elle n'était pas bigote mais le Bon Dieu faisait partie de son nécessaire de consulesse et de dame. Le dimanche, avec elle, j'allais ici à la messe... Je pense au son de l'orgue, au chœur des fidèles, aux jeunes Chinois qui suppliaient le Seigneur en latin. Je pense à ma communion privée, à ma fierté, à ma fatuité aussi : Anne Marie me regardait, Anne Marie avec qui je vivrais pour l'éternité. J'allais aussi avec Li dans les temples, j'étais près d'elle quand toute ployée elle faisait brûler des bâtonnets d'encens, implorant Bouddha, à vrai dire pour des bonheurs immédiats. Je ne croyais absolument pas qu'elle irait en Enfer malgré ce que racontaient les bons pères. Jamais je n'ai méprisé les bonzes et les pagodes, je ne haïssais pas les païens, je me disais qu'ils avaient une autre manière d'approcher le Très-Haut. En fait, j'avais foi et amour en Anne Marie et en Li, et j'acceptais leurs religions comme deux évidences.

A la sortie du séminaire, me rit un vieil escogriffe pas rasé, édenté, le visage tout hachuré des ravines de la jovialité. Dans un éclair de gaieté, avec une sorte d'amitié, comme ça, il m'accoste et prophétise tout égrillard : « Vous vivrez plus de cent ans si matin et soir vous respirez sept fois vers l'Ouest. En plus il faut que vous preniez de la racine de lotus et de la crème de soja. Vous êtes trop gros. » Lui est tout ratatiné, ses côtes saillent sous un tricot hors d'âge, ses jambes flottent dans un pantalon dépenaillé. Je lui réponds :

« Et vous, vous êtes trop maigre, mangez-vous assez ?

– Moi, j'ai soixante-dix ans, je me nourris bien. J'ai de l'argent. J'exerce un bon métier. Je suis masseur. »

Là-dessus, il se frotte le ventre d'un air gourmand, puis il se met à donner de petites tapes sur le mien et exulte :

« Dans la vie, il faut rigoler. Si l'on est triste, on est perdu. Pour garder la bonne humeur, il faut aussi boire de l'eau chaude salée, faire de la gymnastique, projeter les jambes vers le ciel, procéder à des mouvements d'équilibre et surtout savoir respirer. »

Sur ce, il sautille, il fait des entrechats avec un bel orgueil, une immense gentillesse. Pour un peu, je suivrais ses prescriptions... Je préfère lui proposer une « pijiu » (une bière) au prochain bistrot. Alors le vieux expectore des postillons de dégoût :

« Pas de pijiu, mais si vous voulez, offrez-moi du vin jaune. »

Chengdu 329

Le vin jaune de Shaoxing, je connais et j'aime aussi, j'en ai tellement bu autrefois, on dirait une liqueur, un xérès qui serait fabriqué à partir de riz. M. Yao m'enlève. Pendant que nous partons le vieillard se gausse encore, parlant toujours du souffle vital. Je ne sais pourquoi me vient la pensée qu'il s'agit d'un ancien richard qui a appris auprès du peuple le bonheur de vivre tout à fait démuni.

La joie de Chengdu... Ce vieillard hilare me l'a rendue. Autre joie, dans une cour ensoleillée j'aperçois quatre honorables ancêtres en train de jouer au mah-jong très paisiblement, peut-être trop paisiblement. Ce jeu est à nouveau autorisé, mais sans mises d'argent. Aussi la passion en a comme disparu, cette passion qui s'exprimait autrefois par le vacarme des dominos. Supprimé donc le bruit extatique de la Chine, supprimé l'heureux tintamarre. Et je me demande si ce silence n'annonce pas un plaisir limité, à l'arrière-goût un peu amer.

Pendant le temps qu'on nous recherchera Li, nous nous rendrons au mont Emei, une des quatre montagnes sacrées du bouddhisme qui se dresse à deux cents kilomètres de Chengdu. C'est une montagne imprégnée des dieux aux sourires de sagesse, livrée aux affres des métempsycoses, en proie à la conjuration des démons. Là est le domaine de Puxian, le Bodhisattva monté sur un éléphant blanc chaussé de fleurs de lotus. Là est une nature douce et fantastique, tant de vallons, de crêtes, d'abrupts, d'abîmes, de forêts augustes et de rocs noirs. Et tellement de temples, une centaine au moins conduisant vers le Pic d'Or de la vérité qui culmine à 3 099 mètres. Jadis l'atmosphère vibrait des effluves de l'encens, du son inextinguible des clochettes, des coups sourds des gongs d'airain, des souffles déchirants des trompettes lamaïques. Jadis, lorsque la chaleur empoissait Chengdu, nous les Bodard, nous allions sur l'Emei Shan.

Dans la voiture noire, M. Yao et le brave malotru de journaleux qui toujours nous accompagne ont le visage fermé. La plaine n'en finit pas, l'ennui nous vient. Où est la voie du monde, la grande sente des pèlerins marchant vers leur régénération? Aujourd'hui, nous roulons sur la route mal goudronnée de la vie ordinaire et l'ancien grouillement est devenu embouteillage. C'est le matin et beaucoup de gens se rendent en ville, défilé de travailleurs, enchevêtrements de camions et de vélos, tous acharnés à tenir le milieu de la chaussée. Prosaïsme, klaxons et curiosité quand même : certains pédaleurs emportent avec eux toute leur famille, toute leur maison amoncelée en d'incroyables échafaudages. La saleté n'a guère changé. Au marché, les mouches s'empressent sur des viandes à cru, morceaux de cochons dépecés suspendus à des crocs. Dans les rizières, j'aperçois des buffles bien englués de boue et même nous croisons des vieilles femmes, des haridelles qui poussent des charrettes contenant des baquets où ballotte la « chose ». Voilà qui me rassure, mon Sichuan est toujours adonné à la merde bienfaisante, à la bonne pestilence.

Autrefois, la randonnée durait plusieurs jours. Moi et mes femmes, Anne Marie et Li, nous allions tous trois dans des litières portées par des équipes de coolies qui se relayaient toutes les heures. Leur adresse à se transmettre la charge et ensuite comme ils ahanaient en avançant d'un pas souple, par conscience professionnelle, pour faire croire que nous étions lourds, nous si légers. Le soir, la caravane s'arrêtait chez des missionnaires qui nous hébergeaient... Les signes de croix des chrétiens, le bénédicité au dîner et, comme toujours, ces barbes florissantes, messagères du Seigneur. Et nous repartions vers le mont Emei où le Christ n'avait plus sa place. Je regardais au loin dans l'espoir d'apercevoir le massif. Enfin se profilaient des sommets souvent noyés de brume. Enfin le mont se dressait devant nous, nous nous heurtions à lui : au-delà d'un portique commençait le domaine des Vies Successives.

En nous fiant à la vigilance de nos porteurs ou à l'instinct des petits chevaux chinois aux jarrets inépuisables, nous nous engagions sur le chemin qu'avait tracé Puxian, l'incarnation de Bouddha qui apportait la vérité aux hommes. Le sentier qui se tordait entre les gouffres était jalonné de lieux saints : une statue géante du Bodhisattva empanaché de fleurs de lotus, des stupas et des monastères, une théorie de monastères jusqu'à l'étang très vénéré où l'éléphant blanc se débarrassait de la poussière du monde.

Quelles foules sur le sentier vertigineux! Se pressait, se bousculait l'immensité des accablés poussés vers les sanctuaires par les malheurs de la vie, chargés de supplications aux dieux. Tous auraient dû souhaiter le nirvâna, la grande disparition, tous souhaitaient une existence meilleure. Mendiants qui ne tendaient plus la main, soldats qui ne brandissaient plus l'épée, richards qui ne pratiquaient plus l'usure, superbes qui confessaient leur orgueil, vieilles femmes qui amollissaient leurs cœurs durs, jeunes épouses stériles qui réclamaient la fécondité, ils étaient tous unis dans une exaltation de demandes, de requêtes, de désirs. Aller à Bouddha, aller vers Bouddha, hantise. Parmi ces pèlerins, certains ne trouvaient que la mort, poumons éclatés, forces épuisées, chutes dans le néant des ravins. Notre escorte écartait brutalement cette masse implorante pour nous faire place. Les coolies étaient alors vraiment à la peine... ces palanquins, ces bagages, ce vide. Quelle joie d'atteindre enfin le monastère qui nous servirait d'hôtel, où nous étalerions pour le pique-nique toutes nos victuailles et même du champagne. Mon père donnait de l'argent au Supérieur pour le remercier de son hospitalité, nous étions les bienvenus, des moines entonnaient des litanies pour nous et nous bénissaient – les bénédictions de Bouddha s'ajoutant à celles de Jésus, le séjour s'annonçait bien.

Emei Shan... Quel souvenir radieux, l'ivresse de vacances inimaginables, des vacances de ravissement. Je n'oublierai jamais mes jeux dans les clairières odoriférantes, à mi-hauteur du pic, là où les arbres devenaient plus rares et où n'avaient pas commencé les froidures. Je n'oublierai jamais les fleurs, les pivoines et les davidias, les massifs de rhododendrons sauvages, les lys par troupes entières, les corolles flamboyantes des cannas. Je n'oublierai jamais les bêtes apprivoisées, singes moqueurs et biches en qui s'étaient réincarnés les bienheureux, toute une faune d'autant plus familière que les fauves s'étaient enfuis devant le saint nom de Bouddha. J'aimais aussi contempler la mer des nuages en dessous de nous, me délecter de la pureté des cieux lointains et pourtant si proches. Certains après-midi, pendant quelques minutes, « la lumière de Bouddha », par une irisation extraordinaire, par une réfraction précieuse, projetait nos images jusqu'au firmament. Je reconnaissais nos apparences, la mienne et celles de mes bien-aimées, Anne Marie et Li, reflétées dans cet insondable qui, la nuit venue, se consumait d'étoiles.

Tous me choyaient, même les bonzes gras dont le nombril me paraissait la signature de la sainteté. Albert ne croyait guère à la piété du clergé des temples, de tous ces moines au crâne rasé qui, affirmait-il, n'étaient que des fripouilles sous leurs aspects dévots. Cousus de ruse et de cupidité, ils ne pensaient selon lui qu'à duper les fidèles, à leur arracher de l'or par des tricheries indignes. Moi, j'adorais leur liturgie avec ses gongs et ses encens. J'allais souvent rendre visite à un ermite hirsute et tout nu, tellement immobile dans sa caverne que je le croyais saisi par la mort. Li m'assurait que, dans sa rigidité implacable, il vivait benoîtement – un jour il m'a semblé, très fugitivement et sans doute était-ce une illusion, qu'il me souriait.

Mon bonheur aurait été parfait si Li, de temps en temps, ne m'avait pas parlé du Grand Serpent lové dans une grotte qui se jetterait sur moi si je n'étais pas gentil. L'hydre surgissait dans mes nuits, me donnait mes premiers cauchemars. Mais au mont Emei, ils n'avaient pas d'importance : le réveil n'en serait que meilleur, je redécouvrirai le visage d'Anne Marie et les bras de Li, mes bonheurs.

Toujours la route, pas d'Emei Shan à l'horizon. Yao proclame qu'il a soif, qu'il veut boire de la bière. Ayant dépassé un petit village, nous nous arrêtons au hasard – la précision est d'importance – devant une maison neuve en brique dont l'orée sert de gargote. Sur une table rouge sont rassemblés de la limonade, des cacahuètes, des graines de pastèque, quelques biscuits, une pauvre pacotille de marchandises, même pas de bière pour Yao qui grimace. Derrière ce comptoir, les commerçantes avec qui nous engageons une conversation très joyeuse. C'est qu'elles sont heureuses ces paysannes, une grand-mère délabrée, qui ne cesse d'approuver par des hochements de tête sa bavarde de petite-fille toute moderne avec sa chevelure permanentée, son maquillage, son sourire pâte dentifrice et sa poitrine qui rebique sous un chandail rouge. L'une marmottante, l'autre éclatante, elles déclament leurs rêves comblés – tous les malheurs enfuis. Ce sont les premiers culs-terreux que je vois – quel changement! Au lieu des gueux d'antan, au lieu des gueules à discipline rouge, des personnes prospères, au paroxysme de la satisfaction. Certes, les plus hardis des responsables, dans leurs Exposés, reconnaissent que dix pour cent des Chinois ne mangent pas à leur faim mais ces femmes témoignent que la situation dans les campagnes s'améliore, au point d'ailleurs de susciter la jalousie de la population urbaine. M'en aura-t-on parlé des paysans à dix mille yuans!

Mes héroïnes à moi, avec leurs hommes, ont gagné la somme déjà colossale de cinq mille yuans en un an, de quoi bâtir (eux-mêmes) leur demeure. Ah! le chant de la terre décollectivisée! Chaque famille responsable de sa parcelle, la part de l'État fixe et le reste pour soi, pour le commerce libre, à prix libres. La grande félicité. Elles jubilent mes deux dames, la vieille de soixante-sept ans et la jeune femme à la parole exaltée qui se presse, qui se bouscule entre ses lèvres peintes. Ils sont six en tout, les hommes trimant dans les champs qui ne leur appartiennent pas mais qui leur ont été affermés par le peuple. De surcroît l'un d'eux est ouvrier dans une usine automobile. Quant à elles, elles se consacrent au commerce. Cela constitue un groupe privé où tout le monde travaille énormément mais à son profit, et l'argent est là, l'argent de l'initiative et du labeur. La fameuse cupidité chinoise enfin réveillée... Oubliés Mao, ses réformes et ses communes, elles vivent mes luronnes et comment! La frisette, les produits de beauté, une radio et même une télé, le septième Ciel. Nous repartons après moult politesses : c'est qu'elles ont aussi appris les manières neuves. Et même si je sais bien que deux paysannes ne représentent pas, il s'en faut, toute la paysannerie, ces huit cents millions de Chinois qui peinent sur si peu de terre cultivable (15 % du territoire à peu près), ces deux gaillardes, la délectable parcheminée et la pétulante astiquée, me font plaisir.

Emei, une bourgade banale de construction récente. Nous faisons étape dans une bâtisse qui sert de relais aux cadres en déplacement. Trois journalistes locaux, serviles, des sous-produits de la presse pour qui Yao et le malotru sont des seigneurs, nous offrent un gueuleton. Nous nous gorgeons de cette cuisine sichuanaise si réputée mais Yao ne cache guère qu'il ne la trouve pas bonne. Il grogne et les besogneux du bourg disent qu'ils sont de petites gens, sans moyens, qu'ils ont fait de leur mieux et qu'il faut leur pardonner. Yao condescend à les excuser. Moi, je les questionne sur le mont Emei, ils n'ont jamais vu les pagodes – ah! ça non, jamais, jamais. Le malotru de Chengdu pas davantage. Yao presse le mouvement et nous reprenons notre route vers le balcon séraphique.

Nous nous arrêtons dans un temple situé tout en bas du massif. C'est, encore dans la plaine, le premier des sanctuaires qui jalonnent les pentes. Moi, je veux aller vers les autres pagodes aux noms magiques, au pavillon du Son pur, au temple du Pic des Immortels, au monastère des Dix Mille Années et à celui du Tigre à l'Affût. Mais le malotru en a assez, il s'engueule avec Yao qui veut poursuivre la randonnée, alors que lui estime que nous devrions déjà être saturés de divinités baudruches. Marie-Françoise et moi, nous nous taisons, mécontents, n'osant pas comprendre l'enjeu : qu'on nous interdise l'Emei Shan par pure paresse. Yao l'emporte et nous confie : « Il voulait que ce soit fini, moi, non, vous n'en auriez pas eu pour vos dollars. » Grotesquerie, nous achetons l'Emei Shan au Parti et sans l'honnête Yao, nous aurions été roulés.

Alors nous grimpons extraordinairement par une route en lacet. Une brume nimbe les pentes, des torrents dévalent, des eaux ruissellent, il y a comme une beauté des arbres dont les fûts semblent palpiter, une grâce dans les bambous. Nous arrivons à une pagode cachée dans cet élancement sylvestre, le terminus, déclare le malotru. A nouveau énorme dispute entre Yao et lui, à nouveau la voix percutante de Yao et la rougeur vinaigrée du malotru. Encore une fois, Yao a gain de cause, il dit que nous allons monter davantage. Ce qui implique que nous redescendions tout en bas pour nous engager sur une voie carrossable qui nous mènera à travers des gorges, des défilés, des abrupts, au-dessus du vide, comme dans mes souvenirs. Halte dans une clairière parmi les azalées et les lys de mon enfance. Où êtes-vous Anne Marie et Li ? Ma mère, j'espère que tu es assise à la droite du Seigneur très chrétien. Et toi, Li, j'espère que tu m'attends à Chengdu. Ton visage plat, le reconnaîtrai-je dans son usure ? Ridées seront les mains qui m'ont tant caressé, ternis les yeux qui m'ont tant souri, mais je te reconnaîtrai. Et moi, comment me trouveras-tu, moi, qui fus presque ton enfant ?

Laissant la voiture, nous sommes partis sur un chemin escarpé, nous avons trébuché sur des marches à demi effondrées, jusqu'à dépasser la voûte des nuages. Mais dans le ciel azuré, je n'ai rien vu. Anne Marie et Li n'étaient pas sur l'Emei Shan avec moi.

Dans un temple somptueux regorgeant de Bouddhas j'ai cherché mes magnifiques bonzes d'antan. Ceux qui se tenaient là avaient l'apparence chétive, semblaient se cacher dans les plis de leurs robes. Qu'ils étaient différents des saints hommes d'autrefois qui mettaient des foules à genoux et vendaient leurs prophéties aux affligés anxieux de savoir leur destin. Ces vénérables lisaient des présages dans les intestins des bêtes égorgées, ils interprétaient aussi les pétales de fleurs, les langues du feu, le charbon de bois, la disposition des jonchets et de leurs bouches tombaient des verdicts de prospérité ou de calamité selon le nombre de deniers reçus au nom du Très Sage. Confusion des sons, des bruits, des vapeurs, on était emporté par des hallucinations, on voyait apparaître des fantômes en lévitation, parfois se dessinaient des images de votre passé et de votre futur et aussi d'un présent vous concernant mais se déroulant à des milliers de kilomètres. Fantasmagories... Albert disait avoir reconnu Philippe Berthelot dans son bureau du Quai d'Orsay, signant sa promotion au grade de consul général et Anne Marie avoir aperçu Ancenis. Elle, le fantastique ne la gênait pas, elle y discernait l'essence de la Chine. Et sans doute avait-elle raison puisque ces rites, on le murmure, n'ont pas entièrement disparu. Mais désormais le miracle est clandestin et je n'ai rien vu que de banal dans les pagodes.

Oh! Emei Shan. Le malotru ne cache plus son impatience d'en avoir terminé avec lui. Le crépuscule approche, il faut en effet s'en aller. Avant de redescendre, collation dans un bistrot en planches suspendu au-dessus d'un ravin. Il est tenu par deux jeunes femmes méritantes et diligentes, tout à fait de ce temps et de ce monde, qui chaque matin, avec quel mal, vont faire leurs provisions mille mètres plus bas. De la vraie cuisine, des gâteaux au miel et de la bière pour M. Yao qui en consomme goulûment trois bouteilles. Ah! l'argent, l'argent qu'on gagne à la sueur de son front, quel attrait, quel aimant pour ces deux femmes zélées qui s'échinent avec volupté dans des tâches épuisantes. Je reconnais la Chine des tintements, la Chine de l'or... si peu d'or. Arrivés dans la plaine, M. Yao d'un ton brusque avoue qu'il existe une autre rocade qui nous aurait conduits plus près du Jinding, du Sommet d'Or. Tout contrit il s'accuse de n'avoir pu, malgré ses cris et ses fureurs, venir à bout de l'obstination du malotru, mais il est trop tard.

Nuit à Leshan dans un bâtiment sale où se tient le congrès des Cadres de la télévision. Ils sont au moins trois cents venus de toute la Chine pour connaître la « ligne » actuelle. Des hommes, quelques femmes, on dirait des gamins. Dans des dortoirs ils examinent les « solutions correctes » mais, d'après les bruits, ils ne me semblent pas discuter très sérieusement. Quel tintamarre ils font! Je voudrais les rencontrer, les interroger, savoir ce qu'ils ont subi pendant la Révolution Culturelle, discuter de ce qui leur est permis, de ce qui leur est défendu. Impossible. Les lumières s'éteignent, notre chambre est encore plus pouilleuse, plus déglinguée que d'habitude... Le froid, pas de draps, l'eau rouillée, des fenêtres qui ne ferment pas. A six heures du matin, un chahut, un tumulte de voix, tous les congressistes se rendent au réfectoire. Il nous faut attendre qu'ils aient fini de manger, impossible, toujours impossible de les approcher. Ces gens de l'audiovisuel auraient-ils des secrets à ne pas divulguer ou tout simplement ne sont-ils pas prévus dans notre programme? Nous patientons longuement avant de prendre place parmi les détritus qu'ils ont laissés pour avaler un petit déjeuner à base de lavasse baptisée soupe de riz! A une table, les servantes et les cuistots s'empiffrent, ils nous oublient.

Dernière station de mon pèlerinage, le Bouddha de Leshan qui est tout à fait gigantesque, un Bouddha de soixante-dix mètres de haut taillé dans une falaise en l'an 713, au-dessus du confluent de trois rivières dont il devait apaiser les courants. On arrive à un portail et l'on descend quelques degrés jusqu'à une terrasse. Là, on débouche presque au sommet de la tête bouclée couverte de plaques de mousse. En dessous, l'immense visage semble fermé aux contingences, les yeux sont des fentes closes, la bouche un sillon à peine tracé entre des lèvres minces et serrées : c'est le Bouddha de la négation. Marie-Françoise et Yao dévalent par un escalier escarpé jusqu'à ses pieds qui frôlent les ondes. Ils reviendront tout épuisés, les marches étant, paraît-il, d'une hauteur fantastique. Moi, je reste à scruter ce Bouddha, cette incarnation de l'indifférence, de la complète acceptation des choses mauvaises. Et d'un coup, il me semble qu'il est la mort, et même je crois le voir se moquer... Jamais il ne sera capable de me dire si mon amah Li est encore vivante, si on l'a retrouvée à Chengdu pendant notre absence. Pis, sa face figée, tellement immobile, annonce le trépas de Li, cette petite créature de si peu d'importance dont la vie ne compte guère plus que celle des papillons qui se collent quelques secondes sur lui, le Dieu inerte de Leshan, feuilles rouillées bientôt emportées par le vent.

Tous ces Bouddhas nous ont fatigués et nous sommes pressés de rentrer à Chengdu. Le chauffeur conduit comme une brute à travers une région de collines dont la glèbe rouge est découpée en terrasses. Fécondité du Sichuan... chair verte des rizières, ondulations des champs de coton, touffes de cannes à sucre, bosquets de mûriers dont les feuilles feront les délices des vers à soie, vous êtes mon paysage de dilection. Cette fois, la route est quasi déserte et les rares villages sont restés à peu près comme dans l'ancien temps – le pisé, la boue séchée, les toits de chaume. Pour déjeuner nous faisons halte dans une taverne grossière dont la patronne affirme ne rien avoir à nous offrir sinon un peu de porc, des légumes et aussi du « tofu », du fromage de soja. Se méfiant de ses talents, Yao s'établit devant le fourneau et mijote lui-même des plats. C'est un cuisinier remarquable et le repas qui s'ensuit est très gai. Marie-Françoise s'extasie devant les mets préparés par Yao, elle dévore, blondeur carnassière, tout le monde se rassasie et plaisante. Assez de dieux, d'apparitions et d'illuminations. Même le malotru est un bon compagnon.

Chengdu. Retour à notre grand machin d'hôtel, à la chambre où Marie-Françoise et moi dormons profondément. Le lendemain matin, l'impatience... Le malotru nous téléphone, il poursuit sa recherche de Li, il a trouvé une piste mais il faut que nous attendions. Avec Yao, nous partons à pied dans les vieux quartiers de la ville et soudain pris d'une impulsion comme atavique, j'achète un pamplemousse. C'est un énorme fruit à la peau épaisse, que l'on épluche facilement. J'en mange un quartier et je redécouvre la pulpe à peine juteuse, une saveur oubliée qui pour moi est particulière à la Chine, à Chengdu. Ces pamplemousses, je m'en gavais avec Li. Ah! Notre gourmandise à tous deux, nos soupes, nos fritures, nos gâteaux. D'un même élan, j'achète des beignets... J'ai mon enfance dans la bouche et j'en détaille toutes les succulences à M. Yao qui se précipite pour m'offrir pamplemousses et pâtisseries avec son propre argent. Un cadeau de prix! Émotion générale autour de Lulu qui est toujours un gosse chinois.

Après le déjeuner, le malotru, désormais tout aimable, nous conduit dans la voiture noire vers un faubourg lointain... Je le sais, nous sommes sur les traces de Li. Nous nous arrêtons dans une rue populaire et nous pénétrons dans une maison de thé aux jolis fauteuils de bambou, une grande salle joviale où le bon peuple déguste des verres d'eau chaude (le thé blanc) autour de tables bancales. Nous nous asseyons – je regarde dans l'assistance, pas une vieillarde qui pourrait être Li. Vient alors à nous un cadre encore jeune en bleu de chauffe roide, pourvu des signes de l'importance, lunettes sur le nez et stylos en batterie. C'est l'homme qui, au nom du Parti, est chargé des vieux, l'expert des vieux. Dans tout Chengdu, dit-il, il les a pourchassés pour moi, à la recherche de mes « sujets », en quête de Li. Sans s'expliquer davantage, avec satisfaction, il m'assure que je serai très content.

Peu après se faufile à travers la pièce bondée, une femme qui au premier abord ne me semble pas tellement âgée, qui pourtant l'est. Sous le regard de l'assistance éberluée elle s'assoit enfin près de nous et nous lui commandons du thé – du vrai. Une fois installée, elle reste là, le visage ennuyé, silencieuse, interloquée. Ce qui lui arrive est si étrange... On nous la présente, non ce n'est pas Li. M. Yao lui tient un discours qui paraît la stupéfier. Mais elle est très consciente et ses yeux brillent même avec éclat. Sa figure est un peu celle d'un vieux roquet : un front bombé, de larges oreilles bien ouvertes, un nez accrocheur, pas de menton. Si vieille soit-elle, elle ne s'est pas réfugiée dans d'anciens accoutrements et d'antiques expressions, elle est tout à fait de l'époque actuelle, les cheveux encore noirs coiffés en chignon, la blouse et le pantalon de coupe récente, une écharpe autour du cou. Elle n'ouvre toujours pas la bouche, gardant comme une maussaderie, une rancœur... Être ainsi dérangée, interrogée, pour des faits aussi lointains. Et en effet, tout le monde, M. Yao, moi aussi, nous la traquons, ou plutôt nous traquons sa mémoire incertaine.

Elle se met à parler d'une voix gutturale. Elle dit que ces événements se passaient vers 1921 ou 22, qu'elle était très jeune, qu'elle ne travaillait pas au consulat même, mais chez l'interprète chinois du consulat qui est mort depuis longtemps, qui aurait plus de cent ans s'il avait vécu. Une pause. Moi, je revois M. l'interprète, une fouine qui flattait Albert, un personnage douteux, insinuant, servile, peut-être utile, peut-être dangereux, qui avait appris le français chez les missionnaires. Certes mon père connaissait le mandarin et dessinait même des caractères mais pas assez, un millier au maximum, il avait donc besoin de lui et cet homme savait beaucoup de choses. Anne Marie ne l'aimait pas, le soupçonnait d'être un espion, aux gages du Seigneur de la Guerre ou des Anglais, aux gages de tout le monde. Cependant, il donnait parfois des conseils précieux à mon père quand celui-ci s'était fourvoyé dans quelque impasse ou était tombé dans un piège.

La femme a repris son discours. Sa bouche comme un hameçon. Non, elle ne se souvient pas très bien des étrangers, des Français du consulat, des Bodard, de M. le Consul, de son épouse, de leur fils... Et là-dessus, elle me jette un regard mauvais car ce garnement dont on lui rebat les oreilles, elle l'a deviné, ce ne peut être que moi. Elle répète qu'elle ne se souvient pas des étrangers. Son mari aurait su, tout su, car il était employé au service du courrier du consulat mais il est décédé lui aussi depuis longtemps.

Soudain, après une hésitation, elle poursuit en un éclat rauque : maintenant elle voit quelqu'un, un fantôme lui apparaît. Elle a bien connu le cuisinier du consulat, il s'appelait Lung Sung Pei. Ce nom, elle le crie triomphalement, ce nom arraché aux brumes de l'oubli, et même des détails lui reviennent. Ce Lung Sung Pei, un homme très remarquable avait épousé une femme qui servait au consulat, peut-être une amah, oui une amah nommée Li. En tout cas, Lung et Li avaient été par la suite très prospères, ils avaient ouvert un restaurant où ils vendaient des plats occidentaux.

Ça y est, je détiens au moins une certitude, j'ai trouvé le chaînon qui mènera à Li : le restaurant aux spécialités françaises, aux saveurs apprises d'Anne Marie. L'indice est sûr et certain. Personne ici n'était au courant, pas même M. Yao, on n'a pas pu orienter la vieille et elle n'a pas dû inventer cette précision. Ombre ou corps vivant, désormais Li est proche de moi. La vieille s'agite encore pour extraire quelques bribes de sa mémoire, mais elle n'en peut plus, elle est à bout. Sans doute aussi déteste-t-elle ces exhumations. Quand j'essaie de lui faire dire où était le restaurant, elle fait non d'un signe de tête. Tout à coup, d'un geste brusque, elle sort d'une poche un paquet de cigarettes, en prend une, la porte à sa bouche, l'allume avec un briquet, tire quelques bouffées. C'est à mon tour d'être stupéfait, oh ! temps, oh ! mœurs, un mégot aux lèvres d'une matrone. Elle fume, et inopinément la voilà qui se lève et s'enfuit avec une invincible vélocité.

M. Yao précise que la Carabosse en partant a prononcé des phrases mauvaises. Elle prétendait que le restaurant avait brûlé dans un incendie où auraient péri le cuisinier et l'amah Li, qui d'ailleurs n'avaient pas laissé de descendance. Peut-être a-t-elle inventé cette catastrophe par pure méchanceté, peut-être pas. Quoi qu'il en soit, malgré toutes les sollicitudes dont je suis entouré, je ne saurai jamais ce qu'est devenue Li. Il ne me reste plus qu'à la chasser définitivement de ma cervelle.

Ensuite, par un hasard extraordinaire, je trouverai dans Chengdu une amah Li qui peut-être était la mienne. Nous déambulions dans une ruelle très étroite et très charmante où beaucoup de vieux et de vieilles, des retraités, se reposaient sur le seuil de leurs demeures. Bavardages, ébauches d'interviews, gentiment un couple âgé nous invite à entrer dans son logis. Un grand lit à sommier, des coussins, une lampe électrique, une table recouverte d'une nappe plastifiée, au mur la reproduction d'un tableau où est peinte une sorte de Joconde. Et aussi un poste de radio, une horloge genre coucou, des cuvettes, un broc, un savon, du papier hygiénique, de la vaisselle en faïence, une décente prospérité rangée au cordeau. Je m'assieds sur une banquette et on m'offre du thé. Mon hôte est un septuagénaire vêtu d'un uniforme noir, complètement clos, rappelant sans doute qu'il a été un employé civil à l'existence quasi militaire. Un grand air de politesse et de sérieux. Son épouse, une femme très douce, aux traits usés, se tient à ses côtés. Sans que je le lui aie demandé, il se met à me raconter sa vie. Il a été cheminot et même dans son jeune âge il a participé à la construction de la ligne de Chengdu à Kunming... Une entreprise folle, déclarée impossible par les experts soviétiques. A cette époque-là, il n'y avait guère de machines, il fallait que les hommes y suppléent. Combien de montagnes à percer, de ravins à franchir, combien de tunnels à creuser et de ponts à construire. Sur ces chantiers, Mao avait jeté des milliers et des milliers de travailleurs dont beaucoup étaient morts. Mais la ligne avait été achevée... Lui avait survécu, il avait été heureux, maintenant il jouit d'une bonne pension, 85 % de son ancien salaire, c'est-à-dire près de cent yuans par mois, ce qui est plus que suffisant. Je revois Albert à Chengdu obsédé par son chemin de fer. Quel mal il s'était donné et si vainement. Tout jeune, accompagné d'ingénieurs il avait exploré la région montagneuse et incertaine qui s'étendait entre les deux cités. Lui et ses techniciens avaient même trouvé un tracé et puis rien... Et quarante ans après, ces Chinois jugés incapables l'ont édifiée, sa ligne. Et je suis chez un de ces bâtisseurs, qui me décrit cet exploit insensé. Cher Albert...

Là-dessus arrive un jeune homme tout flambard, très soigné lui aussi, avec sa chemise blanche et sa cravate rouge, son uniforme sombre couvert de boutons de cuivre. C'est le fils du couple, il est contrôleur sur le fameux chemin de fer à la construction duquel son père a pris part. Il me salue très aimablement. Il est venu rendre hommage à son géniteur dont l'anniversaire approche. Le rejoint une de ses filles, une charmante gamine en chandail vert, un foulard autour du cou. Elle s'incline devant ses aïeux, la félicité... Vite, vite, la famille organise des agapes auxquelles on nous convie. La sérénité de ces gens, leur amabilité spontanée : j'en suis sûr, rien de tout cela n'était prévu, j'ai moi-même choisi mon itinéraire et les endroits où je voulais m'arrêter.

De nouveau dans la ruelle, je suis prié à converser par deux femmes qui tricotent, installées sur des tabourets devant la porte de leur logement. Ce sont des grand-mères... Vont et viennent autour d'elles des enfants dont elles ont la garde, toute une progéniture. On rameute les voisins, une jeune épouse avec un enfant au sein, un ancêtre bien tanné qui mange un pied de cochon. Le cercle, le thé, des friandises, le même accueil charmant, si différent des politesses des personnes inscrites au programme.

Cette fois, M. Yao déclare à la société que je recherche mon amah Li. Ce n'est qu'un cri, l'amah Li, on la connaît, elle a quatre-vingt-dix ans, on va aller la chercher.

Au bout de quelques minutes surgit une femme toute menue, encore très digne, le grand âge superbement incarné. Elle avance à pas chenus, guidée par une adolescente. Sa figure est lisse, ses traits bien dessinés, ses cheveux d'une blancheur immaculée rejetés en arrière. Elle est belle, très belle et surtout elle ressemble incroyablement à ma Li. Les oreilles semblent entendre, les yeux semblent voir, pourtant cette femme ne paraît pas prêter attention au monde extérieur, elle vit en elle-même. On l'assoit sur une chaise, on lui explique, on l'interroge, elle comprend, elle chevrote : « Oui, je suis Li. Je suis l'amah Li. » Est-ce elle? Quelques instants, je le crois. Tout correspondrait, l'âge, le genre, l'allure. M. Yao lui-même est impressionné, il s'enquiert auprès de l'aïeule qui se fait répéter et soudain assène : « Je suis Li, l'amah. Mais je n'ai jamais été l'amah d'un petit Barbare, je n'ai élevé que de petits Chinois, des garçons qui sont tous devenus de bons communistes. » Là-dessus, elle s'est détournée de moi. Pour elle, je n'existais pas.

Adieu Li qui n'était pas mon amah, adieu Chengdu, la cité de l'apaisement. Je ne me souviendrai que de ce qui est bon, du plus grand jardin de la ville consacré à la chaumière du poète Du Fu qui y vécut au VIIIe siècle. C'est, dans un décor de bambous et de fleurs, au bout d'une longue allée nue, au-delà de beaux pavillons enfouis sous les arbres, une hutte toute simple, ronde, au toit de paille. Des foules entières viennent révérer cette jolie cabane et la respectent plus que n'importe quelle pagode. J'y vois un idéogramme, le symbole de la vie qui coule, de la vie où la mélancolie est quand même bonheur.

Adieu Chengdu que je quitte réconcilié. Je n'ai pas trouvé Li mais enfin j'ai su : rien, ni Mao ni même le temps, ne pouvait renvoyer au Néant les parfums de mon enfance.

KUNMING – LE XISHUANGBANNA

L'avion vole dans la gloire d'un soleil couchant qui répand une lumière atténuée sur une terre couleur de sang. Par le hublot, je regarde le monde en dessous de nous, des mamelons qui s'escarpent, qui s'enflent, qui au fond de l'horizon deviennent massifs et montagnes escaladant les cieux, c'est encore le Sichuan. Il me semble distinguer le Yangzi dans son cours supérieur, un torrent tumultueux, abrupt et précipiteux, un torrent légendaire, la rivière des sables d'or qui naît de la fonte des neiges sur les sommets mystérieux de l'Himalaya, le domaine des dieux... Au-delà commence le Yunnan, le « pays au midi des nuages » où se noue la trame consciente de mon existence à l'ombre d'Anne Marie... J'y suis retourné en 1949, homme fait, reporter à la recherche de sensations, juste quelques semaines avant que n'y arrivent les troupes communistes. Trente-sept ans déjà...

Peu à peu, le firmament s'assombrit, le crépuscule se moutonne de flocons blanchâtres qui deviennent nuages, prennent de gros ventres carnivores, plus noirs que la nuit descendante. Et soudain les nuées amoncelées, chargées d'électricité, se fracassent. Grondements de tonnerre, éclairs, ténèbres de feu, toute la majesté effrayante de l'orage tropical : sur le Yunnan vient d'éclater la mousson. Comme je la connais cette mousson qui crève au bout de sa cuisine d'enfer! D'abord, elle est un plafond uniforme, cuivré, de plus en plus pesant; sur la terre, la chaleur est accablante, la vie sue. Puis ce couvercle se craquelle, se gorge de bruits secs et énormes, menace de ses foudres. Et un jour, le chaos qui s'est lentement constitué, explose. Soulagement et cataclysme. La terrible attente est terminée, commence le déluge des eaux dévastatrices et salvatrices où la nature s'abîme en une inondation tout ensemble tueuse et prometteuse de moissons.

Notre avion n'est qu'un fétu au milieu des clartés titanesques, des jaillissements incendiaires qui me permettent, par instants, d'apercevoir le sol, toute une étendue de sol, des montagnes formées comme militairement, crêtes et vallées parallèles, toujours parallèles. Je sais qu'elles sont d'altitude moyenne mais sans cols ni passages, très difficiles à traverser... Tant de ponts, tant de tunnels, et jadis, tant de dalles en escalier. Est-ce une illusion, dans l'illumination d'un brasier qui durant quelques fractions de seconde a recréé le jour, il me semble avoir distingué des rails, certainement ceux du chemin de fer chinois, cet extraordinaire exploit.

Il me plaît d'arriver en plein ouragan au Yunnan, ce Yunnan où j'ai eu dix ans. C'est une contrée redoutable, barbare, un plateau à deux mille mètres d'altitude, ce qu'on appelle un «horst», qui par degrés s'élève à partir des jungles et s'arc-boute contre le Toit du Monde. Un promontoire au-dessus des marécages, des deltas, des grouillements de l'Indochine, du Siam, de la Birmanie, de tout le Sud-Est asiatique, un promontoire qui se casse sur ces contrées, en un rebord presque vertical, fiévreux et mortel. Une excroissance de l'Empire du Fils du Ciel, une marche lointaine, un far-west. Autrefois l'humanité s'y réduisait à des aborigènes misérables et féroces, les Lolo ou Yi, les Miao et autres peuplades que les Chinois (les Han) dans les siècles des siècles ont voulu dompter. Le Yunnan est le pays des hors-la-loi, des proscrits, le pays (conquis par les Mongols au XIIIe siècle) où les Empereurs envoyaient les disgraciés, les courtisans tombés en défaveur, la terre de la punition. Il y avait eu aussi au Yunnan une ruée d'aventuriers. Ainsi avait été constituée une population céleste très rude, dépourvue de ces raffinements de la civilisation qui enjolivent la cruauté...

Albert, la première fois qu'il y était arrivé, avait découvert un méli-mélo de soldats rapaces, de brigands farouches, de mandarins cupides, de Seigneurs de la Guerre miteux. Il avait vu les tristes traces laissées par l'anéantissement des musulmans chinois, les Hui. Les Hui étaient de purs Célestes ou des Célestes métissés, descendants des populations converties à l'islam à l'époque de la domination mongole, que l'administration impériale brimait. Aussi avait éclaté, sensiblement en même temps que la révolte des Taiping, une gigantesque rébellion des Hui qui du Yunnan s'étendit jusqu'au Xinkiang. Vingt ans ils avaient tenu tête aux armées de l'Impératrice Ts'eu Hi qui n'en était venue à bout que par la ruse. A leur dernier chef qui avait créé un sultanat dans l'ancien royaume de Dali, elle avait promis le pardon si lui et ses coreligionnaires se soumettaient. Après la capitulation, en sa sagesse bien connue, elle avait donné l'ordre de l'extermination. Le peuple réduit de moitié, les villes brûlées, les cadavres... Yunnan, pays de fauves.

Cependant, dans le déchaînement des éléments, les hurlements du vent, le maelström des trombes, les couronnes de la foudre, l'avion a entamé sa descente, longue, très longue, tâtonnante, comme à la recherche d'une piste providentielle au sein de terres déchiquetées. Le reflet d'un lac très sombre sur lequel serpentent les éclairs, mais rien qui indique la présence d'une ville, la peur. Enfin un choc, l'appareil s'est posé sur une plaque de ténèbres. Toujours pas trace d'une cité. Dans la pluie qui nous bat, notre trio marche vers on ne sait quoi, l'inconnu, un no man's land. Soudain un bâtiment, deux lampadaires, la civilisation sous la forme d'une voiture noire, l'inévitable voiture noire de laquelle sortent les membres de l'Association des journalistes de Kunming.

Que je présente ces gens avec qui je vais vivre quelques jours. Ne parlons pas du chef, un dadais, mais il y a une femme, Mme Chu, qui sort d'un cabas une serviette éponge pour m'essuyer avec diligence. Elle appartient à l'espèce chinoise classique des braves vivandières. La quarantaine vulgaire, vêtue sans façon, elle parle, elle parle, elle a un mari, deux enfants mais avant tout elle se met au service de l'ami étranger. Elle sera notre commère, excellente entremetteuse, truqueuse, truculente, toujours la langue bien pendue, toujours l'énergie pétulante pour mes intérêts et surtout pour les siens. Pas un soupçon de communisme dans ses propos quoiqu'elle soit tout à fait du Parti, essentiellement la rigolade, la débrouillardise, les bonnes combinaisons. Mais qu'est-ce qu'elle fera comme histoires, Mme Chu!

La tempête s'est calmée, les étoiles surgissent, la voiture noire nous emporte dans l'agglomération, dans une ville que je ne reconnais pas. Où est ma grosse bourgade pleine de caravanes, toute bruyante de foules bigarrées, animée par tant de races diverses? Où sont les vieilles murailles, les yamens enchevêtrés, où est le consulat? Kunming a subi la métamorphose habituelle aux villes chinoises, un extraordinaire accroissement, un extraordinaire enlaidissement.

Le lendemain, recherche du consulat dans l'ancien quartier des polisseurs de jade mais il a disparu sous le béton d'un palais du Peuple. Pourtant cette succession de bâtiments d'un style très colonial imité de celui des belles demeures d'Hanoi était à elle seule un monde.

Anne Marie, Anne Marie, dans ce consulat nos rapports furent uniques, presque incestueux. Pas vraiment d'amah, toi seule. J'avais quand même une institutrice, une métisse qu'on avait fait venir du Tonkin, une vilaine demoiselle au long nez triste, qui ne cessait au cours des leçons de se plaindre de son sort d'Eurasienne et de laideronne. Non, non, jamais elle ne serait aimée. Elle m'enseignait le français dont je ne possédais que des rudiments, la langue chinoise m'étant plus naturelle. Elle prenait ses repas avec nous, Anne Marie la traitait bien, Albert lui montrait un peu de mépris.

A cause de la voie ferrée, il y avait une très importante « colonie » française, les pontes de la compagnie ferroviaire, les représentants des firmes d'import-export d'Indochine, des fonctionnaires délégués par le gouvernement général d'Hanoi, toute une société qui se retrouvait sans cesse aux réceptions, aux dîners, à l'apéritif, au Cercle – évidemment il existait un Cercle. Albert était le maître de tous ces ressortissants français et, selon leur importance, il jouait de la gamme de ses amabilités, de ses afféteries, de ses sincérités, de ses confidences, de ses habiletés. Anne Marie était bien sûr parfaite avec tout le monde. Mais elle se tenait au-dessus des ragots, des commérages, des jalousies, des déceptions, des intrigues, des mondanités, de l'éternel appareillage des bonnes mœurs et des mauvaises manières spécifique des Blancs sous les tropiques.

Albert, lui, se délectait dans ce bain de pieds. Plus que jamais il était bel homme et diplomate astucieux, confiance et future promotion... Il collectionnait les bonnes fortunes, ce que ma mère, sans y référer jamais, appréciait fort, car cela lui épargnait certaines contraintes qu'elle haïssait – le malheur voulait que l'approche de mon père lui fût toujours insupportable. Tout se passait donc bien, même quand Albert affichait une dilection particulière pour telle ou telle charmante créature, une sujette française. Il avait eu quelques petits démêlés avec les maris qui pourtant ne protestaient pas trop... il était Monsieur le consul. Curieusement, à ses maîtresses, il se plaignait de la tiédeur d'Anne Marie. Au point que l'épouse d'un ingénieur, une beauté très brune emportée par le zèle, reprocha un jour à ma mère son indifférence envers Albert. Ce à quoi Anne Marie répondit simplement : « Pourquoi gémissez-vous ? Je crois bien que vous profitez de ma conduite. J'aime beaucoup Albert mais pas à votre manière. » A la suite de cette légère altercation, Albert entreprit de faire quelques reproches larmoyants à Anne Marie, sans aucun effet. Quoi qu'il en soit, le ménage marchait, le consulat fonctionnait et j'étais le chouchou de toutes les personnes du sexe, les vertueuses et les moins vertueuses.

Mon père le consul. Quelle célébration pour son anniversaire! Devant le pavillon principal du consulat, des faisceaux de drapeaux, des lampes en papier, et une banderole où était inscrit en grosses lettres : « Vive Monsieur Albert Bodard », lequel était assis sur une chaise, dans son grand uniforme brodé, toutes ses décorations scintillant sur sa poitrine, un joli nœud papillon sur sa pomme d'Adam. Les genoux croisés, il tenait dans ses mains ses gants blancs et sa casquette à lauriers. Autour de lui, debout derrière lui, étaient rassemblés tous les notables annamites de la ville, alors des sujets français, très humbles et très obéissants. Quelques-uns portaient costume européen, col dur et cravate, mais la plupart avaient revêtu la tenue traditionnelle, un énorme turban noir, une longue tunique de brocart, noire aussi, ornée de caractères dorés qui portaient bonheur, et des pantalons blancs. Certains exhibaient sur leurs robes les médailles qu'ils avaient reçues pour leurs bons et loyaux services. On prenait des photos puis mon père faisait un discours vantant la France protectrice et tous l'acclamaient. Ce même jour, le maréchal Tang Kiao, le Seigneur de la Guerre du Yunnan, l'honorait de sa visite. La cour était remplie de soldats qui présentaient les armes et Tang Kiao se courbait un peu devant Albert souriant, lui souhaitant dix mille bonnes années. La poignée de main au milieu de la lueur des sabres, la béatitude de mon père. Moi, ce Tang Kiao, je l'aimais bien.

Kunming – Le Xishuangbanna

J'aimais son mufle impressionnant, son cuir et ses os épais, sa calvitie luisante de suprême dignité, son uniforme militaire très sobre, jugulaire au menton et petites épaulettes. C'était lui qui avait jadis envoyé des troupes à Canton et au Sichuan où elles avaient beaucoup pillé. Quand elles avaient été écrasées à Chengdu – défaite à laquelle nous avions assisté – quelques débris avaient reflué au Yunnan. Parmi eux, on comptait Zhu De, un paysan sichuanais qui était devenu général yunnanais, à force d'exploits. Une fois à Yunnan Fu (tel était l'ancien nom de Kunming), le rescapé s'était mis à comploter contre Tang Kiao et disait-on à préparer un soulèvement. En 1922, le maréchal avait donné l'ordre de s'en emparer et de l'exécuter. Mystérieusement averti, Zhu De avait réussi à s'enfuir, avec quelques partisans du Kuomintang. On connaît la suite... Comment il s'était rendu en Europe où il était devenu communiste, comment il avait rejoint Mao à Juling (Ruijin) avec un détachement de deux mille soldats, comment il l'avait servi. Sans Zhu De, Mao n'aurait pas mené à bien la grande Révolution. Dire que tout cet avenir flamboyant a dépendu de quelques minutes précieuses à Yunnan Fu, d'une équipée fantastique où Zhu De échappa à ses poursuivants en se réfugiant chez un bandit du Tibet, en bordure de l'Himalaya.

Quand Albert avait été nommé au Yunnan, il avait trouvé un Tang Kiao fort déconfit, en mauvaise position. Mais Albert avait converti ce personnage à un plan génial : que lui, le grand Tang Kiao, proclame l'indépendance du Yunnan, qu'il en fasse une République libre et sous sa seule autorité, associée à l'Indochine française. Le maréchal avait acquiescé. Était arrivée de Hanoi une mission militaire commandée par un capitaine très sec, qui avait transmué les forces de Tang Kiao en une armée moderne, disciplinée, équipée du meilleur matériel à tuer. Rien ne manquait, pas même les avions, il y en avait trois ou quatre et un as de guerre français, tout à fait le casse-cou noceur, formait des pilotes jaunes. Mitrailleuses et canons étaient payés par de l'opium et de l'étain. Les champs de pavots aux fleurs frissonnantes, les mines aux galeries si étroites que seuls pouvaient s'y enfoncer des enfants dont les mains raclaient le minerai, voilà sur quoi la France bâtissait son empire !

Je me souviens de tous les ministres de Tang Kiao, surtout du ministre des Affaires étrangères, avec qui Albert avait signé un traité, un gros Chinois répugnant et malin, toujours en redingote et coiffé d'un haut-de-forme. Je me souviens de l'état-major du maréchal, des trognes armées qui saluaient respectueusement mon père, et d'un joli giton habillé en peau de tigre, sans doute le chérubin de Tang Kiao. Je me souviens aussi que sur l'aérodrome à la piste en terre battue avait atterri un jour un minuscule appareil piloté par une femme blanche, une blonde mystérieuse. Elle avait surgi de son zinc et avait témoigné la plus grande sympathie à Albert, comme toujours Anne Marie avait haussé les épaules.

Le grand jour de gloire d'Albert, ce fut celui de l'indépendance du

Yunnan. Pavois, arcs de triomphe, joie immense et quelle superbe ! L'Armée nouvelle en ses atours et ses ordonnancements s'était déployée sur le terrain de manœuvres, une étendue plate et nue à proximité de Yunnan Fu. D'abord toutes les Excellences, tant yunnanaises que françaises, se rassemblèrent sous une tente pour le kampé à l'éternelle alliance franco-yunnanaise. Le lever des couleurs yunnanaises, une sonnerie martiale, Tang Kiao, prestigieux comme jamais, s'était dressé et d'une voix tonnante, il avait proclamé l'Indépendance... Auprès de lui, son gouvernement et le deus ex machina, Albert le consul. Puis devant cet aréopage, en présence de la mission militaire française, l'illustre Tang Kiao avait fait prêter serment de fidélité et de loyauté à son état-major, à ses généraux au garde-à-vous. Soudain tous avaient tendu le bras et prononcé la formule sacramentelle. Parmi eux, un vieillard décharné en tenue civile traditionnelle qui était le barde, le prophète, la conscience de cette émancipation. Des bonzes en robes jaunes avaient entonné une mélopée monotone appelant la bénédiction de Bouddha... Là-dessus, les grands auteurs de cette libération avaient pris place dans une tribune et les troupes avaient défilé devant eux.

En tête l'étendard, derrière lequel marchaient quantité de bataillons, l'allure sobrement guerrière, exécutant les commandements de leurs chefs : hurlements rauques en chinois, la traduction des gueulements réglementaires pris à l'armée française « en avant marche », « tête droite » et ainsi de suite. Les têtes s'étaient tournées simultanément vers Tang Kiao avec une rectitude sans pareille.

Enfin le maréchal et Albert, tous deux montés sur des destriers et suivis d'une escorte d'honneur, étaient allés contempler une charge de ces troupes martiales contre un supposé ennemi. Le « clou » de cette « guerre » avait été l'apparition des canons de 75, juchés sur des châssis aux roues de bois et tractés par des attelages de chevaux. On avait mis en position cette artillerie, les bouches des engins avaient craché des salves de vrais obus, salves qui avaient retenti à travers toute la contrée. Après leurs prodigieux exploits, les « vainqueurs » – tous l'étaient – avaient reçu la permission de s'amuser. Sur un tréteau de fortune, quelques soldats déguisés en femmes, des ballons leur servant de seins, avaient mené une gigue effrénée, tout en glapissant : « Gloire au maréchal ! » Celui-ci avait daigné rire.

Au crépuscule, quelle liesse dans la cité... Qui oserait dire qu'elle était obligatoire ? Dans les rues principales, celles des nobles boutiques de la soie et du jade, une foule énorme s'était accumulée derrière des cordes tendues pour regarder passer le maréchal, Monsieur le consul et les dignitaires. Le délire du peuple à la vue de ces hauts personnages ! Oubliée l'épidémie de scarlatine qui avait tué un quart de la population. Le maréchal avait annoncé à ses sujets que désormais ils seraient libres – seuls quelques traîtres seraient châtiés. A ces mots, la masse avait grondé de bonheur. Pour parachever cette journée, Tang Kiao s'était rendu à l'école principale, celle qu'on appelait l'université, et en quelques phrases il avait souligné l'importance de la jeunesse patriotique et studieuse qui l'aiderait à forger un avenir meilleur pour tous les Yunnanais. Les élèves avaient montré beaucoup d'enthousiasme. Le soir, dans son palais, le maréchal avait donné un grand banquet au cours duquel il avait remis à Albert la décoration récemment créée du Yunnan indépendant, associé à l'Indochine française. Le triomphe d'Albert... Durant quelques années, il a cru qu'il avait donné à la patrie ce nouvel « État » déjà rattaché à l'Indochine coloniale par le célèbre chemin de fer français qui avait été inauguré en 1910.

Dans la géographie de ma mémoire, si la remontée des gorges du Yang Tse-kiang fut une jouissance, mon premier voyage de Hanoi à Yunnan Fu fut une exaltation vaniteuse. La famille Bodard quittant le Sichuan avait eu un congé en France et, depuis l'Indochine, rejoignit par le chemin de fer Yunnan Fu, le nouveau poste d'Albert, désormais consul de première classe. Le train ne circulait pas la nuit et le voyage durait trois jours. Oh! quels seigneurs nous étions, des seigneurs installés dans un wagon-salon superbe de fanfreluches, de dentelles, de boiseries luisantes. Jamais je n'avais autant senti mon importance et celle de notre famille. M'indifférait l'humanité vulgaire, les petites gens des premières et deuxièmes classes, les pauvres entassés comme des bestiaux dans leurs compartiments misérables, à même le plancher souillé. Cela faisait quand même beaucoup de monde, tous gens plus ou moins guenilleux couverts de plaies suppurantes, souvent goitreux (le goitre était un mal fréquent au Yunnan). La compagnie veillait à ce que tous ces malheureux aient bien payé leurs billets, il fallait que la ligne rapporte et que le conseil d'administration à Paris soit satisfait du bilan...

Le premier jour, je n'avais pas trop été impressionné parce qu'on restait sur le territoire indochinois et que l'ordre y régnait. Pourtant que la nature était grandiose et effrayante: le train suivait la large vallée du Fleuve Rouge, une vallée comme taillée par un gigantesque coup de sabre dans la tourmente des monts. La ligne était posée sur un remblai qui surplombait les eaux couleur de rouille, eaux limoneuses et sauvages où les courants s'entrechoquaient. A peine quelques barques de temps en temps... Tout autour, à l'infini, rien que la jungle à laquelle j'attribuais les pouvoirs magiques du mal, que je peuplais de bêtes hideuses, tigres feulants, serpents enroulés en cordages de mort et aussi myriades d'insectes, de particules tueuses. Cette jungle, je la voyais comme une carapace qui aplatissait la nature mais il y avait de la menace dans ces formes monotones. Cependant je me rassurais: les crachotements de la locomotive qui nous entraînait jusqu'à la halte du soir, Laocai, dominaient la forêt oppressante.

Laocai... une petite cité coloniale face à Hokéou (Hekou), la bourgade chinoise engoncée dans les siècles où mon père avait été vice-consul et avait sans doute fricoté avec Sun Yat-sen. Partout le souvenir terrible des Pavillons Noirs, du courage de nos marsouins face à ces monstres, des gentils soldats de France en uniforme de drap au milieu des touffeurs, des supplices et du sang, eux aussi emportés par la nécessaire cruauté.

Mais en ces années vingt, Laocai n'est plus qu'une paisible garnison qui surveille « la porte de Chine », c'est-à-dire un accès à l'Empire Céleste. Ah! l'infanterie de marine, ses vieux adjudants qui connaissent le pays, qui sont « encongayés » et qui « biberonnent ». Les sonneries de clairon de la caserne, les bavardages des quelques civils blancs, des bureaucrates dans leurs bungalows, une maigre activité autour des boutiques tenues par des Chinois, des cagnas, la sieste, l'assoupissement, l'ennui, la chaleur, le cognac soda, la bilieuse qui ne pardonne pas, le cimetière. Quelques « moustaches » achètent des renseignements douteux. Parfois des indigènes à turban, beaux, couverts de bijoux, comme ciselés dans l'argent, viennent vendre des défenses d'éléphant, ce sont des Thaï ou des Man. On est bienveillant avec eux. Il y a un hôtel, géré par des Français, l'Hôtel de la Poste je crois, où loge la nuit la famille Bodard qui y est traitée avec tous les honneurs. A Laocai, plus tard, beaucoup plus tard, je serai, avec une compagnie de paras, encerclé par les Viets et j'y vivrai tout le sordide de la guerre de jungle, le sordide merveilleux de l'intuition juste et du meurtre fulgurant.

Le lendemain, on repart. La ligne quitte la vallée du Fleuve Rouge qui en amont devient un canyon infranchissable et l'on pénètre en Chine par un pont sur la Namty, un affluent que désormais l'on va suivre, au fond d'escarpements, un filet d'eau pure, limpide, mais cette pureté et cette limpidité sont celles de la mort. Toute la région où dévale la Namty a longtemps été représentée sur les cartes par une tache blanche, celle de l'inconnu : le règne de la camarde y était si absolu que jadis aucun homme, fût-il un brigand, ne se risquait en ces parages, aucun fauve non plus. La Namty, c'était la condamnation irrémédiable, la fièvre s'emparait du corps, la soif le faisait flamber, puis s'abattaient les tremblements du froid, les stalactites du trépas. Cependant il avait fallu construire le chemin de fer dans cette malédiction. Un univers calcaire, éblouissant de clarté, aveuglant, des formes géométriques, des tables séparées les unes des autres par des fissures, des falaises qui des centaines de mètres plus bas enserraient une Namty mousseuse et méandreuse... Combien de tunnels à forer à travers les aspérités friables? Combien de ponts à jeter au-dessus d'abîmes? Combien de chefs-d'œuvre à concevoir comme le pont en arbalétrier, un miracle qui relie deux tunnels? Et toujours cette nature d'un blanc écrasant, calcinant, avec par-ci par-là quelques veines de roches dures, schistes ou granits, et toujours cette nudité à peine revêtue sur quelques pentes d'un rabougri de végétation desséchée.

Combien d'hommes ont été sacrifiés pour dompter la Namty? Au moins cinquante mille coolies chinois. Que de fois les chantiers devenus ossuaires avaient été abandonnés! Il faut reconnaître que beaucoup de contremaîtres blancs, pourtant de solides brutes, avaient aussi expiré et que même des ingénieurs sortis de Centrale ou de Polytechnique avaient rendu l'âme. Mais cela ne pouvait décourager les capitalistes de la Compagnie du chemin de fer français du Yunnan attirés par la perspective de solides profits. Après chaque catastrophe, dans leurs bureaux de Hanoi ou de Paris, ils décidaient une nouvelle tentative. Puisqu'on ne trouvait plus de coolies dans les provinces célestes voisines, on envoyait des recruteurs dans la Chine lointaine, au Sichuan ou dans la région de Pékin, on promettait des tarifs exorbitants à des malheureux qui n'en profitaient guère. Le premier troupeau amené des confins mandchous, transporté en bateau, débarqué à Haiphong, enfin conduit sur les lieux de la besogne avait presque en entier succombé en quelques jours. On trouva d'autres troupeaux humains mais ceux-là, plus au courant, face aux fièvres et aux décompositions de la terre, avaient été en proie aux épidémies de la trouille. La fuite, le sauve-qui-peut, l'errance dans le désert incandescent et vide, une mort peut-être encore plus atroce dans l'espoir évanoui et la solitude. Fiascos, fiascos! Albert proposa aux dirigeants de la Compagnie une solution heureuse et efficace: qu'on corrompe les autorités célestes qui jusque-là avaient exigé qu'on n'employât que des Chinois afin qu'elles accordent la permission de faire venir des Annamites. Les Annamites, quelle commodité! On en avait tant qu'on voulait en Indochine, les gouverneurs coloniaux n'avaient qu'à les faire ramasser, de plus, ils étaient dociles et diligents. On en jeta de telles quantités sur le tracé funèbre, dans cette nature aux réverbérations laiteuses et aux éclats brasillants, que le pari fut gagné.

La deuxième journée... L'escalade de la fameuse faille, la lente avance par la vallée de la Namty. Le train roule à pas d'homme, tiré par deux locomotives exténuées – il est comme chevillé aux éblouissements solaires et au vertige. Devant et derrière notre wagon-salon, deux wagons où se tient notre escorte de cent soldats yunnanais, vigilants, prêts à tirer par l'embrasure des fenêtres. Très incroyablement leur chef, un jeune colonel, a refusé l'argent que lui offrait mon père pour prix de ses services. Il a salué, claqué des talons et écarté les taels d'un air offensé. Albert dit à ma mère: « Tang Kiao a donné des ordres. C'est un bon présage. Une tâche magnifique m'attend auprès de ce personnage que je vais prendre en main. » Tout réjoui par cette perspective Albert allume un cigare, ma mère hausse les épaules: « Vous verrez bien. »

Ces soldats, le doigt sur la détente... il y a donc danger. En effet les brigands infestent désormais la région maudite, ils sont apparus après la création du chemin de fer pour en tirer profit également. A la vérité, l'armée de Tang Kiao ne peut pas grand-chose contre eux mais les chefs de gare français savent négocier avec ces personnages. La vie de ces messieurs bruns à moustache – ils sont tous de ce modèle-là –, à mener des pourparlers compliqués avec les Célestes de toutes sortes, pirates, militaires, notables, négociants, marchands d'opium!

Un autre souci de ces bons petits Français : s'occuper de la ligne, empêcher qu'on vole les rails, les racheter le cas échéant et guetter – grande tâche – les éboulements. A la saison des pluies, un flanc de montagne entier s'effondre parfois sur le chemin de fer et alors c'est le branlebas, rassembler des masses de coolies pour déblayer et même faire venir des machines de terrassement, veiller aussi à ce que des Jaunes ne cherchent pas à exploiter le désastre.

Le train est arrivé sur le plateau. Des croupes nues, chauves, et enfin une cuvette où est sise la bourgade de Mongtze (Mengzi). La cité a mauvaise réputation, la peste bubonique l'a souvent ravagée et les mines d'étain ont amené tout un prolétariat misérable. De plus, elle est un havre pour un ramassis de gens louches, de hors-la-loi, de contrebandiers qui opèrent sur ces confins. Des Miao rebelles y font aussi des incursions. La crasse, la puanteur, le risque : en 1899, le consulat de France et la douane ont été assaillis par quatre à cinq cents pirates... Nous passerons donc la nuit à la gare. Le chef de gare siffle, siffle, fait mettre notre wagon-salon sur une voie de garage où il sera protégé par ses employés. Hormis le casque colonial qui remplace la casquette corporative, il est semblable à ses congénères de France. A mon père, il confirme qu'il s'est arrangé avec les bandes errant à l'entour et qu'elles nous laisseront tranquilles. Rien à craindre non plus des soldats donnés par Tang Kiao à qui il a déjà fait octroyer un acompte. L'excellent homme ajoute : « C'est que parfois, ils pillent aussi. » Quand il s'est retiré, Albert se livre au panégyrique de la confrérie : « Ces braves gens, ils se feraient tuer pour la Compagnie, eux et leur famille. »

Après un instant de silence, il ajoute avec un rien d'ironie :
« Mais il ne leur arrive jamais malheur, la Compagnie et ses instances supérieures sont si riches. » En somme, l'immunité ferroviaire.

Évidemment le vice-consul est là aussi qui vient saluer Albert son supérieur. Un petit homme blond, gentil, un peu fade. A la fin de la soirée, Albert porte son jugement : « Je devrai le faire remplacer, il manque de vigueur. » Pauvre vice-consul. Ici j'anticipe car cet infortuné, qui ne bénéficie que de l'immunité diplomatique, a bel et bien été kidnappé quelque temps après. Le mal qu'Albert s'est donné pour le faire délivrer, ses tractations interminables avec divers gangs. Tout était confus, incertain. Un émissaire reçu à Yunnan Fu qui réclame le Pérou et à qui Albert remet une énorme rançon – en vain. Albert fait donner l'évêque de Yunnan Fu et même le deuxième bureau des Missions étrangères tenu par un prêtre gentleman, un galant en soutane de soie, aucun résultat. Dernier recours, Albert exige que Tang Kiao organise une expédition militaire, elle n'aboutit pas. Pourtant, paraît-il, il y a eu bataille, héroïsme, des morts parmi les soldats et Albert remercie Tang Kiao. Le vice-consul n'a jamais été récupéré. Je me souviens des immenses voiles noirs de sa veuve.

Après Mongtze, la ligne suit une rivière tour à tour noirâtre ou lumineuse, paisible, couverte de nénuphars. De temps en temps un village, des damiers de rizières, des champs de pavots. Sur les crêtes se détachent parfois des silhouettes d'hommes appuyés sur des lances, Miao ou autres aborigènes. Le long de la voie marchent des gens ployant sous des charges, des colporteurs – ils ne font pas attention et l'on en écrase beaucoup dans les tunnels, la compagnie verse une indemnité de quelques sous aux familles, ou soi-disant telles, pour éviter les histoires. Arrêts fréquents dans des gares, des édifices ridicules ici, construits comme dans les campagnes françaises. Les salutations des chefs de gare et de leurs épouses, leurs soucis, toujours les mêmes, brigands, avalanches, soldats, mandarins. Enfin nous arrivons au sommet d'un col et de là j'aperçois une plaine, des lacs, des murailles, Yunnan Fu. Le ministre des Affaires étrangères, le gras en haut-de-forme, et le chef du protocole nous attendent. Une fanfare joue une *Marseillaise* difficilement reconnaissable, mais pleine de bonne volonté. Le maréchal Tang Kiao fait dire qu'il présente ses salutations à Monsieur le Consul de France, à qui il souhaite bonheur et prospérité et qu'il recevra en audience pour fortifier l'amitié franco-yunnanaise dès que Monsieur le consul se sera remis des fatigues de son voyage. Albert resplendit.

Cette ligne du Yunnan, combien de fois l'ai-je faite dans un sens ou dans l'autre?

Comme j'aimais qu'on « descende » à Hanoi, cette ville si belle avec ses longues avenues, ses bungalows spacieux, ses riches magasins, toute une atmosphère coloniale de luxe et d'ordre. J'appréciais surtout que nous soyons les hôtes du gouverneur général, un brave homme marié à une grosse autoritaire.

Mon père avait de longs entretiens avec le gouverneur sur l'avenir du Yunnan et Anne Marie était la petite protégée de sa terrible et excellente épouse. Moi, je m'échappais, je prenais un pousse-pousse, je me faisais conduire au petit lac, un écrin d'eau au cœur de la ville où sur un îlot était posé un temple. On racontait que, il y a des siècles, avait surgi de cette onde un dragon qui avait apporté une épée d'or au héros qui chasserait les Chinois, alors les maîtres haïs du Tonkin. L'épée d'or... Qui aurait pu prévoir qu'un jour Hô Chi Minh la brandirait contre les Français pour une guerre effrayante, interminable, victorieuse? On tenait en effet les Annamites pour des sujets heureux, obéissants et surtout incapables de se battre et de se gouverner.

Ma dernière pérégrination vers le Tonkin, je l'ai accomplie en présence d'un Albert défait, à moitié sanglotant, à moitié suppliant : ma mère et moi, nous retournions en métropole, comme on disait, pour me mettre dans un collège où je recevrais une bonne éducation – il fallait civiliser le jeune « sauvage » que j'étais. Nous laissions derrière nous un Albert qui n'avait pas achevé l'œuvre à laquelle il se consacrait, la mainmise française sur le Yunnan. Il s'inclinait devant les motifs de notre départ, mais il souffrait de la séparation. Cette émotion déplaisait à ma mère, elle la trouvait vulgaire. A Haiphong,

Albert était monté sur le paquebot qui allait nous emmener, Anne Marie et moi. Il avait voulu embrasser ma mère, elle lui avait tendu une joue lointaine et lui avait dit : « Il est temps que vous redescendiez sur le quai. » En effet, les sirènes mugissaient. Depuis la terre Albert avait fait de grands signes avec un mouchoir, Anne Marie lui avait répondu par un tout petit geste de la main.

Malheureux Albert... Une fois seul à Yunnan Fu, la grande entreprise à laquelle il s'était consacré avait brusquement croulé. Le cher maréchal Tang Kiao était mort très subitement, le bruit courait qu'il avait été empoisonné en dépit de toutes les précautions qu'il prenait pour éviter ce genre d'inconvénients, comme de faire goûter sa nourriture par des « goûteurs » attitrés. Eux avaient survécu à un plat à l'arsenic, pas lui. Sombre drame... Le maréchal avait eu des obsèques grandioses. Lui avaient succédé au pouvoir Long Yun et Lou Han, qu'à vrai dire je connaissais très bien, deux hommes en qui il avait mal placé sa confiance puisqu'ils venaient de le faire assassiner. L'armée entière du Yunnan s'était ralliée à eux, à Long Yun qu'on surnommait l'Éléphant parce qu'il était très intelligent et à Lou Han dit la Panthère Noire parce qu'il était très cruel. Hélas, ces nouveaux gouverneurs qui n'aimaient guère la France avait dénoncé le Yunnan indépendant, renvoyé les conseillers militaires colonialistes et défait toute l'œuvre d'Albert en lui montrant des égards hypocrites. Albert avait inutilement prêché la voix de la raison, ils étaient restés polis et intraitables. Oui, pauvre Albert, son rêve évanoui face à deux Seigneurs de la Guerre qui allaient être maîtres du Yunnan pendant plus de quarante ans et qui joueraient dans la chaîne des événements un rôle décisif pour le destin de l'Indochine, de la Chine, et même de l'univers! Mais tout cela je le raconterai un peu plus loin.

A Kunming aujourd'hui, mon chemin de fer, on me l'offre. Il subsiste toujours mais qu'il en a vécu d'aventures! D'abord je l'ai dit, jusqu'à l'occupation de l'Indochine par les Japonais en 1941, il avait continué à fonctionner, apportant armes et secours au Yunnan et à la Chine libre. Naturellement, la ligne avait été interdite par les Nippons. Pendant leur guerre d'Indochine, les Français avaient fait marcher des trains sur le petit tronçon Hanoi-Haiphong, avec quelle peine, quelles précautions, quelles ruses : toutes ces mines cachées dans le remblai, sous les rails, toutes ces embuscades qui déferlaient. Combien de convois fracassés ou pris d'assaut! Sang et cadavres, mais le trafic est maintenu. En revanche la portion de la ligne qui suivait si magnifiquement la vallée du Fleuve Rouge est abandonnée. Le pont frontière de Laocai, les Français l'ont dynamité avant d'évacuer la cité.

La partie chinoise du chemin de fer, celle qui va de Kunming à Laocai, est, elle, régulièrement parcourue par des trains chinois qui apportent du matériel, de l'armement, des vivres aux Vietminh. C'est en vain que l'aviation française a bombardé les ouvrages d'art, tous ces ponts fantastiques, que des commandos français ont essayé de s'infiltrer en Chine pour les détruire, le ravitaillement inexorable s'est poursuivi et avait même permis la victoire rouge à Diên Biên Phu. Victoire commune des Chinois et des Vietcong. Conclusion superbe et ironique : la ligne française a essentiellement contribué à l'humiliation, à la déroute, à la catastrophe des Français.

- Ce n'est pas le final. Les Français battus, les Américains battus, le dragon du petit lac d'Hanoi offrira à nouveau une épée d'or à Hô Chi Minh et à Giap. Cette fois, pour la brandir contre les communistes chinois, leurs alliés, leurs compagnons d'arme, les protecteurs à qui ils doivent tant, à qui ils sont redevables de presque tout. Mais les millénaires rancunes annamites, la haine de la suzeraineté céleste, qui s'étaient endormies pendant la bataille conjointe contre l'impérialisme, se sont réveillées : avec quelle force ont repoussé la méfiance et l'hostilité antiques! Et maintenant c'est la guerre, presque la guerre dans les sylves et les jungles proches de Laocai dont le pont est toujours coupé. Et si le petit train, du moins en territoire chinois, continue de rouler sur ce qui a été l'extraordinaire ligne française, désormais il approvisionne les divisions et les armées rouges de la Chine qui, sur la frontière, font face aux divisions et aux armées rouges du Vietnam.

M. Yao et Mme Chu ont programmé un trajet sur mon chemin de fer. Cependant ils me préviennent que nous ne pourrons pas aller très loin. Mme Chu, avec de grands airs mystérieusement câlins, annonce que notre excursion ne dépassera pas cent cinquante kilomètres. Elle glousse de trémolos pour nous dire : « Ce serait dangereux de poursuivre au-delà, vos vies pourraient être menacées et elles nous sont si précieuses. »

L'idiote... Est-ce la façon chinoise de se moquer du monde ? Sans doute ne désire-t-on pas que nous soyons les témoins de quelque activité militaire.

La gare. Évidemment plus rien de ce que j'ai connu, c'est normal, c'est obligé, il s'agit là de préhistoire, d'un monde et de mœurs mythologiques. Mais de la bâtisse devrait subsister au moins la structure, or je ne la reconnais pas du tout. Nous sommes dans un autre lieu, dans un édifice communiste avec colonnades et fronton, volutes dialectiques et splendeur marxiste. Délicatesses célestes, Mme Chu s'excuse humblement de la disparition de l'ancienne gare, la mienne. Kunming s'étant beaucoup étendue, elle s'était trouvée au centre de la ville, gênante. On l'a donc remplacée par cette construction neuve, située dans la périphérie. Mais le train dessert toujours la ligne « française », celle qui va à Hanoi... Non, elle ne va plus à Hanoi.

Sur cette gaffe, Mme Chu rougit. Nous nous faufilons à travers une foule calme, disciplinée, décemment vêtue – plus de goitres ni de haillons parmi les voyageurs. A ce moment surgit auprès de nous, comme autrefois, un chef de gare, tout sourire, toute politesse, crémeux d'onction. Mais celui-là est un Chinois engoncé dans un uniforme bleu pétrole auquel il ne manque que des boutons dorés. Tel un archange ferroviaire, il nous conduit au quai où notre train nous attend. Transfiguration, finies les cages de bois, voici des wagons métalliques. A la place de la locomotive à charbon, une locomotive Diesel aux formes aérodynamiques.

Nous nous apprêtons à monter mais le chef de gare nous conduit dans son bureau : il lui faut procéder au rituel de l'Exposé.

Ce qu'il raconte de sa douce voix. L'amélioration de la ligne, la rénovation du matériel, six trains par jour, six mille voyageurs. Des chiffres, encore des chiffres. Mais, en concluant, ce personnage si suave est pris d'un tic de colère et de tristesse :

« Nos trains doivent s'arrêter avant la frontière. Dans la dernière portion de la ligne, en Chine même, nous devons prendre des précautions. Les Vietnamiens envoient des espions et des détachements de saboteurs, des unités armées pour faire sauter nos ponts et s'écrouler nos tunnels. Heureusement notre armée est vigilante et porte des coups à nos vils assaillants. » Le chef de gare crache une glaire de mépris. « Ces Vietnamiens se sont montrés d'une ingratitude incroyable envers nous leurs bienfaiteurs. Ils ont été jusqu'à pactiser avec les Soviétiques pour s'emparer de nations indépendantes, le Cambodge et le Laos, des pays frères que nous aimons et secourons. »

Moi qui ai vu fleurir l'alliance des Chinois et des Russes en 1956, moi qui ai vu Khrouchtchev à Pékin, voir maintenant les Russes se déployer hostilement autour de la Chine, depuis le fleuve Amour jusqu'au Turkestan, les voir se servir, là où ils n'ont pas de frontière commune, des anciens féaux des Chinois, les Vietnamiens! Et ces « traîtres », les Han malgré leur nombre immense n'osent pas les écraser par crainte de ce que feraient les armées russes en représailles, dans l'Himalaya ou en Mongolie! Étrange et précaire structure qui maintient un statu quo de haine. Les régimes communistes se détestent, ils sont prêts à se jeter les uns contre les autres à la façon des États bourgeois. Parce que le mécanisme des nations, qu'elles soient rouges ou blanches, est régi par des ressorts qui ne changent pas, par une chaîne monstrueuse d'appétits, de cupidités, d'égoïsmes qui sortent des profondeurs de l'Histoire et qui forgent l'Histoire présente et l'Histoire future.

Le chef de gare a fini son exposé et moi mes méditations. Il ne me semble pas du tout que nous partons vers la guerre mais plutôt pour une balade ferroviaire, sentimentale, un peu ridicule. Tout a été préparé par Mme Chu pour que la journée soit agréable. Nous descendrons du train vers midi, la voiture noire nous attendra et nous conduira à la Forêt de Pierres, un site grandiose que nous visiterons après nous être restaurés dans une auberge fameuse. Tel un chef du protocole, le chef de gare nous conduit à notre wagon : pas de « couchettes molles » mais des banquettes de bois séparées par une tablette.

Autour de nous, des paysans, des enfants qui nous regardent avec effarement comme s'ils n'avaient jamais vu de Blancs. Ils sont encore plus décontenancés en reconnaissant en nous des « faguo », c'est-à-dire des Français, des gens du « pays de la grande Loi » (Tafa Kouo ainsi qu'on disait autrefois). Un vieux monsieur en tenue Sun Yat-sen nous sort quelques rudiments de notre langue pour exprimer sa surprise : il est très rare que les amis étrangers soient vus dans ces trains, même les Français qui autrefois pullulaient. Il est tout content, l'ancêtre, mais il déplaît à Mme Chu qui lui lance quelque appréciation sévère sur sa conversation inopportune. L'homme se tait, rentre en lui-même, s'éloigne. Nos majestés déplorent le zèle de la commère, rien n'y fait.

La Chine des gentillesses, tout de même... Dans la tornade de l'autre soir, Marie-Françoise a attrapé un rhume colossal, elle est rouge, fiévreuse, larmoyante. Sans qu'on l'appelle, une charmante contrôleuse lui apporte sur un plateau des pilules contre la grippe et du thé. M. Yao et Mme Chu postillonnent de rires, de bavardages, de cancans : le voyage dans le paradis de mes souvenirs enfantins leur plaît manifestement.

Mais où sont les paysages effrayants, les ouvrages magnifiques? Le chef de gare nous l'a rappelé, sur les quatre cent soixante-quatre kilomètres avant Hekou, il y en a cinquante-huit de tunnels. Nous n'en franchissons que quelques-uns, des petits, des ordinaires, les autres sont beaucoup plus loin, là où on ne va pas, là où le plateau yunnanais se casse sur la jungle. Alors vive le paysage d'idylle que nous traversons. Un grand lac d'émeraude, des collines, une nature enchanteresse où parfois moutonnent des tombes. Le train monte par des pentes faciles vers un col qui domine d'une centaine de mètres la cuvette de Kunming. Quantité de haltes dans des gares qui, elles, ont conservé le style franchouillard. Des villages, le grouillement des gens, tout un va-et-vient paisible, toute une province qui s'ébroue, vaque pour mieux se rendormir. Mais quel tortillard! La voie sinueuse contourne les plus modestes obstacles en des courbes incessantes que le train négocie lentement. Paix et harmonie, des heures pour parcourir au plus une centaine de kilomètres. Yao sort des casse-croûte tandis que se prolonge cette heureuse traînasserie. Rien n'a changé, le temps ici s'est arrêté. Quant à mes fantômes, ils ont fui.

Nous sommes arrivés. La voiture noire va nous emmener à travers les espaces vallonnés où chantent des ruisseaux. Sur les bas-côtés de la route cheminent des créatures curieusement vêtues, à la peau foncée, le cou entouré de colliers métalliques. La condescendance de Yao pour me dire que ce sont des « minoritaires » placés sous la protection de la Chine. Il y en a au Yunnan plus de vingt espèces (une soixantaine pour l'ensemble du pays) qu'il faut éduquer tout en respectant leurs coutumes, du moins celles qui sont bonnes. Certaines de ces peuplades étaient très sauvages, très cruelles, très hostiles, redoutables avec leurs lances, leurs flèches, leurs fusils à silex. Mais bien sûr les Han leur ont apporté les bienfaits de la civilisation, une œuvre admirable qui faillit bien être annihilée par la clique de Lin Biao, poursuit imperturbablement Yao. Je n'aurais pas, en cette occurrence, le front de lui parler des Tibétains qui ne me paraissent pas être toujours au tendre avec leur mère la Chine.

A la Forêt de Pierres, de belles femmes aux robes bigarrées, les cheveux torsadés sur des coiffes brodées, se ruent sur nous pour nous vendre de la passementerie, des rubans, des costumes au demeurant ravissants. Ce sont des Yi. Elles s'accrochent à nous, proposent leurs chefs-d'œuvre, rient énormément : la Chine exhibe les charmants indigènes qui servent de garniture au fameux univers pétrifié.

Comment décrire? Un jaillissement minéral, l'explosion vers le ciel de pierres aux aspects ruiniformes, une déflagration géante, la terre qui hurle. Un capharnaüm, un labyrinthe, un écroulement de temples surhumains, un chaos, la nature comme une tempête, comme un champ de bataille de titans, une nature figée dans ses remous et ses tourbillons. Il y a des replis de dragons, des carapaces de tortues, des échines de rhinocéros, des défenses d'éléphants, des pics, des colonnes, des arches, des ponts-levis, des châteaux. A la suite de quel feu, de quel brasier la pierre refroidie s'est-elle moulée en ces épieux, en ces saillants, en ces voûtes? Jeux d'ombres, les grisailles de ces éructations luisent dans le soleil, s'y fondent, semblent s'animer si bien qu'un continent imaginaire, un rêve épique, naît de ces soulèvements déjà irréels. Piège mystique... Nous suivons une sente qui se faufile parmi ces monstruosités karstiques. Soudain, tout près d'un pagodon accroché au sommet d'un de ces pilastres, sur une falaise qui se reflète dans un étang, je distingue une inscription en gros caractères. Yao me dit : « C'est Long Yun lui-même qui l'a tracée de sa main. » Je sursaute. Voilà un de mes fantômes, Long Yun, le comparse du général Lou Han, le Seigneur de la Guerre redoutable et terrible.

Lou Han, la « Panthère Noire », le carnassier. Sa figure mince, ses yeux trop glauques ou trop clairs dans un visage lisse, aux arêtes fuyantes, comme taillées dans un bois précieux. Ce n'était même pas un pur Chinois, il avait aussi dans les veines du sang des sauvages Lolo ce qui lui conférait sans doute cette souplesse féline, l'imprévisibilité de l'éclair. Je me souviens surtout de sa voix monocorde, incolore, lasse, mais toujours prête à donner un ordre cruel ou à lancer un mot meurtrier. Sa carrière, il l'avait commencée chef d'une troupe modeste de quelques hommes. A la suite de ses forfaits et de ses exploits, il était devenu, encore tout jeune, un des généraux préférés de Tang Kiao, en reconnaissance de quoi il l'avait – on l'a vu – fait empoisonner. Albert, dont il devait détruire le grand dessein, l'avait plusieurs fois invité au consulat où il s'était toujours montré très gentil avec moi. Le destin de ce Seigneur de la Guerre... A lui seul un résumé de toutes les convulsions chinoises.

Kunming – Le Xishuangbanna

Lou Han, j'ai cité son nom à Yao et il a ri. De retour à Kunming, il m'a montré juste à côté de notre hôtel un palais, ou plutôt une vaste demeure moderne au toit de tuiles rouges d'une magnificence ordinaire. L'endroit semblait désert. « C'est là que vivait le camarade Lou Han », m'a-t-il dit.

Ce lieu, je le connaissais, je m'y étais rendu au mois d'août 1949 et Lou Han, qui n'était certes pas encore un « camarade », m'y avait accordé une audience. A l'époque la Chine nationaliste s'effondrait, les armées de Mao s'avançaient à travers le Céleste Empire exultant, mais le Yunnan si lointain, si difficile d'accès n'avait pas encore été « libéré ». Et j'avais eu envie de me rendre auprès de ce potentat apparemment condamné.

C'était pour moi aisé, car les firmes d'import-export d'Indochine avaient établi un pont aérien entre Hanoi et Kunming afin de rapporter le plus d'étain possible avant que la province ne fût communisée. Oui, l'étain, pour messieurs les capitalistes coloniaux, valait la peine d'affréter spécialement des avions qui faisaient la navette. Je pris donc place dans un de ces appareils et une heure après j'atterrissais à Kunming. Le temps de visiter le « marché aux voleurs » où l'on pouvait acheter toutes les armes du monde et Lou Han me reçut dans son palais avec une promptitude qui m'étonna. Partout des sentinelles crispées, pour le protéger croyais-je et même écrivis-je dans mes articles. Je fus aussitôt introduit dans un salon seigneurial où il m'attendait, la figure suave. Il n'avait pas tellement vieilli. Au mur des portraits de femmes nues, devant nous un crachoir. Il s'était levé pour mon entrée, m'avait serré la main avec une sorte d'effusion, il m'avait soigneusement regardé, il m'avait souri. Et nous nous étions mis à parler presque intimement, comme si plus de vingt ans ne s'étaient pas écoulés. Il m'avait dit avec douceur :

« Je vous reconnais. Vous avez conservé le visage de votre enfance, vous avez toujours des yeux bridés. Il paraît que vous êtes revenu en Asie comme journaliste...

– Général, je suis heureux de vous revoir, je vous retrouve tout à fait comme dans mes souvenirs, vous n'avez pas changé.

– Je suis honoré de vous accueillir. C'est un grand plaisir pour moi. » Nous nous congratulons pendant de longues minutes. Nous sommes tous deux seuls avec un interprète. Un serviteur, une ombre blanche, apporte sur un plateau une bouteille de champagne. Lou Han et moi, nous nous sommes levés et nous avons trinqué. Il a susurré :

« Je bois à la santé de Monsieur le Consul, Albert Bodard. Cette boisson délicieuse, si française, c'est lui qui me l'a fait connaître jadis. »

Lou Han se recueille un instant pour évoquer un passé si enfoui dans le temps. Il veut me montrer qu'il n'a pas oublié. D'une voix très basse, immatérielle, sans rocailles – d'une voix faite pour s'enquérir d'une nouvelle qui doit être mauvaise – il me demande :
« Comment se porte Monsieur votre père ? »

Je ne sais pourquoi, je lui réponds d'une manière presque furtive, celle qui convient à un deuil : « Il est mort, hélas. »

Lou Han m'a interrogé longuement sur les circonstances du décès et il a procédé à une oraison funèbre :

« Ce que vous me dites me peine beaucoup, Monsieur le Consul était un homme d'une grande bonté, qui aimait et comprenait la Chine. Un diplomate éminent avec qui j'avais plaisir à négocier. »

Albert, ses négociations désastreuses avec Lou Han... Peu importe, une tendresse s'est emparée de ce Seigneur de la Guerre retors et je devine en lui un sentiment vrai quand il ressuscite la figure de l'Anne Marie d'antan, celle de Yunnan Fu.

« Votre mère, je lui souhaite la longévité de dix mille années. C'est une dame, une très grande dame qui mérite de vivre longtemps pour être la lumière des siens. Je la respectais et l'admirais, comme tous les Chinois et tous les étrangers. J'espère qu'elle a surmonté son chagrin et qu'elle mène une existence heureuse. »

Pourquoi devrais-je dire la vérité à Lou Han, qu'Albert n'est pas mort, qu'Anne Marie a divorcé par mépris d'Albert, et que, partie à la poursuite de chimères qui l'ont égarée, elle est devenue folle ? Ma volonté d'exorciser mes parents... Pourtant que cet effroyable ruffian soit encore imprégné d'eux, sur le moment, m'a poigné.

Lou Han soudain me découvre ses gencives en une urbanité exquise :

« Je savais que vous viendriez, je vous ai préparé une surprise. »

Et je vois s'avancer vers moi, titubante, une Chinoise du peuple, une vieillarde courte et grasse, le visage couturé d'un million de rides. Elle me paraît répugnante, cette femme d'autrefois qui pue l'accumulation des ans. Mais Lou Han m'annonce :

« Cette personne a été votre amah. Je m'en souvenais, je l'ai fait rechercher dans toute la ville afin de vous donner le plaisir de la rencontrer. Vous l'aimiez beaucoup, m'a-t-on dit. »

Je ne reconnais pas ce fossile, je ne me souviens pas de ses mains sur mon corps, je ne vois pas son visage penché sur moi. Mon amah, c'est Li de Chengdu. Pourtant, celle-là, à Yunnan Fu, a dû exister, Lou Han ne l'aurait pas inventée, et d'ailleurs elle égrène une série d'anecdotes sur le consulat qui prouvent bien qu'en tout cas elle y a travaillé. Moi, je l'ai chassée de mon royaume mais j'apprécie l'attention extrêmement rare de Lou Han et je me confonds en remerciements pendant que l'affreuse créature repart croupir dans son âge.

Encore des ombres blanches dans le salon, d'autres domestiques qui apportent une autre bouteille de champagne, des douceurs, une collation. Kampé, kampé ! Il n'est plus question de la famille Bodard, nous sommes revenus au temps présent, à l'écroulement du Kuomintang, aux armées rouges qui envahissent la Chine, qui approchent du Yunnan. Lou Han a pris son masque dur, son masque de guerre, de grand héros et il me clame sa détermination avec des accents rauques et abrupts qui me surprennent. Où est le Lou Han si froid, si contrôlé? Voilà ma panthère noire qui crie son attachement indéfectible au Généralissime Tchang Kaï-chek, sa haine des communistes qui partout tuent la liberté et éteignent la vie. Ils se croient déjà les maîtres de la Chine entière, ils se trompent, car, lui, Lou Han, leur infligera une défaite, il les exterminera tous et il se réjouira sur leurs cadavres. Kampé, kampé! Kampé à la victoire.

Cette déclaration martiale me stupéfie... Lou Han ne peut ignorer la réalité, la marche irrésistible des Rouges. Quels desseins me cache-t-il? Mais sans doute a-t-il flairé mes doutes, il entreprend de me communiquer sa foi. De son Yunnan il fera une forteresse imprenable, avec sa fidèle armée, il décimera les colonnes rouges lorsqu'elles essaieront d'y pénétrer par les cols que je sais rares et escarpés. Alors de son bastion, à la tête de ses troupes, il lancera la contre-offensive générale et dans toute la Chine, le peuple se soulèvera contre ces tortionnaires. Lou Han s'est tu. Ses yeux flamboient... la Panthère Noire. Tout à coup, il s'incline devant un autel des ancêtres et fait le grand serment :

« Je suis sûr de moi mais si jamais le sort m'était contraire, je jure devant mes aïeux et devant les dieux que je lutterai jusqu'à la dernière goutte de mon sang. Je me sacrifierai avec joie pour la patrie. »

Lou Han a terminé son exhibition, il me reconduit lui-même au portail pendant que les sentinelles nous présentent les armes. Longues poignées de main... Encore une fois, je me demande quel est le sens de cette mise en scène, je conclus qu'il a essayé de sauver la face avant de décamper avec son trésor, son harem, ses enfants préférés – il en a trop pour les emmener tous.

Je quitte Kunming par le pont aérien qui tourne à plein régime, encore de l'étain, toujours de l'étain. Je suis repris par la guerre d'Indochine : sur la frontière nord, près de Langson, le corps expéditionnaire attend avec une certaine crainte les armées de Mao. S'arrêteront-elles, n'envahiront-elles pas la colonie? Les Français disposent de si peu de bataillons en cette jungle aveugle face aux armées rouges... Heureusement, tout se passe bien, les angoisses ont été vaines.

C'est alors que me parviennent des rumeurs étranges sur Lou Han. Lui, le numéro un sur la liste des criminels de guerre établie par Mao, l'homme qui méritait mille morts, l'homme aux mains rouges du sang des guérilleros qui sévissaient dans sa province, lui donc, l' « exécrable » Lou Han, avait envoyé un télégramme d'allégeance à Mao et promis de lui livrer le Yunnan sans combat. Très extraordinairement, cette soumission avait été acceptée. Le pardon lui serait accordé à condition qu'auparavant il se débarrasse de deux divisions nationalistes cantonnées au Yunnan. Le tocsin, l'appel au peuple de Kunming, les Yunnanais lancés contre ces forces réactionnaires qui disparaissent dans les jungles lointaines, aux confins de toutes les frontières... Peu après, à Kunming, l'accueil triomphal de Zhu De, de

Peng Dehuai, de Lin Biao qui terminaient au Yunnan leur grandiose marche à travers la Chine libérée. Liesse, joie immense, la forêt des drapeaux rouges, les acclamations, Lou Han comme hôte, un Lou Han récompensé, le « camarade » Lou Han.

Par la suite je l'avais oublié, je l'avoue. Lors des Cent Fleurs, j'apprends à Pékin que mon « ami » Lou Han est vice-ministre des sports, représentant du peuple à l'Assemblée populaire, délégué permanent à la Conférence consultative politique. Aussitôt je demande à le rencontrer – permission m'est octroyée. Au jour dit, je suis conduit avec mon interprète d'alors au Cercle de la Culture. Tout est désert. Après avoir parcouru un long couloir, je pénètre dans une pièce petite et modeste. Un homme se lève à notre arrivée, je ne reconnais pas Lou Han. C'est pourtant bien lui mais comme il a changé, ce n'est plus du tout la Panthère Noire, juste un homme terne, âgé, amorti. Les cheveux ont blanchi, la figure est usée. Il porte une tenue Sun Yat-sen râpée, aux manches élimées. Ce Lou Han-là se montre d'une cordialité impersonnelle et il se dissimule derrière le sourire rouge, ce sourire qui est l'uniforme du visage. A ma surprise, il me traite comme un inconnu, un ami inconnu du peuple chinois. M'a-t-il oublié?

Commence l'Exposé. Des chiffres, des chiffres. Un milliard d'individus, de l'enfant au vieillard, qui chaque matin s'exercent patriotiquement. Cette gymnastique procure le bonheur, augmente le rendement et la productivité. Le visage lisse de Lou Han, sa voix lointaine, j'ai pitié et émotion. Je veux me rapprocher de lui:

« Vous souvenez-vous de moi? »

Il ne cille pas ou à peine. Ses yeux restent ternes. Alors je lui décline mon nom, je fais resurgir nos rencontres lors de mon enfance, je lui remémore notre colloque à Kunming en 1949, avant la Libération. Quand j'ai fini de parler, il hoche imperceptiblement la tête tout en me répondant négativement, très négativement.

« Je ne me souviens pas, je ne me souviens pas du tout. »

L'interprète, lui, l'ignoble, est tout ouïes. Pauvre Lou Han, sa triste dénégation. Je me garde d'insister. J'ai été indiscret, lui se lance sur le terrain sûr de l'autocritique. J'éprouve comme un écœurement tandis qu'il entame le récit de ses crimes... Et de sa renaissance! Oh! cette litanie, cette misérable litanie, le fier Lou Han qui maintenant se vautre dans l'humilité, dans la bauge glorieuse de l'humilité. Les phrases, exactement semblables à celles que j'ai entendu prononcer par Pu Yi, à peu près à la même époque:

« Vous ne pouvez imaginer, j'ai été si coupable et la lumière m'est apparue si tard. Je ne me repentirai jamais assez. Mais la bonté du président Mao a été immense envers moi. »

Ma vieille panthère bêle comme un mouton, montre un enthousiasme grotesque, geint de la liesse du malheureux régénéré:

« Ma satisfaction dépasse de loin le sort de ma modeste personne, mais voyez comme, grâce au président Mao, la Chine est belle, puissante, prospère, elle sera la Reine des Nations. L'œuvre du président Mao, je suis à même de la mesurer dans mon Yunnan. Cette province arriérée et féodale s'est couverte de routes, d'usines et les gens ont changé, ils sont devenus meilleurs. »

Je suis parti avec un mauvais pressentiment. Même dans son allégresse, Lou Han me semblait un homme cassé. D'ailleurs, quand nous l'avions quitté, mon interprète avait craché de mépris en prononçant son nom. Je le savais, le Parti communiste avait souvent accordé sa faveur à des créatures très indignes et même à des forbans : durant un certain temps, ils pouvaient être utiles. Mais lorsque ces ruffians n'étaient plus indispensables, venait l'heure du châtiment et de l'expiation. En 1956 je pensais que Lou Han était promis à ce genre de destin et qu'au mieux, s'il n'était pas jugé, il se couvrirait peu à peu de poussière, il serait enseveli sous les repentirs, dans les particules du Néant.

Eh bien, je me suis complètement trompé dans ma lugubre prévision. Maintenant, en ce voyage, j'apprends que Lou Han – et Long Yun son compère – ne sont pas passés à la trappe et même que Lou Han est retourné au Yunnan comme grand gouverneur rouge. Pendant des années il a suprêmement dirigé sa province, sans doute parce que le Parti avait conclu qu'il était le seul personnage capable de tenir d'une main de fer ces Yunnanais remuants, toujours prêts aux rébellions. Et Lou Han, revenu sur sa terre natale, a terminé sa vie en personnage révéré, dûment inscrit au Parti, un cadre supérieur qui a paisiblement vécu jusqu'à ce que l'accueille une mort respectable.

Quel était donc son secret ? Pourquoi s'était-il, au cours de ses dernières semaines de Seigneur de la Guerre, lancé dans ce pari insensé qui a miraculeusement bien tourné : se donner aux communistes qu'il avait abhorrés et qui l'avaient abhorré ? Il n'avait qu'un mobile : la haine ! Une haine incroyable, terrible contre Tchang Kaï-chek qui l'avait dupé, roulé, pris au piège, lui inspirant un désir de vengeance incandescent.

Depuis qu'il avait succédé à Tang Kiao, Lou Han s'était toujours méfié de Tchang Kaï-chek : il savait que le Généralissime s'était aussi fixé comme tâche d'anéantir les Seigneurs de la Guerre. En principe, Lou Han appartenait au Kuomintang, mais quelle hostilité dissimulée, quelle prestidigitation pour ne pas tomber sous la coupe du Généralissime tout en se proclamant son fidèle, tout en combattant les Rouges ! A la vérité, il leur avait déjà rendu un fier service à ces communistes. Lors de la Longue Marche, il s'était ingénié à ce que les colonnes de Mao traquées par les armées de Tchang Kaï-chek au Yunnan ne soient pas exterminées. On raconte même que Long Yun fit porter à Mao des cartes, des médicaments et de ces jambons qui sont la spécialité de la province. Partie subtile : infliger des pertes aux Rouges pour ne pas susciter l'ire de Tchang Kaï-chek mais sans les détruire tout à fait, de façon à ce qu'ils puissent continuer leur hallucinante épopée. Ni Long Yun ni Lou Han n'avaient évidemment agi par amour des communistes mais ils croyaient qu'ils serviraient de contrepoids à un Généralissime trop puissant et trop gourmand.

Toujours la suspicion contre Tchang Kaï-chek... Encore plus quand, après l'agression japonaise, il devient le chef de la Chine libre, réduite au Sichuan et au Yunnan. C'est surtout au Yunnan qu'atterrissent les avions américains après avoir survolé l'Himalaya... Le pullulement des Yankees, leurs dollars, le chewing-gum et autres produits miraculeux, leurs appétits, leurs désirs de jouissance... Kunming est un camp et un bordel. Les alentours de la cité se couvrent d'immenses plaques de ciment : la province sert de porte-avions aux bombardiers étoilés qui vont semer la destruction sur les installations des Nippons à travers le Pacifique et le Sud-Est asiatique. La guerre et la foire. Pour Lou Han le pactole. La crainte aussi, Tchang Kaï-chek ne va-t-il pas profiter de ces prodigieux événements pour établir son autorité sur la contrée ? Crainte qui s'aggrave lorsque surgissent les divisions nationalistes que le général Stilwell a forgées pour qu'elles aillent « rouvrir » la route de Birmanie, cette route qui commence à Kunming. Tchang Kaï-chek ne sera-t-il pas tenté de fomenter un coup d'État contre Long Yun et Lou Han ? Mais Stilwell veille à empêcher ce putsch. Alors Lou Han, tranquillement, s'enrichit fabuleusement, s'engraissant de prébendes, de dividendes, de commissions. Kunming, l'antique cité se transforme en un marché gigantesque, le plus extraordinaire de l'Asie, tout y est à vendre et à acheter, des régiments de putes, des batteries d'artillerie. Et cette débauche de toutes les prospérités dure jusqu'à la capitulation japonaise. Lou Han a réussi à rester le propriétaire, le bon Seigneur de la Guerre du Yunnan.

Depuis près de vingt ans, Lou Han a déjoué tous les stratagèmes de Tchang Kaï-chek et soudain il tombe dans le traquenard. C'est que le Généralissime lui a fait une offre si alléchante, si apparemment innocente qu'il n'a pas su y résister. De par les traités entre les Grands Alliés, il est prévu que ce sont les forces chinoises nationalistes qui « désarmeront » les troupes du Soleil Levant en Indochine jusqu'au 16e parallèle, après leur capitulation. Tchang Kaï-chek, trop occupé par la reconquête de la Mandchourie, demande à Lou Han d'aller au Tonkin recevoir la reddition des Nippons. Une proposition irrésistible, la perspective d'un butin fabuleux, la cupidité de Lou Han l'emporte sur sa prudence. Il accepte... Ses soldats, des pouilleux affolés de rapines – on est loin de la belle ordonnance de l'époque ancienne de Tang Kiao – dévalent du plateau yunnanais, se répandent comme des insectes dévorants dans le delta du Fleuve Rouge que les Français considèrent toujours comme leur colonie. Deux cent mille soudards pillent les villages enclos dans leurs haies, pillent les bourgades, pillent les villes, écument le pays.

Lou Han, souverain superbe entouré de concubines, veillé par sa garde d'honneur, insatiable, despotique, entre dans Hanoi, impose tribut, exige des sommes colossales. Et cependant il n'est pas satisfait, partagé entre ses répugnances. Qui trouve-t-il au pouvoir ? Hô Chi

Minh, l'oncle Hô, un frêle quinquagénaire qui jadis, pour échapper à la police française, s'était réfugié à Kunming. Lou Han l'avait fait jeter en prison et ne l'avait relâché que contre une promesse de soumission. Or le temps qu'il arrive, lui Lou Han avec ses armées, cet Hô Chi Minh presque inconnu, ce sage à barbichette, s'est transformé en prophète, en maître de tout un peuple. L'oncle Hô a beau multiplier les déclarations d'allégeance, il a beau proclamer qu'il n'est qu'un patriote annamite, Lou Han ne se laisse pas séduire. Il sait que ce mage si soudainement surgi est avant tout le fondateur du Vietminh, un communiste pur et dur, un géant communiste. Lou Han médite de le faire assassiner. Mais ne serait-ce pas faire le jeu des Français, qui s'apprêtent à envoyer un corps expéditionnaire au Tonkin? Lou Han ne veut absolument pas leur retour... Il se démène tellement, tonitrue et menace tellement que cette situation inextricable débouche sur une solution qui lui déplaît souverainement. Le Vietminh et les colonialistes, après de longs pourparlers, arrivent à un accord – le fameux modus vivendi – permettant aux forces françaises commandées par le général Leclerc de débarquer en mars 1946 sur la côte tonkinoise. Pour Hô Chi Minh, tout plutôt que Lou Han, ce matamore chinois capable des pires méfaits. S'en débarrasser d'abord.

Et c'est ainsi qu'une flotte au drapeau tricolore apparaît devant Haiphong. La garnison yunnanaise bombarde les vaisseaux chargés de troupes. La riposte est foudroyante, des salves qui anéantissent à moitié le port, tuant, outre quelques soldats yunnanais, quantité d'habitants annamites. Un massacre qui se révèle une bagatelle. Car Lou Han, au lieu de guerroyer contre les envahisseurs blancs, est bientôt contraint de donner un ordre étonnant, catastrophique pour ses soudards : que tous s'entassent sur des jonques et des rafiots pour être conduits vers la grande plaine de la Chine du Nord afin de combattre les communistes. On n'entendra plus jamais parler de ces unités yunnanaises : le froid, l'éloignement, surtout Lin Biao et ses armées rouges n'en feront qu'une bouchée. En Indochine, Vietminh et Français se retrouvent en tête à tête, bientôt commencera entre eux la guerre interminable. Mais ceci est une autre histoire.

Quelle étrangeté que le départ des hommes de Lou Han... En fait le piège s'est refermé sur la Panthère Noire. Pendant que ses troupes s'esbaudissaient au Tonkin, à Chongqing Français et Chinois nationalistes négociaient furieusement. Décision était prise de laisser la France intervenir au nord du 16e parallèle et de retirer les contingents yunnanais qui se porteraient ailleurs. Pis, deux divisions de Tchang Kaï-chek avaient surgi au Yunnan. De retour à Kunming, Lou Han est capturé. Ses geôliers le laissent dans son palais comme s'il était toujours libre, mais les sentinelles sont des matons, les serviteurs en longue tunique blanche des espions.

Comment me serais-je douté en 1949, quand Lou Han m'a accueilli si chaleureusement, qu'il n'était plus qu'un prisonnier? Tout est clair pour moi désormais. Ce serment de fidélité éternelle à Tchang Kaï-chek était destiné aux oreilles de ses garde-chiourmes, une ruse pour déjouer leur vigilance. Dans son orgueil farouche sans doute avait-il déjà commencé à préparer son ralliement à Mao, sa suprême vengeance. Long Yun, son associé, qui lui n'était pas tombé dans les rets, menait – son fils me le racontera – des tractations très secrètes à Hong Kong avec des agents communistes. La loi du talion, la jouissance de la revanche, mais quels risques! Et dire que cela s'était si bien terminé pour Lou Han et Long Yun, ces grands Rouges! Curieusement les deux divisions nationalistes qui s'étaient emparées de Lou Han et qu'il avait pu chasser sont restées dans le Triangle d'Or, le domaine souverain des rubis, des émeraudes et surtout de l'opium. Depuis des décennies, ces dernières forces nationalistes et leurs descendants sont les plus grands fournisseurs de drogue du monde et ce, aux portes même du Yunnan, sans que les communistes chinois les assaillent jamais. Quels arrangements discrets? Quels avantages pour tout le monde?

Il se trouve que ces confins sont dans le programme. C'est étonnant qu'ils le soient. Avec quelles précautions m'a-t-on montré un tronçon inoffensif du chemin de fer français! Et à présent on tolère que nous allions dans la région mystérieuse où se rejoignent les frontières de la Chine, celles du Vietnam, du Laos et de la Birmanie, un carrefour stratégique, vital, devenu une préfecture autonome de la minorité thaï. Que de guérillas et de rébellions, que de trafics pourtant, au-delà de la cassure du plateau yunnanais : le haut Tonkin ennemi, le Laos dévoré par les Tonkinois, la Birmanie en proie à des convulsions et enfin le Triangle d'Or toujours tenu par les nationalistes. Je soupçonne que les Chinois surveillent hautement ces dangereux voisins.

Toujours la mousson, nous avons dû attendre une éclaircie pour décoller. Ciel poisseux, taches d'azur cernées par les nuages. Les montagnes, d'abord pelées et nues, peu à peu se couvrent de jungle, s'adoucissent sous la nuit végétale. Nature étouffante. Au bout d'une heure, j'aperçois une cuvette ronde, herbeuse, des rizières, des hommes, Simao, son immense piste d'atterrissage en ciment, sa moiteur asphyxiante. Simao... Que n'ai-je rêvé de cette ville mythique? Enfermée dans ses antiques murailles écarlates, elle incarnait à la fois la civilisation et l'aventure. Là avait abouti Francis Garnier lorsqu'il explorait le Mékong. Là, quatre mois par an régnaient les fièvres, là gîtait la peste. Là aussi se croisaient les caravanes venant de distances infinies et allant vers des distances infinies. Leurs coolies et leurs bêtes de bât portaient les marchandises du Tibet, de l'Assam, de régions encore plus ignorées, des lingots, des étoffes écrues, des pierres précieuses, du thé au parfum de musc et surtout des blocs de sel gemme qui étaient le trésor le plus convoité. Simao, le marché de légende, Simao, le bastion mystérieux, inaccessible, dressé contre le corps expéditionnaire français qui tout près se débattait dans sa guerre d'Indochine, Simao, quelle déception!

Une agglomération moderne, le décor rouge, une population entièrement chinoise et communiste, la platitude. Mais nous prenons place dans une voiture noire qui doit nous conduire plus loin, beaucoup plus loin, vers le haut Mékong. La jungle nous encercle de ses ténèbres, elle est calme, implacablement tranquille, toute-puissante. Un torrent gronde au fond d'un ravin, l'eau se heurte à des rocs, elle bout et écume. Me revient à la mémoire la guerre d'Indochine qui se déroulait dans des parages si proches et si semblables, cette guerre construite comme une tragédie qui ne pouvait aboutir qu'à une issue fatale. Je me rappelle la RC 4 qui longeait la Chine rouge, de Langson la citadelle à Caobang le poste avancé où était installée la Légion! Je me rappelle les effrayants convois, ces chenilles aux poils métalliques, hérissées de mitrailleuses jumelées et de toutes les espèces de tubes à tuer, les soldats intenses et résignés, visages blêmes d'effroi, le regard braqué sur les bas-côtés d'où à chaque instant des Vietminh pouvaient s'élancer par milliers. Immenses embuscades, les voitures qui flambaient, la curée, l'agonie, la mort. Un peu plus tard, quand la garnison de Caobang avait reçu l'ordre de se replier, elle avait été anéantie entièrement dans les calcaires de Dongkhe. Tant d'héroïsme, tellement de sacrifices, aller au-delà de l'espoir jusqu'à l'acceptation suprême et aboutir à Diên Biên Phu, dans la cuvette de Diên Biên Phu si identique à celle de Simao!

Aujourd'hui, les mêmes Vietminh – enfin leurs fils – sont installés à proximité de ma route céleste, sur la frontière du Laos. Là, paraît-il, est déployée une armée chinoise qui lutte contre les réguliers de Giap. Mais je ne rencontre aucun détachement de troupe, je ne distingue aucun indice de guerre, pas de détonations, juste celles de l'ouragan qui claque au loin. Sérénité de cette sylve anthropophage et féconde où tout se dévore et se reproduit, où les cadavres végétaux et animaux pourrissent en fumier de l'éternelle éclosion. La chaussée est large et macadamisée, remarquablement entretenue (est-ce là « le » signe d'une présence militaire?), des camions circulent, nous sommes sur une voie impériale qui échappe au magique de la forêt, qui au contraire lui apporte la colonisation rouge et bienfaisante.

La voiture grimpe jusqu'à un col, les flancs de la montagne sont écorchés vifs, nus et saignants, sol rouge creusé de sillons profonds qui attendent des cultures. Soudain, à la place de la luxuriance de la jungle, des alignements d'arbres aux feuillages ternes, aux troncs élancés et lisses : de jeunes hévéas qui exigent des soins énormes. Sur ces hauteurs, je me prends à imaginer que ce sont des Meo, des Meo prolétarisés, qui plusieurs fois par jour vont ramasser la gomme, surveiller les plaies et les larmes des écorces, que désormais les Meo qu'ici on appelle Miao sont les serviteurs du caoutchouc.

La vie de ces peuplades qui ont tant fasciné les explorateurs... Les Meo, les maîtres des sommets, ne connaissaient que l'indépendance et la liberté, la paresse et la bonne luxure : ils ne condescendaient qu'à cultiver le pavot. Les mâles énormes ne toléraient pas que quiconque d'inconnu approchât de leurs villages sur les cimes, de crainte qu'on ne leur volât les jarres remplies du suc des rêves heureux. Simplement, ils échangeaient un peu de leur manne avec quelques négociants célestes, vieilles connaissances à qui ils demandaient des cartouches pour leurs tromblons. Guerriers terribles, ils se battaient entre eux pour le plaisir. Mais les étrangers, ils les exterminaient sous des avalanches de pierres. Que ne racontait-on pas sur eux? Qu'au fond des vallées leurs poumons manquant d'oxygène éclataient, que leurs femmes, des femelles aux caprices souverains, des dominatrices, avaient le goût de toutes les jouissances possibles, qu'ils n'acceptaient même pas le joug d'un dieu qui les domestiquerait, ils n'adoraient que le Grand Chien.

Ces Meo, j'ai pu jadis les approcher au Tonkin où ils étaient alliés aux Français contre les Vietminh. Ils avaient un chef qui défendait leur fief sur le plateau du Traning au Laos. Des années durant, ils avaient résisté aux soldats d'Hô Chi Minh, ils les avaient repoussés, en avaient tué des centaines, avant de succomber. Le sort de leurs congénères en Chine est-il meilleur? Les esclaves des fûts qui pleurent la gomme sont-ils plus heureux?

Plus haut encore, la route s'encadre de flamboyants en fleur et de buissons ardents. Très en contrebas, j'aperçois dans une immense brèche un fleuve, sans doute le Lancang, le Mékong, la rivière redoutée, la rivière de la malaria putride, de la fièvre mortelle. Sur son gué, il y avait un bourg aux huttes en paille et en torchis où de vieux Chinois tenaient de misérables boutiques. Sans femmes, sans enfants, ils végétaient, surmontant les miasmes, perdus au monde, vendant de pauvres produits aux rares voyageurs pressés de franchir la vallée pestiférée. Subsistaient cependant depuis des siècles des indigènes immunisés, des Thaï (Dai). L'air réjoui, M. Yao m'annonce que maintenant tout est métamorphosé, que la Chine nouvelle a créé une ville nouvelle, Jinghong, qui est saine et peuplée.

Descente vertigineuse, Mme Chu prise de nausée exige un arrêt, vomit prodigieusement sur le bas-côté... Elle a perdu la face. Happés par l'immense panorama, nous poursuivons jusqu'au bas de la dépression. Enfin, un pont en ciment qui franchit un Mékong aux flots boueux, sur l'autre rive la cité de Jinghong en ciment elle aussi. Des bâtiments déjà délabrés, des briques rongées, les inévitables Palais de la Culture et du Peuple, quelques magasins, un salon de thé, un coiffeur, de vastes avenues et surtout des fleurs extraordinaires, des bêtes gloutonnes, des monstruosités aux corolles comme des langues, aux pistils comme des dards, fleurs crânes, fleurs mâchoires, fleurs pièges, sans elles j'aurais oublié que nous avons depuis longtemps franchi le tropique du Cancer.

Mme Chu, remise de son malaise, se pavane, elle est fière de Jinghong et elle rend hommage au génie chinois qui a accompli une œuvre gigantesque, l'édification d'une agglomération moderne là où il n'y avait que des cabanes et des marécages contaminés. Il a d'abord fallu assainir, chasser le paludisme et les moustiques, faire régner l'hygiène : plus qu'ailleurs on voit des panonceaux interdisant de cracher. Alors on a pu construire et faire venir des grandes villes de Chine toute une masse de gens : les citoyens de Jinghong sont tous des « volontaires » qui veulent acquérir des mérites. Ils sont arrivés en deux vagues, la première vers 1957, rien que des hommes, des pionniers luttant contre la nature sauvage, et quelques années plus tard un second flot comprenant des femmes. Elle ne parle pas, Mme Chu, des contingents de Gardes Rouges qui vinrent ici exalter les vertiges de l'Utopie et y demeurèrent contre leur gré, ni des intellectuels qui y « purifièrent leur cerveau puant », mais elle assène que pour poursuivre la tâche novatrice débarquent toujours des jeunes gens, de Shanghai et de Pékin. Elle ne précise pas qu'on les relègue ainsi au bout du monde à perpétuité.

En vain je cherche des Thaï dans la foule chinoise. C'est pour eux, pour les retrouver que j'ai mis au programme cette expédition dans le Xishuangbanna. En 1948, juste avant que la guerre ne montre son vilain museau, j'avais fait un périple dans « les pays thaï » du haut Tonkin, tout à côté de Diên Biên Phu. Cette randonnée fut la plus belle, la plus émouvante, la plus poétique de ma vie.

Qu'on imagine une nature féroce et inconnue, des pitons calcaires, des massifs effrayants, la jungle et, dès qu'on plonge dans les vallées, le paradis. Si les Meo sont les maîtres des hauteurs, les Thaï – rameaux lointains de la race siamoise – occupent les fonds. Oh! Thaï noirs de Sonla, cette cuvette cernée par la forêt. Les villages au bas des pentes, l'étagement des rizières, les cases dressées sur leurs pilotis comme des plaques de champignons fauves. Légèreté de la matière, la dentelle ajourée des lattes de bambou tressées. Solennité des hommes drapés dans des étoffes noires. Splendeur froide des femmes, déesses androgynes presque immatérielles dans leur pureté. Le superbe de la tristesse sur cette terre funèbre et douce... A côté de la cité des humains, des demeures miniatures abritent l'innombrable peuple des défunts. D'immenses bannières blanches pendent au bout d'un mat, draperies pour un mort de qualité. Des sorcières se pavanent et jouent lugubrement sur des tings, des sortes de mandoline à deux cordes, elles s'abîment dans leurs rituels pour que le trépassé accède au « royaume des fées ». Sonla, c'était une magie.

Une jeep m'a conduit chez les Thaï blancs de Laichau. Soudain la route s'effondre de plus de deux mille mètres, sur un nœud de canyons. En bas de ces abrupts, la lumière au crépuscule est de cendre bleue. Tout devient grâce, un empyrée sensuel, des prairies, des roues en bois pour faire monter l'eau dans les champs, des fleurs, le temps enfin arrêté. Merveilleuse fut ma première vision des femmes. Le chemin est barré par trois chapeaux-parasols, à peine se renversent-ils que je distingue des visages empreints de la sérénité des statues bouddhiques. Toute la séduction de ces apparitions tient à l'accord des formes et des couleurs – le boléro blanc aux boutons d'argent séparé de l'étroite jupe noire par une ceinture écarlate. Les corps, presque sans hanches, les jambes longues, sont faits pour la cadence et le rythme. Aucun hiératisme cependant. Sur ces femmes flotte comme un sourire charmant, vivant, un peu étonné, un sourire qui les habite tout entières.

Ces créatures sont des princesses, les filles du tyran Deo Van Long. Au confluent des trois rivières, sur un éperon rocheux, au milieu des flots emportés, se dresse son château fortifié. Tout autour, des sentinelles et des barbelés. Une barque me mène à cette citadelle où Deo Van Long le terrible me reçoit très aimablement. Dans son salon, il me montre le portrait d'un merveilleux mandarin chinois, tellement sage, tellement vieux, tellement imposant. C'est celui de son célèbre et dangereux père, le Pavillon Noir Deo Van Try qui assiégea Tuyen Kuang la ville défendue par le sergent Bobillot, qui pilla Luang Prabang aux mille pagodes et se proclama Roi de Laichau après un crime atroce : il avait tué le souverain légitime et épousé sa fille. Et puis il avait fait sa paix avec les Français. Deo Van Long, le rejeton de ce bandit, a étudié en métropole, dans le même lycée que Vincent Auriol. Pourtant l'atavisme a repris le dessus. Il inspire l'effroi à cent kilomètres à la ronde, son trésor est plein de pièces d'or, il a une armée redoutable. Mais grâce à lui l'ordre prévaut et les Thaï blancs peuvent s'adonner aux voluptés de l'existence.

Au-delà de Laichau, il n'y a plus de route. Trois jours durant, sur un petit cheval, bien escorté, j'ai suivi une piste terrifiante. Et je suis arrivé à Phongto, dans un écrin de collines. Là, nous sommes dans la plus vieille Asie et là règne sur une dizaine de races et de peuples, Deo Van Ahn, un vieux monsieur en costume céleste, aux moustaches blanches à la Clemenceau. En fait, c'est un bon patriarche, qui respecte les coutumes les plus anciennes et qui est aimé. Il tient sa cour dans son château sur pilotis. La grande salle seigneuriale se réduit à un grenier rempli des cadeaux de la République française, des almanachs des postes, des cartes postales, une de la tour Eiffel. S'agitent des ministres, des dignitaires, des serviteurs, une marmaille. Dans un coin, une vieille femme s'épouille, la douairière. En dessous des cochons grognent, tout en mangeant la merde déféquée en haut. Le soir, un repas est offert pour moi : il me faut avaler quantité de cochonnailles.

Le lendemain, mon hôte rend sa justice. Accompagné de son bourreau, il apostrophe ses sujets, il en accuse d'avoir commis des crimes mais il leur octroie son pardon. Soudain Deo Van Ahn se fige devant un individu râblé qui vainement le supplie. Le bon souverain lui dit avec un sourire : « On va te couper le cou, tu es le complice des pirates célestes. » Du doigt, il me montre dans les montagnes une échancrure : « C'est par là qu'ils arrivent, guidés par des traîtres comme celui-là. » Nous nous éloignons, des coups de gong, le condamné a été exécuté, à la joie générale. Ce pays de légende est soumis à l'autorité française, laquelle est représentée par un jeune administrateur qui, à vrai dire, ne quitte jamais son bungalow. Pour quoi faire? Il est perdu dans les siècles et il est entouré de très jeunes garçons. Qu'il s'amuse donc dans son bout du monde, de l'autre côté du col, c'est la Chine, c'est Simao...

Nous arrivons au caravansérail pour cadres et M. Yao nous conduit à travers un parc inondé jusqu'à notre pavillon. Pas d'électricité. Une lampe à pétrole éclaire une chambre dont l'installation n'est plus que décombres. Comme lit, des planches entourées de moustiquaires trouées. Pas d'eau au robinet. L'odeur... Nous nous endormons enfin dans une chaleur molle et accablante. Brusquement un ronflement, l'électricité est revenue et a même déclenché un « air conditioner » énorme qui, miraculeusement, fonctionne et nous gèle. L'aurore surgit avec une brutalité inouïe. Nos figures sont gonflées et dévorées, des cafards dansent un ballet, un lézard nous salue, au plafond courent des margouillats dont les ventres transparents sont bourrés de mouches. Pourquoi nous plaignons-nous? Nous jouissons du confort moderne.

Je regarde par la fenêtre. Au-delà des palmes qui s'agitent doucement, au-delà des fleurs qui flamboient comme des soleils rouges, au-delà des troncs gigantesques, banians, fromagers, baobabs qui sortent de terre dans un chaos d'excroissances, de renflements, de cavités, au-delà de ces nœuds de serpents figés, au-delà de la luxuriance, coule le Mékong.

Mékong de ma mémoire... Albert était allé chercher ses sources claires et inconnues sur le Toit du Monde. Parti avec des coolies, des chameaux et des yacks, porté sur une litière à travers les espaces désolés, il avait cru voir des âmes errantes dans ces massifs hallucinatoires. Il s'était réfugié dans un monastère où il avait été hébergé par un Dieu vivant, une Déesse plutôt, quoique de prime abord le sexe fût difficilement reconnaissable. Cela se présentait sous l'aspect d'un tas matelassé d'où émergeait une tête mongoloïde si tannée et si plissée qu'on discernait tout juste les yeux. Cela souriait car cette incarnation de la Sagesse Féminine était en proie aux feux d'une concupiscence allumés, bien malgré lui, par Albert. Il paraît qu'il avait dû fuir pour éviter de succomber aux entreprises de la Dame. En tout cas, il racontait fréquemment cette anecdote, faisant semblant de se boucher le nez pour ajouter : « Ce qu'elle puait : des centimètres de crasse. »

Mékong de ma mémoire... Tout près, au Laos, au royaume du million d'éléphants, il arrose Luang Prabang, la cité vénérable des palais et des temples. Bouddha partout, le Bouddha de la sensualité. Sur les parvis des pagodes, garçons et filles ceints de sarongs tiennent des cours d'amour. Ils s'accroupissent en deux rangées, et mâles contre femelles rivalisent dans l'échange d'injures érotiques. Au terme du tournoi, les couples se sont formés et disparaissent. Luang

Prabang, je l'ai découvert lors de la fête fabuleuse donnée par le bon et podagre roi Sisavang Vong, en l'honneur du général de Lattre de Tassigny, haut commissaire et commandant en chef en Indochine. Des jouvencelles nous avaient servi des coupes d'une boisson douceâtre et enivrante. Et puis étaient venus les chants et les danses. Dès la nuit tombée, les collines alentour s'étaient illuminées de milliers de torches portées par des éphèbes. Les bonzes avaient psalmodié des prières, ils nous avaient enserré les bras de fils rouges et remis des amulettes contre les mauvais sorts. Mais le bonze aveugle, le devin aux yeux morts, avait refusé de nous dire l'avenir, il le savait trop redoutable : le fils du général tué, le général lui-même emporté par le cancer de la tristesse. Luang Prabang ou la légende morte.

Plus bas, toujours au Laos, le Mékong s'élargit et passe devant Vientiane. Je me souviens des coloniaux buvant leur apéritif sur des terrasses. Je me souviens des hôtels où les petites prostituées de douze ans s'offraient avec une grâce captivante. Fini le temps de la détresse, le temps où vers Vientiane démunie des aventuriers armés jusqu'aux dents, souvent d'anciens paras, apportaient des marchandises dans des camions d'occasion, roulant à travers les embuscades et défiant la mort à chaque instant sur la piste interminable – par précaution, ils tiraient sur tout ce qui bougeait. La première fois que j'y suis allé, en 1948, l'époque était devenue plus normale, les Chinois s'étaient emparés du commerce.

Après le fracas des chutes de Kep, le Mékong entre au Cambodge et là, il est lié à une nappe d'eau, le Tonlé Sap, une mer placide lors de la mousson mais qui se dessèche durant l'hiver en une putridité géante, tapissée d'une faune inquiétante. Tout près, les ruines d'Angkor où le souverain Sihanouk, alors un gros bébé joufflu, gonflé de graisse et de malignité, à la voix de châtré, faisait donner par sa troupe des représentations du Râmâyana. Les filles cousues d'étoffes d'or se déployaient en lents mouvements face aux apsaras de pierre à qui elles ressemblaient. J'avais rencontré là un bandit dont j'avais conquis l'amitié. Il avait promis de m'épargner lorsque viendrait le temps de la tuerie générale à laquelle il rêvait.

En Cochinchine, le Mékong se divise en bras énormes qu'on traverse sur des bacs rouillés. Sur la rive d'un de ces estuaires, le Bassac, s'étire Cantho la blanche, la ville des riches négociants chinois et des fonctionnaires français. Autour de la cité, l'exubérance des tropiques, les marécages, les cocoteraies à l'infini, jusqu'à la péninsule de Camau. C'était le domaine de ce que j'appelle « la guerre heureuse », celle des supplices et des jouissances. Les postes français perdus dans l'immensité, leurs bons supplétifs et leurs assassins bien recrutés face aux hommes vêtus de noir qui sortaient des marais. La mort en permanence.

Il y avait pire que les Vietminh, les gens des sectes. Tant de religions, tant de dieux... Les plus effrayants étaient les Haohoa. Ma peur quand j'accompagnais un détachement français sur les rives du

Mékong... Ces démons, qui se ruaient en grimaçant et déchiraient les chairs, étaient les fidèles du Huyn Phuso, le Bonze Fou. Atteint d'épilepsie dans sa jeunesse, ce Huyn Phuso s'était fait ermite, il avait médité dans une grotte et était réapparu maigre, les yeux jetant des flammes, prêchant la vraie foi. Il clamait qu'il fallait s'approcher du Dépouillement de Soi, mais il annonçait en d'obscurs poèmes la venue de temps terribles où il serait le seul sauveur. Il guérissait par les herbes, il faisait des miracles. Une nuit, il cut la révélation qu'il était Dieu et il ordonna aux foules de l'adorer, il recruta un million de disciples. La démence, le meurtre... Huyn Phuso fut tué mais ses adeptes ne crurent jamais à ce trépas et se mirent à attendre qu'il resurgisse en chair et en os.

Cependant les Haohoa et les Vietminh, longtemps unis, commencèrent à s'entre-tuer, à s'exterminer les uns les autres. Le subtil lieutenant Campadieu, en poste près d'un antre des Haohoa, imagina de profiter des circonstances pour les rallier. Premier contact périlleux, négociations infinies, enfin l'accord. On couvrirait les Haohoa des bienfaits de la civilisation mercantile, on leur donnerait des casques, des armes, tous les pactoles. Et le traité fut appliqué. Campadieu, dont je fus l'hôte, voulut me faire le plaisir de me présenter à Nam Lua, un des principaux chefs Haohoa, un expert ès empalement. En lui serrant la main, je frémis, c'était un nain musculeux, sale, grossier, au regard stupide. Mais désormais, il était sûr, il arborait même une tenue de général français, avec une seule étoile toutefois. Pour moi, il offrit un festin, préparé par madame son épouse qui avait commandé une troupe d'amazones réputées pour leur cruauté et qui ne découpait plus les chairs que pour préparer de l'excellente cuisine. Banquet gastronomique, politesses, politesses tout près du Mékong, de son énorme embouchure, de ses flots qui allaient souiller l'océan de leur limon.

Huit heures du matin. Le ciel d'un blanc embué est taché de lambeaux ouatés, vapeurs qui se rassemblent, qui s'amalgament, qui se condenseront pour former trombes et orages. Du sol, monte une exhalaison humide, une touffeur chaude. Lentement nous nous dirigeons vers une longue galerie couverte, une corne d'abondance où est proposé tout ce que la nature a fait germer, croître, pulluler. Dès l'orée, je suis saisi par l'odeur, offusqué par la vue de murs de bidoche saignante. Des bouchers, les mains et les tabliers rougis, taillent et débitent gazelles, sangliers, tapirs, couleuvres, peut-être des pythons.

Nous sommes dans le quartier noble, celui des viandes, des chairs dépouillées, des boyaux, des tripes. Plus loin, des femmes proposent leurs poissons étranges, des choses triangulaires à l'aspect de vampires aquatiques, toutes sortes d'anguilles démesurées aux longs corps gluants qui se tordent et se nouent. Plus loin encore, le quartier des légumes, tous géants, choux et raves gonflés d'eau, hydrocéphales, d'autres de moi inconnus, sombres, dentelés, des tubercules comme des tumeurs. A côté, des mangues, des mangoustans, des lychees. Certains fruits ont des apparences tourmentées et vénéneuses, bêtes hérissées de dards ou caparaçonnées d'armures ciselées. Les plus appréciés sont les dourillons qui puent la pourriture et la charogne. Le régal suprême.

Tout autour de ces mannes, une foule, un chaos qui se bat pacifiquement. Les marchandages, l'art des discussions, les combats entre les boutiquières et les acheteuses, une exaspération de ce qui se passe dans toutes les halles du monde. Beaucoup de Chinoises, vieilles et jeunes, affairées, positives, sûres d'elles, mais aussi combien de créatures enturbannées. « Ce sont des " minoritaires " », me souffle Yao. Enfin je reconnais une Thaï blanche, bien qu'elle ne porte pas le chapeau-parasol de mes souvenirs cette volumineuse marchande au chignon percé d'un peigne. Que ce soit une Thaï m'est évident à cause d'une certaine suavité de ses traits, d'une douceur de la peau, de son boléro blanc. Mais que reste-t-il des grâces de son peuple? Celle-là, son gros postérieur enfourné dans un pantalon vulgaire, pèse des crabes d'eau douce, en grasseyant le chinois avec Mme Chu qui fait des provisions avec acharnement.

Nouvelle averse. Le marché s'achève et les gens se ruent sous le déluge. Le temps qu'arrive la voiture noire, déjà le soleil cogne à travers l'eau qui ruisselle et s'irise. Nous nous engouffrons dans un dédale de ruelles étroites faisant fuir poules et cochons qui se réfugient à l'abri de demeures sur pilotis. Des toits de chaume, des balcons ouvragés, des escaliers en bois, presque des échelles, qui mènent vers les grandes pièces nues revêtues de lattes tressées, ce sont bien des cases thaï, exactement semblables à celles dont j'ai le souvenir, les mêmes, avec en plus des antennes de télévision. Après avoir traversé le Mékong, nous suivons une voie de berge en terre battue. Des rizières où le riz vient d'être repiqué, au loin la forêt. Un paysage qui me touche, un paysage qui m'a fait peur, tellement lié pour moi à la traîtrise et à l'embûche.

Sur la route, quantité de cyclistes, tous très jeunes, tous des Thaï. Ils pédalent par bandes, les filles vulgaires et piaillantes n'ayant conservé des anciens atours que le boléro blanc, pour le reste, des jeans, des effets achetés dans quelque coopérative. Les garçons, eux, sont accoutrés à la façon sino-occidentale, des chemisettes, des pantalons et même des baskets. Tout ce monde rit et flonflonne. A la tête d'une troupe particulièrement pétulante, un apollon dégingandé porte sur sa poitrine une guitare. Gaieté, mais encore une fois où est le charme velouté d'antan?

Enfin un village. Il semble désert, nous grimpons d'autorité jusqu'au palier de la plus belle case. Personne. Dans la salle des nattes, une obscurité piquetée de lumière, la tranquillité du temps. Se montre tout de même une vieille femme au beau visage ridé, qui ne paraît pas surprise de notre intrusion. Fait-elle partie du programme? Nous nous asseyons autour d'elle et elle se met à parler longuement.

Est-ce l'Exposé? Nous avons amené dans nos bagages un journaliste de l'Association des journalistes chinois de Jinghong qui traduit du thaï en langue céleste et que M. Yao retraduit en français. Ça fonctionne très bien.

Ce que dit l'ancêtre? Que son mari est mort mais qu'elle a beaucoup d'enfants et de petits-enfants et qu'ils sont heureux. Certains des garçons sont employés à la municipalité, ils gagnent beaucoup d'argent, d'autres sont paysans, quelques-uns ne font que s'amuser. Plusieurs de ses filles sont vendeuses dans des magasins, l'une est sténodactylo. Les frères chinois protègent les Thaï, les comblent de bienfaits. On leur a donné des champs, les récoltes sont à eux, sauf une petite part pour l'État. Elle-même a acheté une machine à coudre...

Toujours par l'intermédiaire du journaliste chinois de Jinghong, M. Yao interroge la vieille sur les temps passés. L'aïeule se lance carrément : durant de longues années, les Thaï ont été maltraités. Dès les Communes du Peuple, en 1957, ils avaient tous été embrigadés dans des équipes de travail où ils s'épuisaient à des tâches inhumaines. Sans cesse ils devaient s'accuser, se dénoncer et ils étaient quand même punis, battus. Alors l'existence était mauvaise. Elle avait encore empiré lors de la Révolution Culturelle quand les cruels Gardes Rouges étaient apparus. Pour eux, les Thaï étaient des êtres tellement inférieurs qu'on ne leur reconnaissait même plus le droit de se repentir et de s'autocritiquer. Ils les méprisaient, détruisaient leurs coutumes, agissaient comme s'ils voulaient anéantir leur race. Eux, ils avaient faim, ils avaient mal au corps et à l'âme, des bébés étaient morts. Les Gardes Rouges avaient abîmé les temples, chassé les religieux qui s'étaient réfugiés dans la forêt, auprès des tigres qui étaient moins méchants qu'eux. Mais depuis la chute de la Bande des Quatre... A ces mots, la classique extase saisit la vieille femme, elle clôt ses yeux et sa bouche dans l'effusion d'une félicité inexprimable, enfin elle dit : « Nous Thaï, nos coutumes étaient trop anciennes, trop féodales, maintenant nos frères chinois nous apportent généreusement la civilisation, la vraie civilisation du peuple. Jamais nous ne remercierons assez nos frères chinois. Regardez ma machine à coudre... »

Et je vois la vieille s'installer devant sa machine, elle coud, elle coud. Au moment où nous partons, elle s'interrompt pour nous crier :

« Les bonzes sont revenus, ils prient dans leur pagode restaurée grâce à la générosité de nos frères chinois. »

Je ne sais pourquoi, je ne suis pas vraiment satisfait. Au fond, je regrette les Thaï tels que je les avais connus au Tonkin, langoureux et voluptueux, mes Thaï qu'on a rééduqués ou massacrés. Ces Thaï-ci, ceux du haut Mékong, qui ont bien failli connaître aussi le génocide, ne vont-ils pas disparaître dans la consommation, les besognes utilitaires, dans l'argent et la foi communiste? Enchinoisés les pauvres Thaï.

Vingt kilomètres plus loin on vogue parmi les dieux. Ils sont revenus, ils affluent même. En haut de marches de pierre s'élève la pagode, refaite, retapée, rénovée, une nef très haute, manœuvrée par un équipage de Bouddhas debout, d'une poétique joliesse sous leurs tiares d'or. Ils ont les mains jointes, des traits ravis, le sourire béat de l'euphorie profonde, on dirait de jeunes princes orientaux, enveloppés dans ces toges de fête qui laissent une épaule nue, des éphèbes un peu transsexuels pour qui la vie n'est qu'une jouissance, la mort un paradis. Il y a bien quelques diables, mais tout petits et sans importance.

Vaquent alentour quelques bonzes d'un certain âge, placides, surtout occupés à me tendre un plateau pour que j'y dépose mon obole. Ils refusent obstinément de parler de leurs malheurs récents, comme si l'infortune ne les avait jamais atteints, comme si la détresse n'existait pas sur terre. Je ne doute pas que leur condition soit excellente à en juger par le nombre de fidèles, surtout des femmes, qui les gâtent, leur apportant force cadeaux, le boire et le manger en abondance, veillant à tous leurs besoins. Dans une maison voisine gambadent de gentils bonzillons dont les grâces enfantines sont soulignées par leurs seyantes robes de couleur ocre. Chahut et rires sur mon passage. Les mauvaises langues racontent que ces gamins servent de gitons aux vénérables religieux mais je chasse de moi cette amusante pensée. Je suis édifié, ici la religion est une bénédiction fleurie.

En retournant vers Jinghong nous nous arrêtons au bord de la sylve, la copulation règne. Un arbre à lui seul est une forêt qui s'enlace : une dizaine de troncs se dressent au-dessus du sol pour se rassembler en une partouze végétale. Impossible dans cette conjonction de distinguer qui mange qui, qui avale qui, qui nourrit qui, qui féconde qui. Lubricité de la nature... Mais, à côté de cette orgie, dans son ombre, éclôt une minuscule fleur vibratile. A peine ai-je effleuré cette sensitive que sa corolle se ferme. Je lève le doigt, immédiatement elle s'épanouit à nouveau. Survie dans la nature...

Le soir, dîner dans une belle case sur pilotis. Nous sommes reçus chaleureusement par un couple mixte, mari chinois, épouse thaï. Outre la grande pièce traditionnelle, deux chambres à coucher : un jeune ménage vit aussi ici et l'on protège son intimité. Sur un fourneau, dans la cuisine, la femme mijote de petits plats thaï. Tandis qu'à la télévision dansent des « minoritaires », le mari se lance dans un exposé ethnologique. Il vante les mérites de la race thaï, sa douceur imprégnée de bouddhisme, ses mœurs délicieuses. La femelle est reine, elle est libre d'avoir un homme, dix hommes, sans qu'aucun mâle puisse protester. Il n'est pas concevable qu'une mère frappe ou punisse ses enfants issus d'on ne sait combien de géniteurs, d'ailleurs, ils sont gentils. Si une fille se marie, c'est le conjoint qui se rend chez elle, dans sa famille, dans son village, sous sa coupe. Je plaisante :

« Mais si une Thaï épouse un Chinois, ce doit être différent. Ici vous êtes le patron. »

Le Céleste acquiesce :
« J'ai enseigné à ma femme ce qu'est l'amour, l'amour vrai. Chez les Thaï, le sentiment n'existe pas, il n'y a que le plaisir.
– Est-ce mieux pour les dames thaï cet amour à la chinoise que vous leur apprenez ? En Chine, dans un couple, n'est-ce pas la femme qui, au contraire, est soumise ? Est-ce que le principe du vide et de l'humide n'est pas complètement dominé par l'élément mâle ? »
Mon hôte s'esclaffe : « Nous sommes amoureux l'un de l'autre, nous vivons très agréablement avec les avantages du monde moderne. Tous les Thaï mouraient jeunes, maintenant ils vivent vieux. C'est si vrai que beaucoup de femmes thaï épousent des Chinois. »
Kampé et rires, le voyage au Xishuangbanna se termine, nous repartons le lendemain. Discussion avec Marie-Françoise sur les vertus comparées de l'ancien nirvâna et du progrès rouge. Certes les Thaï paraissent bien adaptés mais moi, je ne suis pas content, et même je suis las de cette « préfecture autonome ». Vivement Kunming, vivement Canton.

Nuit terrible, une fin du monde – orages, éclairs, pluies, tornades, le vent comme un démon, des arbres qui gémissent, qui se cassent. Dans notre chambre, la ronde infernale des moustiques surexcités. Une chaleur humide qui écume sur notre peau, le fameux « air conditioner » ne ronfle pas, il n'y a plus d'électricité, et toujours pas une goutte d'eau dans la salle de bains jusqu'à huit heures du matin. Nuit blanche. Nos têtes sans apparence humaine et M. Yao qui surgit avec une figure désagréable. Il nous lâche d'un coup que nous ne partons plus. Pas d'avions à Simao hier, certainement pas aujourd'hui, probablement pas les jours qui viennent à cause des conditions atmosphériques épouvantables. Et si jamais un appareil se présentait, nous n'aurions pas de places, des quantités de gens attendent de s'embarquer à l'aérogare même. Lui, Yao, a téléphoné à Kunming – du moins le téléphone fonctionne – et il a reçu l'ordre de nous garder à Jinghong jusqu'à ce que le temps s'améliore.

Que faire ? Yao a soif. Cap donc sur la gargote installée à l'entrée de notre caravansérail. Des serveuses thaï essuient les tables avec des torchons. Ce qu'elles sont laides et avachies. Je me moque un peu de Marie-Françoise, voilà ce que le travail a fait de jolies filles, des déjetées. Le progrès abîme, c'en est la preuve. Ont échoué là des « amis étrangers », mais pas des amis de la « première catégorie », pas de groupe dûment escorté, munis d'interprètes et de voitures, même pas véritablement des touristes, un rassemblement de ringards et de vagabonds.

Comment sont-ils arrivés jusqu'au Xishuangbanna ? L'inévitable Jésus-Christ à barbe blonde, un air de souffrance bien cultivé, un anneau dans l'oreille, en robe blanche et en sandales, manipule entre ses doigts translucides un chapelet tibétain et garde un silence qu'il interrompt parfois pour une exclamation du genre : « Damn it ! » Un petit couple américain se bécote, la femme, une blonde au visage mangé de taches de rousseurs, porte tous les stigmates de la fatigue, l'homme, un maigrichon brun, la réconforte. Ils s'embrassent pour lutter contre la désolation, la fille gémit qu'elle a des ampoules aux pieds et qu'elle est lasse d'attendre. Pas d'avion pour eux non plus... Avec leur barda de chercheurs de vérité, ils n'ont trouvé aucune espèce d'ashram, aucun gourou. Les pauvres, les naïfs, chercher ça dans le Xishuangbanna...

Encore quelques spécimens, un Allemand chauve de la quarantaine, un gras au rire trapu qui se goinfre de galettes, et même une sorte de Scandinave, un vieux Viking un peu effondré qui se noie dans un rhume. En opposition à ces épaves, deux filles jaunes, grosses têtes, gros corps, grosses jambes qui jouent les costaudes. Sur le dos des havresacs énormes, elles sont vêtues de noir, bardées de courroies, de bidons, de jumelles, d'appareils photo. Ce ne sont pas des Chinoises de Chine mais des numéros de Hong Kong qui font en joggant le tour du Céleste Empire. Leur condescendance. Je les interroge en anglais, en trois mots elles me conseillent d'aller me faire voir ailleurs. Ce sont des lesbiennes, m'affirme Marie-Françoise.

Ce ramassis. Je suis étonné que les autorités chinoises livrent le Xishuangbanna à la curiosité de pareilles gens parmi lesquels il pourrait, il devrait y avoir d'honorables correspondants de la CIA ou d'autres organismes de renseignements? Je le répète, à Jinghong, nous sommes tout près du grand carrefour de frontières où rôdent les guerres. Les Viets au Laos, les nationalistes chinois dans le Triangle d'Or et, en Birmanie, la farouche population des Karens en révolte contre Rangoon depuis plus de quarante ans. Pas trace de troupes cependant et, ce qui est encore plus extraordinaire, aucune apparence de logistique, de bases arrière, de camps, d'hôpitaux, de convois de ravitaillement. Rien. Avec précaution, car la matière est délicate, j'exprime mon étonnement à Yao. Lequel se borne à me dire que les dispositions sont prises, que l'ennemi sera vaincu. Là-dessus, mutisme de part et d'autre.

La matinée est longue. La pluie a cessé et le soleil torche la nature de sa dysenterie aqueuse. Yao se creuse la tête et conçoit un supplément au programme. Il nous emmène dans un superbe parc où un homme très discret et très aimable que je prends pour un Chinois, nous sert de cicérone. Nous sommes dans le jardin du Grand Féodal thaï qui oppressait le peuple. Quels excès ne commettait-il pas? N'allait-il pas jusqu'à contraindre ses sujets à pleurer, à gémir, à porter le deuil chaque fois qu'un décès affligeait sa noble famille? Et au contraire tous devaient se réjouir, danser, manger, boire, à ses frais d'ailleurs, lors d'une naissance ou d'un mariage dans sa sublime lignée. Je frémis en écoutant pareilles abominations. Mais ce despote a été puni, sa case-palais détruite, ainsi que le stupa qui la jouxtait. Soudain, à ma grande surprise, l'individu me glisse à l'oreille qu'il est le petit-neveu de ce féodal affreux et que les Chinois l'ont choisi pour être le vice-président de l'Assemblée consultative thaï qu'ils ont créée. Ces bons Chinois...

Miracle, sur une pelouse j'aperçois enfin l'armée chinoise. Un gigantesque drapeau rouge est planté dans le sol et cinq ou six soldats en uniforme verdâtre animent un jeu. Des garçons et des filles assis en rond se lancent un ballon et qui le manque doit aller au milieu du cercle pousser une chansonnette. Les demoiselles font des manières, tout le monde rit, les représentants des forces célestes encouragent et applaudissent. Bonheur des masses par la puérilité, tel est l'objectif du seul exercice militaire que je verrai exécuter pendant ce voyage.

Que faire? Nous retournons à la gargote du caravansérail. M. Yao boit encore de la bière, plusieurs autres canettes. L'attente, la longueur du temps et peut-être aussi un excès de boisson qui lui rougit la figure le rendent sentimental. Nous sommes assis dans un recoin, il approche sa tête de celle de Marie-Françoise, sans prendre garde que j'écoute aussi. Son besoin impérieux de raconter sa vie... La vie d'un brave Chinois pas bête à travers les circonstances. Des parents très pauvres, impatients d'avoir un garçon. Une sœur née avant lui qui avait été expédiée à la campagne, chez des cousins – là elle ne coûtait rien. Quand il est né, son père et sa mère s'étaient infligé toutes sortes de privations pour arriver à lui payer une éducation dans une bonne école. Comment, vers l'âge de vingt ans, il est devenu journaliste, Yao ne le dit pas. Mais ce devait être un homme de confiance, on l'avait affecté à l'agence « Chine Nouvelle » où n'opèrent que des gens sûrs et capables : c'est elle qui choisit les nouvelles du monde à donner à la Chine et les nouvelles de la Chine à donner au monde. Le tri, le filtre absolu.

Yao a traversé les purges et la Révolution Culturelle sans ennuis semble-t-il. Du moins il n'en parle pas. Ce qu'il a sur le cœur, c'est toujours la France. A Pékin, il s'était marié avec une Chinoise parfaite, une bonne épouse, qui était enceinte quand l'agence l'avait envoyé à Aix-en-Provence pour apprendre notre langue. Des mois merveilleux – quoique sans vendanges, il y revient! – des amitiés éternelles. Confusion d'où il ressort qu'une certaine Isabelle l'avait poursuivi de ses assiduités. Mais lui ne connaissait que son devoir. Sa femme lui avait écrit, elle lui dépeignait sa triste condition à Pékin où elle s'occupait de leur fille née pendant son absence et qu'il n'avait jamais vue. Et, Yao le savait, en Chine, si une épouse semble délaissée, abandonnée, tout le monde est très dur avec elle. Il avait regagné le domicile conjugal.

Yao raconte, raconte. Il rit... Des années après, il avait rencontré Isabelle à Pékin ou plutôt elle s'était présentée à lui, munie d'un mari japonais et de deux enfants. Le Nippon était très bien, Isabelle heureuse. Yao hoche la tête et lâche comme se moquant de lui-même : « Celle-là on peut dire qu'elle aimait les Jaunes! »

Le ciel s'est dégagé, les épanchements ironico-lyriques de Yao se sont taris, l'ennui, cet énorme ennui qu'on peut éprouver sous les tropiques, nous accable. Exaspéré, je pars à l'assaut de Yao : « Ce soir, nous rentrons à Simao. Là-bas nous nous débrouillerons mieux pour prendre l'avion. » Yao finit par acquiescer. La voiture noire fonce, je suis assis devant, à côté du chauffeur. Derrière, Marie-Françoise, Yao et Mme Chu qui a rempli le coffre à bagages de provisions et de sacs de riz. Évidemment, elle bavarde.

Le crépuscule se déverse dans la vallée du Mékong, l'inondant d'une lumière agonisante qui s'étend sur elle comme un voile de crêpe. Adieu Mékong. Les ténèbres s'installent autour de nous, poids du mystère de la jungle, sa surabondance dont les phares n'attrapent que des bouts, petits morceaux d'immensité. La route est déserte et je m'attends vaguement à la rencontre superbe et sauvage d'une incarnation de la forêt. Mais les éléphants ne barrissent pas, les tigres ne nous regardent pas de leurs yeux phosphorescents, aucun cobra royal n'est dressé, sa tête triangulaire prête à donner la mort. Vains fantasmes. L'auto a dépassé le col où mes fantômes de Meo ramassent le caoutchouc, la route descend désormais dans une nature qu'elle a domptée. Mme Chu, épuisée d'avoir tant parlé, s'est assoupie, une loche grasse sur l'épaule de M. Yao qui la repousse inutilement, elle retombe sur lui, satisfaite, ronflante, emportée dans un sommeil invincible.

La nuit est très noire. Au ciel, un tout petit croissant de lune et des étoiles obscures. Soudain la jungle s'anime, bruisse, est secouée de craquements, de gémissements, prise par la main invisible d'un vent qui se lève. Un éclair zèbre l'horizon, dans le lointain des fracas d'orage. Impression d'être seuls au monde, mais nous arrivons à une plaine, aux halos diffus de villages encore éveillés. Sur le macadam, marchent des couples d'amoureux qui s'éclairent avec une lampe électrique. Puis à nouveau, les ténèbres. Mme Chu est saisie de nausées. Nous nous arrêtons plusieurs fois pour qu'elle se soulage, elle reprend place, sentant le vomi et s'écroule aussitôt sur Yao qui entreprend la tâche impossible de la refouler, elle, son haleine, son visage fétide, son corps qui bat de spasmes. Et puis un gueulement des nuées, un mur d'éclairs et d'eau dans lequel nous entrons. Nous sommes une arche, nous flottons.

Vers minuit, nous pénétrons dans Simao qui, à cette heure-là, n'est plus qu'une carcasse de ville, complètement vide. A la porte du caravansérail pour cadres, une sorte de forteresse aux murs épais, Yao cogne désespérément. Elle s'ouvre au bout de quelques minutes, une femme ensommeillée et mécontente nous admoneste. Longue dialectique entre Yao et cette personne. Dans le hall, des statues en stuc, des gravures patriotiques où défilent des troupes – ces troupes que je n'ai pas vues. Enfin une chambre, du reste convenable, où suinte cette fraîcheur chaude qui est la marque de la mousson en plein déchaînement.

Le lendemain, l'angoisse. Cette chambre, comment la fuir, comment échapper à Simao où il n'y a rien, absolument rien à faire? Yao apparaît, nous annonçant que l'arrivée d'un avion est improbable. Alors je lui dis de louer une auto, que nous gagnerons Kunming par la route. Il me fait observer que cela sera très cher, très long aussi, deux ou trois jours au moins, six ou sept cents kilomètres d'une route très difficile à travers les massifs. L'argent, je m'en moque, qu'il trouve une voiture non prévue dans le programme. Deux heures plus tard, il revient, c'est fait, il a même engagé deux chauffeurs qui se relaieront.

Surgit une Mme Chu échevelée, affolée par l'idée d'une pareille randonnée. Éperdue, elle déclare qu'un avion se posera certainement, qu'elle aura des places et là-dessus, elle se rue vers l'aérodrome. Au bout d'une heure, bien installés dans un station-wagon Toyota, nous nous y rendons dans le but de la récupérer. Elle fonce sur nous, glapissante, hystérique de joie, elle avait raison, un appareil vient d'atterrir. Mais il y a foule, des Chinois et aussi quelques vagabonds blancs, ceux de Jinghong, Jésus-Christ et le petit couple yankee. Je m'étonne en moi-même qu'à nous, vrais amis du peuple chinois, on ne donne pas une priorité. Non, la démocratie règne, je le regrette tout en m'en félicitant. Soudain j'aperçois Mme Chu qui se livre à des tractations acharnées avec des mères de famille. Toute femme qui a un gosse, elle l'aborde et la noie sous un torrent de paroles. Qu'est-ce que cela signifie? J'en ai assez de ces tergiversations, qu'on parte dans notre belle Toyota où l'on peut tenir à douze. Mais Yao, un Yao sec et maussade, nous dit qu'il faut attendre Mme Chu. Quelque chose lui déplaît, mais quoi?

Encore une heure de palabres avec des mamans et Mme Chu revient triomphante, extatique, une sainte. Elle s'explique, elle a persuadé trois matrones de prendre dans l'avion leur progéniture sur leurs genoux, nous libérant ainsi trois sièges. Il n'y a que trois bambins à replacer sur le giron maternel mais elle, Mme Chu, elle se dévoue, elle restera seule à Simao, le temps qu'il faudra. Yao déplore ce procédé inélégant, me fait observer que ce n'est pas convenable... et se soumet aux circonstances. Enfin nous nous dirigeons vers le fameux avion, fort chargés car Mme Chu nous a confié ses bourriches pleines de victuailles, des dourillons, des mangues, des choux. Il y a aussi des sacs de riz. Croulant sous ces fardeaux, Yao, Marie-Françoise et moi montons l'échelle de coupée et nous asseyons sur les sièges si curieusement acquis. Hosannah! L'appareil décolle.

Sur moi, la lourdeur d'un regard. Celui d'une grosse femme installée dans la rangée voisine et qui tient sur ses genoux un petit garçon déguisé en soldat, à l'évidence une des victimes de Mme Chu. Elle me désigne avec un demi-sourire teinté de reproche l'enfant qui gigote sur ses cuisses. Honteux, j'achète des bonbons pour le sacré gamin. Cela améliore la situation. D'ailleurs, tout le monde se calme, il y a tellement de trous d'air! L'avion jongle entre les nuées et les cimes jusqu'à Kunming. Là, personne de l'Association des journalistes pour nous recevoir. Yao, Marie-Françoise et moi, nous nous coltinons les valises et les acquisitions de Mme Chu. Les mangues puent la térébenthine et le fruit maltraité, les sacs de riz pèsent une tonne. Je fais le débardeur en compagnie de Yao et de Marie-Françoise. Quel trio! Enfin nous arrivons à un banc où je m'écroule.

Yao est blême de rage. Il explose : « Mme Chu, je vais la dénoncer, il n'est pas décent qu'elle ait transformé M. Bodard en coolie. C'est contraire à la délicatesse et au Bien du Peuple. » Pour la première fois j'entends Yao se lancer dans la phraséologie marxiste : il doit être vraiment hors de lui. Je plaide pour Mme Chu dont finalement j'ai apprécié l'heureuse grossièreté.

Apparaît la voiture noire. M. Yao part à la recherche des mémères et de leurs rejetons et les ramène éberluées. Conciliabule avec les représentants de la presse, très « homme de Pékin », il leur parle avec une extrême autorité et se fait obéir. Au bout d'une demi-heure survient une seconde voiture noire où il fait monter les mamans et leurs lardons qui se tenaient là, inquiètes, effarées. Yao les rassure, il ne leur veut que du bien, il a besoin d'exprimer sa reconnaissance. Donc la seconde voiture noire conduira ces dames si bienfaisantes et leur engeance bénie vers leurs domiciles respectifs, qu'ils soient proches ou lointains. Bouches bées, elles disparaissent enfin, Yao de sa meilleure petite voix me dit : « Il fallait réparer, c'est fait. »

Le matin suivant, tardivement, nous prenons tous les trois un petit déjeuner tardif. Et que voyons-nous entrer ? Une Mme Chu pétillante, rayonnante, un peu essoufflée. Elle voulait tellement nous retrouver qu'elle a pris un avion qui décollait de Simao à l'aube. Elle s'assied pour partager notre café et notre poulet à la vapeur. C'est alors que Yao la foudroie. Il s'étrangle d'indignation. Il s'étonne qu'elle, Mme Chu, ose se joindre à nous. Car elle, Mme Chu, a agi d'une manière indigne. Elle nous a offensés Marie-Françoise et moi par son comportement navrant. « Hier, clame-t-il, M. et Mme Bodard ont traîné vos colis d'infecte nourriture, c'est une honte. » Mme Chu, la peau marquetée de veinules rouges, balbutie : « Je croyais qu'il y aurait des porteurs... Les camarades de l'Association des journalistes. – Ils étaient en retard et M. et Mme Bodard, ces grands amis du peuple chinois, vous ont servi de domestiques. » Sous sa tignasse mal coiffée, Mme Chu réfléchit intensément. Ses frémissements se calment un peu, elle suppute une « nouvelle ligne » mieux adaptée à la situation et décide de procéder à son autocritique. D'une voix blanche, elle dit : « Hier soir à Simao, après votre départ, j'ai beaucoup pensé. Je me suis aperçue que j'avais commis une faute très grave et je suis accourue pour présenter des excuses, des millions d'excuses à M. et Mme Bodard. Je les implore de me pardonner. » Ses yeux larmoient, suppliante elle tend sa main vers la mienne, me la touche. M. Yao, l'auteur et l'interprète de cette tragi-comédie, prend un air moins sévère. Quant à moi, je me confonds en amabilités envers Mme Chu, lui assurant que je ne me suis jamais senti offensé par elle, qu'au contraire je lui suis reconnaissant des services qu'elle nous a rendus à ma femme et à moi. Mme Chu m'embrasse le bout des doigts, elle renifle de bonheur. Plus question pour M. Yao de la dénoncer, loin de là – il entre avec Mme Chu dans une grande conversation. Tout en bâfrant, elle jase, elle cause, elle rit. Mais M. Yao ne nous traduit pas cette avalanche verbale, juste cet aparté : « Les femmes sont très bavardes. »

L'après-midi, promenade dans les quartiers anciens aux ruelles pavées de galets qui ont à peine changé. Les échoppes, les petits métiers, les visages boucanés, des figures hardies, une impudence aventurière, tout cela sent les caravanes qui ont disparu, les gens flemmardent, il y a beaucoup de tavernes et même une boulangerie française, une gaieté. Passent des personnages d'antan, des gaillards, des bravaches aux nippes d'un bleu que je crois reconnaître, des vieux qui marchent dignement une calotte sur la tête, et même une vieillarde qui oscille sur des pieds mutilés. Dans une forge, des hommes musculeux façonnent au marteau une barre de fer incandescente. Vulcain, comme autrefois. Des marmites pleines d'huile grésillent, une femme en retire mes beignets préférés. Des gens assis sur les seuils mangent. Des marchands ambulants crient, vantant leurs produits. Quelques yamens, des murs couverts d'une sorte de vigne vierge, la rue chinoise que j'aime.

Une pagode, la pagode de l'Est, me précise Yao, s'élance vers le ciel, une tour blanc sale, carrée, annelée, trapue, un monument étrange à l'aspect sinistre. Elle se termine par une plate-forme surmontée de quatre paons de fer. Moi, cette pagode, je la reconnais, elle sort de la brume du long oubli. Où sont les vautours, tous ces rapaces qui déchiraient la proie offerte là-haut à leurs becs? Ces voraces ensuite déployaient leurs ailes noires et s'envolaient, emportant dans leurs serres un os ou un morceau de chair... arrachés à des cadavres humains. Je dis à Yao : « Jadis la pagode était en rase campagne. On y exposait les morts pour que les charognards les dévorent. J'en suis certain. »

Yao est stupéfait, il ne me croit pas. Il rapporte cependant mes souvenirs au chauffeur yunnanais lequel, comme contraint, répugnant un peu à parler, prononce une phrase, et Yao me regarde abasourdi, avant de confirmer : « Vous vous rappelez bien. C'est vrai, c'était ainsi. »

Me réapparaît Anne Marie. Quand, enfant, j'avais vu pour la première fois ce carnage funéraire, ces gigantesques oiseaux s'abattre sur les dépouilles, j'étais retourné au consulat en pleurant. Ma mère m'avait consolé, elle m'avait pris dans ses bras et m'avait murmuré doucement que j'étais son petit Lulu et qu'elle me protégerait toujours. Après je n'avais plus eu peur de la pagode de l'Est.

Ce qui m'exaltait, ce qui me comblait, c'était de monter à cheval. A Chengdu, sur ma jument paisible, je me montrais relativement prudent. Mais à Yunnan Fu j'eus une bête de feu. Je l'avais choisie moi-même. Lorsque les Bodard s'étaient installés au Yunnan, mon père avait convoqué les grands maquignons qui avaient amené dans la cour du consulat leurs plus merveilleux destriers. Aussitôt, j'avais été attiré par un petit coursier au pelage noir, un animal délié, nerveux dont le regard courroucé me semblait presque humain. Dans ses pupilles, je voyais la violence et la haine. Quand je lui avais caressé l'encolure et flatté le museau, il avait rué, et cela m'avait enchanté. On l'avait acheté, très cher grognait mon père, et je lui avais donné le nom de « Colère ». Ah ! que j'ai galopé avec ce cheval qui tentait de me désarçonner et que chaque fois je domptais. Rivé à lui, j'étais un centaure, le maître du monde. J'avais bien un mafou mais ordinaire et que je n'avais pas de mal à semer. Rien de mon complice, de mon frère d'arme de Chengdu. Juché sur Colère, la cité ne me suffisait pas : je franchissais le long tunnel obscur percé à travers la muraille, bousculant gens et bêtes, ces ombres, et dans la vaste nature, je caracolais éperdument. J'aimais beaucoup parcourir la plaine des tombeaux, bondir par-dessus les tumuli herbeux d'où sortaient parfois des ossements. Mais j'aimais encore plus longer l'immense lac Dianchi aux profondeurs violettes que la tempête souvent hérissait de lames courtes et serrées.

Pour l'ultime journée à Kunming, je retourne sur les traces d'Anne Marie. Elle est là, elle embaume, elle m'accompagne quand nous prenons la route des Monts de l'Ouest qui dominent le fameux lac. Disparue la sente tortueuse de mes anciennes promenades, maintenant une chaussée bitumée nous mène à une forêt paisible, puis très haut, à des pagodes grandes et belles. Encore plus haut, la porte du Dragon griffe l'abrupt, surplombe l'opale.

Yao m'entraîne et il me désigne dans le lointain, tout en bas, sur une presqu'île, une tache blanche, la superbe demeure que Lou Han s'était fait construire au bord des ondes pour le repos de ses vieux jours. Quand l'âge était venu, il s'était retiré en cet endroit bucolique pour terminer une vie où il avait satisfait toutes ses ambitions, perpétré toutes ses vengeances et où finalement il avait bien servi la cause du peuple. Dans ce domaine, il avait connu une paix consolante et puis il était mort, estimé de tous. Heureusement pour lui, c'était avant la Révolution Culturelle.

Heureusement... Ou il aurait succombé en ces mêmes parages d'une manière atroce. Yao me montre, près de la maison de Lou Han, des tavelures, d'énormes plaques de boue noirâtre qui crèvent la surface du lac. Sinistres souvenirs... L'idée était venue aux Gardes Rouges de faire combler le lac : que ces eaux soient remplacées par un sol arable où pousseraient les récoltes. Pour cela, ils s'étaient emparés de tous les « ennemis du peuple ». Si Lou Han avait vécu, même podagre et d'une vieillesse extrême, ils l'auraient pris lui aussi. Et ces « ennemis du peuple », les Gardes Rouges les avaient amenés sur la berge et attelés à la besogne insensée. Cela consistait à ramasser la glèbe, à la mettre dans des paniers et à les porter jusqu'au lac dans lequel on en déversait le contenu. La chaîne affreuse. Beaucoup de ces « réactionnaires » mouraient rapidement d'épuisement. Quiconque faiblissait était considéré comme un criminel et achevé, le cadavre laissé dans l'eau pour servir d'armature à la fange. Ainsi aurait pu périr Lou Han... Mais il expirait tant de gens que les Gardes

Rouges prirent une décision : cette fois le peuple entier de Kunming, emporté par l'enthousiasme, participerait aux travaux, remplacerait l'onde inutile par de la bonne terre. Où serait passée cette onde? On ne se le demandait pas. Le peuple lui aussi, malgré son élan et sa foi, avait été décimé. Le délire dura des mois, jusqu'à ce qu'arrivât enfin de Pékin l'ordre d'arrêter cette orgie absurde. Et le lac subsista, ne conservant de ce drame de l'utopie que quelques reliefs lamentables, des souillures dérisoires.

Pour exprimer son sentiment, Yao se frappe le front du doigt. Moi, je suis déjà loin. Parmi les magnolias et les bambous, je cherche les dieux de ma jeunesse, les dieux excellents qui avaient chassé le mal de la terre. Du moins je le croyais. A nouveau, je suis avec Albert et Anne Marie : nous allions souvent en ces antiques lieux de pèlerinage pour y pique-niquer. Moi, sur Colère, je galopais en avant d'eux qui, sur leurs bêtes, allaient au pas. Quand nous parvenions au temple du Pavillon aux Fleurs, nous allions saluer les bonzes et nos domestiques chargés de paniers apportaient de la nourriture et du vin. Dans l'ombre fraîche d'une salle dominée par une statue d'un Bodhisattva bénéfique, nous mangions et nous parlions. La grâce d'Anne Marie, la jovialité d'Albert... J'avais droit à une goutte de muscadet. Puis Albert faisait une petite sieste, Anne Marie me suivait dans mes jeux avec les bonzillons. Enfin, après avoir donné une obole au Grand Vénérable, nous repartions vers le consulat chevauchant doucement dans le soir qui montait. Il me semblait que les auteurs de mes jours s'entendaient bien, que j'étais un fils heureux entouré de tendresse. Albert, Anne Marie, comme je vous ai aimés dans « la ville de l'éternel printemps ».

CANTON – SHENZHEN

Canton... Mes souvenirs de reporter... En 1949 j'y ai attendu la victoire rouge, en 1956 j'y ai vu danser le cha-cha-cha, en 1958 j'y ai palpé la peur. Mais d'un passé plus ancien me viennent des images délirantes, celles d'un Sud exaspéré par les passions. Tellement de passions dans Canton... Là régnait un dieu obèse au nombril nu, hilare, qui pesait des lingots et l'encens planait sur la cité, sur l'immense clameur des vies hallucinées. Ventres repus, faces décharnées, aucune pitié. Plus que partout dans le Céleste Empire pullulaient à Canton les riches en robes de soie qui foulaient les misères. Mais les gueux y étaient plus révoltés qu'ailleurs.

Tout se vendait à Canton, la ville de tous les négoces, où les tours des monts-de-piété étaient autant de menaces. Dans toute l'agglomération, des arcades, des maisons à étages, vieilles, crasseuses, dont le bas s'ouvrait sur un « compartiment », un trou donnant à même la chaussée et plein de marchandages hurlants, de poings brandis, de patelinages onctueux. La lumière du jour était sale mais la nuit était percée de lueurs, lampes en papier, petites lucioles.

Tant de temples, tant de démons qu'on suppliait pour satisfaire des désirs souvent immondes. L'usure dévorait... Les recoins obscurs des âmes étaient voués aux présages, aux prophéties, à des religions perfides. Canton, cité des complots, des sociétés secrètes, des poignards et des festins où les notables, vautrés dans les joies lubriques, se glissaient les secrets des spéculations. L'argent comme une conspiration. Faune des bandits, des histrions, des saltimbanques mais charme des dragons qui dansent, des vénérables traditions, des nourritures capiteuses, des esclaves. Le péché n'existait pas, la morale mercantile prévalait – la morale aux dents de mort : pour déloger les misérables de leurs taudis, on allumait des incendies. Une rivière baignait ces paroxysmes, la Rivière des Perles.

Canton 1986... Tout d'abord, près de la chaussée, le domaine des palmes, des étangs à nénuphars, une végétation profuse, grasse, épanouie dans la fange. Alentour une campagne bucolique dans son humidité cuite. Parfois des arbres aux feuillages d'encre de Chine et des buissons de fleurs, palettes intenses. Au loin, des ombres de collines. Des villages en pisé, des toits à clochetons, des stèles, des vieux fumant leurs pipes à eau, des paysannes Hakka qui triment sous d'énormes chapeaux en osier, curieusement frangés d'un volant. Les hommes aux trognes profilées, aux faces aiguës, sont des planches anatomiques, muscles maigres et côtes saillantes, mais leur faiblesse cache une force prête à se bander dès l'espoir d'un gain. Témoins éternels, des buffles s'encroûtent de vase. Le limon, la fertilité, l'accablement d'un climat d'étoupe qui, au lieu d'amollir, surexcite.

La voiture noire pénètre dans les faubourgs. Un mélange de cabanes et d'usines, un paysage de crassier, la fourmilière, la termitière des hommes, une agglomération cauchemar, une cité au-delà de toutes limites. Les rues, les écheveaux de rues comme une toile d'araignée – la bête est là qui surveille les mêmes rues qu'autrefois, les mêmes arcades, les mêmes maisons suintantes de trois ou quatre étages, maisons d'empilement où se débat une quantité inextricable d'humanité. Les façades lépreuses, les fenêtres, toutes ouvertes sur la grouillance, les linges oripeaux partout suspendus... la suffocation. Toujours se succèdent les « compartiments », ces antres à commerce, à tractations, à mystères, ces théâtres. Canton n'a pas de centre, pas de quartiers, pas de géographie, Canton est un gouffre qu'au crépuscule je trouve livide.

La voiture avance difficilement à travers la masse compacte qui déferle, chaotante dans sa précipitation. Tout est urgence tant est grande la moisson des ardeurs. Marcher, c'est se battre. Marcher, c'est aller s'assouvir ou se décomposer mais les Cantonais ne crèvent pas comme cela, ils ont la vie dure, ils affrontent, ils s'affrontent. L'éternelle bataille continue. Si toute la Chine actuellement s'éveille au désir, un désir vague, violent, imprécis, de choses nouvelles, consommation, liberté, faire ce qu'on souhaite, vivre enfin, c'est à Canton que ce désir est le plus fort. Étouffé par le passé dans l'étau des idéologies, le désir a pourtant rebondi, désormais il s'étale.

Canton, la métropole céleste, reste inchangé, comme Shanghai, la métropole barbare. Mais Shanghai n'est plus qu'une coquille tandis que Canton, lui, prolifère et se perpétue tout semblable. Au décor ancien manquent les accessoires, les oriflammes des marchands, la voûte des idéogrammes au-dessus des artères, les enterrements où les descendants vêtus de blanc pleuraient joyeusement le géniteur qui avait fait fortune, manquent les cercueils en ébène, ces boîtes du bonheur, les claquements des gongs, des cymbales, des tambours, les musiques criardes et douces, l'odeur de l'encens, les litanies des bonzes, la sainteté des pagodes – on a dû récemment en rouvrir quelques-unes mais elles sont invisibles. Manquent les sublimes prostituées, les dames de l'entregent et de l'entrecuisse, les maisons de dressage pour l'éducation des petites putes et des petits gitons, les bordels fabuleux. Manquent les raffinements exquis, acheter des virginités que l'on consomme tout en mangeant du chow-chow ou de la cervelle de singe dont on a fendu le crâne et que l'on cueille encore palpitante à la petite cuillère. Manquent les supplices, les morts lentes, les intrigues au sein des tribus, familles labyrinthes jonchées de larmes, d'extases, de cadavres, familles remplies de rites. Manque le respect à la douairière et au patriarche tout-puissant – ils ont disparu, sauf dans le Parti où prospèrent les vieux –, manquent les autels des ancêtres, manquent les offrandes aux glorieux trépassés. Manquent les cyclo-pousse tirés par des créatures décharnées apparemment agonisantes mais dont la vigueur était inlassable et la capacité à gueuler et à provoquer des bagarres incroyable. A la place, comme partout, des vélos. Manque la cité flottante des plaisirs sur la Rivière des Perles. Manquent quand même beaucoup de choses.

Et pourtant je le répète, sous son aspect un peu occidentalisé, Canton est identique à lui-même. A Canton, il y a des putains et des voyous. A Canton, le vice a contaminé une jeunesse qui se dévoie dans les bars... A Canton, l'on se fout du Parti.

Cette immensité de Canton se brise, je l'ai dit, sur la Rivière des Perles. A moins que ce ne soit la Rivière des Perles qui fertilise et nourrisse Canton l'insondable, Rivière des Perles issue du confluent, situé en amont, de la Rivière du Nord, de la Rivière de l'Est, de la Rivière du Sud qui drainent tout l'arrière-pays. C'est un cloaque gigantesque et fétide qui débouche sur un estuaire puant, un bourbier, où jadis grouillaient les trafics à bord des sampans, des jonques et des vieux cargos rescapés d'aventures tumultueuses. Au-delà, sur la mer de Chine, les deux bastions colonialistes, Hong Kong la britannique, roc de la Finance, pic des dollars, et Macao la portugaise depuis des siècles, Macao la chrétienne où s'amalgament les extrêmes de la religion, la grande sainteté et ce qu'il y a de plus outrageant dans le péché.

Autrefois, les navires étrangers ne pouvaient aborder, surveillés par des mandarins soupçonneux, qu'à un minuscule emplacement du port de Whampoa, à vingt kilomètres de la ville. Mais la flotte de guerre britannique était arrivée, ses canons avaient bombardé, ses soldats avaient débarqué, tuant et brûlant. Vieilles histoires... Plus tard, la Révolution Joyeuse comme l'avait décrite Malraux, et les obsessions de Sun Yat-sen, et Mao qui y enseigne. Vieilles histoires... Ensuite, longtemps, Canton jugulé par le carcan rouge. C'est assez, assez. Canton veut ressusciter, être le même et cependant changer. Plus de théocratie, plus d'idéologie, vive le capitalisme, qu'à nouveau on lutte pour le fric et le plaisir, tant pis pour les vaincus.

Canton... C'est l'utérus dont ont jailli les Chinois qui ont envahi le monde, partis gueux dans des cales et devenus milliardaires ailleurs, dans des Chinatowns. Leur dialecte à neuf tons incompréhensible aux autres Célestes... Ils sont allés à Hong Kong la puritaine où l'argent est la récompense des vertueux selon la Bible – mais pas besoin d'être chrétien –, ils sont allés à Macao l'enfer du jeu, béni par saint François-Xavier et par les croupiers. Qui commande dans ces cités ? On ne sait, la fièvre sans doute. Tout est associé, les dieux sont les jokers servant à inspirer les bonnes martingales, le Christ comme l'as de pique et Bouddha comme l'as de cœur. Dans ces trois villes, les calculs sont une mathématique où deux et deux font cinq, le point supplémentaire étant le bénéfice. Partout le mystère des cerveaux qui cogitent, la pensée en lévitation pour décrocher le gros lot dans des affaires métisses, à la fois à la céleste et à l'occidentale. De toute façon, le ciel est la rotonde de la Bourse où brillent les étoiles gagnantes. Jongleries des milliards et, pour les pauvres, des sapèques trouées. Le bonheur règne. Joie, félicité. Au Nouvel An céleste, les pétards crépitent en cascade, jonchant les chaussées de pétales de carton rose, débris jouissifs, vœux de millions d'années de prospérité.

Le plus impressionnant de mes séjours à Canton date de l'été 1949. La mousson, la chaleur humide, la sueur qui dégouline et fermente... Au bord de la Rivière des Perles, il y a un Bund, mais médiocre, un front de quelques immeubles de pierre dans le fameux style Empire des Indes et Buckingham Palace réunis, pilastres, colonnes, l'estampille du lion rugissant. Ils sont gris, noirs de suie, délabrés, ils ont trop longtemps servi, ces bastions du business. Et ils donnent sur un quai défoncé où ne sont plus amarrées que quelques ferrailles. Mais, tout près, à une centaine de mètres, Canton offre un appendice très curieux, une lichette de terre unique en son genre, l'îlot de Shamian (autrefois Shameen)... Sur un de ses côtés, la Rivière des Perles, un énorme glissement d'eaux gonflées et rougeâtres, sur les autres, une sorte de fossé infect où stagne une boue affreuse, quelques passerelles qui la relient à l'énorme cité chinoise. Seuls les piétons peuvent entrer, des Blancs de préférence. Un fortin... C'est de là, à l'orée de ces charmants petits ponts que jadis, dans le grand jadis, des mitrailleuses servies par des soldats anglais et français fauchèrent la colonne des cadets de Whampoa qui voulaient donner l'assaut. Je l'ai déjà raconté.

En 1949, Shamian était resté le paradis des Européens. Que l'on se représente donc des verdures délicieuses, des gazons dignes des plus beaux jardins d'Albion, des parterres de fleurs pas trop exotiques, quelques bosquets de bambous, des allées au sable constamment ratissé et aussi des courts de tennis. Le silence. Dans cette luxuriance bien tempérée sont semés des bungalows, certains en bois odoriférant, d'autres en pierre immaculée, d'autres en brique ornementée, une ou deux missions, une ou deux écoles. Là demeurent les Blancs les plus respectables, messieurs les consuls et leurs adjoints, ainsi que les plus notables « traders » du business. Un club évidemment dont mon père Albert fit partie : il fut vice-consul à Canton au tout début du siècle. La vie coloniale en cet éden avait duré longtemps, en fait jusqu'à l'époque de mon arrivée. Mais au cours de la mémorable année 1949, l'ancienne nonchalance affairée avait cédé la place à un remue-ménage étrange, à une atmosphère lourde et menaçante.

Dans Shamian c'est l'attente, la grande attente des événements presque inévitables, l'arrivée des armées de Mao. Les choses vont si vite et en même temps si lentement. A la surprise générale, les armées du Kuomintang se sont effondrées, Shanghai est tombée le 25 mai presque sans résistance et Canton est un des derniers fiefs nationalistes. Pour combien de temps ? La défaite est-elle vraiment inéluctable ? Que de gens dans la rue qui, tout en faisant les cent pas, conversent, échangent des arguments, supputent, essaient de prévoir, ne comprennent pas. Il leur faut se faire à l'idée du changement d'un monde, d'une Chine nouvelle, vertueuse, qui les effraie. Comment concevoir pareil bouleversement, pareil cataclysme de l'Histoire, ne cessent-ils de se répéter pour excuser leur manque de clairvoyance. Certains s'accrochent à ce fêtu d'espoir que Tchang Kaï-chek se ressaisisse et que dans un sursaut il écrase les hordes rouges, sans doute épuisées par une progression trop rapide dans cette Chine méridionale qu'elles connaissent mal. Mais Tchang Kaï-chek a disparu. Où est-il ? Le bruit court que déjà il s'est enfui.

A afflué dans Shamian tout une société en belles tenues tropicales. Des messieurs bien élevés, très sérieux, très polis, de toutes les nationalités blanches ou même un peu cuivrées, messieurs les ambassadeurs accrédités auprès de Tchang Kaï-chek. Ils l'avaient suivi à Nankin, à Chongqing, retrouvé ensuite à Nankin, maintenant ils le cherchent en vain à Canton, ils l'ont perdu. Mais ils sont toujours accrédités auprès de lui, auprès de son ombre. Ils se sont installés dans les consulats qui deviennent ainsi des ruches pour diplomates de tous rangs. Il y a quand même de la place pour les Excellences car les femmes et les enfants des résidents sont déjà partis par prudence. Les Rouges, les Rouges...

Shamian est un congrès de Vienne sans Metternich. Chuchotis... Outre ce gratin, évidemment des businessmen de l'import-export qui veillent au grain, qui demandent conseil à leurs amis les milliardaires chinois aussi ignorants qu'eux. Ont surgi quelques individus douteux comme il en apparaît dans les situations graves, certainement des agents, des barbouzes, des Deuxième Bureau, des CIA, des Intelligence Service, des Guépéou de toutes sortes, si ostensiblement subreptices qu'on les remarque, ces personnages qui se glissent, qui s'infiltrent, qui s'incrustent.

Dans le monde officiel, un homme triomphe avec une vanité modeste. Un homme qui est la courtoisie même, avec son sourire constant et retenu, sa face colorée, sa moustache bien fournie, sa chevelure poivre et sel : l'attaché militaire français. Il analyse et il a, depuis des mois et des années, analysé juste, annoncé, arguments à l'appui, la victoire des communistes. Autour de lui, une sorte de désapprobation, le bal des Excellences enveloppées de rumeurs. Si l'attaché militaire cocorise, les autres Français sont prudents, ils ont peur pour leur Indochine. Les Anglais, au contraire, sous leur flegme dissimulent mal leur satisfaction. Ce n'est pas vraiment un secret que quelque part sur l'immensité déjà occupée par les Rouges, à Pékin ou à Shanghai, des émissaires d'Albion concoctent avec eux une bonne potion au sujet de Hong Kong, la cuisine s'annonce bien, « the colony » resterait à la Couronne. Mais les Américains sont des volcans de fureur. Quoi, leur Chine, leur Chine bien-aimée, celle où leurs pasteurs protestants ont déversé tant de bienfaits, celle sur laquelle ils ont répandu la Bible, celle que leurs soldats et eux-mêmes, les dignes représentants du Département d'État ont tant protégée, cette Chine de leur espérance s'effondre dans le mal et la trahison! Il y a aussi à Shamian des diplomates soviétiques, les uns gros prolétaires de la nomenklatura, d'autres déjà des Brummell, qui sont bien aimables mais bien indéchiffrables. Craignent-ils que Mao à qui ils ont donné un coup de main en Mandchourie ne soit trop victorieux et ne crée une Chine rouge trop puissante, difficile à manipuler? Travaillent-ils avec la mission militaire russe qui en juillet débarque à Pékin auprès de Mao? En tout cas, ils sont là auprès de Tchang Kaï-chek, je veux dire de son fantôme.

Rumeurs qui se gonflent, qui crèvent. On ne sait rien, pas de troupes nationalistes dans Canton... Juste quelques officiers inquiets sous leur morgue. A leur état-major sur le Bund, tout près de Shamian, j'arrive à passer une sentinelle. Le vide, des pièces désertes, enfin un personnage en uniforme, un colonel me semble-t-il, qui me chasse avec mépris après m'avoir jeté quelques phrases sur la victoire certaine, la grande victoire, car est en train de se dérouler une bataille où seront écrasées les armées de Mao. Mensonge, impudent mensonge, me dis-je. La « face » jusqu'au bout.

Canton même est atteint d'atonie. La vie continue, y compris le business mais la foule est comme morte malgré ses agitations. Les échoppes sont ouvertes, on peut vendre, acheter de tout, même du plaisir, pourtant, la cité est figée dans l'attente. On n'y sent aucun frémissement, aucune palpitation. Pas trace de ferveur, de réjouissances, de manifestation, de révolte pour célébrer ou prévenir l'installation du régime rouge : son voile, je le pressens, recouvre déjà l'ordre quotidien. Pas non plus de panique, de sauve-qui-peut, aucun signe de peur, d'effroi, de fuite. Cela crée, cette routine de la normalité, une atmosphère lourde, un reflet de néant. Canton, qui subsiste, se résigne.

Nous sommes une bande de journalistes qui n'attrapons que des on-dit sur lesquels il faut faire des télégrammes. Je partage mon temps avec deux Français avides de distractions dans ce théâtre un peu funèbre. Le bon hôtel sur le Bund étant plein, nous logeons dans une pension chinoise qui sent la pisse. Ils sont un peu particuliers mes collègues, mais je m'amuse avec eux. L'un d'eux, tout petit, tout joli, un regard de velours, dort tard le matin. Une fois malgré la frayeur des boys qui essaient de m'en empêcher, je frappe à la porte de sa chambre vers onze heures, j'y pénètre. Les volets sont fermés, il fait sombre. Une voix irritée provenant du lit me crie : « Ne marche pas sur mon lapin blanc. » Je crois que mon ami rêve encore, mais il y en a bien un de lapin blanc. L'affaire la plus mémorable, c'est l'affaire du « tattoo ». Un jour, ce lézard bizarre laissé à lui-même s'enroule autour de la poignée d'un robinet et, on ne sait comment, l'ouvre... Inondation. A l'étage au-dessous loge un couple de journalistes yankees, toutes les robes de la femme sont gâchées. L'Américain, un géant, vient protester auprès de mon camarade, qui, sans mot dire, se ramasse, saute sur lui et essaie de lui crever les yeux avec ses ongles. Tels sont les « événements » que ma mémoire me restitue. Pour le reste, toujours la recherche des « tuyaux », toujours rien.

Tous trois, nous déjeunons dans une cantine tenue par une créature de nationalité française, une Blanche d'origine inconnue qui habite Canton depuis des lustres. Elle nous parle de la Normandie où une partie de sa famille avait émigré. Ce qu'elle peut être décrépite... Pas très vieille mais littéralement dévorée par la vie. Elle nous sert la tête enveloppée de voiles en mousseline, comme pour cacher ses traits usés ou, peut-être, on ne sait jamais, par coquetterie. Elle ne cesse de geindre, elle hoquette : « Me violer, me violer, ils vont me violer, les Rouges! Comme autrefois les Japonais... » Courageux Nippons! Nous tentons de rassurer la pauvre carcasse reniflante dont les larmes assaisonnent nos plats! Parfois elle se rassérène et clame qu'elle va rentrer en France chez ses cousins de Rouen qui la recevront bien, elle a un peu d'argent.

Mais un bruit devient de plus en plus insistant. Que, contrairement à toutes les prévisions, les nationalistes auraient effectivement gagné une bataille à plus de mille kilomètres au nord de Canton. Je décide de prendre le train. Absurdité de la Chine... dans la forge des événements, les trains circulaient encore, sans encombre, paisiblement. Je suis en classe molle. Dans le compartiment, des Chinois impassibles qui vont vers l'incertitude, la guerre, qui peut-être risquent leur vie. Voyage banal. Par la fenêtre, je regarde défiler les paysages de la Chine bucolique, les villages, les paysans à leurs travaux. L'absurde... Le temps suspendu. Seule m'inquiète la présence d'une escorte de soldats nationalistes aux gueules sanglées. Aussi, la nuit arrivant, avant de m'endormir je ramasse sous ma tête tous mes effets. L'aube... On approche du lieu des combats. Je découvre alors que mes souliers que j'avais oublié de placer sous mon crâne ont disparu. Je débarque donc en chaussettes.

Dans la gare, le silence. Aucun Blanc, des Chinois qui vaquent à leurs affaires. J'ai pris la précaution de faire inscrire sur un bout de papier les caractères signifiant que je veux me rendre à l'évêché. On m'envoie paître jusqu'à ce qu'un vieux monsieur me bredouille en anglais que c'est de l'autre côté de la rivière, que je dois prendre un sampan. J'ai faim, je veux acheter un petit pain, je sors un Hong Kong dollar pour payer, j'en suis abondamment approvisionné. On me le refuse : dans cette région, cette monnaie n'a pas cours. Me voici en chaussettes et pratiquement sans argent. Je parcours la cité latrineuse, je m'enfonce dans un faubourg, me perds dans la campagne : où est la guerre? Où sont les batailles? Enfin je parviens à la rivière, une tranchée d'eau sale, très large, aux rives nues. Avec une piécette heureusement découverte au fond d'une de mes poches, je prends un petit bateau et je franchis l'obstacle. Sur l'autre berge, toujours rien. Devant moi, à perte de vue, la plaine des Tombeaux. Je m'avance et soudain j'aperçois sur les tumuli funéraires, sur la terre des morts, des soldats endormis en plein jour, par milliers. A côté de ces gisants, leurs équipements. Il ne peut s'agir que de l'armée du général Pai Chung Si, un Seigneur de la Guerre du Guangxi qui a souvent sauvé et trahi Tchang Kaï-chek. Elle aurait donc bien repoussé les troupes communistes de Lin Biao. Un officier est réveillé, je lui réclame Pai Chung Si, il me chasse et je m'enfuis, enjambant précautionneusement des corps d'où filtrent des regards sournois. Qu'une voix s'écrie que ce Blanc en chaussettes est un espion, c'en serait fait de moi.

Repli vers une chapelle proche où prient deux séminaristes. Je leur demande de me conduire à l'évêché, ils ont peur, ils refusent, l'un d'eux finit par céder. Longue randonnée... mes pauvres pieds! Enfin des murs blancs, une grille ouverte, la rumeur des orgues et des chants grégoriens. La messe, la communion. Des théories de garçons et de filles qui s'agenouillent, que l'on bénit et que l'on marie. Ensuite l'évêque, un Italien très vieux et très saint m'expliquera qu'on vient d'unir les orphelines élevées par les bonnes sœurs à de jeunes chrétiens. Il vaut mieux aux yeux du Seigneur qu'elles soient déflorées dans les liens sacrés du mariage que par des soudards rouges. J'essaie de le persuader que les communistes ne violent pas. Sans résultat. Mais je fais affaire avec le père procureur qui, lui, accepte fort bien les Hong Kong dollars et me vend fort cher une paire de chaussures en carton. Je suis équipé. Bénédicité. Le dîner, l'évêque et ses religieux se préparent au martyre mais moi, me disent-ils, il faut que je parte dès le lendemain matin car Pai Chung Si n'a remporté qu'un succès éphémère et, de plus, il négocierait sa reddition. Dès l'aube, ces courageux ecclésiastiques me conduiront à la gare où je prendrai le train, le dernier affirme-t-on.

Mon aventure a été à la fois ridicule et dangereuse. Les fous rires de mes amis journalistes... C'est alors que j'entends parler de la cavalerie musulmane du général Ma, qui déferle depuis les confins du désert de Gobi, depuis les monts Qilian caparaçonnés de glace, sur ce qui a été la Route de la Soie. Ma aurait défait les troupes rouges du côté de Xian. Invincible Horde d'Or! Il paraît que depuis Canton un avion doit leur porter des armes et des munitions. Je veux monter dans cet appareil, je veux voir le général Ma et ses centaures. C'est de la folie, bien sûr. Mes copains ne se moquent plus, ils ne savent comment me dissuader de me lancer dans cette effarante entreprise. Leurs efforts... Puis survient la nouvelle que cette armée qui se réclamait du Prophète a finalement été fauchée en pleine ruée par les mitrailleuses des communistes. Que ceux-ci sont à Lanzhou et Ma refoulé au Ningxia. Plus question de l'approvisionner, Peng Dehuai tient toute la région.

Je suis cloué à Canton. Mes amis et moi nous explorons la Cité Flottante des Plaisirs, face au Bund, toute une ville de péniches amarrées les unes aux autres, ornées de lanternes et de panonceaux prometteurs de toutes les jouissances. On passe de l'une à l'autre par des planches, on descend dans les entrailles d'une embarcation et chaque fois on se retrouve dans un salon où des matrones s'enquièrent de vos préférences. Plus qu'un grandiose bordel, plus qu'un agrégat de luxures, on trouve là toute l'antique civilisation de la Chine heureuse, tout son art de vivre. Les dieux sont présents, je vois des statuettes de Bouddha, des offrandes, des autels des ancêtres. Les honorables clients se délassent, conversent, plaisantent, mangent les meilleurs mets, s'enivrent, fument de l'opium. Il y a des chanteuses fardées qui clament les grands airs de l'opéra. Et, évidemment, des massages et des fornications, des filles en quantité, en veste et pantalon, peintes et chamarrées dans les établissements de luxe, ailleurs simplement vêtues, toutes graciles, charmantes, pudiques. Leurs petites mains qui vous servent, leurs rires. Tout autour de la pièce centrale, de minuscules chambres pour consommer. Une fois, j'ai aperçu par une porte entrebâillée une de ces demoiselles, nue, maigre, jolie quoique bien plate, qui, après avoir assouvi les envies d'un quidam, soulevait un panneau pour puiser de l'eau dans la Rivière des Perles. Alors, debout, avec cette fange à peine liquide, elle avait entrepris de se laver le sexe...

Canton... Les événements ne se dépêchent pas. Qu'écrire, qu'envoyer comme télégrammes? Souvent donc, mes amis et moi, nous retournons en ces lieux d'hospitalité où nous nous laissons aller à griller des boulettes. La dernière fois, un peu embrumé, je fais connaissance de trois Chinois en complet-veston et chapeau mou, les doigts couverts de bagues, la physionomie douteusement avenante qui se mettent à m'entretenir en anglais. Ils partent, m'expliquent-ils, pour Kouang Tcheou Wang (aujourd'hui Zhangjian) à bord de leur vedette qui est la plus puissante et la plus rapide de la Rivière des Perles, de sorte qu'ils n'ont pas à craindre les pirates et les brigands. Kouang Tcheou Wang, le nom résonne dans ma tête, c'est celui de l'ancien territoire à bail français situé sur la côte au sud de Canton, près de l'île de Hainan. J'ai entendu dire que les guérillas rouges encerclaient la ville. L'envie me prend d'y aller, cela me ferait une « histoire ». Je demande donc à ces messieurs s'ils ne consentiraient pas à m'emmener avec eux. Bien volontiers, me répondent-ils très aimablement, refusant même la somme que je leur propose pour prix de mon passage. Ils ne veulent pas d'argent, leur suffit la joie de me rendre service. Inutiles avertissements de mes amis journalistes qui estiment que ces personnages sont suspects, peut-être même des flibustiers. Mais la patronne du bordel, une douairière très digne qui a appris jadis le français chez les bonnes sœurs, me murmure à l'oreille qu'elle se porte garante de leur honnêteté, qu'elle les connaît très bien. J'irai, c'est décidé.

Le lendemain matin, je me réveille à bord de la vedette chromée, étincelante. En effet elle laisse loin derrière elle les bâtiments qui encombrent la Rivière des Perles... Le personnage qui semble être le chef, toujours en chapeau mou, le visage fendu d'une balafre, a enlevé sa veste, retroussé les manches de sa chemise, exhibant sur un bras un dragon tatoué. Il me répète en me désignant toute la minable flotte qui nous entoure : « Vous le voyez bien, nous ne redoutons rien, nous sèmerions aisément quiconque nous poursuivrait. » Je ne sais pourquoi, cette insistance me fait mauvais effet – ces gens-là ne sont-ils pas effectivement des contrebandiers ou même pire ? Que vaut la parole d'une maquerelle ? Je commence à avoir peur.

Mon angoisse s'accroît quand notre vedette file seule sur l'océan vide, au large d'une côte rouge et déchiquetée. Il me semble que mes hôtes me surveillent, m'épient, qu'ils se rapprochent de moi, m'encerclent avec des gestes menaçants. Ne vont-ils pas me dévaliser, me tuer, jeter mon corps à l'eau ? Ils savent que j'ai de l'argent. Et qui, dans l'état où sont Canton et toute la Chine du Sud, s'occuperait d'un incident regrettable mais tellement mineur ? L'impunité serait assurée à mes assassins. En fait, je délire, ces messieurs veulent simplement me proposer de descendre à l'intérieur, dans un salon très confortable, pour nous restaurer et boire à nos santés réciproques. Ce qui est fait ! Kampés, kampés ! Cependant à la fin, le balafré me dit d'un ton ironique : « Vous avez douté de nos bonnes intentions ? Avouez. » Nous sommes sur le point d'accoster, j'avoue. Kampés, kampés ! Nous rions, je suis fin saoul.

A peine ai-je mis pied à terre, que je découvre l'horreur. La cité porte toujours sa marque française, de longues avenues, des platanes, un certain relent, mais une division nationaliste y est installée, terrible. Partout des sentinelles, des patrouilles, la lueur de l'acier. Pas de gens, ils sont enfermés chez eux. Aux branches des arbres sont suspendues des sortes de lampions, en fait des boîtes à biscuits dont je connais l'usage : elles sont cisaillées de fentes par où les honnêtes citoyens, les patriotes, glissent des morceaux de papier où sont portés les noms des communistes. Mes charmants compagnons de voyage qui m'escortent un bout de chemin me disent, hilares, que les dénonciateurs prouvent ainsi leurs bons sentiments. Quant aux dénoncés, ils sont aussitôt arrêtés, extraits de leurs demeures, conduits devant un tribunal militaire qui siège en pleine rue. Les personnes généreuses qui versent sur-le-champ de fortes contributions pour la cause sacrée de Tchang Kaï-chek sont acquittées. Les avares, les démunis, les chichiteux, les faiseurs d'histoire, ceux qui essaient de s'expliquer sont condamnés à mort. Exécutions sommaires, j'entends les salves, je vois les corps qui s'effondrent, le sang qui gicle. Vive le Généralissime !

En plein centre, le face-à-face d'une église style gothique-1900 et d'une succursale de la Banque d'Indochine. Me reçoit à bras ouverts un grand gaillard de prêtre, encore jeune, un solide compagnon ensoutané. Pas de bénédiction, à boire. « Un Français, me dit-il, ça se fête. Tout le monde est parti, je suis le dernier, je ne compte pas les bonnes sœurs. Le directeur de l'agence vient de décamper. Quand elle a été pillée par la troupe, les coffres-forts éventrés, le brave homme a eu une syncope, il a fallu l'évacuer sur un brancard. Moi, je n'ai pas encore eu d'ennuis, je me sens un peu seul. Vous êtes vraiment le bienvenu. » Donc le religieux apporte une bouteille de champagne, il l'ouvre, le bouchon ne saute pas, le liquide ne pétille pas et pour cause, c'est de l'eau sale. Sifflement d'admiration du père. « Décidément, ces Chinois sont géniaux. Même mon épicier! Comment ce Céleste a-t-il réussi pareil truquage? » Nous trinquons au vin de messe.

Mon templier a une faiblesse : les lépreux. Curieux comme à travers le monde, dans les terres de mission, chaque prêtre et même chaque cornette en possède tout un troupeau. On m'en a montré des lépreux, figures mangées, membres disparus, clopinant, mais de préférence pas suintant, plaies refermées. On les affirme méchants. Qu'importe... le gaillard m'emmène presque de force dans sa jeep. Une fois quittée la cité livrée aux soudards, nous prenons un chemin de sable, nous escaladons des dunes qui surplombent l'océan aux grandes vagues. La léproserie est là, dans cette beauté.

Mais nous allons d'abord vers des troufions nationalistes en train d'abattre à coups de hache quelques maigres sapins – il leur faut du bois pour leurs feux de cuisine. Ces arbres, je le comprends, appartiennent au père. Son sens de la propriété ne fait qu'un tour et il se met à hurler en chinois. Quelle flambée de sainte colère! Le père s'apaise, les soldats interloqués cessent leur besogne sacrilège, l'apôtre et moi faisons quelques pas dans la direction de la léproserie quand, très soudainement, nous sommes encerclés de baïonnettes pointées sur nos ventres et toutes prêtes à s'y enfoncer. Un petit rabougri d'officier, quelque lieutenant-capitaine qui commande le détachement, trépigne, saisi par la fureur exaspérée, le fameux « ch'i ». Le père essaie d'apprivoiser ce dément, lui aussi vocifère, mais de manière réfléchie, en proférant des phrases qui, hélas, s'émoussent sur la violence de l'individu à épaulettes. Que la situation soit mauvaise, le religieux me le confirme en me glissant à l'oreille : « Ce fou veut absolument nous faire embrocher parce que j'aurais insulté l'armée chinoise, ce qui vaut la mort. Il n'a qu'un mot à dire à ses hommes. » La discussion reprend, avec des paroxysmes et de petites relâches, et successivement, les baïonnettes s'approchent encore de nous ou s'en écartent d'un ou deux centimètres. Le roquet donnera-t-il l'ordre décisif? Je demande au père : « Est-ce toujours périlleux? – Oui, me marmonne-t-il, c'est un obstiné. » Une heure s'écoule dans ces débats. Depuis longtemps les lépreux sont là, faisant un second cercle autour de celui des soldats. Ce deuxième cercle affreux... mais ce n'est pas leur hideur qui m'épouvante, non, c'est leur joie. Ils se dilatent de béatitude, ils s'amusent, ils se moquent, ils se gondolent, ils rient, impatients de nous voir piqués, lardés, troués. Leurs faces évidées, leurs chairs écorchées tressautent, leurs membres amputés dansent la gigue, la kermesse des estropiés. Je contemple fasciné ce magma qui se trémousse et une haine formidable s'empare de moi, m'occupe, m'enlève même la trouille de finir aussi stupidement au bord de la mer de Chine. La joute cesse brusquement entre l'exalté en uniforme et le grand religieux tout noir dont la soutane usée reluit au soleil. Les baïonnettes s'écartent, les soldats aussi, l'officier également, tout n'a été qu'un cauchemar. Le prêtre me confie : « J'ai mis longtemps à trouver l'argument qui permette à ce furieux de nous épargner sans perdre la face. Un peu plus, nous étions foutus. » « Foutus », c'est le mot employé par l'apôtre. Quant à l'argument... Eh bien, le Généralissime Tchang Kaï-chek étant chrétien, il désapprouverait l'exécution de deux de ses coreligionnaires et que lui, le lieutenant, aurait à en répondre. « Cela l'a convaincu. » Le père sourit et me dit que l'on va deviser avec les lépreux. Ils sont restés là, en tas, encore à s'égayer bêtement. Je refuse, nous rentrons à Kouang Tcheou Wang. Nous nous portons des kampés d'une façon apostolique et romaine : « A la vôtre ! » « A la très bonne vôtre ! » Je passe la nuit au presbytère, le lendemain matin nous nous faisons des adieux émus et je m'empresse d'embarquer sur un bâtiment sûr qui me dépose sain et sauf à Hong Kong. J'en ai ma claque de Canton et des expéditions hasardeuses. Il me faut la belle colonie, la bonne vie, le whisky... C'est de là que j'assisterai à l'arrivée des communistes sur la frontière.

Canton 1986. Nous débouchons enfin sur la Rivière des Perles et sur Shamian. Je reconnais les étroites passerelles qui donnaient accès au joyau des Blancs, à l'îlot merveilleux, à ses bocages et à ses bungalows, si purs au milieu des eaux sales, si paisibles à côté des tumultueux quartiers célestes. Mais le Shamian que je retrouve n'est plus qu'un laissé-pour-compte, un solde abandonné à des Chinois ordinaires, les pavillons sont tout dégradés, le parc est un fouillis. Pourtant cette désuétude est sans importance. Par la volonté du peuple, il est resté dans l'ancienne concession un paradis pour Blancs, un havre pour « amis étrangers ». Un superbe pont en ciment franchit l'arroyo puant et mène par une chaussée surélevée à un ghetto d'une quarantaine d'étages, l'hôtel du Cygne Blanc, qui vogue sur les flots du confort absolu, sans ces traces de négligence et de laisser-aller qui souvent entachent les œuvres les plus achevées du modernisme chinois. Là, le palace a été jugé digne d'être affilié aux Martinez, aux Negresco, aux Ritz, aux Plaza, c'est dire.

Tout est parfait. Devant l'établissement, des voitures somptueuses et des chauffeurs en livrée. Ce n'est pas un endroit pour simples Chinois, même pour une dame de l'Association des journalistes, la Boule de Suif qui nous a pris en charge. Yao, plus faraud, nous regarde Marie-Françoise et moi avec une malice gaie, comme pour nous dire : « Cette fois, vous en avez pour vos dollars, nous vous traitons vraiment bien, à votre estimable prix. » Il loge là aussi. Le Cygne Blanc, une fièvre froide, la caserne pour les très riches... de passage. Tout est prévu pour tout, Élizabeth Arden s'occupe de la beauté des femmes, c'est plein de boutiques aux noms prestigieux où l'on trouve toutes les grandes marques de l'univers. Il y a des bars, des boîtes de nuit, du jazz, des jardins suspendus, des terrains de sport – le squash, un golf miniature, des tennis couverts, le nécessaire pour les businessmen du monde entier qui accourent aux énormes foires commerciales de Canton. Notre chambre est belle, d'une sobriété achevée. C'est avec volupté que Marie-Françoise défait les valises qui traînent avec elles une odeur de Chine.

De nos fenêtres, nous dominons une Rivière des Perles clapotante sous les vents de la mousson. Une rivière gonflée, exotique, dont le spectacle envoûte sans plus créer aucun malaise, une Rivière des Perles qui ne ressemble en rien aux souvenirs qu'en conservait ma mémoire. Le fleuve est comme vide, dépouillé, nu. Où sont les embarcations de toutes sortes, les trafics et même les pirates ? Où est la Cité Flottante des Plaisirs ? Disparus à jamais. Canton a bien un port, mais il s'appelle Hong Kong.

Dans ce palace, on trouve beaucoup d'hommes d'affaires, je drague donc et tombe sur un métis, qui, comme souvent les Eurasiens, semble gonflé d'eau ou de graisse, on ne sait, d'une couleur de peau incertaine, pas très plaisante. Ceux que j'avais connus jadis étaient souvent gênés, humiliés par leur condition, celui-là pas du tout. C'est qu'il n'est aucunement le produit bâtard d'un marsouin et d'une pute jaune. Les plus nobles origines, une famille de sang-mêlé depuis trois générations. Son grand-père, un ambassadeur, avait quitté la carrière pour épouser une princesse chinoise et s'était lancé dans l'industrie en Chine. Son père avait repris l'affaire et lui aussi s'était marié avec une Chinoise d'excellente origine. Épouses célestes, maris plutôt occidentaux, enfants confiés à des nurses anglaises, relations très courtoises avec Blancs et Jaunes de toute espèce, le business avec tout le monde, la fréquentation des clubs européens comme des clubs chinois, les sacrements de la sainte Église et aussi l'autel des ancêtres. Lui était né dans cet univers heureux. Après la Libération, les communistes s'étaient emparés de l'usine et de tous leurs avoirs mais leur clan était si bien considéré par la population que ses grands-parents et ses parents avaient pu quitter la Chine sans subir de tracas ou de sévices.

Cet homme ne se considère plus du tout comme un métis, même s'il sait que son aspect présente certaines marques asiatiques. C'est un pur Français, un Français de France qui exerçait des fonctions déjà importantes dans une banque de Paris. Il arriva que le grand directeur, scrutant ses traits, avait pensé qu'il pouvait être utile à la firme qui avait des ambitions en Chine. Le métis tape du poing sur la table : « Vous pouvez le dire, je suis un mercenaire. Mon seul but, c'est d'enrichir ma maison. Elle m'a expédié ici, eh bien, en trois ou quatre ans j'ai abattu du travail et je vais partir ailleurs, n'importe où au monde pour le même genre de besogne. Je suis un migrant. Je n'aime plus la Chine, il n'y a plus aucune chinetoquerie en moi. » Ses lèvres épaisses profèrent cette forte déclaration avec une dignité presque outrée. Quelle autorité quand il dégurgite ces paroles, l'évangile du business, tout en ingurgitant son whisky. « Je me bats contre les Chinois, mon astuce contre la leur, car je le sais, ils sont malhonnêtes depuis qu'ils sont devenus rouges. Autrefois, en Chine, la parole donnée valait toutes les signatures. Maintenant, toutes les signatures ne valent plus rien. C'est le désordre triomphant, le désordre comme une science. »

Le métis s'est encore énormisé. Ses yeux en coulisse s'ouvrent, sa voix s'enflamme :

« Jamais ils ne m'ont eu les Chinois, même quand le grand air à la mode était : Capitalistes de tous les pays, unissez-vous pour la victoire finale de l'économie rouge. Cette union avec le communo-business chinois, pourquoi pas, si elle peut nous rapporter des dividendes à nous aussi, les étrangers qui investissons dans le Céleste Empire. Encore ne faut-il pas tomber dans le piège et perdre toutes ses plumes. Ce qui se passe... Une société française ou allemande décide de s'allier avec une entreprise céleste pour faire ensemble, grandiosement, fraternellement, quelque chose de magnifique : une usine atomique, une manufacture d'automobiles ou une fabrique de casseroles. Alors on apporte des capitaux, de la haute technologie, les Chinois pour leur part procurent un bout de terrain, fournissent un semblant de numéraire. Rien ne se fait, sans cesse naissent des difficultés et le partenaire jaune commence à nous réclamer des milliards, toujours des milliards. Le " squeeze " quoi ! Le vieil art de pressurer. On est dans le cercle vicieux, on se débat, on tâche de lutter, nos associés célestes exigent mielleusement, puis avec impertinence, des suppléments : que l'on paie ou l'on perd tout. Le brigandage... Les Chinois nous extorquent de l'argent à coups de pied, à coups de trique, à coups de sourire et aussi à force de kampés et de discours célébrant l'amitié franco-chinoise. Non qu'ils soient forts mais nous sommes si faibles. La grande illusion... Le monde entier est subjugué, rêve de cet immense marché d'un milliard d'hommes – sans le sou, mais on ne pense pas à ce détail. Pourquoi les Chinois se gêneraient-ils ? Ils savent qu'à travers l'univers des centaines de trusts sont prêts à prendre la place des défaillants. Conséquence : quand on a commencé à débourser, il faut continuer à passer à la caisse. Et attendre, toujours attendre, toujours palabrer. La mer des arguties. »

Rire énorme, dents carnivores, le métis est flatulent de joie.

« Mais moi, je suis patient, je ne me fâche pas, je ne flanche pas non plus, quand je paie, c'est pour du palpable, du réel, du concret. »

Métis superbe, métis français cent pour cent qui a vaincu la Chine et les chinoiseries. Dans sa générosité, il me cite ses confrères moins doués, les Blancs de Blancs ignares à qui sont arrivées toutes les avanies. Ils en deviennent fous. Littéralement... La fameuse histoire du représentant d'une grosse firme qui est tombé dément. Cet

Européen met des années pour arriver à passer un contrat avec une unité de production (c'est l'organisme sacré où tout se décide). Ensuite la routine normale, des ennuis, des tracasseries, des pourparlers interminables, combien de fois il entend la petite phrase mortelle : « Mais il y a une petite difficulté. » Enfin l'individu croit avoir emporté le morceau. Il prévient son président qui saute dans un avion. Le matin prévu pour la rencontre, pour plus de sûreté, il téléphone à son interlocuteur céleste habituel. « C'est entendu, le président de mon conseil d'administration est là, nous signons tout à l'heure. » Voix fluette d'une politesse extrême à l'autre bout du fil : « Nous ne sommes plus d'accord. - Comment cela? - Je crois qu'il faut recommencer toutes les discussions depuis le début. » Alors, paraît-il, le personnage, comme pris d'un accès de fièvre, a arraché ses vêtements et s'est précipité tout nu dans la rue, mettons en caleçon, et pleurant à chaudes larmes. Énorme succès auprès de la foule chinoise.

Le métis à ce moment hausse les épaules, il daigne être bon, souverainement bon, dans un grand élan de charité. « Pauvres étrangers, pauvres Chinois surtout. Avec leurs menteries, leurs tricheries et leurs contorsions, les Célestes se roulent eux-mêmes. L'argent qu'ils pillent, ils le gâchent à des bagatelles sans rien faire de bon, d'utile pour la reconstruction tellement nécessaire de leur pays. A quoi aboutissent-ils avec leurs ruses? Au mieux à des sous-usines fabriquant une camelote dont les consommateurs célestes clament la nullité, qu'ils n'achètent qu'à contrecœur, et quand il n'y a pas de produits japonais à portée. Car seuls les affreux Nippons, qui jadis prenaient tant de plaisir à égorger les Chinois par millions, ont maintenant le bon tour de main avec eux. Nous, les Occidentaux, nous sommes des enfants de chœur égarés, sauf quelques-uns dont je suis, dans le foutoir chinois. Il y a aussi la vanité chinoise qui joue. Tenez, quand les Célestes ont montré avec gloriole leur Plan quinquennal de développement aux statisticiens et experts français, ceux-ci en sont tombés de saisissement : rien qu'un marché aux puces des chiffres, qui, eux, bondissent gaillardement. »

Monsieur le métis regarde sa montre. Son temps est précieux. Au revoir monsieur l'homme d'affaires à la parisienne, bien costumé de corps et d'âme. Comme il a su ne pas perdre trop d'argent dans cette Chine à mirages, il sera promu à un rang supérieur sur le continent noir. Nous nous serrons la main, l'ultime couplet : « Je souhaite bien du plaisir à mon successeur qui lui aussi croira arriver dans un pays de cocagne. Il ne manquera pas de s'imaginer que la Chine est un pays juteux pour les banques, ce qui ne serait pas faux si le bon jus ne s'écoulait pas dans les saletés de la Rivière des Perles. Je le préviendrai, je le préviendrai... Mais les gens sont si crédules en ce qui concerne les Chinois. »

Et moi que dois-je croire? Toujours dans mon palace du Cygne Blanc, je fais connaissance d'un couple français qui opère aussi dans le business avec la Chine. La femme n'est pas mêlée aux affaires mais, en bonne épouse, elle accompagne son mari dans ses pérégrinations. Charmante follette aux bouclettes blondes, aux traits un peu désordonnés, elle miaule, elle susurre, elle est très gentille, elle croit au zen et aux philosophies orientales. L'époux la laisse dire. Lui, c'est un costaud, le corps vigoureusement épais, la tête carrée bien rubiconde. Il a la tranquillité vulgaire, la bonne assurance, un bon sens qui lui sert d'intelligence. Aussi se débrouille-t-il très bien avec les Chinois. Ce n'est pas un permanent, un énarque distingué, loin de là : il se situe entre l'ingénieur et le commis voyageur. En tout cas, depuis très longtemps il revient régulièrement dans l'Empire Céleste qu'il parcourt en entier pour flairer les occasions. Il y en a. Le nez, tout est là. Et lui, il a le nez du connaisseur, un gros pif bien planté, aux narines profondes.

En phrases lentes, avec contentement, il me fait part de son expérience. Certes, il faut se donner du mal, supporter l'inconfort et la crasse, l'ennui aussi... et toujours avoir la manière mais somme toute, on s'en tire. Jadis, c'était plus facile, à l'époque bénie où les Chinois passaient commande et, à la livraison, payaient recta. Dans ce temps-là, ils avaient acheté aux États-Unis leurs premiers avions à réacteurs. Ceux-ci fournis, le représentant yankee s'était enquis auprès des Célestes : « Quand nous réglez-vous ? » Et le lendemain un vieux monsieur chinois en tenue Sun Yat-sen avait apporté des valises remplies de lingots d'or.

L'homme s'esclaffe : « Oui, oui, les Chinois ont été à ce point simplistes. » La première fois que lui-même était venu en Chine, il était tombé pile : les Célestes lui avaient signé un contrat pour la fourniture et l'installation de trois usines d'engrais chimiques dans une bourgade près de Pékin. Il avait fait venir ses techniciens français. Le travail avait été facile mais la vie pénible. Lui et ses hommes étaient enfermés tous ensemble, ils ne pouvaient sortir de leur cantonnement sinon des foules s'attroupaient autour d'eux, les contemplant comme des bêtes curieuses : les Chinois n'avaient pas vu de Blancs depuis vingt ans. On dispersait ces rassemblements, on éteignait l'éclairage public. Résultat : lui, ses ingénieurs et ses contremaîtres blancs restaient cloîtrés dans leur grande baraque – ils n'en sortaient que pour la besogne. A la longue, ces forçats bien rémunérés ne se supportaient plus les uns les autres. Bagarres, rixes. Il avait dû interdire l'alcool. La question des femmes demeurait insoluble : puisqu'il n'était pas question de Chinoises, fallait-il faire venir les épouses et les maîtresses qui risquaient de s'ennuyer, de provoquer des scènes et d'envenimer encore l'atmosphère ? Inenvisageable... Plusieurs de ses hommes n'avaient plus tenu le coup, à bout de nerfs et d'exaspération, ils avaient décampé. Mais la majorité d'entre eux était restée avec lui, supportant l'épreuve avec courage car au bout, il y avait pour eux un petit pactole. Après quelques mois, les usines avaient été remises aux Chinois qui en furent satisfaits, payèrent rubis sur l'ongle et les firent très bien fonctionner. Et c'est ainsi que la chimie a, dans cette région, remplacé l'engrais humain.

« Votre femme était-elle avec vous ? »

— Oui, elle a été parfaite, à la hauteur de la situation. Depuis elle m'accompagne toujours, jusque dans les coins les plus reculés. Sans elle, moi aussi je flancherais.
— Comment procédez-vous avec les Célestes?
— Ce n'est jamais aisé. Leur susceptibilité... Leur orgueil... Ce qu'ils appellent la " face ", cela complique. Tenez, lors de la construction des usines, nous devions atteler chaque spécialiste français à un Chinois ignorant qui avait le même rang et le doublait. Tout se faisait donc à deux. La règle sur les chantiers : ne jamais donner complètement tort aux Chinois, pour que finalement ils admettent ne pas avoir entièrement raison. La méthode : d'abord toujours se critiquer soi-même, pour pouvoir ensuite critiquer et, avec quelles formes, les Célestes, surtout quand ils s'étaient mis en plein gâchis. Ils n'aimaient guère nous écouter, ils préféraient tenir des réunions entre eux pour " étudier les problèmes " sans d'ailleurs avoir aucune idée de ce que sont de véritables études industrielles. On devait alors intervenir avec circonspection pour lester leurs interminables bavardages d'un peu de plomb. Ils ne connaissaient rien du " management ", de l'organisation planifiée – leur planification, de la foutaise – et même de la chimie de base. Ah! quelles peines pour leur faire admettre l'évidence, laquelle par essence leur répugnait. Mais je dois dire que lorsqu'ils avaient assimilé nos leçons, tout marchait très bien. La preuve, je vous l'ai dit, mes usines. Mais s'il s'agit de quelque technique d'un niveau plus élevé, tout est à recommencer. Que de temps pour franchir un palier de plus! L'étrange, c'est que parfois ils comprennent du premier coup, et de l'élaboré, du compliqué. Toutes les surprises, bonnes ou mauvaises, sont possibles. »

Le monsieur ronronne. Lui n'est pas un spécialiste des Chinois. Mais il a de la jugeote, il comprend, c'est son don. Il hume l'air avec satisfaction :

« Maintenant c'est différent, ce ne sont plus eux qui proposent, ils sont débordés par les propositions. En conséquence ils abusent... et de plus ils payent mal. De ces attrape-nigauds! Par exemple ils voulaient que je leur construise une usine d'agro-alimentaire et ils prétendaient la régler en saucisses qu'elle produirait plus tard. En saucisses, vous entendez. Mais il n'empêche qu'on peut trouver des combinaisons intéressantes. Moi, je me rends dans les villes, je m'installe à l'hôtel et j'explore. A certains endroits, les Chinois se combattent à mort, les " nouveaux patrons " jaunes contre les cadres du Parti. Le sabotage, les bâtons dans les roues, les Chinois se chinoisant entre eux, un comble. Je fuis. Ailleurs, ils s'accordent mais pour gruger les " amis étrangers ". Je fuis encore. Et pourtant parfois, au milieu de ce merdier, je trouve une opportunité à saisir, un merveilleux marché. Je ferre, ça se fait tout de suite... sinon je fuis. »

La tactique et la philosophie du finaud. Il conclut :

« Tous les deux ou trois ans, je fais un tour de Chine. A chaque voyage, j'ai trouvé ma récompense... Un petit contrat. Mais désormais jamais, au grand jamais, je ne me lancerai dans du gros et du difficile, jamais je ne participerai à une société mixte. Ah! ça jamais. Je ne suis pas banquier, je ne suis pas jobard. »

Folle vie à Canton, le marché de Shamian et l'opéra. Moi je voudrais bien me rendre dans une société mixte franco-chinoise, il y en a une ici où est impliqué un trust français aux puissants moyens qui, paraît-il, est en proie à l'enthousiasme dans ses desseins célestes. Pour tout dire, il s'agit de Peugeot. J'en avais glissé un mot à Yao, sans aucun espoir. Un matin, comme d'habitude, il frappe à ma porte. Son visage est radieux. Il m'annonce que la journée sera consacrée au sigle du Lion, à l'usine mixte où l'on fabrique des Peugeot chinoises. C'est à une heure de route, je n'ai pas le temps de prévenir la direction française de Peugeot qui est établie en pleine ville. Ma visite se fera donc sous égide chinoise.

La voiture noire, qui n'est pas une Peugeot. Une vingtaine de kilomètres sur une route en réfection, bambous, bosquets, rizières. Enfin un agrégat de vieux bâtiments de brique marqués de l'usure et de la saleté coutumières. Un air de déglingue, de la ferraille rouillée, le vide des hangars, quelques machines, des rangées d'autobus, quelques Peugeot alignées. Le silence, c'est jour de congé. Un jardin-crassier. On nous conduit vers une maison un peu moins moche. Dans un bureau, le directeur et le sous-directeur nous accueillent, des Chinois pour le Châtelet, de vrais traîtres, les visages bouffis, les regards fuyants, les expressions onctueuses, les salutations guindées, les amabilités revêches, l'aura de la supériorité autour de leurs visages. Nous sommes invités à nous asseoir autour d'une table où l'on ne cesse de nous servir du thé et de nous offrir des gâteaux secs. M. le directeur présente lui-même les douceurs sucrées à Marie-Françoise plutôt obsédée par les escadrilles de moustiques qui foncent sur sa blondeur. Instant solennel, le directeur se râcle la gorge, l'Exposé commence. Une voix lente, suave, aigre aussi, une bouche de fiel, une bouche dessinée pour des phrases de condescendance. Ce n'est pas Yao qui traduit, il est relégué dans un coin, mais une demoiselle attachée à l'usine qui connaît les termes techniques usités dans l'industrie automobile. Sa volonté d'être utile au peuple et au développement de l'amitié franco-chinoise, de servir la cause si bénéfique aux deux nations participant à la société mixte... Cette personne si méritante est fort jolie, et, de plus, extrêmement déférente, même envers nous les Barbares. Dès ce moment, jamais je n'ai autant senti que moi et tous les Blancs, tous les Blancs possibles, étions vraiment des Barbares.

L'exposé... M. le directeur commence par un aveu orgueilleux, un aveu de défi. Que la Chine des Quatre Modernisations qui déjà produit de très belles automobiles a encore besoin de recourir à des véhicules étrangers. Elle en importe beaucoup du Japon. Mais surtout la Chine s'est associée en des sociétés mixtes aux plus grandes nations industrielles – elle fabrique des jeeps près de Pékin avec les Américains et de petites voitures à Shanghai avec les Allemands.

La moue du directeur, un peu dégoûté :
« Mais qui aurait pensé aux Français lesquels n'ont pas une grande réputation en matière d'industrie ? Eh bien moi, oui moi ! Je leur ai reconnu certaines qualités, j'ai découvert la marque Peugeot. Je me suis allié à elle dans cette usine qui auparavant fabriquait des autobus et qui s'étend sur trente-deux hectares et emploie deux mille sept cents ouvriers. Les Peugeot, je m'en suis rendu compte, à la différence des voitures japonaises, sont des véhicules robustes, capables de résister aux intempéries et aux routes défoncées. Avant de nous décider à un accord, nous avons beaucoup réfléchi, beaucoup médité. »

Cinq années de négociations amicales. Deux missions chinoises envoyées en France pour étudier ce qu'était la firme française. Enfin le 15 mai 1985, le contrat était signé et presque aussitôt la fabrication commençait ici même. A la vérité on se borne en ce moment à assembler les pièces importées. Le directeur glousse :

« Actuellement, vous rendez-vous compte, huit cent cinquante Peugeot circulent en Chine. Selon nos prévisions, il y en aura mille sept cents en 1987, sept mille en 1988 puis quinze mille de plus chaque année. Quel honneur pour la France ! »

Mais là-dessus le directeur se met à débiner la Peugeot. Si sa boîte de vitesse est bonne et son moteur suffisant, elle présente aussi de graves défauts. La gamme des modèles est limitée, et puis les portières arrière ferment mal, et puis le coffre à bagages est trop petit.

« On ne peut lui faire entièrement confiance. Quand M. le Chef de province a daigné en accepter une en cadeau et qu'il s'est assis sur la banquette, à peine la voiture a-t-elle démarré que le pare-brise s'est fracassé et que notre grand camarade a été blessé au front. »

Crime de lèse-majesté. M. le directeur qui s'appelle Li condamne les Peugeot en outre bien chères pour ce qu'elles valent. Son réquisitoire est si acariâtre qu'à la fin je lui demande les raisons pour lesquelles il a choisi de construire des Peugeot si pleines d'inconvénients. Il me répond abruptement :

« Nous améliorerons avec nos propres capacités les Peugeot. Ce qui nous a décidés, ce sont les conditions financières et économiques excellentes qu'ont acceptées les Français. Jamais les Japonais n'en auraient accordé de pareilles. Plus tard, quand nous aurons maîtrisé les techniques, nous ferons nous-mêmes nos Peugeot, complètement, nous n'aurons plus besoin des Français. »

Ce cynisme ... inutile de se gêner avec les Français, on daigne recevoir leurs francs, cette monnaie inconnue, et leurs ingénieurs qui sont sans réputation.

Je désire rencontrer les experts français mais c'est à peine si j'ose demander à voir ces gens de peu. A la fin M. Li propose de me les exhiber, il y en a six qu'il faut dénicher. Nous parcourons des ateliers déserts – on est en train de réaménager toute l'usine. Un néant. Enfin nous arrivons à un bâtiment qui se veut moderne. Là, derrière un bureau, je découvre un Français stupéfait : nous sommes ses premiers visiteurs blancs. Il s'agit de M. Durand, le chef du détachement sochalien dans cette usine, un homme nerveux, la figure maigre et bien brave, tout du Français moyen égaré en Chine. J'avais entendu dire à Canton que c'était un ingénieur remarquable, un M. Sochaux jusqu'au bout des ongles. Il est manifeste qu'il se méfie de moi, un personnage qui lui est amené par M. Li et les Chinois sans qu'il ait été prévenu par le Sochaux supérieur qui réside à Canton. Je me nomme, je lui explique, je le rassure. Soudain pris d'un élan, il me crie sa misère : « L'électricité, je n'ai même pas droit à l'électricité. M. Li me la refuse par mesure d'économie, mais j'en ai besoin pour mon travail, pour mes plans, mes dessins industriels. »

Le malheureux. Complètement perdu... Pas tout à fait, car reconnaissant M. Li, il se jette sur lui comme s'il avait une occasion unique de s'adresser à M. le directeur. La jolie interprète traduit. M. Durand réclame les licences d'importation promises pour faire venir de France des pièces détachées. Mais M. Li ne voit sans doute pas l'intérêt de produire actuellement beaucoup de Peugeot. Il répond aigrement que leur octroi dépend d'autorités très haut placées et dans la foulée il lui lance à la figure les défauts de la Peugeot, le filtre à essence, les portières, le coffre à bagages. M. Durand ose riposter que ce ne sont que bagatelles, provenant probablement d'un mauvais montage. M. Li couine que ce sont là des défauts secondaires mais des défauts quand même.

Pauvre M. Sochaux. Englouti dans la Chine. Cependant M. Li lui permet de nous accompagner quand nous repartons. Tous deux nous marchons en avant du groupe, ce qui lui offre la possibilité de déverser sa bile de « sochalien » incompris. L'arrogance des Chinois, il arrive à la supporter, mais hélas, elle cache leur incapacité. Chez eux, pas de main-d'œuvre qualifiée, pas de techniciens. Pour sortir de cet enlisement, Peugeot est prêt à toutes les générosités, à faire construire de bons logements, à augmenter considérablement les salaires. Et voilà que ces améliorations destinées à stimuler le personnel, on les lui interdit. Cela dérangerait l'ordre établi... L'ordre rouge invincible. Tout est difficile. Faire taper une note, la faire parvenir à M. Li demande une semaine, faute de dactylos, de machines à écrire, il n'y a jamais de réponse. En fait, tout dépend d'une puissance mystérieuse que M. Durand appelle « l'Énorme Bureau », une entité occulte installée il ne sait où, à Canton ou à Pékin.

Pauvre M. Sochaux. Quand même M. Li l'invite à participer à un festin qui a été préparé pour nous. Il semble que ce soit la première fois que M. Durand soit convié. Il reprend bonne mine. Les plats se succèdent, M. Li, en bon hôte céleste, se métamorphose, il est courtoisie extrême. Alors le cher Durand profite de cette urbanité pour se lancer dans un dialogue d'affaires avec M. Li. Grave impolitesse mais M. Li ne veut pas gâcher le repas, il accepte la discussion. Et c'est ainsi qu'au milieu des mets exquis s'engage une conversation curieuse et pitoyable.

Cher Durand, il débute par un compliment, il est honoré d'assister à ces agapes amicales. M. Li avec un sourire mielleux profère que le plaisir est pour lui. Là-dessus M. Sochaux se rue. Sa frénésie contre la douceur impitoyable de M. Li. D'abord ce qui hante, obnubile M. Durand, les licences d'importation pour les pièces détachées. M. Li est toute suavité. Je rapporte fidèlement les phrases échangées :

« D'accord, fait M. Li, complètement d'accord, mais il faut que vous nous fournissiez davantage de chiffres, les estimations des prix, des coûts, des montants.

– Je vous les ai déjà communiqués à plusieurs reprises, rétorque Durand.

– Oui, je le sais. Mais ce n'est pas suffisant.

– Comment cela? hoquette Durand.

– Moi, je suis satisfait de vos indications mais j'ai dû envoyer votre dossier au complet aux autorités de Pékin et elles exigent de nouvelles précisions. »

Durand est accablé. Li entreprend de lui remonter le moral.

« J'ai déjà expédié un télex à votre sujet...

– Très bien, mais quand recevrez-vous une réponse?

– Il faut attendre. »

Silence. Durand est à nouveau déconfit mais Li émet une gracieuseté :

« Pour ne pas user votre patience, j'enverrai un nouveau télex. »

Initiative hardie, courageuse, extraordinaire que Durand apprécie, et, tout ragaillardi, il s'engouffre dans la brèche. Il proclame qu'il paiera, qu'il paiera tout ce qu'il faudra pour que l'usine fonctionne bien. Il répète qu'il paiera les ingénieurs, les ouvriers qualifiés, qu'on les attire, qu'on les recherche à travers la Chine. M. Li arbore son sourire céleste. Ce qui signifie que Sochaux paiera, et énormément, mais plus tard, quand il s'agira d'équiper l'usine de machines extraordinaires. Certes on criera à la victoire de la firme française, ce sera le moment où on se débarrassera d'elle.

Kampé! Un Durand euphorique qui ne voit aucun piège suggère au nom de l'amitié franco-chinoise que cette usine fabrique un jour des berlines familiales. M. Li agrée, tout en faisant observer qu'il faudra attendre que les familles aient un revenu suffisant pour acquérir des voitures privées. Ce qui ne manquera pas d'arriver, mais dans quelques années, quand les Quatre Modernisations auront apporté la fortune aux meilleurs travailleurs, aux meilleures travailleuses et à leurs enfants joufflus. Vision édénique. En attendant, le plan prévoit qu'il se vendra six cent mille voitures par an en Chine en 1990, à des prix tels que seuls ministères et entreprises pourront s'en procurer!

Kampé encore... Nous sommes gavés, nous quittons la table en pleine gaieté. Et comme en Chine la joie exige une photographie, nous nous groupons devant la façade pour un cliché amicalement solennel. M. Durand se tient à côté de M. Li, lequel propose pour que l'allégresse soit totale de faire chercher les autres Français qui se dévouent au bien de l'usine. Et je vois arriver cinq gaillards abasourdis à qui je demande, en rapides apartés, comment ça va pour eux. Ils haussent les épaules, mâchonnant des « couci-couça » avec une expression désabusée. Nous nous rassemblons tous cérémonieusement, un Chinois photographe surgit avec son appareil, le règle, fait procéder à des ajustements dans nos rangs et enfin appuie gravement sur le bouton. C'est la consécration indispensable, la célébration de la grande concorde. Souvenirs éternels.

M. Durand me glisse quelques mots à l'oreille. Selon lui, il serait convenable que je me présente à M. Peugeot super-chef à Canton qui ignore tout de ma visite et pourrait en être étonné. Il va prendre pour moi rendez-vous au téléphone. Problème, il n'existe qu'une seule ligne et M. Durand doit recevoir une autorisation pour faire un appel. On explique la situation à M. Li, qui accorde aussitôt la permission. Durand part converser avec M. Peugeot super-chef qui s'appelle M. de Parmontier. Monsieur super-chef est disposé à me recevoir dès mon retour à Canton, et ce avec le plus grand plaisir. Un ordre.

M. de Parmontier, un homme charmant et persuasif, a la foi chevillée au corps. La quarantaine, l'âge, je l'ai dit, des grands commis. Lui, contrairement à certains autres, n'a pas de doutes, il est complètement pris par sa mission. Et il a Peugeot derrière lui. Absolument. Dans peu de temps les Peugeot sillonneront les immenses espaces de l'Empire Céleste, le Lion y rugira. Évidemment sur place, à l'usine, il peut y avoir de légères difficultés, de petits accrocs mais ils sont sans importance, il est convaincu des bonnes intentions de la Chine. Elle a pris des engagements avec Peugeot, elles les respecte. D'ailleurs, c'est son intérêt. Parmontier a confiance dans l'« ouverture » qui est une notion claire, définie, irréfutable, une nécessité qui assurera la grandeur de la Chine. Peugeot assumera son devoir envers l'Empire Céleste. Mais il faut avoir un peu de patience... J'ai beaucoup pensé à M. Durand et à M. de Parmontier quand a éclaté en janvier 1987 la campagne contre le « libéralisme bourgeois ».

L'Ouverture, est-ce une illusion ou une réalité? C'est à Canton, la ville la plus libre de l'Empire, que je me pose la question, Canton d'où un Deng Xiaoping exilé est remonté à Pékin moins d'un an après la mort de Mao, pour saisir le pouvoir et instaurer la paix bénéfique, la paix où s'épanouiraient les fleurs du Désir, où tomberaient les murailles de Chine.

L'Ouverture... la plus ancienne crainte de l'Empire du Milieu, son plus vieux rêve peut-être. Combien de fois en effet se sont ouvertes les portes des remparts, combien de fois se sont-elles refermées? Pendant cent jours, en 1898, des lettrés réformistes s'étaient efforcés, copiant les Barbares, de faire entrer leur pays dans le monde moderne. Ils en moururent ou furent chassés, la régente Ts'eu Hi préférant verrouiller son royaume en ses enceintes pourpres. Plus tard, à leur manière confuse et contradictoire, Sun Yat-sen, Tchang Kaï-chek et même Yuan Shikai comprirent parfois le bien que l'on pouvait tirer de cet Occident qui s'acharnait à les forcer. Vint Mao, l'empereur rouge qui reconstruisit les murailles. «La Chine ne devait, disait-il, compter que sur ses propres forces.» Éternelles oscillations. Déjà des dirigeants du Parti pensaient autrement. Parmi eux, Deng Xiaoping. Contre eux, Jiang Qing, la femme de Mao. Comme il a combattu, Deng Xiaoping, pour imposer ses thèses! Une guerre inexpiable.

Deng Xiaoping. Un vrai Sichuanais, d'apparence rustre, sans aura immense, sans légende fabuleuse, sans épopée farouche, mais une telle volonté, une telle capacité de se tirer des épreuves les plus tragiques, des pièges les plus mortels, un tel savoir pour surmonter et dompter l'inexorable. Son génie pour se démêler des rets et jeter ses filets sur l'ennemi. Son courage pour tout supporter, les déchéances, les périls, les défaites apparemment mortelles, et pour en surgir en pleine santé, en pleine vigueur, à la barre du commandement. Son refus du désespoir, son opiniâtreté, son habileté à se faufiler entre les écueils, toujours sans ostentation.

Deng Xiaoping... un homme qui aime la vie, un jovial, un bon fardadet (il mesure 1,56 mètre) jonglant au milieu des drames, faisant son chemin parmi les abîmes sanglants de la Chine. Deng Xiaoping... le goût et la science de la chose publique, courtisan quand il le faut, impitoyable quand il le faut, capable de prononcer les petites phrases qui tuent. «Une aiguille dans du coton», disait Mao. Sa force, c'est d'être le personnage utile, indispensable, que l'on abat et que l'on rappelle, qui ne succombe pas, qui est le ressort de tout gouvernement. Faux obscur et vrai tenace, éternel numéro deux, il est parvenu à abattre la monstresse, l'égérie du sang, Jiang Qing la femelle déchaînée. Il a été l'Homme sans apparence qui dompta la Mégère.

Deng Xiaoping, né en 1904. Est-ce mon père, je me le demande encore, qui en 1920 lui donna un visa pour la France? Peu importe. A Paris, il s'est formé l'esprit, il a été «étudiant-ouvrier», il a découvert les communistes chinois, édité leur journal et surtout, il est devenu le compagnon, l'ami, le compère de Chou En-lai, le mandarin rouge à la carrière fabuleuse, de Chou En-lai le commissaire politique de l'école des cadets de Whampoa, le chef de la révolte vaincue à Shanghai, le desperado qui continuait à combattre dans des villes soumises au Kuomintang, de Chou En-lai longtemps resté dans son cœur le Soviétique.

Deng eut des débuts plus discrets. Après un passage par Moscou, Xiaoping (petite paix) est de tous les combats, à Shanghai ou ailleurs. Mais il se rallie de bonne heure à Mao, ce qu'il paie cher: dès avant la Longue Marche, il connaît sa première disgrâce. La rumeur veut même qu'il ait commencé l'immense épopée comme coolie, en tout cas comme simple soldat portant des fardeaux accablants. Quoi qu'il en soit, il avait les épaules et les nerfs solides, il ne s'écroulait pas, il ne s'effondrait pas, il avançait. Et lorsque, au cours de cette fuite fabuleuse, à Zunyi, Mao fut reconnu comme le maître de la Révolution par les Grands Camarades chinois, son sort s'améliora : il fut plus tard nommé commissaire politique de la 1re armée.

A la Libération, Deng se trouva parmi les dirigeants de la Chine du Grand Timonier. Déjà, que ce soit aux Finances ou au Bureau politique du Parti, il parle de modernisation. Sa nature pratique répugnant à la mystique de Mao, il réprouve les tentatives insensées comme le Grand Bond en Avant, la constitution des Communes du Peuple, la collectivisation complète des âmes et des corps... Il sera châtié en 1966. Pourquoi n'a-t-il pas eu la même attitude que Chou En-lai, cette soumission en apparence absolue à Mao ? Lui seul pourrait le dire, expliquer comment Chou et lui étaient restés unis sous leurs divergences. Mais il refuse d'écrire ses Mémoires.

A Canton, on me raconte que Deng, définitivement victorieux en 1978, commença par réhabiliter le maréchal Peng Dehuai, le militaire prestigieux, intraitable, le chef de l'armée qui au début des années cinquante avait entrepris, lui aussi, une « modernisation », l'homme qui dominait tous les Napoléon rouges. En 1959, lors d'un conclave des leaders de la Chine, Peng Dehuai avait osé dénoncer Mao et ses erreurs, sa volonté de puissance et d'immortalité. Il avait tonné, Peng Dehuai, que Mao vivait dans des chimères et des utopies mortelles. Peu après, Peng Dehuai était destitué. En 1966, il avait connu un sort analogue à celui de presque tous les grands chefs historiques; arrêté, torturé, il était mort en prison sept ans plus tard. C'est le souvenir de ce géant qui a protégé Deng lorsque, en 1976, il a dû se retirer de Pékin alors que Mao agonisait et que l'ombre de Jiang Qing planait sur la Chine. A Canton, il avait pu se réfugier dans une garnison toute dévouée aux mânes de Peng Dehuai, auprès d'un général qui vomissait la Bande des Quatre. A Canton « Petite Paix » avait pu attendre son heure.

Les vertus de Deng Xiaoping... On sait que Mao avait dû, en 1959, renoncer au titre de président de la République, qui était échu à Liu Shaoqi. Cela avait été une époque de sagesse et de raison où l'équipe au pouvoir – celle des bureaucrates du Parti – avait tenté de cicatriser les blessures de la Chine. Ministre de l'Agriculture après les temps noirs de la famine, numéro deux du gouvernement chargé d'un plan de modernisation, Deng ne songeait qu'à remettre son pays sur pied. Mao, lui, préparait sa Révolution Culturelle. Quand elle éclate, malheur à Liu Shaoqi, malheur à Deng Xiaoping qui a été son adjoint. Mais, on le sait, Deng ne périt pas et même en 1973 il est de retour à Pékin et réussit le prodige de réorganiser l'armée sans provoquer de rébellions. Celle-ci, on l'a vu, lui en gardera reconnaissance. Restait à affronter Jiang Qing.

L'histoire de cette forcenée, dont la vie ne fut qu'un défi aux événements et aux hommes, commence en 1913 dans la province du Shandong, celle de Confucius. Née d'une mère concubine et prostituée, Jiang Qing n'accepta pas le sort qui lui semblait réservé, elle changea son nom de Shumeng, « pure et simple », en Yunhe, c'est-à-dire « grue dans les nuages », elle se débattit, elle lutta, elle entra dans des universités, dans des troupes théâtrales, elle eut des maris, des amants, fut amoureuse d'un certain Yu, un communiste qui fut arrêté, elle s'agita intensément, n'aboutit à rien et en 1933, elle décida d'affronter Shanghai, de conquérir Shanghai sous l'appellation de Lan Ping, c'est-à-dire « pomme bleue ».

Shanghai, la misère, les galetas, un anonymat désespérant dans les lumières de la ville. Enfin quelques rôles, surtout celui de Nora dans *la Maison de poupée* d'Ibsen, Nora, son modèle de femme révoltée. Elle apparut dans des films, atteignit une certaine notoriété mais de mauvais aloi. Elle était déjà atteinte de la « maladie de l'œil rouge », la jalousie, l'envie, l'exécration de quiconque ne lui rendait pas les services attendus ou lui portait ombrage. Sa rancune, la ténacité de ses rancunes, sa faculté à souffrir, à faire souffrir et en même temps son culot, sa manière de se lancer à la tête des gens pour en faire ses pions. Ses échecs. Liaison minable avec un footballeur, puis un mariage avec un intellectuel connu, Tang Na, qu'elle fit se suicider trois fois. Un bouillonnement nerveux, des cris, des scènes. Son désir de tuer. Son exaspération contre la Shanghai des artistes et des écrivains qu'elle accusait d'injustices à son égard. En 1937, elle n'avait pas vraiment conquis Shanghai, elle avait une réputation de femme légère et avait eu une « sale histoire ». Emprisonnée par le Kuomintang pour ses opinions subversives, elle s'était confessée aux agents de la police secrète de Tchang Kaï-chek. Elle avait été libérée mais qu'avait-elle raconté? Mystère.

Il était temps pour elle d'essayer de faire mieux, ailleurs. Où? Comment? L'Histoire se précipitait, les Japonais allaient attaquer. « Pomme Bleue », prise dans l'immense cohorte des fuyards, remonta le Fleuve Bleu jusqu'à Wuhan. Là, elle se trouva devant un choix : rester dans la horde traquée où son destin serait ordinaire ou bien tenter sa chance à Yanan, la bourgade lointaine de la Chine des frimas qui était devenue la capitale du communisme, des Grands Camarades de Mao. Elle choisit la terre de lœss.

Voyage infini, exténuant, à travers les monts et les plaines. Une Chine inconnue se refermait sur elle. Dans quel pari impossible s'était-elle engagée, elle, la raffinée? En arrivant à Yanan, elle trouva une minuscule cité endormie depuis des siècles, ceinte de vieilles murailles, accrochée à une montagne, dominée par des temples. La rusticité absolue, des habitations troglodytiques. Les Grands Camarades vivaient en phalanstère dans une extrême austérité. Et elle survenait là comme une intruse, presque une indésirable, elle n'était même pas considérée comme une communiste. Visait-elle déjà Mao?

Certes pas. D'abord se faire accepter, pour cela être humble, suppliante, se vêtir de vêtements grossiers relevés d'une pointe de bon goût. Son but, arriver à se faire inscrire au Parti. Lutter pour cela. Elle avait quelques protecteurs, surtout Yu, le premier amour de sa jeunesse dans le Shandong, Yu l'étudiant efflanqué arrêté par les nationalistes. Il était là, sorti des geôles, désormais un personnage important. La romance ne reprit pas mais Yu « garantit » Lan Ping qui s'aperçut que les vertueux communistes n'étaient pas de bois. Elle joua de ses charmes shanghaïens en les adaptant au style nécessaire, elle piqua la sensualité de ces hommes privés depuis si longtemps de jolies femmes. Elle eut donc des amants bien choisis. Parmi eux, le terrible Kang Sheng, le futur chef des services secrets chinois. Grâce au bon usage de ses appas et à son langage de néophyte zélée, elle fut admise enfin à l'École du Parti. Un jour y vint un Éminent Camarade. C'était Mao. Il la regarda paraît-il, et, toujours avec son aplomb faramineux, elle lui écrivit. Mao tomba dans ce filet.

Mao était à point. Lui qui avait tant prêché contre les passions personnelles, contre les sentiments et les luxures qui détachaient du Peuple, était un homme de fort tempérament, toujours en proie à des passions voluptueuses, qui avait accumulé au cours de sa vie épouses et maîtresses. Il les prenait puis les rejetait brutalement après leur avoir fait des enfants. La première, une paysanne, lui avait été imposée par ses parents. Avec la seconde, la fille du bibliothécaire de l'université de Pékin, il eut une idylle romantique et charmante mais elle était d'une nature fragile, elle n'avait pu le suivre dans son épopée et finalement avait été fusillée par les nationalistes en 1930. La désinvolture de Mao... Ses deux fils réduits à l'état de mendiants dans les rues de Shanghai. La troisième, He Zizhen, une militante qu'il avait connue dans la République de Juling (Ruijin), avait fait la Longue Marche. Toujours engrossée, ses enfants confiés à des paysans au début de la grande randonnée avaient disparu. A Yanan, elle était encore enceinte mais Mao était las d'elle. Il avait besoin de femelles plus élégantes, plus délurées que toutes celles qu'il avait connues. Son aventure avec une certaine Lily, une artiste très maniérée, très prisée avait mal fini. He Zizhen, à Yanan, avait surpris le couple dans ses ébats... Sa colère, sa fureur, une scène si brutale que le mariage en avait été brisé. Lan Ping tombait bien. La place auprès de Mao était libre et il avait envie d'une créature comme elle. Le déchaînement des corps.

Même à Mao, il fallait l'aval des Grands Cadres du Parti pour qu'il puisse épouser Lan Ping. Et ils étaient acquis à He Zizhen, la méritante, l'amazone. Ils ne le disaient pas ouvertement à Mao mais ils n'appréciaient pas cette femelle surgie de Shanghai, connue pour ses mœurs dissolues et ses relations équivoques avec le Kuomintang. Kang Sheng intrigua furieusement en sa faveur. Cela ne suffit pas, Mao dut se fâcher, clamer que plutôt que de renoncer à Lan Ping il abandonnerait la direction du Parti. Alors les vieux compagnons s'inclinèrent. Toutefois ils imposèrent cette clause draconienne que Lan Ping ne jouerait aucun rôle politique ou officiel pendant trente ans, condition insupportable pour Lan Ping qui malgré tout devint Mme Mao, sous le nom de Jiang Qing, c'est-à-dire « Eau Verte ».

Elle ne devait jamais pardonner aux membres du tribunal devant lequel elle avait pratiquement comparu et qui avaient prononcé cette sentence maudite, décidé de ces épousailles assorties de cette restriction accablante, sa nullité au sein du Parti pendant trois décennies. Elle n'était Mme Mao qu'à titre privé... comme une concubine. Dans ce jury, il y avait à peu près tous les dirigeants, Deng Xiaoping très probablement.

L'époque de Yanan. La passion toujours. Jiang Qing a une fille, le neuvième enfant de Mao. Elle loge avec son époux dans trois pièces très primitives, creusées dans le sol sous la colline du Phénix. Et elle, qui aime tellement la grande vie luxueuse est réduite auprès de Mao à des fonctions de ménagère, de cuisinière, elle lave, repasse, sert à table... et s'occupe de sa fille et aussi de celle à qui He Zizhen a donné le jour, He Zizhen qui disparaît, qu'on envoie se faire soigner en URSS – c'est l'expédient dont se servent les dirigeants pour se débarrasser des femmes qui les insupportent. Curieux Mao. Est-ce pour éprouver Jiang Qing? Il la relègue deux mois à la « campagne », chez les culs-terreux où elle travaille la glèbe. Durant toute cette époque elle se montre affable, satisfaite de son sort si glorieux et si modeste. Juste quelques disputes. Mais l'Histoire marche. Une fois les Japonais vaincus, la guerre civile éclate en Chine. Yanan est pris par les troupes de Tchang Kaï-chek, Jiang Qing suit Mao en des périples durs et dangereux à travers la région de lœss où se livrent des combats. Elle est courageuse, elle va être récompensée. A la Libération, tout d'un coup, comme magiquement, les splendeurs de Pékin, les fastes et la suprême puissance – Jiang Qing habite avec Mao dans les merveilles de l'ancienne Cité Impériale. Et Mao est l'Empereur Rouge. Sera-t-elle l'Impératrice Rouge? Les trente ans ne sont pas écoulés.

Mais Mao semble complètement désenvoûté de Jiang Qing – on sait qu'il se fatigue de ses épouses. Dans l'apothéose du communisme, le Grand Timonier va-t-il la répudier? Dix années noires, entre 1950 et 1960, où Jiang Qing se sent constamment menacée. Elle tombe malade, son visage se cerne, son corps n'est plus qu'une douleur, elle est sans doute rongée par un cancer ou quelque autre fléau mystérieux. Mao estime qu'en Chine elle est mal soignée. Au tour de Jiang Qing de partir pour l'URSS où elle demeure des mois et des mois, désolée, désespérée. Quand on lui permet de revenir, Mao continue à la maltraiter. Elle est réexpédiée une deuxième fois et même une troisième fois dans les cliniques russes, elle y est enfermée, abandonnée de toute la Chine. Seul un homme vient la voir à Moscou, la consoler, la rassurer, lui apporter des cadeaux, Chou En-lai... Mais ses attentions ne suscitent aucune reconnaissance, plus que jamais elle le hait, lui et ses semblables, dont Deng Xiaoping, qui se gorgent d'honneurs au gouvernement. Si un jour elle le peut, elle les anéantira. Les trente années sont sur le point de se terminer, elle revient définitivement à Pékin et se retrouve en pleine force, en pleine santé auprès de Mao qui de nouveau l'apprécie. Tous deux vont se lancer dans la Révolution Culturelle, ensemble.

Enfin un rôle immense pour l'actrice Jiang Qing. Sa bouche est un trou à hurlements mortels, se venger, se venger enfin de ses ennemis. Elle n'est plus tellement jeune, elle porte des lunettes et sa chair au lieu de s'amollir comme celle de Mao se durcit des rides du rictus. Mais elle a bonne mémoire, elle se souvient de toutes les injustices subies, de toutes les offenses supportées, elle saigne de toutes les blessures jamais cicatrisées. La mort, la mort pour tous ceux qui l'ont salie. Depuis longtemps, elle est préparée à cette grande et noble tâche : faire expier. Le moment est enfin venu. Elle est entourée de ses trois dogues, Zhang Chunqiao, Yao Wenyuan et Wang Hongwen, des hommes comme elle les aime, experts dans le venin et impitoyables. L'un est le cerveau qui forge les perfidies, l'autre la main qui tient la plume inquisitoriale, le dernier les jambes qui traquent les victimes. Les chiens de la mort...

Tous trois étaient de Shanghai, des élus qu'elle avait choisis pour procéder au sacrifice des artistes et des écrivains qui jadis avaient méconnu les talents de « Pomme Bleue ». Mais régnant sur ce trio d'assassins, Jiang Qing tuait bien davantage. Sa voix grinçait au-dessus des rassemblements des masses, sa voix rauque, hachée, perçante. Furie justicière, tout son être emporté dans l'élan de l'accusation, se convulsant dans l'hystérie, les yeux brûlant de lueurs, les bras, les mains, les doigts jetés dans les mouvements de la dénonciation, elle prononçait des noms, elle faisait connaître les crimes. Ensuite venaient les rires glapissants, les sarcasmes coupants, les moqueries provocantes. Et les foules lui répondaient par des acclamations tonitruantes, par la joie de la condamnation.

Jiang Qing était inépuisable dans l'anathème, dans la description des forfaits, dans la suggestion des fautes, dans la dialectique des suppositions qui aussitôt énoncées devenaient certitudes écrasantes, dans l'ingéniosité des tortures.

Son plaisir à accabler Wang Guangmei, la femme de Liu Shaoqi, l'ancien président de la République, qui avait été pendant quelques années une dame plus importante qu'elle en Chine! Elle s'était exhibée en Indonésie auprès de Soekarno parée de bijoux, elle n'avait pas suivi les avis de Jiang Qing qui lui avait conseillé la simplicité. Vengeance, vengeance, pour cet outrage. Les obscènes caricatures de l'époque... On avait amené Wang Guangmei sur une estrade, on avait apporté une tunique de soie, des chaussures à talons aiguille, un exquis chapeau de paille et un collier de balles de ping-pong où avaient été dessinées des têtes de mort – la malheureuse avait autrefois porté un collier de perles devant Soekarno. Revanche. Jiang Qing avait hurlé à l'épouse de Liu : « Soyez belle, mettez ça, harnachez-vous! » La malheureuse gémissait, pleurait, refusait et, sous les rires du peuple, Jiang Qing l'insultait : « Faites-vous jolie en l'honneur de votre flirt Soekarno. » On l'avait vêtue de force, tous ces atours étaient trop étroits et partaient en lambeaux pendant qu'on attachait autour de son cou le collier de balles de ping-pong. Puis cet épouvantail avait été jeté en prison avec toute sa famille.

Août 1967, le comble de la mort. Tant de cadavres qu'à Pékin les crématoires ne suffisent plus. Jiang Qing, la femme hyène, jamais lasse des agonies, se lèche les babines, mais d'autres pensées la hantent... Il faut détruire à tout prix les documents sur sa vie passée à Shanghai qui peuvent la compromettre. Des nuées d'agents très sûrs s'abattent sur la grande cité, ils perquisitionnent, fouillent brutalement les logements des gens qui avaient connu, fréquenté « Pomme Bleue » – surtout ses amoureux d'antan à qui elle avait eu la faiblesse d'écrire certaines lettres désormais regrettables. Opérations de choc, militaires, des voitures sinistres qui s'arrêtent devant des demeures, des hommes anonymes qui en sortent, qui se ruent dans des escaliers, défoncent les portes, interrogent, saccagent, cherchent. Quelques missives de Jiang Qing sont retrouvées et brûlées. Le passé est détruit à jamais... Elle peut poursuivre son grand œuvre. On bat, on torture, on interne : il faut des aveux. Que tous dénoncent Chou En-lai, Deng Xiaoping, les « valets de l'impérialisme ».

Qui aurait pu prévoir que Kang Sheng la trahirait, Kang Sheng le terrible, le chef des Polices Noires, le Seigneur des basses œuvres rouges, le Grand Bourreau ? En 1975, le « maître des Ténèbres », l'ancien amant de Jiang Qing, son garant, l'homme qui avait fait sa fortune auprès de Mao est aux portes de la mort. A deux émissaires de Deng, il dit tout : que Zhang Chunqiao, le brillant intellectuel de Shanghai qui pourchassait les écrivains, Zhang le fidèle de Jiang Qing, est un traître, et qu'elle, la maudite, a bien livré des noms de communistes aux policiers de Tchang Kaï-chek qui l'avaient arrêtée et que c'est ainsi, par cette infamie, qu'elle avait retrouvé sa liberté. Mais à quoi bon ? Personne n'osera rapporter à Mao ces terribles accusations. Le mur du silence autour de ces phrases... De toute façon, elles n'ont plus d'importance : la guerre entre Deng et Jiang Qing est trop engagée.

Quant à Mao, il est las, tellement las depuis l'immense affront qu'il a subi : sa Révolution Culturelle a failli dégénérer en guerre civile. La confusion a explosé à Wuhan en juillet 1967 où deux clans étaient aux prises. Les troupes tirent sur le « quartier général d'acier », assurant la victoire à l'« armée d'un million de braves » qui défilent martialement sur le grand pont jeté au-dessus du Yangzi. Mais ces braves-là se retournent contre les militaires qui pourtant ont anéanti leurs ennemis... Batailles, folies. Pékin envoie deux délégués dans ce chaos, ils sont arrêtés puis libérés. Toutes les rébellions, toutes les anarchies, toutes les répressions, Lin Biao vainqueur, Lin Biao abattu à l'automne 1971.

Mao n'a plus de successeur désigné. Mao est sénile, Mao est en proie à la maladie de Parkinson, Mao va mourir. C'est alors que Jiang Qing se laisse emporter par le Grand Rêve. N'est-elle pas la sentinelle du Grand Timonier ? N'est-elle pas son âme et sa chair ? N'est-ce pas à elle de prendre la barre de la Chine quand les mains de son mari l'auront lâchée ? Ses mains qui tombent, ses mains saisies par la rigidité cadavérique... Oui, elle sera l'Impératrice Rouge succédant à l'Empereur Rouge.

Jiang Qing divague. Elle se met à célébrer, à faire célébrer les grandes impératrices des annales millénaires de la Chine. Certes elle pourrait choisir comme modèle Ts'eu Hi, la grande Régente qui cinquante ans durant tint la Chine sous son joug, mais Ts'eu Hi, la récente Ts'eu Hi, était « réactionnaire » Il faut à Jiang Qing rechercher des exemples dans le cœur des siècles et des siècles. Lui apparaît Wu Zetian, qui vécut et régna au VIIe siècle, Wu Zetian la Magnifique. Wu était la concubine d'un souverain dont elle avait séduit le fils, le Prince héritier. A la mort du monarque, elle fut enfermée dans un couvent mais l'en arracha le nouveau Dragon Vivant qui régnait sous le nom de Gaozong. Sacrilège inouï... Bientôt le premier crime. Le bébé qu'elle eut, Wu l'étrangle, accusant de ce forfait l'impératrice qui fut mise à mort. La série des meurtres, la toute-puissance de Wu, sa luxure effrénée. Elle fit occire ou exiler les Princes héritiers ses fils, et en 690, elle se proclama la « Fille du Ciel », « Empereur saint et divin de la Roue d'Or », elle fonda une dynastie dont elle fut l'unique représentante et gouverna somptueusement la Chine pendant encore quinze ans. Elle avait assuré la prospérité générale, fait fleurir le commerce, les arts et les lettres, promu les fonctionnaires, écrasé les aristocrates, protégé les bouddhistes, mené des guerres victorieuses, agrandi le territoire céleste. Dans Luoyang, sa capitale, elle était vénérée. Jiang Qing décida qu'elle serait la nouvelle Wu. La comparaison n'était pas absurde : Jiang Qing n'avait-elle pas répandu le sang de ses ennemis? Et n'était-ce pas par la chair qu'elle avait subjugué Mao?

Toutefois il fallait qu'elle achève de liquider ses adversaires. Des Grands Camarades qui l'avaient condamnée à trente ans d'impuissance, presque tous avaient été ignominieusement chassés, à commencer par Liu Shaoqi, mais le gouvernement, après tous ces tumultes, n'était-il pas maintenant aux mains de l'exécrable Chou En-lai? Et ce Chou En-lai ne venait-il pas de commettre l'offense suprême, de rappeler Deng Xiaoping? Increvable celui-là, sévices, insultes, coups, relégation dans le lointain Jiangxi, sa famille opprimée, son fils jeté par une fenêtre et paralysé, il avait tout supporté. En 1973, Chou En-lai avait obtenu de Mao trop bon, trop mou, son retour à Pékin et même sa participation au pouvoir. Et Deng était réapparu, plus vigoureux que Chou En-lai, plus incisif, plus décidé, manœuvrant contre elle, Jiang Qing, lâchant des phrases mauvaises, se moquant des hommes qu'elle avait mis en place, « promus par hélicoptère », ricanait-il pour stigmatiser la rapidité de leur ascension. Ce gnome se révélait un adversaire redoutable.

La Mégère choisit son objectif : Chou En-lai. Si elle l'abat, Deng tombera du coup. Mais ce sera difficile car Chou En-lai qui désormais détient pratiquement le pouvoir, est plus que jamais une grande figure. Jiang Qing ne peut attaquer ouvertement le mandarin rouge, elle lui fait donc une guerre sournoise, incessante. Avec tous ses affidés, elle lance une campagne contre Confucius (Pi Kong), étant entendu que le Confucius maudit des temps présents est Chou En-lai. Celui-ci demeure imperturbable. Deng riposte pour lui : jamais la Chine - à moins de rechercher la lointaine et sanguinaire Wu - n'avait eu de souveraines détenant le sceptre, jamais les accapareuses du pouvoir n'avaient dominé le pays que sous le couvert d'enfants ou de soliveaux qu'elles tyrannisaient. Et puis la suprématie des femmes s'était toujours révélée néfaste.

Les inquiétudes, les fièvres de Jiang Qing. Et si Mao laissait le gouvernail de la Chine à un de ses descendants? Il avait eu neuf enfants, on le sait, mais la plupart avaient disparu dans les tourmentes. Quand Jiang Qing avait connu Mao, il lui restait une fille et deux fils. La fille née de He Zizhen, elle l'avait élevée et mariée médiocrement. Pas d'embarras de ce côté-là, pas davantage du côté de sa propre fille qu'elle n'aimait guère. Les deux fils qui avaient survécu aux épreuves avaient été engendrés par la deuxième femme de Mao, Yang Kaihui. L'un Mao Anying aurait pu être dangereux, si ce jeune homme doué, superbe, chéri par son père, n'avait pas eu la bonne idée de se faire tuer en combattant dans les rangs chinois lors de la guerre de Corée. Restait le cadet, Mao Anqing, heureusement un faible d'esprit, un attardé, mais qui, marié, pouvait procréer et devenir le jouet d'un clan. Alors Jiang Qing s'était acharnée contre ce débile, contre son épouse, contre ses proches. Mao laissait faire, peu lui importait. N'était-il pas immortel?

Cependant Chou En-lai et Deng œuvraient. Chou En-lai n'avait-il pas déjà abouti à cette monstruosité, la réconciliation avec les États-Unis? Kissinger était venu à Pékin en 1971, Nixon en 1972... Incroyable. Et maintenant les deux compères préparaient une Chine différente, une Chine nouvelle, une Chine moins dominée par le Peuple et l'Idéologie, une Chine qui se développerait puissamment selon les lois barbares de la Science et du Progrès. Bientôt Chou En-lai inventait le principe des « Quatre Modernisations » et revendiquait aussi l'Ouverture au profit de l'Occident. En somme le reniement....

Mao inerte. Jiang Qing et lui ne se supportaient plus physiquement tout en restant de bons, de solides amis. Elle avait quitté les pavillons proches des lacs du Centre et du Sud où logeait Mao et s'était installée somptueusement sur la Terrasse du Pêcheur. Là, exigeante et délicate, nourrie des mets les plus exquis, elle vivait sa folie dans des pièces ombreuses, loin des bruits et des lumières crues. Et elle se portait bien. Elle était adulée par sa cour qui devait révérer aussi sa bête favorite, un singe espiègle. Elle recréait le théâtre, elle se permettait quelques passades qui ne comptaient guère. Elle rendait régulièrement visite à Mao qui, en général, la recevait bien. Il ne se croyait plus immortel, la maladie s'aggravait, il s'entourait de filles à peine pubères comme le voulait la tradition qui affirmait que le contact de la chair fraîche rajeunissait les vieillards. Il lui arrivait de déclarer avec une sérénité à peine amère que s'il n'avait pas réussi la Révolution, personne n'arriverait à la faire.

En 1975, là-bas à Taiwan, son vieil ennemi Tchang Kaï-chek était mort et son fils lui avait succédé. Mao faiblissait mais Chou En-lai aussi, qui était dévoré par un cancer. Et ce fut Chou En-lai qui en 1976 disparut le premier.

Bonheur de Jiang Qing, enfin délivrée du mandarin rouge qui, s'il avait survécu à Mao, aurait sans doute entravé ses fabuleux projets. Elle ne le pleura pas mais la Chine le pleura. En avril 1976, sur la place Tiananmen des foules immenses se rassemblèrent spontanément pour manifester leur amour au défunt. Cela tourna à l'émeute, à la contre-révolution, la troupe tira pour disperser ces hordes tumultueuses. Sang, blessés, cadavres. Mais là s'était produit un événement capital : la naissance d'une opinion publique. Un phénomène, une nouveauté extraordinaire au sein du régime communiste chinois qui ne procédait que par la persuasion et la contrainte. Évidemment, Jiang Qing ne comprit pas. Elle était toute à sa joie. Par une chance inouïe, elle était débarrassée de Deng Xiaoping considéré comme le complice du cadavre dangereux de Chou En-lai, disgracié, condamné à l'exil.

Mais ce départ n'était pas accompagné de honte et de tourment. Loin de là. Deng, je l'ai dit, avait choisi de se mettre aux aguets dans une station thermale voisine de Canton, sous la protection d'unités chinoises qui lui étaient acquises.

Le rôle de l'armée dans cette trame... Si on s'était contenté de critiquer le vieux maréchal Zhu De qui avait créé l'Armée Rouge, on avait tué Peng Dehuai, tué Helong, le romantique brigand dont la colonne avait rejoint celle de Mao lors de la Longue Marche, attaqué les figures les plus sublimes de la Révolution... Sait-elle, l'armée, qu'on a injecté du glucose au malheureux Helong qui était diabétique? Sait-elle toute l'abomination? Toujours est-il qu'elle gronde.

Le dénouement est proche. Dès la mort de Mao, ce serait la grande confrontation entre Jiang Qing et ses ennemis. Les ultimes manœuvres... Elle et sa bande d'un côté, de l'autre les dignitaires rouges, tous accrochés à Mao, s'acharnant à lui soutirer un testament, des volontés dernières. Jiang Qing tente de toutes ses forces de lui arracher des mots l'intronisant « Impératrice Rouge ». Vainement. Jiang Qing a beau être tendre, caressante, douloureuse, Mao reste énigmatique, parfois il la met en garde, l'avertissant que si elle ne réussit pas dans sa tentative, elle est perdue, d'autres fois, il lui marmonne qu'elle doit essayer. Il gît, gros, pâle, en sueur, de plus en plus indéchiffrable. Ses paroles deviennent incompréhensibles. A un moment, il profère que pour occuper sa place il faut trois hommes, un vieux, un d'âge moyen, un jeune, tout cela très vague. Enfin il édicte qu'il sera remplacé à titre intérimaire par Hua Guo Feng, un cadre supérieur peu connu, falot, mais qui avait fait preuve de zèle lors de l'affaire Lin Biao. Gouverneur de la province d'où était issu Mao, le Hunan, Hua avait transformé la maison natale de Mao en un sanctuaire où était célébré son culte perpétuel. « Avec toi aux affaires, je suis tranquille », lui aurait dit Mao. Est-ce son choix définitif? Il agonise, on épie ses râles, on croit entendre qu'il balbutie : « Il faut agir selon les principes établis. » Phrase équivoque aussitôt interprétée dans les sens les plus opposés. En quittant la vie, ce 9 septembre 1976, Mao s'est-il moqué ?

Hommage immense rendu à Mao et immédiatement la menace de guerre civile. Des armées, paraît-il, se mettaient en mouvement. La Mandchourie et Shanghai se seraient prononcées pour Jiang Qing. Ses illusions, ses gigantesques illusions. Sans Mao, elle n'était plus grand-chose, elle tant abominée, tant haïe. Sa défaite fut étonnamment rapide. Dans sa première réunion du Comité politique, Jiang Qing avait furieusement clamé ses prétentions. Mais quand se déroula la seconde, le 6 octobre 1976, des hommes de l'Unité de police 8341 – l'Unité de choc qui l'avait tant servie – surgirent, lui passèrent les menottes ainsi qu'à ses acolytes. C'en était fini d'elle et de ses espérances : Hua Guo Feng n'avait pas hésité à commettre un coup d'État.

Et pourtant Hua Guo Feng restait un personnage inconsistant. La Chine à la dérive... Tous les commandements militaires (sauf celui de Pékin) veulent le retour de Deng. Tergiversations, négociations, enfin il réapparaît en juillet 1977. La restauration, les purges, tout naturellement Hua Guo Feng est éliminé et Deng Xiaoping se substitue à lui. Dès lors Deng est le maître de la Chine. Il va appliquer les règles jadis conçues par lui avec Chou En-lai – la Chine nouvelle, l'Ouverture, les Quatre Modernisations et en surplus une certaine « démaoïsation ».

Dernière apparition de Jiang Qing, la vaincue, sur les écrans de télévision du monde entier : le procès qui en décembre 1980 fascine la Chine et l'univers. On ne l'a pas soumise à un jugement populaire où une masse immense rassemblée sur une place ou un stade l'aurait condamnée à mort juste avant que l'on procède à l'exécution. Non, ce tonnerre du peuple déchaîné auquel elle avait eu si souvent recours pour faire exterminer ses ennemis, cela aurait été trop expéditif. Il fallait qu'elle comparaisse avec ses trois affidés devant une cour judiciaire, pour de véritables débats, il fallait qu'elle soit accablée. Mais, pendant les audiences, les interrogatoires, pendant la grande traque des questions et la noria des témoignages écrasants, pendant le spectacle qui devait être consacré à son abaissement et à son humiliation, pendant le « show », Jiang Qing a ébloui des millions et des millions de spectateurs à travers tous les continents. Loin de s'avouer criminelle et de prendre les postures du remords et de la confession, elle a étalé sa hargne, son défi inflexible, son insolence formidable. Avec ses lunettes, sa vareuse ordinaire, elle était d'une laideur intense, d'une laideur totalement arrogante. Pas une trace de son ancienne beauté, du reste elle n'en avait plus besoin : sur des traits grossiers, abrupts, usés, une vigueur indomptable. La voix grinçante, la voix des agressions.

Face à l'extraordinaire appareil de la Chine, face à l'échafaudage des « magistrats » – des hommes du Parti qu'elle avait jadis commandés et dominés et qui semblaient comme gênés dans leurs rôles de procureurs – eh bien, elle nasillait des phrases empoisonnées et ses yeux jetaient des éclairs. On pouvait déverser sur elle par tombereaux les cadavres de ses victimes, on pouvait l'immerger dans l'océan des souffrances et des agonies dont elle avait été la source, elle tenait tête, et comment! Ses rictus, ses rires, sa grosse bouche, ses grandes dents. Pis, elle rappelait les anciennes complicités et toujours elle se réclamait de Mao, au grand embarras de ses accusateurs. Comment la dissocier, elle déclarée criminelle, elle la Veuve, du Grand Timonier qui devait rester sans fautes et sans taches, immaculé dans sa grandeur – même si son culte avait cessé d'être célébré à travers la Chine? Aux témoins qui se succédaient, elle remémorait les liens d'antan, la soumission dont ils avaient fait preuve envers elle, Jiang Qing, la Femme de Mao, la Femme dont Mao avait toujours approuvé les actions excellentes. Jiang Qing maniait encore superbement la dialectique : dans cette Chine rouge où tout accusé doit se reconnaître coupable, elle se révoltait avec une audace sacrilège. Sans doute savait-elle qu'elle ne risquait rien, qu'on ne l'exécuterait jamais, quoi qu'elle pût dire en ces moments car, et c'était irréfutable, elle avait été l'épouse de Mao, l'ange de sa Révolution.

Séance après séance, elle bravait donc les assises. Dans sa catastrophe, elle donnait d'elle à tous les Célestes et à tous les Barbares du globe une image combien lyrique et enflammée. Elle se sanctifiait dans l'Utopie magnifiée. Deng, qui pourtant la connaissait, avait mal calculé ce théâtre où elle aurait dû apparaître comme la Pécheresse et où elle jouait l'Héroïne, il avait mal mesuré ses capacités d'actrice. La trempe de Jiang Qing, son dernier grand rôle. Évidemment elle avait été condamnée à mort, mais avec deux ans de mise à l'épreuve et même possibilité de rachat. Une mascarade... Aux populations de la terre qui n'avaient pas grande notion de ce qu'elle avait été, une insatiable de la mort des autres, de tous les autres, elle laisserait un souvenir de pureté et d'énergie chevaleresque. Elle pouvait être recluse dans l'obscurité des cachots, elle avait désormais sculpté sa statue dans la mémoire de l'Humanité.

Nous quittons Canton pour nous rendre dans ce que la Chine a de plus neuf et ambitieux, dans la plus active des quatre « zones économiques spéciales » qui doivent être les chantiers-laboratoires de la Chine nouvelle, celle de la grande technologie. Nous allons à Shenzhen, une ville presque accolée à Hong Kong et qui est déjà considérée comme le phare de la Science, de l'Industrie, du Commerce et même du tourisme céleste, l'endroit d'où jaillira une Chine consacrée à l'avenir lumineux des machines. Là je verrai si cette Chine que j'ai jugée maladroite et balourde, incohérente même, dans ses efforts vers la modernisation est capable, grâce à une bonne volonté exaspérée, d'arriver à des résultats clairs, nets, probants. Je le sais, à Shenzhen, elle déploie tout son acharnement pour atteindre le succès.

La gare de Canton. Deux heures de trajet à travers la campagne luxuriante... Un train semblable à celui que je prenais quand, en 1956 et 1958, je retournais vers Hong Kong après mes périples dans la Chine de la Douceur et la Chine du Cauchemar. Quel soulagement j'éprouvais alors de quitter cette Chine toujours oppressante dans sa vertu, si menaçante dans sa politesse, afin de retrouver le merveilleux capitalisme de la colonie britannique, ce paradis. J'étais en proie à une impatience, à une sorte d'anxiété dont je ne serais délivré que sur le territoire d'Albion. A la frontière, en un lieu appelé Lowu, le convoi s'arrêtait, il fallait descendre et affronter les gueules armées des policiers et des douaniers chinois. Une fois l'épreuve surmontée, une centaine de mètres à parcourir à pied et soudain, comme surnaturellement, l'étendard britannique, l'Union Jack déployé au sommet d'un mât, des officiers blonds à moustache et à stick qui vous donnaient du « Sir ». Enfin les joies de la civilisation, enfin le cœur rassuré, heureux. Quelle débauche dans le train anglais roulant vers Victoria Station ! Des visages avenants, la correction impeccable du personnel, la volupté de la première cigarette opiacée, du premier whisky avec des glaçons, la délivrance.

Cette fois donc, au bout du trajet, je resterai en Chine, à Shenzhen, à quelques kilomètres de la frontière. Un choc. Dans cet endroit où jadis il n'y avait à peu près rien, une verdoyance du paysage, un bourg et au loin comme une présence de la mer, a poussé une ville.

Je reconnais les lieux – je les ai, à vrai dire, beaucoup fréquentés. On se souvient qu'en 1949 j'avais tenté en vain depuis Canton d'aller au-devant des troupes rouges qui submergeaient la Chine et que finalement j'étais retourné, déçu, dans le cocon de Hong Kong. Là, j'appris que Canton était tombée le 14 octobre et que les forces communistes s'approchaient de la colonie. Avec un grand flandrin d'agencier je décidai donc de me porter vers elles, en territoire céleste.

Le train anglais qui filait vers la frontière. Je venais de quitter un Hong Kong calme, à peine voilé d'une légère appréhension. Les négociations sino-britanniques que j'avais flairées lors de mon séjour à Canton avaient abouti à un accord, tout le monde le savait. Hong Kong serait respectée, les troupes de Mao ne l'engouffreraient pas, s'arrêteraient à la limite. Mais pour la montre, pour la forme, les Anglais avaient déployé derrière la frontière un dispositif militaire léger. De mon wagon, j'avais distingué des tentes bien alignées, des sentinelles, des soldats à l'exercice – surtout des Gurkhas si renommés pour couper les têtes avec leurs sabres courts – et même quelques canons pointés vers l'horizon céleste, une belle parade, absolument pas une veillée d'armes.

Cependant au poste frontière les fameux officiers britanniques à moustache et à stick – les mêmes pour l'éternité – avaient paru surpris de notre venue, à mon compagnon et à moi. Ils nous avaient demandé nos passeports, puis, comme par courtoisie, ils s'étaient enquis de notre destination. « Là-bas », avions-nous répondu en montrant d'un geste large la Chine, le no man's land, le hameau de Shenzhen que l'on apercevait à une certaine distance. Le British le plus gradé, dans sa bonté, nous avait fait observer que nous n'avions pas de visa chinois et il avait ajouté :

« Pour nous, vous êtes en règle, vous pourrez repénétrer chez nous si vous vous présentez à nouveau, mais évidemment, là-bas, nous ne pourrons rien pour vous. »

Bravement, nous avions négligé cet avertissement et nous étions entrés dans ce qui allait devenir la Chine rouge. Les baraques des douanes célestes étaient abandonnées et nous nous sommes mis à marcher sur le ballast caillouteux en suivant la voie ferrée. Pas une âme en vue, le soleil était de plomb, l'espace vide.

Nous progressions à grandes enjambées... La paix, les rizières, les collines. Au bout d'une heure, nous approchions de Shenzhen, une bourgade repliée sur sa nullité. Toujours personne sauf quelques chiens galeux dans les rues. Les fenêtres obturées, les ombres des toits vernissés, le silence, mais un silence où l'air semblait vibrer, et même résonner. En général, ce genre de néant annonce la calamité. Était-ce le poids de l'angoisse ? Les communistes n'étaient pas encore là. La population redoutait-elle leur apparition imminente ? Nous avons vainement erré dans les ruelles étroites, sans rencontrer qui que ce soit, sans trouver trace d'un habitant, sans même entendre vagir un enfant. C'était comme si les gens avaient disparu à jamais, mais on les sentait là, recroquevillés à l'intérieur de leurs maisons en pisé, muets, attendant. Et nous nous en étions retournés vers Hong Kong, par le même chemin. A la frontière, un petit rituel avec les officiers britanniques, les mêmes, toujours les mêmes. Ils nous avaient demandé comme par acquit de conscience : « Rien alors ? – Rien », avions-nous répondu.

Un train presque vide nous avait ramenés à Victoria Station, nous y avions bu de la bière, nous avions soif.

Le lendemain, le recommencement de ce qui s'était passé la veille. Les officiers anglais nous avaient plaisantés :

« Alors les journalistes français, toujours à la recherche du scoop ! »

Nous avions ri et rejoint le soleil, la voie ferrée, la bourgade – la même immobilité, le même silence, le même néant. Toujours pas de communistes, encore quelques chiens et les créatures humaines cloîtrées. Mais un bambin avait braillé.

Le surlendemain, un ciel plombé, des rumeurs d'orage. Était-ce un présage ? Mais Shenzhen était toujours aussi mort. Sur place nous avons attendu que le sort se décidât, mais rien, toujours rien. Un peu découragés nous étions repartis vers Hong Kong, toujours suivant les rails luisants et solitaires. A peine avions-nous fait deux cents mètres qu'un halètement a rempli le monde, une respiration énorme, et nous avons entendu des sifflements aigus. Dans le lointain surgissait un train provenant de Canton, sa locomotive crachant en fanfare. Le convoi s'était à grands bruits de ferraille arrêté devant la bicoque qui servait de gare à Shenzhen. Nous avons rebroussé chemin, courant à toutes jambes. Mais les choses allaient encore plus vite que nous. Des wagons se ruaient par les portes et les fenêtres quantité de corps, des soldats jeunes et beaux, en uniforme verdâtre, qui brandissaient leur fusil au-dessus de leur tête, en signe de joie. J'appris par la suite qu'il s'agissait d'étudiants-guérilleros dont on avait constitué une unité modèle. Apparue comme par miracle, une foule compacte, hurlante, dansante, emportée par la folie et l'enthousiasme s'était rassemblée autour d'eux. Et le bourg de Shenzhen lui-même revivait comme s'ouvre une fleur. Partout se déployaient des drapeaux rouges, des banderoles marquées de l'étoile de Mao. L'explosion de la ferveur, le délire écarlate.

Ce délire fut aussitôt organisé, encadré. Se forma un cortège hystérique et ordonné, en tête les soldats arborant des portraits de Mao et sur les flancs des hommes arrivés avec eux, des hommes en bleus de chauffe, qui regardaient, surveillaient et donnaient des ordres – des commissaires politiques. Ainsi chaperonnés, les citoyens, je veux dire les camarades libérés, marchèrent à travers les ruelles de Shenzhen jusqu'à la place centrale. Nous nous étions joints à ce défilé, nous étions entraînés par le flot. Lequel se jeta dans une salle de cinéma, la remplissant complètement, pour un meeting, le premier meeting. Sur une estrade, des orateurs, les commissaires politiques, prononcèrent des harangues fougueuses, firent de grandes proclamations régulièrement coupées par des tonnerres d'applaudissements et de vivats. A l'extérieur, tous ceux qui n'avaient pu entrer relayaient l'ouragan. Un haut-parleur commandait l'exaltation à la masse entassée, qui prenait ainsi sa première leçon sur l'art et la manière de devenir le Peuple.

Mon compagnon et moi, debout au milieu de la foule qu'on catéchisait, n'étions pas rassurés du tout. Notre présence à ce baptême n'était-elle pas un scandale? N'étions-nous pas des profanateurs? Qu'une certaine phrase nous concernant tombe métalliquement du haut-parleur et nous pouvions être aussitôt accusés, arrêtés, promis à je ne sais quels châtiments, à la prison peut-être. Aussi je frémis quand, derrière moi, une main se mit à me tapoter l'épaule, comme pour attirer mon attention. Je me retournai, l'homme qui m'avait touché avait une tenue et un visage de « cadre » communiste. Qu'allait-il m'arriver? Mais l'individu souriait et dans un anglais en lambeaux il m'expliqua :

« Nous sommes les amis du peuple britannique. Retournez à Hong Kong et annoncez que nous souhaitons la paix et la concorde avec ce territoire, ses autorités et sa population blanche et jaune. »

A ces phrases, je ressuscitai et avec mon ami je courus à Hong Kong. A la frontière, les officiers anglais s'enquirent auprès de nous du comportement des communistes. Hâtivement, nous leur délivrâmes le message dont nous étions chargés – ils ne furent aucunement surpris. Et nous nous précipitâmes dans la cité pour rédiger nos dépêches. La mienne fit, je crois, les huit colonnes dans mon journal...

Shenzhen. Désormais la gare est importante, active, un faisceau de lignes, des locomotives, des wagons de marchandises que l'on charge et décharge, des wagons de voyageurs déversant des vagues d'humains. Une sensation étrange s'impose à moi : il ne s'agit pas d'une foule ordinaire, il n'y a pas de vieux, pas de bébés, pas non plus de familles au complet, pas de couples d'amoureux. Là où autrefois j'avais vu surgir des soldats rouges apportant l'Enthousiasme, il n'y a maintenant que des garçons et des filles efficacement pressés, avec le zèle pour uniforme. Tous sont rassemblés, Yao nous l'a dit, pour ce qui doit être une œuvre superbe : créer une région où soient enfin concentrées et réunies les énergies permettant d'égaler ce que le monde offre de mieux, un Hong Kong des finances, un Osaka de l'industrie, une Ruhr ou un Pittsburgh, sans parler de la Corée du Sud, de Singapour ou de Taiwan. Une mission orgueilleuse, naïve, touchante.

Pas de simple voiture noire dans la cité de l'ambition, mais une superbe Mercedes, un énorme char à banc à peine fatigué. Deux journalistes de l'Association de Shenzhen nous accueillent, l'un et l'autre la trentaine, l'un le sérieux à lunettes, l'autre une sorte de bon grouillot de luxe, du nom de Huang. Ils nous emmènent aussitôt auprès de leur patron, M. Luo, le directeur du quotidien de Shenzhen, un des pères fondateurs de la cité. Nous nous approchons d'un faisceau de gratte-ciel – c'est connu, les gratte-ciel sont la clef, la marque, la démonstration du Grand Progrès. Vus de loin, ils forment un bel ensemble architectural, un bouquet lyrique, dynamique, d'un grandiose digne de la Chine Nouvelle. Mais au fur et à mesure que nous nous en approchons, ils me semblent se dégrader, faire un peu bon marché, un peu manqué, un peu décor en carton-pâte. La voiture s'arrête devant un petit immeuble perdu là, batteries d'ascenseurs, un bouton nous lance au huitième étage. Pour arriver jusqu'au bureau de M. Luo, il nous faut suivre un corridor crasseux, étroit, compliqué qui surplombe l'abîme d'une cour intérieure. Aux fenêtres donnant sur les parois de ce gouffre sont accrochées, comme des étendards, toutes sortes de linges à sécher : la Chine éternelle n'a pas dit son dernier mot.

Le crachoir. La précision du jet... Les raclements de gorge annonciateurs du rassemblement de la morve et de son expulsion, M. Luo est un champion. C'est un camarade proche de la cinquantaine au masque plein et imposant, une belle figure à l'étrave majestueuse, brûlée de chaleur intérieure. Il s'est levé pour nous recevoir, ce que je comprends être un grand honneur. Il nous dit qu'il a tout le temps pour nous d'une manière qui signifie qu'il est un homme pressé, surchargé de responsabilités et ayant toujours des décisions capitales à prendre – mais que pour nous, s'arrachant à son labeur forcené, il disposera de longues minutes. Je remarque de plus en plus qu'il n'a pas le genre communiste distingué, sévère, tiré aux quatre épingles de la doctrine : il lui reste une noble vulgarité plébéienne qui transparaît en mille petites nuances et intonations. Mais en même temps il se comporte comme le Chef, il est le guide qui inspire une peur évidente à M. Huang, son aide de camp.

Avec quelle foi, quelle vigueur M. Luo me vend « son » Shenzhen ! Tel Moïse présentant les tables de la loi, il détruit les tabous de l'ancienne société rouge et récite le credo du futur. Sa manière de foncer pour me « persuader »... Rien des processus normaux de l'Exposé mais une fougue incroyable, un élan extraordinaire. De sa bouche épaisse sort le chant du monde de demain. Et avec cela, une façon carrée, une certaine franchise habile, pour me fourguer, en camelot inspiré, « son » Shenzhen prestigieux, qui sera le phare de la Chine.

Shenzhen est un camp – une presqu'île ouverte sur l'océan, sur le monde, sur Hong Kong mais complètement fermée du côté de la Chine par un barrage électrifié de cinquante-cinq kilomètres de long, pourvu de miradors, de projecteurs, de quantité de sentinelles. Le but de ces fortifications n'est aucunement d'empêcher les habitants de Shenzhen de s'enfuir – il n'en est nul besoin –, c'est au contraire d'empêcher les Chinois indésirables, le reste de la Chine, de s'y ruer pour jouir d'une existence bien meilleure. Trente mille habitants de Shenzhen seraient pourtant entrés en fraude. Car ce camp est aussi l'esquisse d'un paradis. N'y sont admis que les individus les plus remarquables de l'Empire Rouge, les plus intelligents et les plus doués, une élite sélectionnée selon des critères précis. Ces gens de qualité sont parfois des volontaires que l'on recrute s'ils correspondent aux normes requises, le plus souvent des hommes et des femmes triés sur le volet, sommés, qui ne peuvent refuser et qui se retrouvent « shenzhenisés ». Mais tous acceptent, et avec quelle ardeur, quel orgueil, quel contentement : Shenzhen est pour eux une occasion unique, une expérience fabuleuse. On n'a que l'embarras du choix. Les conditions d'admission ? Il faut, pour les deux sexes, être de préférence célibataire pour mieux s'éprendre complètement de Shenzhen, être aussi dans la limite d'âge, quarante-cinq ans au plus pour les cadres techniques supérieurs, trente ans pour les employés, vingt-cinq ans pour les ouvriers.

M. Luo est lancé dans le panégyrique, dans le dithyrambe. Shenzhen-prison certes mais la prison-chantier, la prison-laboratoire, la prison-épanouissement. Le labeur comme un sacerdoce. Il répète qu'on ne peut faire venir les vieux parents sauf s'ils n'ont pas d'autre soutien de famille, que le mariage est déconseillé, encore plus la reproduction. Quiconque manque de foi est chassé, quiconque commet une faute est chassé, quiconque n'est pas heureux est chassé. On doit rester au minimum deux ans, mais les gens n'ont qu'une obsession : ne pas être expulsés de Shenzhen, y passer son existence entière jusqu'au moment où l'on se retirera quelque part dans le reste de la Chine, dans la Chine ordinaire, pour y terminer sa vie en jouissant d'une aisance bien méritée.

M. Luo, magnifique, balaie ces perspectives de sa carrure rassurante, de ses rides puissantes – il en a. Il rugit :

« Qui voudrait partir ? Pensez qu'il y a six ans cette contrée n'était qu'un marécage, tout au plus un bourg et quelques rizières. De vingt-cinq mille habitants, on est passé à quatre cent cinquante mille. Maintenant, en plus de la capitale administrative dans laquelle je vous reçois, ont été créés quatre districts industriels consacrés aux productions de pointe, la mécanique, l'électronique, l'informatique, un peu de textile... Rien que des fabrications élaborées qui exigent des cerveaux déliés et des doigts agiles. Déjà ont poussé neuf mille entreprises, dont neuf cent vingt à capitaux mixtes. Les étrangers sont les bienvenus, on leur ouvre les bras, on souhaite leur participation, on leur fait les meilleurs contrats. Partout on applique les lois du marché, la concurrence joue à plein, pas d'interventions des autorités, pas de bureaucratie, seuls comptent les résultats. Les cadences s'accélèrent, les mérites se récompensent. La main-d'œuvre élit pour trois ans au vote secret ses chefs qui, s'ils ne donnent pas satisfaction, seront démis par elle. En revanche, les chefs ainsi choisis peuvent licencier les incapables. Donc il y a constamment risque pour tous. La loi du marché, je vous le répète, encore plus que dans une société purement capitaliste. Tous doivent se donner complètement sinon... Notre exigence, c'est la compétition dans tous les secteurs, comme une passion. »

M. Luo rit formidablement, il fait jaillir un monde :

« Qui n'est pas à la hauteur disparaît, mais pour les êtres doués, la vie est excellente. A Shenzhen, les salaires sont très supérieurs à ceux du reste de la Chine, en revanche les subventions pour le riz, la viande, les légumes, pour l'eau et l'électricité ont été supprimées : la population de Shenzhen n'a pas besoin d'être assistée. La culture fleurit, les bibliothèques et les instituts de recherches scientifiques abondent, nous avons un hôpital au matériel unique, avec des médecins, des infirmières très bien notés, une université admirablement équipée, des écoles primaires et secondaires, des centres sportifs, des théâtres. Pas de rationnement, tout en abondance, des logements de plusieurs pièces, confortables, pas chers, des boutiques remplies des marchandises de l'univers entier, et même des bars et des dancings. Il est permis de s'amuser si le travail n'en souffre pas, mais si le travail souffre, alors... »

M. Luo fait, du tranchant de la main, le signe de décapiter.

« Nous n'avons pas le temps de rééduquer, cela ne nous intéresse pas. Tout au plus donnons-nous une seconde chance à qui a failli mais à qui on reconnaît certains dons. Rares sont ceux qui déméritent, l'ambiance est formidable, nous sommes tous fiers de Shenzhen, de ce que l'on a construit, de ce que l'on construira. Partout et toujours des travaux, des échafaudages, des bâtiments qui semblent surgir du néant. Nous avons soixante-dix sociétés immobilières en concurrence, on fait un appel d'offres, on choisit parmi les projets présentés. Comme cela on ne cesse d'édifier d'autres gratte-ciel à trente étages, à quarante étages, un étage supplémentaire toutes les semaines. Le temps est vaincu, il ne nous faut que neuf mois pour bâtir un beau building. Je vous le dis, quand j'ai reçu M. Deng Xiaoping à Shenzhen, il n'en croyait pas ses yeux et m'a demandé : " Comment faites-vous ? " et je lui ai répondu : " Nous savons nous servir des hommes et des machines, nous en servir au mieux : pas de contraintes, la nouvelle émulation socialiste. " »

M. Luo réfute d'avance les objections que je pourrais lui faire, qui lui ont déjà été opposées en Chine et à l'étranger et qu'évidemment il connaît. Il les évoque avec superbe pour mieux les anéantir.

« C'est vrai, nous avons un problème monétaire, nous avons trop de monnaies, les yuans populaires et les yuans certificats. Mais notre vraie devise, c'est le dollar de Hong Kong. C'est lui qui sert à nos échanges, à notre commerce. Cela peut paraître étrange, c'est sans importance. Comme je vous l'ai dit, nous vivons dans l'avenir... et dans un avenir très rapproché Hong Kong sera à nous, Hong Kong et Shenzhen seront unis pour former une seule entité puissante qui remorquera la Chine. En tout cas lui donnera l'exemple. Je vous le dis, nous sommes des pionniers, nous voyons en avant, nous traçons un sillage pour la Chine entière. »

L'excellent M. Luo ! Sa façon de me dire que les monnaies chinoises ne sont que des monnaies de singe et que c'est lui, Luo, lui et ses consorts, qui donneront à l'Empire Rouge sa devise ! Pour le moment, mais cela il le tait, Shenzhen est dominé par Hong Kong. Ainsi va l'Ouverture. Autre petite remarque futée de M. Luo :

« Nos amis étrangers ne comprennent pas toujours Shenzhen. Les Japonais y investissent beaucoup, hélas il n'en est pas de même pour les Américains et les Européens, en particulier les Français qui sont très réticents. J'espère que vous pourrez les éclairer et leur faire comprendre l'importance de Shenzhen. »

L'Exposé est terminé. Je suis magnifiquement reçu mais je dois payer de ma personne, de mes lumières orales et écrites pour persuader mes compatriotes. Naïveté de M. Luo qui croit que je peux propulser Shenzhen, « son » Shenzhen. Comment oserai-je le chagriner, lui poser certaines questions embarrassantes ? Pourtant, déjà, la presse de Pékin, de Shanghai et de Canton s'est faite l'écho des doutes sur Shenzhen. Ont été publiés dans les grands journaux de ces cités des articles critiques où certains camarades se demandent si Shenzhen est bien conçu, ne coûte pas trop cher, n'est pas un ratage. En effet, la plupart des produits fabriqués à Shenzhen sont destinés au marché intérieur. D'exportations point, ou à peine. D'autre part, les secteurs commerciaux ou immobiliers s'y développent plus et mieux que les secteurs industriels. Il a donc été question, récemment, d'arrêter Shenzhen, cette utopie, ce rêve, ce songe d'esprits illuminés, aveuglés par les perspectives d'un communo-capitalisme divagant. Ah! les heurs et les malheurs du communo-capitalisme dont Shenzhen doit être le fleuron! Ah l'anxiété de Pékin à l'idée de perdre le contrôle, son antique manie... Sous ces débats grouillent les luttes idéologiques, les répulsions des vieux durs du Parti confrontés à une expérience qui sent le fagot, l'éternel incertain de l'Empire.

Le corridor, le linge, un ascenseur qui nous renvoie dans la rue. Une rue comme je n'en ai encore jamais vu en Chine, sans traces d'un passé, sans la senteur des générations, une rue neuve, entièrement neuve, une rue née par ordre, une rue abstraite. Au vrai, M. Luo n'a pas menti, on trouve quantité de supermarchés et de boutiques exposant des gadgets, des produits de la technicité avancée.

C'est quand même une abondance relative. Nous nous en apercevons lorsque Marie-Françoise veut acheter à titre de test un magnétophone miniature. On fait magasin sur magasin, comptoir sur comptoir, elle ne trouve que des engins d'un modèle ancien. Elle s'acharne, sourires dédaigneux des vendeurs – ça n'existe pas. Finalement Yao l'entraîne dans une sorte de « marché aux voleurs », de minuscules boutiques où s'entassent des objets hétéroclites. Ainsi donc, l'ultime ressource dans ce Shenzhen à la pointe du modernisme, c'est le « marché aux voleurs », comme dans les autres villes de Chine. Mais rien, toujours rien, pas de mini-magnétophone. Le soleil tape, la chaleur monte des trottoirs macadamisés, des murs de béton, Yao et Huang l'aide de camp sont exténués mais ils suivent Marie-Françoise dans sa quête de bonne femme inépuisable. Moi, j'abandonne, je m'assieds sur une chaise à l'intérieur d'un café, monde nouveau où brille un bar en zinc, où le néon fait de l'œil, où siffle un percolateur. Au bout d'une heure, la troupe revient vers moi harassée, fourbue, et aussi vaincue. Les valeureux fouineurs liquéfiés par la fatigue s'attablent à côté de moi pour reprendre des forces et se refraîchir. « Pijiu ! » s'exclame M. Yao qui voudrait une bière de grande marque, quelque « Tuborg » ou « Heineken » – rien de pareil. M. Huang se permet enfin de dire sa surprise à Marie-Françoise.

« Je ne comprends pas, vous serez sous peu à Hong Kong. Et vous voulez acheter ici ? »

Comme si ce désir était le comble de l'aberration! Il ajoute même cette phrase que nous avons si souvent entendue au cours de notre voyage dans le Céleste Empire : « Et si vous aviez trouvé, cela aurait été un produit chinois... »

La Chine neuve plane au-dessus de nous, nous contemple du haut de ses fameux gratte-ciel. Je ne sais pourquoi, j'éprouve un malaise, comme si rien n'avait d'existence. Est-ce que M. Huang existe? Il a l'air pourtant vivant ce bon garçon à la physionomie affable, enjouée, aux cheveux un peu fous. Je veux faire sur lui la contre-épreuve de ce que m'a clamé son patron Luo, avec tant de frénésie mais, d'une certaine façon, en desperado. Et Huang démarre, poupée mécanique, bien remontée, au ton néanmoins sincère. Il n'a pas été volontaire pour venir à Shenzhen, il a été désigné, il se trouvait que sa mère était une cousine de M. Luo qui l'avait réclamé. Lui n'avait pas d'idée à ce sujet. Donc il est arrivé et M. Luo l'a pris avec lui. L'enfer des débuts de Shenzhen : une nature presque vierge, s'entasser dans des baraques en planches, des cahutes, supporter le froid et le chaud, manger à peine et beaucoup travailler. Pas d'engins de terrassement, pas de grues ni d'excavatrices, les mains, les pelles, les petits paniers. Des gens étaient morts... Enfin on avait fourni des outils et à force d'acharnement étaient sorties du sol les premières constructions, et puis d'autres, beaucoup d'autres. Mais il y avait toujours plus à faire, des choses plus difficiles, des usines, des routes, des tours, des gratte-ciel. A mesure que Shenzhen se transformait, se créait une vie artificielle, irréelle. S'il est exact, note Huang, qu'à Shenzhen les gens sont bien mieux payés, bien mieux logés qu'ailleurs, tout de même, ils se plaignent.

A notre groupe se sont joints quelques consommateurs, tous avides de se raconter. Leur cri unanime : ils ne profitent pas de Shenzhen, ils se sentent prisonniers. Certes dans le reste du pays on n'est pas libre non plus et pourtant on l'est beaucoup plus, on se sent humain. Ici les êtres sont comme des insectes très bien traités. L'ennui, le manque d'intérêts personnels, voilà la maladie de Shenzhen, où l'on vit écrasé par la monotonie des jours. L'amour n'a pas cours, l'amitié non plus, les cœurs ont été atrophiés. Aucune terreur, simplement il faut faire ce qu'il y a à faire et cette exigence absolue dévore tout. Huang, par exemple, dispose pour lui tout seul d'un appartement meublé de trois pièces, ce qui est en Chine un luxe fantastique, mais il rêve d'une compagne, ose à peine y songer. Pour lui toujours M. Luo, seulement M. Luo, qui est exigeant, qui est un ascète, un saint. Même les tracas de la vie ordinaire finissent par manquer à ces privilégiés. Autrefois, au bout d'un mois, il ne leur restait qu'une dizaine de yuans pour vivre, maintenant, une fois payée la nourriture, ils en ont une centaine. Eh bien, ils ne savent qu'en faire. La notion de tentation a disparu malgré les boîtes de nuit, les bars qui, en effet, sont nombreux. Mais pourquoi y aller? D'une certaine façon, les gens sont châtrés d'âme et de corps. Enfin... pas absolument puisque les étudiants de Shenzhen, eux aussi, manifesteront au mois de décembre 86. La contestation dans le laboratoire... un monde !

Shenzhen cependant déploie pour nous ses merveilles. Nous sommes logés dans un pavillon luxueux au milieu d'un grand parc. Des allées, des arbres, des fleurs, des pelouses, le nec plus ultra avec suite et télévision qui, bien sûr, capte les programmes de Hong Kong. Mais je découvre du négligé, du dépenaillé, une baignoire déglinguée, des draps froissés. En somme, heureusement ou malheureusement, encore la « touche » chinoise sous la cellophane du progrès. Après avoir regardé un film en anglais, M. Yao regagne sa chambre en face de la nôtre. Il a son visage de sévère méditation, il fait sa crise.

Lui, Shenzhen l'attire, ce qu'il a entendu dire des salaires incroyables, des logements somptueux, l'éblouit complètement. Le lendemain matin, il nous livre ses conclusions. A Shenzhen il aurait une existence aisée, il pourrait se donner à de grands desseins, faire carrière peut-être auprès de M. Luo mais il vaut mieux y renoncer. Dans quelle catastrophe ne serait-il pas entraîné si Shenzhen était un échec? De toute façon, il se sent vieux, trop vieux. Et il redoute la maladie de Shenzhen, le fléau de l'encagement. Surtout, il n'a pas le courage d'abandonner sa femme et sa fille au loin, à Pékin. Il se sacrifie, Yao, pour sa famille. Cher Yao, pauvre bougre de Chinois, qui sans doute a peur de Shenzhen, ce Shenzhen implacable et pourtant émouvant.

Dix heures du matin, la Mercedes est pleine, Huang s'est adjoint quelques autres journalistes, de charmants garçons. Humeur exquise. Nous allons à Shékou, la principale des quatre zones industrielles. D'abord quelques terrains vagues, des baraquements, des ateliers et puis je suis happé par la beauté intacte du paysage. Un panorama d'estampe, je ne trouve pas d'autres mots. L'air est tiède, un peu humide, comme il se doit en ce début de mousson, dans le ciel traînaillent quelques écharpes de nuages et un soleil glorieux monte au sein de l'azur. L'indicible paix. Images classiques de la Chine, le buffle envasé, un enfant nu sur son dos, quelques rizières, une végétation de bosquets fleuris, d'arbres puissants, de buissons obscurs, l'alliance des collines gracieuses et des flots de l'océan, les falaises rouges battues par les vagues, les baies sablonneuses, la nature est ici un jeu.

Quelques kilomètres plus loin, nous nous arrêtons devant le long bâtiment qui est le poste de commandement de la zone industrielle de Shékou. A l'entrée, un portail où des caractères souhaitent la bienvenue. Nous pénétrons dans le building mais personne ne vient s'occuper de nous. Enfin Yao obtient qu'un personnage ennuyé nous fasse un Exposé. Nous apprenons que dans cette zone les travaux ont commencé en 1979, que cent millions de dollars d'investissement sont prévus, que des capitaux étrangers sont attendus, que déjà vingt mille ouvriers et ouvrières sont employés dans l'électronique – l'électronique sera particulièrement développée. On prendra soin de ne pas abîmer la magnificence de la nature de façon que cette main-d'œuvre jouisse d'une communion avec les agréments du paysage – et surtout afin de promouvoir le tourisme. Il y aura un port en eau profonde, à la fois pour les cargos et pour les yachts. C'est alors qu'on me montre une immense maquette sous verre, le Shékou de l'avenir. Un doigt appuie sur un bouton, de l'eau ruisselle pour former l'océan baignant la péninsule de Shékou, des lumières électriques s'allument, m'apparaissent, impeccablement miniaturisés, de grandes usines, des gratte-ciel, des hôtels à cinq étoiles, des complexes touristiques, le port. Un bateau-hôtel sera ancré au large de la côte, un bâtiment construit en 1962, un bâtiment français sur lequel a jadis navigué le général de Gaulle. Surgissent aussi des multitudes de stades, de piscines, de terrains de sport, d'écoles, qui seront bientôt aménagés. Mais tout est au futur ou presque.

A nouveau la Mercedes... Et la nature vierge, idyllique, somptueuse. Un silence souverain, le vent, les vagues, les collines, la torpeur... et la perspective d'un banquet. Mais il faut le mériter, faire notre besogne d'amis de Shenzhen, admirer ses accomplissements et avant tout admirer le port. Pour que nous en ayons une vue plus complète, la Mercedes grimpe en haut d'un abrupt qui le surplombe. C'est absolument ravissant, le plus joli petit port du monde... Une rade qui s'encastre, une jetée, quelques quais, quelques grues et, en tout, cinq cargos amarrés, une promesse de port. M. Yao nous entraîne un peu plus loin. Là, face à l'océan, se dresse une statue monumentale d'un héros de l'ancien temps, le célèbre mandarin Lin Zexu qui refusa aux Anglais la permission de faire commerce de l'opium en Chine.

Puissance du symbole! C'était au début du XIXe siècle et la Compagnie des Indes orientales tentait d'imposer à la Chine, qui pratiquement l'ignorait, sa drogue venue du Bengale. Trafiquants, contrebande, réseaux de complicité, hommes-épaves, la Compagnie systématiquement pourrit toute la région de Canton et au-delà. Quand elle perd son monopole, les ravages sont sans limites... Ruée des négociants, la mort sur la Chine, la fuite des capitaux qui tourne à l'hémorragie au point que l'économie de l'Empire est menacée. Faut-il laisser faire? Faut-il légaliser l'opium et contraindre en retour les Britanniques à acheter des produits chinois? Faut-il l'interdire absolument? En 1839, Lin Zexu, un partisan de la prohibition, est nommé haut-commissaire impérial, puis vice-roi de Canton. Il fait saisir et détruire plus de vingt mille caisses d'opium soit mille trois cents tonnes... La première guerre de l'opium vient d'éclater. En 1840, Lin ferme à jamais Canton aux navires britanniques et à leurs marchandises. On sait la suite, Canton bombardé, Canton pratiquement détruit par la flotte anglaise et en 1842, le traité de Nankin. La Chine paie une colossale indemnité de guerre, la Chine ouvre au commerce – et à quel commerce! – les ports de Canton, d'Amoy (Xiamen), de Fuzhou, de Ningpo et de Shanghai, la Chine cède l'île de Hong Kong aux Britanniques. Les Barbares ont forcé la Chine.

Puissance du symbole... Mais surtout, ironie, la grande ironie, ce sage en bronze qui contemple le large aperçoit sans doute dans le lointain ce qui semble un mirage et qui est l'îlot arraché à l'Empire des Célestes à la suite de la guerre déclenchée par lui. En tout cas, moi, j'aperçois très bien Hong Kong, le « peak » qui s'élève jusqu'au firmament du business, l'auguste tabernacle de la finance, ceint à sa base de gratte-ciel à côté desquels ceux de Shenzhen ne sont que des bégaiements.

Trêve de sortilèges, l'heure est venue de visiter le complexe touristique. La Mercedes nous mène par une délicieuse route de campagne à une plage. Là, comme un épanouissement de pagodes aux toits recourbés, style Chine ancienne sous l'auspice des bons dragons bénéfiques et des bouddhas au ventre rassasié, une succession de restaurants, des meubles imités d'autrefois, et autour des tables, le bruit familier des mâchoires, le cliquetis des baguettes. Et des familles, des familles qu'on me prétendait interdites à Shenzhen et que je retrouve, combien prospères et heureuses, des papas, des mamans, des aïeux, des rejetons, tous gens riches au comportement bourgeois et cossu. Ça se gave comme seuls peuvent se gaver les Chinois. Qui sont-ils? Peut-être des « compatriotes », des Célestes de Hong Kong et de Taiwan, peut-être aussi des Célestes d'outre-mer. Parmi eux, paraît-il, des Chinois de Chine rouge qui ont reçu l'autorisation de pénétrer à Shenzhen pour y pratiquer le tourisme, manifestement pas des « cadres » mais des enrichis pourvus de ces bonnes manières bruyantes que donne l'argent solide. Mystère de la Chine rouge. Comment tous ces « touristes » ont-ils fait fortune en restant bien considérés par le Parti – sinon, ils n'auraient pas été admis à Shenzhen? Une salle à manger entière a été réservée à notre bande et nous avons droit à deux serveuses en tenues blanches, un peu maculées, qui se relaient pour apporter plats sur plats. Un festin de deux heures. Sans doute les derniers rots de M. Yao. Au dessert, l'amitié est embrasée, elle est calorifique, elle explose. Kampé! Kampé! Évidemment, la France aimera et comprendra Shenzhen grâce à moi.

Ensuite la promenade. La jouissance de marcher lentement, panse pleine. Un parc a été prévu pour cet exercice de digestion, nous allons traîner nos satisfactions sous des allées couvertes, nous passons sous des arceaux où sont peintes des scènes extraites du roman des *Trois Royaumes*. Les héros barbus, les héroïnes frêles saluent nos appétits comblés. Les familles, elles, se baladent aussi, assouvies, dans toute leur gloire de repus. Ce défilé de jeunes mères coquettes, de pères à sourires financiers et à tripes dividendes, grands-mères collet monté et grands-pères gâtifiant! Leurs gosses rois. Pour eux est installé tout à côté un luna-park, toboggans, montagnes russes, la grande roue, des autos tamponneuses. On se croirait au « Bonheur des capitalistes ». En tout cas, à Shékou et à Shenzhen, le tourisme va. Mais le reste?

Le lendemain, pour notre dernier jour à Shenzhen et en Chine, est prévue la tournée des usines. M'excite surtout la visite, dans Shenzhen même, de la société mixte sino-japonaise Sanyo, consacrée à l'électronique. Car je vais savoir la vérité, savoir si le refrain des « amis étrangers » blancs, plutôt déçus de leurs propres expériences en Chine, est exact ou non. Selon eux, seuls les Nippons font travailler les Chinois, à coups de gueule, à coups de pied ou simplement en raison de leur prestige.

Dès l'entrée, une atmosphère glaciale, hostile, comme si moi, Marie-Françoise, Yao et mes journalistes chinois étions des indésirables. Du haut d'un guichet surélevé, une Parque céleste, strictement vêtue de blanc, nous interroge, examine nos papiers, cherche à nous refouler. En vain, nous sommes en règle. Autour de nous règne un ordre strict et méticuleux, sévit une propreté indicible et effrayante, les gens sont comme des automates. On va nous chercher un directeur chinois, très aimable, très humble, qui file doux, pas à cause de nous... mais parce que nous observent des Japonais en super-complet-veston, super-cravatés, à la trogne super-carrée fleurant l'arrogance, la grossièreté même, une pesanteur de domination et de vachardise. Ces Japonais typiques, potentats installés au rez-de-chaussée, dans un bureau superbe, grand ouvert, surveillent leur personnel. Le directeur chinois, dans une petite salle de conférences, nous fait l'Exposé. L'entreprise a été fondée en 1984 avec un capital de six millions de dollars américains dont la moitié fournie par la Chine. Le président-directeur général est un Chinois et le directeur général un Japonais. Chinois et Japonais, au nombre de dix, participent sur un pied d'égalité au management et à la gestion. Les résultats sont très bons. L'année précédente ont été produits cent cinquante mille postes de télévision et quantité de radio-cassettes et autres magnétophones. Du reste, à tous les niveaux, Nippons et Chinois s'entendent bien. En proférant ces phrases, mon interlocuteur chinois prend une attitude étrangement modeste, il a peur, j'en suis sûr.

Sous les regards désapprobateurs des cerbères nippons, il ose nous entraîner dans l'escalier qui mène au premier étage. Là, nous découvrons un atelier immense, rempli d'ouvrières assises devant les chaînes de montage. Toutes dans les mêmes uniformes bleus impeccables, toutes soumises, toutes courbées docilement, chacune inlassablement faisant le geste qui lui est dévolu, plaçant, collant, ajustant, fignolant quelque tube à l'intérieur des boîtes qui dans une saccade précipitée défilent devant elles. Leurs cheveux cachés sous des bonnets, leurs visages lisses d'attention, leurs mains diligentes. On dirait que ces Chinoises sont dissoutes dans leur besogne. Pas de bavardages, aucune cigarette, une tension. Un troupeau d'esclaves. Les ordres sont donnés par haut-parleurs. Parfois passe un contremaître japonais, une entité de terreur, une caricature. Il hurle, il ne sait s'exprimer qu'en hurlements.

Où est le laisser-aller chinois? Où sont les bouts de causette, les petites disputes et les chamailleries, la nonchalance heureuse des gestes, les dames qui tricotent, les bols de riz avalés comme en-cas? Ici on asservit férocement. Chose unique, extraordinaire en Chine, le matin, il faut « pointer ». Ensuite, ne jamais se relâcher, se perdre dans l'automatisme des mouvements, il est interdit d'aller aux toilettes, une pause de cinq minutes toutes les deux heures. De midi à midi et demi, un arrêt plus long pour permettre aux ouvrières de manger un casse-croûte et de se dégourdir un peu les jambes. Elles se nourrissent le plus souvent près de leurs machines immobilisées qui, pour un court laps de temps, ne les dévorent plus. Mais gare aux miettes. Toute personne jugée paresseuse, dont le rendement est insuffisant, qui suit mal la cadence, qui est en proie à des malaises, qui tombe malade est renvoyée. L'impératif, mériter son « job ». En somme le joug.

Mon mentor se cache avec nous dans une autre petite pièce. Ses aveux : ce qu'on fait dans cette usine, c'est simplement monter les pièces détachées importées de l'Empire du Soleil Levant. Les Japonais se refusent absolument à communiquer leurs procédés de fabrication, à fournir la moindre donnée technique, eux, les rois de la copie, ils ne veulent pas que les Chinois soient un jour capables de produire des télévisions ou d'autres appareils inspirés des modèles nippons. Quant à leur réclamer davantage de capitaux pour développer cette usine chinoise... pas question. Une seule chose les intéresse, les bénéfices qui sont énormes et qu'ils font rentrer au Japon. Un circuit fermé. Autrefois on aurait parlé de colonisation. Quand je pense à mes braves gens de Peugeot à Canton, si généreux et qui subissent toutes les avanies possibles...

Tout de même étonné, je demande à mon Céleste les raisons de cette obéissance à ces Nains qui jadis ont broyé son pays dans une guerre longue et impitoyable. Embêté mon Chinois ! Il ne conteste pas ces antécédents déplorables, il se gratte la tête et finalement conclut d'une voix gênée :

« Le passé, il faut l'oublier. Que voulez-vous, dans les domaines de l'électronique et dans bien d'autres, les Japonais sont les meilleurs du monde... et avec ça bon marché. Alors pour nous, ils sont commodes, ils sont utiles, bien plus que les Américains ou les Allemands qui comprennent mal nos besoins. Les Japonais, eux, les comprennent parfaitement.

— Mais ne craignez-vous pas qu'à la guerre militaire contre la Chine ait succédé la guerre économique, aux mêmes fins de domination ? »

Alors mon Chinois arbore un sourire malin et vaniteux :

« Même eux, nous en viendrons à bout. La Chine vient toujours à bout de tout. Un jour prochain nous fabriquerons des télévisions et des magnétophones qui seront purement chinois. Déjà nous fournissons 30 % des pièces. Nous fournissons aussi les boîtiers et les emballages. Vous savez, c'est important les emballages. Hi, hi. »

Pauvres Célestes. Comme s'ils pouvaient « rouler » ces Japs cyniques et malins dont l'emprise est déjà formidable sur la Chine. L'Ouverture, c'est avant tout une énorme béance par où s'engouffrent les armadas nippones, les anciens cuirassés étant remplacés par des machines. Et bien que les Chinois, la jeunesse universitaire surtout, n'aiment pas les Japonais, ils sont incapables de leur résister.

Le dernier soir, M. Luo réapparaît pour un dîner rapide au restaurant de notre caravansérail. Il vient juste s'assurer que ses arguments ont porté, que j'ai vu Shenzhen comme il le voulait, que j'ai été impressionné. Il attend mes réponses d'une manière presque anxieuse. Et je n'ai pas eu le cœur de le peiner, lui qui nous avait réservé un si bel accueil, organisé un séjour si luxueux, si chaleureux. J'ai d'autant moins voulu le décevoir que d'une certaine façon, Shenzhen me touche. Il représente un tel effort des Chinois sur eux-mêmes, une telle volonté de se faire différents, un tel élan pour entrer dans le siècle. Oui, ce Shenzhen qui n'est pas complètement raté et pas non plus vraiment réussi, cet immense bricolage m'émeut. Je le sais, ces mêmes Chinois sont capables de lancer des fusées, de bien d'autres exploits surprenants. Mais pas à Shenzhen, pas à Shenzhen.

Le lendemain matin, Yao frappe à la porte de notre chambre comme il l'a fait tant de fois. Il entre, mais il ne brandit pas son programme, il n'y a plus de programme. Il se tient debout, taciturne, en proie au chagrin de nous quitter. Il nous aime et il nous le dit. Nous aussi nous l'aimons. Il se laisse aller à sa peine, il pleure ou presque : où est la « face », la « face » du cher Yao? Nous sommes très émus. Six semaines avec lui à travers la Chine immense et multiple, et il me semble qu'il nous a guidés de toute éternité. Il presse Marie-Françoise contre sa poitrine et puis moi aussi, nous essayons de le consoler, nous lui disons qu'il aura bientôt d'autres clients. Il murmure : « Ce ne sera pas vous. » Nous essayons une autre corde : « Vous allez retourner à Pékin, retrouver votre femme et votre fille. » Il balbutie : « Oui, oui, mais vous me manquerez. » Cher Yao, si tendre, si gentil, qui m'a rendu ma Chine. Pourvu que nous ne l'ayons pas contaminé, qu'il n'ait pas d'ennuis à la suite de notre long contact... Cela nous ne l'exprimons pas, nous le pensons. Yao essuie ses yeux, il a un sourire mouillé : « Je vous reverrai peut-être, je m'arrangerai pour être envoyé en France. – Nous vous attendons, nous nous reverrons, c'est sûr. » Mais comment serait-ce possible? La séparation est sans doute définitive.

L'heure de s'en aller. Il y a eu un conciliabule entre Yao et les journalistes de Shenzhen et ils ont décidé qu'en raison de la lourdeur et de l'incommodité de nos fameux bagages – que Yao a tant traînés – il serait plus aisé pour nous de gagner Hong Kong par bateau, juste une heure de traversée. La Mercedes nous conduit à la gare maritime, avec Yao et ses collègues de Shenzhen. La banalité d'un hall, au bout la police, les douanes. Lors des adieux, Yao montre un visage lisse et inexpressif, les « autres » sont là. Politesses rituelles donc, poignées de main, vœux en tout genre. Marie-Françoise et moi marchons vers les représentants des autorités, nous nous faisons de grands signes. Yao disparaît de notre vue. Les formalités sont très simples, réduites à rien en fait. Bouleversés, nous nous installons sur les banquettes d'une grande vedette. Adieu Yao. Adieu ma Chine. Adieu toutes mes Chines. Adieu le milliard de Chinois, adieu mon pays bien-aimé.

HONG KONG

Vagues, flots déchaînés, embruns, pluie, les grondements des cieux, des éclairs. Le monde est une clameur. Nous naviguons dans un brouillard, au milieu des nuages qui frottent leurs ventres gonflés contre les océans et les terres, les raclant, s'y éventrant, y déversant leurs tripailles aqueuses. Je discerne un chaos où récifs, montagnes, goulets forment une géographie étrange, surnaturelle. Un univers déchiqueté, des écumes blanches, des à-pic rouges, des éperons noirs. Rien n'a plus de sens, la perdition semble certaine. Dans ces tempêtes obscures on peut errer indéfiniment jusqu'à ce qu'on se heurte à un rocher, que l'on se fracasse sur une pointe, à moins que l'on ne descende dans un tourbillon qui se refermera sur le bâtiment et l'engloutira. Je me laisse emporter par mon imagination, me reviennent les souvenirs de ces dédales, quand la mousson beugle et qu'on est pris en mer dans ses vertiges. Mais sous ces climats, les métamorphoses sont rapides. Soudain les vapeurs se déchirent, transpercées par les dards du soleil : un lever de jour au crépuscule. Une lumière irréelle inonde l'univers lui rendant sa splendeur émouvante, et je redécouvre la beauté magique de Hong Kong, « la baie embaumée ». A cette heure incertaine où le soir devrait se transformer en nuit, dans ce fugitif embrasement je reconnais le paysage fameux et d'abord le port, une magnifique coulée d'eau entre l'îlot de Victoria et son « peak » vertigineux (cédés par le traité de Nankin en 1842) et de l'autre côté, les basses terres de Kowloon, le bout dentelé de la péninsule de Shenzhen cédé lui aussi « à perpétuité » en 1860, à la fin de la seconde guerre de l'opium. Derrière, ce que l'on appelle « les Nouveaux Territoires » cédés eux en 1898 avec un bail de quatre-vingt-dix-neuf ans. Partout en ces lieux, le « Rule Britannia ».

Dans la passe, quantité de cargos ancrés, quelques-uns le long des quais, presque tous au large. Ce ne sont que masses de ferraille sales, rouillées, glorieuses, des hérissements peints de couleurs délavées, qui ont sillonné les immensités maritimes. Leurs pavillons de toutes nationalités, leurs noms, noms bigarrés, noms vaniteux, noms ordinaires, noms usés. Ces navires, ces presque épaves qui continuent année après année leurs inlassables cheminements à travers les flots rugissants sont immobilisés là le temps de charger ou de décharger leurs cargaisons. Les uns arrivent, d'autres décampent, sons tristes des sirènes, grincements des chaînes. Ils sont là des centaines, avec des barges accolées, livrés au travail des treuils, des crics, des cabestans, à des forêts de bras de fer. Il y a aussi des coolies, les vieux coolies de toujours et des « Capitaines courageux », casquettes dorées et maillots souillés, et des équipages aux faces avinées, aux poils roux, aux peaux bistre. L'envie de l'alcool et des filles. Des chaloupes de putains essaient d'aborder, les marins les insultent, les filles redoublent de promesses – une feuille pour un dollar, un arbre pour dix dollars, clament-elles en un poétique langage de bordel. Les marins les envoient dinguer, à moins qu'ils n'exigent le droit d'enculer, ce qui déclenche des protestations horrifiées. Tous ces rafiots sont le signe de la richesse, de l'importance de Hong Kong.

Les eaux où est mouillée cette flotte marchande reflètent le massif aux flancs couverts de végétation verdâtre. Au pied de la montagne, des sécrétions extraordinaires, une constellation de gratte-ciel bien plus prodigieuse que celle de Manhattan. Une architecture prométhéenne, les jaillissements somptueux du béton comme autant de chiffres de la finance souveraine. En face, Kowloon, un autre échiquier, mais un peu plus modeste, de buildings consacrés aux roues de la fortune. Le paysage magnifique a été dompté par les hommes, par les œuvres et les pompes de l'Argent et du Plaisir... La suprême alchimie. Soudain, quand ce grandiose s'enténèbre, le néon éclate en un fantastique incendie : que les clartés de la Chine populaire à côté sont donc pâles! Là, c'est l'illumination, les idéogrammes s'allument, scintillent, palpitent, sont le feu, le sang, la vie. Les ondes et les terres, les monts et les plaines, le monde entier flamboie dans une débauche fabuleuse, sur les façades des édifices l'or brille en braises ardentes. Ailleurs, des lumières s'élancent comme des torches brandies jusqu'au firmament pour mieux implorer la bénédiction des coffres-forts.

Le débarcadère... Et aussitôt le souffle du confort, la joie de la civilisation, la jouvence régénératrice. La Chine rouge qui nous a été si hospitalière, Marie-Françoise et moi, comme nous éprouvons le besoin de nous en décrasser. Oh! Le bonheur de revoir mes policiers anglais éternellement semblables, avec ces moustaches qui sont les poils de la félicité. Même les Chinois me paraissent autres, d'une race différente, des gentlemen jaunes. Tout est facile, il y a des taxis, il suffit de jeter au chauffeur une adresse, il embraye, cela paraît miraculeux. Les quais, ce qu'on appelait la Praya... Hong Kong n'a pas changé dans son essence, la même topographie, les mêmes rues, les noms si connus, mais les anciens bâtiments victoriens ont été remplacés par ces gratte-ciel quasi irréels, plus que futuristes, des projections de dollars dans la nuée, des symboles de l'essor incommensurable de l'argent. Dans leur simplicité monumentale et luxueuse, ce sont évidemment les cathédrales de la spéculation. La Bourse est montée au septième ciel. Mais n'a-t-elle pas ses enfers?... Je verrai.

Notre taxi s'est engagé dans le tunnel creusé sous la lame d'eau pustuleuse de cargos. Quand je vivais là-bas, il n'existait pas, il fallait franchir le bras de mer par des ferries, les célèbres « Star ferries » de Hong Kong, tant décrits dans la littérature. Ils fonctionnent toujours, j'en prendrai un pour le souvenir. La voiture émerge des entrailles du sol, c'est Kowloon. Nous passons devant le Peninsula, l'hôtel rococo qui demeure un emblème de l'Empire britannique comme le Raffle's à Singapour. Mais je ne vais pas entamer la litanie de ces palaces des temps anciens, si hantés par les drames de l'Histoire et les comédies de la vie coloniale, ces palaces où rôdent les ombres des Conrad et des Somerset Maugham, de tous les écrivains des annales de Sa Majesté l'Impératrice des Indes.

Dans un lacis de ruelles étroites, je plonge soudain dans la Chine de mon enfance. Le grouillement de la foule, le torrent des êtres, le grondement des voix, cette rumeur incessante, bourdonnante... C'est elle, mais sous la voûte des banderoles et des oriflammes l'ordre règne, mais les marchandises d'antan sont remplacées par la foire des produits les plus modernes de l'univers. Surabondance... Dans le dévergondage de l'électricité qui recrée le jour, dans ces pullulements d'objets et de gens, l'argent est l'âme de tout. Négoce, négoce roi, négoce comme l'expression suprême de l'humanité, plus encore que jadis à Shanghai. Je vous retrouve, Chinois, créatures de trafics, Chinois que la paix porte aux paroxysmes de la bataille pour toutes choses. Quelle frénésie mercantile sous le regard des petits flics jaunes, flics-jouets, policemen garçonnets, si strictement habillés, aux gestes si mécaniques! Quelle fureur, quelle folie sous les bannières, sous la forêt des bannières qui sont appâts, promesses et ruses... Faire des achats à Hong Kong, c'est un rêve, c'est une fièvre qui saisit toutes les dames blanches de passage, qui s'emparera aussi de Marie-Françoise, j'en suis sûr. Si truquées soient-elles, personne ne résiste aux délices de la chasse au trésor.

Mais d'abord disparaître dans le repos, se débarrasser des stigmates de cette Chine rouge qui, même dans ses parachèvements, toujours fatigue. Elle pèse, elle use, l'immense Chine, si captieuse et si émouvante que l'on n'en sort jamais intact. Curieusement Hong Kong, pourtant céleste aussi, semble échapper à cette règle de l'accablement. On y éprouve la jouissance pure, une jouissance renommée à travers le monde, une jouissance absolue. Il faut y rester longtemps pour en découvrir le vide. Absence de la pensée, néant de la culture, épuisement mental, accablement des sens exacerbés, Hong Kong détruit très sûrement... Cela m'est arrivé jadis au bout de cinq ans. Mais cette fois, je suis un revenant et je m'attendris à la remembrance de l'homme festif que j'ai été là... Oh! Hong Kong, la fête perpétuelle, la fête où je me suis vautré... Je veux retrouver les traces de cette vie où je m'étais si bien installé, à la fois dans le protocole anglais des divertissements hypocrites et dans la sage folie des luxures célestes. Une conjugaison que j'avais réussie avant de m'y exténuer.

Des rues plus larges, des galeries marchandes, une place ombragée d'arbres. Nous arrivons au palace où une chambre a été retenue pour nous. Le luxe, mais pas plus qu'au Cygne Blanc de Canton, pourtant c'est un autre monde. Quelle est la différence difficilement explicable et cependant essentielle? Ce n'est pas le confort, c'est autre chose, la confiance, la sécurité, la certitude que tout est réglé, au point, perfectionné, que ne peuvent se produire ces désagréments et ces discussions qui, en Chine, même dans les meilleurs gîtes, peuvent naître à propos de tout et à propos de rien. Est-ce dans le fait de s'entendre dire « Yes Sir », « Yes Madame » et de savoir que ce « Yes » n'est pas un « non » déguisé et prometteur de tracas? En tout cas cela réside dans le service, ce détail énorme qu'est une hôtellerie bien huilée avec ses agencements de majordomes, de valets, de femmes de chambre en tout point stylés. Pour eux les voyageurs ne sont pas des intrus, ce sont des clients et, de plus, des distributeurs de pourboires. Le « tip » comme ressort de la perfection. A Hong Kong cinq ou six millions d'individus s'échinent comme des forcenés, chacun pour recevoir sa pièce, un « cent » ou un pactole. Ne philosophons pas sur les mobiles des êtres, sur ce pauvre Deng Xiaoping qui essaie de motiver son milliard de Chinois...

Tandis qu'au-dehors gronde un typhon, Marie-Françoise et moi, nous nous anéantissons dans un nirvâna de petits soins, de fleurs renouvelées, de breakfasts géants, d'argenterie, de draps immaculés sentant la lavande. Au bout de trois jours et de trois nuits, nous ressuscitons. J'ouvre la fenêtre : Hong Kong s'étire devant nous, un des sites les plus fantastiques de l'univers. Je veux offrir Hong Kong à Marie-Françoise. Connaught Road, Des Vœux Road, Queen's Road, toutes les artères célèbres, je les lui donne. Et le « peak » et la vieille route, qui sinue à travers une brousse épineuse, passe de petits cols et dégringole brutalement sur des criques. A elle « Stanley Bay », « Repulse Bay » où un temps j'ai vécu, à elle « Deep Water Bay » et le port d'Aberdeen où il y a toujours des jonques. Mais ces anses autrefois si charmantes sont souillées, prisonnières de murs de béton, partout l'on construit, des hommes maçonnent à des hauteurs incroyables, des hommes doués, paraît-il, d'un extraordinaire sens de l'équilibre. Chaque jour un ou deux chutent et se fracassent. Sans importance. Dans certains quartiers de Hong Kong s'entassent cent soixante cinq mille habitants au kilomètre carré. Encore un record du monde.

Ma quête. Nous partons à la recherche de mon ancien logis, sur le versant du peak, dans une certaine Kotewall Road dont j'ai un peu oublié l'emplacement. Le chauffeur l'ignore et nous tournicotons dans un quartier où des maisons sont accrochées à des débris de jungle. Nous arrivons devant des bâtisses avec du linge aux fenêtres –

signe de déchéance. Côté rue, des marches pour accéder aux portes d'entrée, côté mer, chaque immeuble est soutenu par d'immenses pilotis tant la pente est raide. J'habitais au deuxième étage d'une de ces demeures, alors neuves et nobles. Je ne me souviens plus du numéro, je me décide pour l'une d'elles, à cause de la douceur de ses murs roses. A ce moment en sort une énorme matrone chinoise qui me regarde avec suspicion, toute une marmaille agrippée à ses jupes. Dire que là, j'ai été un roi!

Quel baume pour moi que Hong Kong en 1955. Un tel éden! J'y ai soulevé la chape de lassitude qui m'avait recouvert après sept ans de guerre d'Indochine. J'en avais trop vu. Où était le temps où je jouissais de ses âpres combats, de ses peurs, de la hantise des embuscades? Où était le temps des défilés splendides sur le terrain même des batailles? Où était le temps du roi Jean? J'avais attendu l'inévitable défaite que seul l'héroïsme des paras avait retardée, et cela avait été Diên Biên Phu, la chute irrémédiable dès la première nuit, le largage de bataillons pour prolonger les mêlées inutiles, la boue, le sang, la camarde. J'en avais trop vu... Après les accords de Genève, j'avais assisté à l'heureuse et sinistre libération des prisonniers sur une berge du Fleuve Rouge, près de Vietri. L'art des Viets pour transformer cette restitution en une lamentable liesse! Ces êtres blêmes qu'on nous rendait, ces larves qui devaient hurler: «Vive l'amitié des peuples, vive Hô Chi Minh!», leur peur d'être renvoyés dans l'insondable s'ils ne montraient pas assez d'enthousiasme, s'ils ne sautillaient pas, s'ils ne dansaient pas aux sons aigres et sucrés d'un orchestre populaire. Ce n'était qu'embarqués sur les LCT français que leur angoisse s'évanouissait. Alors, dans un geste de rage, de défi, de revanche, ils avaient enfin l'audace de jeter dans les eaux tumultueuses les casques de latanier dont on les avait pourvus. Ils redevenaient un peu des hommes... Quand même, c'était trop d'humiliations, trop de désastres!

Je me souviens du dernier 14 Juillet célébré à Hanoi, avant l'évacuation de la cité, de la parade avec ce qui restait de troupes, des déchets, des mal guéris, des gens de l'intendance. Apparaît une clique boiteuse qui joue une marche funèbre, le général Cogny, commandant au Tonkin, massif, les yeux très bleus, appuyé sur une canne, se dirige lentement vers le monument aux morts. Il dépose une couronne pour tous les tués d'antan et de maintenant – tant de tués pour un siècle d'Indochine française. Panache, dérision, les cœurs étreints...

Je me souviens de la fin du chaos dégradant à Saigon, de ma propre expulsion du Sud-Vietnam par Ngo Dinh Nhu le catholique, le frère du président Ngo Dinh Diem. Je l'avais connu miséreux dans les dépendances de l'hôpital Saint-Joseph, sa femme traînant autour de nous, maussade, grasse et négligée. Il était devenu mon informateur. Et en échange, j'avais, avec mes dépêches, contribué à sa montée au pouvoir. Dans le palais qui avait été celui des gouverneurs généraux, Mme Nhu s'était transformée en une créature superbe, à la fois Messaline et Agrippine. Tandis que lui, fou d'orgueil et de machinations, virait au grand commis des meurtres. Je ne l'approuvais pas assez, je ne le célébrais pas assez et il m'avait fait chasser. Une petite troupe d'amis courageux m'avait accompagné jusqu'à l'avion qui me mènerait à Hong Kong, ma nouvelle base. Malheureux Nhu... Les Américains l'avaient soutenu et encensé, en avaient fait un saint. Plus tard, bien plus tard, il sera assassiné en compagnie de son frère grâce à leurs bons soins. Moi, une fois l'Indochine au loin, une fois installé à Hong Kong, j'étais las des leçons de la politique, de la guerre, de leurs traîtrises et de leurs carnages. J'arrivais épuisé, écœuré, fatigué de l'âme et du corps et je n'aspirais plus qu'à guérir dans le pampre des voluptés et des joies.

Ce que j'ai trouvé? Les nectars, les ambroisies, les filtres des Circés et des Bacchantes et les beautés du colonialisme anglais, si délectable, si raffiné, porté ici à sa perfection. Oh! John Bull, oh! Ladies au visages purs et gentlemen aux moustaches recourbées, comme vous aviez bien mérité votre « happiness ». Vous vous miriez dans votre œuvre gigantesque, l'œuvre de vos ancêtres plutôt. Oubliés l'immoralisme des débuts, ces guerres de l'opium par lesquelles Albion s'était emparée de l'îlot, Hong Kong était une colonie, la plus belle des colonies. Les aïeux blancs, les pionniers, ont métamorphosé le massif abrupt plein de fièvres, couvert d'une jungle empestée, en un « peak » convenable, hygiénique, sain, charmant, ceinturé de routes, pourvu d'un funiculaire amusant et parsemé de luxueux bungalows. Les cobras ont disparu. Il paraît que le dernier tigre a été occis au début du siècle. Que de labeur! La montagne s'effondrait dans un à-pic du côté du Sound, du détroit qui deviendrait le port. Il fallait donc construire le long de ce goulet providentiel une plate-forme de terre sur laquelle on pourrait ériger la cité nécessaire au business, au commerce, la cité qui évidemment prendrait le nom de Victoria. Cela avait été fait comme toujours à force de hordes d'hommes nus, de coolies qui avaient apporté de la glèbe dans de petits paniers et dont beaucoup, bien sûr, avaient péri. Mais depuis longtemps, ces pauvres cadavres étaient oubliés et les résultats étaient là, ces navires du monde entier, la Praya, des chantiers pour caréner et réparer les bateaux, les beaux quartiers, l'immensité du négoce, le froufrou des bals.

L'ère heureuse de Hong Kong avait duré plus que celle de Shanghai, elle durait toujours. Au premier gouverneur Sir Henry Pottinger en avaient succédé tant d'autres, tous personnages nobles, énergiques, prudents, avisés, durs, sages, maîtres dans l'art du commandement, connaissant les techniques des compromis et des intransigeances, qui avaient su éviter les tracas majeurs avec la Chine si proche, si présente, la Chine des revendications. Certes, pendant les années vingt, il y avait eu des troubles lorsque Canton, la métropole des monstruosités, en proie à de dangereux émois s'était soulevé. Il y avait eu des répercussions, des contrecoups, Hong Kong avait été paralysé plus d'un an par une grève des dockers, beaucoup d'entre eux étaient même partis rejoindre les Rouges dans la cité de la Rivière des Perles. Malraux s'était délecté à décrire l'étranglement de Hong Kong, sa mort lente, la rade vide, le « trade » arrêté, l'impitoyable étau. Mais avec leur obstination bien connue, les British s'étaient démenés, employant tous les moyens, et finalement la bonne vie était revenue, la bonne vie que donnent les richesses bien acquises.

Qu'on se souvienne de ma rencontre avec les troupes rouges à Shenzhen, du message heureux dont j'avais été chargé pour la cité mercantile : en 1949 Mao et les communistes victorieux avaient décidé de respecter Hong Kong, cet appendice anglais. Donc en 1955, quand je m'étais installé à Hong Kong, tout allait pour le mieux, tout n'était que profits et délices. Une seule règle à observer, ne jamais faire allusion à la capitulation si rapide, si regrettable, si honteuse, après à peine une esquisse de résistance, de Hong Kong face aux flottes et aux armées japonaises le jour de Noël 1941. Se taire, ne pas même évoquer les martyrs et leur mémoire, car ensuite il y en avait eu. Combien de ressortissants anglais avaient été déportés au loin, sur des terres sauvages, dans les camps de la captivité féroce. Certains s'étaient comportés en héros, avaient été battus, suppliciés, glorieuses épaves soumises à la mort lente. Ne jamais les mentionner. Les quelques survivants qui étaient revenus dans Hong Kong délivré étaient les premiers à cacher leurs épreuves. Toute indiscrétion aurait été « shocking », affreusement. L'oubli, l'oubli exigé par l'orgueil britannique. Et on avait refait de Hong Kong la perle de la Couronne, un paradis.

Hong Kong en 1955. A cette époque, Victoria était un épitomé du style colonial anglais, du fameux rococo marqué des Indes et de Westminster, du gréco-romain revu par Brighton. Pas d'immeubles de plus de dix étages, mais combien cossus, combien satisfaisants pour la bonne société. Une juste mesure dans le goût british de la laideur majestueuse, du fantastique convenu. Frontons décoratifs, chapiteaux corinthiens, colonnes en stuc, guirlandes et écussons, Minerve et sa chouette, les balances du « trade » et de la justice, les statues de la reine Victoria, les pelouses, les parcs, les jardins, les bébés blonds et les nounous. Naturellement, le business était encore et toujours essentiel, on était là pour faire de l'argent. L'import-export régnait dans ces sanctuaires. On retrouvait à Hong Kong les firmes vénérables qui avaient été les pieuvres de l'Asie, la Hong Kong and Shanghai Bank, Butterfield and Swire, Jardine and Matheson, institutions rapaces aux antiques traditions éprouvées mais qui s'étaient développées énormément à Hong Kong depuis que leurs tentacules s'étaient desserrées à Shanghai. La hiérarchie sacrée était respectée même si les termes étaient tombés en désuétude. En bas les « griffins » qui devaient faire leurs preuves, ensuite les « taipans » chevronnés et enfin, dans les sommets de la grandeur et de l'importance, au zénith, au firmament, les gentlemen des familles propriétaires, gentlemen aux noms célèbres, tendrons ou vieux requins, auréolés de l'honorabilité que confèrent des générations d'ancêtres de proie.

A côté d'eux, tous les serviteurs de la marchandise peut-être la plus précieuse de l'île, la « law and order ». La « law » d'abord, la loi, la loi et son peuple de magistrats, de juges qui portaient perruque lorsqu'ils rendaient la justice dans le charmant tribunal à colonnes situé au centre de Victoria. Leur majesté, leurs sentences pesées, leurs verdicts irréfutables, rendus en un langage solennel, un langage immémorial. Très importants aussi, les nobles et courtois « lawyers », les « barristers », les avocats de toutes sortes, célèbres ou modestes, ceux servant pour les affaires honnêtes, ceux spécialisés dans les transactions plus douteuses, pourries même. L'ordre avait aussi son peuple, gentlemen officiers, gentlemen policiers, l'éternel stick, la petite voix polie, la douceur implacable. Cependant tous ces gens ne constituaient pas une race, il n'y avait pas vraiment de « Hong Kongais » blancs comme il y avait eu des « Shanghaïens » blancs, c'était d'abord et avant tout des coloniaux, sans doute même les derniers coloniaux de l'Empire. Mais à se savoir ultimes, ces spécimens étaient devenus d'autant plus parachevés, d'autant plus subtils.

Le business, la loi, l'ordre mais aussi la bonne organisation des plaisirs : tel est Hong Kong. Les horaires des gentlemen sont aménagés en conséquence. Ces messieurs restent au bureau de neuf heures du matin jusqu'à quatre heures de l'après-midi, pour ainsi dire pas de déjeuner, en tout cas pas de ces lourds repas d'affaires des Français. Libérés du business au moment où tombe la chaleur, ils rentrent chez eux pour se décrasser le cerveau, se rafraîchir le corps, se préparer aux « events » du soir. Ils revêtent un smoking et se disposent à être « witty », c'est-à-dire séduisants, aimables, caustiques, à la façon anglaise. Les dames, elles, se pomponnent et se fanfreluchent, se parent d'atours et de bijoux, elles se font belles, encore plus belles pour les mondanités nocturnes. Il existe depuis les débuts un Hong Kong Club dans un building vieux genre, un labyrinthe compliqué, avec des bars, des salles de lecture, des salles de billard mais l'antique règlement a été adouci par les temps modernes et le club n'est pas tellement sélect, il n'équivaut en rien, et de loin, à ce qu'était le Shanghai Club. Ce qui importe, ce sont les « parties », les réceptions dans de belles demeures. Là, se retrouve le gratin blanc de Hong Kong, cent à deux cents personnes, toujours les mêmes. Cocktails et dîners, serviteurs chinois, surabondance des mets et surtout des alcools. On parle, on boit, on flirte. Fêtes jusqu'à l'aurore et, pour les hommes, le business dès le début de la matinée. Tout cela est très fatigant. Alors, pour se maintenir en forme, pour ne pas devenir des Fallstaff, ces gens, pendant le week-end, se consacrent au sport. Naturellement les courses avec des jockeys d'excellente extraction, mais elles n'ont pas la même folie que jadis à Shanghai. Et puis le cricket, le tennis, le golf, le yachting, tout ce qui dégraisse le bidon et raffermit les chairs. L'allure, le look, c'est un culte.

Que j'aime cette société, ce puritanisme érotique, cette jouissance un peu camouflée et légèrement cynique, ce code de la rectitude savamment débauchée, cette perversité, cette pruderie affectée qui dissimule à peine les adultères, les aventures, les passions. Je dois le reconnaître, presque toutes les femmes, même les plus huppées et les plus officielles, sont faciles. Mais, et c'est là une spécificité britannique, les cocus, contrairement à leurs collègues français qui faisaient tant d'histoires à Saigon, restent impassibles. Car les Anglais sont soucieux de la « face » autant que les Chinois. Donc les ladies droit sorties de Gainsborough, souveraines personnes aux gestes avenants, aux voix cristallines, se conduisent souvent comme des garces, offrant des soirées pour les beaux yeux d'un amant, qu'elles s'arrangent pour afficher d'un simple frôlement. Tout Hong Kong est là, jusqu'au « political adviser » du Gouverneur, personne n'est dupe mais le mari couvre l'intrigue : jamais il ne faut étaler sa disgrâce. Je me souviens d'un « barrister » très connu, un ancien officier de la Garde, bel homme au demeurant, qui jouait admirablement son rôle d'époux aveugle. « Never explain, never complain », ne pas expliquer, ne jamais se plaindre, ne rien savoir, en tout cas ne rien montrer, c'est la grandeur britannique.

Ma vie... Les bars, les boîtes de nuit, les dancings, les rencontres étranges, des individus mâles ou femelles aux histoires plutôt extraordinaires, des histoires de gens à la dérive à travers les continents. J'ai aussi mes lieux, mes repaires, ce qu'on appelle en anglais des « haunts », où je retrouve mes compagnes et mes compagnons du Tout-Hong Kong. D'abord pour le déjeuner – et j'y déjeune presque chaque jour – le Parisian Grill qui donne sur une impasse mal pavée, près de Connaught Road. Dans ce long couloir où se succèdent des tables précieuses, toujours réservées, on sert une nourriture prétendument française, en fait cette ragougnasse internationale placée sous pavillon tricolore qui sévit dans tout l'Extrême-Orient. Goût de bortsch, une prédominance vaguement russe, une arrière-saveur britannique de blanc-manger et de sauce à la menthe. Le patron est incolore, un homme de nulle part, un de ces êtres surgis mystérieusement des événements – il prétend être hongrois. Son seul amour est la pêche au gros, thons et espadons. Bien sûr, la chère n'a aucune importance, on est là pour s'exhiber en bonne compagnie. Dans cette prétentieuse gargote se rassemble toute la cohue élégante de Hong Kong, et en particulier les ladies forcément disponibles puisque les maris sont au travail dans leurs bureaux. D'après la composition des tables, on peut lire la Carte du Tendre. Le repas terminé, les gens s'esquivent souvent à deux. A sonné l'heure de la sieste bien comprise.

J'affectionnais par-dessus tout le Foreign Correspondents' Club, le repaire des journalistes accroché au flanc du « peak », à deux pas de mon logis de Kotewall Road. C'était un château, en tout cas un immense et majestueux bungalow que nous jugions digne de nous. On parquait les voitures dans une cour en ciment, on montait les marches d'un escalier superbe, on franchissait des colonnades et l'on entrait dans une salle gigantesque, dominée par une coupole. Oh ! La grandeur du lieu, ce déploiement de luxe, ces lustres, ce plancher ciré, ces tables hospitalières et surtout ce bar... Comme nous nous y divertissions, nous les « China watchers », les regardeurs, les contemplateurs de la Chine rouge si proche et qui nous était interdite – on nous refusa longtemps les visas, à nous autres, qui n'étions pas encore des « amis ». Quelle bande, des durs, des originaux, de vieux routiers, de sacrés numéros qui restions encroûtés à Hong Kong mais dans quelle surexcitation ! Là-dedans, des Anglais, des Australiens, des Canadiens, quelques Européens, des Américains aussi, qui eux n'avaient alors aucun espoir de pénétrer jamais dans l'Empire Céleste excommunié par Washington. La plupart n'avaient jamais mis les pieds sur la terre chinoise, cela ne les empêchait pas d'en être les experts et d'inonder le monde de leur prose. « China watcher », un bon job ! On commençait à boire vers midi, la sieste dispersait les gens et à partir de six heures, c'était la grande ingurgitation des whiskies, des alcools, des cocktails... Le métier donne soif, nous étions tous un peu ivrognes. Dès qu'on se sentait saturé, avec quelle rage, quelle fureur, quels éclats on discutait de la Chine, de la Chine éternelle, de la Chine rouge. On se flanquait des arguments à la tête, on les gueulait, parfois on faisait semblant de se taper dessus. Cette rhétorique, ces finasseries, ces fâcheries, ces colères, ces disputes orageuses duraient bien au-delà de minuit. Évidemment, ces épanchements conviviaux entraînaient de nouvelles consommations des breuvages. Je l'ai dit, nous étions des poivrots.

Nous étions fiers de notre Correspondents' Club qui avait jadis été celui de Shanghai, il avait beaucoup voyagé, il avait suivi Tchang Kaï-chek à Chongqing et dans la débâcle s'était enfin installé à Hong Kong. A vrai dire, n'avaient participé à ces fabuleuses et hasardeuses pérégrinations que les « boys », qui, après tant d'années au service de la corporation, en connaissaient tous les rites. Ah ! Ils savaient ce qu'étaient les journalistes à peau blême ! Ils nous considéraient même comme des blancs-becs, nous les « China watchers », mais ils étaient tout indulgence pour nous, nos caractères et nos manies et ne s'effrayaient pas de nos hurlements et de nos querelles qui, ils en étaient sûrs, ne tourneraient jamais à la rixe. Le vrai problème, c'était le retour au domicile. Le danger quand, titubant, les « China watchers » parvenaient à leurs voitures ! Mais les épouses se dévouaient et prenaient le volant.

A peu près tous ces vigiles de la Chine étaient mariés. Les femmes assistaient aux agapes, leurs voix, leurs minois, leur culot. Chaque samedi soir on donnait un bal et, à l'aube, personne ne se souvenait plus très bien de son identité. Des gens avaient disparu, des épouses avec des individus qui n'étaient pas leurs maris. Peu importait. Après la gueule de bois du dimanche matin, tout rentrait dans l'ordre. En fait, les « China watchers » de Hong Kong étaient plus des fanfarons de la Chine que de vrais connaisseurs. Mais quelle gaieté !

La société anglaise que je fréquentais avec plaisir avait son grand moment, la Garden Party offerte par le Gouverneur et son épouse pour l'anniversaire de Sa Majesté la Reine d'Angleterre. La cérémonie se déroule dans le parc qui jouxte leur résidence, un palais à fronton et à colonnes mais plutôt modeste. Être invité ou pas à cette fête, c'est toute la question. Eh bien, je le suis. Chaque année, je reçois par la poste un superbe bristol aux armoiries d'Albion. Ma satisfaction... J'appartiens donc au gratin.

Au-dehors, des soldats en grande tenue présentent les armes. Par ailleurs, la simplicité, l'urbanité. Une pelouse, des buffets, un orchestre. Il s'agit d'abord de présenter ses respects au Gouverneur, le dernier gouverneur anglais de cet univers, et à son épouse. Le couple se tient à l'entrée, tout de dignité aimable. Lui est un gentleman menu à la figure racée et émaciée, au sourire héréditaire, à la petite grimace très noble. De sa femme, qui le domine de pas mal de centimètres, on retient surtout l'immense chapeau qui ombrage sa gracieuseté. Un aide de camp m'annonce, je m'incline devant le Gouverneur et lui serre la main, je baise les doigts de son épouse. Le Gouverneur se déclare enchanté de ma présence et Mme la Gouverneur me montre la pelouse où je dois aller m'ébattre, en appréciant que la Reine, avec son année supplémentaire, protège toujours Hong Kong.

Peu à peu le gazon se remplit de messieurs à l'amabilité sourcilleuse, de ladies aux galurins garnis de grappes de raisin et d'autres ornementations remarquables. Tous se connaissent, même s'ils évitent souvent de se reconnaître. Conversations sobres, des phrases succinctes, des « hello dear! » comme marques de grande intimité. Des serviteurs circulent tenant en équilibre des plateaux chargés de cocktails et de sandwiches au concombre dont on se sert juste une fois. L'on reste à jeun, vigilance, acuité. Les gens foulent l'herbe à petits pas, finissant par s'agréger en groupes selon l'amitié et surtout la hiérarchie. Quelques « jokes » discrets, de légers rires, un brouhaha dominé par l'accent d'Oxford, beaucoup plus de douairières que de pucelles, John Bull sous toutes ses formes, les sanguines et les efflanquées. La perfection des manières et un certain mauvais goût inné chez les dames. Mais ce sont quand même des ladies. Partout le privilège de la distinction. Minutes émouvantes, le *God Save the Queen* et l'allocution du Gouverneur. Hommage à Sa gracieuse Majesté, puis en quelques mots, proclamation de la foi de son Excellence dans l'avenir de Hong Kong.

Ce disant, le Gouverneur est entouré de son « brain-trust », le conseiller diplomatique, le conseiller économique, le chef de cabinet, le chef de la police, le chef de l'armée, tous alertes et réservés et que je connais bien. Je vais les interroger dans leurs bureaux, ils me reçoivent toujours, me répondent courtoisement, avec prudence. Pour l'heure, me disent-ils, il n'y a pas de problèmes sérieux, la colonie a le temps, plus de quarante ans avant que le traité avec la Chine vienne à expiration en 1997. Il s'agit simplement de savoir éviter les chicanes avec Pékin qui est globalement satisfait de la situation. Dans ces conditions, la colonie est faite pour connaître un grand développement. Hip hip hip hourra! La vieille Angleterre est toujours là et pour longtemps. Elle protège ses sujets chinois de Hong Kong qui peuvent prospérer merveilleusement – et cette prospérité en échange profite à tous les ressortissants anglais de l'île et à l'Angleterre en général.

A Hong Kong, les Anglais ont trouvé la bonne formule. Ils ne considèrent plus les Jaunes comme des « natives », des indigènes, mais comme des clients à qui ils vendent la « law and order » et celle-ci n'est plus un bâillon mais une sécurité. Depuis la Libération, la colonie s'est remplie de Chinois fuyant le communisme, des richards de Shanghai qui s'acharnent à refaire fortune, des bourgeois de classes moyennes, avocats, docteurs, commerçants, courant après le Hong Kong dollar, plus de la plèbe en abondance, qui a voté avec ses pieds. Des vagues et des vagues d'immigrants. Évadés du monde rouge, tous sont satisfaits de l'administration et des réglementations britanniques qui les mettent à l'abri des tracas, des vexations, du « squeeze » dont la Chine est coutumière. Certes, il leur faut respecter, et même scrupuleusement, la législation anglaise, mais dans ce monde de l'ordre ils ont la capacité d'épanouir leurs dons à un degré incroyable. Ils sont libres pour l'essentiel – l'argent et le profit – car la « law », la fameuse « law » n'est pas très curieuse en ce qui concerne les secrets des finances célestes. De plus, il n'existe pratiquement pas de lois sociales, ce qui permet aux entreprenants de disposer d'une main-d'œuvre abondante et bon marché pour créer des usines. Toutes les conditions sont donc réunies pour le boom. Oh! Labyrinthe jaune qui se ramifie sous la seule réserve d'être discret. Fortunes, fortunes qui se fondent à Hong Kong. Les premiers milliardaires... Les « traders » britanniques s'associent avec eux au sein du business. Et désormais, loin de les mépriser, ils les révèrent, les honorent, leur font la cour. A Hong Kong être chinois, chinois grand capitaliste, chinois aux dollars innombrables bien sûr, n'est plus un malheur, au contraire.

Moi, je dois l'avouer, à l'opposé de ces gens des affaires, je ne fréquente pas beaucoup de notables célestes. Je ne connais qu'un milliardaire avéré, un vieux à l'immense barbe blanche, vêtu d'une longue robe, un collectionneur d'art qui prétend ne pas parler l'anglais et qui vit cloîtré dans un château-pagode perché sur une falaise, au-dessus des flots. Rien du milliardaire récent, espèce à lunettes, la bouche pleine de chiffres, l'accent yankee, cultivant l'allure jeune et énergique, rien du chevalier du dollar de Hong Kong, une des devises les plus fortes du monde. Il regarde naître l'opulence, il en respire les effluves, il surveille l'île en pleine germination, Hong Kong à ses pieds, comme une éruption de fric.

Parfois j'aperçois un agonisant sur les marches de marbre d'une banque. Ce spectacle est rare, la police enlève dans ses fourgons les moribonds de la rue. Tout de même les pauvres abondent, des démunis qui acceptent n'importe quel travail contre un salaire dérisoire. D'un point de vue économique, c'est bon. Mais il vient de Chine trop de Chinois et les Anglais se mettent à refouler derrière le rideau de bambou les malheureux qui arrivent sans le sou, sans aucune parenté avouable. Ces mesures n'enrayent pas le flot des va-nu-pieds qui s'agglomèrent dans la brousse de l'île, en bidonvilles accrochés aux crêtes argileuses. Quand s'abat la mousson, cette glèbe s'effondre en gigantesques avalanches, engloutissant vivants des dizaines de ces gueux. Quelques lignes dans les journaux, cela ne vaut pas plus. A Hong Kong jamais de révolte. Être expulsé vers la Chine, voilà la peur qui tient tous les pauvres hères, leur crainte, leur obsession. Ne désirent rentrer au pays que les morts extrêmement notables et riches. On les place dans des cercueils très ouvragés et très solides qu'on range dans des hangars spécialisés. Là, ces macchabées en boîte attendront les temps nouveaux, le jour où la terre des ancêtres acceptera leurs dépouilles qui seront alors ensevelies dans le sol natal.

Cependant la Chine, toutes les Chines viennent à moi, jusque dans mon appartement de Kotewall Road. Au travers d'incidents triviaux m'apparaît l'inexorable nature du communisme. Que je raconte d'abord l'histoire de M. Tung. Dans ma maison, il est mieux qu'un boy, il s'est constitué mon factotum, mon valet, ma femme de chambre, mon cuisinier, mon majordome, mon maître des cérémonies. Il sait accueillir mes hôtes exactement selon leur rang. Et lui-même frappe et éblouit tous mes visiteurs. C'est un Chinois superbe, des traits réguliers, des arêtes dures, le nez un peu busqué, des yeux d'aigle et constamment un demi-sourire inquiétant. Son humilité orgueilleuse. Il est évident qu'il n'a pas toujours été domestique. Ses antécédents, il ne m'en parle jamais, entre nous règne le silence. Des rumeurs me sont parvenues selon lesquelles il aurait été un tueur chez Tchang Kaï-chek, un agent de la police secrète chargé des missions délicates. Mais un tueur d'élite avec le grade de colonel. Chez moi, il ne verse que le sang des poulets, pour le reste c'est une fée, quoique ce qualificatif ne lui convienne aucunement. Curieuse fée cet homme qui me devine si bien, curieuse fée cet être abrupt à la politesse glacée. Que ne fait-il pas? Il tient l'appartement d'une manière impeccable, lave et repasse, m'habille, choisissant costumes, chemises et cravates avec le goût le plus sûr. Je suis enchanté de lui et je le redoute. A peine si de temps en temps je me permets une recommandation prudente. Je sais que si je lui faisais le moindre reproche, il se jugerait atteint dans sa « face » et que ce serait terrible. Je suis donc très attentif et nos rapports sont excellents, mais je me demande parfois quels desseins animent ce fauve.

Et puis vient un jour où, d'après les comptes qu'il tient rigoureusement dans un carnet, je suis quand même contraint de m'apercevoir qu'il exagère. Il s'est mis à me voler impudemment. Au lieu de prélever comme d'usage une honnête commission sur ses achats, il en est arrivé à décupler les prix. Or il se trouve que je connais à peu près la valeur des choses et que je me refuse à être ruiné. Je prends mon courage à deux mains et je l'affronte : je lui dis que la vie a beaucoup augmenté. Au lieu d'exploser, il grimace d'un air moqueur, une sorte de rictus décent. Puisque je ne l'ai pas accusé de vol, tout va bien, il n'est pas obligé de rompre avec moi et même il peut jouer la connivence : « C'est vrai..., dit-il, mais j'ai besoin de beaucoup d'argent. » Regard narquois. A moi inévitablement de m'enquérir. Du haut de sa grandeur, il laisse tomber cette phrase surprenante : « Je suis en train de racheter ma femme aux communistes et c'est très cher. » Ma tête... Il daigne me fournir quelques explications : « J'ai dû quitter Shanghai très rapidement, je n'ai pas pu emmener mon épouse, qui maintenant est là-bas ouvrière dans une usine textile. Je mène avec les représentants rouges de Hong Kong des négociations sur son prix, ils sont très exigeants. J'essaie de le faire baisser, pour ne pas trop vous dépouiller. » Ce souci d'honnêteté, ce culot, ce défi. Il a raison, je suis abasourdi, comment se peut-il que les communistes soient prêts à lui vendre sa conjointe? M. Tung me fixe avec un certain mépris, je suis vraiment trop naïf : « A Shanghai, ils ont analysé la situation. Selon le Parti, tout le travail de ma femme jusqu'à la fin de ses jours ne représentera jamais la masse pécuniaire que le Peuple retirerait d'elle en me la restituant... à bon prix. En attendant je me débats, je défends vos intérêts. » Tung se fout de moi. En toute impunité, sachant bien que bon gré mal gré je participerai à la récupération de sa chère épouse.

Des mois plus tard, un sentiment humain illumine enfin son visage, il est heureux, les pourparlers ont abouti, sa femme va lui être rendue. Elle sera d'abord amenée à Macao, la cité de toutes les compréhensions : si elle était livrée directement à Hong Kong, les Anglais la refouleraient comme indésirable. Il faut donc l'introduire en fraude dans l'îlot britannique. Mais tout est prévu : l'organisation dite du « Bœuf Jaune », à partir de l'enclave portugaise, l'embarquera sur un navire spécialisé dans la contrebande humaine. Elle sera déposée une nuit sans lune, à une certaine heure, sur le rivage d'une certaine crique de la colonie anglaise...

Ténèbres. Tung se rend à l'endroit convenu. Ombre d'un bateau, ombres de créatures qui en sortent, marchent dans l'eau jusqu'à la côte. Tout se passe bien, Mme Tung est là et elle logera chez moi avec son mari. Mais en m'apportant mon breakfast le lendemain matin, Tung a la figure triste et maussade. Mme Tung, une personne chétive et assez laide, n'a cessé de geindre et de gémir. Elle pleure le jour, elle pleure la nuit, elle n'est que larmes, elle n'a même pas la force d'expliquer son extraordinaire chagrin. Tung ne comprend pas, Tung est accablé. Enfin, au bout de semaines pendant lesquelles Mme Tung ne s'est pas levée de sa couche et n'a été que détresse, les sanglots diminuent, elle arrive à prononcer ses premiers mots, elle balbutie qu'elle est trop malheureuse, que l'angoisse l'étreint d'avoir quitté Shanghai, son paradis.

Peu à peu ses propos prennent forme, elle parvient à formuler les raisons de son immense peine. Shanghai, son usine, quelle félicité ! Là-bas elle n'avait pas à supporter le poids de la vie, on pensait pour elle, on agissait pour elle, son existence était légère. Tous les jours se déroulaient semblables, elle dormait dans un dortoir, elle se nourrissait dans un réfectoire, elle travaillait, elle se critiquait de ses fautes, qui n'étaient jamais graves, elle dénonçait et on la dénonçait. Tout son être était englobé dans le Parti, incrustée au sein du Parti elle n'avait pas besoin de quitter son usine qui était son foyer. Elle y était à l'abri, elle n'avait pas de problèmes à résoudre, pas de décisions à prendre, on vivait pour elle, une vie qu'elle aimait. Et soudain on l'a retirée de cet éden pour la plonger dans un gouffre, celui de la liberté, de l'effroyable liberté. S'assumer, c'est un enfer. Après cette confession cependant, Mme Tung se porta mieux, de mieux en mieux, au point d'arriver à sourire et même à rire. Grâce à M. Tung et à son dévouement infini, Mme Tung guérit tout à fait. Et très rapidement, elle devint une adepte fervente du capitalisme, de ce capitalisme qu'elle n'abhorrait plus du tout et qu'elle se mit à chérir. Sous mon toit, elle refleurit. Elle trouva l'énergie de s'acheter robes et bijoux, de se parer. Bientôt elle fut gracieuse et avenante, complétant parfaitement M. Tung pour mon service. Désormais, je devais rétribuer un couple, de sorte que ma bourse continua à être largement saignée mais la leçon n'avait pas de prix : avec Mme Tung, j'avais compris comment le communisme anéantissait les êtres dans le nirvâna rouge, devenait une drogue.

Existence paisible à Kotewall Road jusqu'à ce que la guerre éclatât entre le couple Tung et Miss Li. Miss Li était une fastueuse taxi-girl de la première catégorie, quoiqu'elle fréquentât des « amis étrangers », ce qui diminuait un peu sa cote... Pensée que je n'exprimais jamais. J'avais fait sa connaissance dans un « dance-hall » renommé. Salle immense, musique langoureuse, une quasi-obscurité, aux murs des fresques, un monde végétal où les plantes s'enlaçaient érotiquement. Sur la piste, des couples qui glissaient. Aucunement un bordel, mais un lieu de volupté, nuance. La première fois que je me rendis dans cet endroit, une taipan, la contremaîtresse m'assit à une table, me vendit un ticket et m'amena une créature appareillée, selon son jugement de tôlière, à ma condition. Lequel jugement dut m'être favorable car elle avait fait venir Miss Li, qui, même dans cette pénombre, me parut ravissante. Nous dansâmes sans mot dire et ensuite je rachetai des tickets pour continuer à valser avec Miss Li toute la soirée, ce qui était une déclaration. En dépit de la musique douceâtre et tout en tournoyant, nous commençâmes une conversation. Miss Li connaissait quelques bribes d'anglais. Suffisamment pour m'apprendre qu'elle était une « princesse » dans son estimable métier, et en outre une personne de la plus grande moralité. Pas question de partir avec moi après la fermeture de l'établissement. Je dus faire le siège de Miss Li, passant des soirées à acheter des masses et des masses de tickets pour m'en assurer l'exclusivité chaloupante.

Enfin Miss Li daigna consentir à sortir avec moi – en tout bien tout honneur, moi ayant acquitté le prix des tickets pour la soirée où je l'arrachais au « dance-hall ». Il était exclu qu'elle vienne chez moi, nous allâmes donc dans un dancing, un dancing forcené avec du jazz nègre et une clientèle qui se contorsionnait librement. Capitale la différence entre « dance-hall » et dancing. Là, elle me confia que son époux était mort et qu'elle s'était faite taxi-girl, profession du reste respectable, pour assurer la subsistance de ses deux filles et d'une vieille mère. Elle était vraiment très jolie Miss Li, la vraie beauté céleste au visage délicat, le corps moulé dans un « cheongsam » largement fendu sur les jambes. Et une poitrine!

Le dancing des soirs et des soirs à la suite. Au bout d'une semaine, elle accepta de se rendre à mon domicile par pure inclination : nous nous plaisions. Quand elle se déshabilla pour la première fois, elle me dévoila un corps exquis, frêle, mais garda ses seins cachés sous d'énormes chiffons, ce qui était curieux et absurde. Bien sûr le jour arriva où je découvris la vérité : de gorge, elle n'en avait pas... Plate, plate elle était, ses formes n'étaient que du rembourrage. Tant pis. A la longue et comme il était décent, pour éviter de parler de vulgaires questions d'argent, il fut convenu que je lui donnerais une pension pour une visite hebdomadaire.

Je l'appréciais comme un bibelot exotique. La bonne entente, les habitudes. Elle n'avait pas un tempérament de feu, sauf lorsqu'elle lisait des bandes dessinées érotico-fantastiques. Quelle exultation à la vue d'un tigre copulant avec une femme! Elle aurait voulu être à sa place et gémissait: « Hélas, il a un trop gros machin, il me défoncerait. » Sa violence, son sadisme cachés... Allions-nous au cinéma, le film n'était jugé bon que s'il y avait beaucoup de meurtres et de cadavres. Pourtant elle était brave fille, avant tout soucieuse de la « face ». Il était établi que ni elle ni moi n'avions d'autres partenaires. La convention de la fidélité mutuelle... je ne me préoccupais guère de sa vie, je taisais la mienne.

La suprême dignité selon Miss Li, c'était de tricoter. Chez moi, elle ne cessait de me fabriquer des chandails informes, monstrueux, une invraisemblable collection. Depuis longtemps elle m'avait conduit à sa demeure, à Kowloon, un petit logis très convenable. A sa mère, une très vieille femme ratatinée elle m'avait présenté comme son mari, et à ses deux filles, des gamines de douze et treize ans absolument délicieuses, comme leur beau-père. J'étais donc l'homme de la famille et au Nouvel An chinois, j'allais m'incliner solennellement devant l'autel des ancêtres et présenter les offrandes de riz et de fleurs.

A Hong Kong, je sers souvent de mentor à des Français de passage qui me sont envoyés par mon journal. J'ai mon circuit pour eux. Pour les épater, je convoque Miss Li qui accourt, ravie d'être présentée comme mon « épouse ». L'effet ne manque pas, ils sont suffoqués. Et puis elle sait se rendre utile. Si une dame blanche désire se procurer un « cheongsam », Miss Li l'accompagne, lui fait faire des tuniques merveilleuses, col officier et fentes sur les côtés, des tenues qui en général ne vont pas aux Blanches dont les volumes sont exagérés. Si c'est un célibataire dont j'ai la charge, il veut souvent tâter d'une Chinoise. Alors je m'adresse à Miss Li qui, après les protestations de rigueur – elle est ma femme, pas une entremetteuse –, se dévoue et s'arrange pour trouver une consœur consentante dans un « dance-hall » – une traînée me confie toujours Miss Li. Même en pareil cas, il faut tout un cérémonial que j'explique à l'impétrant. Ne pas être pressé, pas de privautés immédiates, aucune grossièreté. Arrive une fois un homme râblé, l'œillet à la boutonnière, toujours fumant un cigare, un bon vivant – un chef de service de mon journal. Je lui fais toutes les recommandations nécessaires. Il comprend... Donc, le « dance-hall », l'amie de Miss Li, les présentations, les tickets, la valse. Et très vite, des cris, le scandale affreux, le personnage a porté la main sur le postérieur de sa cavalière. Nouvelle tentative dans un autre « dance-hall ». L'échec encore. Le monsieur s'est trop bien comporté et la « taxi » furieuse clame que, par son attitude lointaine et froide, il n'a pas montré un goût suffisant pour ses charmes. Ah! La Chine est difficile, même la Chine des « dance-halls »!

M. et Mme Tung se montrent corrects envers Miss Li, cette « taxi » qu'ils doivent servir, mais ils la détestent, je le sens, comme si elle leur prenait de l'argent. Des années d'observation et, soudain, le drame. Miss Li et moi sommes à table, M. Tung apporte un poulet rôti. La chère Miss Li ouvre la bouche et hurle que pour rien au monde elle ne mangera de cette volaille infâme qui vient certainement de Chine. M. Tung se met à glapir, il jure qu'il s'agit là d'une volaille de très bonne compagnie, d'origine australienne. Des gueulements de part et d'autre, Mme Tung venant au renfort de son mari, l'empoignade. Cette démence à propos d'une pauvre bête bien rissolée me stupéfie. Miss Li furibonde clame qu'à Hong Kong aucune personne décente ne consomme de volailles chinoises infestées et par conséquent nuisibles à la santé, d'ailleurs, elles sont à bas prix, presque pour rien. Sous-entendu, M. Tung se livre à une supercherie répugnante pour gagner encore plus d'argent sur notre dos, enfin sur le mien! M. Tung, jouant la grande indignation, répète d'un ton tranchant que le volatile est australien et qu'il a coûté très cher. Ricanement accusateur de Miss Li qui, en chinois – elle n'oserait quand même pas utiliser une langue que je connaisse –, traite Tung de voleur et d'escroc. Vociférations. Moi, tout idiot, je demande la cause de pareille dispute. Miss Li justicière : « A cause des larves! » Elle essaie de m'expliquer la pestilence de ce poulet mais son anglais est trop mauvais pour que je comprenne ses dires. Finalement, M. Tung vaincu remporte son plat. Éclaircissement le lendemain : dans un journal, un article affirme que du côté de Canton des cadres font jeter les cadavres humains dans des mares, qu'ils y gonflent, y pourrissent, que les chairs détrempées se remplissent d'asticots qu'on extrait pour nourrir des volailles qui sont ensuite acheminées sur Hong Kong. Ainsi la mort est-elle utile au Peuple. L'histoire court l'île. Elle doit être vraie puisque des commissaires politiques ont été réprimandés pour cet excès de zèle.

Si la Chine rouge est étrange, Hong Kong a aussi ses mystères. La « law and order » n'a pas complètement supprimé les kidnappings, les chantages, les demandes de rançons, la Triade s'y est implantée à l'ombre des statues de la reine Victoria. Je suis en très bons termes avec un certain Chinois qu'on appelle Monsieur George, un hercule très gentil qui connaît bien le monde interlope et ses sombres dessous. Parfois, il me vend des « tuyaux » qui font de bonnes dépêches. Ce George a extraordinairement impressionné Joseph Kessel qui ne jurait plus que par lui et en aurait même fait un héros de roman. Il se trouve qu'un couple d'écrivains français amis, qui ont entendu parler de ce personnage, voudraient l'approcher. Je leur présente donc le fameux George qui nous propose la grande gâterie, la visite de « Kowloon City », c'est-à-dire le frisson garanti. Il y a au nord-est de l'immense Kowloon un recoin indépendant sur lequel ne s'exerce aucune souveraineté, Kowloon City, le plus fantastique repaire au monde, des gangsters, des tueurs, des meurtriers, des voleurs, des pickpockets, des écumeurs, des gens des sociétés secrètes. Les représentants de Sa Majesté, à commencer par les policiers, ne pénètrent jamais dans cet antre, cela pourrait entraîner les plus grandes difficultés diplomatiques. Kowloon City est en effet la perpétuation de la bourgade chinoise déjà implantée dans la péninsule quand la Grande-Bretagne s'en est emparée. Les clauses des traités avec le Céleste Empire sont obscures au sujet de Kowloon City et les Anglais ne savent toujours pas si l'ancien bourg est soumis à leur autorité ou à celle de la Chine, désormais l'incommode Chine rouge. Depuis près d'un siècle, les Anglais ont évité de trancher, laissant la liberté complète à ce qui est devenu le sanctuaire des criminels. Si Albion voulait nettoyer, est-ce que le Dragon maoïste ne serait pas pris de convulsions? Prudence qui fait le bonheur des malfrats accourus de toute l'Asie : ils y prospèrent.

Sous la direction de George, nous nous préparons à notre expédition dans ce havre du vice : surtout pas d'élégance, s'habiller d'effets usés, se démunir de ses portefeuilles et sacs, de ses papiers, ne porter aucun bijou, pas même d'alliance. En somme, aller la poche vide, les mains vides. Et dans Kowloon City se comporter modestement, ne pas rire, parler à peine, ne jamais riposter quoi qu'il arrive, mais qu'on compte sur lui, George, pour arranger toutes les situations. Ainsi, sans le sou et pauvrement mis, nous arrivons aux limites de Kowloon City. Tout près de la « frontière », il y a un poste de police anglais – sticks et moustaches. L'officier principal nous regarde sous le nez :

« Vous n'avez pas de papiers d'identité. Je comprends. Donnez-moi vos noms. »

Puis il ajoute, à moitié plaisantant, à moitié sérieux :

« Si à dix mètres d'ici l'un de vous se retrouve un couteau planté entre les épaules, je ne pourrai rien pour lui, absolument rien. Alors, good luck ! »

Au-delà l'obscurité. Ruelles, taudis, puanteur, une foule au prime abord normale. Pas de guenilleux, pas de mendiants, à première vue pas même de maquereaux ni de prostituées. Les gens nous regardent, apparemment sans hostilité, comme si nous n'étions pas dignes de leurs soins et attentions. Un individu, la tête enturbannée, s'approche de George, l'interroge, tous deux s'esclaffent. George nous dit : « C'est un copain et je lui ai déclaré que vous étiez mes copains. » Le danger nous le percevons dans une rue beaucoup plus belle, beaucoup plus grande où l'électricité se prodigue, où flamboient des néons. Aussi voyons-nous mieux les visages, balafrés souvent, aussi croyons-nous deviner des revolvers dans les poches. Cette artère, nous confie George, est le fief du Lotus Blanc. Magasins superbes, demeures prétentieuses où les rois de la pègre tiennent leur cour. C'est le domaine des fumeries : les clients viennent de Hong Kong, la colonie née de l'opium et où l'opium est interdit. C'est encore le quartier des bordels qui sont très fréquentés, puisque le puritanisme anglais les prohibe sur l'île. Un vieil homme à l'air sympathique vient s'entretenir avec George : il nous faut déguerpir. Nous retombons dans les ruelles infectes où des chiens mangent des excréments. Il fait très noir, on ne voit plus rien, on nous bouscule mais pas d'éclairs de couteau, pas de rixe mortelle. Nous arrivons dans une maison de thé où nous sommes en sûreté, le propriétaire est très lié avec George. Là, des miséreux, des tapins et aussi des gitons qui nous proposent leurs services. Nous les refusons, George rit. Il nous avoue que nous ne courions pas grand risque : selon la règle de Kowloon City, il vaut mieux ne pas s'en prendre aux Blancs, du moins ceux sous garantie et il est notre répondant. Quant à la police anglaise, elle n'est pas aussi impuissante qu'elle le prétend, elle dispose d'indicateurs et de truands pour régler ses comptes.

Peu de temps après cette piquante promenade, sans doute à la suite d'un accord avec Pékin, les Anglais osèrent enfin nettoyer Kowloon City. Ruée des polices, le quadrillage, les arrestations, les interrogatoires, une véritable opération pour enlever du visage de Hong Kong cette verrue chancreuse. Évidemment, on ne captura que du menu fretin, le gros gibier était déjà ailleurs... La Triade, le Lotus Blanc et toutes les autres organisations subsistent, mais sans sanctuaire officiel, sans république du crime. Assez curieusement, après cette épuration, le merveilleux, l'honnête George disparut.

Parmi les Chinois m'est surtout précieux Fei Yeh Min, un grand monsieur et aussi une franche « crapule » mais dans la meilleure acception du terme. Un petit bonhomme de la cinquantaine, tout osseux, tout maigre, ayant le sens de la drôlerie, de la repartie, une sorte d'esprit voltairien, ce qui est rare chez un Chinois. Quel épicurien ! C'est un ancien élève des jésuites de l'université Aurore de Shanghai, qui maîtrise toutes les finesses de notre langue, un amateur de bonne chère et de bons vins, de repas très gais. Souvent il m'invite à dîner, moi et quelques compatriotes, la fête, la kermesse à la gauloise, on bavarde, on fait assaut de bons mots, on se porte des toasts, on se grise un peu. J'apprécie beaucoup Fei Yeh Min, cet ami sûr et utile.

Un renard que cet ami! Les jésuites lui avaient délié l'intelligence et enseigné les voies de ce bas monde. Il paraît que sous leur férule, il s'était destiné à la prêtrise. Mais quand le vent avait tourné, il avait su bien orienter ses voiles, il était devenu apôtre rouge et s'en était allé exercer son sacerdoce à Hong Kong. Malgré son passé, il avait réussi à devenir l'homme fort du Parti dans l'îlot britannique: il dirigeait le *Ta Kung Pao*, le grand journal « populaire » de Hong Kong, celui qui donnait la « ligne » et indiquait les « solutions correctes » à la population. Au cours de nos agapes, il faisait une subtile propagande pour la cause, sans jamais renoncer à l'ironie. Mais qu'un invité, pris par son amusante franchise, se laisse entraîner à commettre un impair au sujet de Mao et du régime, aussitôt Fei Yeh Min se gelait.

Ce Fei Yeh Min m'avait aidé à mieux comprendre les relations de la Chine avec la colonie. Maintenir ou reconquérir l'intégralité de son territoire est un dogme de la Chine rouge, au point que Mao avait chassé ses grands alliés soviétiques de Dairen et de Port-Arthur (Lü Shun), sur le golfe du Petchili, ainsi que de toute la Mandchourie et de ce Turkestan que les Russes avaient convoité depuis le temps des tsars. Plus tard elle ferait une courte et victorieuse guerre à l'Inde pour quelques arpents de l'Himalaya. Alors, pourquoi les Chinois toléraient-ils un Hong Kong anglais, sans compter un Macao portugais à l'embouchure de la très céleste Rivière des Perles? Fei Yeh Min m'avait expliqué qu'il fallait à la Chine rouge un dépotoir. Dans le temps des anciens empereurs, Canton avait joué ce rôle et même en 1757, il était devenu le seul endroit où les Barbares pouvaient aborder. L'air narquois de Fei pour me rappeler cela. Plutôt que de laisser proliférer les chiens puants à travers l'Empire souriait-il, il valait mieux les concentrer en un lieu précis, bien choisi et commode. Rien n'avait changé. La nécessité faisant loi, la Chine rouge avait besoin, à sa portée, d'un marché, d'une foire, d'une place pour commercer, se livrer aux trafics et avoir des contacts avec le reste de l'univers. Mieux, afin que la Chine reste pure, on n'avait pas choisi un port sur le continent, on avait parqué le mal et la souillure à Hong Kong. Là, l'Empire rouge pouvait entrer dans le jeu du capitalisme, créer des sociétés, gagner de l'argent, se salir les mains puisque les finances et l'économie ont de ces exigences. D'ailleurs la Chine « tenait » Hong Kong et même était rétribuée pour le faire: le ravitaillement en eau et en denrées alimentaires de la colonie rapportait beaucoup. Fei Yeh Min plaisantait: « Combien de ces Américains contempteurs de notre Chine habitent des buildings qui nous appartiennent. S'ils savaient que c'est à nous qu'ils versent des loyers. »

Et Fei Yeh Min concluait toujours:

« Plus tard, plus tard, en 1997, Hong Kong nous reviendra, avec ses richesses. »

Plus tard, c'est quasi maintenant. C'est cette mégalopole, ces gratte-ciel, ces croupiers bien convenables et totalement fous qui font régner le business gangstérisé dans le respect de la loi anglaise, la commode loi, ces casinos où l'on carambouille les nombres et les chiffres de la grande tricherie, la gigantesque Bourse, le prodigieux Marché aux Voleurs, le temple de la spéculation, le puzzle suprême, le « gambling » divinisé. Mais, à l'approche de l'échéance, les communistes s'insinuent toujours davantage dans Hong Kong, en 1997, ils seront les maîtres. « Un seul pays, deux systèmes », ont-ils juré. Laisseront-ils la partie se dérouler comme avant ou rafleront-ils la mise, amenant la désolation et la ruine? Telle est la grande interrogation qui, dorénavant, ronge l'emporium fabuleux, celle à laquelle partout je vais me heurter.

Par romantisme, je continue ma recherche des vestiges d'antan. Mon « Correspondents' Club » a été détruit, détruit aussi ou fermé celui qui lui succéda et que décrivit John Le Carré. Que sont les « China watchers » devenus? Tout de même, il y a encore un Correspondents' Club au cœur de la cité, un faux Correspondents' Club, trop décent, trop rempli de bars et de restaurants, trop plein d'hommes et de femmes trop polis, c'est un club où, horreur, les hommes d'affaires sont bien plus nombreux que les journalistes. Malgré tout nous y allons déjeuner. Bien sûr, je ne reconnais personne, quand tout à coup une voix perçante, un accent prodigieusement british me vrillent l'oreille : « Is that Lucien? »

Un ton de surprise et de joie, c'est Donald, un « old hand », un vieux de la vieille. Donald mon pote, qui répète « Lucien, Lucien », me fait à toute allure établir une carte de membre du Club et nous entraîne vers sa table. Donald... Donald qui a survécu et si magnifiquement à tant de boissons! Grand, squelettique, les traits décharnés, la peau cuivre rose, il a toujours ses superbes yeux bleus, il a très bien vieilli, désormais pur esprit, esprit de l'eau-de-vie. Quel ivrogne... mais ce mot n'est pas suffisant pour lui. Il me fait prendre place à côté de son épouse, il vient de convoler avec une Anglaise de Hong Kong que j'ai connue jadis, qui a, si je ne me trompe, eu beaucoup de maris et d'enfants. A nous le défilé des vins fins, des champagnes, des cognacs. Nous devons boire sous peine de forfaiture, de trahison de notre ancienne amitié. On parle, on évoque les figures d'autrefois, tous les morts de la corporation. Joyeuse oraison funèbre. Donald quant à lui est dorénavant le manager de ce Club qu'il hante de onze heures du matin à minuit. Et tout ce temps, il pinte. Au dessert, nous en venons à quelques considérations générales. Selon lui, Hong Kong est encore bien, mais plus pour longtemps, et de toute façon était mieux auparavant quand les Chinois ne s'en croyaient pas autant. Conclusion, c'est la faute des Yankees, de leur haine stupide des colonies, de leur incapacité à comprendre l'Extrême-Orient. Sans eux, les Anglais seraient toujours en Inde et les Français en Indochine. Ah ! Comme les Français s'étaient bien battus en Indochine. Donald ou son fantôme qui reprend ainsi les conversations des années cinquante, Donald pour l'éternité nous dit en adieu :

« Dans quelques années, je partirai définitivement. Que Hong Kong soit plus ou moins rouge n'a aucune espèce d'importance. En tout état de cause il n'y aura plus de civilisation. »

Mes reliques. J'apprends que Fei Yeh Min, le vénérable directeur du *Ta Kung Pao* et le grand homme de l'« Ouverture », est plus important que jamais. D'après les rumeurs, il aurait eu des difficultés lors de la Révolution Culturelle, on l'aurait convoqué à Pékin où il se serait rendu dans les transes mais il n'avait pas été jeté en prison. Désormais, il est régulièrement reçu par Deng Xiaoping et il est membre de l'Assemblée nationale consultative. Je téléphone au *Ta Kung Pao*, une secrétaire glaciale m'écoute, semble ne pas me comprendre, raccroche. Pourtant au bout de quelques heures, cette personne – la même voix devenue plus cordiale – m'appelle et m'annonce que M. Fei Yeh Min me recevra à son bureau, le lendemain à quatre heures de l'après-midi. Je vais au rendez-vous avec Marie-Françoise, je suis impatient, fébrile, incertain. A peine quelques minutes d'attente et arrive un Fei Yeh Min bras tendus, bras ouverts, qui me serre contre sa poitrine en balbutiant :

« Mon ami, mon cher ami, mon grand ami. »

Il se tient debout avec peine et très vite il s'assied. L'âge l'a pris et en a fait un vieillard à l'élégance sévère, au front dégarni, aux traits racornis, aux paupières clignotantes derrière ses énormes lunettes. Nous nous serrons les mains, encore et encore. Il soupire, presque tendrement.

« Vous avez à peine changé. Moi j'ai été malade mais je me porte mieux, beaucoup mieux. Notre rencontre me fait du bien. Mais vous, qu'êtes-vous devenu ? »

Je lui décris notre randonnée en Chine, il m'interrompt presque vexé :

« Que ne m'avez-vous averti, je serais intervenu et vous auriez voyagé dans de meilleures conditions. J'aurais parlé de vous à Deng Xiaoping, qui vous aurait peut-être reçu. »

Il s'enquiert de mes impressions, lesquelles, nécessairement, sont excellentes. Là-dessus, Fei me dit :

« Avec les modernisations, les Chinois sont beaucoup plus heureux. Regardez ce qui se passe à Hong Kong, même les milliardaires, jadis si méfiants, aiment la Chine. Ils y placent leurs capitaux, ils aident à son progrès. Le président Deng Xiaoping les accueille très volontiers et ils sont tout à fait rassurés sur leur avenir. Quand cette colonie reviendra à la mère patrie, presque rien ne sera changé, ils le savent. Nous garderons ce que le capitalisme a de bon. »

Après cette tirade Fei est épuisé. Mais il me dit et me redit son plaisir de m'avoir retrouvé. Cependant un regard reste posé sur nous, celui de sa fille, une personne sans laideur ni beauté, très stricte, très nette, en tailleur, d'une amabilité froide. Elle se comporte en maîtresse de cérémonies, en surveillante de notre accès de sentimentalité... que son père ne se fatigue pas. Sur sa figure flotte un sourire indéchiffrable, un sourire poli qui cache un immense étonnement : elle découvre tout un pan insoupçonné de la vie de son père, tant de souvenirs, tant d'anecdotes inconnus d'elle. Elle ne nous comprend pas, elle ne parle qu'anglais mais excellemment. Elle reste donc là, figée, épiant les gémissements heureux de Fei qui, je le sens, l'agacent un peu. Enfin, elle murmure à son père qu'il a d'autres obligations. Le bon Fei se met à m'expliquer que sa fille est un parangon, qu'elle est diplômée d'une université américaine mais qu'elle est demeurée une communiste parfaite. Cette confidence de Fei m'éclaire, Miss Fei est donc son bâton de vieillesse et elle gouverne l'entreprise autant que lui. Mais plus d'une demi-heure s'est écoulée, elle s'impatiente, elle répète :

« Père, vous... »

Fei rappelé au devoir me donne mon congé :

« Je croule sous les dossiers, j'ai des décisions à prendre. Mais avant de nous séparer, il nous faut une photo de nos retrouvailles. »

Miss Fei prononce une phrase dans un interphone. Une minute après surgit un photographe du *Ta Kung Pao* bardé d'appareils et de compétence. Fei s'est remis debout, moi aussi, nous nous tenons bras dessus bras dessous, Marie-Françoise avec nous. Feux des flashes. Fei est livide, il se laisse tomber sur un sofa. Lui et moi, nous n'avons plus grand-chose à nous dire, nous bêtifions sur notre affection, sur le temps qui s'écoule... Miss Fei répète que l'audience est terminée. Fei se lève mais, pris d'une illumination, m'annonce qu'il va m'offrir un cadeau digne de notre amitié.

Un aide de camp apporte une boîte, c'est un paquet de thé à la marque du Dragon, du thé de Hangzhou évidemment. Fei m'en fait le panégyrique.

« C'est le meilleur, le plus rare de Chine. Il éclaircit la cervelle, donne du cœur et nettoie le ventre. »

Miss Fei surenchérit, elle assure que son père est le plus grand amateur de thé de Chine, un dégustateur unique, qu'il en connaît toutes les espèces et qu'il les collectionne. Somme toute, cadeau très vieille Chine que ce paquet merveilleux. Mon bon Fei Yeh Min qui demain me fera porter d'émouvantes photos de notre rencontre, je goûterai ton thé en pensant à toi.

Mais d'abord je vais vérifier si, comme tu le garantis, les gens de Hong Kong ont vraiment confiance dans ce futur où la Chine les absorbera. Pour commencer les banquiers, les banquiers français. Tout comme à Pékin, la haute finance métropolitaine est abondamment représentée à Hong Kong, douze firmes. Leurs agents ont également tous le genre grand commis, des énarques pour qui l'argent est plus une science exacte qu'un art, qui sont tous gentils et hospitaliers, mariés à des femmes du meilleur ton. Fini le temps des « monstres », finies les tonitruantes figures du passé, les hommes géniaux, maniaques, biscornus, les sacrés tempéraments, les flaireurs de bénéfices, les devins de la Bourse et des changes, capables de toutes les immoralités qui rapportent, mais qui savaient leur Asie par cœur, l'Asie des Blancs, l'Asie des Jaunes.

Tenait la vedette le « père » Ganay qui n'était aucunement un religieux. Je l'avais connu à Saigon où il dirigeait l'agence de la Banque d'Indochine. Quelle légende! Il avait commencé petit employé avant de devenir un grand patron. Cinquante ans de tripatouillages effrénés, toujours magnifiquement bénéficiaires. Quand je l'avais rencontré, il était déjà asséché par l'opium, une momie tremblante mais à l'œil aiguisé et à la parole impérieuse. Dans son appartement, au sommet de la Banque, il avait accumulé des trésors de la Chine ancienne. Là, couché sur un divan, fumant ses pipes, il vivait entouré de ses gitons jaunes, des gamins. Chaque jour, à la même heure, à la même minute, il descendait de son empyrée, en bras de chemise et en short, les genoux cagneux, l'air d'un fantôme, pour jeter des piécettes à des mendiants qui l'attendaient. Une fois, une seule fois je l'ai vu affolé. Chaque semaine, selon ses ordres, un hydravion partait de Saigon pour aller se poser sur la rade de Macao. L'appareil était rempli de caisses de lingots d'or venus de France qui seraient revendus dans la colonie portugaise où ils valaient plus chers qu'en Occident. Un jour, Ganay apprit qu'au cours d'un transbordement, une de ces caisses avait été écornée. L'émotion de Ganay courant pour aller examiner les dégâts, mais heureusement rien n'avait été perdu. Sacré Ganay, l'homme de toutes les combinaisons. A Hong Kong, encore plus ridé et fossilisé, le corps perdu dans ses vêtements, il en remontrait aux Chinois pour les coups tordus. Il périt sottement, il glissa dans sa salle de bains et fit une chute mortelle. Malheureux Ganay, maintenant complètement oublié.

A l'époque à Hong Kong, on parlait encore beaucoup du Père Robert, un vrai prêtre celui-là, qui venait de mourir en odeur de sainteté monétaire dans un monastère de la colonie britannique. Un demi-siècle durant, il avait été en Extrême-Orient le trésorier des Missions Étrangères, lesquelles étaient fort riches, même si les missionnaires eux-mêmes étaient pauvres. Il me semble avoir connu dans le lointain Sichuan de mon enfance l'inépuisable père Robert, toujours par monts et par vaux à inspecter les budgets des « chrétientés », son crâne rond et sa barbe évangélique trempée dans les sapèques. Un prestigieux manipulateur des revenus de Dieu. Il multipliait tout, il miraculait le denier du culte comme les papiers d'argent que les enfants de France donnaient pour les « petits Chinois ». Sous sa houlette toutes les mannes monétaires croissaient et prospéraient, il s'associait avec les usuriers célestes et jonglait dans les places boursières. Il en imposait même à Ganay, son compère et complice. Sa hardiesse aurait pu l'entraîner dans des chausse-trapes scandaleuses, cela n'arriva jamais. Sous ces mains magiques, piastres, taels, yens s'élevaient en moissons métalliques. Il accumulait aussi des liasses de reçus, de certificats, de contrats, d'actions, d'obligations aux taux magnifiques, indices d'opérations inextricables où il se retrouvait très bien. Ainsi fut constitué le trésor des Missions.

Dieu accorda au père Robert la grâce de mourir au bon moment. En 1955, en effet, les communistes chassaient les religieux de l'Empire Rouge, des religieux qui avaient tout enduré, les coups, la faim, la soif, la privation de sommeil, le cachot et les inlassables interrogatoires des commissaires politiques. Il fallait qu'ils se renient, qu'ils abjurent le Christ, qu'ils s'accusent de toutes les vilenies, vols, viols, concussion, affreux assouvissements et cela devant les chrétiens jaunes. Le but, c'était qu'ils se dégradent devant leurs fidèles pour qu'on puisse constituer ensuite l'Église Nationale de Chine qui ne souffrirait aucune ingérence étrangère. Combien ai-je vu arriver de ces religieux sur le territoire de Hong Kong, les corps et même l'esprit ruinés? Après cela, il n'y eut plus de prêtres blancs en Chine, plus de missions. Le père Robert pouvait expirer, les Missions Étrangères expulsées de l'Empire du Milieu n'avaient plus besoin de grandes finances pour insuffler de la vigueur à la propagation de la religion catholique et romaine en Chine.

A la place de ces « monstres » opèrent désormais à Hong Kong quantité de messieurs-succursales des grands établissements de Paris. Souvent ils connaissent à peine la colonie et encore moins la Chine, mais ils s'initient, quelquefois à leurs dépens. L'un d'eux reconnaît :

« Moi, pour ma banque, j'ai gagné ici énormément d'argent et j'en ai perdu énormément. Idem pour mes collègues, mais nous continuons nos activités. Nous tâchons d'apprendre à prêter aux Chinois sans perdre notre culotte, ce n'est pas facile. »

Selon lui, de milliardaires jaunes, à Hong Kong, de solides et de bien établis, il n'y en a qu'une dizaine. Les autres, qui se prétendent aussi de richissimes capitalistes et se parent de titres superbes, sont en réalité des filous. Leurs patronymes sont faux, leurs sociétés fictives, autour d'eux tout est secret, mystère, brouillard. Comme ils s'apprécient fort bien entre eux, pour emprunter ils s'adressent de préférence aux étrangers, surtout aux Français. Et les malheureux banquiers, les nouveaux venus en proie à l'euphorie, ont parfois accordé des prêts colossaux à ces demandeurs à la si bonne figure. On se battait pour les avoir comme clients, c'était à qui leur ferait les meilleures conditions. L'arnaque, la gigantesque arnaque... Les clients chinois, une fois les fonds touchés, disparaissaient, valises pleines, vers Taiwan, Singapour ou ailleurs. Combien de banques ont ainsi été escroquées? Cela, nul ne le dira. Le pis, c'est que ces individus reviennent à Hong Kong, toujours aussi débonnaires, simplement ils ont changé de nom. Et on ne peut rien contre eux!

A en croire mes interlocuteurs, la plupart des authentiques milliardaires arborent dorénavant des étiquettes rouges ou tout au moins roses. Les plus illustres rendent visite à Deng Xiaoping et procèdent à quelques investissements dans la Chine de l'Ouverture, mais sans exagération : malgré leurs dires, ils n'ont pas tellement confiance en elle, ils savent trop que la Chine est imprévisible, que tout peut arriver, y compris le pire. A Hong Kong même, ces grands notables font encore des placements mais à court terme, trois ou quatre ans au plus. Le gros de leurs capitaux est au loin, en sûreté, aux États-Unis, au Canada, en Australie. L'essentiel pour eux, pour leur famille, comme pour tous les possédants de moindre envergure, est de se procurer un ou plusieurs passeports. Ainsi, leur fortune étant déjà au loin, et eux-mêmes étant pourvus des papiers nécessaires, pourront-ils décamper sans coup férir, à tout instant, s'ils sont pris de peur.

Car la peur est là, aux aguets. D'autant plus redoutable que Hong Kong et ses gratte-ciel sont d'une certaine façon fictifs, qu'ils correspondent moins à des capitaux qu'à des tours de passe-passe... La fameuse spéculation ! Que se lève le vent de la panique et le Hong Kong des somptueux édifices peut s'effondrer. Cela a failli survenir en 1983, quand la très honorable Mrs. Thatcher se rendit aux raisons de Deng Xiaoping, quand il fut évident qu'au jour dit, le 30 juin 1997, les troupes communistes entreraient dans la cité et que le drapeau rouge y flotterait. Telle fut l'émotion que le Hong Kong dollar s'écroula en quelques heures de 30 %. Est-ce que cela allait être la catastrophe, celle où tous les buildings de la colonie ne seraient plus que des carcasses vides et sans valeur, où Hong Kong serait une Pompéi ensevelie sous les laves de l'angoisse ? Si un gros propriétaire avait flanché, s'il avait diminué ses loyers exorbitants, s'il s'était mis à vendre, tout Hong Kong partait à vau-l'eau. A cette époque, les Célestes détenteurs de « skycrapers » se surveillaient entre eux, pour savoir lequel le premier abaisserait ses fermages ou solderait ses immeubles. S'il y en avait eu un, un seul à liquider, à bazarder la pierre, Hong Kong aurait croulé comme un château de cartes. Heureusement tous avaient tenu.

En mars 1984 cependant, la plus ancienne maison de commerce de Hong Kong, Jardine Matheson and Co annonçait le transfert de son siège aux Bermudes. Le 26 septembre, l'accord était signé entre la Chine et la Grande-Bretagne. Il ne se passa rien et même on se remit à construire. Mais au prochain effroi, Hong Kong résistera-t-il encore ? Ce n'est pas sûr.

Ainsi Hong Kong est fragile. Ses compagnies de navigation sombrent, son industrie se réduit à des manufactures, un peu de textile, un peu d'électronique. Les communistes sont de plus en plus présents, sur tous les plans. D'abord dans l'économie. Les mauvaises affaires, celles qui frôlent la faillite, ils les achètent, les régénèrent, les avalent anonymement. Ils se montrent moins discrets en ce qui concerne la politique où les Fei Yeh Min et consorts pèsent de plus en plus sur l'administration anglaise. Les autorités britanniques, pour donner un peu plus de tonus à l'âme débilitée de Hong Kong, projettent plus ou moins des élections, pensent à une Assemblée consultative? Pas de cette démocratie-là, disent les délégués de Pékin. Que ce soit comme en Chine, où la voix du Peuple ne s'exprime jamais par des votes, des urnes et des scrutins. De même, le contrôle de la presse tourne à l'obsession. Je comprends mieux mon ami Donald: quelque chose là est en train de mourir.

Pourtant que la façade est encore belle! De la grande félicité du passé victorien ne subsiste, au cœur de la ville, que le vieux Palais de Justice, tout petit et charmant, où les magistrats dans leur sévérité avaient cependant été les serviteurs de Baal. Ils ont châtié les mauvaises mœurs, ils ont prescrit les coups de fouet et les pendaisons, mais ils ont toléré le non-dit, le non-voyant, c'est-à-dire la spéculation, et celle-ci les a écrasés. Désormais le joli bâtiment de la loi est dominé par les immenses gratte-ciel de l'argent roi, surtout par celui de la Hong Kong and Shanghai Bank qui avait régné à Shanghai et qui veut continuer à régner à Hong Kong. Cette firme plus que centenaire, dans un orgueil fou et dans un optimisme absolu, vient de faire construire une tour sublime, une projection de la grâce et de la puissance, un élancement futuriste qui luit et scintille, recouvert qu'il est d'une matière nouvelle, une sorte d'amiante artificielle au prix extravagant. Une cathédrale, c'est le terme qui s'impose, un lieu d'édification et de prières gardé par deux antiques lions. A l'intérieur, un vide vertigineux où montent les oraisons et, encerclant l'abîme, des paliers où les fidèles du dollar, toute une foule, s'agglutinent devant des guichets innombrables. Excitation, trépidation, enchantement. Sur cinquante-deux étages, cette cohue est reçue, confessée, conseillée par des hordes de commis, d'experts, de directeurs qui distribuent l'ivresse du profit et le grand espoir.

Le gratte-ciel de la Hong Kong and Shanghai Bank est le plus beau et probablement le plus coûteux du monde. Combien de milliards ont été investis dans sa construction? Un immense pactole. Pourtant il n'efface pas les doutes et même il en suscite. La Hong Kong and Shanghai Bank a-t-elle les réserves suffisantes pour un pareil défi? On l'ignore, la loi anglaise n'oblige pas la banque à en révéler le montant, il faut donc lui faire confiance, il faut croire aveuglément.

Mais tout à côté, sur ce qui n'est maintenant qu'un terrain vague et défoncé, doit s'élever un autre gratte-ciel, encore plus haut, encore plus beau, encore plus magnifique, celui de la Banque de Chine, celui de la Chine Populaire. Il sera bâti par Ieoh Ming Pei, le fameux architecte américain de renommée mondiale et d'origine céleste. Ses œuvres à travers l'univers... C'est lui qui, à Paris, édifie la pyramide du Louvre. A Hong Kong, tous les moyens lui seront donnés pour que la Banque de Chine éclipse, surclasse la Hong Kong and Shanghai Bank conçue par le Britannique Norman Foster. Cette compétition est jugée prometteuse et rassurante, elle signifie que la Grande-Bretagne et la Chine Populaire s'accordent sur le futur d'un Hong Kong rouge et capitaliste à la fois. Mais cette foi est-elle justifiée?

Il me faut interroger un Anglais qui évidemment n'appartienne pas à la Hong Kong and Shanghai Bank. Les banquiers français me prennent un rendez-vous avec un certain Simon Murray, qui a mené une existence aventureuse, s'est engagé à la Légion étrangère, parle donc le français et est devenu à Hong Kong le second d'un vrai milliardaire chinois, M. Li qui a racheté la Hutchison and Co, jadis une société britannique fameuse. Je me retrouve dans un bureau, face à un rouquin de petit format, aux traits tachés de son, qui aboie comme un roquet.

D'abord il délire sur M. Li, son prestigieux président. Depuis qu'il a acquis la Hutchison ce conglomérat n'a cessé de s'étendre et de se développer malgré le tassement de 1983. Multiples activités, la construction d'usines, l'aviation, des docks gigantesques où chargent et déchargent des flottes de navires, et aussi des négoces de toutes sortes, plus de cent sociétés, un chiffre d'affaires de 5 466 millions de dollars Hong Kong en 1985.

Notre face-à-face. Chez Murray, comme une rogne. Mes questions, il les mâche pour me les rejeter en d'abruptes réponses.

Hong Kong et ses perspectives? Un sifflement :

« C'est la base de la Hutchison et pour quinze ans au moins. Ensuite, on verra.

– La Chine?

– Jamais nous n'y mettrons de l'argent dur, jamais nous ne placerons du bon argent dans des sociétés mixtes ou autres blagues. Ce serait trop risqué. Mais nous voulons bien commercer avec elle, prudemment. Nous avons d'ailleurs des bureaux à Pékin, à Shanghai et à Canton.

– La craignez-vous?

– Ah! non. Ah! ça non. La pauvre Chine, nous ne la redoutons pas du tout. Ce dont nous avons peur, c'est de perdre de l'argent avec elle. Si nous vendons des marchandises aux Chinois, c'est à la condition expresse de ne pas être payés en monnaie de singe, mais en Hong Kong dollars.

– Faites-vous quand même des affaires avec elle?

– Parfois. C'est difficile, trop de bureaucratie, trop de routine, trop de paresse. Quand nous lui proposons de lui acheter un million de tonnes de charbon, nous tombons sur de sacrés problèmes. Les mines sont à l'intérieur du pays et les Chinois ne pensent même pas à transformer le charbon extrait en une énergie qui serait facilement transportable. L'anthracite chinois, quel encombrement! Lorsque nous signalons cette absurdité aux dirigeants de Pékin, ils ne savent que hausser les épaules avec impuissance.

– Et Shenzhen?

– De la plaisanterie.

– Mais si M. Li et la Hutchison n'investissent pas en Chine, d'autres milliardaires de Hong Kong le font. »

M. Murray me foudroie :

« Par charité, par patriotisme, jamais par intérêt. La Chine est un

petit marché, de plus insolvable. Les Chinois intelligents de Hong Kong le savent. Prenez le cas de M. Wee, le respectable et richissime M. Wee. Lui n'a vraiment aucune illusion. Quand il met de l'argent en Chine, c'est pour les bonnes œuvres, pour construire des hôpitaux, des universités. Rien qui rapporte, au contraire.
– Et la Hong Kong and Shanghai Bank?
– Elle fait ce qu'elle veut, elle est grande... Mais nous ne l'imitons pas. »
Une voix radoucie :
« Nous sommes à Hong Kong. Pour le moment, nous y restons. Nous nous sommes intéressés à d'autres contrées asiatiques, plus sûres que la Chine. »
Il regarde sa montre, un sourire pour les phrases finales.
« Ce que M. Li et moi-même désirons maintenant, c'est nous établir dans des nations plus développées. L'Europe et même la France. »
Sur ce, M. Murray me jette à la porte. Et si contrairement à ce que proclame cet épineux individu, la Hutchison avait peur de la Chine? Elle a en tout cas créé une société mixte mais avec le groupe Total.

La France, M. Hu y est déjà implanté, il y possède une petite usine. C'est un milliardaire pur Hong Kong, un grand « petit milliardaire », la cinquantaine, une élégance voyante, épingle de cravate en or, anneaux en or aux doigts. Il sue l'or que lui rapportent les millions de montres dont il inonde l'univers.

Déjeuner simple dans un restaurant au bord de la mer. Tout de suite, M. Hu me récite superbement son acte de foi, son credo.

« J'appartiens complètement à Hong Kong. Idéologie, nationalisme, patriotisme, les sentiments, je m'en fous. Je suis intégralement fidèle à la devise de Hong Kong : " Business is business. " Ici, les hommes d'affaires comme moi sont les meilleurs du monde. Les Japonais à côté de nous sont des nullités, des brutes sans imagination. Beaucoup d'entre nous proviennent de familles de Shanghai, c'est tout dire. Si Shanghai n'avait pas été détruite... A Hong Kong, nous autres, les Shanghaïens, avons fait merveille. Je vous le répète, ici une seule loi, une seule règle : " Business is business. " Quant aux Anglais de Hong Kong, laissez-moi rire. Ils ne font rien, ils nous laissent faire. Le joug britannique est très léger, il ne nous gêne absolument pas dans nos opérations. »

Le milliardaire Hu est heureux. Mais l'avenir est incertain et lui aussi prend ses précautions. Ses capitaux, il les place de préférence hors d'Asie, dans des pays sûrs, en Amérique et en Europe. Il fait donc tic-tac à travers tous les océans et toutes les terres du monde. Sa figure fait tic-tac, elle est comme marquée par des aiguilles. Sa cervelle fait tic-tac, mais n'est-elle pas un peu fêlée? La folie de l'orgueil...

La Chine Populaire n'est pas sa patrie, il n'a pas de patrie, Hong Kong peut-être. Mais la Chine est un marché qu'il ne peut entièrement négliger. « Business first ! » Et en plus il y a le plaisir de pouvoir être arrogant avec les Rouges. Quand il arrive à Pékin, il pose une condition pour accepter de monter une usine en territoire chinois : qu'il n'embauchera personne, aucun ouvrier, aucun employé qui serait inscrit au Parti. Et M. Hu se délecte à me narrer que cette clause a été admise. Il ajoute, en retroussant les babines :

« Pas tellement étonnant. Je crois qu'en Chine il ne reste plus un seul vrai communiste. Les Chinois sont dégoûtés de ce qu'ont fait Mao et les siens, c'était trop terrible. Ils ont voulu détruire la famille... Erreur impardonnable. »

M. Hu crie très fort.

« Les Chinois mentent pour faire croire qu'il reste des communistes. En fait, ils ne savent plus où ils en sont. Les jeunes étouffent et risquent de mettre le feu aux poudres. Si les Chinois recommencent leurs guerres civiles, ce serait pour eux la catastrophe. Moi, que ça m'amuserait ! »

M. Hu est plus que jamais ravi de ce qu'il me raconte. Ses yeux pétillent de joie.

« Jouer avec les communistes, pour moi, quelle revanche ! Les Chinois ne savaient que faire pour m'attirer, ils m'ont même proposé une immense main-d'œuvre gratuite et qualifiée, la main-d'œuvre pénitentiaire. Il y a vingt millions de Chinois enfermés dans des camps pour être " rééduqués par le travail ", des familles entières, qui, même une fois leur peine purgée, restent à disposition, pour édifier les Quatre Modernisations. Le monde connaît peu l'existence de ces camps qui lui est soigneusement cachée. Récemment les autorités rouges ont prétendu améliorer le sort des prisonniers : ils ne dépendent plus du ministère de la Sécurité mais du ministère de la Justice. Un programme ! Or donc à Pékin, on m'a convoqué à ce ministère de la Justice et c'est là qu'on m'a offert d'utiliser une petite partie de ces hommes. Alléchant, non ? On m'en faisait l'article, on me les décrivait comme des travailleurs brillants, capables, parmi eux beaucoup d'intellectuels, de techniciens. Mes interlocuteurs du ministère de la Justice ont été tout étonnés de mon refus. " Business is business ", mais je dois veiller à ne pas entacher le renom de ma firme... et ma propre réputation. Et tout de même, il y avait le passé, ce qu'ont subi les miens après la Libération, tous ces sévices, toutes ces humiliations.

— Vous haïssez les communistes ?

— Oui... La Libération en 1949 fut un enfer à Shanghai. Mes parents pris dans la tourmente, les autocritiques, les invectives. Mon père, un courtier important, fut obligé de s'accuser de ses " crimes ", de les reconnaître – il avait volé le Peuple. Malgré ses aveux, il fut jeté en prison pendant un an. Il y serait resté beaucoup plus longtemps si l'idée ne lui était pas venue de suggérer à ses gardes-chiourme de le laisser aller à Hong Kong où il obligerait ses créanciers à lui payer leurs dettes. Naturellement, il rapporterait l'argent à Shanghai, au Parti. Ils sont odieux les Rouges, mais ils sont

parfois idiots. Ils l'ont sorti de sa geôle et envoyé dans la colonie britannique. Mon père s'est retrouvé absolument sans ressources, il a courageusement refait fortune en créant un atelier de mécanique. Moi, extraordinaire chance, j'avais pu l'accompagner.
 – Votre famille s'en est donc bien tirée.
 – Non, pas ma mère... Son sort a été effroyable. Elle était Témoin de Jéhovah et elle a refusé de renier sa foi : le Peuple l'a condamnée à vingt ans de travaux forcés. Elle a survécu dans l'horreur. Pendant la Révolution Culturelle les persécutions ont redoublé, on l'a sortie de son cachot, exhibée dans les rues de Shanghai dans une posture grotesque, affublée d'oripeaux, le bonnet d'âne et tout ça. Elle a même failli être exécutée, mais elle n'a jamais cédé. Elle est toujours Témoin de Jéhovah. Enfin, au moment de l'Ouverture, elle a obtenu l'autorisation de rejoindre mon père à Hong Kong, elle est arrivée pour lui fermer les yeux.
 – Maintenant est-elle heureuse ?
 – Oui et non. Ce dont elle a souffert atrocement, c'est que les Rouges aient contraint ma sœur cadette, qui n'avait que huit ans et qui était restée à Shanghai, à la " dénoncer ", cent fois, mille fois, en récitant les infamies qu'on lui avait apprises. Aujourd'hui ma sœur vit à Hong Kong, et ma mère malgré sa charité ne peut lui pardonner. J'ai beau lui expliquer que sa fille était une gamine, qu'elle ne pouvait pas agir autrement, que là-bas la délation est quotidienne et obligatoire, ma mère répète qu'elle a commis un sacrilège, un péché inexpiable. Pour tout cela, j'abomine les communistes. Et la plupart des Chinois de Hong Kong les détestent autant que moi. Mais... »

Là-dessus M. Hu se tortille de joie, comme font les Chinois racontant leurs malheurs.

« Mais " Business is business ". C'est l'évangile de Hong Kong, c'est l'évangile qui a sauvé Hong Kong, c'est mon évangile. Alors tout va bien. »

Le temps carillonne... Le séjour se termine. Et je veux faire la fête avec Marie-Françoise. Un nom me revient, très doux, très charmant, celui d'Aberdeen. Sur la côte abrupte s'échancre une crique qui aurait été, selon la tradition, un repaire de pirates. La baie abrite un paisible petit port chinois où la vie grouille sur des eaux souillées. L'odeur de la boue, de la vase, de la pourriture, des défécations – parfums de la joie. Il n'y a plus de grandes jonques aux voiles carrées, c'est un pullulement de sampans, une cité flottante à la population maritime.

Aujourd'hui les rivages sont bardés de ciment, mais le havre est inchangé. Toujours cette armada qui ne se risque plus guère au large, toujours ces barques qui servent de maisons et qui sont rangées par quartiers. Les grincements des poulies et des cordages, comme des bruits augustes. Toujours des hommes qui crachent, des matrones qui préparent les mets sur de petits foyers, toujours les vieillards qui somnolent, toujours des mères portant leur bébé sur le dos et toujours les autels des ancêtres. Entre les demeures, toutes ces embarcations amarrées les unes aux autres, sont tracées des avenues et des rues liquides où circulent des canots, et toujours ce sont de jeunes gaillardes qui godillent.

Nous sautons dans l'un de ces esquifs où une luronne nous conduit sur ces eaux immondes et pourtant gaies, vers des jaillissements de lumière, des scintillements de néon, des idéogrammes incandescents. Comme des îlots de feu. Ce sont d'énormes péniches aménagées en restaurants, des restaurants connus de l'univers entier, recommandés par tous les *Baedeker* pour des orgies de nourriture. On y dévore les monstres des océans. Nous débarquons sur le plus flambant : toute la Chine est là, avec tous ses poncifs – lieux hantés de dragons, la présence des génies et des dieux, les masques des héros, les hallebardes, les tapisseries, les laques, les vases d'airain, les tambours. Et l'éternel ventre du Bouddha de la goinfrerie. Tout est rouge et or, on entend s'écouler les légendes.

Qu'importe que tout soit truqué, que tout soit arrangé pour épater les touristes, Marie-Françoise est ma reine et, dans ce décor factice, je me laisse une fois de plus emporter par mon imagination : il me semble qu'autour de nous rôdent des âmes errantes, celles d'Anne Marie et d'Albert. Vous me suivez depuis que je vous ai retrouvés tous deux tels que vous étiez, depuis que je vous ai ressuscités dans vos villes, vos provinces, vos consulats lointains, mes parents encore jeunes et aimés. Anne Marie, Albert, votre souvenir me poigne, je vous sens si proches.

Je me gave de succulences, je m'enivre de songes. La grandeur du hasard... Albert, l' « Ouverture », c'est aussi ton œuvre, tu as tenu le destin de la Chine entre tes mains quand tu as envoyé Deng Xiaoping en France. Ce n'était rien, c'était énorme, Albert.

La Chine, ta Chine, Albert, j'y reviendrai avec Marie-Françoise. Les murailles, les grandes murailles seront-elles encore abaissées ou au contraire auront-elles été relevées ? Impossible à dire. La Chine est dans une impasse. Les Chinois, je les ai vus las des tempêtes, en proie à tant de désirs inassouvissables, avides de liberté. Ce que je crains, c'est que pareille attirance suscite une répression, que le Parti resurgisse pour imposer sa rigueur et sa vertu. Ce que je redoute, c'est qu'à nouveau l'ombre de Mao s'étende sur l'Empire Céleste, qu'il redevienne l'enfer de la pureté. Mais je sais que les gérontes ne bâtiront plus jamais assez de montagnes de dialectique pour écraser cette notion si neuve en Chine, l'aspiration au bonheur.

Je reviendrai.

RETOUR À SHANGHAI

Shanghai, printemps 1987. Je suis de retour dans la métropole avec Marie-Françoise. Nous sommes libres, pas de Yao, pas de programme. A première vue, tout est pareil, je retrouve le Bund dans son délabrement, Nanking Road dans son pullulement. La cité immense est toujours aussi engorgée d'êtres, vaquant à leurs affaires, se bousculant, se pressant, échoppes et magasins sont ouverts, le trafic intense. Pas davantage de police, aucune sensation, même sourde, d'angoisse, de frayeur. Pas trace d' « événements ».

Il y a cependant une grande nouveauté, le Peace Hotel en sa désuétude charmante a été abandonné aux Chinois par les Blancs. A été inauguré – fait capital – le Sheraton Hotel, désormais le havre et le sanctuaire de tous les hommes d'affaires qui plus que jamais abondent. Un palace flambant, ultramoderne, faux marbre et luxe suprême, tout est commodité, un service parfait, mais c'est hideux, c'est trop clinquant, ça pue trop le fric. Marie-Françoise et moi qui avons trouvé résidence dans un joli pavillon au sein d'un parc, avons décidé de ne pas le fréquenter. Finalement nous capitulons car le Sheraton est l'oasis et le paradis pour tous les étrangers qui veulent échapper à l'empoisonnante Chine. Qu'a-t-elle la Chine, même lorsqu'elle est aimable, pour ainsi asphyxier ?

L'enquiquinante Chine, la passionnante Chine, la mystérieuse Chine, nous sommes à Shanghai pour essayer, encore une fois, de la comprendre un peu. Ces manifestations d'étudiants en décembre dernier ont été si étranges. Peut-être nos vieilles connaissances pourront-elles nous éclairer. Nous commençons par M. et Mme Sauveterre, déjà des amis, elle toujours aussi séduisante, lui qui me paraît ragaillardi. Sa figure est moins ravagée, ses tics moins prononcés, ses peurs comme évanouies. Dans nos retrouvailles, nous suivons le même protocole qu'en 1986 : un déjeuner sobre dans le même restaurant modeste, la marche à travers les couloirs vers leur appartement, là, les rites du café et M. Sauveterre qui s'assoit doctoralement à son bureau. Mais le professeur Sauveterre ne m'avertit plus qu'il se sacrifie pour me confier la vérité, il ne semble plus redouter les espions, ni les micros enregistrant des propos qui lui vaudraient certainement un châtiment. Au contraire, un sourire de satisfaction vaniteuse flotte sur ses lèvres. Il se rengorge :

« Je vous l'avais bien dit. C'est arrivé.

– Vous avez été un devin.

– Non, je connais la Chine. »

Là-dessus, M. Sauveterre se met à discourir, recherchant des expressions justes, comme se congratulant quand les phrases coulent bien. Ce qu'il me déclare tout d'abord? Que rien n'a changé. Les élèves et étudiants sont rentrés dans leurs collèges et universités. Évidemment, leurs familles ont été avisées de leurs méfaits et ils ont été soumis à des séances collectives d'autocritique, ils ont dû s'accuser, se dénoncer, reconnaître leurs fautes, se repentir. Quelques-uns, sans doute des leaders, ont disparu. Dans son établissement manquent un garçon et une fille. Personne ne se préoccupe de leur sort. Les autorités, au lieu d'annoncer des sanctions, donnent à ces absences des raisons prosaïques, que l'un s'est rendu en province auprès de son père malade, que l'autre... On fait comme si la machine n'avait pas explosé.

« Je vous avais bien prévenu qu'il y aurait une déflagration... Trop de désirs.

– Que veulent ces jeunes?

– Tout... Ils ne savent pas... Ils parlent, enfin ils parlaient de démocratie, en ignorant ce qu'elle est. Tout cela est vague sauf l'intensité des désirs. »

Sauveterre hausse les épaules. Certainement les étudiants ont peur et ils font désormais ce que le Parti exige d'eux, ils sont occupés à se laver la cervelle. Plus que jamais, ils évitent de parler à leurs maîtres étrangers, même à lui Sauveterre, en dehors des cours.

« Mais si ces garçons et ces filles se prêtent maintenant à ces exercices de conformité, je suis sûr que dans leurs cœurs ils ne renoncent absolument pas à leurs desseins. Ils détestent encore plus le Parti, ce Parti qui, comme je vous l'avais dit, est mort, un Parti charogne qui pue, qui répand des miasmes. Après les autocritiques, ils se regroupent clandestinement pour tenir des états généraux de la liberté. Ils n'ont qu'une espérance, recommencer. »

Sauveterre a son expression oblique pour reconnaître que, malgré tout, ces manifestations ont des côtés inexplicables. Lui, ses collègues français, le personnel consulaire même, savaient à l'avance qu'elles allaient se déclencher, comme si une organisation les avait préparées. Elles éclatent le même jour, le 5 décembre, à Hefei (province d'Anhui) et à Wuhan. Puis la contagion gagne Pékin, Shenzhen, Canton, et enfin Shanghai le 19 décembre. Les étudiants de tous les instituts surgissent un vendredi matin, simultanément, en longs cortèges, brandissant des banderoles portant des inscriptions de ce genre : « Plutôt mourir que de vivre sans liberté! » et réclamant la « réforme du pouvoir personnel », la « liberté de l'information » et le « droit de manifester ».

Deux semaines pour que Shanghai soit atteinte et explose. Pourquoi Deng Xiaoping laisse-t-il faire ? Certains croient que voulant avec Hu Yaobang, le secrétaire général du PC chinois, aller plus loin dans la voie de la « libéralisation », il aurait provoqué l'apparition de ces longues colonnes paisibles et gaies dans les grandes agglomérations du pays... Le Vent Nouveau. Pourtant, ce même Deng n'avait-il pas jadis sauvagement réprimé les premiers souffles de cette brise des âmes, lors du Printemps de Pékin ? N'avait-il pas en 1985 empêché les démonstrations de la jeunesse des facultés contre les Japonais jugés trop envahissants, nouveaux conquérants insidieux de la Chine ? Et maintenant, ces mouvements, ces défilés, ces bannières, ces clameurs... A Shanghai, ils sont trente mille, cinquante mille, cent mille peut-être. Et pas de sang versé. Au contraire, toutes les précautions prises pour éviter les chocs, les échauffourées. Des consignes inimaginables à la police et à l'armée. Que flics et soldats soient bien aimables, qu'ils ne s'opposent pas, qu'ils supportent injures et insultes. Ils ne sont pas armés, ou plutôt leur arme, c'est la patience, ils restent sur place, toujours courtois, jusqu'à ce que les étudiants soient las de leurs gesticulations. Tout est prévu, même des autobus qui ramèneront les émeutiers. Seul signe inquiétant pour l'avenir, des agents qui filment et photographient sans arrêt pour fixer les visages, repérer les meneurs.

Un seul affrontement. Dans la nuit du vendredi au samedi, trois mille « rebelles » tout joyeux, comme ivres de puissance, étaient restés devant le siège du gouvernement municipal sur le Bund. Le samedi matin, les forces de l'ordre avaient voulu les disperser. Une annonce par haut-parleurs, puis la charge. Et là-dessus plusieurs dizaines de milliers d'étudiants, comme affolés d'indignation, dans une cohue gigantesque, marchent vers la Place du Peuple – le champ de courses des impérialistes. Seul leur orgueil était touché, il n'y avait pas de morts, pas même de blessés, juste quelques tuméfiés, quelques égratignés, quelques traumatisés. Mais ils pleurent, gémissent, maudissent, accusent le ciel et la terre, et surtout distribuent des tracts aux foules plutôt bienveillantes agglutinées sur les trottoirs de l'ancienne Nanking Road. C'était comme si Deng Xiaoping les avait trahis.

Toute la journée, les cohortes ont déambulé entre le Bund et la Place du Peuple. A ces deux endroits, des multitudes, la masse des têtes et des poings, pas la révolution, le chœur bien tempéré des afflictions et des complaintes. Un peu d'humour, comme le prouvent certaines pancartes : « A bas Hu Yaobang. Vive la Bande des Quatre. » Parfois un peu d'écologie : « Faites le Bien. Cessez de fumer. » Les policiers étaient à nouveau tout paternels. Le dimanche matin, ils se constituèrent en cordons entre lesquels les étudiants, à bout de forces, s'écoulèrent vers leurs études. Le jeu était terminé, venait le temps des sanctions, qui furent bénignes si on les compare aux pratiques célestes d'autrefois.

Les étudiants, je veux en voir, leur parler. J'essaie de les joindre grâce à des filières compliquées. Ils me font répondre qu'ils désireraient me recevoir, que ce serait pour eux plaisir et honneur mais que pour le moment ils ont de regrettables empêchements. Plus tard... plus tard.

C'est alors qu'en ville je rencontre le petit prof, un Français. Il nous invite à lui rendre visite à l'université où il loge et enseigne. Au jour dit, à l'heure dite, nous sommes sur le campus. Il nous attend à l'entrée. Autour de nous, des étudiants et des étudiantes, les filles jolies et rieuses, les garçons élégants. Aucune atmosphère d'oppression. Simplement, il se trouve que personne ne nous voit, ne nous regarde, le petit prof, Marie-Françoise et moi. Comme si nous n'existions pas. Le petit prof nous conduit à son appartement, dans la maison des « experts » étrangers. Deux pièces, une cuisine, le tout chauffé et pauvre, décemment pauvre. Un lit, deux fauteuils, quelques bibelots, des fleurs...

Il est triste le prof, mignon « Petit Chose », des traits doux, des yeux très bleus, une peau claire tachée de son, une chevelure filasse, il a du charme et l'air perdu. Son existence? Douze heures de cours par semaine et la solitude, la complète solitude. A lui aussi ses étudiants ne parlent plus jamais – pas question qu'il me présente à eux. Il est découragé, le petit prof. Arrivé plein de bonne volonté, il avait essayé, en dehors de son enseignement, d'organiser des réunions amicales avec ses élèves. Ils venaient, ils étaient polis, un peu condescendants, très détachés au fond. Maintenant, même cela est impossible.

Qu'est-ce qui les animait ces garçons et ces filles? Il avait tenté de comprendre. Ils n'avaient d'assiduité à rien, ils n'étudiaient pas bien. Quand ils avaient acquis quelques rudiments de français, ils décrochaient. Représentait-il déjà un danger pour eux? Il est plus probable qu'il les ennuyait. Mais qu'est-ce qui ne les ennuyait pas? On les formait à la paresse. Une génération d'enfants gâtés, d'enfants uniques, choyés par leurs familles qui, la plupart, faisaient d'énormes sacrifices pour eux. Leur principale préoccupation : être bien vêtus. Parmi eux, quelques privilégiés, les fils des cadres que tout à la fois ils craignaient, haïssaient et enviaient. Ceux-là, les professeurs devaient les favoriser en truquant les examens. Ainsi les autorités ont-elles fait pression sur lui, le petit prof, pour qu'il donne de meilleures notes aux rejetons des dignitaires du Parti, ces princes. Dans cette ambiance, il se sent surveillé, contraint, il ne supporte pas qu'on déforme son travail.

Et puis, il est si pauvre! Il était venu à Shanghai attiré par la légende de la cité. Et il mène une vie lamentable. Les dirigeants chinois l'ont engagé, il est entre leurs mains. Non seulement il ne reçoit rien du gouvernement français mais la France le dépouille : il continue à verser des prestations sociales calculées sur le salaire qu'il toucherait en France, lesquelles absorbent 70 % de ses émoluments payés par les Chinois. Sur les mille trois cents yuans qu'il gagne chaque mois, somme énorme dans ce pays, il lui reste à peine de quoi subsister. Pas question de manger au réfectoire des « experts » : un repas y coûte deux yuans quatre-vingts, ce qui est trop cher pour lui. Il se prépare donc dans sa cuisine un peu de nourriture qu'il avale sur le pouce. Il y a près de l'université de petits marchés où il achète des légumes et de la viande. Mais son panier à provisions le déconsidère.

Ce que veulent les étudiants? Cela lui est un mystère. Révolutionnaires, ils ne le sont certainement pas. Leurs mœurs demeurent très traditionnelles, les filles, même celles aux mines osées, se gardent vierges pour le mariage. Au soir des noces, si un mari découvrait sa femme déjà dépucelée, il la répudierait. Toutes leurs ambitions sont terre à terre. Leur rêve à tous, c'est l'Amérique, le niveau de vie américain. Une fois, une charmante adolescente lui a demandé: «Êtes-vous de New York ou de Los Angeles?» Quand il lui a répondu qu'il était français, elle a fait un bond en arrière. Pauvre petit prof... Sa désolation humble pour confesser qu'il n'a pas de flirt. Trop dangereux. Parfois des épousailles sont possibles mais vous ne devez pas vous leurrer: vous ne représentez qu'un passeport qui permettra à votre légitime épouse de fuir la Chine. Fuir la Chine, tous le voudraient. Inconcevable, alors les étudiants font avec ce qu'ils ont, ils manifestent.

Le petit prof ne fréquente pas les autres «experts», dix Américains, trois Allemands, deux Japonais, un Australien, un Russe, gens trop supérieurs à lui et qui eux ont des moyens. Certes douze étudiants français résident aussi à l'université, mais, d'une drôle de voix réprobatrice, il me dit qu'ils sont dans une situation particulière, plutôt que des étudiants, ce sont des «chômeurs» de bonne famille. Ils viennent en Chine, ils s'inscrivent à l'université – pour cela, il suffit de payer quelques dizaines de milliers de francs. Qu'ils ne s'appliquent guère, les autorités chinoises s'en foutent. A ainsi parler de ces jeunes, il est évident que le petit prof ne les aime ni ne les pratique. Pourtant il a pris rendez-vous avec eux pour nous.

Nous tombons sur une étrange bande, des énergumènes pour la plupart. Eux sont bien nourris, bien logés, à un ou deux par chambre. L'extrême confort pour la Chine... Les garçons sont broussailleux, plutôt barbus, plutôt sales, jouant les rigolos, les anarchistes, les bravaches, riant trop fort et faisant des plaisanteries douteuses. Les filles se tiennent mieux, deux ou trois se donnent même la peine d'apprendre le chinois. Ils traînaillent la journée, vont le soir dans la boîte de nuit du Sheraton. Devant eux, le petit prof est mal à l'aise. Ce n'est pas son monde, je comprends mieux pourquoi il les appelle «les chômeurs». Moi, je trouve amusant que ces produits fainéants de la bourgeoisie française aient abouti là, épaves friquées bien plus qu'apprentis sinologues. Je suis mal tombé.

Retour dans la chambre où le petit prof vit en prisonnier et reprise de sa longue complainte. Il ne se rend pas souvent en ville, faute de transport et d'argent. Participer à la prise d'assaut d'un autobus chinois est au-dessus de ses forces. Mais chaque samedi circulent des minibus abordables, ce jour-là il va à Shanghai où il ne connaît pas grand monde, où il ne sait trop que faire. Malgré tout il économise afin d'acheter un vélo.

Nous allons nous quitter. Le petit prof est saisi d'un remords, il répand quelques louanges sur les étudiants chinois, exactement les mêmes et dans les mêmes termes que M. Sauveterre :

« Je le reconnais, ces étudiants chinois sont cependant pourvus d'un idéal. Ils ont découvert que la liberté existe, la démocratie aussi. Et ils s'en réclament... »

Ce refrain, ce refrain-là, on me l'a déjà seriné. Que je voudrais, dis-je au petit prof, sonder moi-même les reins et les cœurs de ces étudiants chinois inapprochables. Impossible. Mais quand il nous raccompagne à travers le campus, il nous montre courageusement des bâtiments très ordinaires, des dortoirs. Et il nous suggère de nous engouffrer dans l'un d'eux et de regarder.

« Surtout, précise-t-il, ne cherchez pas d'interlocuteur, ne parlez à personne. Ensuite partez vite. Au moindre pépin, sachez-le, c'est moi qui trinquerais, pas vous. »

Marie-Françoise et moi, sur les arrières du campus, nous pénétrons dans une bâtisse de plusieurs étages. Des filles, rien que des filles, un grouillement de filles. Et aussi rien que du ciment, laid, rugueux, nu. Nous grimpons un large escalier, nous nous faufilons par des couloirs glacés, sordides, puants, encombrés d'ordures. Et toujours la foule des filles qui toutes, nous apercevant, prennent des expressions ahuries, comme si elles n'avaient jamais vu en ces lieux de spécimens de la race blanche. Le scandale... Par les portes bâillantes, nous entrevoyons leurs chambrées, des couchettes superposées, séparées les unes des autres par de minces rideaux, pour protéger l'intimité. Il n'y a de place que pour une table, au milieu. Aucun endroit pour ranger leurs effets, apparemment pas de robinet, pas d'eau à leur portée mais partout du linge qui sèche. Nous passons devant un réfectoire où sévit le graillon de la faim. Eh bien, dans des conditions abominables, les étudiantes sont saines, gracieuses, bien habillées, coquettement coiffées. Ce qu'elles caquettent, ce qu'elles discutent mais dès qu'elles nous découvrent, s'abat un silence de mort. Soudain cingle une voix métallique qui nous apostrophe avec véhémence. Il s'agit d'une surveillante, une femme d'une quarantaine d'années. Saisis d'effroi, nous dévalons les marches à toutes jambes. Heureusement, personne à nos trousses.

Quelques jours plus tard, surprise, une étudiante nous accoste dans l'endroit le plus imprévisible, dans un bar d'hôtel. Une jeune femme de bonne allure, pas laide, en tailleur, une Chinoise sans signe particulier. Elle m'interpelle en très bon français.

« Êtes-vous Monsieur Bodard ?

– Oui, comment me connaissez-vous ?

– Je me suis renseignée. On m'appelle Eve, mon vrai nom ne vous dirait rien. Je fais des études de physique, je veux les achever en France. Aidez-moi. »

Là-dessus, une de ces véhémences, une de ces passions. J'apprendrai par la suite que tous les Français de Shanghai en rient, tellement elle se rue sur eux pour leur extorquer une recommandation.

Eve me raconte qu'elle vit entre l'espérance et la crainte : il lui faut passer par tant de voies, de chemins, assiéger tant de bureaux pour obtenir les papiers nécessaires! Les autorités chinoises ne sont pas opposées à l'émigration de leurs ressortissants quoiqu'elles se montrent plus exigeantes avec les intellectuels comme elle. Mais la principale difficulté vient du consulat de France... Pour m'apitoyer, elle me parle de sa vie. Eve a vingt-huit ans, elle n'a pas participé aux manifestations, ce sont surtout des premières années qui ont défilé, les jeunes pour qui les échéances sont encore lointaines. Mais, dit-elle, ils ont raison et j'entends de sa bouche les arguments dont les enseignants français m'ont rebattu les oreilles. Le manque de liberté, la mauvaise nourriture, les conditions de vie déplorables, un niveau d'études médiocre, la tyrannie des professeurs et, une fois les diplômes acquis, le placement à vie par les instances supérieures.

Alors elle veut partir, elle me supplie de porter en France une lettre pour un certain recteur qui l'inscrira dans une faculté. Je lui suggère de déposer la missive au concierge de notre hôtel. Non, elle veut me la remettre en main propre. Et c'est ainsi que Marie-Françoise et moi, nous la voyons surgir dans notre chambre le lendemain matin, ayant évidemment décliné au préalable son identité – ce qui me paraît risqué mais Eve est prête à tout braver.

Le destin s'en mêle. Une autre étudiante m'arrive. Celle-là, je la trouve sur un plateau où Jacques Dorfmann réalise un film au sujet chinois – un mariage forcé – avec des acteurs chinois. L'héroïne, Tu Huai Qing, il l'a arrachée à une université de Shanghai où elle apprenait l'anglais. Environ seize ou dix-sept ans, pour les Chinois elle était quelconque, elle n'avait pas un visage « en graine de melon », c'est-à-dire la peau blanche, des yeux arrondis, un nez étroit, une figure qui se rétrécit sur un tout petit menton. Mais elle a plu à Dorfmann à cause de sa vivacité. La voici star, passant des dortoirs et réfectoires sordides à une existence pour elle inconcevable. Dorfmann est son père, il la fait habiter à l'hôtel où il loge avec ses techniciens blancs pour mieux la faire répéter. Il ne cesse de geindre, avec bonheur :

« Cette gamine, quelle teigne, ses mauvaises humeurs, ses caprices, son insolence. »

Il paraît qu'elle était un petit chef parmi ses camarades d'université. Je lui demande assez bêtement si elle a participé aux manifestations estudiantines. Elle répond par une moue :

« Je ne sais pas. Oui... Non. Je n'étais pas là, j'étais déjà engagée par Dorfmann mais je suis une bonne communiste. »

Un soir, toute la bande entraînée par Dorfmann, la fillette y compris, va au Sheraton faire la fête. La grande boîte de nuit. Ce n'est pas du tout comme au Peace Hotel l'année dernière, pas de musique mourante mais un fracas de rock et de lumières fluorescentes, de vidéoclips et de verres entrechoqués. Whisky, whisky, et soda pour la gamine qui se tait, intense, prend son air décidé et tout d'un coup va sur la piste se joindre aux déhanchés et aux gigoteurs. Elle est là, Tu Huai Qing, avec son petit minois, ses yeux fendus, sa natte, ses bras et ses jambes qui tournoient, elle passe de mâle en mâle sans se donner, comme une reine entraînée par le rythme. On dirait qu'elle n'a jamais fait que cela, tressauter sur la voie capitaliste du disco.

Où sont les Quatre Grands Principes fondamentaux relancés avec fureur? Où sont le Socialisme, la Dictature du Prolétariat, le rôle dirigeant du PC, le marxisme-léninisme sans compter la Pensée de Mao? On ne les voit guère appliquer au Sheraton. Quelle faune de jeunes Chinois gominés et de jeunes Chinoises fardées. Quel spectacle que celui des hôtesses portant ces robes célestes si extraordinairement fendues sur les cuisses. Un chirurgien français qui opère dans un hôpital de Shanghai, un spécialiste de la microchirurgie (étonnamment développée en Chine), me raconte qu'une grande partie de son travail est consacré à l'amélioration de la race femelle, selon les canons de l'esthétique occidentale. Combien d'actrices et de serveuses de restaurant s'offrent au bistouri afin de ressembler à des vamps blanches, en se faisant débrider les yeux et grossir la poitrine...

Au Sheraton, les pontes du Parti viennent aussi discuter business. Lors d'un dîner officiel je fais connaissance d'octogénaires et de super-octogénaires célestes, qui ont fréquenté de grandes écoles françaises vers 1920, quand la France était à la mode. Ratatinés, brisés, ayant tout subi au cours de leurs longues vies, ils sont pourtant encore très vifs. L'un d'eux, un ingénieur en chef sorti des Ponts et Chaussées, narre sarcastiquement qu'une délégation française essaie à tout prix de lui vendre un métro pour Shanghai. Il rit : comment creuser des tunnels au milieu de cette cité posée sur un banc de sable? Tout en plaisantant, il se tape sur le genou et se fait très mal : il a oublié que pendant la Révolution Culturelle, on lui a cassé les os et qu'il doit faire attention à ses jointures. Soudain, cessant de ricaner, il chevrote, il me prie : « Surtout ne citez pas de nom. »

Les affaires sont plus à la mode que jamais. La Chine s'est dotée d'un marché financier, d'un embryon de bourse. Malgré la condamnation sans cesse répétée du « libéralisme bourgeois », c'est toujours l'« Ouverture ». Les « amis étrangers », banquiers et négociants continuent d'être accueillis avec chaleur et empressement, la « ligne » ne les concerne pas. Ce qui se passe entre Chinois, ils s'en moquent. Ne les atteint aucunement la résurgence des formules vieilles de trente ans, comme « Être expert et rouge. » Peu leur importe tous les tourneboulis au sein des usines et des manufactures, que les cadres du Parti chassent les techniciens qui préconisaient le rendement et les lois du marché.

En fait, on retourne tout simplement au système communiste éprouvé : le laisser-faire. A nouveau la satisfaisante médiocrité. Tout garder en place, faire marcher tant bien que mal, ne pas essayer du neuf, ne pas toucher aux avantages acquis : la nourriture, le logement, la paie, la retraite. Le zèle dialectique est requis, le zèle de la bonne paresse. Mais souvent Deng Xiaoping revient à la charge pour relancer ses Modernisations. Tout est contradiction, tout va bien.

Et ce laisser-aller a l'avantage de satisfaire les ouvriers. S'ils s'étaient joints aux étudiants lors des manifestations, on risquait un Solidarnosc à la chinoise – il n'est pas étonnant que Deng Xiaoping ait fait l'éloge de Jaruzelsky. Quant aux quelques prolétaires qui ont fraternisé avec les «rebelles», ils ont été arrêtés par la police et durement châtiés. A la vérité, les quelques connivences résultaient d'un malentendu. Contrairement aux étudiants, les travailleurs ne désiraient pas plus de liberté, leur insatisfaction venait de l'augmentation du coût de la vie, de la montée des prix, des menaces sur l'emploi, effets pervers selon eux des Modernisations. Il a suffi pour les reprendre en main de leur faire tenir des meetings gigantesques, de les rassurer, de leur promettre le maintien du «bol de riz en acier». Qu'ils témoignent d'un peu de foi dans l'idéologie et on les laisserait en paix. Mais les prolétaires étaient exigeants, ils ne voulaient pas qu'on touche à leurs prérogatives, si peu que ce soit. Ainsi l'usage du papier toilette ayant été supprimé par esprit d'économie dans une entreprise, tout le personnel, les jours suivants, ne se présenta pas dans les ateliers. Somme toute une grève, même si le mot est imprononçable ici. Exemple minuscule et significatif, pour la première fois depuis des années les salaires ont été augmentés. Pas assez, tout reste fragile.

Les étudiants, eux, sont seuls. On parle de les envoyer systématiquement un an à la campagne, qu'ils se callent les mains... comme cela ils penseront moins. Leurs alliés prédestinés, les grands professeurs, les illustres savants, les créateurs de tout genre, écrivains, artistes, cinéastes souffrent beaucoup plus qu'eux. Ce n'est pas la traque plutôt une certaine persécution : fréquentes expulsions du Parti et censure omniprésente.

Signe des temps, on a ressorti de son placard un héros sublime que Mao avait proposé à l'admiration des foules en 1963 : le soldat Lei Feng, «petite vis au service du Parti», honnête camarade dont la perfection se manifestait jusque dans les besognes les plus humbles. Il n'était pas rare que le Grand Timonier donnât en exemple à la Chine entière un personnage insignifiant, celui-ci convenait d'autant mieux qu'il venait de mourir dans un accident! Les fortes têtes voyaient en lui le modèle de l'imbécile heureux, il ne semble pas que ce jugement ait évolué en 1987 et l'amorce de la campagne sur le thème «imitons Lei Feng» a tourné court.

C'est que les vraies questions sont ailleurs et débordent largement la contestation étudiante : les éternels conflits ont repris au sommet de l'appareil et Deng Xiaoping navigue au plus près. Ainsi le numéro deux, Hu Yaobang, qui incarnait les espérances nouvelles, a-t-il été limogé, mais on n'en a pas fait un traître, on le montre et il a sa place dans les tribunes officielles, on ne l'a pas abattu, on l'a rabattu, et il n'a aucune chance de devenir un martyr de la libéralisation.

Subtil calcul d'un Deng Xiaoping âgé de quatre-vingt-trois ans qui songe à sa succession et voit se dresser contre lui un gang de gérontes aussi vieux que lui, si ce n'est plus, qui lui reprochent d'avoir entrepris de rajeunir la Chine, d'avoir chassé des centaines de milliers de cadres confits d'ans et d'insuffisance pour les remplacer par des modernistes aventureux. Et de se prévaloir des dogmes éprouvés, de réaffirmer le primat des Quatre Principes fondamentaux inscrits dans le préambule de la Constitution de 1982, quatre Principes qui font le grand écart avec les quatre Modernisations, très tièdes on l'a vu à l'égard du rôle dirigeant du Parti ou de la Pensée de Mao. Iraient-ils jusqu'à une Révolution Culturelle rénovée? Je ne le crois pas, même si, çà et là, il s'est élevé quelques voix demandant de ne plus la salir : tous en ont trop pâti.

Comme dans un bas-empire, ce que veulent ces anciens, pour eux et les leurs, c'est le pouvoir et surtout ses prébendes. A côté des Quatre Principes qui sont leur armature idéologique, ils recommandent donc l'application de la théorie des trois âges. Merveilleuse pratique par laquelle l'ancêtre case ses fils et petits-fils à des postes importants et verrouille ainsi la société en toute impunité. Il s'agit de reconsolider les bonnes structures d'antan que Deng Xiaoping a ébranlées : on y étouffera mais pas eux, ni leurs descendants.

En ce mois de septembre 1987, au moment où j'écris ces lignes, Deng Xiaoping a contre-attaqué : la campagne contre le libéralisme bourgeois est en sommeil et les conservateurs se sont vus taxés d'être les représentants d'une « pensée ossifiée » mais je n'en tirerai aucune conclusion.

Deng paraît manœuvrer au jugé, un coup de barre à gauche, un coup de barre à droite, il godille. Zhao Ziyang qui dirige le gouvernement, louvoie aussi. Somme toute l'embrouillamini, la confusion, l'incohérence. L'avenir? Je l'ai mille fois écrit et répété, la Chine est imprévisible, pourtant je crois plus à des clapotis qu'à un ouragan. Peu probable que surgisse un nouveau Mao et si Deng venait à mourir ou à démissionner de gré ou de force lors du Congrès du Parti qui se tient en octobre, l'ère des gâteux ne saurait durer indéfiniment. Alors il faut attendre. Les étudiants, eux, ratiocinent :

« Si nos efforts actuels sont vains, tant pis. Dans dix ou vingt ans nous dirigerons la Chine. Nous la sortirons de son bourbier et nous lui donnerons la vraie démocratie. »

Chimères vraisemblablement – comment un régime communiste pourrait-il évoluer sans se dénaturer et périr? – mais chimères portées par une incroyable espérance. Je reviendrai en mesurer les effets : ma Chine, je n'en ai pas fini avec toi.

Chronologie

- 479 Mort de Confucius.
- 221 **Fondation de l'Empire des Qin.** Le premier Empereur (Qin Shihuangdi) fait édifier la Grande Muraille, brûler les livres (en – 213) et meurt en – 210.
- 206 **Dynastie des Han.**
  25 Seconds Han ou Han orientaux.
 220 Les Trois Royaumes.
 265 Dynastie des Jin.
 439 Dynasties du Sud et du Nord.
 581 Dynastie des Sui.
 618 Dynastie des Tang.
 905 Les cinq dynasties.
 960 Dynastie des Song du Nord.
1127 **Song du Sud.**
1271 **Dynastie des Yuan** (d'origine mongole).
1368 **Dynastie des Ming** à Nankin. Pékin devient capitale de l'Empire en 1421.
1516 Les Portugais à Macao.
1601 Le père Matteo Ricci s'installe à Pékin.
1644 Dynastie des Qing (d'origine mandchoue).
1685 La Chine s'ouvre un peu plus au commerce occidental.
1692 Édits de tolérance en faveur du catholicisme.
1707 Condamnation par le pape des « rites chinois » (culte de Confucius, des ancêtres, assimilation entre le Ciel et Dieu) que certains jésuites, à la suite du père Ricci, toléraient à leurs convertis.
1717 La prédication du catholicisme est interdite.
1757 Le commerce avec les étrangers est limité au seul port de Canton.
1793 Ambassade de Lord Macartney suivie en 1795 d'une ambassade de la Compagnie des Indes orientales. Les deux visent un élargissement des relations commerciales, les deux échouent.
1814 Expulsion des missionnaires.
1816 Échec de l'ambassade de Lord Amherst.

1835	Naissance de la future Impératrice Ts'eu Hi (Cixi).
1839-1842	Guerre de l'opium. Signature du traité de Nankin par lequel Hong Kong est cédé à la Grande-Bretagne. Canton, Shanghai, Amoy, Fuzhou et Ningpo sont ouverts au commerce avec les étrangers.
1850-1864	Insurrection des Taiping. Nankin devient leur capitale en 1853.
1857	Début de la seconde guerre de l'opium.
1858	Traité de Tianjin (Tien-Tsin). Dix autres villes sont ouvertes aux étrangers. Les missionnaires catholiques et protestants sont autorisés à s'établir à l'intérieur du pays.
1860	Le corps expéditionnaire franco-britannique entre dans Pékin. Sac du Palais d'Été. Traité de Pékin (la presqu'île de Kowloon en face de Hong Kong est cédée à la Grande-Bretagne). Le dépeçage de la Chine commence.
1861	Création du Zongli yamen, le Bureau des relations avec les étrangers. Les Puissances ouvrent les ambassades à Pékin. Ts'eu Hi reçoit le titre d'« Impératrice douairière ».
1866	Naissance de Sun Yat-sen.
1883-1885	Guerre franco-chinoise. La Chine est évincée du Tonkin.
1886	Naissance de Tchang Kaï-chek.
1890	Chongqing, ville ouverte.
1893	Naissance de Mao Zedong.
1894-1895	Guerre sino-japonaise. Traité de Shimonoseki. Le Japon annexe Taiwan.
1898	« Les Nouveaux Territoires » (en face de Hong Kong) sont cédés à la Grande-Bretagne avec un bail de 99 ans. Échec des cent jours de réforme.
1900	Révolte des Boxers. Siège des Légations à Pékin. Intervention internationale.
1904-1905	Guerre russo-japonaise à propos de la Mandchourie. Victoire du Japon.
1905	Tentatives de réforme. Le vieux système des examens impériaux est abandonné.
1908	Mort de Ts'eu Hi. Elle met sur le trône un enfant de trois ans, Pu Yi.
Mai 1911	Nationalisation des chemins de fer.
10 octobre 1911	Insurrection de Wuhan.
29 décembre 1911	**Sun Yat-sen est élu président de la Ire République de Chine.**
12 février 1912	Abdication de Pu Yi. Fin de la dynastie des Qing.
15 février 1912	Yuan Shikai devient président de la République après la démission de Sun Yat-sen.
1916	Mort de Yuan Shikai. Début de la période des Seigneurs de la Guerre.
1917	Sun Yat-sen chef d'un gouvernement militaire à Canton. Il démissionnera en 1918.
4 mai 1919	Mouvement insurrectionnel à la suite de la conférence de la paix à Paris qui attribue au Japon les possessions

Chronologie 489

	allemandes en Chine. Mouvements de grève. Boycottage des produits japonais.
1921	Fondation du Parti communiste chinois à Shanghai.
1925	Mort de Sun Yat-sen à Pékin.
Mars 1926	Début de la seconde Révolution chinoise. Expédition vers le Nord (beifa) au départ de Canton, sous le commandement de Tchang Kaï-chek.
Avril 1927	Tchang Kaï-chek massacre les Rouges à Shanghai.
Décembre 1927	Commune de Canton.
1927-1937	**Décennie de Nankin** : gouvernement nationaliste présidé par Tchang Kaï-chek.
1929-1934	République soviétique du Jiangxi fondée par Mao.
1930-1934	Campagnes de Tchang Kaï-chek contre les communistes du Jiangxi.
18 septembre 1931	Les Japonais entrent en Mandchourie.
1932	Les Japonais attaquent Shanghai et doivent se retirer. Ils créent l'État du Manchoukuo dont Pu Yi devient l'Empereur.
1933	*La Condition humaine* d'André Malraux.
18 octobre 1934	Début de la Longue Marche. Un an plus tard, les Rouges aboutissent à Yanan dans la province du Shaanxi.
6 décembre 1936	Fait prisonnier à Xian, Tchang Kaï-chek est contraint de s'allier aux communistes pour affronter les Japonais qui menacent.
1937	Offensive japonaise. Les Nippons massacrent 400 000 Chinois à Nankin.
1938	Le gouvernement nationaliste de Tchang Kaï-chek se replie à Chongqing. Il y restera jusqu'en 1945.
1940	Mao est toujours à Yanan. Wang Jingwei instaure à Nankin un gouvernement qui collabore avec les Japonais.
9 décembre 1941	Pearl Harbor. Entrée en guerre des Américains qui arrivent en « Chine libre » à Chongqing.
6 août 1945	Hiroshima.
14 août 1945	Capitulation du Japon.
1946-1949	Guerre civile.
1ᵉʳ octobre 1949	**Proclamation de la République Populaire de Chine.** Les Nationalistes se réfugient à Taiwan.
1956-1957	Les « Cent Fleurs ». Des centaines de milliers de « droitiers » sont incarcérés.
Mai 1958	Le Grand Bond en Avant. Instauration des Communes du Peuple.
1959	Liu Shaoqi devient président de la République. Mao est mis en minorité. Famine.
1960-1961	Rupture avec l'Union soviétique.
Janvier 1964	La France établit des relations diplomatiques avec la Chine.
Octobre 1964	Premier essai nucléaire chinois.
1966	Début de la Révolution Culturelle.
18 août 1966	Un million de Gardes Rouges sur la place Tiananmen à Pékin.
1967	La Chine est au bord de la guerre civile. Liu Shaoqi a été éliminé, Deng Xiaoping déporté.

Septembre 1971	Élimination de Lin Biao, le successeur désigné de Mao.
Octobre 1971	La Chine entre à l'ONU.
1972	Nixon visite la Chine.
1973	Réapparition de Deng Xiaoping.
1975	Chou En-lai présente les Quatre Modernisations. Mort de Tchang Kaï-chek à Taiwan. Son fils lui succède.
8 janvier 1976	Mort de Chou En-lai.
5 avril 1976	Manifestations à la suite d'un hommage à Chou En-lai. Deng Xiaoping est écarté.
9 septembre 1976	Mort de Mao Zedong.
6 octobre 1976	Chute de la Bande des Quatre. Le lendemain, le premier ministre Hua Guofeng devient président du Comité Central.
Juillet 1977	Retour de Deng Xiaoping qui devient vice-premier ministre et vice-président du Parti.
Novembre 1978	Début du « Printemps de Pékin » qui s'achèvera en mars 1979.
Novembre 1980	Procès de la Bande des Quatre.
Septembre 1982	Hua Guofeng qui a dû abandonner ses postes de premier ministre à Zhao Ziyang (en septembre 1980) et de président du Parti à Hu Yaobang (en juin 1981) est évincé du Bureau politique. Deng Xiaoping est au pouvoir.
4 décembre 1982	Adoption de la quatrième Constitution.
1983	Campagnes contre la criminalité et contre la « pollution spirituelle ».
26 septembre 1984	Accord Deng Xiaoping-Margaret Thatcher : Hong Kong reviendra à la Chine le 30 juin 1997.
Septembre 1985	Manifestations étudiantes contre le Japon.
Décembre 1986	Manifestations étudiantes dans toutes les grandes villes.
16 janvier 1987	Démission de Hu Yaobang qui fait son autocritique. Le premier ministre Zhao Ziyang devient secrétaire général provisoire du Parti. Vague de sanctions contre les intellectuels.
9 février 1987	Reprise des conversations sino-soviétiques sur les questions frontalières.
18 février 1987	Pékin annonce que la population chinoise dépasse 1 060 millions d'habitants.
1er au 6 mars 1987	Visite en Chine du Secrétaire d'État américain George Shultz. Conversations sur Taiwan. Deng Xiaoping affirme que la politique d'ouverture est maintenue.
26 mars 1987	Accord sino-portugais. Macao reviendra à la Chine le 20 décembre 1999.

TABLE

Carte	9
Introduction	11
Pékin	17
Shanghai	91
Hangzhou	177
Nankin	207
Le Fleuve Bleu. Chongqing	267
Chengdu	311
Kunming. Le Xishuangbanna	341
Canton. Shenzhen	387
Hong Kong	439
Retour à Shanghai	473
Chronologie	485

*Cet ouvrage a été réalisé sur
Système Cameron
par la SOCIÉTÉ NOUVELLE FIRMIN-DIDOT
Mesnil-sur-l'Estrée
pour le compte des Éditions Grasset
le 10 novembre 1987*

Imprimé en France
Première édition : dépôt légal : octobre 1987
Nouveau tirage, dépôt légal : novembre 1987
N° d'édition : 7454 – N° d'impression : 8111
ISBN 2-246-38911-9